KB033454

7가지 코드

구글 ★ 마이크로소프트 ★ 메타
빅테크 PM은 이렇게 일한다

7가지 코드

PRODUCT MANAGEMENT'S SACRED SEVEN

닐 메타 · 아디티야 아가쉐 · 파스 디트로자 지음

이정미 · 최영민 옮김

윌북

긴 여정을 마칠 수 있도록 도와준 모든 이에게

차례

일러두기

1. 저자 주는 두 가지 종류다. 참고문헌과 자료 형식의 주는 일련번호를 매겨서 웹사이트 willbookspub.com/data/31 또는 오른쪽 QR코드를 통해 그 내용을 확인할 수 있도록 했으며, 본문의 주석 순서는 원서의 1판 3쇄본을 따랐다. 그 외 본문 내용을 설명하는 주석은 ◆ 기호로 표시하고 하단에 내용을 적어두었다.

2. 국내에 출간된 책은 『번역서명』으로, 미출간된 책은 『원서명(번역)』으로 표기하였다.

들어가며

・

최상위 테크기업 리더가 밝힌
성공의 7가지 코드

"어떻게 하면 탁월한 PM이 될 수 있을까?"

앞서 출간한 『IT 좀 아는 사람』과 『코인 좀 아는 사람』을 읽은 독자들을 만나면서 한 가지 인상적인 질문을 받았다. 우리가 만난 독자들 중에는 지금도 야심차게 활동하고 있는 PM(프로덕트 매니저product manager)이 수천 명에 달했는데, 바로 그들이 던진 질문이었다.

그 답을 찾기 위해 우리는 강연이나 콘퍼런스에서 마주친 모든 프로덕트 리더와 인사 담당자들 그리고 수많은 기업의 임원들에게 습관적으로 이 질문을 던졌다. 그러던 중에 문득 이 질문이 너무 광범위하다는 생각이 들었다. 그래서 질문을 두 가지로 나누어서 간략하게 묻기 시작했다.

1. 함께 일할 사람을 뽑을 때 합격과 불합격을 결정하는 '지식'은 무엇인가?
2. 이들이 성공적인 커리어를 쌓는 데 꼭 필요한 '기술'은 무엇인가?

마침내 어느 주말, 우리 셋은 모여서 각자 인터뷰한 내용을 비교해보았다. 모두 취합해보니 14개 국가의 52개 회사에서 일하는 프로덕트 리더 67명을 만난 셈이었다. 소규모 프로젝트로 시작한 일이 생각보다 너무 커져버렸다. 우리는 하나씩 인터뷰 답변지를 읽어나갔다.

FAANG거대 IT 기업 페이스북, 애플, 아마존, 넷플릭스, 구글의 영문 앞 글자로 만든 용어.—옮긴이의 인사 담당자부터 아시아 유니콘 기업기업가치가 1조 원 이상인 비상장 스타트업-옮긴이의 제품 책임자까지 다양한 사람들을 만났기 때문에 그들의 답변에서 뚜렷한 패턴을 발견할 거라고는 예상하지 못했다. 같은 PM이기는 하지만 틱톡Tik-Tok의 성장 PM, 코인베이스Coinbase의 기술 PM, 그랩Grab의 신흥시장 PM처럼 세부 분야가 다른 사람들이라면 자신의 일을 바라보는 관점이 매우 다를 것이기 때문이다.

그런데 놀랍게도 제품 설계, 경제학, 심리학, 데이터과학, 사용자경험, 법률과 정책, 마케팅과 성장이라는 7가지 지식 분야에 대한 키워드가 계속 반복되었다. 아마존의 한 인사 담당자는 보통 PM이라고 하면 이 7가지 분야 중 두서너 분야에 해박한 지식을 가지고 있다고 말했다. 경영대학원을 갓 졸업한 사람은 마케팅과 경제학 분야 전문가로 능력을 발휘할 수 있고, 예술에 소질이 있는 사람은 제품 설계와 사용자경험 분야에서 좀 더 두각을 나타낼 수 있다. 우리는 여기서 중요한 사실을 하나 깨달았는데, 뛰어난 PM은 7가지 분야 모두를 두루 섭렵하고 있다는 걸 발견한 것이다.

우리는 취리히에서 열린 한 회의에서 만난 사람에게 이 이야기를 들려주었다. 그런데 그가 역사적이며 종교적으로 중요한 것들은 7가지로 이뤄진 경우가 많다고 하는 게 아닌가! 7대 불가사의, 7대양, 제7천국 등 말이다. 프로덕트 매니지먼트가 종교와는 거리가 멀지만 그 개념은 기발했다. 그래서 그때부터 우리가 발견한 7대 지식 분야를 **세이크리드 세븐**sacred seven **즉, 신성한 7가지**라고 부르기 시작했다.

처음에는 이와 관련된 글을 블로그에 몇 번 연재하고 말 생각이었다. 하지만 우리가 잘 알지 못하는 주제에 대한 책들을 탐독하고 우리의 '투쟁기'를 곰곰이 되짚어보면서 7가지 주제를 더 깊이 파고들어가다 보니, 우리가 써내려간 글은 수백 페이지까지 늘어나 있었다. 결국 우리는 그 내용을 우리가 주로 사용하는 방식, 즉 책으로 엮어 소개하기로 했다.

이 책에는 그러한 노력을 통해 배운 모든 것들이 담겨 있다. 우리는 사례 연구, 정신 모형, 각종 이론과 전략적 팁 등 모든 수단을 동원해 여러분이 치열한 IT 격전장에서 승리할 수 있는 7가지 핵심 코드를 전할 것이다.
부디 즐겁게 읽기를 바란다!

닐, 파스, 아디티야

완벽한 제품을 꿈꾸는
모든 순간의 크리에이터에게

자, 다시 핵심 질문으로 돌아가보자. 탁월한 PM의 필수 조건은 무엇일까? 기술력, 비즈니스 전략에 대한 정확한 이해, 소통 능력, 리더십, 비전,[1] 분석기술,[2] 제품 감각, 기업가적인 마인드 등 줄줄이 나열할 수 있을 것이다. 당연히 모두 중요한 것들이다. 하지만 특별할 게 없는 기본 요소일 뿐이기도 하다.

대다수의 PM들이 기술이나 비즈니스 전략에서의 박학다식함이 얼마나 중요한지 모른다. 인간의 마음이 어떻게 작동하는지 이해하지 못하면 인기 있는 제품을 만들 수 없고, 마케팅과 성장의 과학을 알지 못하면 제품을 판매할 수 없으며, 경제학과 비즈니스 개념을 확실히 이해하지 못하면 강력한 비즈니스 모델을 만들 수 없다. 정말로 창의적인 제품 아이디어를 제안하고, 회사를 성공적으로 출범시키고 싶다면, 다양한 분야에 정통해야 한다.

다양한 지식은 다방면으로 유리하다. 엔지니어, 변호사, 디자이너 등 여러 분야 전문가의 언어를 구사하는 능력은 효과적으로 협력하고 존중받으며 일하기 위해 꼭 필요한 역량이다. 또한 테크 기업에서 면접을 볼 때 다양한 주제에 대한 지식을 토대로 유창하게 답변한다면, 다른 면접자들의 평범한 대답들 사이에서 돋보일 수밖에 없을 것이다.

정말 뛰어난 PM이 되려면 제품 설계, 경제학, 심리학, 데이터과학, 사용자경험, 법률과 정책, 마케팅과 성장, 즉 우리가 발견한 7가지 분야인 **세이크리드 세븐**에 대해 잘 알아야 한다.

이 책의 구성

이 책은 주제별로 크게 7부로 나눈다. 제품 개발 과정의 대략적인 단계에 따라 그 순서를 정했다.

CODE 1: 제품 설계에서 출발해 전략과 기술 혁신, 가설과 시제품, 제품 시장 적합성을 폭넓게 살펴본다. 올바른 시장과 문제에 대해 파악하고, 그 해결책을 찾는 방법을 모색한다.

CODE 2: 경제학을 적용해 시장을 평가하고, 시장에 진입하고, 지속가능한 비즈니스 모델을 개발하는 방법에 대해 알아본다. 성장과 수익을 극대화하기 위해 단위 경제, 수익 지표, 세분화, 진입장벽을 활용하는 법에 대해 익힐 수 있다.

CODE 3: 심리학을 적용해 사용자를 끌어들이고 유지하는 방법을 살펴본다. 그리고 사용자 습관을 형성하고, 흡인력 있는 제품을 만들고, 사용자가 제품을 사용하게끔 동기를 부여하는 방법과 제품을 판매하고 가입을 유도하기 위해 심리적 도구를 사용하는 방법을 두루 알아본다.

CODE 4: 사용자경험에 대해 자세히 살펴본다. 사용자가 정신모형을 발달시키는 방법, 훌륭한 사용자경험을 만드는 네 가지 방법, 인간 인식의 뉘앙스가 제품에 어떻게 반영되는지 이해하는 데 도움이 될 것이다. 최종 목표는 모두가 사용 가능하고 유용한 제품을 만드는 데 있다.

CODE 5: 데이터과학을 깊이 다룬다. 제품을 과학적으로 측정하고 발전시키는 방법을 알아보기 위해서다. A/B 테스트, 측정, 실험 결과, 5가지 주요 비즈니스 모델에 대한 북극성 지표, 데이터 공통 분포 찾기에 대해 다룰 것이다.

CODE 6: 법률과 정책이라는 주제로 개발 과정을 마무리하기 위한 단계에 들어간다. 법을 준수하고 유리하게 이용할 수 방법을 살펴본다. 지식재산, 독점 금지, 사생활 보호뿐 아니라 유럽연합의 일반 개인정보 보호법(GDPR)부터 디지털 밀레니엄 저작권법(DMCA), 통신품위법 230조,

AB5법까지 PM이 알아야 할 여러 법률을 다룬다.

CODE 7: 마케팅과 성장에서는 제품을 확장시키고 대중에 노출시키는 노하우를 익힐 수 있다. 경쟁력 있는 브랜드를 개발하고, 효과적인 광고 캠페인을 진행하고, 사용자 행동에 영향을 주고, 성장을 위한 그로스해킹 기술을 익히는 방법을 알게 될 것이다.

우리가 정해놓은 순서대로 이 책을 읽을 필요는 없다. 각 주제가 담고 있는 내용이 상당하기 때문에 주제별로 부와 장을 구분했지만, 이미 알고 있는 부분은 건너뛰거나 훑어보기만 해도 된다.

이 책에는 본문과 함께 〈면접자를 위한 꿀팁!〉과 〈가상 인터뷰〉, 〈보너스 동영상〉 등 다양한 콘텐츠 수십여 개가 수록돼 있다. 일부는 온라인에서 이용할 수 있도록 QR 코드를 제공했다.

이 책의 대상 독자

야심 찬 PM에서부터 자타공인 실력을 인정받은 프로덕트 리더, 테크 기업가에 이르기까지 세계 최고의 PM이나 리더가 되고자 하는 모든 이에게 도움이 될 수 있도록 이 책을 구성했다. 사례연구, 이론, 정신모형의 조합은 여러분이 제품 여정의 어느 단계에 있든지 도움이 되리라 믿는다.

분명히 말하자면, 이 책은 취업 면접에 대비하는 책은 아니다. 그러나 새 직장을 구하기 위해 면접을 보게 된다면, 이 책을 통해 배운 것들이 어떤 질문에든 명확하게 답변하는 데 큰 도움이 될 것이다. 경제이론, 그로스해킹 사례연구, 인터넷 법의 역사 등을 인용할 수 있다면, 새 직장을 구하는 데 분명 유리하게 작용할 것이다.

면접에서 흔히 빠지기 쉬운 함정을 피하고 배운 것들을 면접 상황에 전략적으로 적용하는 데 도움이 될 꿀팁과 함께 지원하게 될 회사에 대해 올바른 대답을 제시할 수 있게 해줄 사례연구도 이 책에 충분히 담겨 있다.

예비 PM들을 위한 다양한 정보

면접 기회를 얻기 위한 전략, 일반적인 질문 해결법, 모범 대답 등 면접 대비 자료를 찾고 있다면, 프로덕트 얼라이언스Product Alliance 예비 과정이나 무료로 제공하는 면접 관련 자료를 **productalliance.com**에서 확인하기 바란다. 프로덕트 얼라이언스는 이 책을 엮은 우리 세 사람이 세계 최고 테크 기업인 우버, 메타, 아마존 등의 PM들로 구성된 팀과 협력해 만든 사이트다. 이 사이트에서 최고의 PM 면접 대비 자료를 얻을 수 있을 것이다.

PM이 알아야 할 기본 지식에 속하는 기술과 비즈니스 전략은 그 내용이 너무 방대해 이 책에 담아내지 못했다. 기술과 비즈니스 전략의 핵심 개념을 제대로 설명하고 IT 업계의 미래를 전망하는 데 도움이 될 사례연구가 가득 담긴 우리의 첫 책『IT 좀 아는 사람』을 살펴보기 바란다. 이 책은 PM이 알아야 할 기본 정보를 담고 있고, 『7가지 코드』는 탁월한 PM이 되는 데 도움이 되는 심화된 지식을 담고 있어 두 책이 서로 보완 관계 있다고 할 수 있다.

제품 설계

Product Design

경쟁자가 아닌 고객으로
스스로를 정의하라.

Define yourself by your client
not your competitor.

버지니아 지니 로메티|Virginia Ginni Rometty
| IBM의 전 CEO

스티브 잡스가 일으킨 문화 전쟁

1978년 스티브 잡스는 애플이 과감하게 새로운 발걸음을 내딛어야 할 때라고 생각했다. 1977년 출시된 애플 II는 컴퓨터 혁명이자 최초의 성공적인 개인용 컴퓨터(PC)라며 극찬을 받았다.[1] 앞서 출시된 컴퓨터들은 사용자가 케이스와 충전기를 따로 마련해야 했지만, 애플 II 제품 상자에는 사용자가 필요한 모든 게 들어 있었다.[2] 가장 눈에 띄는 특징은 컬러 그래픽 기능이었다. 이전의 볼품 없던 흑백 디스플레이에서 큰 진전을 이뤄낸 것이다.[3]

애플 II는 수십만 대가 팔리면서 큰 성공을 거뒀고, 애플의 매출을 책임지는 **캐시카우**─제품 성장성은 낮아졌지만 시장점유율이 높아 여전히 높은 수익을 창출하는 제품이나 사업─옮긴이가 됐다.[4] 하지만 스티브 잡스는 경쟁사들이 이 혁신적인 신제품을 곧 따라잡으리라는 것을 알았고, 실제로 그렇게 됐다.[5] 애플은 애플 II 제품군을 계속 개발해나갈지, 아니면 완전히 다른 제품을 새로 개발할지 결정해야 하는 선택의 기로에 서 있었다.

그런데 잡스는 기존의 애플 II 제품을 계속 개발해나가길 바라는 직원들을 공공연하게 무시했다. 그는 혁신적인 신제품을 개발하려는 이들을 "예술가"나 "해적"이라 불렀다. 한편 애플 II 개발자들은 똑같은 것을 반복하는 "해군" 같다며 깎아내렸다.[7] 잡스는 미래에 대담하게 베팅할 줄 모르는 이들은 호기심 없는 바보라 여겼고, 그런 이들을 면전에 두고 "멍청이"라 불렀다.[8]

잡스는 일종의 문화 전쟁을 일으켰다. 본사인 애플 캠퍼스 한쪽에서는 '해적들'이 잡스의 새로운 애플 III를 개발했고, 다른 한쪽에서는 '해군들'이 기존의 애플 II 제품군을 개발했다. 두 진영의 교전이 너무 격렬해 캠퍼스 중앙에 있는 거리를 "비무장지대"라고 부를 정도였다.[9]

잡스는 계속해서 '멍청이들'을 비난했다. 문제는 애플 II의 숨은 천재이자 애플

애플 II[6]

출처: 위키미디어Wikimedia

의 공동 창업자 스티브 '워즈' 워즈니악Steve Woz Wozniak워즈는 워즈니악의 닉네임이
다-옮긴이이 애플 II 제품군을 계속 개선해나가고자 하는 의지를 강하게 내비쳤
고, 그런 워즈 역시 멍청이 취급을 받았다는 것이다.[10] 워즈와 그의 팀은 잡스
의 혹독한 지휘 아래 애플이라는 조직에 환멸을 느꼈고, 워즈는 잘 알려진 바
와 같이 1985년 애플을 떠나고 만다.[11]

그렇다면 '해적'과 '예술가'로 구성된 잡스의 팀은 캠퍼스 한쪽에서 무엇을 하
고 있었을까? 잡스는 가정용이 아닌 사무용으로 설계한 최초의 애플 컴퓨터
즉, 애플 III를 개발하겠다는 야심 찬 목표가 있었다.[12] 잡스는 애플 III에 냉각
팬을 넣지 말아야 한다고 주장했다. 냉각팬이 '시끄럽고 보기 흉하다'고 생각했
기 때문이다. 그런데 그런 결정이 잡스의 발목을 잡고 만다. 애플 III가 쉽게 과
열되면서 머더보드의 컴퓨터 칩이 튀어나왔던 것이다. 애플 III를 고칠 수 있는
방법은 튀어나온 컴퓨터 칩이 다시 소켓에 장착될 때까지 컴퓨터를 책상에 내

애플 III[14]

출처: 메이드애플MadeApple

려치는 것뿐이었다.[13]

잡스는 그 외에도 몇 가지 이해하기 어려운 결정을 했다. 애플 III의 화면은 애플 II와 비교했을 때 오히려 퇴보한 흑백이었고, 소프트웨어와 하드웨어에는 버그가 있었으며, 몇 개 안 되는 프로그램만 이용 가능한데다,[15] 확장 포트는 단 4개뿐이었다.[16] 애플 III는 총 판매량이 6만 5000대에 그친 실패작이었다.[17] 참고로 애플은 애플 II의 후속 모델인 애플 IIc를 단 하루 만에 5만 2000대 판매했고,[18] 애플 II 제품군 전체 판매량은 500만 대 이상에 달했다.[19]

잡스가 애플 III 다음으로 출시한 최초의 매킨토시Macintosh줄여서 맥Mac이라고 부른다-옮긴이 역시 같은 문제를 겪었고, 시장에서의 반응도 좋지 않았다. 잡스가 계속 팬이 없는 디자인을 고집하면서 과열 문제가 더 크게 대두됐다. 당시 맥의 월 판매량은 약 1만 대밖에 되지 않았다. 반면에 IBM은 맥의 16배가 넘는 판매량을 기록하고 있었다.[20]

매킨토시 출시 이듬해인 1985년[21] 잡스의 실패가 분명하게 드러났다. 그는 애플의 주 수입원 제품을 개발해낸 워즈와 같은 '멍청이들'의 사기를 떨어뜨려 이들을 회사 밖으로 몰아냈고, 형편없는 제품 설계 실패작을 연달아 개발하는 데 시간과 돈을 낭비했다. 애플은 그해 여름 잡스를 해고했다.[22]

이 사건은 역대 최고의 PM으로 자주 회자되는 잡스[23,24] 역시 제품 설계를 하면서 항상 홈런 치듯 성공한 것은 아니었다는 사실을 보여준다. 오히려 잡스는 **제품 시장 적합성**이 검증된 제품을 디자인한 사람들을 내쫓고 제품에 큰 해가 되는 기능을 추가하겠다며 고집을 부렸다.

사용자 인터페이스, 그래픽, 제품 사양뿐 아니라 사용자경험을 포함한 훌륭한 제품을 설계하는 보편적인 기술이 있다. 잡스는 애플에서 퇴출된 이후 분명히 그 기술을 습득했고, 마침내 아이폰을 발명했다. PM이라면 누구나 그 기술을 습득해야 한다. 즉 무엇을 만들지 분명히 이해하고, 가설을 테스트하고, 피드백을 빠르게 수용하고, 사람들이 좋아할 만한 것을 선보일 수 있어야 한다.

제작 vs 확장

늘 좋은 제품을 설계할 수 있는 만능 접근법 같은 건 존재하지 않는다. 제품 설계의 근본적인 차이는 완전히 새로운 제품을 만들 것인가, 아니면 기존 제품이나 비즈니스 모델을 반복해 만들 것인가에 있다.

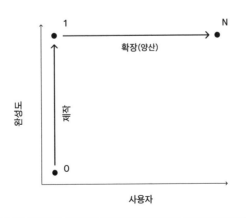

새로운 제품을 만드는 것이 '0에서 1'로 옮겨가는 것이라면
기존 제품을 확장하는 것은 '1에서 N'으로 옮겨가는 것이다.

전자가 '수직적 진보' 또는 '0-to-1(제로-투-원) 혁신'이라면 후자는 '수평적 진보' 또는 '1-to-N(원-투-엔) 혁신'이다.[1] 여러분이 생각해낸 아이디어의 완성도나 활용 가능한 자원의 양이 다른 만큼 각 단계마다 정해진 목표가 다를 것이다. 따라서 제품 설계자로서 목표에 맞게 접근 방식을 달리 해야 한다.

0-to-1

0-to-1 단계에 있는 제품은 시작과 동시에 시장 진입을 노린다. 스타트업 제품들이 대표적이다. 열기구 풍선을 이용해 전 세계 인터넷 연결을 달성하려 한 프로젝트 룬Loon이나 배달용 드론 프로젝트, 생명 연장 프로젝트[2]처럼 미래를 겨냥한 파격적 프로젝트를 진행해 '문샷 팩토리'라는 애칭으로 불리는 구글엑스Google X의 제품도 이 범주에 속할 것이다. 야심 찬 PM들로 구성된 기존 기업에서도 그들만의 0-to-1 제품을 만들곤 한다.

0-to-1 제품들은 **제품 시장 적합성**product-market fit을 추구한다. 해당 제품을 위한 목표시장이 존재하는지, 그 시장에 속한 사람들이 그 제품을 사용할 것인지, 성장이 가능하고 지속될 수 있는지를 검증해야 한다는 뜻이다. 벤처 투자 전문 회사 안드레센 호로위츠Andreessen Horowitz의 주장처럼, 만약 개 사료 회사를 만들려고 한다면 시작 단계에서는 잘못된 비즈니스 모델이나 생산 문제 같은 것들이 당장에 문제가 되지 않는다. 정말 중요한 문제는 '개들이 당신이 만든 사료를 잘 먹을 것인가'이다.[3]

이 단계에서는 급격한 성장을 나타내는 **하키스틱 성장**hockey-stick growth 성공 지표가 서서히 증가하다가 급등하는 모습이 하키스틱 모양과 비슷하여 생긴 용어—옮긴이 수치를 발표하거나 확장을 위한 제품을 제작하거나 상당한 매출을 올릴 필요가 없다. 그 제품에 더 많은 투자를 할 경우 그에 해당하는 성장을 이룰

CODE 1 제품 설계

수 있다는 것을 스스로 증명할 수 있을 만큼의 성장과 성공이 필요할 뿐이다. 제품 시장 적합성을 확보한 경우에만 확장을 도모하고 성장을 최적화해야 한다.[4]

0-to-1 제품의 관건이 제품 시장 적합성을 확보하는 것이라면, 1-to-N 제품의 관건은 확장성이다. 쉽게 말하자면 먼저 개들이 여러분이 만든 사료를 잘 먹는다는 것을 확인한 다음, 공장을 증축하고 점포를 늘려야 한다는 이야기다.

수요와 공급

0-to-1 제품을 만들 때 경쟁업체와 같은 제품을 같은 소비자들에게 판매한다면 호응을 얻기가 어렵다. 학교 근처에 대학생들에게 페퍼로니 피자를 파는 피자 가게가 이미 있다면, 같은 공급업체에서 재료를 받아 같은 학생들을 상대로 영업하는 피자 가게를 차릴 경우 영업을 오래 지속하지 못할 것이다. 그런 가게라면 돋보이지 않을 게 뻔하다.

돋보이지 않는 가게를 차리는 대신 **아직 사용할 수 없는 공급이나 충족되지 않은 수요**, 즉 기존 업체들이 제공하지 못하는 것들이나 만족시키지 못한 고객들을 찾아내야 한다. 그래야 사람들의 관심을 끌기 위해 다른 업체들과 경쟁할 필요가 없기 때문에 호응과 관심을 얻기가 훨씬 쉽다.

많은 테크 기업들이 충족되지 않은 수요를 찾아내 그 수요를 충족시키기 위한 공급처를 구축했다. 라임Lime이나 버드Bird와 같은 전동 스쿠터 스타트업들은 중거리, 즉 걸어서 가기엔 멀고, 우버를 타고 가기엔 가까운 거리에 필요한 교통수단 서비스를 제공하는 업체가 없다는 사실을 발견했다. 스타트업에 법인카드를 발급해주는 스타트업 기업인 브렉스Brex는 스타트업들이 법인카드 상품을 갈망하고 있지만 일반 금융기관에서 아무런 도움도 받지 못하고 있다는 사실을 발견했다. 한편 틱톡Tik-Tok은 Z세대가 세상과 연결되고 자신을 표현하고 즐기기 위한 새로운 방법을 원하지만, 기존

소셜미디어와 엔터테인먼트 상품들로는 만족을 못 한다는 사실을 알게 되었다.[5]

　테크 기업 외에도 다른 분야의 많은 기업들이 아직 사용되지 않은 자원들 중에서 싸게 구입해 막대한 이익을 보고 팔 수 있는 것들을 발견해왔다. 석유, 다이아몬드, 금, 그 외에 다른 자재들이 있는 새로운 곳을 발견했고, 그때마다 그것들이 아직 제대로 사용되지 않고 있다는 사실을 알게 됐다.* 테크 기업들은 일반적으로 이런 물리적인 상품을 판매하지 않기 때문에 이미 존재하는 수요처를 통해 아직 사용되지 않은 공급원을 찾아내는 일이 매우 드물다. 물론 광고를 올릴 새로운 곳을 찾아내는 것 또한 아직 사람들에게 주목받지 못하고 감춰져 있는 곳을 찾아내는 것과 같다고 할 수 있다. 인스타그램Instagram이나 스냅챗Snapchat에 광고를 올릴 수 있다는 것을 처음으로 깨달은 사람은 새로운 석유 매장지를 찾아낸 사람처럼 행동했다.

　충족되지 않은 수요와 아직 사용되지 않은 공급을 동시에 찾아내 그 둘을 연결시키는 데 성공한 상품들도 있다. 에어비앤비Airbnb는 여분의 침실이 있는 집주인(공급)과 호텔보다 저렴한 숙박 공간을 원하는 여행객(수요)을 찾아 연결해주었다. 마찬가지로 우버Uber 역시 자기 차를 차고에 주차해놓은 운전자(공급)와 값싼 승차 요금을 원하는 사람(수요)을 찾아 서로 만날 수 있게 해주었다.[6]

　이와 같이 구매자와 판매자를 서로 연결해 주는 **양면시장**two-sided market 상품은 수요와 공급을 연결해주는 상품의 전형이라 할 수 있다. 어떤 상품은 보다 영리한 방식으로 이런 상호작용을 하기도 한다. 쿼라Quora는 답을 구하는 질문자와 노출되기를 원하는 전문가를 연결해주고, 페이스북은 고

◆ 예컨대 스페인 사람들은 아메리카 대륙을 식민지화하면서 엄청난 양의 금을 빼앗아갔다. 아메리카 원주민들은 금을 오랫동안 사용해왔기에 그들에게 새로운 자원이 아니었지만 유럽인들은 그 전까지 금을 쉽게 접할 수 없었다.

　　　　　　　　　　　　　　CODE 1 제품 설계

객을 보다 효과적으로 공략하고자 하는 광고주들과 엄청난 양의 사용자 데이터를 연결해주며, 애플 앱스토어App Store는 앱을 다운로드하려는 사람들과 앱 개발자들을 연결해준다.

일반적으로 여러분의 제품은 두 가지 형태 중 하나가 될 것이다. 충족되지 않은 수요에 공급을 해주는 도구 또는 서비스가 되거나, 사용되지 않은 공급과 충족되지 않은 수요를 연결해주는 플랫폼이 되거나. 앞서 언급했듯이, 이미 수요가 있는 상황에서 아직 사용되지 않은 공급처를 찾아낸 경우는 더 드물다. 0-to-1 단계에서 수행할 연구 조사의 핵심은 아직 사용되지 않은 공급 물자와 충족되지 않은 수요를 찾아내고 그 수요를 공급할 수 있는 방법을 알아내는 데 있다.

10배의 중요성

신제품은 단순히 경쟁사 제품보다 더 우수한 제품으로 그쳐서는 안 된다. 고객의 관성을 극복하고 선택받기 위해서는 기존의 해결책보다 훨씬 더 뛰어난 제품이 되어야 한다. 10% 더 향상된 제품에 만족해서는 안 된다. 실리콘밸리에서 떠도는 말을 빌리자면, **10배는** 더 좋은 제품을 만들 수 있어야 한다.[7]

전형적인 예로 손목시계를 들 수 있다. 스위스 사람들은 시간을 알려주는 아주 작고 복잡한 톱니바퀴와 기어 시스템을 사용하는 기계식 시계를 오랫동안 만들어온 전문가였다. 1960년대에 제작된 기계식 시계들은 오늘날 돈으로 환산하면 9000달러가 넘는 가격에 판매되기도 했다.[8] 그런데 1969년 세이코Seiko라는 일본의 시계 제조업체가 세계 최초로 크리스털 진동을 이용해 시간을 맞추는 전자기기인 쿼츠quartz 손목시계를 세상에 선보였다.[9] 처음 출시된 쿼츠 손목시계는 가격이 비쌌지만,[10] 오늘날에는 7달러 정도면 구입할 수 있다.[11]

전통적인 기계식 시계 제작자들은 계속 작은 개선점들을 찾아내 시계

기계식 손목시계 내부[12]

출처: 픽사베이Pixabay @uginbuhlta

쿼츠 손목시계 내부[15]

출처: 위키미디어

를 제작할 수는 있었지만, 쿼츠 시계가 이뤄낸 혁명적인 개선과는 비교가 되지 않았다. 기계식 시계는 여전히 예술품으로서 가치를 지녔지만, 쿼츠 시계는 시간 계측의 새로운 기준이 됐다. 1977년 세이코는 세계에서 가장 큰 시계 제조업체가 된 반면,[13] 스위스 시계업계에 고용된 근로자 수는 1970년 9만 명에서 1988년 2만 8000명으로 크게 감소했다.[14]

최근의 예로는 일론 머스크Elon Musk를 들 수 있다. 머스크는 2016년 테슬라Tesla의 자율주행차 개발 계획을 발표하면서 자율주행이 사람이 운전하는 것보다 10배 더 안전해지면 그때 가서 자율주행차를 출시하겠다고 선언했다.[16] 10배 이상 안전하지 않으면 어차피 사람들도 자율주행차로 바꾸려 하지 않을 것이다.

앞서 살펴본 바와 같이 0-to-1 제품을 만들 때는 현 상태에서 약간만 개선해서는 안 된다. 한두 가지 기능을 추가하는 것만으로는 사람들의 구매 결정을 유도할 수 없다. 기존의 제품들과 확연히 다른 제품을 만들어내야 한다. 이상적으로는, 아무도 손댄 적이 없는 시장에 진입해야 할 것이다. 즉 아직 한 번도 사용되지 않은 공급을 사용하고 전혀 충족되지 않은 수요를 충족할 수 있는 상황이라면 더할 나위 없이 좋을 것이다.[17] 물론 첫 번째 주자가 아니라도 시장에 막 진입한 다른 경쟁자들보다 한 단계 더 앞서 나갈 수 있다면 충분히 잘 해낼 수 있다. 구글도 최초의 검색엔진이 아니었고, 페이스북도 최초의 소셜네트워크가 아니었다.

다만 0-to-1 제품을 만들 생각이라면, 특정 기능만을 생각하는 수준에 머물러서는 안 된다. 한두 가지 기능을 두고 경쟁해서는 10배 더 좋은 제품을 얻을 수 없기 때문에 그보다 훨씬 더 큰 그림을 그릴 수 있어야 한다.

1-to-N

한편, 1-to-N 제품은 제품 시장 적합성을 이미 달성한 상태이기 때문에 주 목표는 규모를 확대하는 스케일 업scale up과 지속적인 개선에 있다. 대기업에서 성숙기 제품mature product을 맡아본 사람이라면 관련성 유지, 수익률 유지, 경쟁업체의 시장점유율 방어, 고객 재유치를 위한 지속적인 신기능 추가 등 성숙기 제품이 직면할 수 있는 과제에 대해 잘 알고 있을 것이다.

모방하기 어려운 장점

1-to-N 제품과 관련해서는 넷플릭스 전 최고제품책임자Chief Product Officer 깁슨 비들Gibson Biddle 이야기에서 시작하는 게 좋겠다.[18] 비들은 1-to-N 제품의 개발 로드맵을 만들 때 고객 만족, 모방하기 어려운 장점, 마진 증대라는 세 가지 핵심 영역에 초점을 맞춰야 한다고 말한다.[19]

첫 번째와 세 번째 영역은 간단하게 해결할 수 있지만, 모방하기 어려운 장점을 찾기는 어려울 수 있다. 비들은 모방하기 어려운 8가지 장점을 다음과 같이 제시한다.[20]

1. 강력한 브랜드a strong brand
2. 네트워크 효과network effect
3. 규모의 경제economies of scale
4. 카운터 포지셔닝counter-positioning

5. 고유한 기술unique technology

6. 전환비용switching costs

7. 프로세스에 대한 지식knowledge of processes

8. 획득 자원captured resources

아마존을 예로 들어 이 8가지 장점을 살펴보겠다.

첫 번째 장점인 강력한 브랜드는 굳이 설명할 것도 없다. 아마존은 탁월한 제품 선별, 가격, 편의성 덕분에 미국에서 가장 사랑받는 브랜드 중 하나로 꾸준한 평가를 받고 있다.[21] 마케팅에 대해서는 7부에서 살펴보겠지만, 브랜드를 구축하는 데에는 많은 시간과 노력이 소요된다.

두 번째는 네트워크 효과다. 아마존은 사람들이 사고팔 게 있으면 가장 먼저 찾는 곳으로, 구매자와 판매자로 넘쳐난다. 이 같은 상황은 **런어웨이 루프**runaway loop를 만들어낸다. 런어웨이 루프란 구매자가 많으면 더 많은 판매자가 참여하게 되고, 그러면 또 더 많은 구매자가 참여하고, 그 결과 더 많은 판매자가 참여하는 현상이 계속 반복되는 것을 말한다. 이러한 현상이 지속되면 경쟁업체가 따라잡기에 매우 어려운 상황이 된다.

세 번째는 규모의 경제다. 아마존은 포장, 컴퓨팅 파워, 물류 창고 같은 비용에서 대량 구매 할인을 받을 수 있을 정도로 규모가 크다. 아마존은 자체 도입한 배송 트럭으로 배송망을 구축해 페덱스FedEx 같은 운송업체와 계약하는 것보다 훨씬 더 좋은 가격으로 제품과 서비스를 제공할 정도로 그 규모가 어마어마하다.[22]

네 번째 장점인 카운터 포지셔닝은 간단하게 정의할 수 있는 특이한 용어다. 아마존이 경쟁업체들은 따라할 수 없는 것을 제공할 때마다 이는 말 그대로 모방하기 어려운 장점이 될 수 있다. 예컨대 아마존 프라임 Amazon Prime이 2일 이내 무료 배송 서비스를 추가했을 때, 월마트Walmart와 같은 경쟁사들은 아마존을 따라잡기 위해 부단히 애를 썼다.[24]

CODE 1 제품 설계

아마존 프라임 트럭 같은 물리적 인프라는 구축하는 데 큰 비용이 들지만 아마존에 지속적인 비용 우위를 제공한다.[23]

출처: 위키미디어

다섯 번째는 고유한 기술이다. 아마존은 10분마다 제품 가격을 자동으로 업데이트할 수 있을 정도로 방대한 고객 구매 패턴 데이터를 보유하고 있다.[25] 앞서 설명한 런어웨이 루프와 마찬가지로 이 장점 역시 반복적인 현상을 만들어낸다. 즉 데이터가 많을수록 매출이 증가하고 매출이 증가하면 데이터가 다시 증가하면서 또다시 매출이 증가하는 선순환이 일어난다. 이러한 선순환은 아마존의 발전을 이끄는 원동력이며, 데이터 보유량이 상대적으로 적은 경쟁사들 입장에서는 따라잡기에는 어려운 장점이다.

여섯 번째는 전환비용이다. 아마존 프라임 멤버십 회비를 내는 유료 회원이라면, 아마존 외에 굳이 다른 곳에서 쇼핑하는 것이 망설여질 수 있다. 다른 곳에서 쇼핑을 하면 돈을 낭비하고 있다는 생각이 들기 때문이다. 따라서 아마존과 경쟁하는 이커머스(전자상거래) 기업들이 고객들로 하여금 자사의 멤버십 서비스나 웹사이트를 이용하도록 유도하기란 애초에 어려울 수밖에 없다.

일곱 번째는 프로세스에 대한 지식이다. 아마존은 창고 관리,[26] 배송, 주문 처리와 관련해서 타의 추종을 불허하는 지식을 갖춘 최강의 물류 기업이다.[27] 경쟁사들 역시 아마존처럼 효과적인 이커머스 프로그램을 운영하기 위한 전문 지식을 쌓을 수 있겠지만, 그렇게 하기까지는 많은 시간이 걸릴 것이다.

마지막 여덟 번째는 획득 자원이다. 아마존은 디지털 결제 인프라, 배송 물류, 창고 자동화를 망라한 1만 건 이상의 특허를 보유하고 있다.[28] 또한 약 100만 명의 직원을 두고 있다.[29] 아마존의 지휘 아래 일하고 있는 이 엄청난 규모의 인적 자원은 모방하기가 어렵다.

1-to-N 제품의 기능이나 방향을 새로 설계할 때 핵심 목표는 고객 만족, 모방하기 어려운 장점, 마진 증대라는 세 가지를 최대한 달성하는 데 초점이 맞춰져야 한다. 비들은 넷플릭스에서 상품별로 달성한 영역마다 1점씩 부여했다. 세 영역을 모두 달성한 상품은 녹색으로 표시했고, 두 영역을 달성한 상품은 노란색으로 표시했으며, 한 영역 이하 달성 시에는 빨간색으로 표시했다.[30]

스스로를 파괴하기

세 가지 핵심 영역을 따르는 것이 제품과 비즈니스를 개선하는 데 유용하다는 것은 다시 말할 필요가 없다. 하지만 기업들은 보다 멀리에 있는 훨씬 더 높은 산은 깡그리 무시한 채 바로 코앞에 있는 언덕을 오르는 데 집착하는 경우가 아주 많았다. 너무 두려운 나머지 내가 나를 파괴하지 못하면, 남이 나를 파괴한다!

그 대표적인 예가 한때 "그 시절의 구글"로 불릴 정도로 강력한 20세기 사진 필름 기업으로 군림했던 코닥Kodak이다.[31] 코닥은 아날로그 카메라용 필름을 판매해 시장을 완전히 장악했다. 한때 코닥은 필름 시장의 90%, 카메라 시장의 85%를 점유하기도 했다.[32] 1996년 절정에 달했던 코닥은 160억 달러 이상의 매출을 올렸고 세계에서 다섯 번째로 큰 가치를 지닌 브랜드가 됐다.[33]

CODE 1 제품 설계

그러나 1990년대에 디지털카메라가 혜성처럼 등장하면서 인기를 끌었다. 코닥이 아날로그와 필름 사업에서 돈을 뽑아내는 데에만 급급할 때, 후지필름 같은 소규모 경쟁사들은 디지털 사업에 뛰어들었다.[35] 2002년 디지털카메라 판매량이 아날로그 카메라 판매량을 넘어섰고, 디지털카메라는 성공 가도를 이어갔다.[36] 2010년 필름 판매량은 1990년대 최고 매출의 10분의 1에도 못 미치는 수준이었고, 아날로그 카메라 판매량은 사실상 제로에 가까웠다.[37] 2011년 코닥은 쓸모없는 특허로 가득한 기업으로 전락했고, 2012년에는 파산해 뉴욕 증권 거래소에서 퇴출됐다.[38]

아이러니한 점은 1975년 코닥이 디지털카메라를 발명했다는 사실이다! 코닥의 한 엔지니어가 디지털카메라 시제품을 만들었지만, 코닥 경영진은 필름이 필요 없는 카메라가 수익성 있는 필름 사업에 지장을 줄 것을 우려해 그 아이디어를 묵살했다.[39]

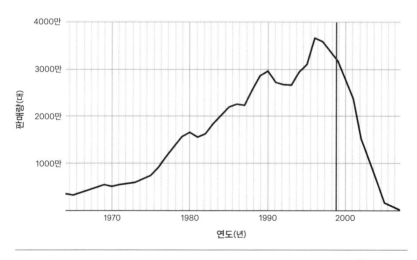

1965~2008년 필름 카메라 판매량

디지털카메라가 출시된 후 필름 카메라 판매가 급감했다.(1999년경 수직선 기준)[34]
출처: 포토그래피 라이프Photography Life

1975년 스티븐 사손Steven Sasson이 최
초로 개발한 디지털카메라 시제품[40]

출처: 플리커Flickr @Burnick

코닥의 사례는 1-to-N 단계에 안주하는 기업들은 기존 사업에 지장을 줄 수 있는 기술의 도입을 주저하지만, 그들 대신 경쟁사가 선택한 바로 그 기술이 언젠가 그들을 파괴할 수 있다는 것을 보여준다. 만약 주력 상품이 1-to-N인 기업에서 일하고 있다면 이런 근시안적인 생각의 흐름을 늘 경계해야 한다. 팀 우Tim Wu는 이런 근시안적 관점을 **크로노스 효과**Kronos effect라고 불렀다. 자식 중 하나가 자기를 왕위에서 몰아낼 것을 우려해 자식들을 잡아먹은 그리스 신의 이름을 따온 것이다.[◆42]

0-to-1과 1-to-N의 균형

더 큰 교훈은 기업들이 0-to-1 제품이나 1-to-N 제품에만 집중해서는 안 된다는 것이다. 코닥처럼 1-to-N 제품에만 집중할 경우, 앞으로의 사업을 위해 꼭 필요한 0-to-1 제품을 놓칠 수 있다.

반대로 0-to-1 제품에만 집중할 경우, 1-to-N 제품을 개발하는 데 필요한 자금을 안정적으로 조달하지 못할 것이다. 2016년 20억 달러의 자금을 조달하며 화제가 됐던 증강·가상현실 스타트업 매직리프MagicLeap를 예로 들어보자.[43] 당시 매직리프는 신뢰할 만한 1-to-N 제품이 없었다. 그래

◆ 그리스 신화에서 크로노스의 자식들 중 하나인 제우스가 살아남아 형제들을 구해냈고 크로노스를 죽여 응징했다.[41]

서 모험적이고 획기적인 헤드셋 제품에 모든 자금을 쏟아부었다. 헤드셋 제작이 완전히 실패하면서 매직리프는 인력을 절반으로 감축하고 주력 상품을 대폭 축소해야 했다.[44]

성공적인 기업들은 안정적인 매출을 올리는 1-to-N 제품과 차세대 제품이 될 0-to-1 제품이 적절히 균형을 이루는 제품 포트폴리오를 갖고 있다. 1-to-N 제품으로 벌어들인 돈으로 0-to-1 제품 개발에 투자하면, 그 0-to-1 제품이 기업의 미래를 보장해줄 수 있다. 즉 1-to-N 제품이 더이상 제 역할을 못하게 될 때를 대비할 수 있다. 혼합현실mixed-reality 헤드셋으로 큰 성공을 거둔 기업이 다름 아닌 메타(오큘러스Oculus[45])와 마이크로소프트(홀로렌즈Hololens[46]) 같은 기업들이라는 점에서 우리는 그 이유를 확인할 수 있다. 메타와 마이크로소프트는 페이스북 앱과 오피스Office 같은 기존의 캐시카우로 벌어들인 수익을 실험적인 기술을 개발하는 데 투자해왔다.

캐시카우라는 용어는 실제로 이러한 다각화 전략의 중요성을 말해준다. 포트폴리오 분석 기법으로 잘 알려진 **BCG 성장률-점유율 매트릭스**BCG growth-share matrix는 캐시카우 즉, 효자상품을 다른 사업 범주의 제품과 비교해 분석한다.[47]

캐시카우(현금 젖소)는 성장률이 낮지만 시장점유율이 높으므로 젖줄이 마를 때까지 한동안 꾸준히 수익을 창출할 수 있다. 그러나 BCG 성장률-점유율 매트릭스는 단순히 캐시카우 사업에만 투자해서는 안 된다는 것을 보여준다. 초기 시장점유율은 낮지만 성장 가능성이 높은 0-to-1 제품을 의미하는 물음표 사업에도 투자해야 한다. 흔한 경우는 아니지만 이상적으로 볼 때 성장률도 높고 시장점유율도 높은 스타 범주에 속하는 제품을 얻을 수도 있겠지만, 결국 스타 사업에 속하는 제품들도 성장률이 둔화돼 캐시카우 제품이 될 것이다. 끝없이 성장하는 제품이나 사업은 없다.

따라서 기업들은 0-to-1 제품이 속한 물음표 사업과 1-to-N 제품이

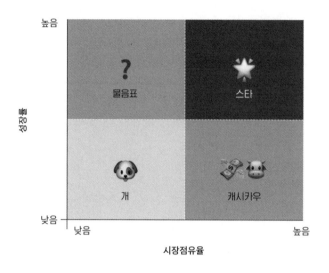

BCG 성장률-점유율 매트릭스[48]
출처: 넷엠비에이NetMBA

속한 캐시카우 사업이 적절히 조화를 이루도록 균형을 맞출 필요가 있다. 결국 기업에는 0-to-1 제품을 성장시킬 수 있는 '몽상가dreamer'와 1-to-N 제품과 관련된 과제를 해결할 수 있는 '행동가doer' 이 두 가지 유형의 PM 이 있어야 한다.

경력 개발에 대해 생각할 때, 자신이 어떤 유형에 속하는지 잘 따져보길 바란다. 꼭 어떤 한 유형이 되어야 하는 것은 아니지만, 특정 영역에 더 전문화되면 경력에 유리할 수 있다.

CODE 1 제품 설계

2장

Solving the Right Problem

올바른 문제 해결하기

0-to-1 제품을 만들고자 하는 사람이라면 애플III를 만들 당시 스티브 잡스의 방식을 따르고 싶을 것이다. 한편으로 무엇을 만들고 어떤 기능을 갖추고 누구에게 판매할지 미리 결정하고 싶은 마음도 들 것이다. 하지만 그렇게 할 경우 일을 그르칠 가능성이 매우 크다. 일단 미리 예측하기가 매우 어렵고, 그런 식으로 미리 결정하려는 노력이 오히려 전혀 다른 길로 몰고 갈수 있다.

신중하게 검토하지 않은 상태에서 리더가 애착을 갖고 있다는 이유만으로 회사의 우선순위가 되는 프로젝트는 특히 더 위험할 수 있다.[1] 그런 프로젝트에 희생되어 폐기된 제품들이 엄청나게 많다. 대규모 소셜 네트워크 프로젝트인 구글플러스Google+를 생각해보자. 2011년 구글검색Google Search을 지휘하던 빅 군도트라Vic Gundotra는 페이스북에 맞서 겨룰 만한 서비스를 제공하는 게 매우 중요하다는 확신을 품고 구글플러스를 시작했다.[2] 구글은 자사 제품 대다수를 구글플러스와 강제로 연동시켰고, 심지어 모든 직원의 보너스를 구글플러스의 성공과 연결 지었다.[3] 그러나 구글플러스는 제품 시장 적합성을 달성하지 못했고, 서서히 흐지부지되다가[4] 결국 2020년 서비스를 완전히 종료하고 말았다.[5] 군도트라는 그런 무모한 프로젝트에 전력투구하지 말았어야 했다.

그렇다면 잘못된 문제에 함부로 뛰어드는 일을 피할 수 있는 방법은 무엇일까? 바로 상향식bottom up 접근 방식을 제품 개발의 출발점으로 삼는 것이다. 즉 리더가 아닌 사용자가 제품 설계를 주도하도록 해야 한다.[6]

동기부여가 되는 시장 찾기

0-to-1 제품 설계는 목표시장을 찾는 것에서부터 시작된다. 틀에 박힌 조언을 하자면, 직면한 문제를 해결해야 한다. 즉 가려운 곳이 있으면 긁어야 한다는 말이다.[7] 그러나 사용자 조사를 하면서 우리가 가장 먼저 발견하게 되는 것은 사람들은 대부분 우리와 다르고, 우리와 같은 사람들은 전체 인구 중 일부에 불과하다는 사실이다.

자기 스스로 느끼는 불만을 찾아내는 것도 분명 타당한 접근 방식이 될 수 있지만, 우리가 선호하는 접근 방식은 기존 해결책에 큰 불만을 느끼면서도 뭔가를 하고자 하는 의욕이 충만한 사람들로 구성된 소규모 그룹을 찾아내는 것이다.

만약 어떤 문제가 별로 대수롭지 않게 느껴진다면, 그 사람들은 기존 해결책이 다소 마음에 들지 않아도 굳이 새로운 해결책을 찾기 위해 애쓰지 않을 것이다. 그렇다고 해서 슈퍼 틈새시장super-niche 사업이 가치가 없는 것은 아니다. 새로운 시리얼 개발을 목표로 한 상품인 매직 스푼magic spoon은 한때 5500만 달러의 자금을 지원받기도 했다.[9] 하지만 슈퍼 틈새시장 공략으로 얻을 수 있는 가치는 그리 높지 않다.

한편, 시장 참여자들이 기존 해결책에 만족하고 있다면, 먼저 선점한

CODE 1 제품 설계

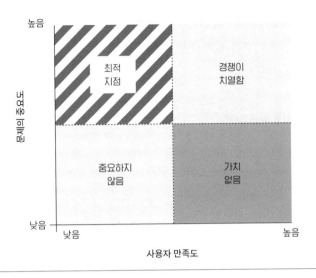

그들보다 10배 더 뛰어난 해결책을 내놓는 건 어려운 일이다. 에어비앤비를 모방한 수많은 소규모 숙박 공유 플랫폼[10]처럼 거대한 시장 속 틈새를 공략해 개척할 수 있다면 비교적 좋은 성과를 거둘 수도 있겠지만, 1억 달러 규모의 비즈니스가 되기는 어려울 것이다.

　　소리 높여 불평할 사람들이 필요하다. 그들을 찾아내야 한다. 소리 높여 문제를 제기한다는 것은 그 문제가 그들에게 중요할 뿐 아니라 그들이 기존 해결책에 만족하지 못하고 있다는 사실을 보여주는 신호이기 때문이다. 예를 들어 엣시Etsy 창업자들은 원래 프리랜서 웹 개발자였다. 그들이 공예가를 위한 온라인 포럼을 만들고 운영하면서 가장 자주 접한 게시물 중 하나가 이베이eBay의 형편없는 서비스에 대해 불평하는 사람들이 올린 게시물이었다. 사람들은 이베이가 수수료도 비싸고 이용하기 어렵고 즉각적인 고객 응대도 이뤄지지 않는다고 불평했다. 포럼에 참여한 사람들은 이베이 말고 "나의 공예품을 판매할 수 있는 곳이 있으면 좋겠다"라는 의견을 냈다. 그런 의견은 확실한 시장 기회가 있다는 사실을 나타내는 강력한 신호였고, 그 기회를 포착한 엣시는 10년도 채 되지 않아 20억 달러의 가치 평가를 달성했다.[11]

면접자를 위한 꿀팁!

메타나 구글 같은 대기업에 제품 아이디어를 제안할 경우, 틈새시장을 집중 공략해서는 안 된다. 틈새시장을 노리는 1천만 달러짜리 아이디어들은 차고 넘친다. 그런 아이디어들은 5명이 모여 창업한 스타트업에는 아주 좋은 제안이 되기도 하지만, 대기업 입장에서 보면 그저 성가신 제안에 불과할 수 있다. 경험에 비춰보건대, 연간 최소 1억 달러를 벌어들이거나 1억 명의 사용자를 확보할 수 있는 아이디어가 아니라면 거대 테크 기업이 그 제안을 받아들여 시간을 투자하는 일은 거의 일어나지 않을 것이다.

시장을 찾는 데 도움이 될 만한 또 다른 방법은 바로 불편을 감수하면서까지 뭔가를 꼭 하려는 사람들을 찾아내는 것이다. 즉 가시밭길을 걸어가는 사람들이다.[12]

드롭박스Dropbox 창업자인 드류 휴스턴Drew Houston은 사람들이 자기 이메일 계정으로 파일을 전송하다 보면 결국 받은 편지함 용량이 부족해지는 불편을 겪고 있는 만큼 온라인 파일 스토리지 서비스를 간절히 원할 거라고 예측했다.[13]

또 다른 예로, 개인 금융서비스를 제공하는 민트Mint의 창업자들은 사람들이 퀵큰Quicken이나 마이크로소프트 머니Money 같은 개인용 회계 프로그램으로 지출 항목을 분류하는 데 매주 몇 시간이나 할애해야 한다는 사실을 깨달았다. 그 지루한 작업에 몇 시간씩 할애할 정도로 지출 항목을 정리하는 일은 매우 중요했고, 이는 그 작업을 자동으로 수행하는 제품이 있다면 확실히 사람들의 관심을 끌 수 있을 거라는 신호였다.[14]

CODE 1 제품 설계

틈새에 머물러라

위와 같은 방법을 통해 찾을 수 있는 시장은 아마도 그 규모가 아주 작을 것이다. 사용자가 100명에 불과한 스타트업 기업은 유니콘 기업이 될 수 없기 때문에 시장을 넓히고 싶은 마음이 들 수도 있다. 그러나 처음에는 그런 충동을 억누르고 틈새에 머물러야 한다.

그 이유는 시장을 독점할 수 있을 때 제품은 성공할 수 있고, 당연히 작은 시장이 큰 시장보다 독점하기가 쉽기 때문이다.[15] 속담에 "용의 꼬리보다 닭의 머리가 낫다"는 말이 있다. 실제로 성공한 제품 중에는 작은 시장을 점유해나가는 것으로 시작한 경우가 많다. 메타는 하버드에서 시작해 전 세계로 뻗어나갔고, 리프트Lyft와 우버는 샌프란시스코에서 시작했다. 아마존은 온라인 서점으로 시작해 소매 제국으로 성장했고, 넷플릭스는 1990년대 DVD 매니아들이 모여 있는 변두리 네트워크를 장악하면서 시작했다. 당시 넷플릭스는 DVD를 우편으로 배달했다.[16]

작게 시작해야 하는 현실적인 이유도 존재한다. 아무래도 처음에는 큰 시장에서 경쟁하는 데 필요한 자금, 인력, 내공이 부족할 것이다. 성장 동력을 얻게 해줄 **플라이휠**flywheel회전하는 물체의 회전 속도에 안정감을 주기 위한 무거운 바퀴-옮긴이을 갖춰야 하고, 작은 시장에서부터 플라이휠을 가동해나가야 한다. 일단 작은 시장에서 어느 정도 수익을 내 자금을 확보하면 점점 더 큰 시장으로 시장을 확대해나갈 수 있다.

테슬라가 바로 그 완벽한 예가 될 수 있다. 일론 머스크는 거액을 받고 페이팔PayPal을 매각했지만, 그 자금은 차세대 포드Ford나 GM을 설립하기에는 부족했다.[17] 테슬라는 고급 스포츠카인 테슬라 로드스터Tesla Roadster 모델 하나를 판매하는 것으로 사업을 시작했다. 테슬라 로드스터는 10만 달러가 넘는 가격에 판매됐고, 첫 모델은 500대밖에 생산되지 않았다.[18] 그러나 테슬라는 그 500대를 판매해 벌어들인 자금으로 꾸준히 시장을 확대해나갈 수 있었다.[19] 테슬라는 이후 10년 동안 모델 S 세단, 모델 X SUV(스

1세대 테슬라 로드스터[21]

출처: 위키미디어

포츠유틸리티차량), 비교적 저렴한 모델 3를 출시했다.[20]

머스크는 왜 고급 자동차 시장에서 시작했을까? 우선 고급 자동차 시장은 작은 시장이었고, 그래서 성공 확률이 높다고 보았다. 하지만 보다 더 중요한 이유는 대량 판매를 목적으로 하는 저가의 대중 시장 상품은 고도로 최적화된 공급망과 엄청난 규모의 경제를 필요로 한다는 데 있다.[22] 신제품이 그와 같은 요건을 모두 갖추기는 어렵기 때문에 대중 시장에서 경쟁력 있는 가격을 제시할 수 없었다. 고급 제품을 선호하는 고객만이 비용 최적화가 이뤄지지 않은 실험적인 신제품에 붙는 프리미엄을 기꺼이 지불하려 할 것이다.

틈새시장에서 시작해야 하는 또 다른 이유는 어떤 신제품이든 출시 후 도산을 면하고 살아남으려면 소규모의 열성팬이 필요하기 때문이다. 특정 제품에 열광하는 팬들이라면 완벽하게 다듬어지지 않은 기능을 시험해보고 매일 그 제품을 사용하면서 자발적으로 다양한 피드백을 제공할 것이다. 아무도 그 제품에 관심을 보이지 않을 때조차 기꺼이 돈을 지불하고 제품을 구입하려 할 것이다.

이런 요소 하나하나가 우수한 제품을 만드는 데 필수이다. 그렇기 때

CODE 1 제품 설계

문에 만들려고 하는 제품과 해결하려는 문제에 큰 관심을 가진 사용자들을 찾을 수 있는 틈새시장을 선택해야 한다. 과학기술 문화 잡지《와이어드Wired》를 창간한 케빈 켈리Kevin Kelley는 "제품을 만들 때 그 제품을 사용하기 위해서라면 어떤 일도 마다하지 않고 그 제품이 단종되면 망연자실할 **열성팬 1000명** 정도는 확보하고 있어야 한다"고 말한다.[23]

그런 열성팬 1000명을 얻기 위해 처음에는 이리저리 열심히 움직여야 할 수도 있다. 컨트리 음악 스타인 테일러 스위프트Taylor Swift를 예로 들어보자. 스위프트는 음악 활동을 시작하면서 팬덤이 제로인 상태에서 팬을 늘려나가야 했다. 그녀는 자신의 마이스페이스My Space 페이지에 글을 올린 모든 사람에게 일일이 답했고, 사인 받기를 원하는 모든 사람에게 사인을 해줬다. 심지어 17시간 동안 팬 미팅을 가졌고, 3000명의 팬과 사진을 찍으며 인사를 나눴다.[24] 이러한 노력은 지속 가능하지는 않았지만, 스위프트는 열성팬 수천 명을 얻었다. 그 후 그녀의 팬덤은 입소문과 콘서트 등을 통해 자연스럽게 성장해갔지만, 그런 선순환이 시작되기까지 부단히 활동하는 노력을 기울여야 했다. 이처럼 팬덤을 확보하기란 결코 쉬운 일이 아니지만, 일단 팬덤이 형성되면 앞으로 추진해나갈 모든 사업의 성장 기반이 되어줄 것이다.

생각했던 사용자가 아닌데?

PM 대부분은 그들 자신이 안고 있는 문제를 가장 잘 알고 있기 때문에 자신과 비슷한 사람들을 위한 제품을 만들기 마련이다. 이와 함께 샌프란시스코 베이 지역 사람들이 기술을 좋아하고 새로운 제품 만들기를 좋아한다는 사실을 결합해 생각해보면, 그렇게 많은 신제품이 해안 도시의 젊은 화이트칼라 전문가들, 즉 **여피족**[25]을 겨냥한 제품이라는 것도 놀랄 일이 아니다. 반려견 산책 앱, 음식 배달 플랫폼 등이 넘쳐나는 이유 역시 같은 맥락에서 이해할 수 있다.

젊은 전문직 종사자와 기술 분야 지식인들을 공략한 마케팅은 실제로 효과가 있었다. 이 부류의 사람들이 가장 많이 모이는 곳인 트위터Twitter는 사우스 바이 사우스웨스트South By Southwest 테크 콘퍼런스에서 시작됐다.[26]

하지만 어떤 제품들을 보면, 제품을 만든 사람과 그 제품을 사용하는 사용자가 전혀 맥락이 없는 경우도 있다. 핀터레스트Pinterest의 창업자는 원래 기술에 관심이 많은 친구들을 겨냥해 서비스 제품을 내놓았지만, 정작 그 제품을 좋아하게 된 사람들은 요리법을 모으고 집을 새로 꾸미는 것과 같은 단순한 일들을 하고 싶어 하는 평범한 사람들이라는 사실을 깨달았다.[27]

일반적인 기술 전문가들은 전혀 생각지도 못하는 수요자들의 문제를 해결해주는 가치 있는 제품들도 많다. 2019년 10억 달러 투자를 유치한 물류 스타트업 플렉스포트Flexport를 생각해보자. 보통 사람들은 물자, 수출, 물류 분야에서 일하는 사람을 전혀 모를 수도 있겠지만, 플렉스포트는 그 분야가 매우 큰 시장일 뿐 아니라 기술이 꼭 필요한 시장이라는 사실을 깨달았다.[28] 기술 전문가 대부분이 간과하고 있는 시장을 찾아내는 것이 실제로 경쟁 우위가 될 수 있다. 모르긴 해도 물류 스타트업보다 건강 추적 스타트업이 훨씬 더 많을 것이다.

첨단기술이라는 함정 피하기

시장을 발견하고 그 시장에서 해결책을 필요로 하는 문제를 발견하면 첨단기술이 접목된 해결책을 마련하고 싶은 생각이 먼저 들 수 있다. 보통 PM이라면 눈에 띄는 기술을 시장에 선보이고 싶기 마련이다. 그러나 많은 경우, 그러한 기술이 꼭 필요하지 않을 뿐 아니라 실제로 가장 현명한 전략이 아닐 수도 있다는 사실을 알게 될 것이다.

CODE 1 제품 설계

팬암과 아메리칸 항공

항공사를 예로 들어보자. 팬암Pan Am이라는 약칭으로 불리는 팬 아메리칸 월드 항공Pan American World Airlines은 20세기 전반을 통틀어 미국에서 가장 독보적인 항공사였고, 1927년 설립해 1991년 파산할 때까지 미국에서 가장 큰 항공사였다.[29] 팬암은 **과거** 오랫동안 미국을 대표했다. 미국 정치인과 외교관들이 팬암을 이용했다. 에어 캐나다, 스페인의 이베리아, 독일의 루프트한자가 그 국가를 대표하는 국책 항공사인 것처럼 팬암은 미국의 비공식 국책 항공사로 널리 알려져 있었다.[30] 1960년대에 악명 높은 사기꾼 프랭크 애버그네일Frank Abagnale이 항공사 조종사를 사칭하기로 결심했을 때, 그가 선택한 항공사가 바로 세계적인 지위와 명성을 자랑하는 팬암이었다.[31]

팬암의 독보적인 지위는 엄청나게 발전한 항공 기술에 상당 부분 바탕을 두고 있었다. 팬암은 미국을 제트기 시대로 이끌었고,[33] 미국인들이 대양과 대륙을 오갈 수 있게 해줄 더 크고 빠른 항공기를 제작하기 위해 보잉Boeing과 협력했다. 1955년 팬암은 최초로 보잉 707을 주문한 항공사였다.[34] 1966년에는 가장 유명한 여객기 보잉 747을 최초로 주문했다. 심지어 팬암

1990년대 팬암의 점보제트기[32]

출처: 에어로 이카루스Aero Icarus

은 주문한 여객기를 디자인하는 과정에서도 보잉과 긴밀히 협력했다![35]

아무도 팬암을 기술적으로 따라잡을 수 없었기 때문에 팬암은 미국 항공 산업을 오랫동안 지배했다. 그러나 1970년대에 접어들면서 경쟁사들이 팬암을 따라잡기 시작했고, 1973년 석유 파동으로 연료비가 치솟으면서 팬암은 점점 더 큰 손실을 입기 시작했다. 또 항공 수요 감소는 팬암의 값비싼 747 여객기들의 공석률이 점점 더 높아지고 있음을 의미했다.[36] 1991년 팬암의 손실은 하루에 3100만 달러에 달했고, 그해 팬암은 결국 파산했다.[37]

팬암의 이야기에서 우리가 얻을 수 있는 교훈은 기술 혁신을 통해 성공했다면, 기술 혁신에 의해 실패할 수도 있다는 것이다.

1970년대만 해도 평범한 항공사였을 뿐 팬암의 최신 엘리트 항공기나 문화적 명성과 비교하면 한참 뒤쳐져 있던 아메리칸 항공의 이야기와 비교해보자. 아메리칸 항공은 기술력 경쟁을 원하지 않았다.[38] 대신, 1976년 할인 요금 제도인 '슈퍼 세이버Super Saver'를 도입하고[39] 기내식의 석식 샐러드에 들어가는 올리브 중 한 개를 줄이고(이로써 연간 4만 달러를 절약할 수 있었다)[40] 급여를 줄이기 위해 조종사 노조와 협상하고[41] 최초의 고객충성도 프로그램 중 하나를 추가하고[42] 컴퓨터를 이용한 예약 발권 시스템을 개발해 도입했다.[43]

세이버Sabre라는 아메리칸 항공의 예약 시스템은 특히 더 흥미로운 사례연구 대상이다. 아메리칸 항공은 국내 여행사들에 이 시스템을 제공했다. 그런데 세이버의 항공편 목록을 열면 아메리칸 항공의 항공편이 다른 항공사의 항공편보다 먼저 조회됐다. 따라서 세이버를 사용하는 여행사에서 아메리칸 항공이 50% 더 많은 수익을 올렸다는 것은 놀랄 일이 아니다.[44] 또 여행사에서 세이버를 사용해 항공권을 예약할 때마다 소정의 수수료를 부과한 덕분에 1985년 당시 아메리칸 항공은 항공권을 판매해 얻은 수익보다 더 많은 수익을 세이버로 벌어들이고 있었다.[45]◆

아메리칸 항공이 1970년대 항공 산업 규제 완화의 여파에서 살아남은 몇 안 되는 항공사 중 하나이자, 오늘날 세계에서 가장 큰 항공사 중 하나가 될 수 있었던 이유는 아메리칸 항공이 보유한 항공기와는 관련이 없다.[46] 아메리칸 항공이 계속해서 사업을 유지할 수 있었던 것은 일련의 현실적인 사업 전략 덕분이었다.

기술 혁신과 전략 혁신

최첨단 해결책을 내놓는 것만이 당면한 문제를 해결하기 위한 최선의 방법이 아니라는 것을 보여주기 위해 팬암과 아메리칸 항공의 사례를 살펴보았다. 이처럼 화려하지 않지만 훨씬 큰 영향력을 발휘할 수 있는 비즈니스 모델로 혁신을 꾀하는 게 더 나은 경우도 있다.

선두를 달리고 있는 테크 기업 중 상당수는 특별히 더 혁신적인 기술을 보유하고 있지는 않지만, 기존 기술을 획기적인 방식으로 접목하는 방식을 택하고 있다. 2010년 우버가 출범했을 때[47] 아이폰은 GPS와 3G를 이미 2년 동안 사용하고 있었고,[48] 택시는 수백 년 전부터 존재했었다. 우버의 혁신은 사용자들이 자기 전화로 차량을 호출해 이용할 수 있도록 여러 기술을 접목했다는 것이다.

자동차와 관련된 예를 하나 더 들자면, 바로 테슬라다. 전기자동차는 1881년 프랑스에서 전기 세발자전거가 개발된 이후 지금까지 존재해왔으며,[49] 테슬라는 전기 스포츠카인 로드스터를 출시하기 10년 전인 1996년에 대중을 위한 전기차가 처음 출시됐다.[50,51] 테슬라는 전기차를 최초로 제작하지는 않았지만, 부유하고 영향력 있는 사람들이 사고 싶어 하는 전기차를 최초로 제작한 것이다. 테슬라는 획기적인 발명이 아닌 디자인, 브랜딩,

◆ 이는 포드가 실제 자동차 판매로 벌어들이는 수익에 맞먹는 수익을 금융 부문(자동차 대리점과 구매자들에게 대출 서비스 제공)에서 벌어들이는 것과 매우 유사하다. 그래서 포드를 두고 "자동차 대리점이 딸린 은행"이라고 말하기도 한다.

마케팅 덕분에 시장에서 성공했다.

보통 제품을 만들 때 기술 혁신으로 시작하는 경우가 많지만, 획기적인 전략 혁신 방법을 찾게 되면 실제로 시장에서 우위를 차지할 수 있다. 구글의 웹페이지 순위 기술은 혁신적이었지만, 처음에는 그저 훌륭한 박사과정 프로젝트에 불과했다. 사실 2000년까지 구글은 창립자인 래리 페이지Larry Page와 세르게이 브린Sergey Brin이 검색 결과에 광고를 추가하는 것을 주저하면서 자금이 계속 줄고 있는 상황이었다.[52]

구글의 운명은 2000년 후반 페이지가 구글검색 광고 서비스를 선보이면서 바뀌기 시작했는데, 바로 이 광고 플랫폼이 나중에 애드워즈AdWords가 된다.[53] 2003년 구글은 웹사이트 소유자들이 애드센스AdSense를 통해 그들의 웹사이트에 광고를 게재할 수 있도록 했다.[54] 애드워즈와 애드센스라는 이 두 상징적인 광고 프로그램에 힘입어 구글의 매출은 2002년 4억 달러에서 2004년 32억 달러로 증가했고,[55] 같은 해 구글은 230억 달러 가치로 상장했다.[56]

물론 그렇다고 해서 기술 혁신이 경제적으로 성공할 수 없다는 뜻은 아니다. 핵심 산업은 물론이고 수많은 스타트업을 출범시킨 자율주행차, 기계학습, 심지어 블록체인도 경제적 성공을 이룬 예로 들 수 있다. 하지만 구글의 사례가 보여주듯 새로운 발명을 제대로 상업화하기 위해서는 현명한 사업 전략이 필요한 경우가 많다.

일단 해결하고 싶은 문제를 발견하면 핫한 신기술을 찾는 데 급급해하지 말아야 한다. 기술 혁신만으로 성공할 수 있는 경우는 거의 없고, 뛰어난 신기술이 전혀 필요하지 않은 경우도 많기 때문이다.

CODE 1 제품 설계

3장

Hypothesis Testing

가설 검증

목표시장이 어떤 문제를 해결해주길 원하는지에 대한 고민이 대략이라도 일단락되었다면, 이제 그 문제를 해결해줄 제품을 만들 차례다. 하지만 바로 실행에 옮겨 제품을 만들기 시작해서는 안 된다. 모든 제품 아이디어는 여러 가설을 기반으로 도출되며, 그중 일부는 불분명해 잘 드러나지 않을 수 있다. 성공적인 제품을 만들기 위해서는 세운 가설이 타당해야 한다. 즉, 가장 먼저 해야 할 일은 가설을 세우고 검증하는 것이다.

예컨대 슬랙Slack은 이메일보다 더 나은 의사소통 수단이 꼭 필요하다는 사실을 깨달았다. 하지만 슬랙이 성공하기 위해서는 기업에서 직원들이 좋아하는 제품을 구매해도 IT 팀이 크게 신경 쓸 일이 없다는 것을 입증해야 했다. 꽤 대담한 가설인 셈이다! 틱톡은 분명 훌륭한 콘텐츠와 기술을 보유하고 있었지만, 서양의 복잡한 소셜미디어 공간에 또 하나의 거대 소셜미디어 기업이 들어갈 자리가 있다는 것을 입증해야 했다. 그 밖에도 여러 사례가 있다. 제품에 대한 가설을 내세워 입증할 수 없다면, 그 제품이 현실적으로 성공할 가능성이 있는지는 결코 확인할 길이 없다.

CODE 1 제품 설계

가설 목록 작성하기

첫 번째 단계는 암묵적 가설을 글로 적어보는 것이다. 스스로 알지 못하는 가설이라면 검증할 수가 없다! 암묵적 가설은 마음 한구석에 묻혀 있어 쉽게 파악하기 어렵기 때문에 목록으로 작성할 수 있는 체계적인 방법이 있다면 유용할 것이다.

신제품에 대한 가설은 다음과 같이 5가지 항목으로 분류할 수 있다.[1]

항목	일반적인 표현법
문제	"사용자 그룹 또는 이해관계자 X가 Y와 관련된 문제를 겪고 있다고 생각한다."
해결책	"다른 유형이 아닌 X 제품 유형이 이 문제를 해결하기 위한 가장 좋은 방법이라고 생각한다."
가능성	"X와 같은 제품 제작이 현실적으로 가능하며 사용자 그룹 Y가 이 제품을 사용할 것이라고 생각한다."
팀	"우리 팀이 제품 X를 만들 수 있는 기술, 인지도, 자원을 갖고 있다고 생각한다."
경제학	"X에 맞는 사업을 구축함으로써 수익을 창출할 수 있다고 생각한다."

위의 5가지 항목으로 시작하면 도움이 될 것이다. 이제 남은 과제는 각 항목에 해당하는 가설을 골똘히 생각해내는 것이다.

핀테크 기업 스퀘어Square의 첫 제품을 살펴보자. 휴대전화 오디오 잭에 꽂아 사용하는 신용카드 리더기로, 작은 사각형 모양이

스마트폰에 연결하면 신용카드를 읽는 최초의 스퀘어 리더[3]

출처: 로젠펠드 미디어Rosenfeld Media

다. 트위터 창업자인 잭 도시Jack Dorsey는 2009년 유리 부는 직공인 그의 친구가 현금 결제만 가능하고 신용카드 결제를 하지 못해서 2000달러에 달하는 매출 손해를 입었다는 이야기를 듣고 스퀘어를 만들었다.[2]

잭 도시와 그의 친구는 아마도 다음과 같은 가설을 특히 염두에 두고 있었을 것이다.

항목	가설
문제	전 세계 소상공인들은 신용카드로 결제할 수 없기 때문에 매출이 감소한다. 일반적으로 소상공인들이 신용카드 리더기를 구하는 데는 어려움이 따르거나 비용이 많이 든다.
해결책	스마트폰에 꽂는 신용카드 리더기는 소상공인들이 신용카드 결제가 안 되어 감소한 매출을 만회하기에 가장 좋은 방법이다.
가능성	스마트폰용 애드온add-on 장치만 있으면 신용카드를 읽을 수 있다. 은행에서는 새로운 결제서비스를 허락할 것이고, 기업과 고객들은 이 작은 리더기를 신뢰할 것이다.
팀	트위터 창업자인 잭 도시는 신용카드 리더기의 초도 물량을 생산하고 스퀘어라는 회사를 뒷받침하는 데 필요한 충분한 자금을 트위터를 통해 조달할 수 있다.
경제학	스퀘어는 리더기 제작과 사업 지원에 드는 비용보다 더 많은 금액의 수익을 창출할 수 있다.

현재 시장과 그 시장이 겪고 있는 문제를 발견한 단계에 있다면 첫 번째 항목에 해당하는 가설만 채울 수 있을 것이다. 이 장의 나머지 부분을 살펴보면서 다른 항목들의 가설을 채워나간 뒤 그 가설들을 시험해보도록 하자.

사용자에게 배우기

목표시장의 문제 해결에 필요한 제품 유형을 파악하기 위해서는 타깃 사용자를 관찰하거나 그들과 대화를 나눠보는 게 좋다. 그 과정을 통해 본인이 염두에 뒀던 제품 유형을 타깃 사용자들은 필요로 하지 않는다는 사실을 알게 될지도 모른다.

예컨대 1994년 소비재 회사인 P&G Procter & Gamble는 침체된 청소용품 사업을 되살려줄 획기적인 신제품을 고민하고 있었다.[4] 사내 화학팀은 사람들이 좀 더 효과적으로 닦아낼 수 있도록 보다 효율적인 액체 세제를 개발하는 작업에 착수했다.[5]

한편 또 다른 팀은 사람들이 집을 어떻게 청소하는지 관찰했다. 어떤 사람이 마른 커피 찌꺼기를 바닥에 쏟았다. 그 사람은 대걸레를 들고 오는 대신 빗자루로 커피 찌꺼기를 쓸어내고 바닥에 흩어져 있는 부스러기를 치우기 위해 물걸레를 사용했다. 그 모습을 지켜본 팀원들은 충격을 받았고 자신들이 어떤 실수를 했는지 알게 됐다. 그들은 대걸레가 가장 좋은 해결책이 아님에도 더 좋은 대걸레가 문제를 해결해줄 것이라고 생각했던 것이다![6]

사실 가장 좋은 해결책은 흡수력 있는 마른 천과 약간 젖은 천을 함께 사용할 수 있는 청소 도구였던 것이다. 그 결과 가정에서 청소할 때 '건식'과 '습식' 천을 번갈아 사용할 수 있는 새로운 유형의 스위퍼 Swiffer 제품이 탄생했다.[7,8] 현재 P&G는 연간 5억 달러 상당의 스위퍼 제품을 판매하고 있으며[9] 젊은 사람 대부분은 구식 대걸레와 양동이로 청소해본 적이 없을 것이다.

P&G는 사용자가 문제를 해결하는 과정을 관찰하는 것만으로 잘못된 가설 중 하나를 바로잡을 수 있었고, 그 새로운 가설이 성공적인 제품을 만드는 데 큰 역할을 했다.

사용자 연구가 중요한 이유가 바로 여기에 있다. 다른 사람의 생생한 경험이 우리를 틀에 박힌 생각에서 벗어나게 해준다는 것이다. 사용자를 살펴보기 전에는 잘못된 가설을 제시하고 있다는 사실을 깨닫지 못할 수도 있다. 때로는 트위터의 잭 도시가 유리 부는 일을 하는 친구의 말을 듣고 새로운 사실을 깨달은 것처럼, 스퀘어가 소상공인들이 신용카드 리더를 필요로 한다는 사실을 직접 확인한 것처럼, 여러분 자신의 경험을 통해 가설을 확인할 수 있다. 하지만 그런 경우에도 자신의 경험에 너무 치우쳐 생각하는 것을 피하기 위해 광범위한 사용자 조사를 수행할 필요가 있다.

사용자의 일상생활

잠재적 사용자나 고객을 이해하기 위한 대표적인 방법은 체계적인 사용자 조사를 위해 사용자들을 사무실로 불러 모으거나 거리에서 사람들과 대화를 나누는 것이다. 이와 같은 접근 방식은 효과가 있지만 문제는 연구 주제가 맥락에서 벗어날 수 있다는 데 있다. 엔터프라이즈 제품 사용자들을 하루에 8시간씩 사무실에 있게 한다든가 그들이 보낸 이메일 수를 모두 계산하도록 해서는 안 되지 않은가. 소셜미디어 사용자들을 인터뷰하는데, 그들이 버스를 기다리는 5분 동안 해서도 안 된다.

사용자를 제대로 이해하기 위한 보다 종합적인 접근 방식은 실제 사용자를 하루 종일 추적 관찰하면서 그가 어떤 상황에서 문제에 직면하고 여러분의 제품을 사용할 수 있을지 **일상생활을 통해 파악**하는 것이다.[10] 이렇게 거시적으로 접근하지 않으면, 비현실적인 사례를 바탕으로 한 상상 속의 사용자를 만들어내는 것에 불과할 수도 있다.

2020년 출시되자마자 20억 달러의 투자를 유치하고[11] 초호화 출연진이 등장하는 새 콘텐츠를 자랑했던 숏폼 동영상short-form video짧고 간결한 영상 콘텐츠-옮긴이 스타트업 퀴비Quibi의 사례를 예로 들어보자.[12] 퀴비는 5~10분짜리 짧은 동영상을 제공하는 서비스로, 모바일 기기로만 시청이 가능하다는 점이 특징이다.[13] 밤이 되기를 기다리거나 지하철을 타고 출근하면서 시청할 수 있는 짧은 길이의 콘텐츠 아이디어에서 착안한 동영상 스트리밍 서비스다. 퀴비의 스트리밍 서비스는 사용자가 모바일 중심의 삶을 살고 콘텐츠에 집중하는 시간이 길지 않은 시대에 TV 기능을 접목할 수 있는 아주 좋은 방법처럼 보였다.

그러나 퀴비의 콘텐츠 제작자들은 사용자가 콘텐츠를 시청할 때 어떤 상황인지 제대로 이해하지 못했다. 요즘엔 TV 콘텐츠 하나를 화면 전체로 보는 경우가 매우 드물다. 보통 넷플릭스를 바탕화면에 띄어 틀어놓고 다른 작업을 하거나, 큰 화면에서 콘텐츠가 재생되는 동안 휴대전화로 인스타그램을 스크롤하며 구경하곤 한다.[14] 퀴비 동영상을 시청하는 사람들 역시 휴대전화로 다른 무언가를 동시에 하고 싶을 것이다. 하지만 퀴비 동영상은 휴대전화 화면 전체를 차지하게 되어 있었다. 퀴비의 콘텐츠 제작자들은 5~10분 연속으로 짧은 동영상이 나오는 휴대전화만 바라보고 있을 상상 속 소비자들에게 서비스를 제공하고 있었던 것이다. 만약 일반 사용자가 거실에서 생활하는 모습을 단 한 번만이라도 지켜봤다면 자신들이 착각하고 있다는 사실을 알 수 있었을 것이다.

초기에 폭발적인 관심을 받았던 퀴비는 출시 일주일 만에 아이폰 앱 상위 50위 밖으로 밀려나면서 활성 사용자active user 수백만 명을 확보하는 데 그쳤다.[15] 임원들이 회사를 떠나기 시작했고,[16] 퀴비는 결국 나락으로 떨어지고 말았다. 퀴비는 특색 없는 평범한 콘텐츠를 두고 고심했지만[17] 정작 동영상을 시청하는 사람들의 상황을 제대로 이해하지 못해 실패하고 말았다.

다시 말해서, 퀴비는 사람들이 휴대전화로 TV 프로그램만 볼 것이라는 가설에 의문을 갖고 이를 확인해보지 않았다. 잠재적인 사용자들의 행동을 관찰했다면 그 가설이 잘못됐음을 확인할 수 있었을 것이다.

퀴비의 사례를 틴더Tinder의 사례와 한번 대조해보자. 틴더는 여행 중인 사용자들이 비행기가 새로운 도시에 착륙하자마자 문자를 확인하기도 전에 먼저 틴더 앱부터 실행하는 경우가 많다는 사실을 깨달았다![18] 사용자들은 착륙한 당일 밤을 즐겁게 보내기 위한 계획을 서둘러 세우곤 했다.[19] 틴더는 그 사람들이 단순한 틴더 사용자들이 아니라는 것을 알게 됐다. 그들은 혼자 여행을 하거나 비행기를 자주 타는 사람들이었다. 그런 사실을 발견한 틴더는 여행 중인 사람들이 데이트 방법을 필요로 한다는 '문제' 항목의 가설이 타당하다는 것을 확인했고, 2015년 사용자가 새로운 도시를 방문하기 전에 그 도시를 기반으로 스와이프swipe 기능을 사용할 수 있는 틴더 패스포트Tinder Passport라는 유료 기능을 선보였다.[20]

사용자를 전체적인 관점에서 바라보고 이해하면 가설을 검증하는 일뿐 아니라 제품 개발 과정의 모든 단계에 도움이 된다. 타깃 사용자를 안팎으로 이해하기 위한 대안으로 사진, 배경, 통계 자료, 관심사 등으로 구체화한 **페르소나**를 만드는 방법도 있다.[21] 페르소나 기법의 문제점은 페르소나가 기본적으로 가상의 인물이고 일차원적이며 무의미할 수 있다는 것이다. 비행기를 자주 이용하는 상상 속 인물을 두고 고민하는 것보다 맥주 한잔 함께할 정도로 친근한 사람이 해당 기능을 사용하기 위해 돈을 지불할 의향이 있는지 판단하는 것이 훨씬 쉽다.

대화 상대 찾기

보통 대기업들에는 PM들과 대화를 나눌 사용자 표본을 모집하기 위한 구조화된 프로그램이 있다. 예를 들어 구글은 대규모 데이터베이스에 등록할 잠재적 연구 참여자들을 모집하고, 알고리즘을 통해 참가자들을 선택하고, 선택된 사람들을 각 지역에 있는 구글 지사로 초대한다. 혹은 구글 로고가 새겨진 차량을 탄 연구원들을 전 세계로 보내기도 한다.[22]

구글과 같은 대기업에서 신제품을 개발하고 있다면 이처럼 안정적인 방법을 통해 대화를 주고받을 사용자들을 찾을 수 있다. 중소기업에서 일하거나 아예 회사가 없는 경우, 목표시장에 속하는 사용자들을 찾을 수 있

CODE 1 제품 설계

는 가장 확실한 방법은 바로 그 사용자들이 모이는 곳으로 가는 것이다. 실제로 강의실 밖에서는 대학생들과, 전철역에서는 출퇴근자들과 이야기를 나눠볼 수 있다.

온라인에서는 목표시장에 속하는 사람들이 나누는 이야기를 확인하기 위해 특정 포럼이나 웹사이트를 찾을 수 있다. 그들에게 인터뷰 요청을 하기 위해 메신저를 통해 메시지를 보내거나, 그곳에서 여러분의 존재를 밝히지 않은 채 그들의 행동을 관찰할 수도 있다. 앞서 언급했듯이, 엣시의 창업자들은 공예가를 위한 포럼에 참여한 사람들이 이베이에서 제품 판매를 하면서 느낀 불만을 토로하는 걸 우연히 듣게 되면서 뜻밖의 기회를 발견했다.[23]

사람들이 나누는 이야기를 자세히 살펴보기 좋은 또 다른 방법은 트위터, 링크드인LinkedIn[24], 깃허브GitHub, 레딧Reddit등록한 글에 대한 다른 사용자들의 의견을 투표 결과로 알 수 있는 SNS-옮긴이 또는 특정 관심사를 가진 사람들이 모여 소통하는 온라인 플랫폼을 활용하는 것이다. 트위터와 링크드인은 관찰하고 싶거나 대화를 나누고 싶은 사람들의 범위를 좁혀 검색하는 데 매우 효과적인 고급 검색 기능을 제공하고 있다. 카네기 멜런 대학교에서 만든 디자인 도구를 출시할 경우, 피츠버그에 있는 디자인 컨설턴트들을 찾기 위해 링크드인을 활용하는 식이다. 또 레딧은 세부 항목의 서브레딧을 직접 만들어 이야기를 공유할 수 있기 때문에 사람들이 나누는 토론을 관찰하기에 더 좋은 플랫폼이라 할 수 있다.

프로덕트 헌트Product Hunt와 해커 뉴스Hacker News도 자기주장이 강한 기술 마니아들이 하는 이야기를 듣고 싶을 때 유용하다. 이를테면 **시대정신**을 이해하기에 좋은 곳이라 할 수 있다. 기술 마니아들이 여러분 제품의 얼리 어답터가 될 수도 있기 때문에 그들이 어떤 문제를 해결하고 싶어 하는지 확인하는 게 좋다.

물론 이런 플랫폼에 모여 있는 사람들이 인구 전체를 대표하는 부분집합이 아닐 수도 있다는 점에 주의해야 한다. 레딧의 경우, 사용자 대부분이 젊은 남성인 것으로 유명하고,[25] 트위터 사용자는 일반 사람보다 뉴스나 전문가들에게 훨씬 더 많은 관심을 보이는 경향이 있다.[26] 또 테크 관련 포럼은 기술 분야 사람들을 위한 플랫폼이다. 즉, 여러분 제품의 얼리 어답터가 될 수 있지만 폭넓은 시장과는 거리가 먼 사람들이 사용자라는 뜻이다.

전 세계 동향을 더 폭넓게 이해하고 싶다면 구글에서 가장 인기 있는 검색 트렌드를 보여주는 구글 트렌드Google Trends를 확인해볼 수 있다.[27] 폭발적인 관심을 끌다가 곧 자취를 감추는 피젯 스피너fidget spinner 회전하도록 만든 장난감-옮긴이 같은 일시적인 유행뿐 아니라[28] 마스카라에 대한 관심이 계속해서 서서히 증가하는 현상과 같은 장기적인 트렌드를 찾아내는 데도 좋은 방법이다.[29] 잠재적인 틈새시장을 찾기 위해 트렌드 데이터를 지역별로 쪼개 분석하거나, 특정 제품에 대한 수요가 계절에 따라 어떤 변동을 보이는지 확인하기 위해 연도별로 나눠 분석할 수도 있다.[30] 구글 사용자가 많기 때문에 구글의 트렌드 데이터는 전 세계 동향을 어느 정도 보여줄 수 있다. 그러나 이 경우 더 깊이 있는 대화를 나눌 만한 사람들은 찾을 수 없다는 것이 단점이다.

더 많은 양적 데이터를 수집하고 싶다면 설문조사를 실시하면 된다. 전 세계 노동자에게 간단한 업무를 맡길 수 있는 '인간 지능' 플랫폼인 아마존 메커니컬 터크Amazon's Mechanical Turk를 활용하는 게 가장 좋다. 구글 폼Google Forms이나 콸트릭스Qualtrics와 같은 도구로 설문지를 쉽게 만들 수 있고, 이 플랫폼에 등록된 노동자는 설문조사를 완료하면 건당 몇 센트를 받을 수 있기 때문에 조사에 응하곤 한다.[31]

메커니컬 터크를 사용하면 많은 양의 정보를 얻을 수 있지만, 누가 그 조사에 응했는지는 알 수가 없기 때문에 특정 사용자에 대한 정보를 수집하는 데에는 적합하지 않다. 따라서 특정 시장에 대한 통찰을 얻기보다는 사람들이 매일 유튜브에서 보내는 시간 등 광범위한 시장 동향을 이해하는

CODE 1 제품 설계

데 더 적합한 방법이라 할 수 있다.

규모를 좁혀 좀 더 집중적으로 설문조
사를 실시하고 싶다면 구글 서베이Google
Surveys를 추천한다. 특정 조건에 들어맞는
응답자가 맞는지 미리 확인하기 위해 '확인
질문screening questions' 기능을 사용할 수 있
는 구글의 설문조사 도구다.[32] 예를 들어 주
식투자를 좋아하는 아이폰 사용자를 대상
으로 설문조사를 실시할 수 있다.

서베이몽키SurveyMonkey와 같이 고급
기능을 제공하는 설문 도구들 역시 설문조
사를 실시할 대상을 찾는 데 사용할 수 있다.[33]

구글 서베이로 만든 설문지 예시[34]

출처: 구글

사용자 조사 방법

사용자 조사 방법론을 자세히 다루자면 책 한 권도 쓸 수 있기 때문에
너무 깊이 들어가지는 않고, 사용자 조사를 수행하는 몇 가지 중요한 방법
을 살펴볼 예정이다.[35]

이 모든 방법에 적용할 수 있는 한 가지 경험적인 법칙은 바로 가능한
한 열린 질문을 던지는 것이다. 즉 '예' 또는 '아니요' 식으로 대답이 정해진
질문은 참가자들과 더 많은 정보를 추가로 공유할 수 없게 만든다.✦ 진정

✦ 큰 그림을 파악하고 싶다면 예/아니요 질문을 해서는 안 된다. 영화 〈핑크 팬더의 역습The
Pink Panther Strikes Again〉에 한 가지 재미있는 예가 나온다. 우왕좌왕하는 클루소 경위는 호텔에서
체크인을 하면서 프런트 근처에 있는 개를 발견한다. 그는 호텔 직원에게 "당신 개가 사람을 무
나요?" 하고 묻는다. 그 직원은 아니라고 답한다. 클루소가 개를 쓰다듬으러 가자마자 그 개는
클루소를 문다. 클루소가 화난 얼굴로 호텔 직원을 바라보자, 그 직원은 "그 개는 제 개가 아닙
니다."라고 말한다.[37]

한 통찰, 사용자 공감, 유용한 맥락은 참가자의 충분한 답변을 유도하는 질문을 통해 얻을 수 있다.[38] 예를 들어 "앱으로 식료품을 주문합니까?"라고 묻는 대신 "식료품을 어떻게 구입할지 결정할 때 어떤 생각을 하나요?"와 같은 질문을 하는 것이다.

방법	특징
설문조사	'문제'와 관련된 가설을 확인하기 좋은 방법이지만, 질적 피드백을 얻기에는 적합하지 않기 때문에 전에 미처 생각지 못한 아이디어를 새로 발견하기는 어렵다.
인터뷰	일대일 대화는 사용자의 마음을 잘 들여다볼 수 있게 해주기 때문에 새로운 통찰을 발견할 수 있다. 그러나 양적 피드백에 의존하지 않도록 주의해야 한다. 자칫 인터뷰만 잔뜩 수행하게 될 수도 있다.
현장 연구	작게는 집 청소와 같이 특정한 활동을 관찰하거나 크게는 하루 종일 따라다니면서 한 사람의 일상생활을 자세히 관찰하여 살펴보는 방법이다.
포커스 그룹	사람들의 의견과 신념을 보다 잘 이끌어낼 수 있는 방법. 사람들은 면접관에게 질문을 받을 때보다 동료들과 벌이는 자유로운 토론에서 더 많은 것을 드러내 보인다.
일기 연구	참가자들에게 그들의 일상생활에 관련된 여러 내용을 일정 기간 동안 기록해 달라고 요청하는 방법이다. 예를 들어 모바일뱅킹 앱을 실행하거나 아침에 커피를 준비할 때마다 기록해 달라고 요청할 수 있다. 사용자들을 물리적으로 따라다니는 것보다 덜 부담스러운 방식으로 그들의 행동과 생활 방식을 관찰할 수 있다.[36]

초기 프로토타입 만들기

사용자들을 관찰하고 그들과 대화를 나누고 나면 문제에 대한 가설과 해결책에 대한 가설을 잘 다듬어 다룰 수 있을 것이다. 예컨대 소상공인들이 신

CODE 1 제품 설계

용카드 리더가 없어 어려움을 겪고 있으며, 그들은 페이팔Paypal 같은 결제서
비스보다는 신용카드 직접 결제를 더 선호한다는 걸 알게 되는 식이다. 나머
지 가설을 확인하려면 만들고자 하는 제품의 프로토타입을 만들어 시험해
봐야 한다.

초기 프로토타입은 완성도가 매우 낮을 수 있다. 그럴 수밖에 없다. 가
장 간단한 프로토타입 유형은 **포스트잇 프로토타입**Post-It prototype으로, 붙였다
뗐다 할 수 있는 메모지인 포스트잇에 제작 과정을 대략적으로 스케치하는
것이다. 각 핵심 화면을 포스트잇에 그려 그것들이 어떻게 연결되는지 보
여주면 된다.[39] 그러면 시험에 참가할 사람들은 제품의 골자를 알 수 있다.
포스트잇 프로토타입으로 사용자 테스트를 수행하는 또 다른 방법은 참가
자에게 포스트잇 한 장을 보여주고 버튼을 누르게 하는 것이다. 그런 다음
새 포스트잇으로 바꾸어가며 모의시험을 실시한다.

예를 들어 벤모Venmo와 같은 P2P 결제 앱의 포스트잇 프로토타입에는
잔액, 입금 내역, 출금 내역을 볼 수 있는 화면이 그려진 포스트잇 메모지
들이 포함돼 있다. 확인하고자 하는 가설에 따라 사용자에게 보여줄 화면

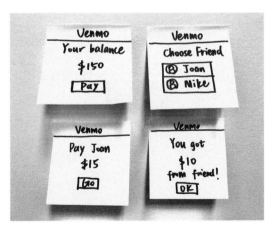

벤모의 포스트잇 프로토타입(예시)

이 결정된다. 벤모는 사람들이 앱으로 돈을 쉽고 편안하게 이체할 수 있을지 확인하고 싶을 것이다. 그렇기 때문에 로그인 화면보다 결제나 입출금 내역과 관련된 화면을 보여주는 것이 더 중요할 수 있다.

스케치하는 데 5분밖에 걸리지 않는 프로토타입으로 얼마나 많은 피드백을 받을 수 있는지를 알게 되면 놀랄 것이다. 하지만 이 단계에서는 해결책과 관련한 가설에 대해서만 추론할 수 있다.

가능성에 대한 가설을 검증하려면 좀 더 구체적인 것이 필요하다. 포스트잇 프로토타입으로는 사용성도, 사람들이 실제 제품을 제대로 이해하고 사용할 수 있는지도 확인할 수 없다. 이 단계에서는 **와이어프레임**wireframe 같이 더 완성도 높은 프로토타입에 투자하는 게 좋다. 디자인 소프트웨어를 사용해 화면 위치를 정식으로 배치해보거나, 피그마Figma 같은 디자인 툴로 클릭 가능한 프로토타입을 제작할 수도 있다.[40]

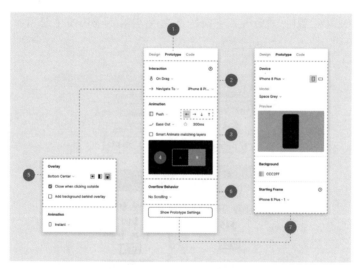

피그마로 제작한 클릭 가능한 프로토타입[41]

출처: 피그마

CODE 1 제품 설계

클릭 가능한 프로토타입은 코드를 작성할 필요가 거의 없다. 대부분 드래그-앤드-드롭 툴을 이용해 끌어다 놓는 방식으로 제작할 수 있다. 적은 투자로 제품이 어떻게 생겼는지 상당히 정확한 시뮬레이션을 실행할 수 있고, 친구나 가족들과 온라인으로 쉽게 공유해 사용자경험에 대한 피드백을 얻을 수 있다는 장점도 있다. 단, 클릭 가능한 프로토타입을 제작할 때도 전체 사용자 흐름을 분명히 정의해야 한다. 포스트잇 프로토타입이나 와이어프레임을 만들면서 거쳤던 특정 단계나 항목을 생략해서는 안 된다.

MVP(최소 기능 제품)

포스트잇 프로토타입, 와이어프레임, 클릭 가능한 프로토타입은 우리가 앞서 논의한 해결책 또는 가능성과 관련된 가설에 대해 깊은 통찰을 제공한다. 그러나 그 가설들을 제대로 테스트하고 경제학과 관련된 가설을 테스트하려면 실제 제품과 매우 유사한 시제품을 제작할 필요가 있다. 그것이 바로 그 유명한 **최소 기능 제품**minimum viable product, 즉 **MVP**이다.

MVP는 PM의 무기고에서도 가장 큰 오해를 사고 있는 도구 중 하나이므로 분명히 짚고 넘어가자면, 여러분은 MVP를 세상에 선보이지 않을 것이다. 대대적인 제품 홍보나 출시 기념식도 하지 않을 것이다. MVP는 '버전 1.0' 제품이 아닌 테스트하기 위한 수단일 뿐이다.

여러분이 제작한 MVP는 완벽하게 작동하지 않아도 된다. 사실, 그럴 필요가 없다. 이 단계에서는 제품의 복잡한 부분을 확장하는 것은 불가능하지만 단순한 것들로 대체할 수 있다. 그리고 대체해야만 한다.

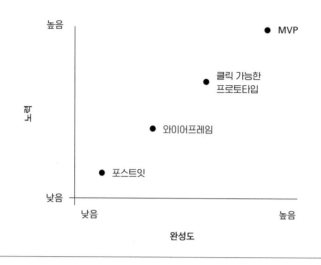

프로토타입 유형

높음

● MVP

● 클릭 가능한
프로토타입

노력

● 와이어프레임

● 포스트잇

낮음

낮음　　　　　　　　　　　　　　　높음

완성도

프로토타입 제작의 단계 비교.
프로토타입의 완성도가 높을수록 제작하기가 어렵다.

컨시어지 MVP

음식 배달 앱인 도어대시Doordash를 살펴보자. 실제로 도어대시의 MVP에는 현재 운영되고 있는 앱이 갖추고 있는 온라인 주문, 픽업, 배달 인프라가 포함돼 있지 않았다. 그것들을 모두 다 갖추려면 핵심 아이디어가 나오기도 전에 너무 큰 투자가 필요했을 것이다. 대신 대어도시 창업자들이 스탠퍼드 학생들에게 처음 선보였던 MVP는 팔로알토Palo Alto 근처에 있는 인기 있는 웹사이트들의 PDF 메뉴를 게시한 간단한 웹사이트였다. 고객이 전화하면 그 창업자들이 픽업할 음식을 식당에 주문했고 주문한 음식을 픽업해 배달비 6달러를 받고 고객의 기숙사 방으로 배달해줬다.[42] 맞다, 그들은 기술적으로 가장 복잡한 부분을 수동으로 처리했다. 이는 확장성은 거의 없지만 학생들이 온라인으로 음식을 주문하기 위해 제3자에게 배달비를 지불할 것이라는 아주 중요한 경제학적 가설을 검증할 수 있는 간단

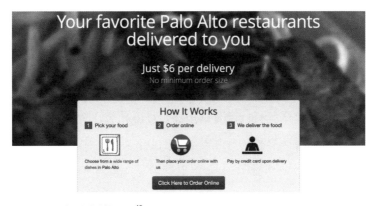

내부의 이미지에는 다음과 같은 텍스트가 포함되어 있습니다:

2013년 도어대시가 제작한 MVP [43]

출처: 인터넷 아카이브

한 방법이었다.

　현재 아마존이 소유하고 있는 온라인 신발 소매업체 자포스Zappos 역시 1999년 설립 당시 상당히 비슷한 방법을 취했다. 닉 스윈먼Nick Swinmurn 이라는 젊은 사업가는 인터넷이 20억 달러 규모에 달하는 통신판매 신발 산업의 미래라고 생각했다. 그는 벤처 투자 전문가들의 투자를 유치하는데 어려움을 겪었고, 토니 셰이Tony Hsieh와 같이 사업을 시작하고 싶었지만 사람들이 신발을 직접 보거나 신어 보지 않고도 온라인에서 신발을 구입할 것이라고 설득할 수 없었다.[44] 이는 그의 아이디어가 성공하려면 반드시 참이어야 하는 아주 중요한 경제학 가설이었다.

　이 가설을 시험하기 위해 스윈먼은 거대한 이커머스 웹사이트, 공급망, 창고 네트워크를 구축하려고 하지 않았다. 대신 그는 직접 카메라를 들고 지역 쇼핑몰에 가서 신발 매장에 있는 신발들을 찍은 다음 그 사진들을 'zappos.com'에 올렸다. 고객이 신발을 주문하면 스윈먼은 다시 그 지역 쇼핑몰을 찾아가 주문 받은 신발을 구입한 후 고객에게 그 신발을 발송했다.[45,46]

이렇게 아주 간소한 MVP만으로도 일부 고객을 확보하는 데 문제가 없었고, 덕분에 셰이가 사업에 합류하도록 설득할 수 있었다.[47] 자포스는 설립 후 10년 만에 12억 달러라는 거액으로 아마존에 인수되었다.[48]

사실 이렇게 수작업으로 구현하는 유형의 MVP는 꽤 자주 볼 수 있고, **컨시어지 MVP**◆ 또는 **오즈의 마법사 MVP**라고 알려져 있다.[50]◆◆ 이런 MVP 유형들을 통해 확장 가능한 방식으로 구축하려면 많은 엔지니어링 시간과 비용이 필요한 복잡한 백엔드backend를 인적 노동으로 대체할 수 있다. MVP 제작은 완벽한 해결책을 만들어내는 것보다 훨씬 쉬우면서도, 사람들이 여러분의 제품과 유사한 제품을 구매하는 데 비용을 지불할지 여부를 검증하고 싶을 때 효과적이다.[51]

페이크 도어 테스트

사람들이 제품을 구입해 사용할지를 판단하고 관련 항목의 가설을 검증하는 데 도움이 될 만한 또 다른 방법은 사람들이 회원가입을 하도록 유도하는 데 사용할 스크린숏, 추천 글, 광고 문구, 그 외에 다른 여러 항목이 포함된 랜딩 페이지를 제작해보는 것이다. 랜딩 페이지로 방문자를 유인하기 위해 광고를 할 수도 있다.

문제는 아직 제품이 실제로 제작되지 않았다는 것이다. 그러니 사용자가 회원가입을 할 때, 관심을 가져주어 고맙다는 말과 함께 제품이 준비되면 가장 먼저 소식을 전하겠다고 설명해야 한다.

이렇게 랜딩 페이지로 회원가입을 유도하는 검증 방식을 '**페이크 도어 테스트**fake door test'라고 하며, 제품을 제작하기 전에 제기된 해결책이 목표

◆ 고급 호텔의 컨시어지가 투숙객을 대신해 우편물 발송에서 티켓 구매에 이르는 모든 업무를 수행한다는 데에서 유래한 이름이다.[49]

◆◆ "커튼 뒤에 있는 사람은 신경 쓰지 마시오." 영화 〈오즈의 마법사〉에 나오는 대사–옮긴이

시장에 반향을 불러일으킬 수 있을지 확인하는 데 도움을 준다.[52] 게다가 이 방법은 실제 제품이 출시되자마자 첫 고객이 될 가능성이 있는 잠재적 핵심 고객들의 이메일 주소도 수집할 수 있다.

페이크 도어 테스트의 대표적인 예는 소셜게임 회사인 징가Zynga에서 찾아볼 수 있다. 징가는 2000년대 후반부터 팜빌Farm Ville 같은 인기 게임을 수십 개나 제작해 선보였다. 징가는 게임에 대한 아이디어가 떠오를 때마다 그 아이디어를 다섯 단어로 요약한 다음 그 아이디어에 대한 광고로 페이스북과 다른 여러 인기 웹사이트를 도배하다시피 했다. 그리고 광고 클릭 수를 충분히 얻은 아이디어만 실제 게임으로 제작했다.[53]

징가는 한 번에 페이크 도어 테스트 여러 개를 실시해 최고의 아이디어들만 선정한 다음 게임으로 만들었다. 여러분도 똑같이 할 수 있고, 또 그렇게 해야 한다. 제품의 타깃을 고객으로 하는 게 좋을지 아니면 기업으로 하는 게 좋을지 확신할 수 없거나 **가장 좋은 가치제안**이 무엇인지 확신하지 못할 수도 있다.[54] 어떤 질문이든 다양한 광고와 랜딩 페이지를 만들어 최대한 노출시킨 다음 그 결과를 비교해 어떤 것이 가장 좋을지 알아내면 된다.

물론, 페이크 도어 테스트를 하면서 주의해야 할 점도 있다. 일부 사용자는 기대에 부풀었다가 제품을 사용할 수 없다는 사실을 알고 실망해 자신이 속았다고 생각할 수 있다.[55] 재미있는 비디오 앱 광고와 비교했을 때 생명과 연관이 있는 의료기기를 광고하기 위해 페이크 도어 트릭을 사용하는 것이 더 큰 불만을 살 수도 있을 것이다. 즉, 이 테스트 방식을 수행하기 전에 어떤 부정적 측면들이 잠재되어 있는지 잘 생각해봐야 한다.

RAT(최고 위험 가설 테스트)

MVP는 '아주 간단한 프로토타입'(너무 낮은 완성도)부터 '테스트 가능한 최소의 것'(적당한 완성도), '훌륭한 버전 1.0'(너무 높은 완성도)까지 다양한 의미를 지니고 있기 때문에 여전히 모호한 용어다. 특히 마지막 세 번째 의미가 가장 문제다. 많은 PM이 'MVP'를 비대한 프로토타입 제작이라는 의미로 받아들이면서 테스트를 멈추지 않고 실제 제품을 제대로 만들어낼 때까지 점점 더 많은 기능을 추가하고 있다.[56]

그러니 MVP보다는 ETP, 즉 '**테스트 가능한 초기 제품**Earliest Testable Product'이라고 하는 것이 좀 더 적절하겠다. 이 용어의 의미를 보면 핵심 사용자의 니즈를 충족시킬 수 있는지 테스트할 수 있는 간단한 제품을 만드는 게 목표임을 알 수 있다. 예를 들어 고객이 자동차를 필요로 한다면 ETP는 스케이트보드가 될 수도 있다. 즉 ETP는 A에서 B로 이동하기 위한 근본적인 니즈를 해결해줄 수 있는 가장 간단한 방법을 뜻한다. 아니면 그냥 버스표를 줄 수도 있다![57]

ETP가 더 나은 표현이기는 하지만 정확히 무엇을 테스트해야 하는지는 여전히 모호해서 MVP와 마찬가지로 범위 변동scope creep에 취약할 수 있다. 또 ETP는 아주 포괄적이지는 못하다. 스케이트보드 예시가 문제에 대한 가설을 테스트하는 방법이 될 수는 있지만, 다른 유형의 가설을 검증하는 데에는 큰 도움이 되지 않는다.

우리가 MVP의 대안으로 가장 선호하는 것은 바로 '**최고 위험 가설 테스트**Riskiest Assumption Test', 즉 **RAT**이다. RAT는 완제품과 어느 정도 비슷한 무언가를 만들 필요가 없음을 확실히 보여준다. 대신 여러분이 어떤 가설이 가장 위험한지, 즉 어떤 가설이 틀릴 가능성이 가장 높은지 파악하고 가장 간단한 방법으로 테스트할 수 있어야 한다.[58]

RAT는 여러 성공적인 스타트업의 프로토타입을 아주 잘 설명해준다. 에어비앤비의 경우, 그들이 생각하는 가장 위험한 가설은 사람들이 모르는 사람의 아파트에서 자기 위해 돈을 지불할 것이라는 가설이었다. 그래서 에어비앤비의 공동 창업자들은 사람들이 80달러를 내면 그들 집에 있는 에어 매트리스에서 1박을 하고 아침으로 팝 타르트Pop-Tart를 먹을 수 있도록 해주는 서비스를 위해 간단한 웹사이트를 만들었다.[59] 2008년 당시 사람들은 온라인으로 물건을 구입하는 데 익숙했던 터라 온라인으로 숙박비를 지불할 것이라는 가설은 사실 그렇게 위험하거나 중요한 가설은 아니었다.

다음으로 자포스를 한번 살펴보자. 1999년에도 사람들이 장바구니, 프로필, 계정, 결제 관련 인증서 업로드 등의 개념을 포함한 이커머스 사이트의 운영 방법을 알고 있다고 가정하는 게 그리 위험하지는 않았다. 어쨌든 아마존도 1995년부터 존재해왔다.[60] 스원먼은 사람들이 직접 보지 못한 신발을 인터넷에서 기꺼이 구매할 의향이 있을 것이라는 생각이 최고 위험한 가설이라고 생각했다. 그는 사이트에 신발 사진을 찍어 올리기 위해 쇼핑몰을 찾아다니는 기발한 전략으로 이 가설을 검증해냈다.

마지막으로, 현재 인튜이트Intuit 소유인 개인 금융 관리 서비스 기업 민트를 생각해보자. 민트 창업자인 아론 패처Aaron Patzer는 기차역으로 가서 자신의 아이디어가 담긴 광고 전단을 나누어주었다. 모든 은행 계좌, 신용카드 등을 한곳에 통합해 관리하고 재정 상태를 추적 확인할 수 있도록 해주는 웹사이트에 대한 아이디어였다. 당시 그는 실제 웹사이트를 구축한 게 아니었으므로 이는 페이크 도어 테스트의 전형적인 예라 할 수 있다. 패처는 사람들에게 그 아이디어를 어떻게 생각하는지 물었고, 사람들이 생각하는 가장 큰 문제는 자신들의 은행 인증서를 갖게 되는 정체불명의 웹사이트를 신뢰하기 어렵다는 것이었다.[61]

패처는 검증이 필요한 최고 위험 가설을 발견했고, 이후 프로토타입을 반복 제작하면서 신뢰감을 줄 수 있는 웹사이트를 설계하는 데 집중했다. 패처는 여러 잠금장치 사진을 사용했다. 사람들은 민트와 같은 개인 금융 관리 툴이 유용할 거라는 점은 의심하지 않았다. 따라서 패처는 **가치 제안** value proposition을 명확히 제시하거나 기술 스택technical stack을 입증하는 데 많은 시간을 할애할 필요가 없었다.[62]

No need to share your identity

Mint works *for* you without requiring any personally identifiable information *from* you. Your Mint account is anonymous; set up requires only an email, password and zip code. Mint doesn't know your name, address, social security number, account numbers, or PINs.

Answers to Security Questions

Bank-level data security

Mint uses the same levels of physical and encryption security that banks do to protect the data we store. Our practices are monitored and verified by TRUSTe, VeriSign and Hackersafe, and supported by RSA Security.

Our Security Technology and Practices

Email	you@email.com
Password	••••••••••
Zip	94041

2010년 민트 웹사이트의 '안전 및 보안' 인증 마크.
보안 자격 증명을 강조해 보여주고 있다.[63]

출처: 인터넷 아카이브

요약하자면 RAT는 논란의 여지가 적은 가설은 덜 강조하면서 가장 중요한 가설을 검증하는 데 집중할 수 있게 해준다. RAT를 수행할 때는 **무엇을 하지 않을지** 명확히 해야 한다. 군더더기가 많은 프로토타입은 만들지 않는 게 상책이다.

사실 RAT와 MVP는 비슷한 기법처럼 보일 수도 있다. 둘 다 불완전한 테스트용 제품을 만드는 것이기 때문이다. 그러나 우리는 RAT를 추천한

면접자를 위한 꿀팁!

면접관들은 'MVP 제작, 반복, 출시' 기법에 대한 이야기를 수없이 많이 들었을 것이다. 신제품 제작 방법을 논하면서 물론 MVP 기법을 언급할 수는 있지만, 최고 위험 가설과 그 가설을 검증하는 방법을 이야기하는 데 더 많은 시간을 할애해야 한다. 그렇게 하면 뻔한 이야기가 아닌 신선한 이야기로 들릴 수 있다. 이 방법이 여러분을 더 돋보이게 해줄 것이다.

다. RAT를 사용하면 목표를 기억하고 범위 변동을 피하기가 훨씬 쉽기 때문이다.

1-to-N 제품 연구

지금까지 가설 검증에 대한 조언 대부분은 0-to-1 제품에 대한 것이었다. 1-to-N 제품들이라면 이미 핵심 가설 대부분을 검증하고, 제품 시장 적합성을 확보한 상태일 것이다.

1-to-N 제품 설계와 개발 과정은 0-to-1 제품을 만들면서 수행해야 하는 질적 연구보다 훨씬 더 과학적이다. 과학적인 절차는 이 책 후반부에서 좀 더 자세히 다룰 예정이므로 여기서는 1-to-N 제품을 개선하고자 할 경우 따를 수 있는 고차원의 연구 조사 계획에 대해 간단히 살펴보기로 하자.

불만 사항 찾아내기

여러분이 승차 공유서비스 기업인 리프트에서 공항 경험을 개선하는 업무를 맡게 됐다고 가정해보자. 우선 앞서 설명한 것과 비슷한 사용자 조사를 실시할 것이다. 하지만 리프트는 구조화된 사용자 조사 프로그램을 이미 갖추고 있을 가능성이 크기 때문에 여기저기 산만하게 움직일 필요는 없다. 아마 리프트의 제품이 실제로 사용되는 현장, 즉 공항에서 리프트 사용자들을 관찰하고자 할 것이다.

미국 전역에 있는 공항 다섯 곳을 방문해 사람들이 입국장에서 나와 공항을 떠날 때까지의 모든 여정을 지켜볼 필요가 있다. 자동차, 기차, 우버, 리프트 중 무엇을 타고 떠나는지 확인할 수 있을 것이다. 이용할 교통수단을 어떻게 결정했는지 사람들에게 물어보고, 어디에서 사람들이 가장 많이 기다리고 서 있는지, 또 어디에서 사람들의 불만이 눈에 띄게 표출되는지 등을 관찰하면 된다.

그렇게 묻고 관찰하면서 제품에 대한 가설을 이해하고 검증할 수 있다. 그런 다음에는 그 상황에 도움이 될 만한 몇 가지 잠재적인 해결책을 찾고 싶을 것이다. 사용자를 만족시키고, 모방하기 어렵고, 마진을 증대하는 기능을 만드는 것이 중요하다는 사실을 명심하자.[64]

사람들이 픽업 포인트pickup point공항에서 우버나 리프트를 탑승할 수 있는 장소-옮긴이에서 너무 오랜 시간을 기다린다는 사실을 발견하고 세 가지 해결책을 떠올렸다고 가정해보자. 첫 번째 해결책은 "픽업 포인트까지 도보로 ○분 걸립니다. 지금 리프트를 호출하세요."라는 안내판을 설치하는 것이다. 두 번째는 공항과 독점 계약을 맺어 더 많은 리프트 이용을 가능하게 함으로써 대기시간을 단축하는 것이다. 세 번째는 사용자의 GPS 위치를 이용해 공항 내 이동경로를 추적하고 사용자가 픽업 포인트에 도착할 예정 시간과 차량 도착 예정 시간이 일치할 때 자동 호출이 실행되도록 하는 것이다.

세 가지 해결책을 비교 및 검토할 수 있는 지표를 다음과 같이 작성할 수 있다.

해결책	만족감을 주는가?	모방하기 어려운가?	마진을 증대하는가?
"도보로 ○분" 안내판	아니다◆	아니다	아마도 그렇다
독점 계약	아마도 그렇다◆◆	그렇다	그렇다
리프트 자동 호출	그렇다	아마도 그렇다	그렇다

1-to-N 단계에서는 새로운 제품 전체가 아닌 새로운 기능을 주로 연구 조사한다는 점에 주목해야 한다.

프로토타입과 테스트

이 단계에서 포스트잇 또는 클릭 가능한 프로토타입을 수행할 수 있다. 하지만 1-to-N 제품을 밀고 있는 회사들은 가설을 뒷받침해줄 데이터를 확인하고 싶어 한다. 따라서 주 업무는 지표의 목표(양적 또는 질적 목표)를 설정하고 일부 사용자에게 기능을 선보여 그 지표가 기준과 얼마나 다른지 비교할 수 있는 A/B 테스트버킷 테스트 또는 분할-실행 테스트라고도 한다-옮긴이를 실행하는 일이 될 것이다.

종합해보면 다음과 같은 연구 진술을 작성할 수 있다.

우리는 리프트 사용자들이 공항의 픽업 포인트에서 너무 오랜 시간을 기다리는 데 불만을 느끼고 있다고 생각한다. 공항 곳곳에 "도보로 ○분 남았습니다."라는 안내판을 설치하면 이 문제를 해결할 수 있을 것이다. 일부 공항에서 이 서비스를 시작할 예정이며 사용자가 자체 보고한 평균 만족도가 30% 증가하고, 평균 대기시간이 40% 감소하고, 공항에서 호출한 리프트 수가 10% 증가하면 우리의 판단이 옳다는 것을 알 수 있을 것이다.

연구 진술을 작성할 때 유용한 기본 양식은 다음과 같다.[65]

우리는 [사용자 그룹]이 [문제]를 겪고 있다고 생각한다. [해결책]이 이를 해결해줄 수 있을 것으로 보인다. [지표 변화]를 확인하게 된다면 우리의 판단이 옳다는 것을 알 수 있을 것이다.

지표에서 만족감, 모방의 어려움, 마진의 중요성을 강조할 수 있고 강

◆ 편의시설이라기보다는 일종의 광고처럼 느껴질 수도 있다.
◆◆ 우버 이용자들을 화나게 만들 수 있다.

조해야만 한다. 연구 진술을 작성한 다음에는 실험을 통해 통계 자료를 수집한 뒤 처음에 설정한 목표를 달성했는지 여부를 보고하면 된다. 목표를 달성했다면 문제를 해결하기 위한 제품이나 서비스 출시 승인을 받을 가능성이 높다.

참조 고객

위에서 언급한 접근 방식은 쉽게 실행하고 테스트하고 측정할 수 있는 간단한 기능으로 반복 사용할 수 있다. 그러나 준비되기 전에 일부 기능을 먼저 선보일 경우 상당히 혼란스러울 수 있으며, 사용성이 매우 중요한 일부 기능은 개별 사용자의 이야기가 빛을 발하지 못하는 닫힌 피드백과 잘 맞지 않을 수 있다. 전자는 특히 고객이 기업인 경우에 해당하고(기업들은 불완전하거나 실패할 가능성이 있는 기능을 좋아하지 않는다), 후자는 제품을 재설계하거나 야심 찬 신제품의 방향을 정하는 경우에 해당한다.

이러한 경우, 여러분이 가진 가장 강력한 툴 중 하나가 바로 **참조 고객** reference customer이다. 참조 고객은 여러분과 매우 친밀한 관계를 맺고 있어서 소규모 테스트를 함께 수행할 수 있는 소규모 사용자 그룹이다. 이 참조 고객들은 폭넓은 사용자 기반을 대표할 수 있어야 한다. 그래야 폭넓은 사용자 기반에서 나올 법한 의견을 대표하는 피드백을 줄 수 있을 것이다.[66] 참조 고객의 또 다른 이점은 추상적이고 이상적인 고객을 만들어내는 것보다 사적으로 알고 있는 개인이나 조직과 관계를 형성하는 것이 훨씬 쉽다는 점이다.◆

클라우드 컴퓨팅 서비스를 제공하는 마이크로소프트 애저Azure를 예

◆ 알다시피 우리는 사용자 페르소나에 큰 비중을 두지 않는다. 사용자 연구를 통해 동일한 유형의 5명을 찾게 될 경우, 그들을 하나의 페르소나로 일반화하지 말고 그중 1명을 선택해 참조 고객으로 삼도록 한다. 이렇게 하면 가상의 인물이 아닌 실제 인물과 대화를 나눌 수 있고 상상의 세계로 빠지는 일을 피할 수 있다.

로 들어보자. 그들의 참조 고객에는 취미를 즐기는 사람부터 스타트업, 이베이와 보잉 같은 대규모 기업에 이르는 다양한 고객이 포함돼 있다.[67,68] 애저를 담당하고 있는 아디Adi의 팀은 스타트업 두 곳, 중소기업 두 곳, 대기업 두 곳 등 총 여섯 개 기업으로 참조 고객을 구성했다. 그의 팀은 2주마다 각 고객과 대화를 나누면서 현재 어떻게 서비스가 제공되고 있고 고객이 어떤 새로운 기능을 실행하고 있는지에 대한 피드백을 수집했다. 소규모이기는 하지만 피드백을 제공해주는 다양한 그룹의 고객을 확보함으로써 아디의 팀은 다양한 고객 기반에 속해 있는 참조 고객 모두가 변화에 대해 어떻게 생각하는지 빠르게 파악할 수 있었다.

예를 들어 고객의 서버를 지도에 표시해 보여주는 간단해 보이는 문제를 생각해보자.[69] 뷰어를 확대하거나 축소할 때 어떤 식으로 서버를 지도에 표시할 것인가? 근처에 있는 서버들(예: 몬트리올과 토론토에 있는 서버)을 한 영역에 묶어 표시할 것인가, 아니면 계속 따로 표시해둘 것인가?

전 세계 곳곳에 서버를 보유하고 있는 대기업은 조감도가 필요하기 때문에 서버를 하나로 묶어 표시하기를 바라지만, 캐나다에만 서버가 있는 중소기업은 이렇게 서버를 하나로 묶어 표시하면 오히려 불편을 느낄 수 있다고 생각해볼 수 있다. 아디의 팀은 다양한 규모의 고객과 대화를 나눔으로써 모두에게 맞는 해결책을 내놓을 수 있었다.

최소 매력 제품
(MLP)

MVP를 세상에 선보이면 안 되는 이유에 대해서는 앞서 강조했다. 그 이유는 아직 완성되지 않았기 때문이다. 우리가 이렇게까지 단호하게 말하는 이유는 사용자에게 첫인상을 남길 수 있는 기회는 한 번뿐이고, 첫인상을 제대로 남기지 못하면 다시 바로잡기가 어려울 수 있기 때문이다. 여러분에게는 단 한 번의 출시 기념식, 대공개 이벤트, 언론 최초 보도(운이 좋은 경우), 데모 데이demo day만이 주어진다. 단 한 번뿐인 기회를 소중히 여겨 잘 활용해야 한다.

제품 버전 1.0을 선보일 생각이라면 MMPminimum marketable product 즉, **최소 시장성 제품**[1] 또는 **MLP**minimum lovable produc 즉, **최소 매력 제품**[2]에 대해 생각해봐야 한다. MVP나 RAT가 피드백을 얻을 수 있는 가장 간단한 방법인 반면, MLP는 사용자에게 깊은 인상을 남기고 계속해서 그 관심이 유지되도록 하는 가장 간단한 방법이다.

단순하지만 좋은 제품

MVP와 달리 MLP는 제품의 거친 면이 모두 매끈하게 마무리되어야 하고 차별화된 핵심 기능이 탑재되어 있어야 한다. 이는 사용자가 여러분의 제품을 사용하고 구매해야 하는 이유를 보여준다. MLP에 모든 기능이 있어야 하는 것은 아니지만 이미 갖추고 있는 기능만큼은 좋아야 한다.[3]

사례연구: 노션의 1.0

그 예로 정보관리 도구인 노션Notion을 살펴보자. 2016년 버전 1.0이 출시됐을 때, 노션은 문서 편집과 할 일 목록 기능만 갖춘 매우 간단한 앱이었다. 그러나 그 몇 가지 기능이 매우 훌륭했다. 사람들은 그 앱이 얼마나 매끄럽고 조직적이며 세심하게 제작된 제품인지 칭찬하며 즉각적인 반응을 보였다. 노션은 맥Mac 앱과 웹 앱만 제공했지만 큰 호응을 얻었다.[4]

위키스: 모든 기록을 한곳에, 효율적인 폴더 관리
Wikis. Everything in one place. No folder mess.

노션의 버전 1.0 출시 스크린숏[5]

출처: 프로덕트 헌트

구글 외의 이메일 계정으로 로그인하기와 공유하기 등 현재 우리가 노션의 핵심 기능으로 생각하는 기능들은 역시 버전 1.0에는 포함돼 있지 않았다.[6] 2018년 버전 2.0이 나오기 전까지는 간판 보드와 달력 같은 부가 기능이 포함돼 있지 않았고,[7] 안드로이드 앱은 버전 2.0 출시 이후 몇 달이 지나서야 나왔다.[8]

노션 창업자인 이반 자오Ivan Zhao는 처음부터 의도적으로 앱의 '표면적'을 작게 유지했다. 기능은 많지 않았지만, 그 안에 준비된 기능들은 아주 뛰어났다. 이처럼 어설픈 기능 여러 개를 갖춘 제품을 출시하는 것보다 잘 다듬어진 몇 가지 기능을 갖춘 제품을 출시하는 게 더 낫다. 이것이 바로 MLP 개념의 핵심이다.

최소 기능 모음

이반 자오는 버전 1.0에 어떤 기능을 넣을지, 또 다음 버전을 위해 어떤 기능을 남겨둘지를 어떻게 결정했을까? 그는 거꾸로 작업했다. 즉, 엘리베이터 피치elevator pitch제품, 서비스 또는 기업과 그 가치를 빠르고 간단하게 요약해 설명하는 것-옮긴이를 하고 기능 목록을 선택한 것이다. 그는 가치제안을 증명할 수 있는 최소한의 기능만 앱에 포함했다. 자오는 버전 1.0을 알리면서 프로덕트 헌트에 다음과 같은 글을 올렸다.

저희 목표는 포스트 파일, 포스트 마이크로소프트 오피스 세상을 위해 표준화된 작업 툴을 만드는 것입니다. 첨단기술이라고 하면 구글독스Google Docs, 큅Quip, 드롭박스 페이퍼Dropbox Paper(다양한 기능의 워드퍼펙트WordPerfect) 또는 정교한 서비스형 소프트웨어를 뜻하는 SaaSSoftware as a Service 앱(외주 IT에 의한 웹 기반 비주얼 베이직Visual Basic) 등을 예로 들 수 있습니다. 최종 사용자 입장에서 보면 모든 지식과 워크플로workflow업무 절차 및 활동을 도식으로 시스템화한 것-옮긴이가 서로 다른 '사일로silo'에 갇히게 됩니다. 이들이 할 수 있는 최선은 모든 것을 테이

프로 붙이듯 하나로 연결하는 것입니다. 과거에는 이메일로, 요즘에는 슬랙Slack으로 하나로 연결하는 것입니다.

노션은 이러한 '사일로형 소프트웨어software as silos' 현상을 해결하고자 합니다. 버전 1.0에는 팀이 필요로 하는 거의 모든 지식을 처리할 수 있는 실시간 문서, 위키식 구조, 간단한 작업들을 하나로 통합한 툴을 포함시킬 예정입니다.[9]

노션은 정보를 저장하고 관리할 수 있는 보다 완벽한 방법을 제공할 계획이었다. 그 계획을 실현하기 위해 자오가 만들어야 할 것은 문서를 저장하고 저장된 문서들을 서로 연결해주는 '위키'식 시스템뿐이었다. 그것이 바로 노션의 핵심 기능이자 자오가 처음에 만들어야 할 모든 것이었다. 공유하기와 간판 보드 같은 기능들은 현재 매우 유용하게 사용되고 있지만, 자오가 제시한 가치제안에서 부수적인 기능일 뿐이므로 버전 1.0에는 굳이 넣을 필요가 없었다.

핵심 아이디어

이처럼 MLP를 만드는 비결은 최소한으로 갖춰야 할 기능 목록을 파악하는 것이고, 최소 기능 목록을 파악하는 비결은 제품의 핵심 아이디어를 이해하는 것이다. 이는 초기 해결책에 대한 가설 중 하나이거나 RAT에서 최고 위험 가설과 관련이 있을 가능성이 크다. 예를 들어 몇몇 인기 제품의 핵심 아이디어를 다음과 같이 설명할 수 있다.

- **구글검색**: 유입되는 링크 수와 품질에 따라 검색 결과 순위를 부여하는 페이지랭크PageRank는[10] 검색엔진이 어떤 결과를 골라낼지 결정짓는 가장 좋은 방법이다.
- **에어비앤비**: 비용에 민감한 여행객들은 호텔에 머무는 것보다 모르는 사람의 집에 머무는 것을 선호한다.

- **범블Bumble:** 여성이 먼저 메시지를 보내게 된다면 더 나은 온라인 데이트가 될 수 있다.[11]
- **트렐로Trello:** 도요타의 공급망 관리 시스템으로 대중화된 드래그-앤드-드롭 방식의 간판 카드라는 발상[12]이 화이트칼라 프로젝트를 관리하는 데 도움이 될 수 있다.[13]

핵심 아이디어를 설명하기 위해 이런 질문을 던져보는 것도 좋다. 시끄러운 술집에서 이 제품을 한 문장으로 설명해야 한다면 뭐라고 말하겠는가?

"방금 범블을 다운로드했어요. 틴더와 비슷한데 여성이 먼저 메시지를 보내죠!"

이 문장에 담긴 설명이 바로 제품의 핵심 아이디어이며, MLP가 반드시 갖춰야 할 요소다. 어쨌든 핵심 아이디어는 MVP과 RAT 단계에서 테스트했을 가능성이 크다.

제품보다 중요한 경험

참고로 우리는 지금까지 최소 **기능** 제품에 대해서는 이야기하지 않았다. 우리는 계속 최소 **매력** 제품에 대해 이야기했다. 그럴 만한 이유가 있다. 사람들은 제품이 가진 기능이나 제품 그 자체가 아닌 전체적인 경험을 구매한다. 우리는 단순히 커피를 마시기 위해 스타벅스에 가지 않는다. 유럽식 커피숍 분위기를 즐기고 집이나 직장이 아닌 '제3의 공간'에서 자기만의 시간을 보내며 사람들을 구경하기 위해 그곳을 찾는다.[14]

여러분이 판매하려는 '제품'이 실제로 사람들의 관심 밖 제품일 수도 있다. 예를 들어 사람들이 항공사에 가장 많이 제기하는 불만이 무엇인지 한번 알아맞혀보자. 비행기에 대한 불만은 아닐 가능성이 크다.[◆] 아마 일반 승객들은 에어버스 A320과 보잉 777을 명확하게 구분하지 못할 것이다. 대신 사람들은 기내식처럼 어쩌면 사소해 보일 수 있는 세부 사항에 관심을 갖는다. 2020년 유나이티드 항공은 인기가 많은 비스코프Biscoff 쿠키를 기내에서 더 이상 제공하지 않을 것이라고 발표했다.[15] 그에 대한 반발이 너무 격렬해 유나이티드 항공은 일주일도 채 안 돼 그 결정을 뒤집고 비스코프 쿠키를 계속 제공해나가겠다는 겸연쩍은 발표를 해야 했다.[16]

MLP의 경우, 마법 같은 '와우 모멘트wow moment' 안에서 만들어져야 한다. 대부분의 경우, 특별한 경험이 기능 그 자체보다 더 중요하다. 최초의 닌텐도 스위치Nintendo Switch를 생각해보자. 누가 봐도 세상에서 가장 매력적이거나 실용적인 제품은 아니었다. 최초의 닌텐도 스위치는 두꺼운 베젤, 플라스틱 컨트롤러, 다소 성능이 낮은 프로세서, 엉성한 거치대로 구성되어 있었다.[17]

닌텐도 스위치가 콘솔 게임기 역사상 판매량 면에서 가장 성공적인 첫해를 만들 수 있었던 것은 그것이 지닌 재미와 다재다능함 덕분이었다.[19] TV 모드로 '젤다Zelda' 게임을 하다가 스위치 본체를 독dock에서 분리해 비행기에 들고 타면 게임을 계속 즐길 수 있다. 또 본체를 손에 쥐고 핸드헬드handheld 모드로 게임을 하고 있는데 친구가 올 경우, 컨트롤러를 본체에서 분리해 하나씩 나눠 갖고 2인용

분리된 상태의 컨트롤러 '조이콘'과 닌텐도 스위치[18]

출처: 플리커 @Lin Sinchen

[◆] 보잉 787 MAX라면 상황이 달라질 수 있다. 보잉 787 MAX는 기체 결함으로 신뢰를 크게 잃은 바 있다.—옮긴이

모드로 게임을 즐길 수도 있다. 즐겁고 다채로운 경험 덕분에 기대 이하의 평범한 하드웨어는 별로 대수롭지 않은 게 됐고, 스위치는 역사상 가장 사랑받는 콘솔 게임기 중 하나가 됐다.[20]

실제로 매우 성공한 제품 대부분은 이러한 마법 같은 순간들을 만들어준다. 우버는 서비스를 시작한 그날부터 우리가 버튼을 눌러 호출하기만 하면 정확한 위치에 나타나는 마법을 부렸다. 성격 까칠한 상담원과 통화를 하면서 주소를 일일이 불러줄 필요도 없었다.[21] 외국어 학습 서비스를 제공하는 듀오링고Duolingo는 〈스타 트렉〉의 클링온Klingon들이 사용하는 언어인 클링온어를 가르쳐준다.[22] 그다지 실용적이지는 않지만, 우리를 미소 짓게 만든다. 스마트폰 화면이 크롬캐스트Chromecast가 연결된 TV 화면으로 그대로 전송되는 그 순간도 마법처럼 느껴질 수 있다.

보너스 동영상

우버는 단순히 택시를 불러 타는 경험에서 벗어나 항상 마법 같은 경험을 선사해왔다. 이 동영상에는 우버가 어떻게 서비스 첫날부터 그 마법을 유지해왔는지가 담겨 있다.

productalliance.com/videos/uber

사례연구: 애플워치 vs 핏비트

아쉬운 점이 있다면, 이런 마법 같은 순간들을 만들어내는 것이 부정확한 과학에 속한다는 것이다. 또한 시장에서 거의 기능하지 못하는 MVP를 만드는 것보다 훨씬 더 어렵다. 하지만 어려운 만큼 큰 성과를 거둘 수도 있다. 실제로 사람들이 정말 좋아할 만한 제품을 내놓으면 시장에서 경쟁업체보다 뒤처지는 것을 피할 수 있다.

2014년 첫선을 보인 애플워치Apple Watch를 생각해보자.[23] 애플워치는 손목에 착용할 수 있는 최초의 피트니스 기기가 아니었다. 핏비트Fitbit가 애플보다 먼저 만보기 겸 손목 밴드인 핏비트 플렉스Fitbit Flex를 출시했다.[24] 하지만 핏비트 플렉스는 어두운 색상에 실용적인 플라스틱과 고무로 제작된 제품이었다.[25]

2013년 최초 출시된 핏비트 플렉스[26]

출처: 위키미디어

애플워치는 심장박동 센서와 활동을 감지하는 자이로스코프 등 더 많은 기능을 제공했다. 그러나 애플워치가 경쟁 제품보다 월등히 앞설 수 있었던 것은 그걸로 아이폰을 제어할 수 있다는 이점 때문이었다.[27] 달리기를 하면서 음악을 바꾸거나 문자메시지를 확인하기 위해 휴대전화를 굳이 꺼낼 필요가 없다. 달리는 사람들에게는 더없이 좋은 장점이다. 손목에 착용한 기기를 통해 푸시 알림을 바로 읽을 수 있기 때문에 임원이라도 된 것 같은 기분이 든다. 또한 전화벨이 울릴 때 음소거하기 위해 손으로 기기를 가리는 행동 등 애플워치를 사용하는 사람만 이해할 수 있는 특이한 조작 방식 덕분에 우쭐한 마음이 들기도 한다.[28] 애플워치를 착용하고 있으면 마치 중요하고 건강하고 세련된 사람이 된 것 같은 기분이 들게 한 것이다. 이 같은 경험이 애플워치를 별 특색 없이 평범한 다른 손목 밴드와 차별화된 뛰어난 제품으로 만들어준다.

애플워치의 저평가된 면이 또 하나 있다. 애플워치로 패션 스타일을 충분히 연출할 수 있다는 사실이다. 애플은 칙칙한 고무 밴드를 사용하도록 강요하지 않고 코치Coach, 에르메스Hermes, 케이트 스페이드Kate Spade와 함께 콜라보로 만든 가죽 밴드로 교체해 사용할 수 있도록 했다.[29] 또한 시계 본체도 로즈골드, 스페이스 그레이, 스테인리스 스틸과 같은 세련된 색

코치가 제작한 고급 가죽 밴드의 애플워치. 각 밴드 모두 100달러가 넘는다.[32]

출처: 나인투파이브맥9to5Mac

상 중에 선택할 수 있다.[30] 심지어 애플은 18K 금으로 제작한 1만 달러짜리 애플워치를 판매하기도 했다.[31] 애플워치는 더 이상 단순한 건강 추적 관리 기기가 아닌 사람들의 개성과 스타일을 연출하는 패션 아이템이 되었다.

이렇듯 애플워치는 도구를 초월한 멋진 경험을 선사한다. 통계를 살펴보면 그런 전략이 얼마나 효과적이었는지 알 수 있다. 건강 추적 제품들도 선전했지만, 애플워치는 사실상 획기적인 성공을 거뒀다. 2019년 3000만 대가 넘는 애플워치가 판매됐다. 이는 스위스 시계 산업 전체가 판매한 양보다 많은 수치다.[33]

OOBE(아웃오브박스 경험)

MLP는 비교적 잘 다듬어져 있지만, 잘 드러나지 않는 부분에서는 다소 허술한 점들이 발견돼도 넘어갈 수 있다. 노션의 초창기 버전을 보면, 위키 기능은 견고했지만 드래그-앤드-드롭 기능은 다루기가 쉽지 않았다.[34]

그러나 사용자가 제품을 보고 느끼는 첫인상을 소홀히 여기면 안 된다. 이를 OOBE, 즉 사용자의 **아웃오브박스 경험**out-of-box-experience상자에서 제품을 꺼내 처음 마주하는 경험-옮긴이이라고 한다. 신제품 대부분이 핵심 기능을 제대로 갖추는 데 몰두한 나머지 OOBE를 소홀히 하는 경향이 있다.[35] 그 결과 고객들의 개봉기는 별 감흥을 주지 못한다. 첫 단추가 제대로 끼워지지 않으면 아무도 멋진 핵심 기능을 경험할 수 없을 것이다. 사람들이 범블 회원으로 가입하지 않으면 여성이 먼저 메시지를 보내는 범블만의 독특한 방식을 경험해볼 수 없으니까 말이다.

많은 사람들이 애플 제품을 구매하면서 기쁨을 느낀다. 애플 제품을 구입하면 진주처럼 새하얀 상자 안에 딱 들어맞는 프레임이 있고, 제품은 그 안에 완벽하게 담겨 있다. 보기만 해도 질리는 사용 설명서와 보기 흉한 충전기 등은 기기 밑에 숨겨져 있다.[36] 전자기기가 들어 있는 상자를 개봉한다기보다 진귀한 보석이 들어 있는 보물 상자를 여는 느낌이 들기도 한다. 새로 구매한 아이폰을 받았는데 품위 없고 개봉하기 어려운 플라스틱 케이스에 들어 있거나, 상자를 열었더니 반쯤 터진 에어캡과 고무줄로 포

제품 상자를 열면 애플 제품이 가장 먼저 눈에 띈다. 충전 케이블과 사용 설명서는 제품에 가려져 있다. 이러한 세심한 마무리가 애플 제품에 놀라운 OOBE 경험을 선사한다.[37]

출처: 아이모어iMore

장돼 있는 제품을 발견했다고 상상해보자. 아무리 최신형 아이폰이라도 제품에 대한 호감도가 확 떨어질 것이다.

대부분 제품에서 뒷전으로 밀리곤 하는 OOBE에 투자하면 큰 이익을 얻을 수 있다. 모바일 앱 분석 프로그램인 크래시리틱스Crashlytics를 예로 들어보자. 크래시리틱스가 서비스를 출시하던 시기에 그와 비슷한 제품 대부분은 훌륭한 OOBE를 만드는 데에는 관심을 보이지 않았다. 대신 웅얼대는 사람이 나와 설명하는 10분짜리 교육용 유튜브 동영상, 30단계 튜토리얼, 오래된 스크린숏으로 가득한 보기 흉한 위키 페이지 등을 제공했다. 사용자들에게 별로 좋지 못한 첫인상을 남긴 셈이다.[38]

반면에 크래시리틱스는 고객들에게 빠르고 즐거운 온보딩onboarding사용자가 제품에 잘 적응하도록 돕는 것-옮긴이 경험을 제공하려고 했다. 제품을 익히고 적응하기를 바란 것이다. 프로그램을 설치하는 작업은 움직이는 빨간색 도구상자 아이콘을 특정 폴더에 끌어다 놓기만 하면 됐다. 그런 다음 프로그램을 실행하면 곳곳에 "아직 데이터가 존재하지 않음no data yet"이라는 안내가 뜨면서 사용자에게 겁을 주는 텅 빈 대시보드가 아닌 예시 데이터로 채워진 대시보드로 안내하는 인상적인 애니메이션을 볼 수 있게 했다. 이 같은 시도는 즉각적인 성공을 거두었다. 사용자들은 클래시리틱스가 제공하는 온보딩 경험에 열광했다. 클래시리틱스는 가장 큰 성장을 이룬 모바일 분석 도구가 됐고,[39] 트위터는 이 스타트업 기업을 3800만 달러에 인수했다.[40]

텅 빈 찬장으로 시작하지 마라

많은 사람들이 '익숙한mature' 사용자를 위해 디자인한다. 사용자가 이미 제품에 익숙해져 있다고 가정하는 것이다.[41] 메시지 앱 디자인은 사용자가 메시지로 가득한 수신함과 많은 친구들이 있다고 가정하고, 엔터테인먼트 앱은 사용자가 아주 긴 시청 기록과 즐겨찾기 목록을 갖고 있다고 가정

CODE 1 제품 설계

한다. 이는 앱을 사용하는 사용자의 삶 전반이 이 '익숙한' 상태가 될 것이기 때문이기도 하고, 콘텐츠가 전혀 없는 앱 화면을 스케치하는 것은 어색할 수 있기 때문이기도 하다.

그런데 그렇게 함으로써 매우 지루하고 사려 깊지 못한 OOBE가 만들어지곤 한다. 댓글이 달리지 않는 메시지 앱은 지루하고(실은 끔찍하다), 친구가 없는 소셜네트워크는 암울할 수 있다. 사용자에 대한 어떤 데이터도 얻지 못한 추천 시스템은 사용자와 상관없는 식상하고 하나 마나 한 추천을 할 것이다.[42]

이러한 '콜드 스타트cold star'누적 데이터 부족으로 추천 시스템 등이 제대로 기능하지 못하는 현상-옮긴이 문제를 해결하기 위한 한 가지 해결책은 제품에 콘텐츠를 미리 설치해두는 것이다.

트렐로는 사용자에게 텅 빈 대시보드를 떠넘기는 대신 제품으로 무엇을 할 수 있는지 보여주는 카드로 가득한 시범용 '웰컴 보드Welcome Board'를 사용자 모두에게 제공한다.[43] 이렇게 할 경우, 일석이조의 효과를 볼 수 있다. 사용자가 처음 시작할 때 재미를 느낄 수 있는 놀거리를 제공하는 동시

신규고객에게 텅 빈 UI를 떠넘기는 대신 놀거리를 제공하는 트렐로의 웰컴 보드[45]

출처: 트렐로

에 제품을 사용하는 방법도 알려줄 수 있다![44]

틱톡은 콜드 스타트 문제를 극복하는 데 숙련된 기업이다. 소셜네트워크 앱 대부분이 사람들을 팔로우하기 전에는 정말 쓸모가 없지만, 틱톡은 앱을 여는 순간 아무 설정을 하지 않아도 재미있는 동영상을 보여준다.[46] 이는 사용자들이 틱톡의 독특한 개성은 물론이고 틱톡의 가치를 인식하게 해준다.

처음 며칠이 가장 중요하다

한 가지 덧붙이자면, 사용자가 처음 어떤 앱을 사용하기 시작한 이후 며칠이라는 시간은 사용자와 그 앱의 관계 형성에 매우 중요하다. 보통 앱을 설치하고 3일 이내에 활성 사용자 중 77%가 이탈하고 이후 몇 달간 나머지 사용자들 역시 서서히 빠져나간다.[47]

그런데 구글 플레이스토어에서 가장 많이 다운로드된 앱들을 살펴보면 흥미로운 동향을 발견하게 된다. 모든 앱이 첫 주 이후에는 거의 비슷한 비율로 사용자를 잃게 되지만, 앱 설치 후 처음 일주일이 사용자 유지에 상당히 중요한 영향을 미친다는 것이다. 상위 앱의 경우 설치 후 3일 후에는 사용자 중 72%, 일주일 후에는 67%가 계속 앱을 사용했지만, 일반 앱의 경우 각각 23%와 17%만이 앱을 계속 사용하는 것으로 나타났다.[49] 90일이 지난 시점에도 상위 앱은 일반 앱의 약 13배에 가까운 사용자를 유지한다. 즉 다른 조건이 모두 동일하다면, 상위 앱은 사용자 유치에 필요한 비용을 13배 절감할 수 있는 셈이다.

이는 앱 설치 후 며칠 만에 앱에 대한 첫인상이 결정될 수 있다는 것을 의미한다. 따라서 앱 설치 후 첫 주가 매우 중요하다. 인상 깊은 첫인상을 남기기 위한 가장 좋은 방법은 사용자들이 앱을 처음 시작하고 며칠 내에 의미 있는 가치(생산성, 엔터테인먼트 등)를 발견하고 얻을 수 있게 해주는 것이다.

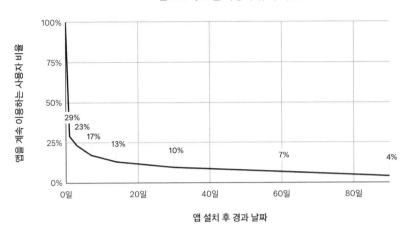

안드로이드 앱 사용자 유지 곡선

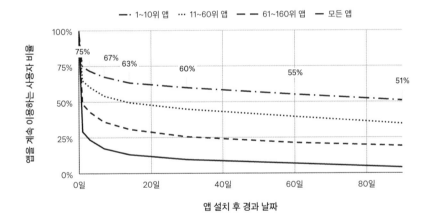

상위 앱 분류에 따른 안드로이드 앱 사용자 유지 곡선[50]

출처: 앤드류 첸

예를 들어 사용자들이 바로 사용할 수 있도록 사전에 모든 것을 준비해두고 사용자들이 핵심 기능을 쉽고 빠르게 익힐 수 있도록 돕는 온보딩 경험을 제공할 수 있다. 데이팅 앱인 힌지Hinge는 신규 고객들이 처음 며칠간 데이트 상대를 찾을 수 있도록 해야 하고, 클라우드 협업 서비스를 제공하는 에어테이블Airtable은 사용자들이 첫 주에 테이블 2개를 만들고 고급 기능 몇 가지를 사용하도록 만들어야 할지도 모른다.

면접자를 위한 꿀팁!

첫 주에 이루고자 하는 목표들은 수익과 별 관련이 없다는 사실에 주목해야 한다. 이렇게 의도적으로 수익과 결부시키지 않는 이유는 사람들이 제품의 가치를 확인하고 그 제품의 팬이 되기 전까지는 매출이 오르기를 기대하기 어렵기 때문이다. 제품을 출시하자마자 매출을 올리고자 할 경우, 단기적으로 몇 달러 더 벌 수 있을지 모르지만 장기적으로는 매출을 크게 높일 수 있는 기회를 놓칠 수 있다.

단기 수익이냐 장기 수익이냐를 두고 발생할 수 있는 갈등에 대해 면접관과 이야기해보는 것도 좋다. 보통은 사용자를 만족시키는 데 첫 주를 할애함으로써 장기 수익에 우선순위를 두는 것이 최선의 방법이다. 이 같은 방법을 논하면서 여러분이 큰 그림을 그릴 수 있는 능력을 갖추고 있다는 점을 면접관에게 어필할 수 있다.

사람들에게 절대 해서는 안 되는 일을 하나 꼽자면 바로 알림이나 이메일로 사람들에게 스팸을 보내는 것이다.[51] 새롭고 흥미로운 앱을 다운받았다가 한 시간 뒤부터 성가신 알림을 받아본 경험이 있을 것이다. 그럴 때는 흥미를 잃고 그 앱을 바로 삭제할 가능성이 높다.

CODE 1 제품 설계

혁명과 혁신은 늘 동시에!

1985년 애플은 고전을 면치 못했고, 잡스는 애플의 실패를 보여주는 전형이었다. 잡스가 만든 매킨토시는 예상 판매량의 10%밖에 팔리지 않았다. 1983년 애플의 수장이 된 존 스컬리John Sculley는 잡스를 매킨토시와 리사Lisa 사업에서 서서히 배제해나갔고, 결국 잡스는 자신이 좌천될 낌새가 보이자 애플을 떠나고 만다.[1] 잡스가 야기한 불편한 상황과 컴퓨터 설계에 대한 그의 고집이 바로 실패의 원인이었다.

1985년 잡스는 교육 시장에 초점을 맞춘 고급형 컴퓨터를 판매하는 스타트업 넥스트NeXT를 설립해 애플에 맞서기로 했다.[2] 넥스트는 매끈한 상자 모양의 마그네슘 외장에 칠흑같이 검은 색을 입힌 컴퓨터로 유명했다.[3] 넥스트의 하드웨어는 혁신적이었다. 넥스트 큐브NeXT Cube는 아이맥iMac보다 10년 먼저 플로피디스크를 없앤 컴퓨터였고,[4,5] 독보적인 고품질 레이저 프린터를 장착하고 있었다.[6]

넥스트의 소프트웨어 역시 훌륭했다. 넥스트의 운영체제는 애플보다 훨씬 앞서 풀컬러 그래픽과 멀티태스킹을 지원했고, 개발자 도구는 최고 수준이었으며, 앱은 원활하게 상호 운용됐다.[8] 그러나 넥스트의 성공은 그리 오래가지 못했다. 1990년 출시한 넥스트의 하드웨어는 잘 팔리지 않았고, 마이크로소프트와 애플이 독점하고 있는 개인용 컴퓨터 시장을 뚫지 못했다. 1990년

넥스트를 상징하는 컴퓨터 넥스트 큐브. 1988년 출시되었으며, 정가는 6500달러였다.[7]

출처: 위키미디어

이후 넥스트는 하드웨어에서 완전히 손을 떼고 프로그래밍 언어인 오픈스텝OpenStep 개발에만 집중했다.[9] 넥스트는 윈도우 95가 출시되면서 경쟁에서 뒤처질 위기에 처한 애플이 1996년 넥스트를 4억 달러에 인수하기 전까지 몇 년을 더 버텨냈다.[10]◆

당시 애플은 곤경에 처해 있었다. 윈도우가 꾸준히 애플을 앞질러나가면서 애플의 시장점유율은 4% 아래로 떨어졌고, 애플은 당시 세 차례에 걸쳐 새로운 운영체제를 선보이려고 했지만 모두 실패하고 말았다. 애플은 파산 위기에 몰려 있었다.[12] 1997년 애플이 사상 최악의 분기 실적을 낸 뒤, 회사를 구하기 위한 특단의 조치로 잡스가 애플의 CEO로 복귀하게 된다.[13] 잡스는 애플에서 쫓겨나 있는 동안 많은 것을 배워 다시 돌아왔다.

애플에 귀환한 잡스 2.0─스티브 잡스를 이야기할 때 애플을 창업한 잡스 1.0과 애플을 부활시킨 잡스 2.0으로 구분 지어 말하곤 한다─옮긴이은[14] 과거에 자신이 비난했던 '멍청이들'을 보다 긍정적으로 바라보게 됐다. 누군가는 회사를 계속 운영해나가면서 캐시카우 상품으로 높은 수익을 창출해야 했다. 그래서 1998년 잡스는 당시 세계 최대 PC 판매업체 컴팩Compaq의 부사장 팀 쿡Tim Cook을 애플에 영입했다.[15,16] 쿡을 혁신가라고 여기는 이는 아무도 없었다. 그는 "재고 왕Atilla the Hun of Inventory"이라는 별명으로 불리는 유능한 경영자였다.[17]

동시에 잡스는 애플을 되살리기 위해 위험한 모험을 감행해야 한다는 것을 알고 있었다. 그래서 조니 아이브Jony Ive라는 애플 직원을 새로운 아이맥 G3의 디

◆ 넥스트의 소프트웨어는 애플의 인수와 함께 사라지지 않았다. 넥스트의 운영체제는 macOS와 iOS 개발의 기본이 됐다.[11]

자인 수장으로 선임했다.[18] 아이맥 G3
는 대담하고 화려하며 둥글납작한 모양
의 컴퓨터로, 출시하자마자 큰 인기를
얻었다.[19] 당시 컴퓨터는 베이지색 상자
모양에 지루한 디자인이었고, 컴퓨터를
설치하고 사용하려면 많은 전문 지식이
필요했다. 아이맥의 경우, 거의 모든 것
이 재미있고 화려한 제품 상자 하나에
다 들어 있었다. 상자 안에 함께 들어 있
는 키보드와 마우스를 연결하기만 하면

귤색부터 라임색, 유명한 본디 블루색까지 매
력적인 색상으로 출시된 애플의 1998년형 아
이맥 G3 [21,22]

출처: 플리커 @Carl Berkeley

됐다. 아이맥은 누구나 쉽게 사용할 수 있는 최초의 컴퓨터였고, 이는 아이브
의 훌륭한 디자인 덕분이었다.[20]

귤색, 딸기색, 라임색, 짙은 푸른색 등 매력적인 색상으로 계속 출시될 아이맥은
아이브의 첫 번째 히트작에 불과했다.[23] 아이브는 이후 20년 동안 아이팟iPod,
아이폰, 맥북에어MacBook Air, 애플워치를 꾸준히 디자인했고,[24] 쿡은 2018년
애플이 세계 최초로 시가 총액 1조 달러 기업이 될 때까지 그 제품군들을 성장
시켰다.[25]

간단히 말해서, 잡스 2.0은 해적과 해군 모두 필요하다는 사실을 깨달았다. 그
는 차세대 0-to-1 제품들을 꾸준히 만들어낼 아이브 같은 사람들과 이러한 제
품에 충분한 자금을 대줄 1-to-N 제품들을 확장해나갈 쿡 같은 사람들을 원
했다. 여러분도 잘 알다시피 잡스의 그러한 깨달음은 엄청난 성공을 불러왔다.
성공한 기업 대부분이 이 같은 사실을 잘 알고 있다. 아마존 웹서비스Amazon

Web Services AWS는 아마존을 안정적으로 뒷받침해주는 고수익 사업부다. 이 서비스는 이커머스, 게임, 미디어 등 아마존의 혁신적인 프로젝트에 필요한 자금을 지원해주고 있다.[26] 실제로 2017년 아마존의 전체 사업 중 아마존 웹서비스의 영업이익이 가장 높았고, 이커머스 사업부는 적자를 기록했다.[27]

마찬가지로 메타의 광고 수익은 시장 적합성을 확보하는 데 10년이나 걸릴 수 있는 오큘러스 VROculus VR과 같은 10억 달러 규모의 프로젝트에 큰돈을 투자할 수 있게 해준다.[28,29] 증강·가상현실 스타트업인 매직리프를 봐도 안정적인 자금 조달 없이는 프로젝트가 성숙기에 접어들 때까지 오래 지속되기 어렵다는 사실을 알 수 있다.

일부 기업은 사내 스타트업 육성 프로그램을 직접 운영하기도 한다. 구글의 에어리어 120Area 120과 구글 X는 언젠가 구글검색을 대신해 새로운 자금원이 될 수 있는 핫한 아이디어 개발을 지원하기 위한 인큐베이터다.[30] 구글검색을 대신할 새로운 고수익 사업이 개발될 때까지 구글의 광고 프로그램이 프로젝트 참여자들에게 급여를 지급하기 위해서 계속 돈을 찍어낼 것이다.[31]

PM이라면 업무를 보면서 다양한 시점에 0-to-1과 1-to-N 제품 모두 디자인해야 하는 책임을 맡게 될 것이다. 두 제품을 설계하는 방법과 두 제품이 조화를 이룰 수 있는 방법을 아는 것은 매우 중요한 업무 능력 중 하나다.

경제학

Economics

가격이란 우리가 지불하는 돈이고,
가치란 그 돈으로 우리가 얻는 것이다.

Price is what you pay.
Value is what you get.

워런 버핏 Warren Buffett
| 기업인이자 투자자

무비패스의 허세 혹은 오판

스타트업 무비패스MoviePass는 2017년 미국인들이 한 달에 10달러만 내면 영화를 거의 무제한으로 관람할 수 있는 파격적인 서비스를 제공하기 시작하면서 무명에서 가장 주목받는 테크 스타트업 중 하나가 됐다.[1]

영화관에서 우리가 영화 한 편을 보는 데 보통 10달러 이상을 쓴다는 점을 감안하면 정말 놀라운 서비스였다.[2] 2011년 설립된 이래 별다른 성과를 거두지 못했던 무비패스는[3] 단 몇 달 만에 사용자 수백만 명을 추가로 확보했다.[4]

아니나 다를까 사람들은 무비패스가 제공하는 서비스가 비현실적으로 너무 과한 게 아니냐는 질문을 던지기 시작했다.[5] 무비패스는 그렇지 않다고 답하며, 대부분의 사람이 영화를 한 달에 한 편 이상 보지 않는다고 말했다. 그 말이 사실이라면 무비패스는 수익성 있는 서비스가 됐을 것이다.[6] 무비패스의 설명은 피트니스 센터가 내세우는 논리와 같았다. 피트니스 연간 회원권의 경우, 보통 사람들이 연간 회원권을 끊고 나면 1월에 몇 번 운동하러 나가다가 새해 결심이 무너지는 순간 센터에 나가기를 그만두기 때문에 수익성이 꽤 높은 편이다.

문제는 영화를 보러 가는 것이 피트니스 센터에 가는 것보다 훨씬 더 재미있다는 데 있었다. 사람들이 한 달에 영화를 수십 편씩 보는 바람에 무비패스는 적자를 면치 못했다. 무비패스의 모회사는 2017년에만 1억 5천만 달러의 적자를 기록했다.[7]

무비패스는 영화 관람객의 데이터를 극장과 영화 스튜디오에 팔거나 광고를 받아 계속 수익을 낼 수 있다고 주장했다.[8] 그러나 예상한 대로 그들이 틀렸다. 무비패스는 실패를 인정하는 대신 점차 혜택을 줄여나가는 방법을 택했다. 처음에는 사용자 멤버십 서비스에서 인기 영화나 피크 타임 관람을 제외했다.[9]

그다음에는 사용자들이 한 달에 관람할 수 있는 영화 수를 3편으로 제한했다.[10] 어떤 방법도 효과가 없었고, 2020년 무비패스의 모회사는 파산했다.[11]

무비패스는 분명히 실수를 반복하고 많은 면에 결함이 있는 회사였지만, 그들의 근본적인 결함은 기본 경제학에 대한 치명적인 오해에 있었다. PM이라면, 또 다른 무비패스를 만들지 않기 위해서 경제학을 알아야 한다. 즉 사람들이 어떻게 결정을 내리고, 어떻게 지속가능한 사업을 구축하고, 어떻게 우리의 재정적인 성공을 평가하는지 이해해야 한다.

비즈니스 모델

제품 출시나 창업을 준비할 때, 꼭 해결해야 할 가장 중요한 문제 중 하나는 매우 간단하다. 바로 어떻게 돈을 벌 것인가 하는 것이다. 구독료나 광고 장소와 같이 전략적인 것을 생각하기 전에 먼저 한 걸음 물러서서 기본 원칙을 바탕으로 한 비즈니스 모델에 대해 생각해야 한다.

대부분의 회사가 사람들에게 제품이나 서비스를 팔아 돈을 번다. 테크 기업들은 회계나 컨설팅 같은 서비스보다 제품에 치중하는 경향이 있기 때문에 단순히 제품만을 생각하기가 쉽다. 사람들에게 제품을 선보일 때 수익성 있는 사업으로 만들어내기 위한 세 가지 방법으로 **원가 우위 전략, 제품 차별화 전략, 블루오션 전략**이 있다. 여러분의 비즈니스 모델도 아마 이 세 가지 중 하나에 그 바탕을 두고 있을 것이다. 다른 무언가를 하기에 앞서 어떤 비즈니스 모델이 적용되는지 파악할 수 있어야 한다.

원가 우위 전략

원가 우위cost leadership 전략에서 여러분이 만든 제품은 경쟁업체 제품들과 별반 다르지 않다. 단, 제품을 최저가로 판매함으로써 경쟁사와 차별화할 수 있다.[1]

이렇듯 아주 비슷하고 대체 가능한 제품을 **상품**commodity이라고 부른다. 예를 들어 우리에게 친숙한 금, 석유, 밀, 돼지고기 등 주식시장에서 사고팔 수 있는 비기술적 상품이 많다. 그 상품들이 꼭 똑같은 것은 아니다. 어떤 밀 1킬로그램이 다른 밀 1킬로그램보다 조금 더 상품 가치가 높을 수도 있다. 그러나 아무도 그 밀을 누가 어디에서 생산했는지 별 신경을 쓰지 않을 정도로 두 상품은 서로 비슷할 것이다. 이럴 때 사람들의 관심은 다름 아닌 가격에 쏠리기 마련이다.[2]

금융 전문가들은 주식시장에서 판매되는 품목만이 진정한 '상품'이 될수 있다고 말하겠지만, 기술자 대부분이 사용하는 보다 폭넓은 정의에는 대체 가능한 모든 범주의 제품이 포함된다. 1리터짜리 물병, 87 옥탄 가스, 이부프로펜ibuprofen 알약 등이 바로 그런 상품의 범주에 속한다. 이러한 제품들의 경우 제 역할을 하기만 한다면 누가 그 제품을 만들었는지 별로 신경 쓰지 않을 것이다.◆

기술 분야에도 꽤 많은 상품이 있다. HDMI 케이블 같은 저가 하드웨어 액세서리는 가격만으로도 차별화될 수 있다. 예를 들어 1기가바이트의 클라우드 저장 공간은 구글드라이브Google Drive든 드롭박스든 누가 그 서비스를 제공하든 유용할 것이다. 심지어 승차 공유도 일종의 상품이라 할 수 있다. 사람들은 우버와 리프트 앱 중에 더 저렴한 승차 서비스를 비교 선택할 것이다.

◆ 제네릭 의약품 산업을 뒷받침하는 기본 논리다.

Amazon Basics 고속 HDMI 케이블 (48Gbps, 8K/60Hz) - 91.4cm(3피트), 블랙
⭐⭐⭐⭐½ 4,602
아마존 초이스 HDMI Cables에 위치
US$7.08
배송비: US$12.45

PowerBear 4K HDMI 케이블 0.9m(3 피트) | 고속, 브레이드 나일론 & 골드 커넥터, 4K @ 60Hz, 울트라 HD, 2K, 1080P, ARC & CL3 …
⭐⭐⭐⭐½ 56,497
US$7.99
금요일, 7월 29이(가) 되면 바로 받으세요.
배송비: US$12.31

Amazon Basics High-Speed HDMI Cable (18Gbps, 4K/60Hz) - 3 Feet, Pack of 5, Nylon-Braided
⭐⭐⭐⭐½ 44,402
US$19.99
배송비: US$6.56
재고가 없는 경우 지금

아마존에서 판매되고 있는 거의 똑같은 모습의 HDMI 케이블 상품들. 중요한 것은 가격이다.[3]

출처: 아마존

싱가포르에서 알려지지 않은 업체들이 만든 저렴한 스마트폰들[5]

출처: 플리커 @Kai Hendry

　　우리가 가장 좋아하는 기술 상품 사례 중 하나는 '스마트폰'이라 부를 수 있는 최소한의 기능만 갖추고 브랜드도 없이 공장에서 바로 나온 플라스틱 재질의 50달러짜리 안드로이드 스마트폰이다.[4]
　　이러한 저렴한 스마트폰 제조업체들은 원가를 낮추기 위해 직접 나서서 값싼 부품을 확보하고, 무료 안드로이드 운영체제를 설치하고, 값싼 노동력(주로 중국 시장)에 의존하고, 마케팅에 아무런 투자도 하지 않는다. 그

들은 경쟁업체가 49달러짜리 스마트폰을 만들 경우 고객들의 선택을 받지 못하리라는 사실을 잘 알고 있기 때문에 48달러짜리 스마트폰을 만들 수 있을 때까지 과감하게 원가를 줄이는 것을 중요한 임무로 삼는다.

낮은 가격을 계속 유지하기 위한 유일한 방법은 바로 낮은 원가를 유지하는 것이다. 상품을 더 많이 생산할수록 가격이 낮아지는 **규모의 경제**를 활용해 비용을 절감할 수 있다. 물량을 많이 생산할수록 수량 할인을 받을 수 있으며 공급업체와 더 유리한 조건으로 거래하고 생산공정의 효율성을 높이는 방법을 배울 수 있다.[6]

모든 공급업체를 인수하는 **수직적 통합**vertical integration 역시 소매업자와 같은 중개업자들을 거치지 않고 소비자에게 제품을 직접 공급할 수 있게 되므로 비용을 절감하는 데 도움이 된다. 수직적 통합은 소비자가 창고형 매장에서 직접 구매할 수 있도록 하는 코스트코Costco가 생필품 가격을 낮게 유지할 수 있는 방법이기도 하다.

하지만 상품 판매를 할 경우 **가격이 바닥으로 치닫게 하는 피할 수 없는 경쟁**이 존재하기 때문에 그리 좋은 사업 유형은 아니다. 공장에서 USB 케이블을 개당 2달러에 만들고도 3달러에 판매하지 못할 것이다. 다른 누군가가 그 제품을 2.50달러에 팔아 여러분의 사업을 위협할 것이기 때문이다.

그러나 거기서 멈추지 않고 2.30달러에 판매하는 사람이 나타나 경쟁에서 우위를 점하게 될 것이고 가격이 2.01달러로 바닥을 칠 때까지 이 같은 가격 경쟁이 반복될 것이다. 가격이 바닥을 치게 되는 시점이 되면 승자는 사업을 지속해나가기 어려울 정도로 아주 적은 마진만을 얻게 될 것이다. 원가 우위 전략으로 승리하는 유일한 방법은 계속해서 경쟁업체보다 원가를 더 낮게 유지하는 '비결'을 확보하는 것이다.

제품 차별화 전략

원가 우위 전략의 반대편에는 타사 제품과 다른 특별한 제품을 판매하는 **제품 차별화**product differentiation 전략이 있다. 차별화된 제품이 확보한 **경쟁 우위**는 더 높은 가격을 정당화해준다. 제품 차별화 전략을 펼치는 회사는 타사 제품과 완전히 다른 제품을 생산해 그에 걸맞은 가격을 매겨 판매할 수 있다.

명품이 이러한 차별화 전략을 대표하는 예다. 값싼 10달러짜리 플라스틱 시계를 차고 있던 사람이 롤렉스Rolex 시계를 차고 있는 친구에게 "내 시계 값은 자네 시계의 1000분의 1밖에 안 되지만 똑같은 시간을 알려주지"라고 말하며 심기를 건드렸다는 오래된 농담이 있다.[7] 그러나 롤렉스는 10달러짜리 시계 같은 상품들과 다르다는 차별성을 내세우고 있기 때문에 사람들은 계속해서 롤렉스 시계를 구입한다. 롤렉스의 디자인, 우수한 품질, 엘리트 라이프 스타일 브랜딩의 조합은 구매자들이 롤렉스의 프리미엄 가격을 정당화할 수 있게 해준다.

기술 분야에서는 아이폰이 그와 같은 접근 방식을 따른다. 1100달러짜리 아이폰은 300달러짜리 안드로이드폰(혹은 앞서 살펴본 50달러짜리 안드로이드폰)과 다를 게 없는 작업을 수행하지만, 수많은 사람이 아이폰에 대한 프리미엄을 기꺼이 지불하려 한다.

애플은 건강 앱[8]과 같은 아이폰을 중심으로 한 여러 훌륭한 서비스, 전 세계 애플스토어 지니어스바Genius Bar를 통한 탁월한 고객서비스, 세련돼 보이는 운영체제, 심지어 새 아이폰에 딱 들어맞는 멋지고 새하얀 상자 패키지까지 갖추고 있다.◆ 많은 이들이 바로 이러한 점들을 보고 아이폰의 가치를 매긴다.

◆ 아이폰 상자는 워낙 인기가 많아 이베이에서 최대 10달러에 판매되기도 한다. 안드로이드폰을 되팔기 위해 포장 상자를 찾을 경우에는 아마 구하기가 어려울 것이다.[9]

아이폰이 들어 있는 멋진 흰색 상자[10]

출처: KL개지트가이KLGadgetGuy

차별화 전략을 추구하는 회사의 과제는 계속해서 경쟁업체와 차별화된 상태를 유지해야 한다는 것이다. 시간과 자금만 충분하다면 누구나 애플만큼 좋은 운영체제(안드로이드를 성공적인 운영체제로 꼽을 수도 있다), 훌륭한 하드웨어와 서비스(이 점에서는 삼성 갤럭시와 구글 픽셀 시리즈가 아이폰에 필적할 만한 경쟁 상대다)를 만들어내고 마케팅에 돈을 쏟아부을 수 있을 것이다. 제품은 그것이 다른 제품과 계속 차별화될 수 있는 '비결'을 필요로 한다.

아이폰의 경우, 그 비결은 바로 브랜드다. 아이폰을 들고 다니면 부, 세련, 안목을 상징하는 메시지를 전달할 수 있다. 이러한 메시지는 애플이 마케팅과 디자인을 통해 의도적으로 일궈낸 결과물 중 하나다.

PM은 브랜드 가치를 높이거나 브랜드 가치를 이용하는 기능을 개발할 수도 있다. 심지어 색상 같은 작은 특징만으로도 차이를 만들어낼 수 있다. 아이폰 사용자가 안드로이드 사용자와 문자메시지를 주고받을 때는 보기 싫은 초록색 말풍선이 뜨는 반면, 아이폰 사용자 간에 문자메시지를 보낼 때는 보기 좋은 파란색 말풍선이 뜬다.

이러한 차이는 아이폰을 구입하도록 은근한 압박을 가한다. 초록색 말풍선은 세련되지 못하다는 낙인이 찍혀 '인싸'에 속하지 못한 사람을 나타내는 일종의 상징으로 보일 수가 있다. 이 같은 낙인이 미치는 영향은 엄청나다. 한 연구에서 스마트폰 구매자들은 안드로이드보다 아이폰을 선호하는 가장 큰 이유로 초록색 말풍선이 뜨지 않기를 바란다는 점을 꼽았다.[11] "초록색 말풍선이 뜨는 사람과는 데이트 하지 않을 거야"라는 밈meme온라인에서 유행하는 것을 모방하여 만든 사진이나 영상. 또는 그것을 퍼뜨리는 문화 현상-옮긴이까지 있을 정도다.[12]

모든 회사가 계속해서 자사 제품을 타사 제품과 차별화해 만들어낼 수 있는 것은 아니다. 차별화된 제품을 만들지 못할 때 그 제품은 평범한 상품이 된다. **평범한 상품**이 된다는 것은 타사 제품보다 나을 게 없어 어쩔 수 없이 가격 경쟁을 해야 된다는 것을 의미하고 결국 그렇게 되면 얻을 수 있는 수익은 아주 적을 수밖에 없다.

우버와 리프트는 오랫동안 이런 문제를 겪어왔다. 대부분의 사람이 우버와 리프트의 서비스가 동일한 상품이라고 생각하기 때문에 어느 쪽이든 브랜드에 대한 충성도를 보이는 사람이 거의 없다. 사람들은 그저 더 저렴한 것을 선택하려 할 것이다. 우버가 새롭고 특이한 기능을 발표하면 리프트가 바로 그 기능을 모방한다. 2018년 우버는 탑승자가 픽업 장소까지 도보로 이동할 경우 50% 할인된 카풀 서비스를 제공하는 익스프레스 풀 Express Pool 서비스를 발표함으로써 마침내 고유한 기능을 갖게 됐다.[13,14] 그러나 그다음 해에 리프트는 그와 똑 닮은 기능을 추가했다.[15] 타사와 차별화된 서비스 상품을 지속적으로 제공할 수 없다면 브랜드 충성도를 구축하기가 어렵다.

블루오션 전략

세 번째 전략은 원가 우위 전략과 제품 차별화 전략 모두 피하는 것이다. 앞서 언급한 두 전략 중 어느 전략을 취하든 항상 다른 경쟁업체들보다 한발 더 앞서 나가기 위해 애쓰며 치열한 경쟁을 벌여야 한다. 그렇다면 왜 아무도 눈독 들이지 않고 있는 새로운 파이를 찾아 나서려 하지 않는 걸까? 혼잡한 시장에서 우위를 차지하기 위해 힘쓰는 대신 새로운 시장을 개척해보는 것은 어떨까?

경쟁이 치열하지 않은 새로운 시장을 개척하는 전략을 **블루오션**blue ocean 전략이라고 한다. 블루오션이라고 부르는 이유는 치열한 경쟁으로 인해 피로 물든 바다를 뜻하는 레드오션red ocean에서 싸우는 대신 가능성이 활짝 열려 있는 바다를 찾는 데 그 목표가 있기 때문이다.[16] 새로운 시장을 찾아냄으로써 원가 우위와 차별화라는 두 가지 전략을 모두 구사할 수 있다.

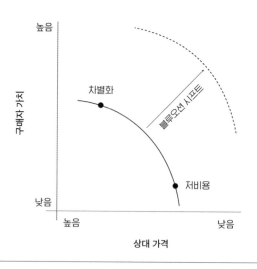

보통 원가 우위와 차별화 전력은 상충관계에 있지만,
블루오션 시프트blue ocean shift는 이 두 가지 전략을 모두 구사할 수 있게 해준다.[17]
출처: 김위찬Chan Kim, 르네 마보안Renee Mauborgne

닌텐도

가장 대표적인 블루오션 기술은 바로 닌텐도다. 이 게임 회사의 경우, 하드코어 게이머들을 위한 강력한 프로세서, 최첨단 그래픽, 치열한 진행형 슈팅게임을 갖추기 위해 애를 쓰고 있는 엑스박스Xbox와 플레이스테이션PlayStation에 정면으로 맞서는 일이 거의 없다. 게임 시장에서 이 두 브랜드와 경쟁하기란 매우 어려운 일일 것이다.

닌텐도는 엑스박스나 플레이스테이션과 치열하게 경쟁하는 대신 게임의 새로운 시장을 개척해 자사만의 영역을 구축했다.[18] 닌텐도 게임기 위Wii는[19] 직관적인 동작 감지 컨트롤러,[20] **위 스포츠**Wii Sports 같은 쉽고 가벼운 멀티플레이어 게임,[21] 마리오 카트Mario Kart 같은 가족 친화적인 게임 프랜차이즈로 온 가족이 즐기는 게임기가 됐다. 반면에 엑스박스와 플레이스테이션은 가족을 자사 제품의 타깃으로 삼을 시도조차 하지 않는다.

닌텐도 위가 역대 가장 많이 팔린 비디오게임기 중 하나이며, 발매된 위 게임 중 일부는 가장 인기 있는 게임이 됐다는 건 그다지 놀라운 일도 아니다.[22]

2017년 게임 시장은 둘로 나뉘었다. 게임에 열중하는 사람들은 강력한 엑스박스, 플레이스테이션, 컴퓨터게임을 하고, 게임을 가볍게 즐기는 사람들은 휴대전화로 게임을 했다. 닌텐도는 어느 쪽과도 직접적으로 경쟁하려 하지 않았다. 대신 닌텐도는 핸드헬드 모드로 본체를 손에 쥐고 게임을 하거나 TV에 연결해 게임을 즐길 수 있는 하이브리드 콘솔인 '스위치'를 출시했다.[24]

닌텐도는 스위치를 출시함으로써 여행 중에는 작은 화면으로 게임을 하고 집에서는 큰 화면으로 게임을 즐기고자 하는 사람들의 관심을 끌 수 있었다. 대학생, 상용 고객항공사의 마일리지 서비스에 가입된 고객-옮긴이, 자녀가 있는 가정 등에서는 두 가지 방식으로 즐길 수 있는 닌텐도 스위치를 좋아하는 사람들이 많았고,[25] 엑스박스나 스마트폰 게임 캔디 크러쉬Candy Crush

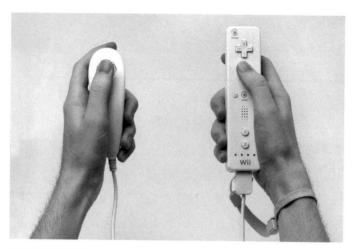

닌텐도 위의 직관적인 동작 감지 컨트롤러
위모트Wiimote(오른쪽)와 눈차크Nunchuck(왼쪽)[23]

출처: 위키미디어

중 어느 쪽도 그들의 니즈를 제대로 채워줄 수 없었다. 스위치는 게임기의 일반적인 정의를 무너뜨려 새로운 유형의 게이머들의 관심을 끌었고, 출시 첫해 미국에서 다른 어떤 게임기보다 많이 판매되는 쾌거를 이뤘다.[26]✦

사우스웨스트 항공

기술과 관계없는 분야에서도 블루오션 전략을 찾아볼 수 있다. 저렴한 항공편, 만족스러운 비행 경험, 훌륭한 고객서비스를 제공하고 있는 사우스웨스트 항공은 블루오션 전략을 구사하는 비테크 기업의 대표적인 예다.[27] 1967년 설립 당시 사우스웨스트는 더 비싼 가격에 더 고급스러운 서

✦ 닌텐도 스위치의 게임 시리즈도 대단하다. '마리오 카트'와 '포켓몬Pokemon' 등 쉽고 가벼운 게임, '파이어 엠블렘Fire Emblem'처럼 난이도 높은 게임, '젤다'와 '슈퍼 스매시 브라더스Super Smash Bros'처럼 난이도 중간 수준의 게임이 주로 포함돼 있다. 다양한 게임 시리즈 발매는 한 제품이 다양한 유형의 게이머들의 관심을 끌 수 있는 방법 중 하나이다.

비스를 제공하는 델타Delta 같은 기존 항공사들과 정면으로 경쟁하지 않고도 완전히 새로운 부류의 승객들을 끌어모은 최초의 저가 항공사였다.[28,29]

물론 요즘에는 저가 항공사가 많기 때문에 사우스웨스트 항공이 블루오션 모델에 딱 들어맞는다고 하기는 어렵다. 다만 사우스웨스트는 여전히 블루오션 전략의 또 다른 원리를 보여준다. 바로 낮은 비용과 훌륭한 서비스 중 하나만 선택할 필요는 없다는 것이다.[30]

라이언에어Ryanairs와 스피릿 항공Spirit Airlines이 저렴하지만 불만족스러운 서비스를 제공하고, 에미레이트Emirates 항공이 값비싼 가격에 아주 훌륭한 서비스를 제공하는 데 반해, 사우스웨스트는 저렴한 비용과 고품질 서비스를 두루 충족하는 항공편을 제공하는 전략을 찾아냈다.

사우스웨스트는 좌석 번호를 지정하지 않고 승객들이 앉고 싶은 자리를 직접 선택하도록 한다. 이러한 방식으로 다른 항공사들보다 탑승 시간을 최대 25%까지 줄였다.[31] 승객들이 선착순으로 탑승해 좌석을 선택할 수 있게 함으로써 사우스웨스트는 비용을 절감하고 승객들은 보다 편리하게 비행기에 탑승할 수 있다.

게다가 사우스웨스트는 허브 도시들을 거점으로 운항하는 대신 주로 두 도시를 직접 연결해 운항하는 '포인트 투 포인트point-to-point' 노선을 운영해 항공기가 활주로에 머무는 시간을 줄이고(비용 절감) 승객들이 목적지에 더 빨리 도착할 수 있게 해준다.[32] 또한 직원들을 존중하는 정책으로 직원들의 사기를 높이고, 고객서비스를 향상시켜 직원 이직률을 낮추면서 고용과 직원 교육과 관련된 비용을 절감한다.[33]

우리가 가장 좋아하는 사우스웨스트의 가장 유명한 정책은 바로 승객에게 무료 위탁 수하물 서비스를 제공하는 것이다.[34] 이 정책은 고객 만족을 높이고 사우스웨스트라는 기업 브랜드를 강화해 알뜰하고 깐깐한 고객들에게까지 영향을 미친다.[35]

"무료로 수하물을 위탁하세요Bags Fly Free."

화물칸 쪽에 "이곳에 무료 위탁 수화물이 있습니다Free Bags Fly Here"라고 적혀 있는 사우스웨스트 항공기[37]

출처: 위키미디어

이 말은 한때 사우스웨스트 항공기 측면에 새겨 넣었을 정도로 강력한 슬로건이다.[36]

하지만 사우스웨스트 항공 매출에 더 큰 영향을 미친 것은 바로 빠른 탑승이다. 앞에 있는 사람이 터질 듯이 꽉 찬 가방을 기내 짐칸에 밀어 넣기만을 기다리면서 얼마나 많은 시간을 보내야 했는지 한번 떠올려보자. 뒤에 있는 사람이 가방 넣을 자리를 찾아 새치기하는 최악의 상황이 일어날 수도 있다. 기내 수하물로 인해 발생하는 이런 불편함을 없애면 탑승 시간이 10분 이상 단축되며[38] 결과적으로 항공편을 추가로 편성할 수 있어 수익을 늘릴 수 있다.

사우스웨스트 사례를 모두 종합해보면, 매우 성공적인 블루오션 전략 중 하나라는 사실을 알 수 있다. 2019년 말, 사우스웨스트는 47년 연속 흑자를 기록했을 뿐 아니라 고객 만족상 6개를 수상했다.[39] 이는 항공업계 역사상 전례 없는 일이었다. 창의력을 발휘하면 이렇듯 흑자와 고객 만족이라는 두 마리 토끼를 모두 잡을 수 있다.

CODE 2 경제학

카이OS

마지막으로 모바일 운영체제(OS)의 사례를 살펴보자. 한쪽에는 비싸고 차별화된 아이폰이 있고, 다른 한쪽에는 헐값의 평범한 안드로이드가 존재한다. 모바일 OS 세계는 경쟁이 치열한 만큼 진입할 공간을 찾기가 어렵다. 이 '레드오션'에는 웹OS로 구동되는 휴렛팩커드(HP)의 팜Palm 스마트폰,[40] 모질라Mozilla의 파이어폭스Firefox OS,[41] 윈도우[42] 등 실패한 모바일 운영체제의 잔해가 널려 있다.

신생 기업은 기존 스마트폰 시장에 진입할 수가 없다. 품질 면에서는 아이폰을 이길 수 없고, 가격 면에서는 안드로이드를 이길 수 없기 때문이다. 예를 들어 파이어폭스 OS는 보급형 스마트폰 시장을 두고 안드로이드와 경쟁하려고 했지만 가격 면에서 안드로이드를 당해낼 수 없었다. 딱히 차별화된 기능을 갖추지 못한 파이어폭스 OS는 출시한 지 5년이 채 되지 않아 개발이 중단됐다.[43]

휴대전화로 성공할 수 있는 유일한 방법은 아이폰이나 안드로이드폰의 관심을 끌지 못한 시장을 공략하는 것이다. 이 방법이 바로 파이어폭스 OS를 기반으로 제작된 저사양 운영체제 카이OS가 채택한 전략이다. 카이OS는 11달러밖에 하지 않는 초저가 스마트폰에 사용된다.[44]

카이OS는 완전히 새로운 시장, 즉 초저가가 아니면 스마트폰을 살 여유가 없는 개발도상국 사람들을 공략한다.[46] 그들에게는 50달러짜리 안드로이드폰을 구매할 여유조차 없었다. 그들이 선택할 수 있는 휴대전화는 초저가인 피처폰feature

카이OS로 구동하는 인도의 초저가 휴대전화, 지오폰JioPhone과 지오폰 2[45]

출처: 기즈모 타임스Gizmo Times

phone뿐이었다.

안드로이드폰보다 훨씬 저렴한 휴대전화를 제공한다는 전략이 타당하기는 하지만, 그 정도로 저렴한 휴대전화를 개발하기란 쉽지 않다. 카이OS는 안드로이드의 기본적인 가정 중 일부를 깨뜨림으로써 그 어려운 일을 해냈다. 터치스크린[47]과 여러 앱을 동시에 실행할 수 있는 기능을 뺀 것이다.[48] 안드로이드의 여러 기능들은 사용자 인터페이스 전체가 터치스크린이라는 가정하에 만들어진다. 하지만 카이OS는 저가형 휴대전화를 찾는 사람들은 가격을 비싸게 만드는 기능들을 필요로 하지 않는다는 사실을 발견했다.

또 저가의 보급형 안드로이드가 평범한 사양을 갖추고 있다면, 카이OS의 사양은 매우 간소하다. 카이OS의 경우 보통 화면 해상도가 320×240 픽셀이다. 해상도가 720×1520 픽셀인 100달러짜리 노키아Nokia 안드로이드폰의 약 7%에 해당하는 해상도다.[50,51]

카이OS 앱은 저렴한 폰에도 비교적 잘 작동하며, 50달러짜리 저가형 안드로이드폰 앱보다 더 잘 작동하는 경우도 많다.[52] 이는 카이OS 앱의 경우 꼭 필요한 것들만 있는 반면, 보통 좀 더 비싼 휴대전화에서 실행되는 안드로이드 앱의 경우 불필요한 것들이 상대적으로 많기 때문이다.[53]

카이OS는 거대한 시장을 새로 열었고, 그 시장을 거의 독식하고 있다. 카이OS의 유일한 경쟁 상대는 왓츠앱WhatsApp과 같은 필수 앱을 실행할 수 없는 피처폰이다. 그런 점을 감안하면 카이OS가 2018년 1월 출시된 지 7개월 만에 인도에서 iOS를 제치고 인기 순위 2위에,[54] 전 세계에서는 3위에 오른 운영체제가 됐다는 사실이 놀랍지 않다.[55]

6장

Market Entry

시장 진입

일단 관심이 가는 시장과 비즈니스 전략을 찾았다면 시장에 진입하기 위한 올바른 방법을 선택해야 한다. 소셜네트워크든 비디오 스트리밍이든 자율 주행차든 제품을 시장에 선보일 방법을 찾아야 한다.

일반적으로 시장에 진입하는 방법에는 세 가지가 있다. 자기 제품을 만들거나, 다른 사람이 만든 제품을 빌려 오거나, 다른 회사가 만든 제품을 사들이는 것이다. 각 방법은 장단점을 지니고 있기 때문에 전략에도 변화를 줄 수 있어야 한다. 문제는 다양한 유형의 사람들이 항상 한 가지 특정한 전략을 사용하는 데 편중돼 있다는 점이다. PM은 만드는 것을 좋아하고, 파트너십 담당자는 빌리는 것을 좋아하고, M&A(기업인수합병) 팀은 사들이는 것을 좋아한다. 그들의 의견을 곧이곧대로 받아들이기보다는 걸러서 들어야 하고, 어떤 전략이 여러분 상황에 딱 맞아떨어지는지 곰곰이 생각해야 한다.

제품 개발 전략

시장에 진입하는 가장 확실한 방법은 직접 제품을 만드는 것이고, 엔지니어와 PM이 되면 이를 바탕으로 훈련이 된다.

다음의 네 가지 경우 중 하나에 해당할 경우, 사들이거나 빌려 오기보다 만들기가 가장 타당한 방법이 될 수 있다.

첫째, 회사가 신생 기업이거나 자원이 부족할 경우 제품을 만드는 게 옳다. 다른 회사를 사들이는 일은 물론이고 기업 실사, 계약 체결 등 다른 회사와 제휴를 맺는 일조차 많은 자금과 직원이 필요하며, 평범한 스타트업 기업의 경우 그만한 자원을 갖고 있기가 어렵다. 제품 제작은 많은 근로시간이 필요하지만, 직원들에게 이미 급여를 지급하고 있는 상황이기 때문에 비용이 크게 증가하지는 않는다.

둘째, 사들이거나 빌려 올 수 없는 경우다. 보도에 따르면, 2016년 마이크로소프트는 업무용 협업 도구인 슬랙을 80억 달러에 인수하려고 했다.[1] 하지만 슬랙이 그 제안을 거절하자 자체 경쟁 서비스인 마이크로소프트 팀즈Microsoft Teams를 출시했다.[2] 2019년에는 슬랙보다 팀즈를 사용하는 사람이 더 많았으니[3] 슬랙은 그 결정을 후회했을지도 모르겠다.

셋째, 회사가 비슷한 시장에서 경험을 쌓은 적이 있는 경우다. 마이크로소프트는 수십 년에 걸쳐 전사적 소프트웨어enterprise software를 만들어왔기 때문에 기업이 직면할 수 있는 데이터 개인정보 보호나 보안 규정과 관련된 문제를 꾸준히 다뤄왔고 그만큼 경험이 많다.[4] 그 덕분에 마이크로소프트는 팀즈에도 전사적 소프트웨어와 비슷한 기능을 넣어 만들 수 있다는 사실을 알고 있었다. 슬랙과 같은 스타트업 기업이라면 그런 경험을 충분히 갖추고 있기가 어려울 것이다.

넷째, 기존의 자사 제품에 편승할 수 있는 제품이라면 만드는 게 맞다. 우버의 경우, 음식 배달 시장에 진입하는 가장 좋은 방법은 기존 제품을 사들이는 것이 아니라 새로운 제품 즉, 우버 이츠Uber Eats를 만드는 것이었다. 우버는 많은 운전자 네트워크와 사용자 기반은 물론이고 운전자들에게 목적지를 알려주는 기술을 이미 보유하고 있었기 때문이다. 나중에는 경쟁 음식 배달 서비스인 포스트메이츠Postmates를 인수했지만,[5] 이는 우버가 시장에 진입한 후 성공적으로 이뤄진 확장 작업이었다. 우버가 보여준 것처럼, 만들어 키운 다음 사들이기는 가치가 큰 혼합 전략이다.

제휴 전략

두 번째 전략은 다른 회사들과 제휴를 맺어 그들의 제품을 활용하거나 제품을 공동 개발하는 것이다. 아마 이 방식이 세 가지 전략 중 가장 낯설 것이다. 하지만 제품을 빌리는 전략의 예는 많이 찾아볼 수 있다.

1996년 온라인 뉴스에 특화돼 있던 마이크로소프트는 온라인과 케이블을 망라할 새로운 미디어 자산을 만들기 위해 케이블 뉴스 전문 방송사인 NBC와 제휴해 MSNBC를 합작으로 설립했다.[6] 게임업계에서는 닌텐도가 소닉 더 헤지혹Sonic the Hedgehog(세가Sega 소유[7]) 같은 서드파티third party제3자라는 뜻으로 주로 제조사와 사용자 이외의 생산자를 총칭하는 용어–옮긴이 비디오게임 캐릭터들이 슈퍼 스매시 브라더스Super Smash Bros 격투 시리즈의 링크Link와 커비Kirby 같은 대표 캐릭터들과 함께 격투를 벌일 수 있도록 라이선스 계약을 체결했다.[8]

빌려 오기는 다른 전략만큼 자주 사용되지는 않지만, 다음의 네 가지 경우 중 하나에 해당할 경우 적절한 전략이 될 수 있다.

첫째, 회사가 해당 시장에서 전문 기업이 아니고 전문 기업이 되고 싶지도 않은 경우다. 2017년 메타가 넷플릭스와 경쟁하기 위해 새로 출시한 페이스북 워치Facebook Watch에 맞는 동영상을 제작하고자 했을 때, 메타는 영화 제작 사업에 뛰어들 생각이 없었다. 영화 제작 사업을 새로 시작하려면 많은 노력을 쏟아야 할 것이고, 영화 제작은 메타가 지닌 강점이나 **핵심 역량**과 거리가 먼 분야였다. 그래서 페이스북 워치를 위한 동영상들을 제작하기 위해 MLB, 내셔널 지오그래픽National Geographic, 타임Time과 제휴를 맺었다.[9]

둘째, 다른 사람의 신용에 기대고 싶은 경우다. 2019년 애플은 자체 신용카드를 출시하고자 했고, 애플카드에 대한 사람들의 신뢰를 얻기 위해 골드만삭스와 제휴했다.[10]

셋째, 구멍을 빠르게 메우고 싶은 경우다. 2019년 스포티파이Spotify는 프리미엄 가입자들에게 훌루Hulu의 비디오 스트리밍 서비스를 잠시 무료로 제공했다.[11] 이는 애플뮤직Apple Music[12]과 아마존 프라임 뮤직Amazon Prime Music[13]을 포함한 스포티파이의 오디오 스트리밍 경쟁사들이 스포티파이와 비슷한 월정액으로 무료 동영상을 제공하고 있었기 때문일 것이다. 스포티파이는 이 같은 번들 서비스로 경쟁력을 유지할 수 있었고, 보통 빌리는 게 만드는 것보다 빠르며 사들이는 것보다 비용이 저렴하기 때문에 경쟁업체들을 따라잡기에 적절한 전략이었다.

넷째, 수익성이 낮고 자원 집약적이어서 소유하기에는 부담스러운 사업 부문을 아웃소싱하고 싶은 경우다. 대표적인 예가 CPU(중앙 처리 장치)와 GPU(그래픽 처리 장치) 같은 실리콘칩을 만드는 반도체 제조 산업이다. 반도체 공장을 '팹fab'이라고 부르는데, 이를 운영하는 데에는 많은 시간과 비용, 전문 지식이 필요하다.[14] 그렇기 때문에 AMD, 엔비디아Nvidia, 퀄컴 Qualcomm을 포함한 많은 상위 반도체 업체들은 자체 팹을 짓거나 매입하는 대신 반도체 칩을 제조하는 전용 팹과 협력해 제품을 생산하고 있다.[15]◆

◆ 인텔과 삼성은 자체 팹을 갖고 있는 세계 최대 반도체 업체다. 두 기업은 오랜 실적과 충분한 자금을 보유하고 있어 자체 팹을 소유할 수 있지만, 신생 반도체 기업들은 자체 팹을 세우는 데 필요한 시간적·금전적 여유가 없다.

인수 전략

다른 회사를 인수하는 것은 헤드라인에 단골로 등장하는 시장 진입 전략이다. 앞서 살펴봤듯이, 만들거나 빌려 오는 것이 더 적합한 경우가 많지만, 그럼에도 불구하고 인수하는 게 좋은 경우를 네 가지로 들 수 있다.

첫째, 시장에서 경쟁업체를 없애거나 다른 경쟁업체가 특정 제품을 손에 넣지 못하도록 하고 싶은 경우다. 메타는 2010년 인스타그램이 앱을 출시한 지 두 달 만에 사용자 백만 명을 돌파하자[16] 경쟁 소셜네트워크의 성장에 불안감을 느꼈다. 트위터[17]나 구글[18]이 인스타그램을 인수하는 데 관심이 있다는 사실을 알게 됐을 때, 뜨거운 인기를 누리고 있는 인스타그램이라는 새로운 앱에 경쟁업체들이 손을 뻗지 못하도록 해야 한다는 것을 알고 있었다. 2012년 메타는 인스타그램을 10억 달러에 서둘러 인수했다.[19]

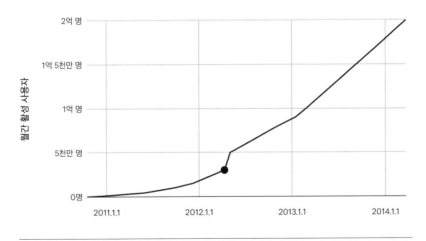

인스타그램 인수 전후 월간 활성 사용자(MAU)

2011년에서 2014년 사이 인스타그램의 월간 활성 사용자(MAU).
점이 찍힌 시점 이후 MAU가 갑자기 급증하기 시작했다. 이때가 바로 메타가 인스타그램을 인수한 직후였다.[20~23]

출처: 비즈니스 인사이더Business Insider, 테크크런치TechCrunch, 스태티스타Statista, 맥스토리MacStories

둘째, 특정 회사의 사용자를 확보하려는 경우다. 특정 회사가 만들어 낸 앱에 사용된 기술은 재현이 가능하지만, 사람들이 앱을 사용하도록 만드는 것은 기술 재현보다 훨씬 더 어렵다. 강한 **네트워크 효과**를 지닌 소셜네트워크의 경우는 특히 더 그렇다. 소셜네트워크는 더 많은 사람들이 가입할수록 그 가치가 더 높아지는데, 이 같은 현상이 기존 네트워크에는 이롭게 작용하지만 새로운 네트워크를 활성화하는 것은 매우 어렵게 만든다.[24]

다시 말해서, 소셜네트워크를 새로 만드는 것보다 인수하는 게 훨씬 더 효과적이다. 새로운 소셜네트워크 앱 자체를 만드는 게 어렵다기보다는 사용자 기반을 구축하는 게 어렵기 때문이다. 이 같은 이유로 소셜네트워크 분야에서 기업 인수가 자주 이뤄진다. 메타는 인스타그램과 왓츠앱을 사들였고, 마이크로소프트는 링크드인을 260억 달러에 사들였다.[25] 맨땅에서 시작해 소셜네트워크를 구축하기란 매우 어렵다. 이는 구글플러스만 봐도 알 수 있다.

셋째, 진입하기 어려운 산업에 뛰어들려는 경우다. 예를 들어 2018년 아마존은 온라인 약국 필팩PillPack을 인수했다. 아마존이 필팩을 인수한 이유는 의약품 유통 면허를 취득하기가 어려운 상황에서 필팩이 그 어렵고 번거로운 절차를 이미 다 거쳤기 때문이었다.[26]

넷째, 특별한 능력을 갖춘 인재를 얻고 싶은 경우다. 특히 기술과 관련이 없는 회사가 이 경우에 속한다. 아마존의 성공에 불안을 느낀 월마트는 2016년 온라인 입지를 강화하기 위해 이커머스 사이트인 제트Jet를 인수했다.[27] 월마트는 거대 기업이기는 했으나 이커머스 플랫폼을 제대로 구축하는 데 필요한 사내 기술 인재가 부족했을 것이다.

인수가 매력적이고 많은 경우 의미가 있기는 하지만 방아쇠를 너무 빨리 당기지 않는 것이 중요하다. 하버드 경영대학원 교수 마이클 포터Michael Porter는 필요한 것을 얻기 위해 인수 계획을 세우고 있는 기업이라면 제대로 된 결정을 내리고 있는지 확인하기 위해 아래의 세 가지 다각화 테스트

diversification test를 거쳐야 한다고 말한다.[28]

1. **시너지 테스트**the better-off test: 두 회사가 하나로 합쳐졌을 때 양측 모두 이익을 얻게 될까? 링크드인을 인수한 마이크로소프트의 경우를 보면 마이크로소프트의 오피스 제품은 전문적인 관계에 대한 데이터를 얻음으로써 이득을 취했고, 링크드인은 애저, 오피스 등과 함께 대기업에서 사용하는 기본 툴키트toolkit의 일부가 됨으로써 이득을 취할 수 있었다. 한편, 2000년 컴퓨터 제조업체 컴팩을 250억 달러에 사들인 휴렛팩커드의 블록버스터급 인수합병은 두 회사가 서로 중복된 제품군을 갖고 있어 이득을 거의 얻지 못한 데다 거액의 급여를 추가로 지불해야 하는 상황이 빚어지면서 여전히 역사상 최악의 테크 기업 인수 사례로 남게 됐다.[29]

2. **진입 비용 테스트**the cost-of-entry test: 진입 비용이 과연 적절한가? 더 적은 비용으로 만들거나 빌려 올 수는 없을까? 2014년 메타가 왓츠앱을 인수했을 당시, 왓츠앱이 190억 달러라는 인수 가격만큼 그 가치를 발휘하지 못할 것으로 여겨졌다.[30] 하지만 이후 왓츠앱이 성장하면서 늦게나마 제값을 할 수 있었다.

3. **매력도 테스트**the attractiveness test: 진출하고자 하는 새로운 산업은 수익성이 있을까? 2013년 마이크로소프트가 어려움을 겪고 있던 휴대전화 제조업체인 노키아를 70억 달러에 인수한 것은 여전히 실패한 인수로 평가받고 있다. 노키아와 윈도우가 아이폰과 안드로이드를 상대로 경쟁해 성공할 가망이 거의 없었기 때문이다. 비평가들이 예상한 대로, 윈도우폰은 몇 년 지나지 않아 실패작이 되고 말았다.[31]

우리는 네 번째 테스트로 '**인수 필요성 테스트**the need-to-own test'를 추가하고 싶다. 꼭 그 회사를 인수해야만 원하는 이익을 얻을 수 있는지, 아니면 제휴를 통한 파트너십을 맺는 것만으로 실현 가능한지 검토해볼 수 있다. 닌텐도는 소닉 더 헤지혹을 슈퍼 스매스 브라더스에 넣기 위해 굳이 세가를 인수할 필요가 없었다. 캐릭터 사용을 위한 라이선스 계약을 체결하는 것만으로도 충분했다. 스포티파이는 음원과 함께 영상을 제공하기 위해 훌루를 인수할 필요가 없었다. 인수할 수도 있지만 번들 서비스를 제공하기 위해 제휴를 맺는 게 더 경제적이었다. 게다가 제휴는 인수보다 나중에 그 관계를 끝내기도 쉽다.

보너스 동영상

대표적인 시장 진입 전략으로 개발, 제휴, 인수를 꼽을 수 있다. 세 전략과 더불어 오늘날 네 번째 시장 진입 전략으로 꼽을 수 있는 것이 바로 '**소수 지분 투자**minority stake investment'다. 서양의 거대 테크 기업들은 소수 지분 투자 전략이 동남아시아와 같은 신흥 시장에 진입할 수 있는 유일한 방법이라는 사실을 갈수록 더 실감하고 있다. 보너스 동영상을 통해 이러한 투자 방식이 어떻게 작동하는지, 어째서 거대 테크 기업의 사업 확장 계획에 꼭 필요한 전략인지 확인해보기 바란다.

productalliance.com/videos/emerging-markets

선택사항 비교하기

여러분도 알다시피, 시장 진입을 위한 만능 키 같은 해결책은 존재하지 않는다. PM이라면 늘 사용해온 전략이 아닌 주어진 과제에 가장 적합한 전략을 선택할 수 있어야 한다. 실제로 듀크 대학교의 한 연구 결과가 이를 뒷받침하고 있다. 연구에 따르면 개발, 제휴, 인수 전략 중 한 가지 이상의 전략을 사용한 기업이 5년 이상 생존할 확률은 제휴 전략만 사용한 기업보다 46%, 인수 전략만 사용한 기업보다는 26%, 제작 전략만 사용한 기업보다는 12% 높았다.[32]

의사결정 과정을 요약하는 데 도움이 될 만한 한 가지 방법을 제안하자면, 논의되고 있는 제품이 가치제안의 핵심이 아닐 경우에는 그 제품을 빌려 오는 게 좋다. 메타는 미디어 회사가 아니기 때문에 언론사를 인수하거나 설립하는 것은 메타가 핵심 임무에 집중하지 못하게 만들 뿐이다. 반면에 가치제안의 핵심이 될 제품은 개발하거나 사들여야 한다. 물론 직접 만들기 어려운 제품은 개발하기보다는 사들이는 쪽을 택해야 한다.[33] 아래 2x2 매트릭스에 이러한 내용이 잘 나타나 있다.[34]

이 매트릭스는 제휴의 정의를 두 부분으로 나눠 더 분명히 보여준다.

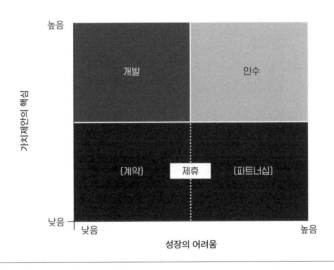

원하는 제품을 키워나가는 데 따르는 어려움과 가치제안의 중요성을 바탕으로 개발, 제휴, 인수의 득실을 보여주는 2x2 매트릭스[35]
출처: 2x2 매트릭스의 힘The Power of the 2x2 Matrix3

공급업체에서 무언가를 얻기 위해 일회성 지불을 하는 계약과 무언가를 함께 만들기 위해 장기적인 관계에 투자하는 파트너십으로 나뉜다. 계약 방식은 리브랜딩을 진행할 대행사 섭외 같은 소규모의 일회성 요구 사항에 적합하다. 파트너십은 더 많은 시간과 에너지를 필요로 하지만, 마이크로소프트와 NBC가 MSNBC를 설립할 때처럼 여러 해에 걸쳐 여러 팀이 직접 부딪히며 참여하는 프로젝트가 진행될 경우에는 파트너십이 필요하다.

또 다른 2×2 매트릭스에서는 수평축인 '성장의 어려움'이 '시간 압박'으로 바뀐다. 만일 급한 상황이라면, 서명만 하면 되는 인수를 하거나 계약을 맺는 것이 바람직한 전략이 될 수 있다. 개발에 들어가거나 파트너십을 맺으려면 훨씬 더 복잡한 절차가 필요할 수 있기 때문이다.[36]

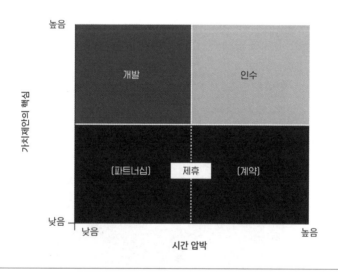

원하는 제품을 키워나가는 데 따르는 어려움과 그 제품을 준비하는 데 필요한 시간을 바탕으로
개발, 제휴, 인수의 득실을 보여주는 2x2 매트릭스[37]
출처: 2x2 매트릭스의 힘

면접 시 특정 제품을 어떻게 만들 것인지, 특정 회사를 인수할 것인지, 특정 회사와 어떻게 제휴를 맺을 것인지 등을 묻는 질문을 받을 수 있다. 면접관이 이 같은 질문을 던질 때는 보통 한 가지 시장 진입 전략을 적용해 답할 것으로 예상한다.

좋은 답변을 내놓기 위해서는 한 걸음 물러서서 먼저 시장에 진입하려는 이유에 대해 생각해보고, 면접관이 언급한 한 가지 전략에 국한하지 않고 세 가지 전략을 모두 고려해봐야 한다. 그렇게 하면 좀 더 사려 깊은 사람으로 보일 수 있을 뿐 아니라 다른 면접 지원자들은 결코 생각해내지 못할 기회를 발견할 수도 있다.

7장

Moats

해자

시장에 진입했다면, 그 시장을 지켜내야 한다. 워런 버핏은 이를 설명하기 위한 용어를 중세 시대 이미지에서 찾았다. 그 용어가 바로 경제적 해자moat 적의 침입에 대비해 성 주위에 둘러 판 연못–옮긴이로 경쟁사들이 시장에 '침입'하는 것을 막아줄 지속가능한 수단을 말한다.[1] 해자는 크게 두 가지 범주, 즉 진입 장벽과 전환장벽이 있다.

진입장벽

이러한 경제적 해자는 경쟁업체들이 애초에 시장에 진입하는 것을 어렵게 만든다. 시장 진입을 하는 데 가장 큰 장벽은 비용이다. 진입 비용이 많이 드는 산업의 경우, 확실히 경쟁업체들이 시장에 등장하는 일이 드물다. 예컨대 항공사(점보제트기는 가격이 비싸다), 석유와 가스(굴착 장치는 설치하기가 어렵다), 수도나 전기 같은 공익사업(그렇게 많은 전선이나 배관을 설치하기가 쉽지

않다) 같은 산업에 진입하기란 매우 어렵다.[2]

이러한 산업들이 지닌 공통점은 충분한 인프라를 필요로 한다는 데 있다. 보통 시장에 새로 진입하려는 기업의 경우, 충분한 인프라를 갖출 만한 자금력이 부족하다. 그렇기 때문에 사업 기회가 몇 안 되는 거대 기업에 집중되는 경향이 있다. 미국 항공업계에 소수 거대 기업만이 존재하는 이유다. 실제로 지역 공익사업은 진입 비용이 너무 높아 독점인 경우가 대부분이다. 이 같은 상황에서 독점은 이미 정해진 것이나 다름없기 때문에 이를 **자연독점**natural monopoly이라 부른다.[3]

특히 **클라우드 컴퓨팅**cloud computing이 발달함에 따라 기술시장에 진입하는 것은 그리 어렵지 않은 일이 됐다. 주말 동안 앱을 가동해볼 수 있고 아주 적은 간접비로 프로토타입을 출시할 수도 있다. 그럼에도 불구하고 일부 기술시장, 특히 물리적 상품을 다루는 시장에서는 여전히 인프라가 문제일 수 있다. 아마존의 물류 네트워크는 매우 발달돼 있어서 신생 이커머스 사이트들은 말할 것도 없고 대형 할인점들조차 아마존의 번개처럼 빠른 배송을 따라가기 위해 애쓰고 있다.[4]

마찬가지로 컴캐스트Comcast나 스펙트럼Spectrum 같은 ISP 즉, 인터넷 서비스 제공업체internet service provide를 설립하는 데에도 매우 큰 비용이 든다. 심지어 구글조차 자사 인터넷 서비스인 구글 파이버Google Fiber를 구축하는 데 애를 먹었다.[5] 광섬유 케이블을 매설하는 데 큰 비용이 들 뿐 아니라 다른 ISP 업체들이 이미 광케이블 서비스를 제공하고 있는 시점에서는 지방 정부를 설득하기도 어렵다.

또 다른 진입장벽은 바로 규제다. 앞서 살펴봤듯이, 온라인 약국 산업의 강력한 규제는 시장 진입을 위한 발판을 구축하기 어렵게 만들었고, 그로 인해 필팩은 아마존에 훨씬 더 매력적인 인수 대상 기업이 될 수 있었다. 의료 기술의 경우 훨씬 더 어려울 수 있다. 임상시험을 거쳐야 하기 때문에 신약 개발은 10년 넘게 걸릴 수 있고,[6] 신약으로 수익을 내려면 그보다 훨씬 더 오래 걸릴 수 있다.[7] 보통 7년에서 10년 사이 수익이 창출되기를 바라는 벤처 투자자들 입장에서 보면 결코 매력적이지 않은 것이 사실이다.[8] 금융, 사이버보안, 교육 역시 모두 규제가 심하다.[9] 미국 증권 거래위원회(SEC)가 암호화폐에 대한 규제를 강화하면서 새로운 암호화폐를 출시하는 일조차 이제는 더 어려워졌다.[10]

마지막으로 주목할 만한 진입장벽은 지식재산권과 특허권이다. 퀄컴이 무선연결 기술(4G와 5G 포함) 관련 특허 13만 개를 보유하면서 신생 기업들은 퀄컴과 경쟁하기가 어려워졌고, 휴대전화 제조업체들은 판매가의 3~5%를 특허사용료로 지불해야 했다. 매년 약 60억 달러에 달하는 특허사용료를 손쉽게 벌어들이는 셈이다.[11] 구글의 경우 엄밀히 말해 검색 알고리즘이 특허를 받은 것은 아니지만, 그 알고리즘을 개발하는 데 쓰인 엄청난 양의 지식과 코드는 쉽게 모방할 수 없다. 즉 새로운 검색엔진이 시장을 장악하기가 그만큼 어렵다는 의미다.[12]

전환장벽

한편, 어떤 경우에는 사용자나 고객이 떠나지 못하도록 만드는 해자를 활용하기도 한다. 이를 전환장벽barriers to change이라고 한다.

가장 흔한 전환장벽은 **전환비용**과 관련이 있다. 전환비용은 고객들을 하나의 생태계 안에 가둬 그들이 그 생태계를 벗어나기 어렵게 만든다.[13] 애플은 전환비용을 높이는 데 통달한 기업이다. 일단 애플 제품을 몇 개 갖게 되면 애플 생태계에서 쉽게 빠져나올 수 없을 만큼 아이클라우드iCloud, 애플뮤직과 애플TV, 에어플레이AirPlay와 에어드롭AirDrop 기능 등을 포함한 애플 서비스에 푹 빠지고 만다. 애플 기기 간에는 파일이나 동영상을 전송할 수 있지만, 애플 외에 다른 기기로는 전송이 불가능하다. 설문조사에 참여한 iOS 사용자 중 21%가 애플 생태계를 절대 떠나지 않을 것이라고 답한 것도 아마 그런 이유에서였을 것이다.[14]

소셜네트워크 역시 높은 전환비용을 갖고 있다. 인스타그램 사진, 페이스북 게시물, 트윗을 내보내기가 쉽지 않기 때문이다. 보통 무언가에 사용자가 많은 정보를 입력해야 하거나, 많은 계정이 연결돼 있거나, 많은 파일이 저장돼 있는 경우, 다른 것으로 전환하기가 어렵다.

뛰어난 스타트업 기업들은 전환비용을 줄일 방법을 곧잘 찾아낸다. 노트 필기 앱으로 인기를 끈 에버노트Evernote는 2016년 무료 서비스 범위를 축소해 무료 계정으로 접속할 수 있는 기기를 두 대로 제한하면서[15] 장기 사용자들의 원성을 샀다.[16] 몇 달 지나지 않아 경쟁 앱인 마이크로소프트의 원노트OneNote는 맥 사용자가 에버노트에서 작성한 노트를 원노트로 불러올 수 있도록 했고,[17] 이는 에버노트를 사용하면서 불만을 품게 된 사용자들을 낚아채기에 아주 좋은 조치였다.

또 다른 전환장벽은 바로 브랜드다. 충성도가 높은 사용자는 자신이 선택한 제품을 다른 경쟁 제품으로 쉽게 바꾸려 하지 않는다.[18] 애플은 브랜드 충성도를 높이는 데 일가견이 있고, 그 외에 다른 테크 기업, 혹은 비슷한 기업들 역시 해당 분야에서 그들만의 확실한 명성을 갖고 있어 무너뜨리기가 쉽지 않다. 예컨대 테슬라는 기술력을 자랑하는 자동차, 마이크로소프트는 전사적 소프트웨어, 디즈니는 엔터테인먼트, 아메리칸 익스프레스American Express는 신용카드로 유명하다.

마지막으로 네트워크 효과도 전환장벽이 될 수 있다. 앞서 언급한 바와 같이, 네트워크 효과는 사용자가 많아질수록 해당 상품의 가치가 높아지는 경우에 발생한다. 이는 확실한 제품은 엄청난 힘을 지닐 수 있는 반면, 새로 나온 제품은 관심을 끄는 데 어려움을 겪을 수 있다는 사실을 의미한다. 앞서 살펴본 바와 같이, 네트워크 효과는 더 많은 사람들이 가입할수록 그 가치가 더 높아지는 소셜네트워크에서 흔히 발견된다. '멧커프의

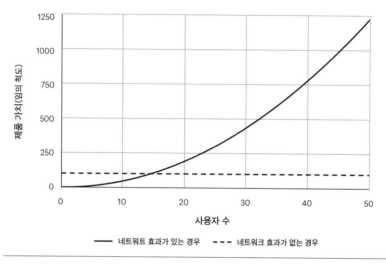

멧커프의 법칙: 소셜네트워크의 네트워크 효과

제품 가치(임의 척도)

사용자 수

—— 네트워트 효과가 있는 경우　- - - 네트워크 효과가 없는 경우

멧커프의 법칙은 사용자가 많아지면서 소셜네트워크의 가치가 크게 증가함을 보여준다.

법칙Metcalfe's Law'이라 불리는 경험적 법칙에 따르면 소셜네트워크의 가치
는 사용자 수의 제곱에 거의 비례하기 때문에[19] 사용자 수가 2배인 소셜네
트워크의 가치는 4배 더 크다.♦

　네트워크 효과는 구매자와 판매자를 연결해주는 **양면시장**two-sided
markets에서도 흔히 볼 수 있다. 아마존, 에어비앤비, 우버를 떠올려보자. 이
러한 서비스는 구매자나 판매자가 없으면 무용지물이나 마찬가지지만, 가
입자가 점점 늘어나면서 보다 유용한 서비스가 된다.[20] 소셜네트워크는 사
용자가 한 가지 유형에 불과하기 때문에 **단면시장**one-sided markets이라고 생
각할 수도 있으나 네트워크 효과는 매우 강력하다.[21]

　네트워크 효과는 더 많은 사람들이 제품을 사용할수록 그 제품이 더

♦ 실제 방정식은 $V(n) = n(n-1)/2$로 V는 가치, n은 사용자 수를 의미한다.

CODE 2 경제학

좋아지는 경우에도 적용되며, 특히 기계학습을 사용하는 제품에서 흔히 찾아볼 수 있다.[22] 더 많은 사람들이 구글검색을 사용할수록 구글은 최상의 검색 결과를 정렬시킬 수 있는 방법을 더 잘 학습할 수 있다. 더 많은 사람들이 스포티파이를 사용할수록 스포티파이는 새로운 청취자들에게 더 나은 음악 추천 서비스를 제공할 수 있다. 또 더 많은 사람들이 라임 스쿠터를 탈수록 라임은 스쿠터를 어디에 배치해두는 게 더 좋은지 알 수 있다.

간단히 말해서, 더 많은 데이터가 있으면 더 좋은 제품을 만들 수 있고, 그렇게 되면 더 많은 사용자들을 끌어들여 더 많은 데이터를 수집할 수 있다.

면접자를 위한 꿀팁!

PM 면접 지원자 중 다수가 일부 시장이 양면시장이라는 사실을 깨닫지 못하고 단면시장에 대한 답변만 내놓는다. 예를 들어 면접 지원자는 페이스북 마켓플레이스의 판매자 수도 함께 늘려야 한다는 점은 간과한 채 구매자 수를 늘리는 데에만 관심을 둘 수 있다. 답변을 작성할 때 시장의 모든 면을 두루 고려해봐야 한다.

가상 인터뷰

양면시장을 구축할 때 자칫 간과하기 쉽지만 매우 중요한 과제 중 하나가 바로 **무결성**integrity, 즉 사기를 방지하는 일이다. 우리는 페이스북 마켓플레이스에서 사기당하는 것을 방지하기 위한 방법을 알아보기 위해 핀터레스트 PM과 가상 인터뷰를 가졌다.

productalliance.com/videos/brainstorming

8장

Unit Economics

단위 경제학

우버는 2017년부터 2018년까지 약 20억 달러의 손실을 입었다.[1] 하지만 2019년 5월 IPO비상장기업이 상장하기 위해 기업의 주식 및 경영 내용을 공개하는 것-옮긴이 당시 우버가 830억 달러에 달하는 기업가치를 달성하면서 역사상 가장 큰 IPO 중 하나가 됐다.[2] 그러나 IPO 직후 우버는 2019년 2분기에만 50억 달러의 손실을 봤다고 밝혔다.[3] 상장 당시 주당 42달러였던 우버의 주가는 2019년 11월 25.58달러의 최저치를 기록하면서 크게 하락했다.[4,5]

확실히 투자자들은 IPO 이전의 손실보다 IPO 이후의 손실을 더 우려했다. 그 이유는 경제학, 특히 기업이 판매하는 **한계 품목**marginal item의 비용, 수익, 이익을 산출하는 **단위 경제학**unit economics으로 요약될 수 있다. 결국 각 물품을 판매하는 데 들어가는 소액의 돈이 초기 자본금을 깎아 먹는다. 다시 말해서, 마진에 운명이 달려 있다.

물리적 상품

단위 경제학에 대해 가장 먼저 알아야 할 것은 물리적 상품과 디지털 상품은 전혀 다르게 작동한다는 점이다. 물리적 상품 판매란 랩톱 컴퓨터(노트북) 판매, 사람이나 음식을 차량으로 운송, 서버와 슈퍼컴퓨터 구축, 피자나 비타민 판매, 호텔 객실 임대 등 물리적으로 실재하는 물품이나 대상을 옮기거나 넘겨줘야 하는 제품과 서비스 판매를 의미한다.

이러한 물리적 상품들을 생산하려면 비용이 많이 들고, 이는 각 상품으로 벌어들일 수 있는 **한계이익**marginal profit 매출액에서 변동비를 제해 산출한 이익-옮긴이 또는 **마진**이 매우 낮다는 것을 의미한다. 시리얼, 손 세정제, 화장지 등 **소비재** 제조업체는 15~25%의 마진밖에 내지 못한다.[6] 심지어 전자제품 제조업체의 마진은 7%에 불과하다.[7] 어떤 한 제품을 만드는 데 필요한 재료비와 인건비가 10달러라면, 도매업자들에게 그 제품을 12달러 정도에 팔 수 있을 뿐이다.♦ 이러한 제품을 소비자에게 공급하는 도매업자들과 소매업자들은 각각 20%와 50% 정도의 좀 더 많은 마진을 얻기도 하지만,[8] 제품당 얻을 수 있는 수익이라고 해봤자 겨우 몇 달러에 불과하다.

단위 경제학을 설명하는 데 도움이 될 만한 예를 하나 살펴보자. 값싼 USB 플래시 드라이브를 만드는 사업을 시작한다고 치자. 우리는 플래시 드라이브를 도매업자에게 개당 5달러에 판매할 수 있다. 맨 처음 플래시 드라이브를 만드는 데 개당 6달러라는 비용이 들지만, 더 많은 제품을 판매할수록 **규모의 경제**에 따라 공장에서 대량 구매 할인 혜택을 받게 된다. 일단 충분히 많은 제품을 생산하면 플래시 드라이브 한 개당 단가가 4달러

♦ 보통 물리적 상품은 제조업자에서 도매업자, 소매업자를 거쳐 소비자에게 전달되며 각 중간 상인을 거치면서 비용이 늘어난다. 코스트코는 도매업자들에게 직접 물건을 받아 가격이 한 번 더 인상되는 것을 피함으로써 낮은 가격을 유지한다. 소비자 직접 서비스Direct-to-consumer 브랜드는 도매업자마저 거치지 않아 가격을 더 낮게 책정할 수 있다.

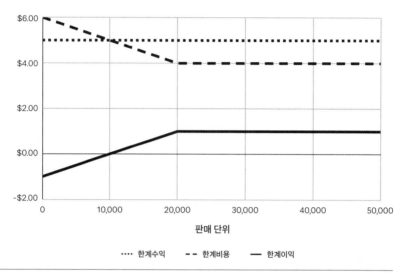

물리적 상품 마진 따져보기

판매 단위

···· 한계수익　　-- 한계비용　　—— 한계이익

플래시 드라이브에 대한 한계비용, 한계수익, 한계이익(예시)

까지 떨어진다. 생산 초기에는 불량 드라이브가 종종 나와 손실을 볼 수도 있지만, 결국 마진이 1달러 또는 단가의 25%에 이를 것이다.

마진이 어떻게 생겨나는지 한계비용, 한계수익, 한계이익을 위와 같이 그래프로 나타낼 수 있다.

수익, 비용, 이익을 모두 합해보면 얼마나 많은 돈을 벌 수 있는지 알 수 있다. 생산할 플래시 드라이브 개수에 상관없이 지불해야 할 **고정비용** 역시 고려해야 한다. 우리가 제시한 예에서 공장을 세우는 데 1만 달러가 든다고 가정해보자. 133쪽 그래프를 통해 전반적인 상황을 확인할 수 있다.

고정비용과 높은 한계비용의 결합은 우리가 제품 3만 개를 판매하기 전까지는 **손익분기점**에 이를 수 없음을 의미한다는 점에 주목해야 한다. 손익분기점 이후에는 더 많은 제품을 판매할수록 이익이 증가하는 게 사실이지만 그 증가 속도는 매우 느리다. 수익률을 향상시키려면 더 많은 기기를

CODE 2 경제학

물리적 상품 전체 매트릭스

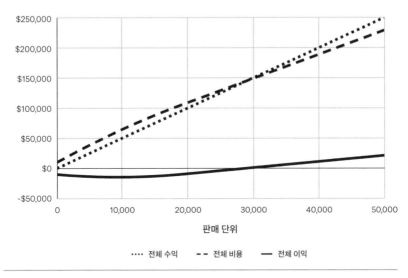

플래시 드라이브를 판매해 얻은 전체 수익률(예시)

판매할 수도 있겠지만, 한계비용에서 몇 센트라도 줄일 수 있다면 훨씬 더 큰 변화가 생겨 수익곡선이 매우 급격히 상승할 것이다.

물리적 상품을 만드는 업체들이 제조원가를 절감하기 위해 열심히 노력하는 이유가 바로 거기에 있다.♦ 기술 분야를 예로 들면, 휴대전화와 랩톱컴퓨터 같은 가전제품 제조업체들은 기기를 제작하는 데 사용하는 모든 재료의 세부 항목이 적힌 BOM(자재 명세서bill-of-materials)을 최적화하기 위해 엄청난 노력을 하고 있다. 제조원가가 1달러만 늘어나도 걸림돌이 될 수 있다.[9]

♦ 아웃소싱이 성행하는 이유 중 하나다.

디지털 상품

온라인 광고, 전사적 소프트웨어, 영화 스트리밍 서비스, 앱 등 디지털 상품은 높은 초기비용이나 **고정비용**, 그리고 매우 낮은 한계비용을 특징으로 한다. 실제로 기술 분석가 벤 톰슨Ben Thompson은 이 같은 특성이 테크 기업 전체를 하나로 아우르는 유일한 요소라고 말한다.[10]

이는 디지털 상품을 판매할 경우, 생산비가 드는 상품은 팔지 않을 것이기 때문이다. 구글검색을 하고, 트윗을 보내고, 비디오게임을 판매하고, 사용자 휴대전화에 앱을 설치하는 데에는 거의 비용이 들지 않는다. 아마 추가 서버 저장 공간과 컴퓨터 연산력computing power을 확보하는 데 10원도 안 들 것이다. 디지털 상품을 판매하는 게 양말이나 그래놀라 바 같은 물리적 상품을 생산하거나 우버의 차량 공유 같은 물리적 서비스를 제공하는 것보다 훨씬 저렴하다.

이는 디지털 상품의 단위 경제학이 상당히 다르다는 사실을 말해준다. 설치 한 건당 5달러를 받고 앱을 판매한다고 가정해보자. 서버 비용, 급여, 설치 지원 비용 등을 소액 부담하므로 한계비용이 낮다. 따라서 우리가 얻게 될 이익은 아마 설치 건수당 5달러에 조금 못 미치는 금액으로 아주 만족스러운 수준이다.

반면에 엔지니어 채용, 계약 체결 등 앱을 개발하고 배포하는 데 드는 초기비용은 매우 높을 수 있다. 앱을 제작하는 데 필요한 초기비용이 15만 달러라고 가정해보자. 이 경우, 전반적인 재무 구조가 먼저 살펴본 플래시 드라이브 예와는 상당히 다르다.

손익분기점을 넘기기까지는 시간이 꽤 걸리겠지만, 일단 넘기고 나면 한계비용이 매우 낮기 때문에 효과적으로 수익을 낼 수 있을 것이다.

이것이 바로 디지털 기업에서 규모가 아주 중요한 이유다. 디지털 기업이 벌어들이는 마진은 대부분 그 액수가 커서 계속해서 이익을 창출할

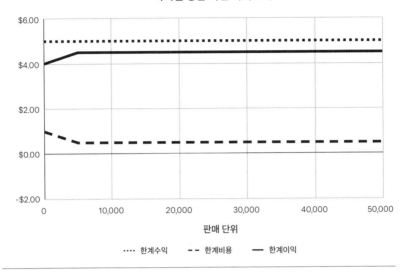

앱이 설치될 때마다 발생하는 한계비용, 한계수익, 한계이익(예시)

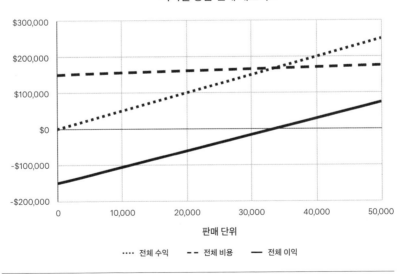

앱을 판매해 얻은 전체 수익률(예시)

수 있도록 하는 것이 중요하다. 실제로, 물리적인 상품처럼 한계비용을 줄이기는 어렵다. 이렇다 할 한계비용이 거의 없기 때문이다!

　디지털 기업이 벤처 캐피털을 자주 이용하는 이유이기도 하다. 디지털 기업이 사업을 시작하기 위해서는 초기 자금 유입이 필요하지만 사업에 성공해 충분한 사용자를 확보한다면 초기 투자자들을 위한 많은 돈을 벌 수 있다. 그런 반면 물리적 상품을 제작하는 사업의 경우, 초기비용이 더 낮은 경우가 많을 뿐 아니라 마진 역시 더 낮다. 즉 벤처 캐피털이 많이 필요하지도 않지만 투자받을 가능성 역시 적다.

우버의 손실

이런 단위 경제학 관점에서 보면 우버의 초기 손실은 대수롭지 않았지만 IPO 이후 손실은 왜 그렇게 처참했는지 보다 더 선명하게 이해할 수 있다. 우버의 IPO가 임박하자 사람들은 우버의 단위 경제에 더 많은 관심을 갖기 시작했고, 오랫동안 우버의 단위 경제가 형편없었다는 사실을 알게 됐다.

　우버가 IPO를 하기 약 1년 전인 2018년 2분기 상황을 떠올려보자. 우버는 차량 공유를 통해 120억 달러를 벌어들였지만 그중 105억 달러를 한계비용으로 썼다. 기사 급여가 우버의 승차 공유 수익의 3분의 2 이상을 차지했고 기사 인센티브, 광고 캠페인, **수익 원가**cost of revenue(앱에 필요한 서버 공간과 컴퓨터 연산력 등 우버가 제품을 전달하기 위해 지불한 비용[12]) 같은 항목들이 그 나머지를 차지해 **매출 총이익**gross margin, 즉 우버가 승차 공유서비스를 통해 순수하게 벌어들인 액수는 15억 달러에 불과했다.[13]

　우버의 문제는 운영비(급여 지불, 사무실 임대 등의 고정비)가 22억 달러에 달해 결국 2018년 2분기에 7억 달러의 손실을 기록했다는 사실에 있다.[14]

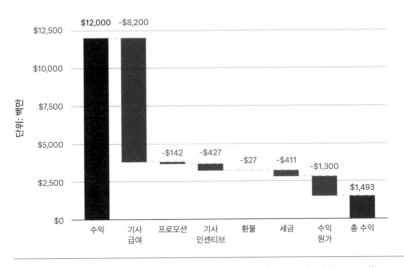

우버의 2018년 2분기 차량 공유 수익과 비용

우버의 수익이 어디에 쓰였는지 보여주는 명세서. 마지막에는 남는 이익이 별로 없다.[11]

출처: 크런치베이스CrunchBase

실적을 나타내는 주요 수치가 좋지 않은 것도 문제지만, 다른 무엇보다 우버가 얼마나 많은 마진을 남겼는가에 주목하는 게 중요하다. 우버는 120억 달러의 매출을 올렸고 그중 총이익은 15억 달러로, 매출 총이익이 12.5%에 불과했다. 테크 기업 대부분이 80%의 마진을 기록하는 것과 비교하면 이는 현저히 낮은 수치다.[15] 이렇듯 우버의 마진이 좋지 못한 것은 우버의 높은 한계비용 때문이다. 즉 우버는 기사들에게 급여를 지불해야만 했던 것이다.

다시 말해서, 사람들은 우버가 높은 고정비용과 낮은 한계비용을 갖는 디지털 회사처럼 운영될 것으로 생각했기 때문에 초기에는 우버를 매우 높이 평가했다. 그와 같은 평가는 우버의 단위 경제가 분명하게 드러나기 전까지 우버의 초기 실적 부진을 정당화하는 이유가 돼주었다. 우버는 높은 한계비용을 갖고 있어 물리적 상품을 판매하는 기업처럼 사업을 이끌어나

갔다. 서비스를 이용하는 각 사용자가 단 몇 센트의 서버 공간과 컴퓨터 연산력만을 소모하는 게 아니었다. 기사들에게 돈을 지불해야 했기 때문에 큰 비용이 들었다. 낮은 마진은 우버의 미래를 암울하게 만들었다.

사실 이처럼 높은 한계비용이 야기하는 문제는 우리가 '디지털' 기업이라고 생각하는 많은 테크 기업들에 영향을 미친다. 리프트, 에어비앤비, 그 외에 다른 '공유경제' 회사들은 자사 플랫폼에서 공유하는 물리적 상품을 제공하는 이들에게 수익의 대부분을 지불해야 한다. 전동 스쿠터 회사처럼 물리적 상품을 대여해주는 회사들은 보유하고 있는 상품 전체를 유지하고 관리하기 위해 많은 돈을 지출해야 한다.

스포티파이[16]와 넷플릭스[17] 같은 미디어 회사들도 비교적 높은 한계비용을 갖고 있다. 사용자에게 제공할 콘텐츠 라이선스를 얻기 위해 아티스트와 영화 스튜디오에 돈을 지불해야 하기 때문이다. 콘텐츠 라이선스를 구매하는 일은 구글검색이나 페이스북 등 낮은 한계비용을 가진 제품들이 단순히 웹페이지를 제공하는 것에 비해 그 비용이 결코 낮지 않다.

높은 한계비용을 가진 회사들이 계속 사업을 이끌어나가고 있다는 사실은 그들이 여전히 큰 시장에서 충분히 성장하고 있다는 것과 투자자들이 결국 자신의 투자금을 회수할 수 있으리라는 믿음을 갖고 있음을 보여준다. 대리 주차나 세차 기계 등 양면시장을 개척해 더 좁은 틈새를 공략하려는 '우버 포 엑스Uber for X'공유경제 모델을 기반으로 제2의 우버가 되기를 꿈꾸는 서비스를 지칭한다-옮긴이 스타트업 기업들에는 그리 반갑지 않을 소식이다.[18]

미래 현금 흐름

우버의 사례는 수익을 내지 못하는 기업이라고 해도 높은 기업가치를 달성할 수 있다는 것을 보여준다. 꾸준히 수익을 내는 기업들이 주식시장에서 근근이 버티고 있다는 사실을 알게 되면 여러분은 더 혼란스러울 수 있다. 단위 경제학을 몇몇 금융 이론과 결합해 이해하면 이 같은 역설을 이해하는 데 도움이 될 것이다.

트위터와 《뉴욕 타임스》의 사례를 살펴보자.[19] 2012년 트위터는 3억 1700만 달러의 수익을 올리며 7900만 달러의 순손실을 기록했다.[20] 같은 해 《뉴욕 타임스》 컴퍼니는 15억 6000만 달러의 수익을 올렸고, 그중 12억 8000만 달러의 이익을 남겼다고 밝혔다.[22]

그러나 두 회사의 기업가치를 서로 비교하기는 어렵다. 2013년 11월 《뉴욕 타임스》는 약 20억 달러의 가치 평가를 받았지만,[23] 같은 달 트위터 IPO는 140억 달러 이상의 가치 평가를 받았다.[24]

알다시피 기업의 현재 수익이 기업가치의 전부는 아니다. 이를 잘 이해하기 위해 주식시장의 기본을 다시 살펴보자. 투자자들은 주식을 팔아

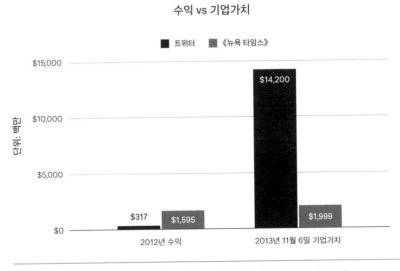

수익 vs 기업가치

뚜렷한 차이를 보이는 트위터와 《뉴욕 타임스》 컴퍼니의 수익과 기업가치는 현재의 수익이 기업가치의 전부가 아님을 보여준다.[25~28]

출처: 와이어드, 매크로트렌드, CNN

차익을 얻거나 주식을 보유해 **배당금**을 받으며, 보통 그 차익이나 배당금은 기업 이익에 비례한다.[29]

따라서 해당 연도의 기업 이익이 높을수록 투자자들이 보유한 주식으로 더 많은 이익을 얻게 될 것이다. 애플은 매년 투자자들에게 배당금을 지급하고 있다. 애플의 수익과 이익이 꾸준히 상승하면서 2016년 주당 약 2달러에서 2019년 주당 약 3달러로 배당금이 늘어났다.[30,31] 이러한 이유로 주가는 미래 예상 이익과 상관관계에 있는 경우가 많다. 향후 투자자가 배당금으로 받게 될 예상 금액이 주가로 결정되기 때문이다.[32]

그래서 투자자들은 2013년 트위터와 같이 높은 성장률을 보이는 테크 기업을 볼 때 해당 기업의 과거 수익과 이익에 크게 신경 쓰지 않는다. 그들은 시간이 지남에 따라 그 기업이 큰 이익을 얻을 것이라는 징후를 발견할 수 있기를 바란다. 한편, 《뉴욕 타임스》같이 '올드 머니old money'라 불리는 자본력을 갖춘 전통 기업의 경우 더 큰 기본 이익이 확보된 상황에서 투자를 시작할 수 있겠지만, 큰 성장을 기대하기는 어렵기 때문에 그 기업이 장차 얻게 될 이익이 크지 않고 그에 따른 기업가치 역시 낮아질 수밖에 없다.

투자자들은 미래 수익을 '할인discount'해 현재 가치를 계산하기 때문에 잠재 이익을 예상할 수 있다. 지금 1달러를 투자하면 향후 10년간 이자를 얻을 수 있기 때문에 1달러의 현재 가치는 10년 후 가치보다 더 크다. 이 같은 경향이 반영된 가치 평가 방법을 **현재 할인 가치**present discounted value[33] 또는 **현금 흐름 할인법**discounted cash flow[34]이라 부른다.

테크 스타트업의 높은 성장 궤도와 《뉴욕 타임스》 같은 기업의 낮은 성장 궤도는 우리가 자세히 검토한 단위 경제학과 다시 연결된다. 디지털 상품을 판매하는 기업들은 고정비용이 매우 높을 수 있어 사업 초기에 형편없는 재무 상태를 나타낼 수 있다. 하지만 한계비용이 매우 낮기 때문에 한계이익이 높을 뿐 아니라 사용자가 늘어나면서 이익이 매우 빠르게 증가할 수 있다. 따라서 해당 기업이 시장을 장악해나가기 위한 궤도에 올랐음을 보여줄 수만 있다면, 투자자들은 단기적으로 겪을 수 있는 재정상의 어려움에는 별 관심이 없을 것이다.

바로 이러한 이유로 트위터는 다른 유니콘 기업 대부분이 그렇듯 높은 가치 평가를 받았다. 2019년 200억 달러 규모의 IPO를 달성하는 과정에서 2018년 약 10억 달러의 손실을 낸 리프트의 사례도 함께 생각해볼 수 있다.[35,36] 스타트업 기업만이 이에 해당하는 것은 아니다. 아마존은 성장에 집중해 매년 수십억 달러에 달하는 수익을 올렸음에도 불구하고 2015년 말까지는 지속적인 이익을 창출하지 못했다.[37]

하지만 우버의 사례를 통해 확인한 것처럼 큰 손실은 해당 기업이 사업 초기 단계에 있으며 전망이 좋은 단위 경제성을 갖고 있음을 증명할 수 있는 경우에 한해 문제가 되지 않는다. 선행 투자를 하는 것이라면 괜찮지만, 사업 확장을 위해 자금을 투입하는 것이라면 문제가 될 수 있다.

한편, 미디어나 물리적 상품을 취급하는 기업 등 마진이 낮은 기업들은 수익과 이익을 천문학적 액수로 늘리는 데 더 큰 어려움을 겪는다. 천문학적 기업가치를 지닌 석유 회사들의 경우 엄청난 수익과 이익을 내기도 하지만[38] 훨씬 더 많은 투자를 필요로 한다. 거대 석유 회사들은 정부의 지원을 많이 받기도 한다. 테크 기업들은 2019년 우버가 그랬던 것처럼 형편없는 단위 경제가 될 조짐이 보이기 시작하면 그들의 예상 이익과 그에 따른 가치 평가는 타격을 입게 된다.

요약하자면, 마진은 테크 기업이 이익을 내고 주식시장에서 높은 가치 평가를 받고 성공하는 데 중요한 역할을 하는 열쇠다.

9장

고객 경제학

테크 기업 비즈니스 모델을 분석할 수 있는 방법으로 단위 경제학만 있는 것은 아니다. 단위 경제학이 판매된 품목당 벌어들인 이익에 주목한다면, 우리가 고객 경제학customer economics이라 부르는 분석 도구는 개별 고객이 제품이나 서비스를 이용하는 동안 벌어들인 이익에 주목한다. 고객 경제학은 CAC(고객획득비용)customer acquisition cost와 LTV(고객생애가치)lifetime value라는 두 가지 핵심 지표에 바탕을 둔다.[1]

단위 경제 분석은 기업 포트폴리오의 각 제품에 맞는 단위 경제 분석을 적용하는 반면, 고객 경제 분석은 사업 전반을 살펴본다. 또 단위 경제학이 현재에 초점을 맞추고 있다면, 고객 경제학은 고객에게 장기적 이익을 얻어내려면 단기적 손실을 감수해야 할 수도 있다는 점을 전제로 하고 있다.

CAC(고객획득비용)

CAC(고객획득비용)는 표면상 매우 간단해 보이는 지표다. 제품이나 서비스를 구매할 신규 고객 1명을 확보하는 데 필요한 마케팅비와 영업비의 평균값을 말한다.[2] 100만 달러짜리 마케팅 캠페인을 펼쳐 신규고객 10만 명을 얻을 경우, CAC는 10달러다.

CAC를 계산하기 위한 가장 간단한 공식은 다음과 같다.

$$CAC = \frac{(마케팅비 + 영업비)}{(신규고객\ 수)}$$

그런데 이 간단한 공식에는 몇 가지 결함이 있다. 첫 번째는 공식의 분자가 불완전하다는 점이다. 신규고객을 유치하는 데에는 마케팅비와 영업비만 드는 게 아니다. 제품을 만드는 사람들에게 급여를 지급해야 하고, 제품을 실행하는 데 필요한 서버 공간과 컴퓨터 연산력을 빌려야 하며, 경우에 따라 고객지원팀도 고용해야 한다.

공식의 분모를 정의하기는 더 어렵다. 첫째, 고객이란 정확히 무엇인가? 누군가가 30일 무료 체험판을 신청한다면, 그 사람은 고객에 포함될까? 누군가가 요금을 지불하지 않고 제품을 상시 무료로 사용할 경우, 그 사람은 고객에 포함될까? 누군가가 메일링 리스트에 가입해 있다면, 그 사람은 고객에 포함될까? 고객에 대한 명확한 정의를 내릴 수는 있겠지만 그에 따른 노력이 필요하고 이는 공식에 단순히 숫자를 대입하는 것처럼 쉬운 일이 아니다.

둘째, '신규'란 무엇을 의미할까? 오래전에 제품 사용을 그만둔 옛 고객들이 다시 돌아오도록 하기 위해 돈을 쓰는 경우도 더러 생길 수 있다. 그렇다면 다시 돌아온 고객들도 신규 고객으로 간주할 것인가? 거듭 말하지만, 질문에 답할 수 있어야 한다.

공식의 분자와 분모를 정의하면서 가장 어려운 부분은 다름 아닌 타임 프레임을 이해하는 것이다. 자판기에 돈을 넣고 버튼을 누르면 물품이 나오는 것처럼 신규 고객을 그때그때 바로 확보할 수는 없는 일이다. 신제품을 출시하거나 마케팅 캠페인을 진행하는 데 수개월이 걸리고, 누군가를 설득해 고객으로 만드는 데에도 수개월이 걸리는 경우가 많다. 긴 판매 주기를 거쳐야 하는 엔터프라이즈 제품의 경우 특히 더 그렇다.[3]

즉 단순히 어떤 한 순간을 스냅 사진 찍듯 타임 프레임을 이해해서는 안 되고 여러 달에 걸쳐 상황을 지켜봐야 한다. 예를 들어 이번 달에는 지출을 많이 해도 새로 유입되는 고객이 거의 없을 수 있지만, 지출이 줄어드는 다음 달이 되면 오히려 고객이 한꺼번에 몰릴 수도 있다. 그런 경우, 이번 달 CAC는 매우 높게 나오고, 다음 달 CAC는 매우 낮게 나올 것이다. 따라서 여러 달에 걸쳐 전체 상황을 살펴볼 수 있어야 한다.

따라서 다음과 같은 공식이 더 나을 듯하다.[4]

$$CAC = \frac{(\text{X개월 동안 지출한 마케팅비}+\text{영업비}+\text{도구 비용})}{(\text{X개월 동안 늘어난 신규고객 수})}$$

앞서 먼저 살펴본 간단한 공식보다 조금 복잡해지기는 했지만 훨씬 더 정확한 공식이 됐다.

면접자를 위한 꿀팁!

면접 시 CAC를 정말 정확하게 계산해내려면 CAC 공식의 분자에 급여를 포함시키는 게 좋다. 급여를 얼마만큼의 비율로 CAC 계산에 포함시킬지 정확히 알기는 어렵다. 10%? 20%? 50%? 그 비율은 직원들이 해당 프로젝트나 캠페인에 할애할 것으로 예상되는 시간에 따라 결정하면 된다.

사례연구: 스포티파이

해당 연도의 3월 1일부터 6월 1일까지 스포티파이의 CAC를 계산한다고 치자. 스포티파이가 말하는 '고객'은 유료 프리미엄 고객을 뜻하며, 스포티파이가 유료 고객이 될 만한 사람들을 유인하기 위한 방법으로 처음 몇 달 동안 무료로 체험해볼 수 있는 프리 티어free tier 서비스를 제공할 거라고 가정해보자. 그러면 CAC 공식은 다음과 같다.

$$\text{CAC} = \frac{(\text{프리 티어 운영비})}{(\text{프리 티어 기간 동안 서비스를 해지하지 않은 유료 고객 수})}$$

위 공식의 분자에 포함될 핵심 비용은 반복 광고비, 프리 티어 제품 제작을 맡은 엔지니어링 팀과 제품 팀의 급여, 클라우드 컴퓨팅 비용 등 3개월간 프리 티어 서비스를 운용하는 데 필요한 총 영업비다. 좀 더 정확하게 계산하고 싶다면 프리 티어 제품을 제작하는 팀이 근무하는 사무실의 월 임대료를 넣어도 되지만, PM이 굳이 이 부분까지 신경 쓸 필요는 없어 보인다.

공식의 분모를 계산하기는 조금 더 어렵다. 프리 티어 가입자 중 절반은 끝까지 프리미엄으로 업그레이드를 하지 않고, 나머지 가입자가 프리미엄으로 업그레이드하기까지 최대 5개월이 걸린다고 가정해보자. 3월 1일부터 6월 1일까지 프리 티어를 통해 유입된 유료 가입자 수를 계산하려면 3월 1일부터 12월 1일까지의 데이터를 살펴봐야 한다. 5월 말 프리 티어에 가입한 사용자가 프리미엄으로 업그레이드하기까지 최대 6개월이 걸릴 수 있기 때문이다. 3월 1일부터 6월 1일까지 스포티파이 프리 티어에 가입한 모든 사용자의 이메일 주소 목록을 작성한 다음 3월 1일부터 12월 1일까지 프리미엄으로 업그레이드한 사용자를 확인하면 되고, 이를 통해 집계한 프리미엄 가입자 수가 분모가 된다.

공식에 대입할 수를 구하기 위해 3월 1일부터 6월 1일까지 프리 티어 사용자 200만 명이 신규로 가입한다고 가정해보자. 그 후 12월까지 신규 가입자 100만 명이 프리미엄으로 전환할 것으로 예상한다고 치면 분모는 100만이 된다.

분자를 계산하기는 더 까다롭다. 기간을 3월 1일부터 6월 1일까지(가입 기간)로 할지 아니면 3월 1일부터 12월 1일까지(업그레이드 기간)로 할지 고민해야 한다. 결국은 사용자가 업그레이드를 할 때까지 프리 티어 서비스를 지속하기 위한 비용을 계속 지불해야 한다. 우리가 제안할 수 있는 절충안은 3월 1일부터 9월 1일까지로 기간을 설정하는 것이다. 즉 6개월 동안 프리 티어 서비스를 운영하는 데 필요한 비용이 분자가 된다는 이야기다. 이를 공식에 대입할 수로 나타내보면, 스포티파이 프리 티어를 운영하는 데 매달 500만 달러의 비용이 들 경우 분자는 3000만 달러가 된다.

그렇다면 3월 1일부터 6월 1일까지의 스포티파이 CAC는 3000만 달러를 사용자 100만 명으로 나눈 값으로 사용자당 30달러가 될 것이다. 물론 공식에 대입하고 계산해 얻은 모든 값이 예시로 든 것들에 불과하지만, 방법론으로 보자면 스포티파이가 실제로 계산하는 방식과 크게 다르지 않을 것이다. 도움이 될지 모르겠지만, 2017년 스포티파이의 실제 CAC는 25달러였음을 밝힌다.[5]

LTV(고객생애가치)

고객 경제학의 두 번째 핵심 지표는 **LTV, CLTV**(C는 '고객customer'을 뜻한다)라 불리는 **고객생애가치**다. CLV라 불리기도 한다. 고객생애가치는 한 고객이 제품이나 서비스를 이용하는 동안 그 고객을 통해 벌어들일 것으로 예상하는 금전적 가치의 총액을 말한다.[6]

LTV를 계산하는 것은 CAC를 계산하는 것보다 좀 더 간단하다. 간단히 말해서 LTV는 개별 고객이 취하는 모든 행동을 통해 벌어들일 수 있는 한계이익의 총합이다.[7]

물리적 상품이나 디지털 상품을 판매할 경우, LTV는 고객에게 판매할 모든 상품을 통해 얻는 한계이익이다. 일반 닌텐도 고객이 닌텐도 콘솔 2개(개당 얻을 수 있는 이익이 100달러)와 게임 5종(게임당 얻을 수 있는 이익이 40달러)을 구매할 경우, LTV는 (2개×100달러)+(5종×40달러)이므로 400달러가 된다.

광고 사업을 하고 있다면 고객에게 직접 상품 판매를 하지는 않더라도 고객이 클릭하는 광고 하나하나를 통해 수익을 얻게 된다. 일반 구글 사용자 1명이 일생 동안 광고 100개를 클릭하고 구글은 광고당 0.50달러의 이익을 얻는다고 가정해보면, LTV는 50달러가 된다.

LTV는 고객 1명이 제품이나 서비스를 사용하는 동안 벌어들일 수 있는 **수익**revenue이 아닌 **이익**profit이라는 점에 주의해야 한다.◆ 100달러 가치를 지닌 상품을 어떤 한 사람에게 90달러에 판매했다면, 그는 고객으로서 별 가치가 없다![8]

고객의 생애

지출 총액을 계산하는 방법은 늘 유효하지만, 일반 고객이 얼마나 많은 구매 혹은 광고 클릭을 할지 정확히 예측하기란 어렵다. 다시 말해서, 고객의 '생애'가 얼마나 길지 예측하기가 어렵다. 그럼에도 고객의 생애를 예측하는 것은 매우 중요하다. 예를 들어 넷플릭스 입장에서 일반 사용자가 자사 서비스를 1년간 이용할지 10년간 이용할지 알고 싶어 하는 것은

◆ LTV는 재화와 서비스를 판매해 얻은 매출 총이익gross profit이다. 매출 총이익은 각 품목을 판매해 얻은 한계이익의 합이다. LTV에는 CAC가 포함돼 있지 않다.

아주 당연한 일이다.

고객의 생애를 계산하기 위해서 일반적으로 **이탈률**churn rate이라고 부르는 지표를 사용한다. 이탈률은 정의에 따라 연간 혹은 월간 제품이나 서비스 사용을 중지한 사용자 비율이다.[9] 이탈률이 높을수록 더 빠르게 사용자를 잃게 된다.

사용자 이탈률을 알게 되면 평균 고객생애가치를 매우 쉽게 계산할 수 있다.[10]

$$평균\ 고객생애주기 = \frac{1}{(이탈률)}$$

연간 사용자 이탈률이 50%라면, 일반 사용자의 경우 2년간 고객으로 남아 있을 것이다. 평균 고객생애주기를 구하는 공식은 기하급수적으로 붕

시간 경과에 따른 사용자 유지율

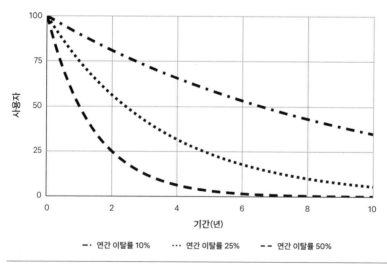

-·- 연간 이탈률 10%   ··· 연간 이탈률 25%   - - 연간 이탈률 50%

사용자 이탈률에 따라 사용자 기반이 무너지는 속도가 크게 달라질 수 있다.

괴하는 핵 원자, 약물, 그 외에 다른 여러 물질의 반감기를 계산하는 데 사용되는 공식과 동일하다.[11]

물론 인간의 행동은 예측 불가능하다. 사용자의 이탈률이 매년 일정하지 않을 수 있고, 사용자가 제품 사용을 중지했다가 다시 돌아올 수도 있다.[12] 그럼에도 이탈률을 지표로 삼아 분석하는 것은 여전히 상황을 이해하는 데 훌륭한 첫걸음이 될 수 있다.

일단 고객생애주기를 구하고 나면, 그 값을 LTV를 계산하기 위한 다음 공식에 대입하면 된다.[13]

$$LTV = (사용자당 연간 이익) \times (평균 고객생애주기)$$

이 공식은 모든 사업에 적용할 수 있다. 사용자당 연간 이익을 계산하기가 매우 쉽다는 점에서 특히 서비스형 소프트웨어(SaaS)를 포함한 구독 서비스 사업을 운영할 때 유용하다.

사용자당 연간 이익은 다음과 같은 공식으로 나타낼 수 있다.

$$사용자당 연간 평균 이익 = (사용자당 연간 평균 수익) \times (매출 총이익률)$$

기술업계에서는 사용자당 평균 수익average revenue per user이 ARPU라는 약어로 쓰이는 경우가 많다.[14] 매출 총이익률은 단위 경제학에서 살펴봤던 것과 같다. 즉 매출 총이익률은 이익이 되는 한계수익의 비율을 말한다. 한계비용이 매우 낮은 디지털 기업들은 매출 총이익이 100%라고 가정하고 ARPU만 보고하는 경우가 많다.[15]

예를 들어 깃허브 프리미엄 팀 플랜의 경우 사용자당 매월 4달러, 즉 사용자당 연간 48달러의 비용이 든다. 보통 한 팀이 사용자 6명으로 구성돼 있다고 가정하면, 연간 288달러가 드는 셈이다. 한 팀을 지원하기 위한

프리미엄 팀 플랜이 사용자당 월간 4달러임을 보여주는 깃허브 가격 책정 페이지[16]

출처: 깃허브

서버와 컴퓨터 연산력을 갖추는 데 연간 8달러가 든다고 가정하면, 팀당 연간 한계이익은 280달러다.

　유료 팀 중 40%가 매년 서비스를 해지한다고 가정해보자. 즉 매년 유료 팀의 40% 정도가 깃허브 프리 티어 서비스로 전환하기 위해 구독을 취소한다는 이야기다. 그렇다면 유료 팀의 평균 고객생애주기는 1/0.4 = 2.5년이다. 깃허브를 사용하는 팀들이 프리 티어를 얼마 동안 사용하고 있는지 또는 사용했는지는 상관이 없다. 현재로서는 그들이 유료 팀 플랜을 몇 해 동안 구독하느냐가 중요할 뿐이다.

　위에서 구한 값을 대입해 계산해보면 LTV는 280달러×2.5이므로 700달러라는 값이 나온다.

　LTV 공식을 아래와 같이 좀 더 간단하게 정리해보자.

$$LTV = \frac{(연간\ ARPU) \times (매출\ 총이익률)}{(이탈률)}$$

　또 다른 예로 메타의 2019년 3분기 ARPU는 7.26달러로 연간 ARPU

가 29.04달러였다.[17] 다른 많은 디지털 기업과 마찬가지로 메타 역시 매출 총이익률을 보고하지 않기 때문에 분석가들은 보통 메타의 매출 총이익률을 100%로 상정한다.♦ 메타가 자사 고객의 이탈률을 따로 보고하지는 않지만, 메타의 연간 사용자 이탈률을 10%라고 가정해보자. 그렇다면 일반 사용자가 약 10년간 메타 사용자로 머물게 될 것이라는 계산이 나온다. 공식에 수를 대입해 메타의 LTV를 계산해보자.

29.04달러×100% / 10%이므로 290.40달러라는 값이 나온다.

경험법칙

경험에 비춰보자면 LTV는 CAC보다 커야 한다. 고객 1명에게 벌어들일 수 있는 금액이 고객을 유치하기 위해 지출하는 금액보다 커야 한다는 말이다.

단위 경제학을 되짚어보면 LTV는 고객당 '한계수익'이고, CAC는 '한계비용'이며, 두 값의 차는 한계이익이다. 물론 우리는 한계이익이 0보다 큰 값이 되기를 원한다. 이처럼 고객 경제학은 '단위'가 곧 개별 고객인 단위 경제학으로 이해할 수 있기 때문에 단위 경제학을 다루면서 이야기한 모든 규칙이 적용될 수 있다.

LTV:CAC 비율은 기업이나 제품의 재정적 성공을 분석할 때 중요한 지표가 될 수 있다. 단순히 사용자 수를 확인하는 것만으로는 기업의 수익성을 제대로 파악하는 데 한계가 있기 때문이다.[18] 1달러짜리를 90센트에 판매하면 누구나 많은 고객을 얻을 수 있다. 이는 월 10달러에 영화를 무제한으로 제공했던 비운의 스타트업 무비패스가 했던 사업 방식과 거의 유사하다.[19] LTV:CAC 비율은 사용자 수에 비해 임의로 만들어내기가 훨씬 더 어렵다.

♦ 95% 정도로 가정하는 게 더 정확하다고 말할 수도 있지만, 그것 역시 추측에 불과하다.

당연히 LTV가 CAC보다 더 높길 바라겠지만 단순히 '손익분기점'을 달성한다고 해서 이익을 남기거나 회사를 성장시킬 수 있는 것은 아니다. 또 CAC를 계산하면서 직원 급여나 사무실 임대료와 같은 지출 항목이 누락될 가능성도 있다. 따라서 기술 분석가와 투자자는 테크 기업이 건전한 이익을 실현해 낼 수 있는 지표로서 LTV:CAC 비율이 3:1 이상이 되기를 바란다.[20]♦ 즉 그들은 LTV가 CAC보다 3배 이상 더 큰 값이 되기를 기대한다. 종종 **마법의 숫자**로 불리기도 하는 이 3:1 비율은 월가와 실리콘밸리 사람들의 마음속 깊이 자리하고 있다.[21]

사례연구: 아마존의 킨들 파이어

LTV와 CAC를 제대로 이해하기만 하면 창의적인 비즈니스 모델을 만들 수 있다. 아마존이 좋은 예다. 아마존은 킨들 파이어Kindle Fires라는 50달러짜리 저가 안드로이드 태블릿을 판매한다.[22] 아마존이 이러한 기기들을 판매해 돈을 벌지 못한다는 것은 널리 알려진 사실이다. 실제로 아마존은 각 기기마다 손해를 보며 판매하고 있다.[23] 그렇다면 아마존은 왜 그 기기들을 판매하고 있을까?

아마존의 **50달러짜리 킨들 파이어**[24]

출처: 앤드류 첸

이유는 간단하다. 킨들 파이어 하나하나가 사용자의 LTV를 높여주기 때문이다. 누구든 킨들 파이어를 사용하기 시작하면

♦ 이 비율은 보통 SaaS 기업에 대해 이야기할 때 사용되지만, 소비재를 판매하는 기업에도 적용될 수 있다.

아마존 생태계에 발을 들여놓을 수밖에 없다. 실제로 킨들 파이어는 안드로이드를 구동하지 않는다. 킨들 파이어는 구글 서비스가 포함돼 있지 않은 파이어 OS라는 자사 모바일 운영체제를 구동한다. 킨들 파이어 사용자 모두 아마존 앱스토어와 서비스를 이용해야 하며 킨들, 프라임 뮤직, 아마존 스토어 등 아마존 제품들이 홈화면 중앙에 배치돼 있다.[25]

아마존은 일단 킨들 파이어를 사용하기 시작하면 그 사용자가 다른 기기를 사용할 때보다 아마존 서비스를 더 많이 사용하게 되리라는 사실을 잘 알고 있다. 아마존 서비스를 사용하는 사용자가 늘어나면 그만큼 더 많은 돈을 벌어들일 수 있음을 의미한다.

다시 말해서, 아마존은 태블릿을 사용하는 사람들을 통해 많은 돈을 벌어들일 수 있다(이는 LTV를 뜻한다)는 사실을 알고 있기 때문에 각각의 킨들 파이어 제품을 판매하면서 발생하는 손실(이는 CAC를 뜻한다)을 감수한다. 이 경우, LTV가 실제로 킨들 파이어를 판매하는 데 따른 CAC보다 높기 때문에 아마존은 사업적으로 현명한 조치를 취한 셈이다.

사실 이런 비즈니스 모델은 꽤 쉽게 찾아볼 수 있다. 많은 하드웨어 판매업체가 이 같은 접근 방식을 취한다. 구글은 저가 휴대용 컴퓨터인 크롬북Chromebook을 판매해 많은 돈을 벌어들이지 못할 수도 있지만, 크롬북 사용자들이 구글 제품을 사용하도록 만듦으로써 장기적으로 이익을 실현할 수 있다.[26] 엑스박스와 플레이스테이션은 게임 콘솔을 판매하면서 제품 하나당 수백 달러에 달하는 손실을 보고 있지만,[27] 고객들이 구매하는 비디오게임을 통해 벌어들이는 돈으로 그 손실을 채우고 있다.[28]

여기에서 발견할 수 있는 공통점은 하드웨어는 마진이 형편없어도 하드웨어와 상호보완적인 소프트웨어가 마진이 높아서 돈을 벌어들일 수 있다는 점이다.

이 같은 비즈니스 모델은 저렴한 가격에 면도기를 판매하지만 면도날 세트 판매를 통해 높은 마진을 실현해내는 면도기 업체들의 사업 전략에서 이름을 따와 '면도기-면도날razor-and-blades' 모델이라 부른다.[29] 잉크젯 프린터 같은 경우도 마찬가지다. 프린터 자체는 원가에 판매하거나 손실을 보며 판매하지만, 특정 프린터에서만 사용 가능한 잉크 카트리지는 큰 이익을 남기며 판매한다.[30]

게임 콘솔, 프린터, 면도기, 크롬북, 킨들 파이어, 그 외에 다른 여러 제품들을 통해 배울 수 있는 것은 바로 높은 CAC를 갖고 있다고 해도 사업 전략이 더 높은 LTV를 실현할 수만 있다면 별문제가 없다는 것이다.

10장

Segmentation

세분화

제품이 한 가지 유형으로 국한돼 나오는 경우는 드물다. 종이책의 경우 좀 더 저렴한 페이퍼백이나 좀 더 비싼 하드커버 에디션으로 구매할 수 있다. 항공권의 경우 이코노미석, 비즈니스석, 일등석 항공권을 골라서 구입할 수 있다. 이코노미석에도 다양한 등급이 있다는 것은 말할 것도 없다. 또 SaaS 제품의 경우, 무료 플랜에서 플러스 플랜, 중소기업용, 엔터프라이즈용에 이르는 여러 서비스 유형 중에서 선택할 수 있다.[1]

고객에게 더 많은 선택권을 주는 것이 일반적으로 좋은 일이기는 하지만, 사실 이러한 전략은 이익을 극대화하기 위한 교묘한 수단 중 하나다. 경제 이론은 우리가 어떻게 이 같은 기술을 이해하고 사용할 수 있는지를 보여준다.

수요곡선

이 기술을 경제학의 가장 근본적이고 분명한 핵심 개념으로 봐도 좋을 것이다. 그 개념은 바로 제품 가격이 떨어질수록 사람들이 그 제품을 더 많이 구매하려고 한다는 것이다.◆ 비디오 스트리밍 서비스를 예로 들어 이 개념을 설명하는 그래프를 그려볼 수 있다. 가격과 수요량 사이의 관계를 나타내는 그래프를 **수요곡선**demand curve이라고 한다.

아래 그래프에 따르면, 월 구독료가 10달러인 스트리밍 서비스를 만들면 구독자 160명을 확보할 수 있고, 월 구독료가 20달러인 스트리밍 서비

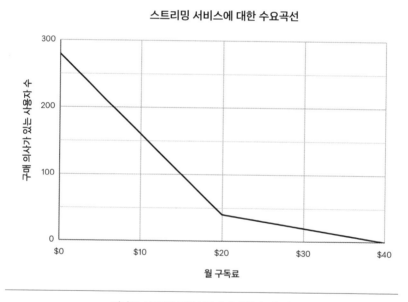

비디오 스트리밍 서비스(예시)에 대한 수요곡선

◆ 베블런재Veblen goods나 이해하기가 어려운 기펜재Giffen goods라는 예외가 존재하기는 하지만[2] 여기에서 이 두 유형의 재화를 따로 논하지는 않겠다.

CODE 2 경제학

스를 만들면 구독자 40명을 확보할 수 있다. 이러한 가격과 수요량 사이의 역관계는 휴대전화 충전 케이블, 포트나이트 스킨Fortnite skin, 엔터프라이즈 소프트웨어 구독 등 모든 종류의 제품에 적용된다.

수익 극대화

제품 가격을 너무 높게 책정하면 아무도 구매하지 않을 것이고, 반대로 너무 낮게 책정하면 구매자는 많겠지만 충분한 돈을 벌어들일 수 없을 것이다. 수익을 극대화하기 위해서는 각 고객에게 충분한 돈을 받는 동시에 충분한 고객을 확보하는 데 가장 효율적인 '스위트스폿sweet spot'야구 배트 또는 골프채 등에서 공이 가장 잘 맞는 부위로, 최선의 결과를 내는 지점을 뜻한다-옮긴이 가격을 책정해야 한다.

만약 자체 스트리밍 서비스를 시작한다면, 수익을 극대화하기 위해 가

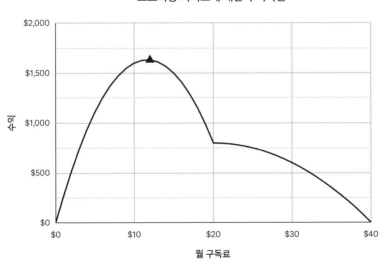

스트리밍 서비스(예시)의 가격에 따라 기대수익이 달라진다.

격을 다시 수정해야 할 것이다. 앞의 그래프상에서 가장 좋은 가격은 12달러로 총 1632달러의 수익을 얻을 수 있는 것으로 나타난다.

사용자 세그먼트

사용자들을 하나의 단일 블록으로 여기고 사용자 모두에게 동일한 제품을 판매한다면, 앞서 우리가 수행한 간단한 수익 극대화 분석보다 더 나은 결과를 기대하기는 어려울 것이다. 그러나 고객들은 성향이 다 다를 뿐 아니라 고객 모두가 똑같은 값을 지불하려고 하지도 않는다. 사용자를 여러 **세그먼트**segment로 세심하게 나눠 각 세그먼트에 맞는 다양한 제품을 다양한 가격으로 판매할 수 있다면 시장에서 더 많은 수익을 올릴 수 있다. 이것이 바로 **세분화**segmentation의 과학이다.[3]

스트리밍 서비스를 예로 들어보자. 여러분이 시장조사를 통해 시장이 2개의 세그먼트, 즉 그 수는 많지만 높은 구독료를 지불할 의향이 없는 일반 시청자들과 그 수는 적지만 높은 구독료를 지불할 의향이 있는 영화광들로 구성돼 있다는 사실을 알게 되었다고 가정해보자. 아마 각 세그먼트

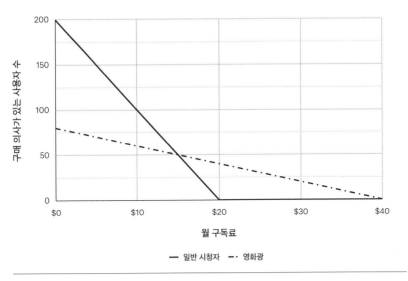

스트리밍 서비스에 대한 수요곡선(예시)

구매 의사가 있는 사용자 수

월 구독료

— 일반 시청자   —·— 영화광

원래의 수요곡선은 각 세그먼트에 해당하는 2개의 선으로 이뤄져 있다.

마다 수요곡선이 조금씩 다르다는 사실을 알게 될 것이다.

이제 우리는 원래의 수요곡선이 왜 약간 구부러져 있었는지 알 수 있다. 앞서 살펴본 수요곡선은 완전히 다른 두 수요곡선의 합이었다! 일반 시청자들이 훨씬 더 많지만, 이들은 월 구독료가 오를수록 **서비스 구매 의지가** 급속도로 떨어지고 있다. 영화광들은 그 수가 적지만 높은 구독료에 더 관대한 편이다.

탄력성

일반 시청자는 가격에 더 민감하기 때문에 일반 시청자의 수요곡선이 훨씬 더 가파르다. 경제학의 관점에서 보면 일반 시청자의 수요는 매우 **탄력적**이다. 즉 작은 가격 변동이 판매량에 큰 변동을 일으킨다. 영화광의 경우, 수요곡선이 더 완만하며 **비탄력적**이다. 즉 작은 가격 변동이 판매량에 큰 변동을 일으키지 않는다.

일반적으로 수요곡선은 구매자의 구매 동기가 높을 때, 해당 물품이 필수품일 때, 또는 해당 제품을 대신할 대체품이 많지 않을 때 비탄력적이다.[4] 예를 들어 새벽 2시 우버의 수요곡선은 매우 비탄력적이다. 사람들은 집에 갈 교통수단이 필요하고 대부분 도시에서 대중교통을 이용할 수 없기 때문에 가격에 상관없이 우버를 이용하려 할 것이다. 한편, 딸기 요구르트에 대한 수요는 매우 탄력적일 수 있다. 요구르트 대부분이 2달러에 팔리고 있는 상황에서 딸기 요구르트 가격을 4달러로 인상한다면 구매자 대부분이 딸기 맛이 아닌 더 저렴한 다른 맛 요구르트 제품을 선택할 것이다. 딸기 요구르트를 대신할 대체품이 있을 것이고 요구르트에 딸기가 꼭 들어 있을 필요도 없기 때문이다.

일반 사용자와 열성 사용자의 수요 탄력성 차이가 생기면서 일부 사용자만이 엄청난 금액을 지불하게 되는 **고래 현상**phenomenon of whales이 발생하기도 한다.[5] 이러한 고래 현상이 매우 자주 발생하는 비디오게임에서는 일반 게이머들이 상당히 가파른 수요곡선을 갖고 있어 단 1센트도 지불하지 않는 경우가 허다하다. 반면에 하드코어 게이머들은 1달러에서 수백 달러에 달하는 금액을 기꺼이 지불한다. 2016년 모바일게임 게임오브워Game of War의 유로 게이머들은 평균 1인당 550달러를 지불했다![6] 소수에 불과한 이 '고래들'이 바로 게임 스튜디오의 주요 수입원이다.

스위트스폿

일반 시청자와 영화광은 서로 다른 수요곡선을 갖고 있기 때문에 각 세그먼트의 수익곡선이 다르고 수익이 극대화되는 스위트스폿 역시 다르다.

161쪽의 그래프를 살펴보면 사용자 모두에게 구독료 12달러를 청구하는 게 효율적이지 않다는 사실을 알 수 있다. 12달러라는 가격은 두 수익곡선의 스위트스폿 중 어디에도 해당하지 않는 가격이다. 따라서 가격을

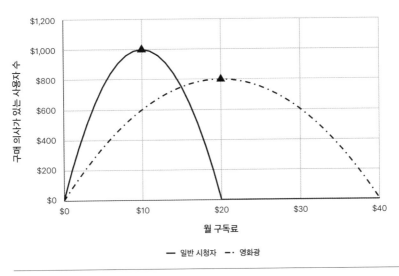

스트리밍 서비스에 대한 수익곡선(예시)

월 구독료

— 일반 시청자   —·· 영화광

사용자 세그먼트마다 수익을 극대화하기 위한 '스위트스폿' 가격이 있다.

일괄적으로 책정하는 대신에 일반 시청자에게는 매월 구독료 10달러를 청구하고 영화광에게는 매월 구독료 20달러를 청구하는 게 좋을 것이다. 이처럼 가격을 책정해 청구하면 1000달러+800달러=1800달러가 되므로 모든 사용자에게 12달러를 청구할 경우 거둬들일 수 있는 1632달러보다 더 높은 수익을 올릴 수 있다.

이런 게 바로 세분화의 실행이다. 이상적인 세계에서는 모든 고객이 지불하고자 하는 최대 가격을 청구할 수 있으며, 이를 완전가격차별pure price discrimination이라고 한다.[7] 하지만 완전가격차별을 시행하기란 대체로 불가능하기 때문에 사람들을 소수의 비슷한 세그먼트로 세분화하는 것 정도가 최선이다.

차등화

PM으로서 가장 먼저 해결해야 할 과제는 사용자 세그먼트를 올바르게 정의하는 것이다. 그렇게 하려면 올바른 그룹을 찾기 위한 충분한 연구와 데이터 검색이 필요하다. 궁극적으로 각 세그먼트는 다른 세그먼트와 분명하게 구분돼야 하고, 한 세그먼트 내에 있는 사람들은 서로 비슷해야 한다. 여기에서 원칙은 '**안에서는 서로 같고, 밖에서는 서로 다른 것**'을 말한다.[8]

사용자 세그먼트를 정의한 다음에는 각 세그먼트를 위한 제품의 다양한 '티어tier' 즉 등급을 만들어 그에 맞는 방식으로 공략해야 한다. 비기술 분야에서는 이와 같이 영리한 방식으로 세분화하는 경우를 심심치 않게 찾아볼 수 있다.

항공사에서는 회사 돈으로 항공권을 결제해 출장 가는 사람을 위한 비즈니스석(회사 돈으로 비용을 지불하기 때문에 수요곡선이 더 비탄력적이다)과 비용에 민감한 여행객을 위한 보다 저렴한 이코노미석을 제공하고 있다. 값비싼 하드커버 책은 골수팬들의 관심을 끌기 위해 더 일찍 출간되고, 저렴한 종이책은 가격에 민감한 독자들의 수요를 충족시키기 위해 좀 더 나중에 출간된다. 자동차 제조업체 대부분이 대중 브랜드와 고급 브랜드를 보유하고 있으며, 두 브랜드의 자동차 내부는 비슷하지만 어메니티amenity, 즉 쾌적성에서 차이를 보이는 경우가 많다. 저렴한 도요타와 값비싼 렉서스Lexus,[9] 단순한 폭스바겐Volkswagen과 업그레이드된 아우디Audi[10] 등을 그 예로 들 수 있다.

기술 분야의 경우, 틴더에서 트렐로에 이르는 구독서비스 대부분이 다양한 서비스 등급을 제공하고 있으며, 많은 서비스가 가처분소득disposable income이 적은 학생들만 이용할 수 있는 저렴한 서비스 등급을 갖추고 있다. 실제로 프리미엄freemium 무료free와 할증premium이라는 단어가 결합된 합성어로 기본적인 제품이나 서비스는 무료로 제공하고 추가기능이나 고급기능을 사용할 경우 요금을 부

CODE 2 경제학

게임용 랩톱컴퓨터. 게임용 랩톱은 부피가 크고, 발열이 심하고, 성능이 뛰어나다는 평가를 받고 있으며, 키보드가 화려한 경우가 많다.[13]

출처: 플리커 @Andri Koolme

과하는 방식이다–옮긴이이라는 개념도 세분화의 한 형태에 해당된다. 보통 하드웨어는 등급별로 판매된다. 애플은 아이폰을 일반 라인과 프로 라인으로 나눠 출시하고,[11] 삼성은 보급형 라인인 갤럭시 J, 중저가 라인인 갤럭시 A, 플래그십 라인인 갤럭시 S로 나눠 출시한다.[12]

컴퓨터도 좋은 예다. 랩톱컴퓨터 제조업체들은 개별 브랜드를 갖고 있는 경우가 많다. 하드코어 게이머들에게 고가의 고성능 랩톱을 판매하는 에이수스ASUS가 리퍼블릭 오브 게이머즈Republic of Gamers라는 브랜드를 보유하고 있는 것이 그 예다. 이러한 게임용 랩톱은 매우 크고 화려해 보통 게이머들은 좋아하지만 일반인들은 기피하는 경향이 있다. 반대로 게이머들은 너무 평범한 일반 랩톱은 좋아하지 않는다.

개별 브랜드 제품을 만드는 이유는 무엇일까? 제품 세분화의 핵심은 하드코어 게이머들과 같이 구매 의사가 더 높은 고객들이 더 저렴한 등급의 제품으로 옮겨가지 않도록 하는 데 있다.

사례연구: 에어팟

2019년 애플은 3년 전에 출시한 오리지널 에어팟을 보완하기 위한 무선 이어폰 라인인 에어팟 프로AirPods Pro를 새로 선보였다.[14,15] 에어팟 프로 출시는 기술적인 혁신이었을 뿐만 아니라 경제적인 혁신이기도 했다.

애플은 무선 이어폰 시장이 두 사용자 세그먼트, 즉 고품질을 자랑하는 애플의 신제품을 구매하기 위해 큰돈을 지불할 충성도 높은 애플 팬들과 그저 합리적인 가격에 잘 만들어진 이어폰을 구매하고자 하는 일반 고객들로 이뤄져 있다는 사실에 주목했다. 전자는 더 비싼 가격의 에어팟 프로를 기꺼이 구매할 것이고 이 제품은 아마 마진도 더 높을 것이다. 일반 고객들은 에어팟을 구매할 가능성이 더 높다. 애플이 일반 에어팟만 출시했다면 열성팬들에게 더 많은 돈을 벌어들일 수 있는 기회를 놓쳤을 것이다. 반대로 에어팟 프로만 출시했다면, 가격에 좀 더 민감한 고객들에게는 팔지 못했을 것이다.

실제로 애플은 이러한 세분화 전략을 효율적으로 구사하는 전형적인

왼쪽에 있는 에어팟 프로가 오른쪽에 있는 에어팟보다 더 비싸다.[16]

출처: 퓨처Future

기업이다. 애플의 경우, 애플뮤직과 애플 아케이드Apple Arcade애플의 구독형 게임 서비스-옮긴이 같은 구독서비스 목록을 계속 늘리고 있음은 물론이고, 열성팬들을 위한 최신 아이폰 프로Pro, 맥스Max, 플러스Plus 기종과 맥북프로 MacBook Pro를 제공하고 있다. 한편 애플에 충성도를 보이지 않거나 가격에 민감한 사람들은 사이즈가 작거나 보다 오래된 기종의 아이폰과 맥북에어를 구매할 수 있다. 애플은 이러한 저가 제품을 제공함으로써 자칫 안드로이드폰이나 윈도우 PC로 등을 돌릴 수도 있는 고객들을 놓치지 않고 그들이 계속 자사 제품을 구매하도록 유도한다.[17]

애플은 각기 다른 두 사용자 세그먼트를 어떻게 공략해야 하는지 잘 알고 있다. 세분화 전략을 구사한 애플은 2019년 에어팟 제품들을 판매해 120억 달러를 벌어들이면서 엄청난 재정적 성공을 거두었고, 이 금액은 스포티파이, 트위터, 스냅챗, 쇼피파이Shopify의 수익을 모두 합한 것보다 더 큰 금액이다.[18]

11장

Market Failures

시장 실패

슈퍼마켓, 금융시장, 차량 공유 시장, 취업시장, 데이팅dating 시장 등 우리 삶의 많은 것들이 시장에 의해 조정된다.[1] 사람들이 협상을 하고 계약을 맺는 한 시장은 늘 존재하기 마련이다. 따라서 시장이 어떻게 돌아가는지 이해하는 것은 PM에게 더없이 중요하다.

　잘만 하면 시장이 놀랄 만큼 효과적일 수 있다. 하지만 안타깝게도 시장에 문제가 생기는 경우가 많다. 취업시장이 효율적이지 못하면 이력서에 허위 사실을 기재한 사람들이 고용되거나 사장이 자기 권한으로 자격 요건을 갖추지 못한 친구나 친척을 고용할 수도 있다.[2] 손해보험이나 건강보험에 가입하면 보호받을 수 있는 상황이기 때문에 함부로 행동할 가능성이 더 높다.[3] 판매자 책임이나 고객 교육이 뒷받침되지 않으면 경제시장에서 사기 사건이 급증할 것이다.

　한 가지 희소식은 시장이 보통 너무 뻔한 이유로 실패한다는 것이다. 경제학은 시장이 왜 실패하는지, 그 시장을 바로잡기 위해 우리가 무엇을 할 수 있는지 알려준다.

정보 비대칭

이상적인 세계에서는 모든 사람이 **완벽한 정보**를 갖고 있을 것이다. 그런 곳에서는 의사결정을 하기 전에 관련 정보를 잘 파악할 수 있다. 사람들은 누구와 거래할 것인지 정확히 알고, 구매자들은 그들이 무엇을 살 것인지 정확히 안다.[4]

그러나 잘 알다시피 현실 세계에서 그런 일은 거의 일어나지 않는다. 실제로는 거래할 때 한쪽이 다른 쪽보다 더 많은 정보를 갖고 있는 경우가 많고, 이 같은 경향을 가리켜 **정보 비대칭**information asymmetry이라고 한다.[5] 보통 구매자는 판매자보다 상품에 대해 더 잘 알지 못하고, 고용주는 면접을 통해 지원자의 모든 결점을 제대로 파악할 수 없으며, 유권자는 정치인이 취임할 때까지 그 정치인이 가진 신념을 정확히 알기 어렵다.◆

역선택

더 많은 정보를 가진 쪽이 다른 쪽을 이용하기 위해 정보의 불균형을 악용하는 일을 **역선택**adverse selection이라고 한다.[6] 보통 판매자가 구매자를 속여 결함이 있는 제품을 비싼 가격에 판매할 때 이런 일이 발생하게 된다.

예를 들어 1994년 도리 린Doree Lynn이라는 한 여성이 눈부신 에메랄드 반지를 사기 위해 워싱턴 DC에 있는 한 보석상에게 1만 4500달러를 지불했다. 그런데 몇 년 후 린이 비싼 값에 구매한 에메랄드에 금이 가기 시작했고, 그 에메랄드 원석이 에폭시 수지epoxy resin로 처리됐다는 사실이 밝혀졌다. 에폭시 수지는 보석상에서 진열장에 있는 보석을 더 보기 좋게 만들기 위해 보석에 자주 바르는 도료다. 문제는 에폭시 수지로 보석을 처리

◆ 양측 모두 서로에 대한 정보가 부족할 때도 있다. 데이팅 앱에서 두 사람이 만났을 때, 두 사람 다 상대방이 실생활에서 얼마나 매력적인지 알지 못한다. 이런 경우 엄밀히 말해서 정보가 대칭적이기는 하지만 그 정보가 완벽하다고 하기는 어렵다.

할 경우 결국 그 보석이 갈라지고 만다는 것이다. 보석상은 린에게 이 같은 정보를 제대로 전달하지 않았고, 그래서 린은 그 반지를 구매하는 데 거액을 썼다.[7] 게다가 린은 보석 전문가가 아니었기 때문에 에폭시 수지로 처리했다는 사실을 너무 늦게 알 수밖에 없었다. 린만의 문제가 아니다. 자신이 구입한 모든 것을 속속들이 잘 알고 있는 사람은 아무도 없다.

다행히 우리 뇌는 우리가 역선택에 속아 넘어갈 위험에 처할 때 보통 경고를 보내온다. 아마존에서 의심스러울 정도로 값싼 제품을 본다면 그 제품을 보면서 뭔가 이상하다는 생각이 들 것이다. 20달러에서 40달러짜리 램프들 사이에 8달러짜리 탁상용 램프가 있다면 그 즉시 뭔가 수상하다는 생각이 들 것이다.[8] 8달러짜리 램프는 품질이 나쁠 게 분명하다. 판매자는 램프의 결점, 즉 램프에 불이 붙거나, 램프가 견고하지 않거나, 램프가 켜지지 않을 수도 있다는 사실을 알아도 굳이 밝히려 하지 않을 것이다.

그렇다면 왜 '역선택'이라고 할까? 역선택이라는 용어는 왜 그렇게 많은 중고차들이 결함을 갖고 있고 상태가 불량한지를 설명하는 한 유명한 논문에서 유래했다. 자동차 판매자는 자동차에 문제가 있는지 없는지를 알 수 있지만, 구매자는 잘 알지 못한다. 따라서 구매자는 중고차 구입 시 많은 돈을 지불하기를 주저하고, 중고차 대리점은 값싼 불량품만 시장에 내놓아 품질 좋은 고가의 차는 판매하지 못한다. 그 결과, 상태가 불량한 중고차만 주로 시장에서 거래된다. 반면에 정보의 대칭은 중고차 '선택'에 있어 '반대' 효과를 불러온다.[9]

브랜드

소비자들은 정보의 비대칭성과 역선택에 맞서기 위해 여러 방법을 발전시켜왔다. 값싼 램프 사례에서 살펴봤듯 선천적으로 타고난 회의적 태도가 그중 하나고, 브랜드를 찾는 것도 그 방법에 속한다.

아시아에 있는 익명의 공장에서 만든 10달러짜리 썬더볼트Thunderbolt

값싼 복제 USB-C 충전 케이블과 애플 정품 충전 케이블[14,15]

출처: 더블유씨씨에프테크WCCFTech와 임구르Imgur

케이블 대신 애플의 40달러짜리 썬더볼트 케이블을 사는 데에는 다 그만한 이유가 있다.[10,11] 사람들은 애플이 품질 좋은 제품을 만든다는 것은 잘 알고 있지만, 익명의 공장에서 만들어진 제품들이 결점을 숨긴 채 판매되고 있는 불량품인지 아닌지는 알지 못한다. 10달러씩 주고 불량품을 구입할 사람은 없다. 품질 나쁜 케이블로 1500달러짜리 랩톱을 망가뜨릴 위험을 감수할 사람은 더욱이 없다.

브랜드는 기지수known quantity알려진 수-옮긴이를 제시한다. 브랜드는 고객이 판매자와 대등한 관계를 맺어 속지 않도록 정보를 고객에게 제공한다.[12] 외국에 나갔을 때 그곳에서 믿고 먹을 수 있는 유일한 곳이 맥도날드여서 거기서 식사를 해결한 적이 있다면 이를 몸소 체험해본 셈이다. 프랜차이즈 체인은 예측 가능성을 판매하며 그렇게 함으로써 브랜드 파워가 약한 업체보다 시장에서 우위를 차지한다.[13]

따라서 테크 기업에 있어 브랜드는 더없이 중요한 가치다. 금융 소프트웨어 터보택스TurboTax와 퀵북스QuickBooks를 만든 인튜이트는 다른 스타트업보다 더 신뢰받는 경향이 있다. 사람들은 인튜이트가 자신들의 금융 데이터를 훔치지 않을 것이라고 믿지만, 다른 재무 관리 서비스 앱들이 사용자의 금융 데이터를 제대로 잘 관리하는지에 대해서는 의문을 품는다.

인센티브

사람들은 인센티브에 반응한다. 50달러짜리 기프트 카드나 바하마 크루즈 여행에 응모하기 위해 설문조사에 응한 적이 있다면 알 것이다. 거래 당사자들에게 제공하는 인센티브를 조정하면 대단한 일이 벌어질 수 있다. 에어비앤비에 친구를 초대해 가입시키면 초대한 사람과 가입한 사람 모두 무료 여행 크레딧을 받을 수 있고, 에어비앤비는 신규 고객을 얻게 된다.[16] 즉 모두가 혜택을 받게 된다. 쿼라와 스택오버플로StackOverflow의 경우, 사용자가 각 커뮤니티에서 좋아할 만한 콘텐츠를 작성해 올리면 평판 점수가 높아진다. 이렇게 평판 점수를 부여하는 장려책은 매우 인상적인 지식 목록을 만들어 낼 수 있는 원동력이 됐다.

그러나 인센티브를 조정하지 않으면 문제가 생겨날 수밖에 없고 시장이 실패할 수도 있다. 법인카드로 출장 경비를 아낌없이 써본 적이 있다면 잘못 조정된 인센티브를 경험한 것이나 마찬가지다. 이때 여러분은 인센티브가 다르기 때문에 발생하는 **주인-대리인 문제**principal-agent problem에 가담한 것이다. 주인-대리인 문제는 주인과 대리인 사이에 정보 비대칭이 발생해 대리인이 주인의 이해에 반하는 행동을 할 때 나타나는 문제를 말한다.[17] 회사의 목표는 비용 절감에 있지만, 여러분의 목표는 아주 편안한 출장 경험을 하는 데 있다. 돈을 많이 썼다고 해서 처벌을 받는 것은 아니기 때문에 여러분은 회사의 목표에 신경을 쓰지 않고 그 목표에 반하는 행동을 얼마든지 할 수 있을 것이다.

이러한 문제를 바로잡는 방법은 바로 인센티브를 재조정하는 것이다. 저렴한 항공편이나 식사를 선택할 경우 추가 수당을 받을 수 있다면, 여러분은 그 즉시 회사가 원하는 대로 회삿돈을 아껴 쓸 것이다.

영수증을 받지 못했나요? 햄버거를 무료로 드립니다!

인센티브의 잘못된 조정과 재조정에 대한 더 생생한 예는 패스트푸드 업계에서 찾아볼 수 있다. 패스트푸드 매장 계산대에서 영수증을 받지 못하면 주문한 음식을 무료로 제공한다는 안내판을 본 적이 있는가? 패스트푸드 매장에서 이런 안내판을 거는 이유는 자사 점원들이 얼마나 꼼꼼한지 고객에게 자랑하려는 게 아니라 인센티브가 제대로 작동하도록 하기 위해서다.[18]

여러분이 버거킹 점원으로 몇 시간씩 힘든 육체노동을 하면서 최저임금을 받는다고 가정해보자. 고객이 음식을 주문하고 지불한 돈을 금전등록기에 넣는 대신 그 돈을 빼돌리고 싶은 마음이 굴뚝같을 것이다. 여러분은 버커킹이 수익을 내는 데에는 별 관심이 없을 것이고, 몰래 돈을 빼돌리면 시간당 수입을 2배로 올릴 수 있을 것이다. 이때 주인-대리인 문제가 발생한다. 버거킹이 여러분을 점원으로 고용하기는 했지만 여러분 자신은 버거킹의 이익을 실현해야 할 이유가 없다고 생각할 수 있는 것이다.

이번에는 버거킹 입장에서 한번 생각해보자. 당연히 점원이 몰래 돈을 빼돌리지 않기를 바랄 것이다. 점원을 감시할 사람을 따로 고용하거나 돈

점원이 영수증을 주지 않았다면 주문한 음식이 무료라는 내용의
웬디스Wendy's 안내판 [19]

출처: 옐프Yelp @Anson W.

을 빼돌리는 점원을 잡아내기 위해 정교한 카메라와 추적시스템을 설치할 수도 있지만 그렇게 하려면 큰 비용이 들 것이다. 그럼 어떻게 하면 큰 비용을 들이지 않고 점원과 회사의 인센티브를 조정할 수 있을까?

버거킹은 '영수증을 받지 못했다면 음식을 무료로 제공'한다는 정책을 시행함으로써 인센티브를 조정했다. 이 같은 정책 덕분에 고객들은 와퍼와 감자튀김을 무료로 얻기 위해 점원들을 자발적으로 감시할 인센티브를 얻게 된다. 점원들은 이제 돈을 금전등록기에 넣고 영수증을 발급할 인센티브를 얻게 된다. 영수증을 발급하지 않으면 고객에게 들킬 것을 알고 있기 때문이다.[20] 다시 말해서 버거킹은 고객에게 인센티브를 제공함으로써 점원과 회사의 인센티브를 조정할 수 있었고, 적은 비용으로 범죄를 예방할 수 있게 되었다.

담합 방지

인센티브의 불일치는 패스트푸드점에만 있는 게 아니다. 우버나 에어비앤비 같은 플랫폼에서도 찾아볼 수 있다. 이러한 기술 플랫폼 같은 양면 시장에는 회사, 판매자(운전기사와 호스트), 구매자라는 세 유형의 시장 참여자가 존재한다. 참여자가 많을수록 인센티브가 어긋날 가능성이 높고 따라서 혼란이 뒤따를 가능성 역시 높아진다.

가끔 판매자들은 플랫폼이 가진 약점을 이용해 구매자들에게 바가지를 씌우고 회사를 통해 공돈을 챙기기도 한다. 2019년 우버 운전기사들은 여러 운전기사가 동시에 앱을 닫기로 공모하는 '서지 클럽Surge Club'을 결성했다. 이러한 담합 행위는 운전기사가 부족한 것처럼 우버를 속여 가격 폭등을 촉발시킨다. 우버 운전기사들은 담합을 통해 실제로 '가격인상'을 겪지 않고도 탑승 건당 최대 20달러의 추가 수익을 올릴 수 있다.[21]

구매자와 판매자가 담합해 플랫폼 회사를 배제하고 수수료를 빼앗는 경우도 있다. 게스트가 에어비앤비 웹사이트에서 마음에 드는 에어비앤비 호스트를 찾은 뒤 그 호스트에게 직접 전화를 걸어 숙박 일정을 잡고 현금으로 결제하는 등 에어비앤비 플랫폼을 통하지 않는 방식으로 연락을 취하는 경우다. 이런 식으로 거래하면 게스트와 호스트 모두 에어비앤비가 부과하는 서비스 수수료(숙박비의 6~12%)를 절약할 수 있다.[22]

이 같은 거래 방식은 당연히 에어비앤비에 해가 될 것이다. 에어비앤비에 등록된 숙소 목록과 검색 기능을 사람들이 무료로 이용하는 셈이 되기 때문이다. 그래서 에어비앤비는 에어비앤비 저장 목록, 게스트 프로필 페이지, 개인 메시지 등에 기재된 전화번호를 검열하는 식으로 과감한 조치를 취했다.[23] 그러나 이는 허술한 해결책에 불과하다. 호스트가 전화번호를 종이에 적어 집에 남겨두기만 하면 게스트가 숙소에 도착해 호스트와 따로 숙박 일정을 잡을 수 있다.

한편 회사가 판매자를 이용하도록 하는 인센티브를 갖고 있을 때는 또 다른 유형의 인센티브 혼란이 발생할 수 있다. 우버는 운전기사들이 운전을 더 많이 하도록 만들기 위해 심리적 속임수를 쓰는 것으로 악명이 높다. 우버 입장에서 보면 좋은 일이지만 운전기사들에게는 꼭 좋지 않을 수 있다. 예를 들어 우버는 계속해서 배차를 추가해 운전기사가 항상 다음 운행을 준비하도록 한다. 즉 운전기사가 원하지 않을 때에도 계속 운행하도록 장려하는 '자동 배차'가 이뤄진다.[24]

PM들이 꼭 알아두어야 할 점은 우버나 에어비앤비처럼 자사 서비스 제품이 각각 다른 목표를 갖고 있는 여러 주체와 관련돼 있을 때 특히 문제가 되기 쉬운 잘못 조정된 인센티브를 경계해야 한다는 것이다. 우리는

우버는 운전기사들이 계속 운행하도록 독려하기 위해서 자동으로 차량을 배차한다.[25]

출처: 라이드쉐어 가이The Rideshare Guy

거래에 참여하는 모든 주체의 인센티브가 제대로 잘 조정될 수 있도록 패스트푸드 영수증 정책과 같은 시스템을 설계해야 한다.

넷플릭스의 영리한 돌파구

2000년대 초, 넷플릭스는 DVD를 우편으로 배달하는 사업에서 벗어나 온라인 영화 스트리밍 서비스로 사업 방향을 전환하기 시작했다.[1] 넷플릭스는 고객들이 저렴한 월 구독료를 내고 개봉한 지 얼마 되지 않은 영화를 포함한 다양한 영화를 무제한으로 볼 수 있는 시스템을 발 빠르게 구축했다.

넷플릭스의 구독서비스는 큰 인기를 얻었고, 넷플릭스는 대규모의 열성 사용자층을 확보했다.[2] 2007년에는 DVD를 우편으로 받는 것보다 비디오를 온라인으로 스트리밍하는 게 더 저렴한 데다 훨씬 더 편리했다.[3] 넷플릭스는 블록버스터Blockbuster와 같은 비디오 대여업체 경쟁자들보다 가격과 가치 면에서 우위에 있었다. 즉 진정한 블루오션 전략을 실현한 것이다.

문제는 넷플릭스가 사업에 불리한 단위 경제를 갖고 있다는 것이었다. 넷플릭스의 고객당 한계수익은 매월 몇 달러에 불과했지만 한계비용은 상당히 높았다. 사용자들이 새로 출시된 블록버스터만 보고 싶어 해 넷플릭스가 라이선스 수수료에 엄청난 비용을 지출했기 때문이다. 넷플릭스의 스트리밍 서비스는 인기가 있었지만 사용자당 지출해야 하는 비용이 컸다. CAC는 중요하지 않다. 문제는 넷플릭스의 LTV가 마이너스가 될 거라는 데 있었다.[4]

위 이야기를 읽고 무비패스가 생각난다면 잘 이해하고 있는 것이다. 무비패스 역시 똑같은 문제에 직면했었다. 사람들에게 값비싼 콘텐츠를 저렴한 값에 무제한으로 제공하면 결국 파산하고 만다. 넷플릭스와 무비패스 모두 영화와 관련이 있다는 점에서도 두 사례를 비교하기가 좋다.

그러나 방향을 잡지 못하고 갈팡질팡하던 무비패스와 달리 넷플릭스 PM들은 불리한 단위 경제를 갖고 있다는 사실을 인지하고 고객당 한계비용을 절묘하게 줄이기 위한 기능을 구축하려고 했다. 넷플릭스는 사람들이 더 오래 전에 출시돼 더 저렴한 영화들을 보도록 장려함으로써 비용을 줄일 수 있다는 사실을 알아냈다.

그래서 넷플릭스는 이제 유명해진 콘텐츠 추천 시스템을 구축해 사용자들이 어떤 영화를 좋아할지 파악하고 넷플릭스의 '백 카탈로그back catalog'흘러간 콘텐츠 목록-옮긴이 중 그들이 관심을 가질 만한 옛 영화를 추천했다. 이 같은 추천 방식은 넷플릭스와 사용자의 인센티브를 완벽하게 일치시켰다. 고객은 새로운 영화를 발견하고 좋아하는 장르를 더 쉽게 즐길 수 있어 좋았고, 넷플릭스는 비용을 줄일 수 있는 영화를 고객이 **자발적으로** 보도록 하는 데 성공했다.[5]

추천 시스템 도입이라는 절묘한 전략으로 넷플릭스는 상황을 유리한 방향으로 전환시켜 단위 경제가 제대로 작동하도록 만들었다. 그 이후는 그들이 말하는 것처럼 그야말로 역사가 됐다. 넷플릭스의 PM 팀은 그 공로를 인정받아 마땅하다. 또 그들이 이 장에서 살펴본 경제 개념을 잘 이해하고 있다는 점 역시 칭찬받아 마땅하다.

CODE

3

심리학

Psychology

사람이 습관을 만들고,
그다음에는 습관이 사람을 만든다.

We first make our habits,
and then our habits make us.

존 드라이든John Dryden,
| 영국 시인

위키피디아 오합지졸의 승리

1993년 마이크로소프트는 MSN 엔카르타 Encarta라는 디지털 멀티미디어 백과사전을 출시했다.[1] 마이크로소프트는 유명한 백과 사전 3종의 저작권을 사들여 엔카르타에 그 내용을 수록한 후, 콘텐츠를 보강하기 위해 작가와 편집자들을 고용했다.[2] CD 형 태로 출시된 엔카르타는 윈도우와 함께 무 료로 제공돼 사용자 수백만 명이 엔카르타 에 접근할 수 있었다.[3]

마이크로소프트의 1995년판 MSN 엔 카르타가 담긴 CD[4]

출처: 인터넷 아카이브

8년 뒤, 지미 웨일스Jimmy Wales라는 기업인 이 사용자 커뮤니티에 의해 운영되는 비영리 디지털 백과사전인 위키피디아 Wikipedia를 시작했다. 위키피디아는 거의 아무런 준비 없이 밑바닥에서부터 시 작했고, 위키피디아 편집자들은 모두 자발적으로 참여한 사람들이었다. 그들 은 위키피디아 프로젝트로 단 한 푼도 벌지 못했다.[5]

위키피디아는 성공하지 못할 것처럼 보였다. 한쪽에는 빌 게이츠가 있었고, 다 른 한쪽에는 짐보Jimbo라는 별명을 가진 삼류 사업가 지미 웨일스가 있었다.[6] 웨일스는 이전에 보미스Bomis라는 이름의 성인 엔터테인먼트 사이트를 운영 했던 사업가였다.[7] 한쪽은 세계에서 가장 부유한 회사 중 하나였고, 다른 한쪽 은 자발적으로 참여하는 사용자들이 모인 오합지졸에 불과했다.

그런데 실제로 무슨 일이 일어났는지 보자. 엔카르타는 급성장한 이후 서서 히 쇠퇴기에 접어들었다. 엔카르타 문서는 총 6만 건밖에 작성되지 않았으며 2009년에 프로젝트가 종료됐다.[8] 위키피디아는 5천만 개가 넘는 문서를 보유한 세계에서 가장 인기 있는 웹사이트 중 하나가 됐다.[9,10] 심지어 위키피디아는 전 세계 대법원에서 합법적으로 인용하는 문서가 됐다.[11]

위키피디아의 비결은 무엇이었까? 웨일스는 다른 모든 사람들이 놓치고 있는 인간의 심리를 잘 이해했다는 평가를 받는다. 즉 다른 사람들에게 일을 시키려면 큰 비용이 들지만, 그들의 감정과 욕구에 제대로 호소할 수 있다면 그들이 돈을 받지 않고 자발적으로 열심히 일하도록 만들 수 있다.

위키피디아는 인간의 심리를 이해하고 연구해 만든 제품이었지만 엔카르타는 그렇지 않았다. 인간의 심리가 어떻게 작동하는지, 그리고 제품과 관련해 인간의 심리를 어떻게 이용할 수 있는지를 이해하는 일은 PM의 도구상자에서 가장 과소평가된 기술 중 하나다.

가격 정책의 심리학

PM이 해야 할 가장 중요한 일 중 하나는 수익을 내는 일이다. 이는 구매자가 더 많이 구매하도록 설득할 수 있어야 한다는 뜻이다. 다행히 사람들은 초합리적인 로봇처럼 행동하지 않는다. 사람들은 에너지를 절약하기 위해 심리적 지름길mental shortcut을 택한다. 이러한 심리적 지름길을 이해한다면 사람들이 더 많이 구매하도록 이끌어낼 수 있다.

세 가지 가격 이론

웹사이트 도메인을 구매해야 할 경우, 아마도 고대디GoDaddy, 스퀘어스페이스Squarespace, 네임칩Namecheap과 같은 사이트를 방문할 것이다. 그런 사이트에 들어가 보면 웹사이트마다 매우 다른 가격결정 방식을 갖고 있다는 것을 쉽게 알아챌 수 있다. 고대디는 2.99달러 또는 11.99달러 등 '99'로 끝나는 가격을 제시한다. 월마트나 다른 대형 마트들을 떠올리게 하는 숫자다. 스퀘어스페이스의 가격은 20달러나 30달러 등 깔끔하다. 네임칩은 1.67달러나 4.88달러처럼 완전 무작위로 보이는 가격을 제시한다.

왜 이런 차이가 나타나는 걸까? 그 이유는 판매처마다 적용하는 **가격 이론**이 다르기 때문이다. 판매처들은 고객을 유인하기 위한 방법으로 각기 다른 가격결정 정책을 사용한다. 제품 가격을 정할 때 세 가지 이론 중 하나를 사용할 가능성이 높다. 따라서 세 이론의 논리적 근거, 장점, 단점 등을 파악하고 있는 게 좋다.

단수가격 정책

고대디는 가장 잘 알려진 가격결정 정책 중 하나를 사용한다. 제품 가격에 단수를 붙이는 것이다. 95, 98, 99, 89, 49 등으로 끝나게끔 가격을 책정하는 것을 **단수가격 정책**charm pricing이라고 한다.[1] 편의점(감자칩 한 봉지당 3.99달러)에서 비디오 스트리밍 서비스(월 15.99달러[2]), 스마트폰(아이폰 개당 849달러[3])까지 여기저기서 이 같은 패턴을 찾아볼 수 있다.

고대디에서 찾아볼 수 있는 도메인의 가격[4]

출처: 고대디

CODE 3 심리학

이러한 정책의 논리는 간단하다. 사람들이 왼쪽에서 오른쪽으로 읽기 때문에 가격의 첫 자리나 둘째 자리 숫자에 더 큰 관심을 갖는다는 것이다. 제품 가격을 2.99달러로 표시하면 사람들이 그 가격을 3달러가 아닌 2달러로 읽게 되고 그 제품을 구매할 가능성도 더 커진다.[5]

단순히 반올림하기가 귀찮아서 이런 식으로 가격을 표시하는 게 아니다. 숫자 9에는 인간의 관심을 끄는 무언가가 있다. 한 연구에서는 드레스 가격을 40달러가 아닌 39달러로 책정하면 사람들이 그 드레스를 구입할 가능성이 더 높다는 사실을 밝혀냈다.

딱히 놀랄 만한 사실은 아니다. 그런데 같은 연구에서 사람들은 그 드레스가 34달러일 때보다 39달러일 때 더 많이 구입한 것으로 나타났다.[6] 맞다, 가격이 올라야 더 많이 구입하기도 한다! 여기서 정확한 심리적 메커니즘은 불분명하지만, 사람들은 숫자 9를 '할인 판매'나 '최저 가격'과 동일시하는 경향이 있다.[7]

월마트 같은 할인점에서는 가격의 끝수가 '9'나 '99'인 경우가 매우 많다. 그래서 9로 끝나는 끝수는 저가 상품 또는 할인 상품과 관련 있는 숫자가 돼버렸다.

여러분 회사의 브랜드가 저렴한 가격을 공략하고 있다면 이 같은 인식은 마케팅 자산이 될 수도 있다. 고대디는 자사를 광고할 때, 비기술적인 사람들을 위한 저렴하고 실속 있는 도메인 판매업체라고 선전한다. 과거 고대디의 광고에는 슈퍼모델들이 등장했다. 이는 IT 관리자나 최고경영자CEO가 아닌 일반인을 대상으로 한 광고라는 걸 보여준다.[8] 따라서 '99'로 끝나는 고대디의 가격은 '도메인 판매업체의 월마트'로 통하는 브랜드에 적합한 전략이라 할 수 있다.

하지만 저가 이미지가 항상 좋은 것만은 아니다. 스타벅스는 자사 브랜드가 수입산 커피, 고급스러운 인테리어, 유럽풍 카페 분위기를 갖춘 프리미엄 브랜드라고 자부한다.[9] 스타벅스 제품 가격 끝자리에 9를 사용하면

던킨 도너츠와 별반 다를 게 없는 브랜드처럼 보일 것이다.* 그래서 스타벅스는 4.95달러와 같은 좀 더 세련돼 보이는 숫자 5를 가격의 끝수로 사용한다.[10]

그 예로 펜실베이니아 대학교에 있는 스타벅스의 아이스커피 가격을 한번 살펴보자.[11]

음료	그란데	벤티
아이스 카페라떼	$4.65	$4.95
아이스 카페아메리카노	$2.65	$3.15
아이스 카라멜 마키아또	$4.65	$4.95
아이스 플레이버 라떼	$4.45	$4.95
아이스커피	$2.65	$2.95
아이스커피(우유 추가)	$2.65	$2.95

명성가격 정책

단수가격 전략과 반대되는 전략은 **명성가격 정책**prestige pricing이다. 제품을 할인 또는 염가 판매하지 않는다는 것을 보여주기 위해 일부러 가격을 어림수로 책정하는 것을 말한다.

명성가격 정책은 이름에서 알 수 있듯이, 월마트나 고대디와 같이 저가 전략을 펴는 제품과 차별화하기 위해 명품 판매 시 흔히 취하는 가격결정 정책이다.[12] 페라리Ferrari의 가격표에는 59만 9999달러나 59만 9000달러가 아닌 62만 5000달러가 적혀 있다.[13] 미쉐린Michelin 스타 레스토랑에서는 음식 가격을 349.99달러가 아닌 355달러로 책정하고[14] 좀 괜찮다 싶은

* 오해하지 마시라! 던킨 도너츠는 정말 맛있다!

스퀘어스페이스에서 볼 수 있는 도메인 가격[15]

출처: 스퀘어스페이스

식당 역시 메뉴에 단수가격보다는 25달러나 35달러 등으로 표기한다.◆

스퀘어스페이스는 20달러나 30달러같이 딱 떨어지는 숫자로 가격을 책정하는 명성가격 정책을 취하고 있다. 이러한 가격 정책은 세련된 고객을 위한 멋지고 창의적인 서비스를 지향하는 스퀘어스페이스 브랜드에 딱 들어맞는다. 스퀘어스페이스는 고대디와 완전히 다른 브랜드 이미지를 구축하기 위해 노력하고 있으며, 명성가격 정책은 그 목적을 실현시키기에 알맞은 전략이다.

명성가격은 단순히 세련된 이미지를 전달하는 것 이상의 역할을 한다. 어림수는 보기 좋고 이해하기가 쉽다. 비유를 들어 설명하자면 80달러라는 가격이 부드러운 시럽 같은 맛이 난다면 78.49달러라는 가격은 건더기가 들어 있는 수프 같은 맛이 난다고 할 수 있다. 어림수로 된 가격은 이해하기가 쉬워 사람들의 이성적인 부분보다 감정적인 부분을 자극한다. 이때 사람들은 사실이 아닌 감정을 기반으로 결정을 내리게 된다. 명품은 사

◆ 애플은 놀랍게도 최고가 제품에 명성가격 정책을 적용하는 않는다.

람들의 지갑이 아닌 감정을 노리기 때문에 어림수로 된 가격이 상품을 판매하는 데 도움이 될 것이다. 샴페인 가격을 39.72달러나 40.28달러가 아닌 40달러로 책정할 때 더 잘 팔린다는 연구 결과도 있다.[16]

동태적 가격 정책

동태적 가격 정책quirky pricing은 조금 생소할 수 있다. 이 전략에 따르면 4.77달러나 6.32달러처럼 이상한 가격도 가능하다. 일부 할인점에서 이 전략을 사용하기는 하지만 자주 접하지는 못할 것이다. 예를 들어 소품종 대량생산 전략으로 유럽과 미국 일부 지역에서 인기가 높은 식료품 체인 알디Aldi의 진열대에서는 이상한 가격을 자주 찾아볼 수 있다.[17] 알디의 많은 제품들은 보통 적절한 가격에 판매되고 있다. 하지만 바나나 한 개에 0.44달러, 달걀 한 팩에 1.18달러, 쿠키 한 상자에 1.35달러 등 낯선 가격이 붙은 모습도 심심치 않게 발견할 수 있다.[18]◆

동태적 가격 정책은 아래와 같이 분명한 메시지를 고객에게 전달한다.

"저희는 가격으로 장난을 치지 않습니다. 저희가 제공할 수 있는 최저가로 제품을 공급합니다."

또한 해당 기업이 높은 마진을 남기기보다는 고객을 위해 가격을 낮추는 데 최선을 다한다는 것을 보여준다.

동태적 가격 정책은 비용 절감을 중요하게 생각하는 알디에 아주 잘 맞는 전략이다. 알디는 직원을 최소 인원만 고용하고, 비닐봉투를 무료로 제공하지 않으며, 매장 내 장식도 거의 하지 않고, 영업시간도 매우 제한돼

◆ 홀 푸드Whole Foods에서 주로 쇼핑을 해온 사람이라면 알디의 저렴한 가격을 보고 크게 놀랄 것이다.

sevensacred.xyz `ONLY $7.99 2 YEARS`		$1.00/yr Retail $10.88/yr 🛒
sevensacred.me `$2.88 W/ CODE SITEBLOG20`		$4.88/yr Retail $18.99/yr 🛒
sevensacred.io `SPECIAL`		$28.88/yr Retail $32.88/yr 🛒
sevensacred.online `$0.98 W/ CODE SITEBLOG20`		$1.88/yr Retail $32.88/yr 🛒
sevensacred.club `SPECIAL`		$1.67/yr Retail $11.88/yr 🛒
sevensacred.health `SPECIAL`		$39.99/yr Retail $68.88/yr 🛒
sevensacred.shop `SPECIAL`		$2.88/yr Retail $30.88/yr 🛒

네임칩에서 볼 수 있는 도메인 가격. 연간 1.67달러나 28.88달러 등의 요금이 흔하다.[19]

출처: 네임칩

있다.[20]

또한 동태적 가격 정책은 사람들이 최저가로 웹사이트를 만들어주는 것이 목적인 브랜드 네임칩의 가격 정책으로도 손색이 없다. 네임칩 Namecheap이라는 기업명에는 이미 저렴한(cheap) 가격으로 도메인을 얻을 수 있다는 메시지가 담겨 있다.

여러분이 만드는 제품에도 동태적 가격 정책을 적용할 수는 있지만, 알디나 네임칩처럼 비용 절감에 대해 진지하게 생각해봐야 한다. 여러분이 거의 마진을 남기지 않는다는 사실을 고객들이 알아차리게 해야 한다.

결과적으로 이 정책은 소프트웨어 제품에서는 효과를 잘 발휘하지 못한다. 소프트웨어 제품은 정의상 한계비용이 거의 제로에 가까워 엄청난 마진을 남기기 때문이다. 구독료가 월 437달러인 서비스를 만든다면 아무도 그 서비스를 이용하려 하지 않을 것이다. 그러나 하드웨어 제품을 판매하거나 긱 경제gig economy정규직 대신 필요에 따라 계약직이나 임시직을 고용하는 경향이 큰 경제 형태-옮긴이 스타트업을 이용하는 데 소액 수수료를 부과하고자 할 때는 동태적 가격 정책이 효과적일 수 있다.

가격 상승 현상

제품 가격을 정할 때, 앞서 살펴본 세 가지 가격 정책 이론은 시작점에 불과하다. 여러분이 판매할 제품은 외부와 단절된 상태로 존재하는 게 아니므로 다른 사람들이 무엇을 하고 있는지 살펴봐야 한다.

특히 같은 유형의 많은 제품들이 비슷한 가격대에 몰려 있다는 사실을 알고 있을 것이다. 실제로 영화 구독서비스, 엔터프라이즈 소프트웨어, 비디오게임 등은 각 유형마다 자주 접하게 되는 가격대가 있는 것처럼 보인다.

예상대로 할 일to-do 관리 앱, 파일 저장 소프트웨어를 포함한 엔터프라이즈 생산성 소프트웨어는 월 10달러 정도의 구독료가 청구된다. 2021년을 기준으로 엔터테인먼트 구독은 약 12달러라는 가격대에 몰려 있는 것으로 보인다. 그리고 콘솔 비디오게임은 거의 항상 약 60달러에 판매

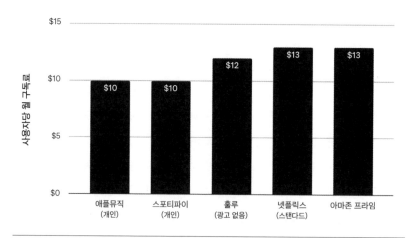

엔터테인먼트 제품 구독료

주요 엔터테인먼트 제품의 월 구독료[21~25]
출처: 애플, 스포티파이, 훌루, 넷플릭스, 아마존

CODE 3 심리학

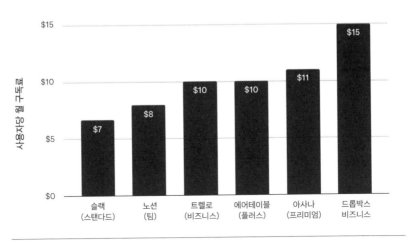

엔터프라이즈 소프트웨어 구독료

주요 엔터프라이즈 서비스 소프트웨어(SaaS) 제품의 월 구독료[27~32]
출처: 아사나Asana, 트렐로, 드롭박스, 노션, 에어테이블, 슬랙

되고 있다.[26]

가격이 이렇게 비슷하게 몰리는 이유 중 하나는 기준에 대한 **인지적 편향** 때문이다. 즉 좋은 가격에 대한 생각은 기대와 상황에 따라 달라진다.[33] 어떤 한 고객이 모든 엔터프라이즈 소프트웨어 구독료로 사용자당 월 10달러를 지불해왔다면, 10달러가 합리적인 가격의 기준이라고 생각할 것이다. 그 고객은 특정 소프트웨어 제품이 다른 제품들보다 객관적으로 2배 이상 더 훌륭하다고 해도 사용자당 월 20달러의 구독료는 말도 안 된다고 생각할 것이다. 또 10달러보다 가격이 낮을 경우, 전문성이 떨어지리라는 생각이 들 것이다. 엔터프라이즈 제품을 만드는 PM들은 이러한 점들을 알고 잘 있기 때문에 '수용 가능한' 범위 내에서 가격을 정한다.

만약 도시를 옮겨 다닌 적이 있다면 일상생활 속에서 기준점 편향을 경험해봤을 것이다. 연구진은 도시마다 생활비가 크게 다를 수 있음에도 불구하고 사람들이 이사하기 전에 살던 아파트와 같은 금액의 아파트를 구입하는 경향이 있다는 사실을 알아냈다.[34] 샌프란시스코에서 살펴본 모든 아파트의 임대료가 월 2000달러라고 하면 그 가격이 여러분 머릿속에 '합리적'인 가격으로 각인되면서 피츠버그로 이사할 때도 2000달러짜리 월세 아파트를 찾게 된다. 그 금액이면 피츠버그에서 대저택에 살 수 있다고 해도 말이다.

가격 조정

일단 가격을 정했다면 아마도 여러분은 그 가격을 바꿀지 말지 생각하기 시작할 것이다. 무엇보다 가격 인하는 구매자의 관심을 끌 수 있을 때만 그 효과를 기대할 수 있다는 점에 주목해야 한다. 아무 말 없이 가격을 대폭 인하하는 것만으로는 사람들이 제품을 구매하도록 만들 수 없다. 그러나 과감하게 기존 가격을 지우고 밝은 색상의 큰 글씨로 새로운 가격을 적어놓으면 그다지 좋은 조건이 아니라고 해도 사람들이 할인 제품을 구매하려 할 것이다.[35] 가격을 인하할 생각이라면 사람들에게 그 변화를 분명하게 알려야 한다. 사람들이 제품을 구매하게끔 동기를 부여하는 것은 달라진 가격의 숫자가 아니라 가격이 변경됐다는 사실에 대한 흥분이기 때문이다.

가격을 내리기는 쉽다. 어쨌든 가격을 내리면 고객들이 좋아한다. 하지만 고객들의 불만을 사지 않고 가격을 올리기는 매우 어렵다. 그러니 애초에 가격을 아주 높게 책정하는 게 낫다.[36]

가격을 너무 높게 책정하면 단기적으로 시장점유율이 낮아질 수 있지만, 이는 장기적으로 더 큰 유연성을 제공해주는 전략이 될 수 있다. 높은 가격이 지닌 가치는 일반적으로 과소평가되는 경향이 있다. 제품의 가격이 높을수록 사람들은 그 제품을 더 향유한다. 뇌 스캔 결과 사람들이 와인 병에 적힌 소비자 가격이 높을수록 와인을 더 기분 좋게 즐기는 것으로 나타났다.[37] 또 높은 가격은 프리미엄 브랜드라는 인상을 주며, 이는 스타벅스가 의도적으로 값비싼 커피를 취급하는 이유 중 하나이기도 하다.[38]

> **가상 인터뷰**
>
> 가격 인상으로 고객을 잃을 수도 있는 상황에서, 과연 가격을 올려야 할까? 답은 고객들이 가격 변화에 얼마나 민감하게 반응하느냐에 달려 있다! 닐 메타는 스포티파이가 월 구독료를 9.99달러에서 11.99달러로 인상해야 할지 말지 결정하는 과정을 가상 인터뷰로 진행하여 이 영상에 담았다.
>
>
>
> productalliance.com/videos/product-pricing

베블런재

실제로 명품 중에는 가격이 높을수록 선호도가 높아지는 경우가 많다. 이렇게 가격이 높을수록 수요가 증가하는 소비재를 **베블런재**Veblen goods라고 부르며 스포츠카, 고급 시계, 다이아몬드, 아이폰 등이 그 범주에 속한다.[39,40] 값비싼 명품들은 고급스러운 제품 이미지로 사람들의 관심을 끈다. 또 값비싼 재화를 소비함으로써 자신의 부를 다른 사람들에게 과시할 수도 있다. 가격이 비싼 제품일수록 구매하기가 더 어렵고, 그래서 그 제품은 더 강력한 신분 상승의 상징이 된다. 부를 과시하는 소비 행태를 일컫는 '**과시적 소비**conspicuous consumption'라는 말도 있을 정도다.[41]

베블런 이론에 따르면 높은 가격은 높은 품질을 연상시킨다. 그래서 가격을 올리면 제품에 대한 선호도를 높일 수 있다.[44] 품질이 낮을까 봐 아마존에서 값싼 제품 대신 더 비싼 제품을 선택한 적이 있다면, 무슨 뜻인지 이해할 수 있을 것이다.

SKY-DWELLER
Oyster, 42 mm, Everose gold

SKY-DWELLER
Oyster, 42 mm, Oystersteel and white gold

SKY-DWELLER
Oyster, 42 mm, Oystersteel and yellow gold

롤렉스 웹사이트에 게시된 시계들 가격은 1만 4800달러 이상이다.[42,43]

출처: 롤렉스

재미있는 일화가 떠오른다. 관광지로 인기가 높은 한 해변 마을의 보석상 주인은 특정 보석 상자에 담긴 보석들을 판매하는 데 어려움을 겪고 있었다. 보석상 주인은 점원에게 가격을 반으로 낮춰 표시해두라고 말했고, 점원은 그 말을 잘못 알아들어 가격을 2배 올려 표시하고 만다. 그런데 실수로 가격을 올리자마자 상자에 담겨 있던 보석들이 모두 판매됐다. 그 보석상에 들른 부유한 피서객들은 값비싼 보석들을 보면서 보석이 비싼 만큼 품질이 뛰어날 것이고, 따라서 구매 가치가 있을 것이라고 생각했다.[45]

저가 유지하기

앞서 언급했듯이 가장 안전하고 확실한 방법은 높은 가격으로 시작해 충분한 수요가 없을 경우 가격을 서서히 낮추는 것이다. 그런데 높은 가격으로 시작하기에 너무 늦은 상황이라면 어떻게 해야 할까? 너무 낮은 가격으로 시작한 데다가 가격이 너무 경직돼 인상하기 어려운 상황이라면 어떻게 해야 할까?

오랫동안 이 같은 문제에 직면해온 식품업계를 본보기로 삼아보자. 스키피 땅콩버터 제조사는 한동안 마진이 감소하고 있다는 것을 알고 있었지만, 마케팅 팀은 가격을 인상하기는 어렵다는 사실을 잘 알고 있었다. 그들은 가격을 인상하는 대신 땅콩버터 용기 바닥이 움푹 들어가도록 만들어 제품의 크기나 가격 변경 없이 내용물을 10%까지 줄일 수 있었다. 이를 '슈링크플레이션shrinkflation'가격을 올리는 대신 제품의 양이나 크기를 줄이거나 품질을 낮추는 것-옮긴이이라고 한다. 이 전략으로 스키피는 고객에게 알리지 않고 마진을 10% 더 늘릴 수 있었다.[46]

하단이 움푹 들어가 있는 스키피 Skippy 땅콩버터 용기[47]

출처: 메타필터MetaFilterx

　　과자 봉지를 열었을 때 봉지가 공기로 가득 차 있어 실망한 적이 있다면 여러분 역시 슈링크플레이션의 희생양이 된 것이다.[48] 식품 회사들은 공기를 주입하면 과자가 부서지지 않는다고 말하지만,[49] 사실 과자가 부서질

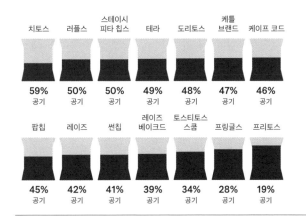

과자 한 봉지당 공기 비율

치토스	러플스	스테이시 피타 칩스	테라	도리토스	케틀 브랜드	케이프 코드
59% 공기	**50%** 공기	**50%** 공기	**49%** 공기	**48%** 공기	**47%** 공기	**46%** 공기

팝칩	레이즈	썬칩	레이즈 베이크드	토스티토스 스쿱	프링글스	프리토스
45% 공기	**42%** 공기	**41%** 공기	**39%** 공기	**34%** 공기	**28%** 공기	**19%** 공기

43%
과자 한 봉지당
평균 공기량

인기 과자 브랜드 봉지 속 공기 비율. 치토스가 59%로 가장 심각하고, 프리토스는 19%로 가장 양호하다.[50]

출처: 키친 캐비닛 킹스Kitchen Cabinet Kings

정도로 많은 양이 들어 있지도 않다!

물론 테크 제품을 판매할 때는 이 같은 전략을 똑같이 적용할 수 없다. 이론상으로는 가격을 그대로 유지하면서 기능이나 혜택을 줄여나갈 수 있지만, 기능이 줄어들면 사용자들이 바로 알아차리기 쉽다. 예를 들어 에 버노트 무료 사용자들은 동기화할 수 있는 기기가 2대로 제한되자 불만을 강하게 표출했고,[51] 결국 많은 사용자들이 경쟁업체인 원노트로 이탈했다.[52]

따라서 기능은 그대로 유지하면서 수익을 늘리는 수밖에 없다. 단, 가격을 올리는 대신 할인율을 낮추기만 하면 된다. 제품의 정가가 99달러이고 할인가가 69달러인 경우, 조용히 할인율을 낮춰 할인가를 79달러로 변경하면 된다.[53] 고객들은 아마 눈치채지 못할 것이고, 변경된 가격 역시 여전히 할인된 가격이기 때문에 계속해서 만족스럽게 제품을 구매할 것이다.

이는 기준점 편향의 또 다른 예다. 보통 구매자들은 정가를 기준점으로 삼기 때문에 어떤 제품이 정가보다 가격이 낮으면 그 제품이 저렴하다는 생각을 갖게 된다. 권장 소비자 가격이 높은 제품을 항상 정가보다 낮은 가격에 판매하는 이유가 바로 여기에 있다.[54]

마지막으로, 만약 반드시 가격을 인상해야 한다면 가격을 인상하는 것이 타당해 보이도록 만드는 게 중요하다. 우버의 한 경제 전문가는 피크 타임 요금이 2.0배 적용될 때보다 2.1배 적용될 때 사용자들이 우버를 이용할 확률이 더 높다고 설명했다. 왜 그럴까? 2.1배라는 수치가 꽤 구체적이어서 승객들은 공정한 알고리즘을 통해 그 수치가 나왔을 것이라고 생각한다. 승객들은 알고리즘이 요금을 2.1배로 책정했기 때문에 그 가격에 서비스를 이용하면 2.1배의 탑승 가치를 누릴 수 있다고 생각하는 것이다. 그러나 2.0배라는 수치는 딱 떨어지는 어림수이기 때문에 승객들은 자신들에게 바가지를 씌우기 위해 몇몇이 가격을 고의적으로 부풀렸을 것이라고 생각한다.[55]

따라서 어쩔 수 없이 가격을 인상해야 하는 상황이라면 알고리즘에 따라 가격을 조정하는 것처럼 보이도록 해야 한다. 더 많은 돈을 지불하고 싶어 하는 사람은 없다. 다만 사람들은 교묘한 인간이 아닌 냉정한 알고리즘에 의해 인상된 가격을 지불하고 싶어 한다.

모든 것은 상대적이다

가격을 정할 때 딱 한 제품의 가격만 정하는 경우는 거의 없다. 아마도 가격을 정해야 할 여러 제품들의 포트폴리오를 두고 고심하는 경우가 많을 것이다. 이는 전혀 다른 도전이자, 심리 작전이라는 완전히 새로운 도구를 필요로 한다.

임의적 일관성

사람들은 대개 어떤 물품의 가치가 얼마나 되는지, 그리고 그 물품을 구매하기 위해 스스로 얼마를 지불할 의사가 있는지 잘 안다고 생각한다. 하지만 실제로는 그렇지 않다. 우리는 어떤 게 좋은 거래인지 알아내기 위해 단서를 찾는다. 그 단서를 얼마나 열심히 따르는지를 보면 놀라울 정도다. 조종사가 어둠 속에서 착륙할 때 그 조종사가 비행기를 어디에 착륙시킬지 제대로 파악하기 위해서는 활주로 조명이 필요한 것과 비슷하다.[56] 사람들은 제품을 구입할 때 아무것도 모르는 상태에서 행동하는 경우가 많기 때문에 자신이 찾아낸 '활주로 조명'이 뭐든 그것을 따라간다.

사람들이 합리적인 이유 없이 특정 가격에 집착하는 이 같은 현상을 가리켜 **임의적 일관성**arbitrary cohesion이라고 한다.[57] 저명한 심리학자 댄 애리얼리Dan Ariely는 실험을 통해 그 원리를 밝혔다. 그는 MIT 학생들이 초콜릿, 와인, 책과 같은 경매물에 입찰하도록 했다. 그런데 반전이 일어났다.

애리얼리는 경매를 시작하기 전에 학생들에게 본인의 사회보장번호미국 시민권자나 영주권자 등에게 부여되는 개인식별 번호로 우리나라 주민등록번호와 비슷하다-옮긴이 마지막 두 자리를 적게 했다. 학생들이 00부터 99까지 무작위로 숫자를 선택하도록 유도한 것이다.[58]

이 숫자들은 경매에 나온 물건들의 가치와 무관하기 때문에 학생들의 입찰에 영향을 줄 이유가 없었다. 그런데 실제로는 학생들의 입찰가에 영향을 미쳤다. 00에서 19 사이의 번호를 적은 학생들은 와인에 평균 8.64달러의 가격을 매긴 반면 80에서 99 사이의 번호를 적은 학생들은 와인에 평균 27.91달러의 가격을 매겼다.[59] 애리얼리는 사람들이 더 큰 숫자를 생각하게끔 유도함으로써 3배 더 큰 입찰가를 써내도록 만든 것이다!

애리얼리의 실험에서 알 수 있듯이, 사람들을 특정 가격으로 몰고 가는 것은 의외로 쉽다. PM은 잠재고객들을 수익성 있는 방향으로 이끌기 위해 '활주로 조명'을 전략적으로 조정해나갈 수 있다.

기준점 효과

앞서 살펴본 기준점 효과Anchoring닻내림 효과라고도 한다-옮긴이는 임의적 일관성을 보여주는 유형 중 하나다. 아이패드iPad를 공개할 당시 스티브 잡스는 잠재고객들이 아이패드 가격이 얼마가 될지 짐작도 못할 것이라는 사실을 알고 있었다. 아이패드는 애플이 만든 최초의 태블릿 PC였기 때문이다. 그래서 그는 사람들로 하여금 높은 가격을 기준점으로 삼게 만든 다음 좋은 가격에 거래할 수 있다는 것을 보여주기 위해 더 낮은 가격으로 제품을 제공하면 된다고 생각했다. 잡스는 화면을 통해 999달러라는 가격표를 먼저 보여준 다음 그 가격이 499달러까지 뚝 떨어지는 모습을 드라마틱하게 보여주었다.[60]

만약 세트 제품을 판매하고 있다면, 기준점 효과를 이용해 가격을 올릴 수 있다. 보통 피자 한 조각이 12달러라고 하면 터무니없는 가격으로 보이기 쉽지만, 메뉴에 있는 다른 피자 한 조각이 18달러, 20달러, 22달러라면 12달러짜리는 거저나 마찬가지라는 생각이 들 수 있다. 다시 말해서, 사람들은 자기 머릿속에 있는 합리적인 가격에 대한 객관적인 데이터 세트가 아닌 가까이 있는 다른 가격들과 가격 비교를 한다.[61] 그러므로 휴대전화 제품들을 판매하고 있다면, 일부 제품의 가격만 올려서는 안 된다. 전 기종의 가격을 한꺼번에 인상해 **모든** 제품의 값이 제대로 매겨진 것처럼 보일 수 있어야 한다.

또 사용자들에게 비교적 가격이 합리적인 제품을 소개하기 전에 더 높은 가격을 보여주어서 그들을 미리 **길들이는** 방법도 있다. 한 실험에서 연구원들은 스웨트셔츠땀을 잘 흡수하는 재질의 니트 셔츠–옮긴이를 판매하는 가게 옆에 CD 가게를 차려 사람들의 구매 패턴을 관찰했다. 스웨트셔츠 노점상이 가격을 인상하자 사람들은 아무것도 바뀌지 않은 CD 가게에서도 더 적극적으로 제품을 구매했다.[62] 사용자들이 더 높은 가격을 기준점으로 삼게 되었고, 이는 이후 높은 가격을 정당화하는 데에도 도움이 된 것이다.

미끼 효과

기준점 효과를 기반으로 하는 **미끼 효과**decoy effect 유인 효과라고도 한다–옮긴이는 임의적 일관성을 잘 드러내는 두 번째 유형이다. 미끼 효과는 판매하고자 하는 제품을 사람들이 구매하도록 유도하기 위해 관련 없는 제품을 선택지에 추가할 때 나타난다.[63]

가장 유명한 미끼 효과의 예로 댄 애리얼리가 《이코노미스트Economist》 웹사이트에서 발견한 놀라운 정기 구독 할인 정책을 들 수 있다. 《이코노미스트》를 구독할 경우 디지털은 1년에 59달러, 잡지는 1년에 125달러, 디지털과 잡지 모두는 125달러에 구독할 수 있다.[64]

정기 구독 유형에서 잡지만 구독하기로 선택할 경우 돈을 낭비하는 것처럼 보인다. 같은 가격으로 디지털과 잡지 모두 구독할 수 있다면 누가 잡지만 구독하겠는가? 애리얼리는《이코노미스트》가 왜 그런 정기 구독 할인 정책을 시행하게 됐는지 궁금했다.

심리학 교수였던 애리얼리는 이 문제를 실험해보기로 했다. 그는《이코노미스트》구독료가 적힌 가격표를 수정해 두 그룹의 학생들에게 보여줬다. 첫 번째 그룹에게는 잡지 구독을 제외한 두 가지 옵션을 보여줬고, 두 번째 그룹에게는 세 가지 옵션을 모두 보여줬다. 두 번째 그룹에게는 잡지 구독 옵션이 있었지만, 첫 번째 그룹에게는 잡지 구독 옵션이 없었다.

애리얼리는 잡지 구독 옵션을 선택할 사람은 없을 것이므로 학생들이 똑같이 행동할 것이라고 생각했다. 그는 두 그룹의 학생들이 같은 빈도로 디지털 구독과 디지털+잡지 구독 옵션을 선택할 것이라고 생각했다.[65] 그러나 그의 예상과 전혀 다른 결과가 나왔다.[66]

옵션	두 가지 옵션을 제시한 경우	세 가지 옵션을 제시한 경우
디지털 구독(59달러)	68%	16%
잡지 구독(125달러)	–	0%
디지털+잡지 구독 (125달러)	32%	84%

결과와 무관해 보였던 잡지 구독 옵션을 추가했을 뿐인데 학생들은 전혀 다른 선택을 했다. 두 가지 옵션을 제시한 실험에서 디지털+잡지 구독을 선택한 학생은 3분의 1에 불과했지만, 잡지 구독 옵션이 추가되자 그 숫자는 5분의 4로 크게 증가했다.

애리얼리는《이코노미스트》가 사람들에게 잡지 구독 옵션을 판매할 의도가 전혀 없었다는 것을 깨달았다. 대신에 잡지 구독 옵션은 디지털+잡지 구독 옵션을 아주 좋은 거래처럼 보이도록 만들어 구매자가 그 옵션을 선택하도록 유도하는 역할을 했다.[67]

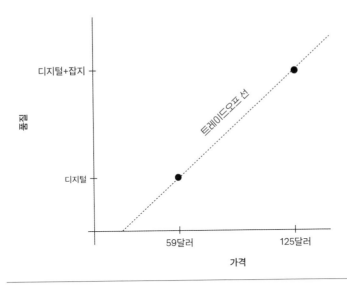

《이코노미스트》의 디지털 구독과 디지털+잡지 구독은 더 많은 접근 권한을 원할수록 더 많은 구독료를 지불해야 한다는 분명한 트레이드오프 관계를 갖고 있다. 그래서 두 옵션 모두 트레이드오프 선에 있다.

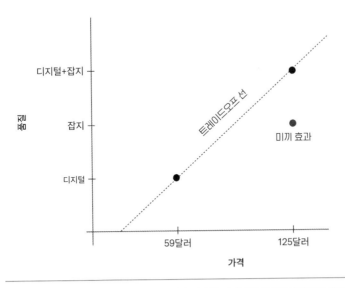

《이코노미스트》의 잡지 구독 옵션은 디지털+잡지 구독 옵션과 같은 가격이지만
그 가치가 크게 떨어져 찾는 사람이 없다. 그래서 잡지 구독 옵션은 트레이드오프 선 아래에 있다.

보통 상품을 비교할 때 가격과 품질, 두 가지 측면을 고려해 절충안을 찾아야 한다. 품질이 좋은 상품을 사거나 가격이 저렴한 상품 중 하나를 택할 수 있다. 하지만 보통 품질과 가격 두 가지를 다 충족시키는 상품은 찾기가 어렵다. 각 상품마다 장점을 지니고 있기 때문에 어떤 상품을 선택하는 게 좋을지 분명하게 판단하기가 쉽지 않다.

바로 그때 판매하고자 하는 옵션 즉, **타깃상품**과 비슷하지만 가치는 더 떨어지는 **미끼상품**을 추가할 수 있다.[68] 앞서 살펴본 《이코노미스트》 사례에서는 잡지 구독 옵션이 미끼상품이었다. 앞의 그래프에서 미끼상품이 트레이드오프 선 아래에 있는 것을 볼 수 있다. 이는 미끼 역할을 하는 잡지 구독 옵션보다 더 나은 옵션들이 있기 때문에 사람들이 잡지 구독은 거의 선택하지 않는다는 것을 의미한다.

이처럼 미끼상품이 타깃상품에 완전히 밀려나고, 타깃상품과 또 다른 옵션으로 제시된 상품 혹은 **경쟁상품**은 접전을 벌이는 상황을 가리켜 **비대칭 지배 효과**asymmetric domination라고 한다.[69]

임의적 일관성 이론의 핵심 원리 중 하나는 사람들이 비슷한 것들을 비교하려고 한다는 데 있다. 사과와 오렌지처럼 아예 다른 두 가지를 비교하기는 너무 어렵기 때문이다. 여러분이 중고차를 고를 때 머스탱Mustang 두 대와 카마로Camaro 한 대를 두고 고민한다면, 머스탱 두 대를 놓고 비교하면서 아마 자동차 킬로수가 더 적은 머스탱을 선택하게 될 것이다.[70]

다시 말해서 타깃상품, 미끼상품, 경쟁상품 중 하나를 선택해야 할 때, 구매자가 경쟁상품은 무시한 채 쉽게 비교해볼 수 있는 타깃상품과 미끼상품에 집중한다는 이야기다. 미끼상품 대신 타깃상품을 선택하면 그 선택을 정당화하기가 쉽고, 인간은 정당화하기 쉬운 옵션을 선택하기를 좋아한다.[71]

미끼상품은 타깃상품보다 살짝 더 가치가 떨어진 상품으로 보이도록 전략적으로 설계됐기 때문에 구매자들은 타깃상품으로 마음이 기울 것이고, 애초에 여러분이 판매하고자 했던 상품을 구매하게 될 것이다.

실행에 옮기기 전에 극장을 한번 살펴보자. 극장에서 마진이 낮은 3달러짜리 스몰 사이즈 탄산음료와 마진이 높은 7달러짜리 라지 사이즈 탄산음료를 제공한다고 가정해보자. 이 두 옵션 모두 대략 트레이드오프 선에 속하기 때문에 구매자들이 어느 한쪽을 특히 더 많이 선호하지는 않을 것이다. 그런데 만약 극장에서 6달러짜리 미디엄 사이즈 탄산음료를 추가로 제공한다면 구매자들은 1달러만 더 지불하면 훨씬 더 많은 양의 탄산음료를 마실 수 있다고 생각하면서 라지 사이즈를 선호하게 될 것이다. 미디엄 사이즈는 라지 사이즈에 가깝지만 트레이드오프 선 아래에 위치하기 때문에 결국 구매자가 라지 사이즈를 선택하게 될 것이라는 이론이 성립한다.[72] 만약 극장에서 스몰 사이즈 탄산음료의 매출을 올리고 싶다면, 2달러짜리 미니 사이즈를 추가로 제공할 수도 있다.

기술업계에서 찾아볼 수 있는 좀 더 미묘한 사례 한 가지를 더 살펴보자. 강력한 맥프로Mac Pro 데스크톱 컴퓨터를 구입한다고 치자. 8코어 CPU가 탑재된 기기는 약 6000달러, 12코어 CPU가 탑재된 기기는 7000달러, 16코어 CPU가 탑재된 기기는 8000달러에 구입할 수 있다.[73]

미디엄 사이즈 탄산음료가 미끼상품인데, 라지 사이즈보다 그 가치가 현저히 떨어진다.
미끼상품이 관객들로 하여금 라지 사이즈를 선택하게끔 유도할 것이다.

8코어 이후부터 코어를 하나 더 추가할 때마다 250달러씩 지불하는 셈이 된다. 맥프로의 가격과 성능은 양립하기 어려운 상충관계에 있다. 코어 하나의 가치는 얼마나 될까? 몇 개의 코어가 필요할까? 가장 좋은 절충안은 무엇일까? 여러분은 절충안을 택해 7000달러짜리 모델 또는 SKUStock Keeping Unit상품 재고 관리 단위를 뜻하는 용어로 특정 사양 등 보다 구체적인 식별을 위해 사용되는 모델 번호다-옮긴이를 구입할지도 모른다.

애플은 이 세 가지 SKU뿐 아니라 더 많은 옵션을 제공한다. 실제로 5가지 SKU를 판매하고 있다. 그래프를 자세히 살펴보면, 16코어 SKU와 24코어 SKU 사이에 큰 차이가 있다. 16번째부터 24번째까지는 코어당 가격이 250달러가 아닌 500달러다.

갑자기 8000달러짜리 SKU가 훨씬 더 매력적인 상품으로 보이기 시작한다. 가격과 코어 수 사이에 지나친 불균형이 발생하기 전에 합리적인 달러당 코어 가치를 얻을 수 있는 상황이 된 것이다. 애플은 애초에 고객이 구입할 생각조차 하지 않을 터무니없이 비싼 SKU를 몇 개 더 추가함으로

네 가지 업그레이드 옵션을 선택할 수 있는 애플의 맥프로 맞춤 구성 페이지.[74]

출처: 애플

맥프로: 가격 vs 코어

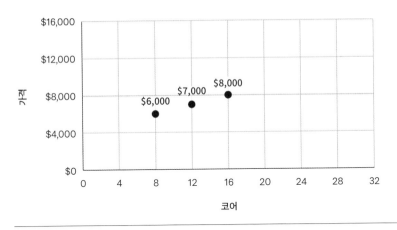

세 가지 버전으로 구입이 가능한 맥프로 구성[75]

출처: 애플

맥프로: 가격 vs 코어(미끼상품 포함)

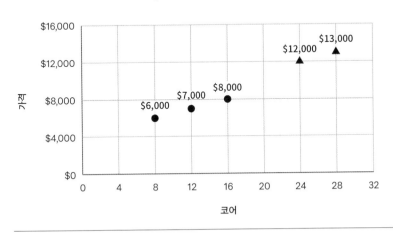

총 5가지 맥프로 구성. 두 삼각형은 값비싼 미끼상품을 나타낸다.[76]

출처: 애플

써 더 비싼 컴퓨터를 구입하도록 만들었다!

타협 효과

타협 효과compromise effect는 미끼 효과와 비슷하다. 타협 효과는 가격이나 품질이 높지도 낮지도 않은 적당한 수준의 상품을 구입하는 것을 선호하는 현상을 말한다. 가격과 품질이 적당한 상품을 구입하는 게 가격과 품질이 지나치게 높거나 낮은 상품을 구입하는 것보다 정당화하기가 쉽기 때문이다.[77] 인간은 자신이 내린 결정을 정당화하고자 하는 강한 욕구를 갖고 있다.[78] 따라서 PM이라면 수익성이 가장 좋은 제품들이 가장 정당화하기 쉬운 구매로 이어질 수 있도록 만들어야 한다.

일례로 한 연구에서 실험자들이 구매자들에게 카메라 몇 대를 제공하고 그중에서 선택해 구입하도록 했다. 카메라를 두 대만 보여줬을 때 구매자들은 두 카메라로 고르게 양분됐다. 그런데 실험자들이 더 값비싼 세 번째 카메라 옵션을 추가하자 더 많은 사람들이 중간 가격의 카메라로 몰렸고, 나머지는 더 저렴한 카메라와 더 값비싼 카메라로 고르게 나뉘었다.[79]

카메라	두 가지 옵션을 제시한 경우	세 가지 옵션을 제시한 경우
카메라 A(170달러)	50%	22%
카메라 B(240달러)	50%	57%
카메라 C(470달러)	없음	21%

이 사례를 보면 일반 사람은 카메라 전문가가 아닌 데다 카메라 가격으로 얼마가 적당한지도 잘 알지 못하고 어떤 카메라가 좋은 건지 제대로 평가할 수조차 없다는 것을 알 수 있을 것이다. 그렇기 때문에 사람들은 **휴리스틱**heuristic, 즉 심리적 지름길을 택하게 된다. 사람들은 보통 비싼 제품

CODE 3 심리학

이 비교적 싼 제품보다 품질이 좋다고 생각한다. 그래서 가장 안전한 선택을 하려면 중간 수준의 가격과 품질을 가진 제품을 고르면 된다고 여기는 것이다.

또 다른 예로 스타벅스를 떠올려보자. 스타벅스 메뉴는 한때 숏short, 톨tall, 그란데grande 이 세 사이즈로 구성돼 있었다. 그런데 이후 스타벅스는 그란데보다 훨씬 더 큰 벤티venti 사이즈를 메뉴에 추가하고 숏 사이즈 옵션은 숨겼다.[80] 왜 그랬을까? 사람들이 중간 사이즈를 선호한다는 사실을 잘 알고 있었던 것이다. 중간 사이즈를 선호하는 고객들은 사이즈 옵션이 바뀌기 전에는 톨 사이즈를 주문했지만 바뀐 뒤로는 (수익성이 더 좋은) 그란데 사이즈를 주문했다.[81]

면접자를 위한 꿀팁!

소비자 하드웨어 가격을 책정할 때 흔히 타협 효과와 미끼 효과가 사용된다. 그러므로 소비자 하드웨어를 판매하는 기업에서 면접을 볼 때는 이를 꼭 언급하는 게 좋다. 예를 들어 구글의 고급 픽셀Pixel 스마트폰은 수백만 대 이상 팔릴 일이 거의 없다.[82] 하지만 다른 제조업체들이 만든 더 비싼 안드로이드폰을 구입하게끔 유도하곤 한다. 그렇기 때문에 전략적인 측면에서 볼 때 이런 방법은 여전히 유용하다.

가끔 타협 효과가 미끼 효과를 강화시키는 역할을 하기도 한다. 앞서 살펴본 맥프로 사례를 꼭 기억하자. 애플은 24코어 SKU라는 미끼상품을 추가하고, 5가지 SKU 중 타깃상품이 중간에 위치하도록 옵션을 구성함으로써 16코어 SKU로 구매자들을 유인했다.

물론 두 효과가 상충할 때도 있다. 세 가지 옵션 중 중간에 끼어 있는 상품이 주로 미끼상품이 되지만, 타협 효과는 자연스럽게 사람들을 중간에 낀 옵션으로 유인한다. 따라서 제품 포트폴리오를 설계할 때는 두 가지 효과가 서로 도움이 될지 아니면 해가 될지 반드시 따져봐야 한다.

가격표 만들기

이제 모든 기술을 종합해 여러분이 판매할 상품과 개별 가격이 담긴 가격표
를 만들어야 할 때다.

먼저 얼마나 많은 가격 옵션을 제공할지 확실히 결정해야 한다. 인간
은 아무래도 숫자 3을 좋아하는 것 같다. 위키피디아에만 12개가 넘는 '3의
법칙rule of three'이 있다.[83] 따라서 수많은 메뉴와 제품군이 세 가지 옵션
을 갖고 있다는 사실은 놀랄 일도 아니다. 식당에는 대, 중, 소로 나눈 메뉴
가 있고 BMW에는 3 시리즈, 5 시리즈, 7 시리즈가 있다. 또 가스는 세 가
지 옥탄 등급으로 나눈다. 인간은 한 가지 옵션만 선택해야 하는 것을 좋아
하지 않지만, 그렇다고 해서 너무 많은 옵션이 주어지면 혼란스러워한다.
20가지 아이스크림 맛 중에서 원하는 맛을 골라본 경험이 있을 것이다.[84]
세 가지 옵션이 스위트스폿이므로 여러분이 제품을 판매할 때에도 세 가지
가격 옵션을 제시하는 게 좋다.[85]

이제 여러분이 판매할 제품을 정리할 차례다. 사람들의 시선은 자연스럽게 가운데로 향하기 마련이고, 사람들은 더 잘 보이는 것을 더 선호하므로 수익성이 가장 높은 상품을 중앙에 배치해야 한다.[86] 이와 같은 이유로 슈퍼마켓에서도 가장 수익성이 높은 제품들을 고객들의 눈높이에 맞춘 선반에 진열한다.[87] 그러나 이 방법은 바라보는 대상이 가로로 열거돼 있는 상황에 더 적합할 수 있다.[88] 바라보는 대상이 수직으로 열거돼 있는 상황에서는 사람들이 맨 위쪽에 있는 것을 더 많이 보는 경향이 있다.[89]

이는 구독서비스가 '추천recommended' 혹은 '최적가best value'라고 적힌 옵션을 중앙에 배치해 세 가지 티어 서비스 옵션을 제공하는 이유이기도 하다. 이러한 방식은 엔터프라이즈 소프트웨어, 엔터테인먼트 제품, 심지어 잡지들 사이에서도 쉽게 찾아볼 수 있다.

고급 식당에서는 메뉴 옆에 화폐 단위를 생략하곤 한다. 거기에도 다 이유가 있다. 손님들이 화폐 단위를 보면 돈과 지출을 최소화하는 방법에 대해 생각하기 때문이다. 그렇게 되면 손님들은 수익성이 가장 낮은 값싼

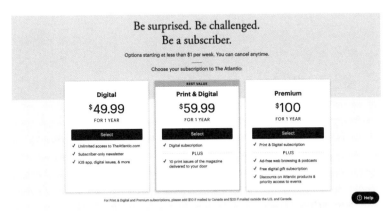

《디 애틀랜틱The Atlantic》 잡지와 디지털 정기 구독 옵션. 가운데 있는 구독 옵션에는 '최적가Best Value'라고 적혀 있다.[90]

출처: 메타필터MetaFilterx

이 메뉴는 가격이 일렬로 정렬돼 있지 않아서 가장 저렴한 가격을 찾기 어렵다.[92]

출처: 옐프

음식에 자연히 이끌리고 말 것이다. 화폐 단위를 없애면 손님들이 음식의 질에 대해 생각하게 만들 수 있다. 손님들은 가장 먹고 싶은 음식을 선택할 것이고, 음식을 선택하고 난 후에나 가격을 따져볼 것이다.[91] 테크 제품에서는 이런 방식을 흔히 볼 수 없지만, 그래도 고려해볼 만한 가치가 있는 방법이다.

여러분은 사람들이 굳이 가격 비교를 하지 않기를 바랄 것이다. 가격 비교를 통해 최저가를 찾아낼 것이기 때문이다. 고급 식당 대부분이 메뉴를 중앙에 배치해 음식 이름들이 중앙에 오도록 함으로써 가격이 일렬로 정렬되지 않도록 하는 것도 바로 그 때문이다. 이런 식으로 메뉴판을 만들면 고객들이 음식 가격을 제대로 쭉 훑어보기가 어려워 가장 저렴한 음식을 찾을 가능성도 줄어들게 된다.

할인과 보너스

마지막으로 할인과 보너스 혜택을 통해 고객들이 더 기분 좋게 거래할 수 있도록 하는 방법을 살펴보자.

손실 회피

일단 가장 먼저 **손실 회피**loss aversion라는 개념을 이해해야 한다. 우리는 손해를 보는 일과 같은 불쾌한 경험을 싫어한다. 보통 손해 볼 때 느끼는

CODE 3 심리학

고통이 이익을 볼 때 느끼는 즐거움보다 더 크다. 행동과학자인 아모스 트버스키Amos Tversky의 '동전 던지기 실험'을 그 예로 들어보자. 앞면이 나오면 10달러를 얻고 뒷면이 나오면 10달러를 내야 하는 동전 던지기 게임이 있다면, 할 생각이 있는가?[93] 게임을 많이 하면 결국 처음 게임을 시작하면서 갖고 있던 금액과 똑같은 금액의 돈을 갖게 될 것이다. 다시 말해서, 동전 던지기 게임의 **기댓값**expected value은 0달러다.[94] 그러니 연구에 참가한 사람들은 그 게임에 별 관심을 보이지 않을 것이다.

트버스키는 상대가 게임에서 이기면 11달러를 주고, 상대가 지면 10달러를 내도록 하는 식으로 게임 룰을 바꿨다. 즉 여러분이 게임을 100번 한다고 치면 550달러(50승 곱하기 11달러)를 얻고 500달러(50패 곱하기 10달러)를 잃게 될 것이라는 계산이 나오므로 50달러 또는 게임당 50센트의 기대수익을 얻을 수 있다. 합리적인 사람이라면 이 게임을 무제한으로 즐겼을 것이다.

하지만 트버스키 연구에 참여한 이들은 그러지 않았다. 11달러/10달러 게임을 하기로 선택한 사람은 거의 없었다. 트버스키는 게임에서 이겼을 때 얻을 수 있는 금액을 계속해서 올려야만 했다. 게임에서 승리하면 22.50달러를 얻고 패배하면 10달러를 잃는 것으로 게임 룰을 바꾸자 그제서야 참가자 대부분이 그 게임에 참여했다. 이는 참가자들이 느끼는 패배의 아픔이 승리의 기쁨보다 2.25배 크다는 것을 의미한다. 이 사례는 패배의 아픔이 승리의 기쁨보다 보통 1.31배 크다는 평균치에서 약간 벗어나기는 하지만 여전히 그 요점을 잘 보여준다.[95]

이 실험이 의미하는 바는 크다. 고객이 거래를 더 흔쾌히 받아들이게 만드는 두 가지 방법이 가격을 할인하거나 보너스를 제공하는 것, 즉 비용을 줄이거나 혜택을 늘리는 것이기 때문이다. 손실 회피 성향 때문에 보통 가격 할인이 보너스 혜택보다 더 효과적일 수 있다. 가격 할인으로 손실을 줄여주는 게 그에 상응하는 보너스로 이익을 늘려주는 것보다 더 강력한 효과를 발휘하기 때문이다.[96] 사람들은 경제적 가치가 동일하다 하더라도 5달러의 이익을 찾기보다는 5달러의 손실을 피하려는 경향이 있다.

손실 회피의 반전은 손익이 주는 감정적 영향의 민감도가 점점 감소한다는 데 있다.[97] 10달러를 받았다고 해서 5달러를 받은 것보다 2배 더 기쁜 것은 아니다. 이 '민감도 체감성diminishing sensitivity' 그래프의 정확한 모양은 과학적으로 규명되지 않았지만, 감정적 영향이 손익 변화의 제곱근에 비례한다고 치면 그 근삿값을 계산해낼 수 있다. 예를 들면 여러분이 4배 더 많은 돈을 벌면 2배 더 행복해질 수 있다.

따라서 사용자의 만족감을 극대화하기 위해서는 이익은 가능한 한 여러 번에 걸쳐 나눠주고 손실은 이왕이면 한 번에 다 해결할 수 있어야 한다.[98] 우리가 제시한 모델에 따르면 4번에 걸쳐 5달러를 받는 게 한 번에 20달러를 받는 것보다 2배 더 기쁠 수 있다. 이런 이유로 광고처럼 보이지

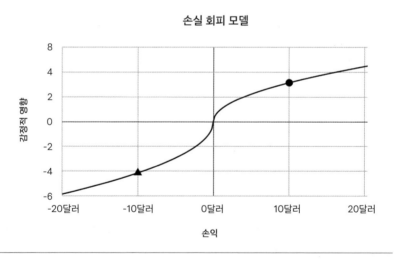

손실 회피 모델

그래프의 오목한 형태에서 볼 수 있듯이 손실과 이익익에 대한 민감도는 점점 감소한다.
또 손실의 감정적 영향이 이익의 감정적 영향보다 더 크다는 점에 주목해야 한다.
10달러 이익의 감정적 영향이 3 정도라면, 10달러 손실의 감정적 영향은 −4 정도가 된다.

않게 하는 해설식 광고infomercial와 자동차 대리점에서는 "지금 구매하시면 X, Y, Z를 무료로 드립니다!"라고 말하며 소액의 다양한 보너스를 제공하는 것이다. 만약 여러분이 사용자에게 사은품을 증정할 계획이라면 큰 것을 한 번에 주지 말고 작은 것을 여러 개 주는 것이 좋다. 토트백, 스티커, 한 달 무료 이용권 등으로 다양하게 구성된 보너스를 사용자에게 제공하는 식이다.

반대로 4번에 걸쳐 5달러를 지불하는 것은 한 번에 20달러를 지불하는 것보다 4배 더 고통스럽다. 다시 말해서, 사람들은 얻을 게 없는 상품에 돈을 지불하기 싫어하고 차라리 한 번에 선불로 처리하기를 좋아한다. 이러한 이유로 사람들은 한 가지씩 마음대로 주문하는 아라카르트à la carte보다 뷔페나 '모든 게 포함된' 여행 패키지를 좋아한다. 또한 많은 사람들이 가게에 갈 때마다 우버 요금으로 15달러를 지불하는 대신 거의 몰지도 않는 자동차를 사는 데 수천 달러를 쓴다.[99]

넷플릭스나 현재의 아이튠즈iTunes 같은 구독서비스가 원하는 음악이나 영화를 개별로 하나씩 구매해야 했던 과거의 아이튠즈 모델을 제치고 지금과 같은 성공을 이룬 것도 이 같은 통찰 덕분이었을 것이다. 한 달에 한 번씩 선불로 구독료를 지불하면 원하는 영화나 음악을 보고 들을 때마다 매번 결제할 필요 없이 콘텐츠를 무제한으로 즐길 수 있어 훨씬 기분이 좋다. 심지어 구독료를 지불한 사실을 잊기도 한다. 다시 말해서 스포티파이는 음악을 직접 골라 들을 수 있는 음악 '뷔페'이며, 인간은 뷔페를 매우 좋아한다.

할인율 쌓기

마지막으로, 여러분이 제품을 할인 판매할 계획이라면 사람들이 백분율을 잘 이해하지 못한다는 사실을 기억해야 한다.[100] 다음 문장을 읽고 직접 계산해보자.

"어떤 제품이 20% 할인된 다음 또다시 25% 할인된 경우 그 제품의 최종 할인율은 얼마인가?"

45%라고 성급하게 답하지는 않았나? 하지만 실제 할인율은 40%밖에 되지 않는다. 실제 할인율을 구하기 위해 계산하는 일은 생각보다 쉽지 않다. 계산식으로 나타내면 다음과 같다.

$$1-(1-0.2)\times(1-0.25)=0.40$$

일반 사람들이 굳이 이 계산식을 이용해 머릿속으로 계산하지는 않을 것이다. 틀린 계산이라고 해도 대충 할인율을 더해 계산하는 것이 훨씬 더 쉽기 때문이다.

그러므로 제품을 할인 판매할 때는 총 할인율이 실제보다 더 커 보이도록 할인율을 쌓아나가는 방식도 고려해봐야 한다. 20% 할인에 25% 할인이 중첩되면 마치 45% 할인인 것처럼 보이지만 실제로는 40% 할인에 불과해 45% 할인 판매 광고를 할 때만큼 수익에 큰 타격을 입지 않으면서도 고객의 관심을 끌 수 있다.

영구 할인

보통은 가격 전략이 확정되고 나서 할인 적용이 되는 경우가 많지만, 애초에 할인된 가격을 가격 전략의 일부로 만들 수도 있다. 여러분이 판매할 구독서비스의 월 구독료를 11.95달러로 보통의 경우보다 조금 더 비싼 가격에 선보이기로 했다고 하자. 이 경우, 정가를 꼭 11.95달러로 표시하지 않아도 된다. '정가'를 20달러로 표시하고 영구 할인을 적용해 가격이 11.95달러가 된 것처럼 만들 수 있다. '40% 이상 할인!' 상품이 되는 것이다.

영구 할인 전략은 앞서 살펴본 가격 몰림 현상, 세 가지 가격 이론 등 우리가 처음 가격을 책정하면서 고려해야 할 전략들을 다시금 상기시켜준다. 가격을 정하는 초기 단계에 영구 할인을 가격 전략에 포함할 수 있다면, 여러분은 첫날부터 성공할 준비가 돼 있는 것이다. 즉 할인을 통해 고객들을 유인할 수 있고, 그들이 정가를 기준점으로 삼을 것이므로 할인된 가격은 더 좋아 보일 것이며, 이후 할인율을 줄여 가격을 올릴 수 있는 유연성까지 가질 수 있다.

동기부여

이제 여러분의 제품을 사용하도록 하기 위해 심리학을 이용하는 쪽으로 방향을 전환해야 할 때가 왔다. 이 전략에는 사용자의 제품 사용 동기를 파악하고, 사용자가 제품을 구매하고 서비스에 가입하도록 설득하고, 일단 구매와 가입이 이뤄지면 사용자가 이탈하지 않도록 하는 3단계 과정이 있다. 이 장에서 우리는 이 3단계를 중점적으로 살펴볼 것이다.

우선 어떻게 하면 사람들이 여러분의 제품을 사용하고 싶어 할지 그것부터 살펴보도록 하자.

내적 동기와 외적 동기

동기에 대해 알아야 할 첫 번째는 동기가 두 가지 유형, 즉 **내적 동기**와 **외적 동기**로 크게 구분된다는 점이다. 외적 동기는 사람들이 어떤 일을 하도록 돈과 같은 외부 인센티브를 주는 것과 관련이 있는 반면, 내적 동기는 어떤 일을 자발적으로 하게 하는 동력이 된다.

내적 동기와 외적 동기 사이의 갈등을 가장 잘 보여주는 예는 이스라엘의 한 어린이집에서 진행된 실험에서 찾아볼 수 있다. 그곳에서는 학부모 중 약 3분의 1이 아이들을 제때 데리러 오지 않는 바람에 직원들이 불편을 겪었다. 어린이집에서는 이 문제를 해결하기 위해 10분 이상 지각하는 학부모들에게 벌금 2.70달러를 부여하기 시작했다. 하지만 이 벌금 제도는 문제를 해결하는 데 전혀 도움이 되지 않았고, 오히려 지각하는 학부모의 수가 전보다 2배로 늘었다![1]

그 이유가 뭘까? 벌금 제도를 도입하기 전에는 학부모들이 자신들이 지각하면 어린이집 선생님들이 불편을 겪게 된다는 사실을 알았기 때문에 죄책감이나 부끄러움을 느껴 제때 아이들을 데리러 오려고 노력했다. 죄책감을 느끼고 싶어 하는 사람은 아무도 없으며, 사람들은 죄책감을 피하기 위해 최선을 다한다. 바로 이 점이 학부모들로 하여금 아이들을 제때 데리러 가도록 하는 내적 동기였다. 그런데 벌금이 부과되자 학부모들은 제때 아이들을 데리러 가야 할 이유로 돈이라는 외적 동기만을 느끼기 시작했다. 학부모들은 계산이 빨랐고, 벌금을 내더라도 여유 시간을 얻을 수만 있다면 그만한 가치가 있다고 생각했다. 그러한 생각이 들자마자 죄책감은 그들에게 더 이상 동기를 부여하지 못했다.

여기서 우리는 아주 중요한 점을 발견할 수 있다. 내적 동기는 외적 동기보다 훨씬 더 강력하지만,[2] 외적 동기는 내적 동기를 '밀어내는' 경향이 있다는 것이다.[3] 일단 외적 동기 요인(어린이집 사례에서는 돈 또는 **시장 규범**)이 발동하면, 사람들의 내적 동기(어린이집 사례에서는 **사회 규범**)는 힘을 잃고 다시 회복되지도 않는다.[4]

더 본질적으로 말해서, 사람이 하기 싫은 일을 하는 데에는 다 그만한 이유가 있다. 금전적 보상이 도입되면 사람들은 본래 갖고 있던 그 일에 대한 흥미를 잃게 되고 돈을 벌기 위한 수단으로만 그 일을 한다. 그 일은 매

력을 잃게 되고, 금전적 보상마저 사라지면 아무도 그 일에 흥미를 느끼지 못한다.[5]

그러한 이유에서 사람들은 돈을 받지 않고 취미 활동을 하는 것을 좋아하지만, 일단 돈을 받기 시작하면 그 동기가 사라지고 만다. 한 예술가의 말이 이를 잘 설명해준다.[6]

"늘 그런 건 아니지만 많은 경우 다른 누군가를 위한 작업을 할 때는 기쁨을 느끼기보다는 그 작업이 '일'이 되고 만다. 나 자신을 위한 작업을 할 때는 창작에 대한 순수한 기쁨을 느낄 수 있고, 시간 가는 줄도 모르고 밤새 일할 수 있다. 의뢰받은 작업을 할 때는 나 자신을 억누르고 의뢰인이 원하는 대로 해야 한다."

사례연구: 쿼라, 옐프, 그리고 오픈소스 소프트웨어

2007년 마할로Mahalo라는 스타트업 기업이 커뮤니티에 올라온 질문에 적절한 답변을 올리면 실제로 돈을 벌 수 있는 질의응답 웹사이트를 선보였다.[7] 몇 년 후, 질의응답 웹사이트 쿼라가 서비스를 시작했는데, 마할로와 똑같은 아이디어로 만들어진 플랫폼이었지만 여기서는 기고자들이 단 한 푼도 받지 못했다.[8] 마할로와 쿼라 중 어느 기업이 성공했을까?

알다시피 정답은 바로 쿼라다. 마할로는 1500만 명 이상의 사용자를 확보하지 못했고[9] 2014년 결국 앱이 폐기됐다.[10] 한편 쿼라는 2014년 9억 달러에 달하는 기업가치 평가를 받았고[11] 2019년에는 20억 달러가 넘는 기업가치를 달성했다.[12]

쿼라는 지적이며 존경을 받는 '사고하는 리더thought leader'들을 플랫폼으로 끌어들이면 성공할 거라 생각했다.[13,14] 아마 설립자들은 그 정도로 뛰어난 기고자들에게 돈을 지불하게 될 경우 그들이 큰 금액을 요구하리라는 것을 알았을 것이다. 대신 쿼라의 설립자들은 인터넷에서 명성을 쌓고, 커뮤니티에 기여하고, 사람들을 도울 수 있다는 재능 있는 기고자들의 내적

216

동기가 금전적인 문제와 충동해 밀려나지만 않는다면 그들이 돈을 받지 않고 기여할 것이라는 점을 잘 알고 있었던 것으로 보인다.

이는 무료 변론을 하는 변호사들과 여러 면에서 비슷하다. 한 예로, 변호사들은 나이가 많은 의뢰인을 위해 시간당 30달러를 받고 변론하는 일은 꺼렸지만, 무료로 그들을 변론하는 일은 적극적으로 환영했다. 왜 그랬을까? 자원봉사라는 명분이 주어진다면 변호사들도 기꺼이 재능 기부를 할 것이다. 그러나 가격표가 붙는 순간 그들은 시간당 30달러가 넘는 수임료를 받으며 변론하는 일반 사건과 비교하기 시작한다.[15]

일반적으로 고도의 숙련자들은 자신이 하는 일에 걸맞은 높은 보수를 요구할 것이다. 이때 이타주의와 같은 그들의 내적 동기에 호소함으로써 오히려 그들에게 도움을 받을 수 있다. 이들은 여러분을 위해 기꺼이 무료 봉사를 할 수 있다. 그러나 그들이 생각하기에 그 일이 의미 있는 일이거나 그들의 내적 욕구를 자극할 수 있는 경우에만 가능한 일이다.

아마존 메커니컬 터크와 같은 디지털 '단순노동' 플랫폼은 이와 정반대라 할 수 있다. 노동자 대부분이 잘 알지도 못하는 기업을 위해 단순노동을 하면서 어떤 내적 기쁨도 얻지 못할 것이기 때문에 외적 동기 요인, 즉 돈이 그들에게 동기를 부여하는 유일한 동력이다. 하지만 같은 일이라도 연구에 필요한 일이라고 한다면 사람들은 자발적으로 참여할 수도 있다.[16]

이렇게 내적 동기에 호소하는 전략은 쿼라, 옐프, 트위터 등 **사용자 생성 콘텐츠**User Generated Contents 즉, UGC에 생사가 달린 플랫폼에서 특히 강력한 효과를 발휘한다. 이러한 플랫폼들도 가끔 외적보상을 제공하지만 돈과 같은 형태로 제공하지 않는다는 점을 유념해야 한다. 예를 들어 미식가들은 옐프에 식당에 대한 리뷰를 즐겨 올린다. 옐프에 리뷰를 올리면 지적이고 영향력 있는 사람이 된 것 같은 기분이 들기 때문이다. 이는 내적 동기에 해당한다. 옐프는 인기가 많은 음식 평론가들에게 '옐프 엘리트Yelp Elite' 클럽에 추가되는 명예를 부여하고 고급 만찬이나 파티에 참여할 수 있는 기회를 준다.[17] 이는 외적 동기에 해당한다. 이러한 외적 동기 요인은 있으면 확실히 더 좋기는 하겠지만, 그 자체가 핵심 요인은 아니다. 단순히 무료 음료 혜택을 얻기 위해 수천 달러를 써가며 외식을 하고 수백 개에 달하는 옐프 리뷰를 작성하는 사람은 거의 없을 것이다.

마지막으로 오픈소스 소프트웨어가 제대로 작동하는 원리를 내적 동기에서 찾을 수 있다. 파이어폭스 웹브라우저, 안드로이드 같은 운영체제를 뒷받침하는 리눅스 커널Linux kernel, D3와 부트스트랩Bootstrap을 포함한 개발자 도구 같은 오픈소스 프로젝트들은[18] 대부분 자원봉사자들이 참여해 만들고 유지하며 누구나 소스 코드를 읽을 수 있고 소스 코드를 개발하는 데 기여할 수 있다.◆ 사람들은 변호사들이 기꺼이 무료 변론을 하는 것과 같은 이유로 이러한 커뮤니티 주도의 프로젝트에 기여하는 것을 좋아한다. 만약 돈 문제가 이 일에 끼어든다면 고도로 숙련된 개발자들은 엄청난 금액을 받지 않는 한 프로젝트에 기여하고자 하는 의욕을 잃게 될지도 모른다.[19]

자기결정 이론

그렇다면 사람들에게 내적 동기를 부여해주는 것은 무엇일까? 이를 설명하는 많은 이론이 존재하지만 그중 가장 강력한 이론은 바로 **자기결정 이론**self-determination theory, 즉 SDT다. SDT에 따르면 사람들은 유능성competence, 자율성autonomy, 관계성relatedness이라는 세 가지 선천적 욕구를 충족하고 싶어 한

◆ 영리기업이 개발했지만 개발된 코드나 개발 계획 등이 온라인에 공개돼 있는 유사 오픈소스 pseudo-open-source 소프트웨어 범주도 존재한다. 구글 크롬Chrome과 메타의 리액트React 등이 있다. 이러한 프로젝트에 자금을 지원하려면 강력한 자본력을 갖춘 기업이 필요하다. 훨씬 더 개방된 오픈소스 소프트웨어가 훨씬 더 적은 예산으로 운영돼왔다는 사실은 가히 놀랄 만하다.

다.[20] 어떤 일이 우리의 내적 동기를 자극하기 위해서는 이 세 가지 욕구 중 한 가지 이상의 욕구에 호소할 수 있어야 한다.

사람들은 자신감을 느끼고, 기술을 갖고 있으며, 자기 주변 환경에 영향을 미칠 수 있을 때 유능함을 느낀다. 그들에게 주어진 작업이 그들의 기술 수준과 잘 맞아떨어져야 한다는 점이 특히 중요하다.[21] 이는 인간이 **몰입 상태**에서 작업을 매우 잘 수행하는 이유를 설명해준다.[22] 작업 난이도가 자신의 기술 수준과 완벽하게 맞아떨어질 때 사람들은 계속해서 작업에 몰두할 수 있다.[23]

여러분이 판매하는 제품이 사람들에게 몰입감을 선사할 수 있다면, 그들은 그 제품에 푹 빠지게 될 것이다. 비디오게임은 확실히 중독성이 강하다. 몰입 상태를 경험할 수 있게 해주기 때문이다. 잘 만들어진 게임은 늘 실력에 맞는 새로운 도전을 할 수 있게 하고, 계속해서 게임 실력이 향상되게끔 독려할 것이다.[24]

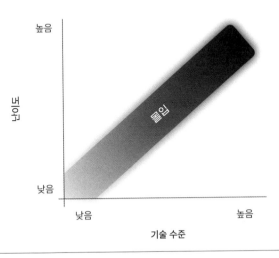

작업의 난이도가 기술 수준과 잘 맞아떨어질 때 몰입 상태가 된다.

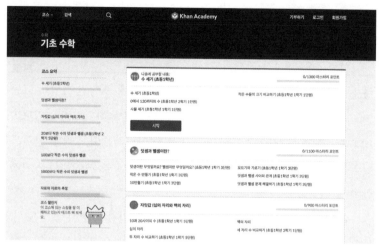

칸 아카데미는 사용자가 원하는 속도나 순서로 강의를 들을 수 있도록 함으로써 사용자에게 충분한 자율성을 부여한다.[27]

출처: 칸 아카데미

자율성은 독립심을 느끼고 욕구에 맞는 행동을 할 수 있는 성질을 말한다.[25] 자율성이 뛰어난 제품은 사용자가 그 제품을 어떻게 사용하고 어떻게 진행해나갈지 통제할 수 있게 한다.[26] 이를 잘 보여주는 예가 바로 칸 아카데미Khan Academy다. 기존 온라인 강의는 보통 강의를 순서대로 들어야 하는 반면, 칸 아카데미에서는 강의를 자유롭게 선택해 들을 수 있다.

여기서 제품과 관련해 건넬 수 있는 일반적인 조언은 이해하기 쉬운 세계를 구축한 다음 사용자가 그 세계를 자유롭게 다룰 수 있도록 해줘야 한다는 것이다.[28] 칸 아카데미, 위키피디아, 블로그 대부분은 시간에 구애받지 않고 지식의 보고에서 무엇이든 배울 수 있게 해준다. 반면에 디지털 강의 대부분은 사용자가 따라야 할 엄격한 방식으로 콘텐츠를 제공한다. 파이버Fiverr와 같은 프리랜싱 플랫폼은 어떤 작업을 맡을지 스스로 결정할 수 있게 해준다. 우버 같은 앱의 경우 기본적으로 우버가 원하는 곳으로 운전기사들이 가야 한다.

관계성은 다른 사람들과의 소속감과 유대감을 느끼는 성질을 말한다. 테크 제품은 관계성과 관련이 적지만, 사용자들이 소셜미디어 앱에서 강한 유대감을 느끼는 이유는 그만큼 타인과 관계를 맺고자 하는 사용자 욕구가 있기 때문이다.[29]

사례연구: 트위터

성공적인 앱 대부분은 자기결정 이론의 세 가지 특성을 모두 충족시킨다. 트위터가 그 좋은 예라 할 수 있다. 팔로워, '좋아요', 리트윗을 늘리면서 트위터 사용 능력의 성장을 측정하고, 팔로우하는 계정이나 사람들을 완벽하게 관리할 수 있다. 사용자는 정확히 어떤 내용을 트윗하고 누구를 팔로우할지 결정할 수 있다. 즉 어느 누구나 대중이 소비할 수 있는 트윗을 올릴 수 있다. 또 트위터에서 친구, 가족, 흥미로운 유명 인사들과 관계를 맺을 수도 있다.

사람들이 위키피디아, 포럼, 오픈소스 소프트웨어에 기여하기를 좋아하는 이유 역시 그 행위가 자기결정 이론의 세 가지 특성에 부합하기 때문이다. 꾸준히 팔로워 수를 늘려갈 수 있을 뿐 아니라 자기가 만든 콘텐츠에 자부심을 느낄 수 있다. 사용자가 생각하는 적합한 방식으로 자유롭게 기여할 수 있고, 마음이 맞는 사람들과 만날 수 있으며, 꽤 유명한 사람이 될 수도 있다.

직원 동기부여

한 가지 흥미로운 점은 자기결정 이론이 훌륭한 팀을 구성하기 위한 열쇠가 될 수 있다는 점이다. 직원들은 자율적으로 일할 수 있을 때 발전한다. 코넬 대학의 한 연구에 따르면, 직원들에게 자율성을 부여한 기업이 상의하달top-down 방식의 리더십에 의존하는 기업보다 4배 이상 빠르게 성장했고, 직원 이직률도 3배 이상 낮았다.[30]

이를 보여주는 대표적인 예가 바로 구글의 **20% 타임제**다. 구글 직원들은 업무 시간 중 일부를 자신이 원하는 프로젝트를 수행하는 데 쓸 수 있다. 이러한 제도를 통해 애드센스, 지메일Gmail, 구글 뉴스Google News와 같은 유명한 제품들이 나왔다.[31]

흥미로운 사실은 구글이 이 방식을 새로 만들어낸 게 아니라는 점이다. 1940년대에 3M(쓰리엠)은 업무 시간 중 15%를 직원들이 선택한 프로젝트에 쓸 수 있도록 했다.[32] 포스트잇 노트Post-It Note는 바로 이 프로그램을 통해 발명됐다![33]

동기 3.0

자기결정 이론의 핵심은 여러 갈래로 나뉜다. 다니엘 핑크Daniel Pink는 '동기 3.0'이라는 비슷한 이론을 제안했다. 동기 3.0에 따르면 사람들은 능숙함(유능성), 자율성, 목적의식을 느낄 필요가 있고, 그러한 욕구에 호소하는 것이 사람들이 행동하게끔 동기를 부여하는 데 도움을 줄 수 있다.[34] 마지막 욕구인 목적의식은 사람들이 자원봉사 활동을 좋아하는 이유를 설명한다. 고대 사람들이 하고자 하는 모든 욕구를 말하는 동기 1.0과 사람들이 **당근과 채찍**이라는 거친 외적보상과 처벌로 동기부여가 됨을 의미하는 동기 2.0을 계승한다는 이유로 동기 3.0이라 부른다.[35]

4개의 기관

지금까지 우리는 보상을 분류하는 여러 가지 방법을 살펴봤다. 내적보상과 외적보상은 우리의 여러 정신적 요소를 자극한다. 자기결정 이론의 세 가지 특성인 유능성, 자율성, 관계성은 우리가 좀 더 완벽한 인간이 된 것처럼 느끼게 해준다. 보상을 이해하는 가장 구체적인 방법은 뉴욕 대학교 교수인 스콧 갤러웨이Scott Galloway가 제시한 유명한 이론에서 찾아볼 수 있다.

갤러웨이는 은유적으로 말해서 제품이 4개의 기관, 즉 뇌(지식), 심장 (사랑), 위(소비), 생식기(성적 매력) 중 하나에 호소할 수 있다고 주장한다.[36] 사람들은 행복하기 위해 4개의 기관을 모두 만족시킬 필요가 있다. 그러므로 4개의 기관 중 한 곳을 목표로 삼아 여러분의 제품으로 호소할 수 있어야 한다.

뇌

상체부터 시작해보면 만족해야 할 첫 번째 기관은 바로 뇌다. 뇌는 배우고 이해하고 성장하려고 한다. 구글검색은 뇌를 만족시키는 제품의 전형적인 예다. 검색 결과를 확인할 때마다 좀 더 똑똑하고 지적인 사람이 된 듯한 느낌을 받는다. 단순히 검색을 하는 행위만으로 은하계에 있는 그 어떤 정보든 찾아낼 수 있는 경이로운 기계에 뇌가 연결되는 듯한 느낌을 받는다.[37]

Mac 단축키

대표적인 작업	
복사	⌘ + c
잘라내기	⌘ + x
붙여넣기	⌘ + v
서식 없이 붙여넣기	⌘ + Shift + v
실행취소	⌘ + z
재실행	⌘ + Shift + z
링크 삽입 또는 수정	⌘ + k
링크 열기	Option + Enter
대표적인 단축키 표시	⌘ + /
저장 모든 변경사항이 Drive에 자동으로 저장됨	⌘ + s
인쇄	⌘ + p
열기	⌘ + o
찾기	⌘ + f
찾기 및 바꾸기	⌘ + Shift + h
다시 찾기	⌘ + g
이전 항목 찾기	⌘ + Shift + g

구글독스는 인상적인 키보드 단축키 모음을 제공한다.
단축키를 배우면 키보드로 마법을 부리는 마법사가 된 듯한 느낌이다.

출처: 구글독스

또 제품을 통해 여러분이 무언가를 배웠거나 새로운 기술을 습득했다고 느낀다면, 그 제품이 여러분의 뇌를 만족시켜주는 것이라 할 수 있다. 학습곡선learning curve을 가진 제품들이 처음에는 사용하기 어렵지만 일단 그 사용법을 익히고 나면 매우 큰 만족감을 느끼게 되는 이유가 여기에 있다. 듀오링고에서 스페인어를 배워 실력이 늘거나, 멋진 포토샵Photoshop 작업물을 제작하는 법을 배우거나, 잘 알려지지 않은 엑셀 명령어 사용법을 배우는 등, 무언가를 배우는 과정은 매우 보람찬 과정이 될 수 있다. 여러분은 자신의 뇌가 성장하고 있으며 전에는 할 수 없었던 일들을 해낼 수 있다는 느낌을 받게 된다.

심장

머리를 타고 아래로 내려오면 사랑, 우정, 행복, 인간관계 등으로 채워야 할 심장이 있다. 페이스북은 심장의 지배자나 마찬가지다. 페이스북 제품들은 우리가 사랑하는 사람들과 계속 연락하고, 옛 친구들과 다시 만나고, 게시물 '좋아요'를 통해 사회적 인정을 느끼고, 페이스북 그룹이나 그룹 대화를 통해 소셜 그룹의 일부가 될 수 있는 가장 인기 있는 방법 중 하나다.[38]

사용자로 하여금 인기, 사랑, 연줄, 인정, 높은 사회적 위치를 느끼게 하는 것이라면 그게 무엇이든 심장을 만족시킬 수 있다.[39] 확실히 소셜미디어 앱은 사용자들이 앞서 언급한 감정들을 느낄 수 있도록 도와준다. 새로 올린 인스타그램 사진에 많은 '좋아요'와 댓글을 받는 데 급급하지 않은 사람이 몇이나 있을까? 레딧, 쿼라, 스택오버플로 같은 온라인 포럼과 커뮤니케이션 플랫폼 역시 사람들로 하여금 커뮤니티의 일원임을 느끼게 해주며, 이는 그러한 플랫폼이 지속적인 인기를 누릴 수 있는 가장 큰 이유 중 하나이기도 하다.

이메일 역시 사회적 인정에 대한 욕구를 이용한다. 이메일을 받으면 그에 응답해야 한다는 무언의 사회적 의무가 존재하기 때문이다. 또 이메일을 회신하면서 좋은 사람이 된 듯한 기분을 느끼고, 다른 사람에게 도움을 주고 있는 것처럼 느끼기도 한다.[40]

선의의 경쟁을 하는 것도 나쁘지 않다. 친구들과 경쟁할 수 있는 듀오링고 같은 앱으로 친구들과 실력을 겨루면 새로운 언어를 배우고 함께 성장하면서 성취감(뇌)을 느끼는 동시에 친구들과 친하게 지내며 친밀감(심장)을 형성하는 데에도 도움이 된다. 또 자신이 친구들보다 더 실력이 좋다는 생각이 들면 기분이 좋을 수밖에 없다.

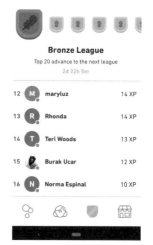

듀오링고는 주간 '리그'에서 친구나 낯선 사람들과 경쟁하도록 한다. 리그에서 상위를 차지하면 더 경쟁이 치열한 리그로 진입할 수 있다.

출처: 듀오링고

위

심장 아래로 좀 더 내려가면 소비에 집착하는 신체 기관인 위가 나온다. 욕심 많은 위는 가능한 한 많은 것을 얻거나 먹고 싶어 한다. 우리 심장이 반응하고 원하는 제품을 이틀이면 받아볼 수 있게 해주는 아마존은 굶주린 우리의 위를 말 그대로 먹여 살리고 있다고 해도 과언이 아니다.[41]

우리는 우리 위를 채워주는 것의 개념을 자원, 정보, 돈으로 나눌 수 있다. 대식가나 수집광들은 음식이나 물건 같은 만질 수 있는 유형의 상품 모으기를 좋아한다.[42] 이 같은 충동을 느끼는 데에는 다 이유가 있다. 우리 인간은 늘 굶주림에 시달리기 쉬운 결핍의 환경에서 진화했다. 그렇기 때문에 가능한 한 많은 음식, 도구, 매력적인 것들을 모아서 나쁠 게 없었다.[43]

종종 테크 제품은 그러한 물리적 자원에 대한 욕구를 충족시켜주며, 가장 좋은 예가 바로 이커머스 비즈니스다. 그러나 테크 제품은 정보에 대한 욕구를 충족시키는 경우가 더 일반적이다. 테크 제품이 정보 그 자체에 대한 욕구를 충족시킨다기보다는 정보를 저장하는 데 도움을 줄 가능성이 더 크기는 하다. 독자들에게 조언과 통찰을 무료로 제공하는 뉴스레터, 끝없이 스크롤할 수 있는 트위터와 핀터레스트의 스토리와 콘텐츠, 버즈피드 Buzzfeed의 중독성 있는 리스티클listicle항목을 뜻하는 리스트(list)와 기사를 뜻하는 아티클(article)의 합성어로 리스트 형태로 제공하는 콘텐츠-옮긴이 모두 우리의 정보 수집 욕구를 자극한다.[44]

물리적 자원과 마찬가지로 우리가 정보 탐독을 좋아하는 데에는 이유가 있다. 정보는 우리 선조들이 죽음을 피하는 데 도움을 주었다. 독성이 있는 산딸기와 맛있는 산딸기를 구별하는 법이나 치타가 다가올 때 어떤 소리가 나는지를 아는 것은 생존하는 데 꼭 필요한 정보였다.◆

위를 만족시켜줄 마지막 수단은 두말할 필요 없이 돈이다. 이커머스 웹사이트의 할인 판매, 회원가입 보너스, 친구 초대 인센티브, '2+1' 행사 상품 모두 돈을 모아두거나 저축하고자 하는 강한 욕구를 자극한다.

생식기

하체에 있는 마지막 신체 기관은 생식기다. 모든 생명체는 번식을 필요로 하기 때문에 우리 인간은 성적 매력을 높일 수 있는 것이라면 무엇에든 확 끌리게 돼 있다. 갤러웨이는 애플이 이러한 인간의 욕구를 자극하는 데 통달한 기업이라고 주장한다. 애플의 세련되고 고급스러운 제품들은 여러분의 부와 세련됨을 잠재적 파트너에게 알리는 데 도움을 준다.[45] 귀에는 에어팟, 손목에는 애플워치, 손에는 아이폰이나 애플카드 등 애플의 여러 기기가 여러분의 부를 다양한 방식으로 드러낼 수 있게 해준다.

◆ 현대인은 정반대의 문제를 겪고 있다. 이제는 음식, 자원, 정보가 부족한 게 아니라 주체하지 못할 정도로 지나치게 많은 양을 소비하고 있다.

값비싼 명품과 데이팅 앱이 분명 여러분의 성적 매력을 돋보이게 해주기는 하지만, 많은 제품들이 그보다 더 미묘한 방식으로 성적 매력을 드러내고자 하는 욕구를 충족시킨다. SNS는 자신의 인기를 잠재적 파트너에게 보여줄 수 있게 해준다. 또 인스타그램 사진 필터는 더 매력적으로 보이게끔 만들어주고, 멋진 에어비앤비는 여러분이 파티를 즐기며 멋진 휴가를 보내고 있는 모습을 자랑하게 해준다.

면접자를 위한 꿀팁!

심리학과 별 관련은 없지만 뇌, 심장, 위, 생식기 이론에서 나온 흥미로운 통찰이 하나 있다. 그 통찰은 바로 상체에서 하체로 내려가면서 수익률이 더 높아지는 경향이 있다는 것이다. 사람들은 정보보다 음식과 섹스에 더 많은 돈을 지불하려 할 것이다.[46]

애플은 어려움에 직면했던 1980년대와 1990년대에 이 사실을 알게 됐다. 당시 애플은 다른 경쟁사들보다 더 나은 인터페이스와 사양을 갖춘 컴퓨터를 제공하면서 소비자들의 뇌에 말을 걸었다. 괴짜들이 그 컴퓨터를 좋아하기는 했지만 섹시하지는 않았다. 그런데 2000년대 들어 아이팟의 등장과 함께 애플은 사람들이 갖고 다니며 자신의 부를 과시할 수 있는 값비싼 고급 기기들을 판매하기 시작했다. 그렇게 애플은 2000년대와 2010년대에 사람들이 성적 매력을 뽐낼 수 있게 해주는 고수익 제품에 집중했고, 그러한 전략은 애플이 엄청난 수익을 창출하는 거대 기업이 되는 데 도움을 주었다.[47]

만족 결합시키기

한 제품이 한 신체 기관만을 충족시키기 위해 만들어지는 것은 아니다. 한 번에 여러 기관을 충족시킴으로써 사용자를 만족시킬 수도 있다.

사용자가 무제한으로 사진을 저장하고 앨범과 스크랩북을 만들고 친구들과 사진을 공유할 수 있게 해주는 구글포토Google Photos가 아주 좋은 예 중 하나다. 구글포토는 4개의 신체 기관을 모두 충족시킨다.

먼저 뇌부터 생각해보자. 구글포토를 사용하면 지난 휴가를 쉽게 다시 추억할 수 있고, 소중한 추억을 한 번에 바로 확인할 수 있다. 예를 들어 '바 bar'를 검색하면 바에서 찍은 모든 사진을 자동으로 식별해 보여준다. 이 같은 기능은 우리가 지난 일을 추억할 수 있는 두 번째 뇌를 가질 수 있게 해주고, 이는 우리에게 구글검색과 비슷한 기쁨을 선사해준다. 게다가 무료 또는 적은 금액으로 무제한으로 사진을 저장할 수 있어 더 이상 클라우드 스토리지나 외장하드 드라이브에 돈을 쓰지 않아도 되므로 우리 뇌의 논리적인 측면에도 부합한다.

구글포토는 심장에 더 큰 만족을 줄 수 있다. 구글포토 앱은 사진 속 인물에 자동으로 태그를 해주므로 특정 친구나 가족과 찍은 사진이 모두 담긴 앨범을 자동으로 만들 수 있다. 이러한 앨범들은 가장 좋았던 순간을 추억하거나 친구 생일에 그 친구에게 보낼 만한 좋은 사진을 찾을 때 매우 유용하다. 게다가 앱에서 바로 포토 북이나 캔버스로 사진을 인쇄할 수 있고,[49] 소중한 사람들에게 이러한 포토 북이나 캔버스 사진을 전하면 특별한 선물이 될 것이다.

구글포토를 사용하면 좋아하는 사진을 모아 포토 북photo books으로도 인쇄할 수 있다. 이는 사용자에게 멋진 선물이 될 수 있다.[48]

출처: 구글포토

CODE 3 심리학

무제한으로 제공했던 초기 구글포토의 무료 스토리지는 위를 만족시켜준다. 무제한 무료 스토리지는 말 그대로 원하는 만큼의 사진을 마음껏 찍을 수 있게 해준다. 따라서 저장용량에 대한 걱정 없이 추억을 간직할 수 있다. '무제한'이라는 매력은 사용자에게 만족감을 선사할 수밖에 없다. 구글포토에 십만 장이 넘는 사진이 저장돼 있는 이 책의 저자 닐은 이를 잘 알고 있을 것이다.

마지막으로 구글포토는 여러분의 생식기를 만족시키는 역할을 한다. 구글포토 앱은 크롭사진의 필요한 부분만 자르는 기능-옮긴이, 빛 조절, 다양한 필터 적용 등 여러 편집도구를 제공한다.[50] 이러한 편집도구는 구글포토 앱으로 인상 깊고 매력적인 프로필 사진을 바로 만들 수 있게 해준다. 또한 구글포토는 사용자가 따로 조치를 취하지 않아도 사진의 품질을 자동으로 높여준다. 따라서 별도의 작업 없이도 사진 속의 모습을 더 돋보이도록 해준다.[51]

앞서 언급한 내용을 모두 종합해보면 여러분은 4개의 신체 기관을 모두 만족시킬 수 있는 제품을 만들 수 있다. 네 가지 욕구를 모두 충족시키는 제품을 만드는 것이 바로 제품에 많은 시간과 에너지를 할애하는 사용자들을 확보할 수 있는 확실한 방법이다.

클릭 유도하기

사람들이 여러분의 제품을 사용하려는 이유를 파악했다면, 다음 단계는 그들이 회원가입을 하고 제품을 구매하고 이메일 주소나 신용카드 정보를 입력하고 그 외에 다른 조치들을 취하도록 하는 것이다. 이 단계는 설득의 게임이라 할 수 있다. 사용자의 클릭을 얻기 위해 참고할 만한 심리학적 전략을 설명하는 책은 아주 많다.

희소자원

지금까지 여러분이 만든 제품을 사람들이 사용하도록 설득하는 방법을 살펴봤다. 하지만 사람들에게 동기를 부여하는 것만으로는 충분하지가 않다. 여러분이 디즈니 스트리밍 서비스인 디즈니+Disney+를 아무리 구독하고 싶다고 해도 구독료가 없다면 서비스에 가입하지 못할 것이다. 여러분이 동네에 있는 미쉐린 스타 레스토랑을 좋아한다고 해도 예약을 하지 못한다면 갈

수가 없다.

다시 말해서 사람들이 여러분의 제품을 사용하도록 하려면 그들이 그 제품을 사용할 수 있도록 해야 한다.[1] 사람들은 네 가지 핵심 자원, 즉 시간, 돈, 신체적 에너지, 정신적 에너지를 충분히 갖고 있을 때 무언가를 할 수 있다. 이 네 가지 중 하나라도 부족하면 사람들은 자신의 생각을 행동으로 옮기지 않을 것이다.[2] 여러분이 만든 무료 앱을 다운로드하고 싶어도 사람들이 기본 앱스토어에서 그 앱을 찾을 수 없다면, 그것을 찾아내는 데 너무 많은 정신적 에너지가 필요할 것이다. 그렇게 되면 결국 앱 사용자 수는 크게 감소하고 말 것이다.

따라서 사람들이 여러분의 바람대로 행동하지 않을 경우, 그들에게 부족한 자원에 대한 사용량을 줄여야 한다.[4]

넷플릭스 무료 체험

유료 가입자 유치라는 넷플릭스의 목표를 한번 생각해보자. 회원 가입은 금방 할 수 있으니 시간은 문제가 되지 않는다. 거의 모든 기기로 회원 가입이 가능하기 때문에 집을 둘러보며 기기를 찾는 일도 없을 것이다. 이는 비교적 높은 신체적 에너지를 사용하는 영역이다. 또 회원 가입 양식에 이메일 주소나 신용카드 번호와 같은 기본 정보만 기입하면 되고, 기본 정보 중 일부는 여러분이 사용하는 브라우저가 자동으로 입력해주므로 가입 양식을 작성하기가 매우 쉽다. 따라서 정신적 에너지도 문제가 되지 않는다.

넷플릭스가 매달 적지 않은 구독료를 청구한다는 점을 고려하면 잠재 고객들에게

넷플릭스의 회원가입 안내 페이지에서는 금전적 위험 부담이 없다는 점을 강조하고 있다.[3]

출처: 넷플릭스

희소 자원은 다른 게 아니라 바로 돈이다. 잠재 고객들은 자신이 좋아하지 않는 제품에 돈 쓰기를 주저할 수 있다. 넷플릭스가 무료 체험 서비스를 제공하고, "24시간 언제든 온라인으로 해지하세요.", "두 번의 클릭으로 계정을 쉽게 해지할 수 있습니다.", "해지 수수료가 없습니다." 등의 안내 문구로 금전적 위험이 전혀 없다는 점을 상기시키는 이유가 바로 여기에 있다.[5]

이 같은 전략은 다른 무엇보다 돈이 희소 자원인 잠재 고객의 불안감을 낮춰준다. 이로써 사람들이 회원 가입하는 것을 가로막을 요소는 거의 존재하지 않으며, 이는 넷플릭스 입장에서 아주 환영할 만한 소식이다.

구글 마이 비즈니스의 악용 방지 기능

사용자로 하여금 여러분이 원하지 않는 행위를 하지 않도록 장려하기 위해 앞서 살펴본 원칙을 반대로 적용할 수도 있다.

비즈니스 소유자가 구글지도 목록을 만들어 편집하고, 사진이나 영업시간 같은 비즈니스 정보를 추가하고, 고객과 소통할 수 있세 해주는 도구인 구글 마이 비즈니스Google My Business를 그 예로 들 수 있다. 구글 마이 비즈니스의 경우, 소유자들이 자동 생성된 목록에 대한 소유권을 주장할 수 있다. 물론 해당 사업의 실소유자가 그 자동 생성된 목록에 대한 소유권을 요청할 가능성이 높지만, 해당 업체 경쟁자들 역시 그 목록에 대한 소유권을 요청할 수 있다. 비양심적인 피자 가게 주인이 경쟁업체의 영업을 방해할 목적으로 잘못된 영업시간을 기재하고 맛없는 피자 사진을 게시하기 위해 경쟁업체의 구글 마이 비즈니스 목록에 대한 소유권을 불법으로 사용할지도 모른다. 어떻게 하면 합법적인 소유자들이 비즈니스에 대한 소유권을 요청하도록 허용하는 동시에 부정하게 소유권을 요청하는 이들의 불법 활동을 막을 수 있을까?

그 답은 행동을 하는 데 필요한 자원에서 찾을 수 있다. 비즈니스 목록을 만들거나 그에 대한 소유권을 요청하는 데 돈이 들지 않기 때문에 금전적 제약은 없다고 볼 수 있다. 소유권을 요청하기 위한 양식을 작성하는 데 5분 정도밖에 걸리지 않고 업체명이나 전화번호 등 답하기 쉬운 내용만 기입하면 되기 때문에[6] 시간이나 정신적 에너지 측면에서 봐도 문제가 될 게 없다.

그래서 미국에서는 구글이 해당 업체 주소로 엽서를 발송해 비즈니스 인증을 하는 데 많은 신체적 에너지가 소모되도록 했다. 다시 말해서, 발송된 엽서에 표시된 인증 코드를 입력해야 비즈니스 목록에 대한 소유권을 넘겨받을 수 있다. 엽서가 도착하기까지 짧게는 며칠, 길게는 몇 주가 걸릴 수 있는 데다가 우편물을 확인해야 하므로 사용자의 신체적 에너지(혹은 시간) 차원에서 보면 큰 부담이 될 수 있다.[8]

이러한 복잡한 인증 절차는 합법적인 비즈니스 소유자들이 비즈니스 목록에 대한 소유권을 요청하기 어렵게 만들 수 있다. 여러분은 더 많은 비즈니스 소유자들이 소유권을 요청하도록 장려하기 위해서 몇몇의 진취적

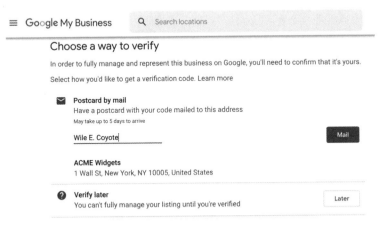

구글 마이 비즈니스는 인증코드가 표시된 인증 엽서를 발송해 소유자의 업체명과 주소를 인증하도록 한다.[7]

출처: 구글

인 구글 PM이 엽서 인증 요건을 폐지하고자 할 것이라고 생각할지도 모른다. 그러나 인증 절차에 더해진 이 같은 불편은 불가피하다. 복잡한 인증 절차가 합법적인 비즈니스 소유자들의 신체적 에너지를 요구해 그들에게 **부담**을 주는 게 사실이지만, 불법 활동을 하는 이들에게는 **훨씬 더 큰 부담**을 줄 수 있기 때문이다. 실제로 해당 업체를 소유하고 있지 않은 경우라면, 구글에서 발송한 엽서를 직접 받아볼 방법을 찾기가 매우 어려울 것이다. 불가능한 것까지는 아니라고 해도 굳이 그런 불편함까지 감수하고 싶지는 않을 것이다.

보통은 사용자가 여러분의 제품을 사용하는 데 필요한 시간, 정신적 에너지, 신체적 에너지를 줄일 수 있는 게 좋지만, 가끔은 요구 사항을 늘리는 게 사기꾼들을 물리치는 데 도움이 된다.

기본값의 힘

사람들에게 제품을 사용하도록 동기 부여하고 그 제품을 사용하는 데 방해가 될 수 있는 자원이라는 장벽을 없앨 수 있다면, 그들을 설득할 수 있는 충분한 가능성을 확보한 셈이다. 충분한 노력을 기울이면 설득이 통하게 돼 있다.

그러나 고객들을 설득할 수 있는 가장 쉬운 방법은 그들을 아예 설득하지 않는 것이다! 사람들은 기본 옵션을 선택하려는 기질이 강하다. 그렇기 때문에 기본 옵션을 여러분에게 가장 유리한 쪽으로 정해두면 굳이 그들을 적극적으로 설득할 필요가 없다.

이에 대한 가장 유명한 사례연구는 유럽에서 찾아볼 수 있다. 어떤 국가들은 자국민이 사후 장기기증에 동의할 수 있도록 한 반면, 또 어떤 국가들은 자동으로 사후 장기기증이 이뤄지게끔 했다.[9] 후자에 속하는 국가들

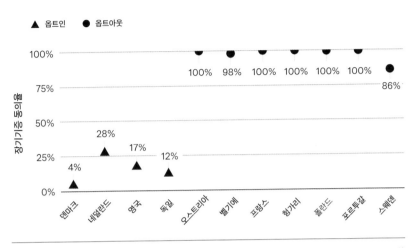

옵트인과 옵트아웃 장기기증 제도의 영향

▲ 옵트인 ● 옵트아웃

장기기증을 기본 옵션(옵트아웃)으로 정하면 일반 옵트인 모델에 비해 장기기증 동의율이 크게 증가한다.[12]

출처: 댄 골드스타인Dan Goldstein

은 장기기증을 기본 옵션으로 정하고 장기기증 거부 의사를 밝히기 어렵게 만들어놓았다.[10] 그 결과는 어떨까? 옵트인opt-in 생전에 장기기증 동의 의사를 밝힌 사람을 장기기증자로 간주하는 제도-옮긴이 제도를 시행하는 국가들은 15~20% 정도만 장기기증에 동의한 반면, 옵트아웃opt-out 생전에 장기기증 거부 의사를 밝히지 않은 사람을 장기기증자로 간주하는 제도-옮긴이 제도를 시행하는 국가들은 거부 의사를 밝히는 국민이 거의 없어 100%에 가까운 국민들이 장기기증에 동의했다.[11]

이러한 패턴을 보여주는 예는 아주 많다. 금융서비스 회사인 뱅가드 Vanguard는 401(k) 제도미국의 퇴직연금제도-옮긴이가 기본 옵션인 경우 신입 사원 중 91%가 401(k)에 돈을 넣고, 기본 옵션이 아닌 경우 42%만이 401(k)에 돈을 넣는다는 사실을 발견했다.[13] 디즈니 월드Disney World에 있는 식당들은 어린이를 위한 식사의 기본 옵션을 탄산음료와 감자튀김에서 주스와

야채로 바꿨다. 그러자 그 테마파크를 방문한 어린이들이 '칼로리는 21% 덜 소비하고, 지방과 나트륨은 40% 덜 소비한다'는 사실을 발견했다.[14]

어째서 이런 방식이 효과가 있는 걸까? 사람들은 심리적 지름길을 좋아한다. 더군다나 기본 옵션을 제공하면 결정해야 할 사항이 줄어든다.[15] 또 기본 옵션을 정한 사람들은 자기들이 무엇을 하고 있는지 알고 있다고 믿으며, 특히 그들이 보기에 익숙하지 않거나 복잡한 분야의 일을 처리할 때 그러한 기본 옵션을 신뢰하는 경향이 있다.

PM의 경우 사용자가 별로 신경 쓰지 않을 확인란을 미리 설정해두는 것이 일반적인 요령 중 하나다. 보통 개인정보 설정 페이지와 온보딩 흐름에 이 같은 방식이 적용된다. 많은 제품의 경우 사용자가 많은 양의 데이터를 기본으로 제공하도록 설정돼 있다.[16] 또 사실상 모든 온라인서비스가 신규 고객을 메일링 리스트mailing list에 자동으로 추가한다. 그러나 사용자들은 이러한 기본 옵션 방식을 잘 알고 있다. 그래서 그 방식을 지나치게 많이 사용하는 제품은 불신할 수 있기 때문에 이 방법을 사용할 때는 신중해야 한다.[17]

기본 옵션의 효과는 성과가 덜한 제품을 지원하는 데에도 도움이 된다. 애플지도Apple Maps는 오랫동안 iOS에서 기본 앱으로 설정돼 있었기 때문에 2015년까지만 해도 많은 사람이 더 낫다고 여겼던 구글지도Google Maps보다 인기가 3배나 더 높았다.[18] 거듭 말하지만, 이 기본 옵션 전략은 신중하게 사용해야 한다. 마이크로소프트는 인터넷 익스플로러Internet Explorer를 수십 년 동안 기본 윈도 웹브라우저로 지정하면서 인터넷 익스플로러의 인기를 높여왔지만, 2009년 유럽의 반독점 규제기관의 반대에 부딪히면서 곤경에 처하기도 했다.[19]

프레이밍 효과

경쟁사의 다른 카드들보다 캐시백cash back이 적고, 웹에서 결제가 불가능하며[20] 카드 번호조차 보여주지 않는 신용카드가 있다면 그 카드를 사용할 마음이 들까?[21] 사용하고 싶지 않을 것이다. 그렇다면 연회비가 없고, 사용하기 쉬운 앱을 갖고 있으며, 보안 기능이 탁월하고, 개인의 금융 데이터를 비공개로 유지해주는 세련된 티타늄 카드라면 어떨까?[22] 아마 사용하고 싶을 것이다!

이 두 가지 질문이 모두 2019년 출시된 애플카드에 관한 질문이라는 것을 눈치챘을 것이다.[23]♦ 한 제품에 대한 이 두 질문은 제품을 설명하는 방식이 제품 그 자체만큼이나 중요하다는 사실을 보여준다. 즉 똑같은 것도 그것을 어떻게 이야기하느냐에 따라 훌륭해 보일 수도 있고 형편없어 보일 수도 있다.

이 같은 효과는 **프레이밍**framing 구조화라고도 한다-옮긴이이라는 심리학적 개념으로 설명될 수 있다. 즉 프레이밍 효과는 무언가를 바라보는 관점이 그것을 인지하는 방식에 큰 영향을 미칠 수 있는 현상을 말한다.[24] 늘 중립적이고 편견을 갖고 있지 않은 관찰자란 존재하지 않는다. 모든 사람의 관점은 그들 자신이 무언가를 바라보는 맥락에 영향을 받기 마련이다.[25] 실패할 확률이 10%인 수술은 성공할 확률이 90%인 수술보다 더 부정적으로 들릴 수 있지만, 실제로 두 수술이 성공하거나 실패할 확률에는 아무런 차이가 없다.

제품이 매력적으로 보이게 하려면 프레이밍 이론을 사용해야 한다. 그렇게 하지 않으면 사람들이 바라보는 관점을 통제하지 못할 것이다.

♦ 애플카드는 2019년 당시 비판받았던 단점 중 일부를 보완했다.

부정 편향

이런 부정 평향negativity biases 이론을 실용적으로 적용할 수 있는 방법으로 웹사이트의 **랜딩 페이지**와 행동 유도 버튼call-to-action클릭 유도라고도 한다-옮긴이에 맞는 텍스트를 작성하는 것이 있다. 손실 회피를 잊지 말자. 패배의 아픔이 승리의 기쁨보다 더 크다. 즉 여러분의 제품에 있어서 이익을 늘리는 것보다 손실이 없는 것으로 구조화하는 게 더 효과적이라는 것을 의미한다.

예를 들어 이커머스 회사들이 자사 사이트에서 제품을 구매하는 사용자 비율 즉, **전환율**conversion rate을 높이는 데 도움이 되는 제품을 판매하고 있다고 가정해보자. 손실의 고통이 이익의 기쁨보다 크기 때문에 "고객 이탈을 막아라!"라고 말하는 것이 "고객을 더 늘려라!"라고 말하는 것보다 더 강력한 효과를 낼 것이다.[26]

마찬가지로 사람들은 긍정적인 감정보다 부정적인 감정에 더 영향을 받는다.[27] 많은 제품들이 **사용자의 고충**을 해결해준다고 광고하는 이유가 바로 여기에 있다.[28] '더 즐겁게'가 아닌 '덜 지루하게' 그리고 '앞서 나가자'가 아닌 '뒤쳐지지 말자'고 하는 게 낫다.

백분율

반면 사람들은 작은 숫자보다 큰 숫자가 더 설득력이 있다고 생각하는 경향이 있다. 보통은 제품에 대한 부정적인 평가를 지나칠 정도로 중요시한다. 그래서 '99% 무지방' 요구르트가 '1% 지방' 요구르트보다 더 잘 팔린다. 작은 숫자보다 큰 숫자로 광고를 하는 게 더 좋고, 나쁜 것들보다 좋은 것들을 강조하는 게 더 좋다.[29]

구조화한 백분율의 또 다른 예를 들어보자. 어느 제품의 구독료가 12개월 기준 60달러에서 40달러(또는 18개월 기준 60달러)로 인하됐다고 하자. 이러한 변화를 33% 가격 인하(60달러에서 40달러로 인하)나 50% 구독

이 이메일 스팸 차단기는 스팸 중 **96%**를 차단하고 **4%**만 통과시킨다. 프레이밍 이론에 따르자면, 부정적인 점(4%)보다 긍정적인 점(96% 차단)을 강조해야 한다.[30]

출처: 모바일스푼MobileSpoon

기간 연장으로 구조화할 수 있다. 사람들은 더 큰 수의 백분율이 낫다고 생각할 것이기 때문에 '33% 할인'보다 '50% 기간 연장'을 강조하는 게 더 나을 것이다.[31]

약점을 강점으로 만들기

사실 프레이밍은 매우 강력해서 제품의 약점을 강점으로 바꾸는 데에도 사용할 수 있다. 유도[32]에서도 중요하게 생각하는 이런 효과를 잘 보여주는 예가 바로 야간 감기약이다. 나이퀼[33]과 타이레놀 PM[34] 같은 야간 감기약은 감기, 발열, 알레르기 증상을 완화하기 위해 만들어졌지만, 졸음 유발이라는 의도하지 않은 부작용이 있다.

이러한 부작용은 보통 약점이라 여길 수 있지만, 이렇게 졸음을 유발하는 제품의 마케팅 담당자들은 해당 제품을 '야간 감기약'이라고 광고함으로써 약점을 강점으로 바꿔놓았다. 그러한 제품들은 밤에 복용하도록 돼 있어서(그래서 제품명에 'Ny'와 'PM'이 붙는다) 현재는 진통제와 수면제 겸용으로 사용되고 있다. 한 가지 효과와 한 가지 부작용을 얻는 대신, 이제 **두 가지 효과**를 얻게 된 셈이다! 즉 프레임 이론을 영리하게 사용해 문제 있는 제품을 인기 있는 제품으로 만든 것이다.

여러분의 제품에도 똑같은 원리를 적용할 수 있다. 여러분은 기능을 빠트린 게 아니라 더 중요한 것들에 집중하기 위해 일부러 누락시킨 것이다. 특정 운영체제에 대한 지원이 부족한 게 아니라 지원 중인 운영체제를 사용하고 있는 사람들에게 맞춤형 경험을 제공하고 있는 것이다.

구글의 크롬북은 약점을 강점으로 바꾸는 데 탁월하다. 크롬북은 사용자가 작업 대부분을 로컬 앱이 아닌 클라우드로 하도록 한다. 이러한 특징은 윈도우나 macOS와 비교하면 약점으로 보일 수 있다. 하지만 구글은 중요한 파일을 어느 한 기기에만 두고 오는 걱정 없이 여러 기기를 넘나들며 동시에 쓸 수 있어서 학생들에게 유용하다고 주장한다. 약점이 아님을 강조하는 것이다.[35] 마찬가지로 크롬 OS가 마이크로소프트 워드Word나 포토샵 같은 데스크톱 앱을 구동하지 못하는 것 역시 큰 단점으로 생각될 수 있다. 그러나 구글은 애초에 위험한 프로그램을 설치할 일이 없기 때문에 크롬북은 바이러스 백신 프로그램이 필요하지 않다고 설명한다.[36]

무료!

'무료free'라는 단어는 영어에서 가장 강력한 다섯 단어 중 하나로 여겨져왔다.[37]◆ 사람들은 공짜를 좋아한다. 그래서 그들은 '무료'라는 단어를 볼 때마다 비이성적으로 반응한다. 댄 애리얼리는 이 같은 현상을 두고 고객의 관심을 확실하게 끌 수 있는 '감정적 핫 버튼emotional hot button'이라고 부른다.[38]

◆ 다른 네 단어는 '당신you', '왜냐하면because', '즉시instantly', '새로운new'이다.

사람들은 공짜를 보면 비이성적으로 행동한다! 한 실험에서 학생들에게 7달러에 20달러짜리 기프트 카드를 사는 것과 10달러짜리 무료 기프트 카드를 받는 것 중 하나를 선택하도록 했다. 실제 순이익이 13달러인 20달러짜리 기프트 카드가 더 좋은 선택이었지만 그 실험에 참여한 학생 대부분이 10달러짜리 무료 기프트 카드를 선택했다.[39]

아이스크림 체인점인 벤앤제리스Ben&Jerry's는 매년 4월 9일마다 아이스크림을 무료로 제공하고 있으며,[40] 그때마다 그 주변이 사람들로 문전성시를 이루는 모습을 볼 수 있다. 몇 달러면 구입할 수 있는 아이스크림콘을 받기 위해 그렇게 오랫동안 줄을 서서 기다린다는 게 합리적이지 않지만, 사람들은 자기 차례가 오기만을 기꺼이 기다릴 정도로 공짜를 매우 좋아한다.

왜 그렇게 '공짜'가 먹히는 걸까? 그 이유는 바로 손실 회피 성향 때문

주식거래 플랫폼인 로빈후드는 회원가입 시 무료로 주식을 준다. 무료 주식은 강력한 동기부여 수단이 될 수 있다.[42]

출처: 로빈후드Robinhood

이다. 무료 상품은 말 그대로 지불해야 할 비용이 없기 때문에 딱히 손해를 볼 일도 없다. 즉 무료 상품은 별다른 단점 없이 장점만 지니고 있어서 가능한 한 더 많은 무료 상품을 원하게끔 우리 뇌를 단순화시킨다.[41]

무료 제한선

무료 체험이 얼마나 강력한지 이제 잘 알게 되었을 것이다. 또 다른 전략 중 하나는 여러분이 원하는 방식으로 사용자가 행동하도록 '무료' 상품을 내거는 것이다. 일례로 1990년대 말 아마존은 일정 금액 이상을 구매한 고객에게 무료 배송 서비스를 제공하기 시작했다. 전 세계 사람들이 무료 배송 서비스를 받기 위한 최소 결제 금액을 채우기 위해 필요하지 않은 제품들을 장바구니에 담았다. 이러한 현상은 평균 주문 가치average order value 가 증가하지 않은 프랑스를 제외한 모든 곳에서 나타났다. 프랑스에서는 배송료가 무료가 아니었고 20센트 정도 부과됐기 때문에 이 같은 차이가 발생했다. 20센트라는 얼마 되지 않는 배송료였지만 '공짜'에 대한 사람들의 욕구를 충분히 채워주지는 못했다. 아마존 프랑스가 최소 결제 금액 구입 시 무료 배송 서비스를 제공하기 시작하자 프랑스에서도 다른 국가들과 같은 현상이 나타났다.[43]

이 무료 배송 전략은 그 이후로도 계속 효과를 발휘했다. 제한적 무료 배송 서비스는 한 이커머스 스타트업 기업의 평균 주문 가치를 7% 이상 높였다.[44] 게다가 이 전략은 이커머스 밖에서도 통한다. 예를 들어 킥스타터 Kickstarter미국의 크라우드 펀딩 서비스-옮긴이 프로젝트에서는 특정 금액 이상 기부하는 사람들에게 스티커, 인증서, 창업자와의 대화 등 무료 굿즈 및 혜택을 선물하곤 한다.[45] 여러분이 원하는 행동을 이끌어내기 위해 어떻게 이 전략을 활용할 수 있을지 생각해본다면 꽤 도움이 될 것이다.

증분 무료

앞서 우리는 돈을 잃음으로써 느끼는 고통이 점차 감소할 수 있다는 사실을 언급했다. 우리 모델에 따르면, 여러분이 쓰는 돈을 4배로 늘려도 여러분이 느끼는 고통은 2배밖에 늘어나지 않는다. 즉 사람들은 모든 비용을 먼저 지불하고 그 이후로는 모든 것을 무료로 제공받을 수 있는 '뷔페' 모델을 매우 좋아한다는 의미다. 한 번에 거액을 지불하는 데 따르는 고통은 여러 번에 걸쳐 소액을 지불하는 데 따르는 고통보다 작다. 이는 결국 넷플릭스와 같이 모든 콘텐츠를 이용할 수 있는 구독서비스 제품이 성공할 수 있는 이유를 설명해준다.[46]

이러한 **증분 무료**incrementally free 상품 모델은 무료 상품에 대한 사람들의 특별한 반응 덕분에 훨씬 더 큰 효과를 발휘한다. 구매 행위 대부분에 죄책감이 내재돼 있기 때문인 듯하다. 즉 우리는 어떤 제품을 구매하면서 그 제품이 그만한 가치가 있는지 늘 생각하게 된다. 우리가 **구매자의 후회**buyer's remorse물건을 구매한 후 자책하거나 후회하는 현상-옮긴이에 **빠지게** 되는 이유다.[47]

그런데 점증적으로 무료 상품이나 서비스를 제공받게 되면 매번 돈을 지불할 필요가 없기 때문에 부정적인 감정이 들지 않는다. 따라서 무료 상품을 점진적으로 제공받을 경우, 구매자의 후회에서 해방될 수 있다. 죄책감에서 해방된 자유로운 감정은 사람들을 계속 다시 돌아오게 만드는 중독성을 지닌다. 사람들이 크게는 크루즈 패키지여행이나 작게는 패스트푸드점의 무제한 탄산음료 리필 등에 크게 열광하는 데에는 다 그만한 이유가 있다.

따라서 마음껏 즐길 수 있는 비즈니스 모델을 만들면 사용자가 서비스를 구독하도록 만들 수 있을 뿐 아니라 사용자의 만족도 역시 크게 높일 수 있다.

무료 체험의 단점

무료 제품은 상당히 매력적일 수밖에 없다. 제품을 무료로 사용해서 나쁠 게 없기 때문에 그 제품에 전혀 관심이 없는 사람들마저 그 제품을 갖고 싶어 할 것이다. 즉 브로콜리 딥소스를 구입하는 것에 아무 관심이 없어도 코스트코에서 무료 시식 행사를 하면 그 샘플을 다 먹어 치울 것이다. 테크 제품의 경우도 마찬가지다. 유료 버전을 구입할 의사가 없는 사람들이라도 무료 체험 버전을 사용하기 위해 회원 가입을 할 것이다.

이러한 현상은 특히 엔터프라이즈 소프트웨어 스타트업 기업들에 문제가 될 수 있다. 그들은 무료 체험판을 이용한 고객 전부는 아니더라도 대부분을 유료 회원으로 전환시키는 데 필요한 후속 조치를 취하기 위해 애를 쓴다. 너무 많은 사람들이 무료 체험판을 사용할 목적으로 회원가입을 할 경우, 영업 팀은 유료 고객이 될 가능성이 없는 사람들을 좇는 데 많은 시간을 낭비하게 될 것이다.

이러한 이유로 굳이 무료 체험을 하지 않아도 되는 사람들을 걸러내기 위해 무료 체험 회원가입 과정에 약간의 불편한 장치를 마련하는 게 도움이 되는 경우도 많다.[48] 사람들에게 신용카드 정보를 미리 입력하도록 하는 것도 좋은 방법 중 하나가 될 수 있다.◆

◆ 신용카드 정보를 입력하도록 하면 무료 체험이 끝나도 사람들이 해당 제품을 계속 사용할 가능성이 더 크다. 그들의 신용카드 정보가 이미 자동으로 입력돼 있는 상황에서 굳이 그 정보를 바꾸는 일을 귀찮게 여길 수 있기 때문이다.

고착도

고착도

일단 여러분의 상품을 사용하기 위해 회원 가입한 사람들이 생겼다면, 소비자가 계속 그 상품을 사용하도록 할 수 있어야 한다. 즉 사람들이 계속해서 다시 그 상품을 찾도록 해 **고착도**stickiness를 높여야 한다.

테크 제품의 경우, 고착도가 상당이 높은 편이다. 우리는 하루에 거의 백 번씩 휴대전화를 확인한다.[1] 깨어 있는 시간으로 따지면 10분에 거의 한 번꼴이다. 또 우리 중 61%는 아침에 일어나 5분 안에 휴대전화를 확인한다.[2] 트위터나 인스타그램 같은 SNS에 얼마나 쉽게 중독될 수 있지는 잘 알고 있을 것이다. 트위터나 인스타그램 등 싱공한 서비스 제품들은 무잇을 어떻게 한 것일까? 어떻게 하면 사용자들이 계속해서 제품을 찾게 할 수 있을까?

습관 만들기

사용자들이 다시 돌아오도록 하는 데 가장 효과적인 방법 중 하나는 해당 제품을 사용자의 생활 습관의 일부가 되도록 하는 것이다. 자주 사용하고 효용성이 높은 제품은 습관처럼 사용될 가능성이 높지만, 효용성이 낮은 행동도 어느 정도 충분히 반복되다 보면 습관화가 될 수 있다.[3]

사람들에게 잘 알려져 있는 **훅 모델**Hooked model은 우리가 습관을 만드는 방법을 보여준다. 사람들이 여러분의 제품을 찾게 하기 위해 **외부 계기**external trigger를 사용하는 것에서부터 시작할 수 있다.[5] 외부 계기에는 유료 광고(**구매 계기**paid trigger), 우호적인 언론 보도(**획득 계기**earned trigger), 입소문(**관계 계기**relationship trigger), 푸시 알림(**점유 계기**owned trigger)이 포함된다.[6] 이 네 가지 계기 중 하나가 사용자로 하여금 앱을 다운로드하거나 사용하도록

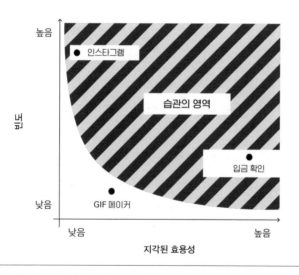

행동이 습관이 되기 위해서는 충분히 자주 반복되고 높은 효용성을 지녀야 한다.
유용하지도 않고 자주 사용되지 않는 제품들은 습관을 만들어주지 못할 가능성이 크다.[4]
출처: 수밋 가르그Sumit Garg

CODE 3 심리학

만든다.

목표는 비용이 많이 드는 외부 계기에 의존하지 않고 **내부 계기**를 통해 사용자가 앱을 실행하도록 하는 것이다. 다시 말해서, 사람들이 습관적으로 여러분의 제품을 사용하도록 해야 한다.[7] 그러기 위해서 사용자가 여러 사용주기를 익힐 수 있도록 돕고 매번 그 습관을 더 강화할 수 있도록 해야 한다. 각 주기마다 사용자가 행동(앱 실행 등)을 취한 데 대한 보상을 해주고 그들이 제품에 시간을 투자하도록 해야 한다. 이러한 투자가 다음 계기를 만들어 사용자를 다시 불러올 수 있다.[8]

결국 사용자는 내적 동기 중 하나(13장에서 다룬 동기부여에 대한 내용을 떠올려보자)를 충족시키기 때문에 외부 계기를 필요로 하지 않고 다시 또 앱을 찾게 된다. 사용자는 심심할 땐 넷플릭스, 외로울 땐 페이스북, 트렌드에 뒤처진 기분이 들 땐 트위터를 찾는다.[9]

이 같은 모델을 잘 보여주는 예가 바로 왓츠앱이나 스냅챗과 같은 메시징 앱이다. 사용자들은 앱에 대한 친구들의 평가를 듣고 앱을 다운로드하고(외부 계기), 누가 자기에게 메시지를 보냈는지 확인하고(보상), 메시지를 보낸다(투자). 친구가 답장을 보내와 푸시 알림(외부 계기)이 뜨면 사용자가 다시 사용주기로 편입되면서 이번에는 앱 사용에 더 익숙해진다. 결국 메시징 앱을 습관적으로 사용하게 되고, 친구들과 공유할 게 생길 때마다 무의식적으로 그 앱을 실행하게 된다.

즉 사용자들이 보상을 받을수록 제품에 대해 더 긍정적으로 느끼게 되고, 시간이나 노력을 그 제품에 투자할수록 계속 사용할 가능성도 더 높아진다. 사람들은 일관적인 것을 좋아하기 때문에 많은 시간과 노력을 들인 제품을 두고 떠나지 않는다.[10]

가변적 보상

습관을 만들어주는 이러한 훅 모델을 작동시키는 방법은 **가변적 보상**

variable reward에 있다. 인간이 보상을 받는 데에서 기쁨을 얻기보다는 보상을 기대하는 데에서 기쁨을 얻는다는 것은 사실이다. 과학적으로 말하자면, '행복 호르몬'이라고 불리는 도파민의 분비는 보상을 받기 직전에 급증한다.[11,12]

그런데 실제로 도파민을 분비시키는 것은 바로 무작위성randomness이다. 우리 인간은 어떤 상황 속에서 패턴을 찾는 것을 좋아하고, 도파민은 진화론적으로 우리가 생각하는 패턴에서 벗어나 있는 새로운 것에 관심을 갖도록 하는 역할을 했다.[13] 정의상 무작위성이 패턴과 일치하는 것은 불가능하기 때문에 무작위 보상은 계속해서 도파민을 분비시킬 것이다. 도파민은 우리가 중독되는 데 깊이 관여하므로 무작위성은 우리를 중독으로 이끈다. 미국에서 연간 450억 달러 이상(카지노 수익 중 4분 3에 해당하는 금액이다!)을 벌어들이는 슬롯머신의 중독성이 강한 이유도 바로 이 무작위성에 있다.[14]

이는 제품이 정보, 최신 뉴스, 취업 기회, 메시지 등 매일 똑같은 유형의 보상을 제공해서는 안 된다는 것을 의미한다. 매일 똑같다면 금방 지루해질 것이다. 제품은 사용자들이 앱을 실행할 때마다 새로운 보상을 줌으로써 계속 그들을 즐겁게 해줘야 한다.

소셜미디어는 사용자에게 큰 즐거움을 준다. 늘 새로운 소식을 제공할 뿐 아니라 여러분이 올린 게시물에 얼마나 많은 '좋아요'와 댓글이 달릴지 알 수 없기 때문이다. 유튜브, 넷플릭스, 스포티파이의 동영상 자동 재생과 추천 기능 역시 가변적 보상의 한 형태라 할 수 있다. 어떤 콘텐츠가 나올지 결코 예측할 수 없기 때문이다.

트위터, 핀터레스트, 레딧의 끝없이 스크롤할 수 있는 콘텐츠 역시 가변적 보상을 제공한다. 매번 스크롤을 할 때마다 디지털 쿠키가 들어 있는 병에 손을 뻗는 것 같다. 무엇이 나올지 모르지만 새롭고 흥미로운 것을 발견할 수 있을 것이다. 무한 스크롤은 '인터넷의 슬롯머신'이라고 불리기도

한다.[15]

가변적 보상이 엔터테인먼트 앱에는 도움이 될 수 있지만, 도구 앱에는 별 도움이 되지 않을 수도 있다. 금융 앱과 같은 도구는 정신없는 게임과 달리 매번 간단명료하고 동일한 정보를 제공해주기를 바란다. 그와 마찬가지로 우버가 무작위로 10% 가격 할인이나 10% 가격 인상을 할 경우, 아마 짜증이 날 수도 있다. 그러나 우버 앱이 일주일간 5%의 확률로 할인 혜택을 주거나, 금융 앱이 유용할 수 있는 신용카드 상품을 임의로 추천해주는 것처럼 이런 앱도 무작위성을 잘 활용할 수 있다.

가변적 보상이 강력한 효과를 발휘하기는 하지만 사용자들 역시 더 현명해졌다. 사람들은 이제 중독성 있는 제품들을 구별해낼 줄 안다. 사람들은 소셜미디어가 해로울 수 있다는 사실뿐 아니라 PM들이 사용하는 도구들을 이미 잘 이해하고 있다.[16]

소셜미디어에 대한 이 같은 인식은 미국 의회에도 영향을 미쳤다. 미국에서는 2019년 소셜미디어 웹사이트의 중독성 있는 자동 재생과 무한 스크롤 기능을 금지하는 법안이 제출됐다.[17]

보너스 동영상

스냅챗은 세계에서 가장 중독성이 강한 앱 중 하나로, 하루에 30억 개가 넘는 스냅이 전송된다.[18] 이 보너스 동영상을 통해 스냅챗을 성공으로 이끈 심리학적 전략을 확인하기 바란다.

productalliance.com/videos/snapchat

전환비용

사용자를 곁에 잡아두는 또 다른 방법은 떠나기 어렵게 만드는 것이다. 즉 **전환비용**을 높이는 것이다. 사용자가 전환을 주저하는 이유는 크게 세 가지로 나뉜다. 이식성 부족, 높은 초기비용, 사회적 압력이다.

이식성

가장 큰 이유는 사람, 데이터, 생태계의 이식성portability 부족이다. 인플루언서들은 팔로워 목록을 옮기기가 어렵기 때문에 SNS 바꾸기를 주저하고, 메시징 앱을 매일 사용하는 사람들은 친구 중 90%가 사용하는 메시징 앱에서 10%만이 사용하는 메시징 앱으로 옮겨가기를 망설일 수 있다.[19] 다른 종류의 데이터도 다른 곳으로 옮기기가 어렵다. 스포티파이 재생 목록, 지메일의 메일, 인스타그램 사진, 넷플릭스 프로필을 경쟁사로 옮기기가 쉽지 않다.

특히 넷플릭스 프로필은 옮기기가 어려워 그 가치가 더 크다. 사진, 메시지, 할 일 목록과 같이 사용자가 볼 수 있는 데이터는 어느 정도 수고를 하면 옮기는 게 가능하다. 여러분이 원할 경우, 모든 인스타그램 사진을 카메라 롤에 직접 저장할 수 있다. 그러나 여러분의 취향이 반영된 넷플릭스의 상세한 프로필과 같이 기계학습을 통해 만들어진 정교한 사용자 모델은 사용자가 볼 수 없어 이동이 불가능하다.

게다가 많은 유틸리티가 다른 사람들의 데이터에 접근함으로써 만들어진다. 비슷한 사용자들이 이미 본 콘텐츠를 바탕으로 영화를 추천해주는 넷플릭스의 **협업 필터링**collaborative filtering 알고리즘이 그 대표적인 예다. 다른 사람들의 데이터를 새로운 앱으로 옮길 수 없기 때문에 그러한 알고리즘의 유틸리티를 복사하는 것 역시 불가능하다.

또 다른 예로 페이스북의 **유사 타깃**look-alike audiences 기능을 들 수 있다.

유사 타깃 기능은 업로드한 데이터의 고객들처럼 행동하는 페이스북 사용자들을 예측해서 그 사용자들을 대상으로 광고를 할 수 있게 해준다.[20] 아직 가공되지 않은 데이터는 광고주가 볼 수 없기 때문에 내보낼 수도 없다. 따라서 넷플릭스나 페이스북 같은 모델은 사용자가 볼 수 있는 데이터보다 훨씬 강력한 '퇴출 장벽barriers to exit'인 셈이다.

생태계는 이식성의 마지막 구성 요소다. 다른 제품들로 쉽게 옮길 수 없는 제품을 기반으로 만들어진 대규모 생태계가 존재하는 경우들이 종종 있다. 은행을 포함한 금융기관들은 엑셀에 사활이 걸려 있으며, 그들의 용례에 맞게 만들어진 엑셀의 애드온add-on이라는 거대한 생태계가 존재한다.[21] 그래서 구글시트Google Sheets와 같은 경쟁사 제품으로 옮겨가기가 훨씬 더 어려울 수밖에 없다. 새로운 생태계에 맞는 앱이 구축돼 있지 않아서 새로운 운영체제를 출시하기가 어렵고, 애드온 없이 새로운 브라우저를 출시하기도 어렵다.

여러분이 사용하는 제품들 역시 일종의 생태계를 이루고 있다. 그래서 어떤 한 제품을 다른 제품들과 잘 호환되지 않는 제품으로 교체하면 삶이 고달파질 수 있다. 마이크로소프트 오피스 도구들은 매우 잘 결합돼 있다. 그래서 한 회사에서 사용하고 있는 제품이 모두 마이크로소프트 제품인 경우, 지메일이나 팀즈 포 슬랙Teams for Slack을 사용하기 위해 아웃룩Outlook 사용을 중단하기 어려울 수도 있다. 많은 도구들이 제대로 통합되지 않을 수 있기 때문이다.[22]

초기비용

사람들이 다른 제품으로 전환하지 않는 또 다른 이유는 새로운 제품을 이해하고 설치하는 데 너무 많은 시간과 노력이 들 수 있기 때문이다.

그 대표적인 예가 1930년대에 쿼티QWERTY 키보드에 반해 개발된 드보락Dvorak 키보드다.[24] 드보락 키보드는 보통 우리가 손가락을 얹어두는

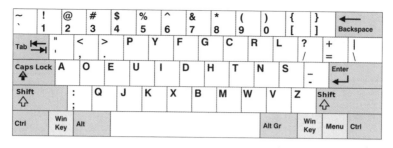

~ `	! 1	@ 2	# 3	$ 4	% 5	^ 6	& 7	* 8	(9	) 0	{ [	}]	← Backspace
Tab	" '	< ,	> .	P	Y	F	G	C	R	L	? /	+ =	| \\
Caps Lock	A	O	E	U	I	D	H	T	N	S	_ -		Enter
Shift	: ;	Q	J	K	X	B	M	W	V	Z	Shift		
Ctrl	Win Key	Alt							Alt Gr	Win Key	Menu	Ctrl	

드보락 배열로 된 키보드. 쿼티 배열의 키보드와 달리 사용자들이 손가락을 중간열에 계속 놓아둘 수 있다.[23]

출처: 위키미디어

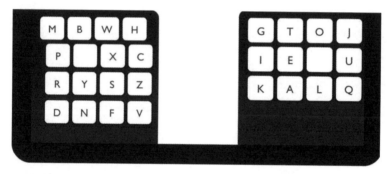

2013년 출시된 칼큐 키보드. 화면 양쪽에 키를 배치해 엄지로 타이핑하기가 더 쉽다.[26]

출처: 뉴 아틀라스New Atlas

중간열인 '홈열home row'에 더 자주 쓰는 키를 배치해 타이핑 속도를 높일 수 있게 개발됐다. 드보락 측은 타이핑 속도를 최대 70% 높일 수 있고 손가락 이동 거리는 15배 줄일 수 있다고 주장한다.[25]

상대적으로 덜 알려져 있기는 하지만 양쪽 터치스크린에 최적화된 칼큐KALQ라는 키보드도 있다. 칼큐 키보드는 화면 가장자리 부근에 반으로 나뉘어 배치돼 있어 엄지로 타이핑할 때 키보드가 하나로 연결된 쿼티보다 훨씬 사용하기가 쉽다.[27] 연구에 따르면 휴대전화에서 칼큐를 사용하면 쿼티를 사용할 때보다 타이핑 속도가 34%까지 향상된다.[28]

그런데 잘 알다시피 쿼티를 제외한 그 어느 키보드 배열도 많은 사람들에게 선택받지 못했다. 드보락과 칼큐 배열 모두 쿼티 배열보다 더 훌륭했지만, 대부분 사람이 보기에 몇 주씩 시간을 들여 새로운 배열을 배우고 익힐 가치는 없었다.[29] 게다가 쿼티만 지원하는 기기를 사용할 때마다 그렇게 시간을 투자해 익힌 사용법도 무용지물이 되리라는 것은 말할 것도 없다. 쿼티를 뒷받침하는 광범위한 교육과 기술 인프라는 우리 사회가 쿼티에서 벗어나는 것을 실질적으로 불가능하게 만든다.

이러한 문제는 일부 기업이 장악하고 있는 엔터프라이즈 기술 분야에서도 꽤 자주 발견된다. 예를 들어 다양한 세대의 직원들이 마이크로소프트 오피스와 윈도우를 사용하며 자랐다면, 구글독스와 같은 경쟁사 제품으로 바꿔 사용하려면 직원들을 다시 교육시켜야 할 것이다. 바로 이러한 점 때문에 많은 기업들이 한 제품에서 경쟁사의 다른 제품으로 전환하기를 꺼린다.

때때로 전환은 너무 많은 시간과 에너지가 필요하다. 클라우드 컴퓨팅 플랫폼을 생각해보자. 예를 들어, 모든 고객 데이터와 백엔드 서버를 아마존 웹서비스에서 마이크로소프트 애저로 옮길 수 있다 치자. 그렇더라도 모든 데이터를 옮기는 것은 매우 위험할 수 있다. 서버를 이전하기 위해 서버를 종료할 경우 고객이 서비스를 사용할 수 없게 되는 상황이 발생할 수 있고, 새로운 플랫폼에서 모든 것이 완벽하게 작동할지 확신하기도 어렵다. 게다가 클라우드 서비스 제공업체의 데이터가 호환되지 않는 포맷을 사용하는 경우가 많다는 점까지 생각하면(이식성 문제), 클라우드 서비스 제공업체의 락인lock-in 효과특정 제품이나 서비스에 갇히는 현상으로 '잠금 효과'라고도 한다-옮긴이가 왜 그렇게 큰 문제가 될 수 있는지 알 수 있다.[30]

소비자 기술consumer tech 분야에서도 같은 문제가 발생할 수 있다. 예를 들어 은행 계좌, 신용카드, 고지서 등 모든 금융 데이터를 편리한 인터페이스 하나로 수집해주는 인튜이트의 금융 관리 도구인 민트는 인기가 많다.

퍼스널 캐피털Personal Capital이라는 민트의 한 경쟁 제품은 여러 동일한 기능을 제공하고 있으며[31] 2018년에는 친구 추천으로 은행 계좌를 연동한 고객에게 100달러를 제공하기도 했다.[32] 퍼스털 캐피털을 사용해보고 싶은 사람들도 있었지만, 모든 금융 계좌를 다시 불러와야 하는 큰 불편함을 감수할 만큼 그 가치를 느끼지 못했다.

실리콘밸리에서 신제품이 경쟁 제품보다 "10배는 더 좋은 제품이어야 인정받을 수 있다"는 이야기가 툭하면 나오는 이유가 바로 여기에 있다.[33] 그만큼 더 좋은 제품이 아니라면 사용자들은 굳이 제품을 바꾸는 데 따르는 불편함을 감수하려 하지 않을 것이다.

사회적 압력

마지막으로, 강력한 브랜드에서 벗어나기가 어려운 경우가 많다. 강력한 브랜드는 일종의 또래 압력을 만들어내거나 경쟁 브랜드에 나쁜 평판을 안겨주기 때문이다.

또래 압력에 대한 예로, 애플의 아이메시지iMessage를 들 수 있다. 아이메시지에서는 같은 아이폰 사용자와 메시지를 주고받을 때는 긍정적 인상을 주는 파란색 말풍선으로 보이고, 안드로이드 사용자와 메시지를 주고받을 때는 부정적 인상을 주는 초록색 말풍선으로 보인다.[34] 보기 좋지 않은 색상의 말풍선으로 보이는 것도 별로지만, 말풍선의 색상 차이가 아이폰 사용자 대열에 합류하지 못한 안드로이드 사용자들을 식별할 수 있게 해주는 동시에 그들을 주눅 들게 만든다.

레거시legacy 테크 기업들은 수십 년간 신생 경쟁업체들의 이미지를 깎아내림으로써 성공 가도를 걸어왔다. 인텔은 오랫동안 컴퓨터 칩의 표준으로 통했고,[35] 고객들에 마음에 ARM과 AMD 같은 칩 제조 경쟁업체들에 대한 의심을 심어줬다.[36,37] 경쟁업체들이 훨씬 더 나은 칩을 만든다 해도 인텔 제품이 아닌 다른 제품을 구매하고 싶은 마음이 생기지 않도록 말이다.[38]

강력한 브랜드의 위엄은 위험을 회피하려는 대기업 내에서 특히 더 강력히 발현된다. "IBM을 구입해 해고된 사람은 아무도 없다"는 20세기 후반의 격언도 있을 정도다.[39] 업무용 제품을 구매하는 사람들은 보통 위험성이 가장 낮은 옵션을 선택하려고 하며, 대형 브랜드가 지닌 안전성이 바로 그런 심적 태도에 부합한다.[40]

사례연구: 블룸버그 터미널

금융 분야에서는 거의 모든 투자자가 억만장자 마이클 블룸버그 Michael Bloomberg가 만든 하드웨어/소프트웨어 제품인 블룸버그 터미널 Bloomberg Terminal을 사용한다. 블룸버그 단말기를 사용하면 세상에 존재하는 거의 모든 회사의 데이터를 수집하고, 전 세계에 있는 트레이더들과 이야기를 나누고, 최신 금융 뉴스를 볼 수 있다. 모기지 데이터를 조회하거나 기업의 주가를 확인하는 등 일반적인 금융업무를 편리하게 처리하기 위한 단축키가 있는 화려한 전용 키보드가 함께 제공된다.[41]

블룸버그 터미널은 하나당 매년 2만 달러의 비용이 들고,[44] 윈도우에서만 실행되며,[45] 어떻게 봐도 구식에 가까운 사용자 인터페이스를 갖고 있다.[46] 더욱이 수없이 많은 스타트업 기업들이 더 저렴한 제품과 새로운 경험을 제공한다.[47] 그럼에도 불구하고 블룸버그 터미널은 여전히 시장을 지배하고 있다.

블룸버그 터미널은 고객들이 다른 제품으로 전환하기 어렵게 만들기 위해 전환비용의 세 가지 대표 요인을 모두 사용했다. 블룸버그 터미널의 가장 인기 있는 기능 중 하나는 은행가와 트레이더들이 전 세계에 있는

월가 트레이더들이 많이 사용하는 블룸버그 터미널[42]

출처: 위키미디어

블룸버그 터미널의 키보드. 맨 위쪽의 두 열에는 정부 발표 자료나 주식 시세 등을 확인하기 위한 단축키 같은 맞춤형 전용키가 있다.[43]

출처: 트래비스 와이즈

터미널 사용자들과 소통할 수 있는 일종의 소셜네트워크 기능이다.[48,49] 이러한 사람들로 구성된 네트워크나 **소셜 그래프**는 다른 제품으로 쉽게 옮겨갈 수가 없다. 블룸버그 터미널을 떠나면 동료들에게 쉽게 접근할 수 없게 되기 때문이다.[50] 이와 같은 **네트워크 효과**는 이식성과 관련해 발생할 수 있는 주요 문제 중 하나다.

또 블룸버그 터미널을 떠나려면 초기비용도 많이 든다. 블룸버그 터미널이라는 소프트웨어 자체는 물론이고 키보드도 매우 전문화되어 있다. 금융권 종사자들은 그것들을 사용하기 위해 수년에 걸쳐 교육을 받았다. 새로운 하드웨어를 설치하고 직원들을 재교육하는 데 큰 부담이 따를 수 있다. 또 트레이더들이 며칠 혹은 몇 주에 걸쳐 업무를 제대로 수행하지 못해 공백이 생길 경우, 수익성 있는 거래 기회를 놓칠 수 있는 위험도 있다.

마지막으로 블룸버그 터미널에 머물러야 한다는 사회적 압력도 존재한다. 금융권에 종사하는 직원들은 블룸버그 터미널을 사용하는 데 익숙하고, 대부분이 이 블룸버그 터미널을 선호한다.(옐프의 고급 버전과 명품 쇼핑 시스템이 포함돼 있는 금융거래 도구가 블룸버그 터미널말고 또 있을까?)[51] 많은 사람들에게 있어 월가에 있다는 것은 블룸버그 터미널을 사용하고 있음을 의미한다.[52] 그렇기 때문에 블룸버그 터미널이 갖춰져 있지 않은 영업장은 전문성이 떨어져 보이기 쉽다.

매몰비용의 오류

전환비용이 그렇게 강력하게 작용하는 심리적 이유는 **매몰비용의 오류** sunk cost fallacy에 있다. 매몰비용의 오류는 사람들이 이미 기존 것에 많은 시간과 에너지를 투자했다는 이유로 포기하지 못하고 수준 이하의 것을 그대로 고수하는 현상을 말한다. 이는 잘못된 믿음이다. 이미 투자가 이뤄졌고 회수할 방법이 없는 상황에서 수준 이하의 것을 고수한다고 해서 시간이나 에너지를 절약할 수 있는 게 아니기 때문이다.[53]

매몰비용의 오류와 관련된 구체적인 이론 중 하나가 바로 **소유효과** endowment effect다. 소유효과란 사람들이 이미 갖고 있는 것들을 비이성적으로 과대평가하는 심리적 현상을 말한다.[54] 한 연구에서 참가자 중 일부에게 초콜릿을 나눠준 뒤 30분간 그것을 갖고 있도록 했다. 그러고는 30분 뒤 그 초콜릿를 얼마에 판매하겠느냐는 질문을 던졌다. 그 참가자 그룹이 답한 평균 가격은 1.72달러였다. 그리고 다른 그룹의 참가들에게는 초콜릿를 나눠주지 않고, 실험이 끝날 때 초콜릿을 보여주면서 그것을 얼마에 판매할 것인지 물었다. 그 그룹이 답한 평균 가격은 1.35달러였다. 사람들은 자기가 초콜릿을 가지고 있었다는 이유만으로 그 초콜릿이 37센트(27%) 더 가치 있다고 여긴 것이다![55]

이는 무료 체험이 매우 큰 효과를 발휘할 수 있음을 의미한다. 무료 체험 혜택을 통해 어떤 한 제품이 습관이나 작업 흐름의 일부가 되고 나면, 무료 체험이 끝나도 제품 사용을 그만두지 않을 가능성이 크다. 이제 그 제품을 '그들의 것'이라고 느끼기 때문에 무료로 체험해보지 않은 신규 고객보다 더 큰 가치를 그 제품에 부여하게 된다.

좀 더 구체적인 이론을 살펴보자면 **이케아 효과**IKEA effect를 예로 들 수 있다. 이케아 효과란 이케아의 DIY 가구와 같이 사람들이 스스로 만든 것들을 과대평가하는 현상을 말한다.[56] 한 연구에서 종이접기를 한 참가자들은 자신이 만든 창작물의 가치는 19센트라고 평가했지만, 다른 참가자들이 만든 창작물은 그 가치가 5센트에 불과하다고 평가를 내렸다.[57]

따라서 PM들은 슬랙봇Slack bot 설치, 트렐로 보드 생성, 팔로우할 트위터 사용자 목록 관리 등 사용자가 제품을 원하는 대로 만들고 환경을 설정하게 함으로써 그 제품을 계속 사용하도록 유도할 수 있다.[58]

일반적으로 사람들은 자신의 제품에 더 많이 투자할수록 해당 제품을 더 좋아하게 된다. 사람들이 직접 꾸민 차를 좋아하는 것과 비슷한 이치다. 그러므로 사람들에게 자기만의 제품을 직접 만들 수 있는 기회를 주는 게 좋다.

전환비용 극복하기

그렇다고 해서 전환비용이 극복할 수 없는 건 아니다. 전환비용은 극복할 수 있다. 여러분의 제품에는 우리가 언급한 전략들을 적용해야 하고, 경쟁 제품에는 적용하기 어렵게 만들어야 한다.

초기비용 문제를 해결하기 위해 단계적으로 신제품을 출시하는 방식을 선택할 수 있다. 단계적 신제품 출시는 사용자가 한꺼번에 모든 것을 새로운 제품으로 옮겨가도록 하지 않고 서서히 옮겨갈 수 있도록 해준다. 또 전환비용을 피하고 위험을 줄일 수 있게 해준다.

아디가 마이크로소프트 애저 담당자였을 때 그는 많은 기업들이 온프레미스on-premise기업이 소프트웨어를 클라우드 같은 원격 환경이 아닌 자사의 전산실 서버에 직접 설치해 운영하는 방식─옮긴이 데이터 센터를 클라우드로 옮기지 않는다는 사실을 발견했다. 많은 기업들이 온프레미스 서버에서 윈도우 서버 소프트웨어를 업그레이드하는 데에만 최대 10년이 걸렸다![59] 기업들은 **지연**을 최소화해야 하는 특정 워크로드workload주어진 시간 안에 컴퓨터시스템이 처리해야 하는 작업량-옮긴이가 늘 현장에서 처리되기를 원했기 때문에 모든 것을 클라우드로 옮기기를 망설이는 것으로 나타났다.[60]

그래서 아디의 팀은 고객들이 온프레미스에서 애저로 워크로드를 천천히 옮기면서 필수 요소를 로컬 상태로 유지할 수 있는 **'하이퍼 컨버지드 하이브리드 클라우드**hyper-converged hybrid cloud'시스템을 개발했다.[61,62] 그리고 그 전략은 효과를 발휘했다. 클라우드로 이전하기를 망설이던 고객들이 하이브리드 시스템을 이용하기 시작했고, 마이크로소프트 CEO 사티아 나델라Satya Nadella는 이 전략이 애저의 놀라운 성장에 크기 기여했다고 밝혔다.[63]

이식성 부족을 극복하기 위한 가장 쉬운 방법은 사용자가 경쟁사 도구에서 여러분의 도구로 데이터를 옮기는 도구를 마련하는 것이다. 예를 들어 업무관리 도구인 아사나를 사용할 경우, 클릭 몇 번만 하면 트렐로, 에어테이블, 먼데이닷컴Monday.com, 스마트시트SmartSheet, 구글시트Google Sheet와 같은 경쟁 제품에서 데이터를 옮겨올 수 있다.[64]

또한 사용자의 근육기억muscle memory특정 행동을 반복함으로써 근육이 그 행동을 기억하고 무의식적으로 더 쉽게 할 수 있는 현상-옮긴이을 '불러오는' 방법도 있다. 구글시트는 엑셀과 동일한 기능, 단축키, 특징 대부분을 구현해내 사용자가 구글시트로 쉽게 전환할 수 있도록 했다.[65] 물론, 구글시트가 엑셀의 고급 기능을 모두 제공하는 것은 아니지만, 일반 사용자가 엑셀을 대신해 구글시트를 사용하는 데 별 문제가 없을 정도로 그 기능이 비슷하다.[66]

게임화

자기결정 이론에 따르면 사람들은 자신이 자율적이고 유능하다고 느끼는 것을 좋아한다. 상식적으로 사람들은 즐기고 싶어 한다. 게임은 우리가 그러한 감정들을 느끼게 해준다. 이는 우리가 스포츠, 보드게임, 비디오게임, 그 외에 다른 여러 게임을 유독 좋아하는 큰 이유 중 하나다. 게임화gamification 또는 게임 역학과 디자인 원칙을 제품에 접목한다면, 제품을 더 매력적으로 만들어 고착도를 높일 수 있다.

게임화의 7가지 구성 요소

게임화는 여러분의 제품을 게임으로 만드는 것이 아니다. 할 일 목록을 팩맨Pac-Man 게임으로 바꾸는 것도 재미있는 변화가 될 수 있겠지만, 사용자들에게 큰 만족감을 주지는 못할 것이다. 제품을 게임으로 바꾸는 게 아니라 성공적인 게임의 7가지 핵심 기법을 제품의 핵심 설계에 접목시켜야 한다.[67]

첫째, 사용자와 플레이어가 목표를 갖고 있어야 한다. 인간은 삶의 목적과 방향을 찾고자 하는 심리적 욕구가 있다. 그것이 변화구를 마스터하는 것이든, 게임의 최종 보스와 대결하는 것이든, 스페인어 회화를 배우는 것이든 목표는 우리가 매진할 수 있는 구체적인 대상을 제시해준다.[68] 목표를 달성하면서 우리는 즐거움과 벅차오르는 감정을 느끼게 된다.[69]

게임은 레벨 깨기, 포켓몬 배지 획득하기, 게임 이기기 등 일련의 겹쳐진 목표로 구성돼 있다. 제품에 게임화를 접목시키려면 사용자들이 갖고 있을 만한 목표를 생각해야 한다. 그들은 생산적인 사람이 되기를 바라는가? 그들은 무언가를 배우고 싶어 하는가? 그들은 직장을 구하고 싶어 하는가?

일단 사용자의 목표를 찾으면, 사용자가 목표를 향해 나아갈 수 있는 방법에 대한 규칙을 제공해야 한다.[70] 어떻게 하면 사용자가 목표에 가까워질까? 테니스의 경우 그 목표는 경기에서 이기는 것이고, 테니스 경기 규칙에는 득점하는 법과 서브 넣는 법이 포함된다. 인박스 제로Inbox Zero의 기술을 예로 들면, 받은 편지함을 비우는 것이 목표고 규칙은 각 이메일에 답장, 삭제, 다시 알림snooze, 위임delegate 기능을 적용해 처리하는 것이다(이메일을 그냥 방치해두면 안 된다).[71] 규칙이 분명해야 한다. 이길 수 있는 방법을 모르는 게임은 즐거움을 줄 수 없기 때문이다.

세 번째는 피드백과 관련이 있다. 즉 사용자와 플레이어는 목표 달성을 향한 진행 상황을 쉽게 파악할 수 있어야 한다. 진행 표시줄progress bar작업이 얼마나 진행됐는지 시각적으로 알려주는 사용자 인터페이스—옮긴이, 점수point,[72] 메트릭스 등이 이에 해당된다. 게임의 경우 대부분이 진행 상황을 쉽게 파악할 수 있게 되어 있다. 게임에서 이기고 지는 것은 매우 명백한 피드백 중하나이며, 골을 넣거나 KO가 되면 얻게 되는 중간 점수는 게임을 어떻게 하고 있는지 알려준다.

우리 삶에서 어떤 것들은 훨씬 더 애매한 피드백을 주기도 한다. 여러분이 언어를 제대로 배우고 있는지, 좋은 친구가 되어주고 있는지, 직업적으로 성공했는지 등은 어떻게 평가할 수 있을까? 게임화는 이러한 애매한 주제에 구체적이고 명확한 피드백을 더해준다.

플레이어들은 당연히 목표를 향해 나아가지 못하고 있다는 느낌을 싫어한다. 이는 피드백의 중요한 사항이다. 우리의 멘탈모델mental model에 따르면, 게임을 할 때 오직 앞으로만 나아가야 한다. 따라서 뒤로 밀릴 경우

프로필 입력을 위한 링크드인의 진행 표시줄. 이러한 진행 표시줄을 통해 프로필 입력 과정을 게임화할 수 있다.[74]

출처: 포인트지Pointzi

매우 큰 불만을 느끼게 된다. 사람들이 마리오 카트Mario Kart의 파란 등껍 질에 맞는 것을 극도로 싫어하는 이유가 여기에 있다.[73] 그렇기 때문에 사용자가 따로 선택하지 않는 한 점수 표시를 없애거나 진행 표시줄의 크기를 줄여서는 안 된다.

게임화의 가장 유명한 네 번째 구성 요소는 바로 보상이다.[75] 즉 목표 달성을 위한 내적보상과 외적보상이다. 다른 무엇보다 보상은 목표를 향해 나아갈 수 있는 동기를 부여한다. 게임 대부분이 내적보상을 제공하지만, 내기를 할 경우엔 외적보상이 따른다. 제품의 게임화에서 가장 일반적인 형태의 보상은 포인트point, 배지badge, 리더보드leaderboard선두 그룹 선수들의 명단이나 점수가 적힌 게시판-옮긴이이다. 흔히 이 세 가지를 묶어 **PBL**이라고 부를 정도로 함께 쓰이는 경우가 많다.[76~78]

그러나 단순히 포인트, 배지, 리더보드 때문에 일하는 사람은 없을 것이다. 사람들은 PBL이 목표 달성을 보여주는 증거가 될 수 있기 때문에 PBL의 가치를 인정하는 것이지 PBL 그 자체에 가치를 부여하는 것이 아니다. 단순히 배지가 붙어 있다고 해서 사람들이 하찮은 일을 할 것이라고 기대하기는 어렵다. PBL을 생각하기 전에 먼저 칭찬하고 싶은 업적의 유형에 대해 생각해야 한다.

예를 들어 진행 표시줄이 채워지는 게 보고 싶어서 링크드인 프로필을 작성하는 사람은 없다. 사람들은 무언가를 완성하는 데에서 오는 만족감이 좋아서 프로필을 작성한다. 게임 공간은 100%를 모두 채워 뭔가를 해낼 수 있는 몇 안 되는 장소 중 하나다.[79] 프로필을 완성하고 나면 사람들은 일종의 정복감을 느끼게 되고, 화면에 보이는 점수가 아닌 그러한 정복감이 진정한 보상이 된다.

제품에 따라 적절한 보상이 다르다는 점에 주목해야 한다. 스타벅스나 항공사 마일리지와 같은 로열티 프로그램도 일종의 게임화라 할 수 있다. 이러한 게임에서 '이기려면' 돈을 지불해야 하기 때문에 고객들은 무료 항

CODE 3 심리학

공권이나 무료 커피와 같은 금전적인 보상을 기대한다. 커피를 많이 마신 것에 대한 보상이 단순히 가상 배지를 얻는 것이라면 스타벅스 고객들은 아마 만족할 수 없을 것이다. 반면에 구글지도에서 업체에 점수를 매기는 일과 같이 사용자들이 자발적으로 하는 일에 대해서는 금전적인 보상을 기대하지 않는 경향이 있다. 그들은 이타심이나 성취감을 느끼는 데 만족하기 때문에 양말 같은 소박한 무료 사은품만 제공해도 만족할 것이다.[80]

다시 말해서, 보상은 게임화의 다섯 번째 구성 요소인 사용자의 동기와 연결될 수 있어야 한다.[81] 만약 사람들이 수익을 얻거나 거래하는 데 관심이 있다면 그런 관심을 충족시켜주어야 한다. 이는 신체 기관 중 위 보상에 해당한다. 사람들이 스스로 세상을 변화시키고 있다고 느끼고 싶어 할 경우, 그들의 사회적 영향력이 커질수록 더 큰 보상을 받을 수 있는 시스템을 만들어야 한다.

여섯 번째 구성 요소는 **선택의 자유**다. 강제로 참여해야 하거나 실수를 했을 때 혹독한 벌을 받아야 한다면 플레이어들은 재미를 느끼지 못할 것이다.[82] 선택의 자유는 제품에서 게임화가 핵심이 아닌 추가 기능이어야 한다는 것을 의미한다. 게임화가 사용자의 마음에 들지 않을 경우, 아무 부담 없이 무시할 수 있어야 한다.

마지막 일곱 번째는 **실패할 자유**다. 이는 사용자가 언제든 다시 시도할 수 있어야 한다는 것을 의미한다. 다른 곳에서 얻을 수 없는 보상이 주어지는 시간 한정 모드의 '퀘스트quest'온라인게임에서 플레이어가 수행해야 하는 임무-옮긴이는 수행하기가 어렵지만, 여러 번 반복해서 수행할 수 있다면 도전해볼 만할 것이다.

사례연구: 로빈후드의 태핑 게임

거래수수료가 무료인 주식투자 앱 로빈후드는 성공적인 게임화를 아주 잘 보여주는 교과서적인 사례라 할 수 있다. 2019년 로빈후드는 새로운

Cash Management
#526,685

OUT OF 1,258,933 People
UP 62 Spots Today

▲ 12

debit

Features

Earn 0.30% APY
Your cash is moved to banks in our program

로빈후드의 체크카드를 받기 위한 대기자 명단인 캐시 매니지먼트에서 순위를 높이기 위해 체크카드 이미지를 누르고 있는 사용자 화면. 125만 명이 넘는 사람들이 대기하고 있는 것으로 보인다.

체크카드를 출시한다고 발표하고 카드를 받을 대기자 명단을 작성했다.[83]

그런데 그 명단은 일반적인 대기자 명단이 아니었다. 다시 말해, 단순히 이메일 주소를 입력하고 초대받기를 기다리면 되는 게 아니었던 것이다. 로빈후드는 대기자들이 경쟁하도록 만들었다. 대기자 명단에 오른 사람들은 하루에 최대 천 번까지 체크카드 이미지를 누를 수 있었다. 체크카드 이미지를 더 많이 클릭한 대기자들은 더 높은 순위로 올라가는 방식이었다. 로빈후드는 심지어 실시간으로 대기자들의 순위를 보여줬고, 그 이미지를 누를 때마다 순위가 얼마나 올라가는지도 보여줬다. 순위를 보여주는 계측기의 숫자는 구식 자동차 주행거리 계기판처럼 상하로 움직였다.[84]

로빈후드가 대기자 명단에 이름을 올릴 친구들을 초대할 경우 순위가 올라가도록 한 것은 그야말로 금상첨화라 할 수 있다. 대기자 명단 상위권에 있는 '플레이어들'이 얼마나 열심히 참여했던지 체크카드 이미지를 클릭하는 것만으로는 순위를 높이는 데 한계가 있었다. 친구를 초대하는 것만이 게임에서 계속 이길 수 있는 유일한 방법이었다.[85]

로빈후드의 이 게임은 입소문을 탔고, 앞서 사진을 통해 확인할 수 있듯이 대기자 명단이 백만 명을 넘어서는 경우가 잦았다. 이는 그 게임이 게임화의 7가지 구성 요소 대부분을 제법 충족시켰기 때문이다.

CODE 3 심리학

첫 번째 구성 요소인 플레이어의 목표는 비교적 명확했다. 그 목표는 초대를 받을 수 있을 만큼 높은 순위에 오르는 것이었다. 그러나 로빈후드는 초대를 받기 위해 얼마나 높은 순위에 올라야 하는지는 정확히 말해주지 않았다. 이는 아마도 플레이어들이 계속 1위를 차지하기 위해 노력하게끔 하기 위한 의도였을 것이다.

두 번째 구성 요소인 규칙 역시 명확했다. 클릭 수와 추천인 수가 충분하면 순위가 올라가고 다른 대기자들보다 그 수가 적으면 순위가 내려갈 수 있다. 알 수 없는 이유로 클릭과 추천인을 총동원한 사람들의 순위가 여전히 뒤로 밀리는 이상한 현상이 명단 상위권에서 나타나기도 했다.[86] 그러나 대부분의 사람이 보기에 그 규칙은 꽤 명확했다.

세 번째 구성 요소인 피드백은 훌륭했다. 체크카드 이미지를 누를 때마다 얼마나 순위가 올라가는지 실시간으로 알 수 있었다. 네 번째 구성 요소인 보상 역시 훌륭했다. 체크카드를 얻기 위해 태핑 게임을 한다는 사실을 모두 알고 있었다. 거듭 말하지만 실제로 카드를 얻기 위해 게임을 꼭 해야 하는 것인지는 확실하지가 않았다. 로빈후드는 마감일을 한 번도 발표한 적이 없다.[87]

다섯 번째 구성 요소는 사용자의 동기이며, 사실 태핑 게임은 좀 유치해 보일 수 있는 게임이었다. 사람들은 체크카드를 갖고 싶었을 뿐인데 어째서 그런 태핑 게임을 하고 있었을까? 로빈후드가 사람들의 시간을 축내고 입소문을 내기 위해 유치한 방법을 쓴 것처럼 보인다. 그러나 어쨌든 그 방법은 통했다.

여섯 번째 구성 요소인 선택의 자유도 잘 다뤄졌다. 로빈후드가 게임을 하지 않고 체크카드를 받을 수 있을지에 대해서는 명확히 밝히지 않았지만, 로빈후드의 다른 기능들을 사용하기 위해 태핑 게임을 할 필요는 없었다.

일곱 번째 구성 요소인 실패할 자유는 다소 좀 약했다. 단 하루만 게임을 하지 않아도 순위가 내려갈 수 있기 때문이다. 다행히 다시 순위를 올리는 것이 불가능하지는 않았다.

로빈후드의 태핑 게임을 살펴봤으니 이제 게임화 과정의 각 구성 요소에 대한 주관적인 점수를 한번 매겨보도록 하자.

No	구성 요소	점수
1	목표	B+
2	원칙	A
3	피드백	A+
4	보상	A
5	동기부여	C
6	선택의 자유	A-
7	실패할 자유	B+

전반적으로 상당히 훌륭하고 매우 효과적인 게임화를 적용했다고 볼 수 있다.

사례연구: 투두이스트

게임화의 목표를 보면 어렵지 않은 경우가 많다. 로빈후드의 경우, 대기자 명단의 크기를 최대화하는 것이었다. 게임화를 통해 회사의 수익을 극대화하려는 시도 역시 어려울 게 없다.

그런데 가끔 게임화가 사용자들로 하여금 여러분의 목표가 아닌 **사용자의** 목표를 달성하도록 돕는 수단이 되기도 한다. 이러한 현상은 사람들이 건강을 증진하거나 새로운 기술을 배우거나 좀 더 생산적인 사람이 될 수 있도록 돕는 것을 목표로 하는 자기계발 앱에서 흔히 찾아볼 수 있다. 이

CODE 3 심리학

경우 사용자의 목표가 매우 다양하기 때문에 최적화할 대상을 명확하게 하기가 더 어렵다. 결과적으로 게임화를 제대로 하기는 훨씬 더 어렵다.

생산성 앱 투두이스트Todoist는 게임화를 제대로 접목한 자기계발 앱의 대표적인 사례 중 하나다. 표면상 할 일 관리 앱이므로 사용자의 최우선 목표는 매우 명확하다. 바로 할 일 목록에 있는 일들을 완수하는 것이다. 하지만 좀 더 깊이 들여다보면 그 목표가 좀 애매해진다. 우선, 사람들은 **왜** 할 일 관리 앱을 사용하는 것일까?

투두이스트는 사람들이 삶을 체계적으로 바꾸고 싶어 한다는 사실을 깨달았다. 삶의 변화를 원하는 사람들의 경우, 단순히 치과 진료 예약 일정을 다시 잡아야 한다는 것만 기억하고 싶지는 않을 것이다. 그들은 더 좋은 습관을 기르고 더 나은 시간 관리 기술을 갖춰 좀 더 생산적인 사람이 되고 싶어 한다.

그래서 투두이스트는 사람들이 장기간에 걸쳐 할 일들을 꾸준히 완료해나가고 좀 더 생산적으로 목표를 달성할 수 있도록 돕는 게임화 시스템을 도입했다.

투두이스트는 사용자의 진행 과정을 장기간 추적하는 '카르마karma' 시스템을 구축했다. 할 일을 꾸준히 완료해나가면서 목표를 달성하면 카르마를 얻고, 목표를 달성하지 못하면 카르마를 잃는 원리다.[89] 이 카르마 점수는 사용자의 삶을 평가하는 일종의 스코어보드로, 사용자가 자기계발을 하는 데 필요한 임무를 얼마나 완수

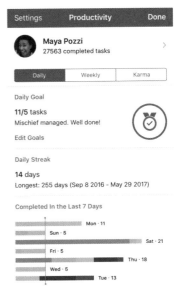

한 사용자의 목표 달성 진행 상황을 보여주는 투두이스트 대시보드[88]

출처: 투두이스트

했는지를 보여준다.

카르마 시스템에 적용된 규칙은 카르마를 얻거나 잃는 데 영향을 주기 때문에 사용자가 따라야 할 명확한 행동 규칙을 제공한다. 할 일을 추가하고, 그 일을 제시간에 완료하고, 일일 목표나 주간 목표를 달성하고, 목표를 여러 번 연속으로 달성해 '스트리크streak'를 얻음으로써 카르마 점수를 쌓을 수 있다. 그러나 할 일을 완수하지 못하고 기한을 4일 이상 넘기면 카르마를 **잃을** 수도 있다! 이 경우는 사용자의 포인트를 차감해도 되는 몇 안 되는 경우 중 하나다. 이 엄격한 기능은 선택사항으로, 사용자가 마감일을 설정하지 않으면 포인트를 잃지 않고 지킬 수 있다.[90]

이러한 규칙들은 사용자들에게 게임에서 '승리'하는 법과 행동을 바꾸는 법을 알려준다. 미뤄둔 일이 있어서 카르마를 계속 잃으면서 불만을 느낀다면, 마감일을 너무 이상적으로 정하지 않고 좀 더 현실적으로 정하는 법을 배우게 될 것이다. 그렇게 새로운 방식을 배워나감으로써 사용자는 게임을 더 잘 수행하고 더 생산적인 사람이 될 수 있다. 게임화는 게임에서의 성공이 곧 사용자의 목표 달성을 의미할 때 그 효과를 발휘한다.

8시간 전	**4600**	-12 ⚠	
19시간 전	**4612**	+16 ✅	
21시간 전	**4596**	+24 ⭐	
1일 전	**4572**	-12 ⚠	
2일 전	**4584**	+8 ✅	-12 ⚠
3일 전	**4588**	-9 ⚠	
3일 전	**4597**	+8 ✅	

투두이스트의 카르마 시스템은 사용자가 목표를 달성하면 포인트를 주고 목표를 달성하지 못하면 포인트를 차감한다.

당신은 **중급자**입니다. 카르마는 **4600**입니다.

◉	0 → 499	**초심자**	
◉	500 → 2499	**초보자**	
◉	2500 → 4999	**중급자**	당신의 현재 레벨
◉	5000 → 7499	**프로**	
◉	7500 → 9999	**전문가**	
◉	10000 → 19999	**마스터**	
◉	20000 → 49999	**그랜드 마스터**	
◉	500000++	**계몽가**	

투두이스트의 카르마 시스템은 '레벨'을 갖고 있다. 계속해서 더 많은 카르마를 획득하기 위해 새로운 레벨을 잠금 해제할 수 있다.

카르마 시스템은 사용자에게 명확한 피드백을 제공하고, 사용자가 카르마를 얻거나 잃을 때마다 대시보드를 통해 알려준다. 물론 카르마는 내적보상이라 할 수 있다. 또한 카르마를 충분히 쌓아 '레벨 업'을 할 수도 있다. 1만 카르마를 획득하면 '마스터master'가 될 수 있고, 5만 카르마를 획득하면 '계몽가enlightened'가 되는 식이다. 소셜미디어를 통해 레벨 업에 대한 자랑을 할 수도 있다. 이러한 기능은 일종의 외적보상이라 할 수 있다.[91]

또 투두이스트는 사용자에게 선택의 자유를 준다. 사용자가 언제든 카르마 시스템 사용 여부를 설정할 수 있을 뿐 아니라, 카르마 시스템 사용 시 카르마 포인트가 높지 않아도 도구를 효과적으로 사용하는 데에는 아무런 문제가 없다.

투두이스트가 사용자에게 실패할 자유를 충분히 주고 있다고 보기는 다소 어렵다. 투두이스트를 한참 사용하지 않으면 사용자의 카르마가 모두 사라져서 다시 앱을 사용하고자 하는 의욕이 꺾일 수도 있다. 이런 식으로 사용자의 의욕을 꺾을 수 있는 충격을 완화하기 위해 투두이스트는 사용자로 하여금 휴가 모드로 전환할 수 있게 해주며, 앱을 사용하지 않는 기간 동안에도 스트리크와 카르마를 잃지 않고 지킬 수 있게 했다. 휴가 모드로 설정하는 것을 기억하기만 하면 된다.[92]

게임화가 실패하는 이유

일반적인 생각과 달리 게임화는 묘책이 아니다. 게임화 시도 중 약 80%가 실패한다.[93] 그중 대부분은 PM들이 게임화를 언제 하면 좋을지 모르기 때문에 문제가 발생한다. 단순히 앱에 포인트와 배지 기능을 구현하는 것만으로 앱이 잘 작동하기를 기대할 수는 없다.

적절치 않은 보상을 선택할 경우, 게임화에 실패할 수 있다. 예를 들어 아마존이 인수한 온라인 신발 소매업체 자포스는 신발 한 켤레에 '호감'을 표시하고 신발 여러 켤레를 사는 고객들에게 배지와 가상 포인트를 준 적이 있다.[94] 자포스 고객들은 그러한 방식이 이상하고 다소 불공평하다고 생각했다. 그들은 **실제** 돈을 지불하고 있는 반면에 자포스는 그들에게 배지와 가상 포인트만 제공했기 때문이다.[95] 무료 항공권을 제공하는 항공사 마일리지 프로그램과 무료 숙박권을 제공하는 호텔 로열티 프로그램에 오랫동안 길들여진 고객들은 이커머스 보상 시스템을 통한 금전적인 보상을 기대했다. 결국 자포스는 브랜드 이미지를 훼손할 수 있다는 이유로 그러한 보상 방식을 계속 이어가지 않고 중단했다.[96,97]

게임화는 규칙이 명확하지 않을 경우에도 실패할 수 있다. 2010년대 중반 소셜미디어 플랫폼에서 사용자의 중요도와 인기도를 측정하는 서비스를 제공했던 클라우트Klout를 한번 생각해보자. 클라우트의 보상과 피드백 시스템은 명확했다. 사용자는 1점부터 100점까지 점수를 얻을 수 있었고[98] 그 점수를 친구와 동료들에게 자랑할 수 있었다.

문제는 점수를 매기는 시스템이 전혀 직관적이지 않다는 데 있었다. 사람들은 새로운 계정들과 연결할 때 점수가 **내려가는** 것을 발견했고, 그래서 점수를 올리기 위해 일부 계정과의 연결을 끊었다. 이후 클라우트는 사용자가 플랫폼에서 다른 사람들에게 '+K' 칭찬을 할 수 있도록 했지만, 이상하게도 그것이 점수에 반영되지는 않았다. 클라우트의 점수 측정 시스템은 혼란스럽고 장난치기가 쉬워 사용자가 재미있기보다는 짜증나고 불만스러운 경험을 하도록 만들었다.[99]

한편, 게임 방식이 제품의 실제 목표를 달성하는 데 방해가 될 정도로 지나치게 어렵고 복잡하지 않도록 해야 한다. 여러분이 원하는 것은 유용성을 갖춘 게임이 아니라 게임이 접목된 제품이다.

습관을 추적하고 개선하면서 판타지 캐릭터로 롤플레잉을 하고 레벨업을 하고 최종 보스와 겨루며 아이템을 모을 수 있는 습관 추적 앱인 해비티카Habitica를 떠올려보자. 해비티카는 매우 재미있는 앱이기는 하지만 반려동물, 길드, 치유의 묘약, 음식 등이 등장해 너무 복잡하다.[100] 게임 방법을 배우는 것이 습관을 추적하는 방법을 배우는 것보다 더 오랜 시간이 걸릴 수 있다.

조만간 여러분은 습관을 잘 길들이기 위해 노력하기보다는 캐릭터의 장비(검, 지팡이, 방패, 로브 등 100가지 이상[101])를 최대한 사용하기 위한 방법을 찾고 반려동물(200여 종[102])을 모으는 자신을 발견할지도 모른다.

이는 실제로 1년 넘게 해비티카를 열심히 사용한 닐의 경험담이기도 하다. 닐은 헬스클럽에 가는 대신 희귀한 검을 찾는 데 몇 시간씩 보내고 있다는 사실을 알게 됐을 때 자신이 앱 기능보다 게임을 더 우선시한다는 사실을 깨달았다. 게임이 워낙 복잡하고 몰입감이 뛰어났기 때문에 게임을 하면 정신이 산만해지곤 했다. 말하자면 게임화가 도를 넘은 상황이었다고 할 수 있다.

도파민이 쏟아지는 틱톡의 심리학

숏폼short-form 동영상 앱 틱톡은 2018년과 2019년에 걸쳐 SNS 세계에 혜성처럼 등장해 2년 차에는 거의 7억 건의 다운로드를 기록했다. 이는 앱스토어 순위에서 왓츠앱에 이어 2위를 차지할 만큼 좋은 성적이었다.[1] 틱톡을 사용해보았다면 누구나 이 앱이 상당히 강한 중독성을 지니고 있다는 사실을 알 것이다.◆ 사회학자들은 이처럼 강한 중독성을 가리켜 '디지털 크랙 코카인digital crack cocaine'이라고 말한다.[2] 틱톡은 어떻게 해서 우리가 앱을 실행하지 않는 순간에도 우리의 관심을 그렇게 꽉 붙들 수 있었을까?

그 답은 틱톡이 인간 심리를 깊이 이해하고 있다는 데에서 일부 찾을 수 있다. 그 첫 번째는 바로 사용자의 동기다. 틱톡은 그들의 타깃층인 젊은 세대가 엔터테인먼트와 사회적 인정을 원한다는 것을 알았지만, 인스타그램이나 페이스북과 같은 기존 SNS에서는 그러한 사실을 이해하지 못했다.[3]

이런 앱들은 평소 알고 지내거나 존경하는 사람들과 연락을 유지하는 데 그 목적이 있다. 엔터테인먼트 가치는 부수적인 가치이기 때문에 사용자가 재미있는 계정을 팔로우하거나 즐거움을 주는 그룹에 가입해야 한다. 그런데 틱톡은 다르다. 틱톡 홈페이지에서는 친구들이 올린 게시물 목록이 아니라 누가 올렸든지 간에 틱톡에서 가장 인기가 많고 재미있는 바이럴viral 바이러스가 퍼지는 것처럼 소비자 사이에 입소문이 나는 것-옮긴이 콘텐츠를 알고리즘으로 선정한 목록을 볼 수 있다. 이는 마치 인스타그램이나 트위터에서 팔로우하는 사람들이 올리는 피드가 아닌 '탐색explore' 탭이 더 주목을 받는 것과 비슷하다고 할 수 있다.

◆ 누군가는 오후 내내 틱톡을 한 경험이 있을 것이다. 그 중독성이 얼마나 강력한지 무서울 정도다.

사용자들은 즐길 거리를 찾는다. 갤러웨이의 이론에 따르면 그들의 위를 채워 줄 흥미로운 동영상을 찾아내기 위해 틱톡을 찾고, 틱톡은 바로 그런 콘텐츠를 사용자들에게 전달한다.[4]

틱톡은 젊은 세대, 특히 청소년들이 사회적 인정을 갈망한다는 사실을 알게 됐다. 사회적 인정은 신체 기관 중 **심장에 해당하는 욕구를 만족시키는 보상**을 제공해주고, **자기결정 이론**에서 이야기하는 유능성이라는 욕구를 채워준다.

Z세대의 경우, 온라인상에서의 사회적 인정을 자신이 만든 콘텐츠를 좋아하는 낯선 사람들에게서 얻는다. 다시 말해서 인플루언서가 됨으로써 사회적 인정을 받게 된다. 하지만 인스타그램과 같은 소셜네트워크에서 인플루언서가 되기란 쉽지 않다. 팔로워 수를 크게 늘리는 데 오랜 시간과 많은 게시물이 필요하고, 새로운 사람들에게 주목을 받으려면 자기 자신을 홍보하는 법도 알아야 한다. 그러나 틱톡은 (덧없다 할지라도) 훨씬 더 쉽게 명성을 얻게 해준다. 정말 재미있는 동영상을 만드는 사람이라면 누구든 자동으로 수백만 명에게 노출될 것이다.[5,6] 굳이 팔로워 목록을 만들지 않아도 된다. 좋은 콘텐츠를 만들면 자동으로 '디지털 부자'가 될 수 있는 기회를 얻게 된다. 이러한 즉각적인 피드백과 무작위적인 기회의 조합은 틱톡에서 유명해지는 일을 지루한 일이 아닌 중독성 있는 게임이 될 수 있도록 해준다.

틱톡은 사람들의 발목을 잡을 수 있는 **전환비용**을 극복하는 방법도 알고 있다. 트위터와 인스타그램은 팔로우할 사람들을 선택했을 경우에만 유용하며, 소셜 미디어를 처음 사용하는 많은 사람들은 자신이 무엇을 좋아하는지 잘 모를 수도 있다. 한편 틱톡은 유튜브와 마찬가지로 사용하는 즉시 끊임없이 이어지는 동영상의 바닷속으로 사용자를 밀어 넣는다. 무엇을 좋아하는지 틱톡에 알릴 필요가 없다. 틱톡이 재미있는 것들을 잔뜩 보여주면서 사용자가 무엇을 좋아하는지 알아서 배울 것이기 때문이다.[7] 사실 틱톡은 소셜네트워크가 아니다. 그렇기 때문에 사용자들은 틱톡에 친구들이 없어도 크게 개의치 않는다. 이는 틱톡이 많은 제품들의 출시를 방해하는 **네트워크 효과**를 피할 수 있도록 도와준다. 마지막으로 틱톡은 사용자들이 떠나지 않고 틱톡에 계속 머물게 하는 방법을 잘 알고 있다. 틱톡은 **훅 모델** 루프가 자동으로 이뤄지도록 한다. 앱을 실행하고 동영상을 볼 때마다 틱톡은 사용자가 좋아하는 것을 자동으로 학습해 사용자의 취향을 점점 더 정확하게 파악해낸다. 이렇게 되면 다시 앱을 실행할 확률이 높아질 뿐 아니라 알고리즘 역시 개선될 것이다.[8]

틱톡은 **다양한 보상**을 제공하는 데에도 능하다. 기존 SNS에서는 사용자가 팔로우할 사람을 직접 선택하기 때문에 피드에서 무엇을 보게 될지 어느 정도 예상할 수 있다. 그러나 틱톡은 사용자가 스크롤을 할 때마다 무작위로 즐거움을 선사한다. 예측이 불가능한 콘텐츠로 틱톡은 계속해서 놀라움을 선사하고 그 놀라움은 도파민을 분비시킨다. 틱톡은 근본적으로 도파민이 쏟아지는 폭포나 다름없다.[9]

계속 이야기를 이어나갈 수도 있지만, 이제 우리가 말하고자 하는 요점이 무엇인지 잘 알 것이다. 인간 심리에 대한 이해는 틱톡이 역사상 가장 폭발적이고 중독성 있는 바이럴 앱 중 하나가 되는 데 기여했고, 여러분 역시 그와 관련된 지식을 제품에 적용할 수 있다.

사용자
경험

User Experience

디자인은 인간의 행동과 연결되어야 한다.
디자인은 인간 행동에 녹아들어 있다.

Design needs to be plugged into human behavior.
Design dissolves in behavior.

후쿠사와 나오토
| 산업디자이너

해적선이 된 CT 촬영기

CT 촬영기는 현대 의학의 경이로운 기술 중 하나다. 인체 내부를 들여다보는 기술로 의사들은 질병을 신속하게 검사하고 진단해 치료와 수술 계획을 세울 수 있다. 촬영 시 이온화 방사선이 사용되기는 하지만, 어린아이들이 이용해도 별 문제가 없는 안전한 의료 장비다.[1]

하지만 어린아이들은 커다랗고 차갑고 생소한 모양의 CT 촬영기 한가운데로 미끄러져 들어가는 것을 두려워한다. 기계 내부는 보통 어둡고, 그 안에서 이상한 빛과 소음을 경험하게 된다. 어린아이 대부분은 CT촬영 검사를 진행하는 동안 가만히 누워 있지를 못한다. 어린아이 중 80%가 검사를 받기 전에 수면마취를 해야 할 정도로 두려워한다.[3]

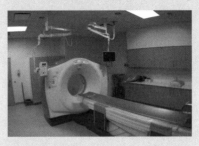

일반 CT 촬영기[2]

출처: 위키미디어

그래서 한 어린이 병원에서는 CT 촬영기를 다시 디자인했다. 친숙하지 않은 흰색의 자동 기계 장치는 갑판, 돛대, 방향키를 갖춘 해적선이 됐다! 새로운 CT 촬영기로 들어가는 아이들은 해적선을 타고 항해를 떠난다. 아이들은 항해 전 멀미를 하지 않으려면 배 위에서 가만히 있어야 한다는 설명을 듣고, '항해'를 마치면 해

해적선을 본떠 제작한 CT 촬영기[4]

출처: 슬레이트Slate

적의 보물 상자에서 '보물'을 고를 수도 있다.[5]

CT 촬영기 자체는 변한 게 없지만, 검사를 받는 아이의 반응은 딴판이다. 기계의 디자인을 바꾸기 전 검사를 받은 아이들은 차갑고 무서운 기계에 들어가야 한다는 생각에 마음을 졸이며 불안해했다. 반면 해적을 테마로 한 기기에 들어갔던 여섯 살 소녀는 엄마의 치맛자락을 잡아당기며 "엄마, 우리 내일 또 오면 안 돼요?" 하고 묻는다. 어린이 병원의 CT촬영 팀은 더 이상 아이들을 진정시킬 필요가 없었고, 환자의 만족도는 90%에 달했다. 새 디자인 아이디어가 실제로 매우 효과적이었고, 병원에서는 '어드벤처 머신'이라는 테마로 CT 촬영기 9대를 다시 디자인해 만들었다.[6]

이 같은 사례는 제품을 제작할 때 기능이 다가 아니라는 사실을 보여준다. 사용자를 만족시키기 위해서는 사용자가 좋아할 만한 경험을 제공하고 싫어할 만한 경험은 피할 수 있도록 해야 한다. 이 점을 잘 이해하고 있다면, 제품에 대한 훌륭한 UX(사용자경험)를 만들어낼 수 있을 것이다.[7]

한 가지 주목할 점은 이러한 UX와 UI(사용자 인터페이스)의 차이를 구별할 수 있어야 한다는 것이다. UX가 브랜드나 제품과 상호작용하는 사용자의 총체적 경험에 중점을 둔다면, UI는 화면 인터페이스 구성 요소를 매력적이고 직관적이며 실용적으로 만드는 데 중점을 둔다.

UX는 사용자 여정을 이해하고 사용자 문제를 해결하는 것이므로 PM 역할에 더 중점을 두고, UI는 브랜딩과 시각디자인에 더 중점을 둔다. 4부에서는 주로 UX에 대한 내용을 다룰 테지만, 그와 관련된 UI 주제도 간간이 살펴볼 것이다. 결국 UX와 UI는 둘 다 필요하다. 나쁜 UI를 가진 좋은 UX는 형편없는 모양으로 만들어진 맛있는 케이크고, 나쁜 UX를 가진 좋은 UI는 썩은 달걀 맛이 나는 예쁜 모양의 케이크다.[8] UX는 제품을 유용하고 즐거운 것으로 만들어주고, UI는 제품을 이해하기 쉽고 보기 좋은 모습으로 만들어준다.[9]

16장

Cognition

인지

버튼 하나를 없애는 것이 얼마나 치명적인 결과를 낳을 수 있는지를 살펴보면 가히 충격적이다. 2012년 마이크로소프트가 윈도우 8을 출시했을 때[1] 담당 PM들은 윈도우 경험 전체를 처음부터 다시 생각하기로 했다.[2]

가장 악명 높은 변화는 1995년부터 윈도우를 장식한 위젯 중 하나로 윈도우 운영체제의 가장 상징적인 기능이자 마이크로소프트의 가장 유명한 기능으로 자리매김한 시작 버튼을 삭제하기로 한 것이었다.[4] 윈도우의 한 PM은 사용자 데이터를 분석한 결과 시작 메뉴에서 앱을 검색하는 대신 화면 하단에 있는 작업 표시줄에 앱을 고정하는 경

윈도우 비스타Windows Vista 시작메뉴[3]

출처: 토스티테크ToastyTech

우가 점점 늘고 있어 시작 버튼을 없앴다고 밝혔다.[5]

원도우 8의 변화에 대한 불만은 순식간에 눈덩이처럼 불어났다.[7] 가장 일반적인 불만 사항은 다름 아닌 시작 버튼의 삭제였다.[8] 시작 버튼은 색색의 타일로 표시된 앱이 배치된 '시작 화면'으로 대체됐다.* 이 시작 화면은 시작 버튼과 거의 동일한 기능을 제공했지만, 리뷰어와 사용자 모두 앱을 시작하고 운영체제를 다루는 법을 다시 배워야 한다는 데 큰 불만을 느꼈다.[9] 시작 화면은 찾기 어렵고 종잡을 수 없는 섬광에 비유됐고, 앱을 찾기 위해 앱 이름을 검색하는 등 화면을 효과적으로 사용하는 데 필요한 단축키를 모두 파악하고 있는 사람이 거의 없었다.[10]

이렇게 불편하고 혼란스러운 경험은 분명 원도우 8이 지닌 가장 큰 문제 중 하나였다. 원도우 8은 결코 성공적이지 못했다. 2013년 9월, 원도우 8의 시장점유율이 8%로 정점을 찍었을 때도 원도우 7이 여전히 전체 PC의 46%를 차지하고 있었다. 이후 몇 년 동안 실제로 원도우 7의 보급률이 61%로 **증가**했다![11] 마이크로소프트는 전체 업그레이드 주기 즉, OS와 PC를 많이 판매할 수 있는 기회를 놓쳐 고통이 따랐고, 결국 2015년 원도우 10에는 시작 버튼을 다시 넣었다.[12]

원도우 사용자들은 원도우 PC를 사용하는 것에 대한 매우 구체적인 **정신모형**을 갖고 있었고, 그 모델의 중심은 시작 버튼이었다. 그들은 거의 20년에 걸쳐 시작 버튼을 사용하는 데 익숙해져 있었다. 원도우 8에서 시작 버튼이 사라지자 모든 사용자의 심리적 지름길, 축적된 지식, 제품에 대한 '느낌'도 없어져버렸다.

뛰어난 사용자경험을 만들고 싶다면, 사람들의 뇌가 기술을 어떻게 감지하는지부터 이해해야 한다. 우리는 컴퓨터, 휴대전화, 스마트워치 등을

◆ 원도우 8에서도 마우스를 화면의 왼쪽 하단 모서리 쪽으로 움직이면 여전히 시작메뉴를 이용할 수 있지만, 그 기능을 발견하기가 매우 어렵다.

CODE 4 사용자경험

시작 화면에 앱 타일은 있지만 시작 버튼이 없는 윈도우 8의 메트로Merto UI[6]

출처: 토스티테크

윈도우 10은 이전에 사용했던 시작 버튼을 다시 제공했다.[13]

출처: 토스티테크ToastyTech

사용하도록 진화하지 않았다. 그래서 우리 뇌는 그것들을 이해하는 데 도움이 되는 일련의 복잡한 도구를 개발해야 한다. 이러한 뇌 패턴을 이해해야만 윈도우 8이 만들어낸 불만과 혼란을 피할 수 있다.

정신모델

사용자 인지에 관한 이 같은 이해는 정신모델Mental models 즉, 무언가가 어떻게 작용하는지에 대한 직관에서 출발한다.[14] 우리가 펜을 집어 들면 우리 뇌는 그 펜을 어떻게 사용해야 하는지 바로 알아차린다. 아니면 적어도 그 펜을 어떻게 사용하면 될지 생각한다. 펜 끝에 버튼이 있으면 그 버튼을 누를 것이고, 펜 뚜껑이 있으면 그 뚜껑을 열어 사용할 것이다. 이것은 여러분이 살면서 펜 수천 개를 사용해본 경험에 바탕을 두고 있으며, 그러한 경험은 여러분이 굳이 별다른 생각을 하지 않고도 어떤 펜이든 집어 들고 사용할 수 있게 해준다.

우리는 모든 것에 대한 정신모델을 갖고 있고, 정신모델이 산산이 부서지면 혼란에 빠진다. 서양 사람들은 책등이 왼쪽에 위치하도록 책을 놓고, 오른손으로 책장을 펼치고, 페이지를 오른쪽에서 왼쪽으로 넘기면서

널이 지울 수 있는 볼펜을 보여주자 그 볼펜을 본 친구들은 혼란스러워했다. 볼펜 끝에 튀어나와 있는 부분을 누르면 볼펜 심이 나올 거라 생각했는데 그렇지 않았다. 볼펜 끝부분은 지우개였다. 볼펜 심은 볼펜 왼쪽에 있는 클립을 눌러야 나왔다. 훌륭한 볼펜이기는 하지만 볼펜 사용법에 대한 사람들의 정신모델을 산산조각 냈다. 그 볼펜을 처음 사용하는 사용자들은 혼란을 경험할 수밖에 없다.[15]

출처: 펜즈 앤드 펜슬즈Pens and Pencils

CODE 4 사용자경험

책을 읽는다. 서양 사람들은 반대 반향으로 읽는 일본 책을 건네받을 때 보통 혼란스러워한다.[16] 첫 장인 줄 알고 책장을 펼쳤을 때 마지막 장이라는 사실을 발견하고서야 책을 반대 방향으로 읽어야 한다는 것을 알게 된다.

이와 같은 혼란은 테크 제품에서도 발생할 수 있다. 앞서 윈도우 8의 사례를 살펴봤다. 또 다른 예로는 스냅챗을 들 수 있다. 수년간 스냅챗을 사용한 사람들은 왼쪽의 최근 메시지 목록, 중간의 녹음 화면, 오른쪽의 친구 스토리 목록으로 간단하게 구성된 3개 분할 레이아웃에 익숙해져 있었다. 그러나 2018년 스냅챗은 스토리를 메시지 화면으로 옮기는 새 디자인을 발표하면서 큰 논란이 되었고, 결국 혼란스럽고 어수선한 인터페이스가 되고 말았다.[18,19] 사람들의 기대는 산산조각이 났고, 사람들은 그에 대한 실망감과 불쾌감을 드러냈다. 스냅챗을 예전 디자인으로 다시 되돌려놓으라는 청원에 120만 명이 서명했고,[20] 이내 스냅챗의 사용자 감성지수는 거

스냅챗이 2018년 선보인 새로운 디자인은 논란이 많았다. 스토리 페이지와 친구 목록을 병합했는데, 이러한 변화는 많은 사용자들을 혼란스럽고 화나게 했다.[17]

출처: 비즈니스 인사이더

의 73%가 떨어졌다.[21] 스냅챗 주가는 새로운 디자인을 발표하고 하루 만에 거의 20% 가까이 폭락했다.[22]

리디자인redesign이 모두 나쁘다는 것은 아니다. 사용자의 정신모델을 지키고 따르는 선에서 적절하게 업데이트하는 리디자인은 성공할 수 있다. 유튜브는 여러 해에 걸쳐 디자인을 개편했다. 하지만 모든 리뉴얼은 동일한 정신모델을 적용하게끔 되어 있다. 즉 동영상을 검색할 수 있는 상위 노출 검색창, 플레이리스트 작성, 크리에이터 구독 등의 핵심 메커니즘을 그대로 보존해온 것이다.[24] 2008년 유튜브를 마지막으로 사용한 사람도 보다 현대적으로 바뀐 새로운 버전의 유튜브를 사용하는 데 큰 어려움을 겪지 않을 것이다. 게다가 유튜브[25]와 페이스북[26]은 이전 버전을 버리고 새 버전으로 바로 바꿀 필요 없이 새로운 정신모델로 서서히 전환할 수 있도록 리뉴얼된 디자인의 사용 여부를 사용자가 직접 선택할 수 있게 한다.

좌절감 혹은 심지어 위험을 느끼게끔 하는 경우도 있다. 사용자가 어

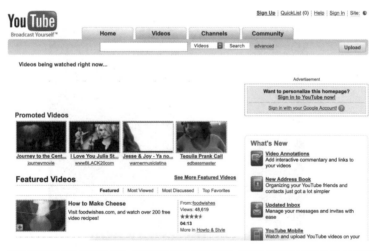

유튜브 홈페이지의 2008년 모습. 이후 많은 것이 바뀌었지만, 동영상 목록이나 검색창 등 사용자들에게 익숙한 요소들은 여전히 그 자리를 지키고 있다.[23]

출처: 인터넷 아카이브

떤 정신모델을 적용해야 할지 모를 때다. 2016년, 조슈아 브라운Joshua Brown 이라는 테슬라의 열성 팬이 플로리다 고속도로에서 자율주행Autopilot 모드로 테슬라 자동차를 운전하고 있었다. 그런데 갑자기 전복된 트랙터 트레일러가 그의 차 앞에 나타났다. 브라운도 그의 자율주행차도 그 트레일러를 알아차리지 못했다. 차는 트럭으로 돌진했고, 브라운은 그 자리에서 사망했다.[27]

당시 테슬라의 기술은 완벽하지 않았다. 한 분석 연구에서 사고 차량의 카메라가 하얀색 트레일러와 하늘을 제대로 구분하지 못했다는 것을 발견했다. 당시 지적받았던 또 다른 사고 원인은 브라운이 운전대에 손을 올리고 있으라는 경고를 반복해서 무시했다는 것이었다. 사고 당시 브라운이 영화를 보고 있었다는 루머가 돌기도 했다.[28]

브라운이 좀 더 주의를 기울여야 했지만, 테슬라의 혼란스러운 사용자 경험이 그의 부주의한 행동을 이끌어낸 것으로 보인다. 우리 인간은 자동차를 운전하고 타는 것에 대한 훌륭한 정신모델을 개발해왔다. 운전할 때는 운전대에 손을 올리고 늘 주의를 기울이고, 승차할 때는 편안하게 앉아서 휴식을 취한다. 2016년 당시 자율주행 모드에서는 사용자가 낯선 하이브리드 모드를 사용해야 했다. 즉 자동차가 스스로 주행할 수 있기는 하지만, 운전자 역시 늘 경계를 늦추지 않고 상황을 통제할 수 있어야 했다.[29]

다른 수많은 테슬라 사용자들과 마찬가지로 브라운 역시 승객인 동시에 운전자라 할 수 있는 하이브리드 라이더-드라이버rider-driver가 되기 위한 정신모델을 갖고 있지 않았다. 브라운은 '오토파일럿'이라는 제품명을 믿고 승객에 맞는 정신모델을 적용해도 괜찮겠다고 판단했을 것으로 보인다.[30] 그는 잘못된 정신모델을 선택했고, 따라서 그 불행한 사고를 피하는 데 필요한 충분한 주의를 기울이지 못했다. 정리하자면, 브라운에게도 어느 정도 과실이 있는 게 분명하지만, 테슬라 역시 그가 잘못된 정신모델을 선택하도록 이끌었다는 비난을 피할 수 없다.

여러분이 이처럼 생사가 걸린 분야에 몸담고 있지 않기를 바라지만 요점을 말하자면 이렇다. 사용자가 제품을 잘 사용하기 위한 적절한 정신모델을 찾지 못하면 불쾌한 경험을 할 수밖에 없다.

정신모델 재사용하기

사용자에게 새로운 정신모델을 강요하거나 그들이 오랫동안 지켜온 모델을 방해하면 불만으로 이어질 수 있고, 최악의 경우 큰 문제가 될 수도 있다. 따라서 신제품을 만들 때 가장 간단하고 쉬운 방법은 사람들이 사용하는 기존 정신모델을 재사용하는 것이다. 이렇게 정신모델을 재사용하는 것은 **제이콥의 법칙**Jakob's law이라고도 알려져 있다. 보통 사용자들은 대부분의 시간을 다른 제품들을 사용하는 데 소비하기 때문에 여러분의 제품을 사용할 때도 그들에게 익숙한 방식으로 사용할 수 있기를 바란다.[31]

예를 들어 아마존에서 산지 직송에 이르기까지 사실상 모든 이커머스 웹사이트는 장바구니를 화면 우측 상단에 배치한다.[32] 장바구니가 꼭 그 자

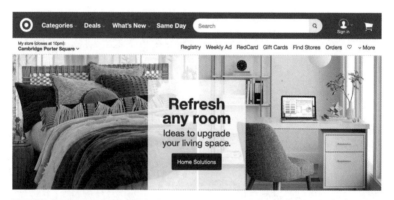

미국의 종합 유통업체 타깃Target의 웹사이트는 거의 모든 이커머스 웹사이트와 동일한 디자인 패턴을 따른다. 즉 장바구니는 우측 상단, 계정 정보는 장바구니 옆, 검색창은 중앙 상단, 홈 버튼은 좌측 상단에 있다. 동일한 패턴을 따르는 이유는 사용자들이 이커머스 웹사이트가 작동하는 방식에 대한 분명한 정신모델을 갖고 있고, 그 외의 다른 모델들은 그들을 혼란스럽게 할 수 있기 때문이다.[34]

출처: 타깃

리에 있어야 할 이유는 없지만 그것이 일종의 관례가 됐다. 그러한 관례에서 벗어나 있는 웹사이트는 장바구니를 찾기 위해 우측 상단을 살피는 사용자들을 혼란스럽게 할 수 있다. 마찬가지로 검색창은 화면 중앙 상단에, 사용자 로그인 버튼은 우측 상단에, 회사 로고(보통 홈페이지로 안내하는 로고)는 좌측 상단에 위치하는 경향이 있다. 웹 개발 툴키트도 사용자가 당연히 이와 같은 패턴을 사용할 것으로 상정하고 다른 대안은 지원하지 않을 정도로 수많은 웹사이트에서 동일한 패턴을 찾아볼 수 있다.[33]

신제품을 출시할 때 사용자가 신제품으로 전환하는 것을 두려워하지 않도록 하려면 기존의 정신모델을 따르는 것이 필수다. 예를 들어 구글독스와 구글시트는 마이크로소프트 워드와 엑셀 사용자들을 노골적으로 겨냥했기 때문에 두 앱의 사용자 인터페이스에 사용된 주요 패턴을 그대로 따라했다. 구글독스는 사용자에게 친숙한 마이크로소프트 워드의 볼드체-이탤릭체-밑줄체bold-italic-underline 서식 설정 버튼과 파일-편집-보기-삽입-서식-도구File-Edit-View-Insert-Format-Tools 메뉴 등을 차용했다. 한편 구글시트는 엑셀의 공식 대부분을 재사용했다.[35] 이는 워드와 엑셀을 사용하기 위한 정신모델을 구글독스와 구글시트에 꽤 쉽게 적용할 수 있으므로 사람들이 제품을 전환하기가 더 쉽다는 것을 의미했다.

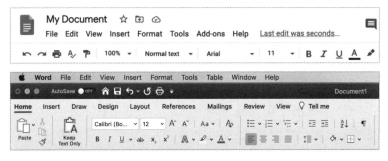

구글독스(위)는 워드(아래)와 거의 동일한 툴바와 메뉴 구조를 유지함으로써 워드를 사용하는 데 익숙한 정신모델을 가진 사람들이 구글독스를 쉽게 익히도록 했다.

실제로 오늘날 소비자 앱 대부분이 산세리프 폰트, 파스텔 색상, 충분한 여백 등을 사용하고 있어서 서로 매우 비슷해 보이는 게 사실이다. 이러한 제품을 만드는 기업들은 사용자의 기대에 부응함으로써 혼란을 최소화할 수 있고, 더 나아가 제품을 특별하게 해주는 기능과 경험을 만들어내는 데 에너지를 집중할 수 있다. 이는 버락 오바마와 스티브 잡스가 매일 거의 같은 옷을 입었던 것과 비슷하다. 그들은 굳이 옷을 고르지 않아도 됐기 때문에 정신 에너지를 더 중요한 결정을 하는 데 집중할 수 있었다.[36]

면접자를 위한 꿀팁!

화이트보드에 신제품을 위한 사용자 인터페이스를 그릴 경우, 이미 인정받은 정신모델과 디자인 패턴에 크게 의지해도 된다. 아니, 의지하는 게 좋다. 구글 앱이 주로 사용하는 슬라이드식 햄버거 메뉴 패턴을 재사용할 계획이라면 사이드바 작동 방식을 따로 스케치할 필요가 없다.[37]

새로운 기능을 디자인할 때도 동일한 지침이 적용된다. 예를 들어 면접관이 앱에 소셜 네트워킹 기능을 추가할 계획이라면 어떻게 할지 묻는다면, 트위터 모델을 빌려 쓸 거라고 말하기만 하면 된다. 트위터 모델을 빌려 쓰면 팔로워, 스레드thread, 좋아요, 리트윗 등의 기능을 직접 만들어낼 필요 없이 쉽게 추가할 수 있다. 잘 알려진 제품의 패턴을 끌어 쓰면 굳이 모든 세부 사항을 굳이 설명하지 않아도 면접관이 여러분의 아이디어를 시각화하기가 훨씬 쉬워진다.

문화적 다양성

정신모델은 문화, 역사, 지리와 서로 밀접한 관련이 있다. 그러므로 전세계에 걸쳐 다양한 정신모델이 존재한다는 것은 놀랄 만한 사실이 아니다. 이를 가장 명확하게 보여주는 예를 하나 들자면, 각 문화마다 색깔이 나타내는 함축된 의미가 다르다는 것이다. 빨간색은 여러 서양 문화에서

CODE 4 사용자경험

위험을 나타내지만 여러 아시아 문화에서는 행복과 행운을 상징한다. 흰색은 서양에서 순수와 평화를 의미하지만 중국에서는 죽음과 불운을 의미한다.[38] 한편 파란색은 서양에서 평화와 신뢰를, 중동의 많은 지역에서는 악령 퇴치를, 동아시아에서는 불멸을 상징한다. 이렇듯 파란색은 많은 문화에서 긍정적인 의미를 내포하고 있다.[39] 이 점이 아마도 많은 앱 아이콘들이 파란색을 사용하는 가장 큰 이유 중 하나일 것이다.[40]

이 같은 다양성은 사람들의 정신모델로 확장될 수 있다. 기술과 관련된 역사는 오늘날 사람들이 갖고 있는 정신모델에 큰 영향을 미친다. 예를 들어 미국 사람이나 유럽 사람들은 데스크톱 컴퓨터를 사용하며 자랐고, 이는 자신들이 속한 문화에서 기술, 즉 윈도우 앱, 타이핑, 메뉴 클릭, 주로 마우스와 터치를 기반으로 하는 상호작용 등을 사용하는 데 필요한 특정 정신모델이 뿌리내리도록 했다. 이러한 상호작용 체제를 윈도우window, 아이콘icon, 메뉴menu, 포인터pointer 이 네 가지 주요 구성 요소를 따서 WIMP라고 부르기도 한다.[41] 스마트폰은 전통적인 PC와 상당히 다르게 생겼지만 서양인들은 여전히 앱, 윈도우, 아이콘, 타이핑, 메뉴 등 WIMP에 꽤 최적화된 방식으로 스마트폰을 사용한다. 심지어 서양인들은 통화를 할 때 휴대전화를 들고 있는 방식도 그들이 유선전화로 통화하던 방식, 즉 얼굴 옆면에 기기를 대고 통화하는 방식과 비슷하다.

한편, 2012년 중국을 방문한 미국 테크 기업의 한 임원은 중국 사람들이 휴대전화로 상호작용하는 방식을 보고 놀랐다. 중국 사람들은 휴대전화 액정을 마주 바라본 상태로 대화를 나눴고, 메뉴를 누르기보다는 음성을 더 많이 사용했다.[42]

왜 그렇게 다를까? 그러한 차이는 문화에서 비롯된 면도 일부 있지만, 기술과 관련된 서로 다른 역사에서 비롯된 면이 훨씬 더 크다. 서양에서는 대부분이 컴퓨터에 맞는 정신모델(눈앞에 있는 화면과 상호작용하기 위해 손가락 사용)을 휴대전화에 적용했다. 실제로 2000년대에 출시된 마이크로소

2000년대 윈도우폰 화면[44]

출처: 위키미디어

프트의 첫 번째 휴대전화는 사람들에게 익숙한 컴퓨팅 패러다임이었기 때문에 윈도우 XP의 미니 버전이라고 할 수 있을 만큼 매우 비슷했다.[43] 그러나 동양에서는 많은 사람들이 휴대전화가 나오기 전까지는 디지털 기술을 접해본 적이 없기 때문에 앞서 테크 기업 임원이 목격한 것처럼 휴대전화 중심의 정신모델이 형성됐다.

정신모델의 차이는 휴대전화를 들고 있는 방식보다 훨씬 더 크다. 데스크톱 운영체제 시절에 물려받은 모바일 운영체제 앱의 서구적인 정신모델은 대부분 사람이 송금하기, 게임하기, 택시 부르기 등 모든 것을 위챗WeChat이라는 앱 하나로 모두 해결하는 중국에서는 실제로 적용하기가 어렵다.[45] 위챗은 중국의 운영체제라고 해도 과언이 아니다.

사실 데스크톱을 접해보지 않고 바로 휴대전화를 사용한 경험은 서구권이 아닌 일부 지역에서 신기술을 먼저 생각해낼 수 있게 해줬다. 휴대전화로 돈을 송금하는 것은 휴대전화가 늘 '만능' 기기였던 아프리카 사람들에게는 자연스러운 일이었다. 엠페사MPesa는 피처폰을 이용해 서로 결제가 가능한 아프리카의 인기 결제 시스템이다. 미국에서 벤모가 출시되기 2년 전인 2007년에 출시됐다.[46,47]

마찬가지로 신용카드는 전통적으로 서양에서 물건을 구매하기 위한 최첨단 기술 중 하나였지만, 중국에서는 제 기능을 발휘하지 못했다. 그래서 중국 사람들이 위페이WePay나 알리페이AliPay 등을 통해 현금에서 디지

CODE 4 사용자경험

털 결제로 바로 넘어가게 되면서 중국에서는 신용카드를 거의 사용하지 않는 상황이 되고 말았다.[48] 신용카드를 사용하는 대신 QR 코드를 스캔해 앱으로 결제하는 방식으로 상인, 거리 예술가, 걸인을 포함한 모든 사람에게 돈을 지불한다.[49] 미국에 있는 레스토랑에서는 신용카드로 밥값을 서로 지불하기 위해 실랑이를 벌이는 경우를 흔히 볼 수 있지만, 상하이의 한

중국의 한 과일 가게에서 상인이 QR 코드 결제를 받고 있다.[50]

출처: 씨지티엔CGTN

술집을 찾았던 디트로자는 QR 코드를 서로 스캔하려고 옥신각신하는 친구들을 보기도 했다!

메타포

그렇다면 사람들은 어떻게 정신모델을 만들까? 정신모델을 구성하는 핵심 요소 중 하나는 바로 **메타포**Metaphors다. 이는 우리가 이미 이해하고 있는 것들을 새로운 것들과 비교함으로써 그것들을 이해할 수 있게 해준다. 얼티미트 프리스비Ultimate Frisbe두 팀이 플라스틱 원반을 주고받으며 겨루는 스포츠 경기-옮긴이라는 스포츠가 어떤 방식으로 진행되는지 모를 수도 있지만, 누군가가 여러분에게 '축구와 비슷하지만 프리스비를 주고받으며 하는 경기'라고 설명한다면 제대로 이해할 수 있을 것이다.[51]◆

　　메타포는 보통 추상적이고 시각화하기 어려운 현대 기술을 이해하는

◆ 얼티미트 프리스비를 즐기는 친구들은 그 경기 방식이 축구와 많이 다르다고 할지도 모르지만, 얼티미트 프리스비를 처음 접하는 사람들 입장에서 보면 축구와 비교해 설명하는 방법이 꼭 나쁘지만은 않을 것이다.

데 특히 중요하다. 토스터의 경우 그것을 분해하고 내부 구조를 살펴볼 수 있기 때문에 어떤 방식으로 작동하는지 알 수 있지만, 인터넷과 태블릿의 내부 작동 방식, 아마존 웹서비스 같은 것들은 그렇게 쉽게 살펴보기가 어렵다. 기술에 능통한 사람들조차 이러한 것들을 이해하려면 메타포가 필요하다.

메타포는 사람들이 강력한 정신모델을 구축하기 전인 기술수명 초기에 특히 더 필요하다. 오늘날에는 대부분 컴퓨터가 어떻게 작동하는지 알고 있지만, 1970년대에 제록스Xerox 팔로알토연구소 소속 팀이 PC용 **GUI(그래픽 사용자 인터페이스)**를 최초로 만들었을 당시에는 그 최신 기술이 어떻게 작동하는지 쉽게 설명하기 위한 메타포가 필요했다.[52]

그들은 PC를 실제 책상에 비유하는 **데스크톱 메타포**를 사용했다. 주요 사용자 인터페이스는 다양한 앱과 '파일'이 여기저기 흩어져 있는 빈 캔버스였고, 그 모습이 종이, 계산기, 접착식 메모지가 책상 여기저기에 놓여 있는 모습과 상당히 비슷했다. 작은 손 모양으로 표시되는 마우스를 움직여

데스크톱 메타포를 보여주는 1990년대 후반 macOS 프로토타입 버전의 GUI[53]

출처: 토스티테크

CODE 4 사용자경험

클릭하면 여러 항목 중 하나를 선택할 수 있다. 사용자 정보는 '파일'에 담겨 결국 '폴더'에 저장되며, 더 이상 필요하지 않은 파일은 휴지통으로 보내면 된다. 또 앱 대부분은 기본적으로 계산기, 메모장, 필기용 롤로덱스Rolode회전식 인덱스 파일의 상품명-옮긴이, 파일 정리용 바인더, 약식 타자기, 체스판 등 당시의 직장인이 사용하던 도구의 디지털 버전이었다.[54]

오늘날 우리에게는 이 모든 것이 사소한 것처럼 보이지만, 그 당시에는 하나의 큰 돌파구였다. 덕분에 사무직 직원들은 마침내 이 상자 모양의 저해상도 화면, 이상한 플라스틱 마우스, 키보드로 무엇을 할 수 있는지 이해할 수 있게 되었다.[55]

오늘날 우리는 데스크톱 메타포를 문자 그대로 받아들이고 있지는 않지만, 기본 원칙 중 일부는 여전히 남아 있으며, 최신형 스마트폰에서도 빈 홈화면에 배치된 파일, 휴지통, 손가락으로 드래그하는 기능, 도구 기호(넷플릭스에서 구글지도까지) 등을 찾아볼 수 있다.

최신 앱들도 자세히 살펴보면 메타포로 가득하다. 틴더는 잠재적인 호감을 표시하는 카드를 '스와이프swipe'터치스크린 화면을 쓸어 넘기는 것-옮긴이해서 '좋아요'는 오른쪽으로 넘기고 '패스'는 왼쪽으로 넘기는 카드 게임으로 스스로를 정의한다. 이러한 메타포는 중독성이 강해서 현재 주류가 된 거의 모든 데이팅 앱이 채택해 사용하고 있다.[56]

목록이나 표 부분부분의 색인 카드(색상표와 부착물로 완성)를 옮기는 칸반kanban작업 지시서-옮긴이 방식 메타포는 작업을 정리하고 프로젝트를 관리하는 데 매우 효과적인 방법이다. 이는 트렐로와 같은 앱이 성공할 수 있도록 이끌었다. 또 구글드라이브와 원드라이브OneDrive 같은 제품들은 클라우드 파일 스토리지를 추상적으로 유지한다. 반면, 드롭박스 같은 제품의 경우에는 바로 그 이름에서부터 '박스box' 안에 모든 것을 '드롭dropping'해서 아무것도 잃어버릴 일이 없다는 메타포가 담겨 있다.

트렐로를 사용하면 화이트보드에 붙어 있는 접착식 메모지를 옮기듯 카드를 드래그할 수 있다. 이러한 기능은 흥미로운 브레인스토밍 세션을 상기시킬 수 있는 강력한 메타포를 만들어내고, 트렐로를 평범한 앱보다 훨씬 더 재미있게 만들어준다.

출처: 트렐로

UI 메타포

메타포는 UI(사용자 인터페이스)를 만들 때 특히 일반적으로 쓰인다. 사용자가 버튼을 누르고, 드래그를 하고, 화면을 쓸어 넘기고, 톡톡 두드리고, 기기와 상호작용을 할 때 그 사용자는 현실 속에 존재하는 물건들과 비슷하게 작동하기를 기대한다. 버튼을 누를 때는 '밀어 넣기'를 해야 하고, 무언가를 축소할 때는 그 크기가 더 작아져야 하며, 무언가를 획획 넘겨볼 때는 미끄러지듯 부드럽게 움직여야 한다.

결국 UI를 이해하기 쉽게 만들기 위해 많은 디자인 프레임워크들이 물리적 메타포를 노골적으로 사용한다. 가장 유명한 예로 마치 종이를 다루듯 모든 UI 요소를 만지고 겹겹이 쌓고 섞을 수 있게 한 구글의 머티리얼 디자인Material Design을 들 수 있다.[57] 머티리얼 디자인은 화면을 색종이들로 덮인 일종의 무대로 취급한다. 조명이 위에서 무대 위로 비추기 때문에 종이의 다

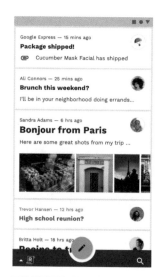

구글 머티리얼 디자인으로 만든 데모 앱. 움직이는 버튼, 단색, 기하학적 모양 등을 사용했다.[59]

출처: 머티리얼Material

양한 층과 움직임이 다양한 패턴의 빛과 그림자를 만들어낸다.[58] 이 방식은 디자인 철학에 너무 깊이 빠지지 않고 사용자가 예측하기 어려운 픽셀이 뒤섞여 있지도 않다. 대신 사용자가 갖고 있는 정신모델에 맞도록 색종이와 상호작용하고 있다고 생각하게끔 만드는 데 그 목적이 있다.

색상 역시 메타포를 사용하는 경우가 많다. 스티브 잡스는 2000년대에 애플 제품과 관련해 자신이 원하는 '룩 앤드 필look and feel'을 두고 "버튼이 너무 멋져서 핥고 싶을 겁니다"라는 말로 요약해 설명했다.[60] 아쿠아Aqua라고 불리는 잡스의 UI 프레임워크는 젤로 채워진 것처럼 보이는 버튼이 특징이고 빨간색, 노란색, 초록색 등 선명한 캔디컬러의 버튼을 제공했다. 항목들을 독dock 밖으로 끌어내면 연기처럼 사라졌다. 대시보드에 추가한 위젯은 연못 같은 잔물결 모양을 만들었다. MacOS 독은 브러시드 메탈brushed metal이나 프로스티드 글라스frosted glass로 만들어진 것처럼 보였다.[61] 전해지는 이야기에 따르면 잡스는 컴퓨터 모니터에 라이프세이버 캔디를 테이프로 붙여둠으로써 애플 디자이너들에게 이러한 메타포를 상기시켰다고 한다.[62]

화려하고 선명하게 빛나는 아쿠아 UI를 선보인 2013년형 MacOS 10.8

이 세련되고 '과격한' 메타포는 애플이 iOS 7에 '플랫 디자인'을 적용하겠다고 발표한 2013년 이후 사라졌다. 예전 디자인을 좋아하는 사람들이 그래도 다행스럽게 여겼던 점은 iOS의 새로운 메타포가 여전히 반투명한 프로스티드 글라스 느낌을 자아낸다는 것이었다.[63]

새것과 옛것

데스크톱 메타포가 보여주는 것처럼 메타포는 사람들이 제대로 이해하기 어려운 신제품 라인에서 특히 더 중요하다. 하지만 기술이 급속히 발달하면서 사람들의 정신모델은 더 이상 분명한 메타포를 필요로 하지 않을 정도로 강화된다. 계속해서 메타포를 사용할 경우, 제대로 이해하지 못하는 것처럼 비춰질 수도 있다.

예를 들어 인터넷이 처음 등장했을 때 그것이 어떻게 작동하는지 일반 사용자에게 설명하기가 어려웠다. 대중매체도 인터넷에 대해 어떻게 써야 할지 잘 몰랐다. 주간지《타임》표지에는 어두운 산악 풍경을 향해 날아가고 있는 빨간색의 위협적인 스크린으로 가득했다. 또한 "인터넷이라는 낯선 신세계: 사이버 공간이라는 새로운 영역에서의 전투"라고 적혀 있었다.[64]

인터넷을 이해하기 위해 사람들은 '연결linked'된 페이지로 이뤄진 거미줄 같은 '연결망web', '정보 고속도로information superhighway'[65], '서핑surfing'[66]이 가능한 방대한 콘텐츠의 바다 등 여러 메타포를 만들어냈다. '서핑' 메타포는 특히 더 적절했다. 인터넷에서 이용 가능한 정보량을 설명하기 위해 초기에 사용한 방법 중 하나는 채널이 5000개에 달한다는 사실을

아이들에게 인터넷을 설명하기 위해 '서핑' 메타포를 사용한 2000년 발간된 책 표지[68]

출처: 데브란트DevRant

무시한 채 TV와 비교하는 것이었다.[67]

물론 오늘날의 전문 기술자라면 그러한 메타포를 사용하려 들지 않을 것이다. 현재는 인터넷 문화가 컴퓨터와 인터넷이 어떻게 작동하는지에 대한 정식모델의 기본 체계를 갖고 있고 메타포를 뛰어넘을 정도로 성장했기 때문이다. 사실 컴퓨터와 인터넷은 보다 더 새로운 개념을 설명하기 위한 메타포로 사용될 정도로 충분히 알려져 있다. 초기 아이폰은 "당신 주머니 속의 컴퓨터"로 묘사됐고,[69] 인터넷은 이제 블록체인과 같은 신기술을 설명하는 데 사용되고 있다.[70]

앞서 언급했듯이, 사람들이 새로운 기술을 이해하기 위해 메타포가 얼마나 필요한지는 그 기술을 시각화하기가 얼마나 어려운지에 따라 다르다. 증강현실, 가상현실, 웨어러블 기기 등은 정확히 무엇을 하는지 볼 수 있고, 경우에 따라 물리적으로 만져볼 수 있기 때문에 이해하기가 꽤 쉬운 편이다. 반면에 신경망neural network[71]이나 클라우드 컴퓨팅과 같은 기술은 가상화하기가 더 어렵기 때문에 더 많은 메타포가 필요하다. 사람들이 클라우드 컴퓨팅 용어를 더 잘 이해할 수 있도록 돕기 위해서는 스택stack, 컨테이너container, 방화벽firewall, 클러스터cluster 같은 용어의 사용을 고려해봐야 한다.

컨테이너를 한 예로 들어보자. 만약 컨테이너를 다음과 같이 설명하면 대부분 사람들의 눈이 게슴츠레해질 것이다.

> "컨테이너는 코드가 종속 항목과 함께 묶여 있는 소프트웨어 표준 단위이기 때문에 애플리케이션이 하나의 컴퓨팅 환경에서 다른 컴퓨팅 환경으로 빠르게 이식돼 안정적으로 실행된다."[72]

그러나 여러분이 어떤 외부 요소도 필요로 하지 않고 앱을 '포트port'나 '하버harbor'로 보낼 수 있는 독립적인 운송 컨테이너에 담을 수 있다고 설명한다면 아마 더 분명하게 이해할 수 있을 것이다. 실제로 이 운송 메타포를 사용하는 도커Docker 같은 기업의 성공은 그 메타포에 많은 빚을 지고 있다. 운송 메타포는 도커의 잠재고객들이 컨테이너가 무엇인지 '이해'하는 데 큰 도움을 주고 있다.

스큐어모피즘

앞서 살펴봤듯이, 새로운 기술을 이해하기 쉽게 만들 수 있는 한 가지 방법은 현재 사용되고 있는 정신모델을 재사용하는 것이다. 아니면 더 오래된 기술을 메타포의 토대로 삼을 수 있다. 즉 "Z를 제외하면 X는 Y와 비슷하다."

이를 종합해보자면, 옛것에 익숙한 사람들의 새것에 대한 만족도와 이해력을 높이기 위해 새로운 기술이 이전 기술의 디자인 요소를 모방하는 기법을 뜻하는 **스큐어모피즘**skeuomorphism이라는 악명 높은 UX 디자인 트렌드를 떠올리게 된다.[73]

스큐어모피즘은 오랫동안 우리와 함께했다. 빅토리아 시대 영국에서 말이 끄는 마차 중 인기가 있었던 스타일 중 하나가 바로 사륜마차였다.[74]

1800년대에 인기를 끈 현대식 사륜마차[75]

출처: 위키미디어

1899년에 제작된 자동차 브로엄은 말이 끄는 옛 마차처럼 생겼다. 스큐어모피즘의 전형적인 예다.[76]

출처: 위키미디어

1900년경 최초로 등장한 자동차들은 마차의 대체품처럼 보일 수 있도록 말이 끄는 마차의 여러 디자인 요소를 모방했다. 예를 들어, 1899년에 인기를 얻었던 자동차 디자인은 실제로 브로엄brougham사륜마차를 뜻한다-옮긴이이라 불렸고 그 모습도 거의 똑같다.

흥미롭게도 자동차의 기본 디자인은 그렇게 많이 바뀌지 않았다. 운전석이 내부로 옮겨지기는 했지만 창문이 달린 밀폐된 칸과 자동차를 끄는 말처럼 보이도록 만들기 위한 앞쪽의 모터가 핵심 아이디어로 남아 있다. 심지어 우리가 자동차 성능을 이야기 할 때 사용하는 '마력horsepower'이라는 개념도 마차를 몰던 시대의 유물 중 하나다.[77]

LED 티 캔들은 전통적인 양초처럼 생겨 큰 혼란 없이 사용할 수 있을 것이다.[79]

출처: 노던라이츠 앤드 트리즈Northern Lights and Trees

오늘날 모든 종류의 물체 역시 스큐어모프skeuomorph다. 인조가죽, 양초처럼 보이는 LED 조명, 크리스털 술잔처럼 보이는 저렴한 플라스틱 술

MacOS의 캘린더는 윗부분이 가죽 모양으로 디자인되었고, 한 장씩 달력을 찢는 것처럼 돼 있어 실제 달력처럼 보였다.[82]

출처: 메이드바이매니MadeByMany

잔 등이 모두 그 예에 속한다.[78]

디지털 인터페이스 디자인과 관련해서 스큐어모피즘을 많이 들어봤을 것이다. 컴퓨터 사용 초기에는 보통 디지털 앱의 UI가 실제로 존재하는 것들과 매우 비슷한 모습이었다.[80] 2013년 전까지만 해도 애플이 대표적인 예였다. 게임 센터Game Center 앱의 UI는 초록색 펠트와 래커 칠을 한 나무를 사용해 카지노 테이블처럼 보였다. 메모Notes 앱은 노란색 줄이 그어진 진짜 메모장처럼 보였으며, 음성 메모Voice Memos 앱은 회색 마이크처럼 보였고, 연락처는 가죽으로 장정한 전화번호부처럼 보였다. 아이북스iBooks에는 책으로 채워진 나무 책장이 있었다.[81]

2006년부터 2010년까지 사용된 아이튠즈 로고[85]

출처: 로고스 팬덤Logos Fandom

이러한 스큐어모피즘이 앱 UI에만 국한되지는 않는다. 사진을 찍을 때 카메라 앱에서 나는 '찰칵' 소리는 실제 카메라의 청각적 스큐어모프다. 책장을 넘기는 전자책 독자들의 '스와이프' 상호작용은 실제 책의 상호작용 스큐어모프다.[83] 또한 아이튠즈 로고에는 CD가 들어가 있었다. 짐작건대 아이튠즈 앱을 통해 무엇을 할 수 있는지 직관적으로 알려주기 위해서였을 것이다.[84]

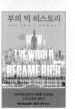

성장하는 비즈니스의 원칙과 전략

마케팅 설계자

자동 수익을 실현하는 28가지
마케팅 과학

러셀 브런슨 지음 | 이경식 옮김

브랜드 설계자

구매 전환율을 높이는 19가지
브랜드 과학

러셀 브런슨 지음 | 홍경탁 옮김

트래픽 설계자

100% 터지는 퍼널 광고 기법

러셀 브런슨 지음 | 홍경탁 옮김

무기가 되는 스토리

브랜드 전쟁에서 살아남는 7가지 문장 공식

도널드 밀러 지음 | 이지연 옮김

무기가 되는 시스템

살아남는 경영자의 6단계 행동 공식

도널드 밀러 지음 | 이민희 옮김

우리의 내일을 ㅂ

AI 이후의 세계

인공지능 시대를 마주하기

헨리 A. 키신저, 에릭 슈밋, 대니얼 ㅎ
김고명 옮김

그렇게 쓰면 아무도 안 읽

브랜드와 서비스의 언어를
UX 라이터의 글쓰기

전주경 지음

최소한의 IT 언어

다음 10년을 위한 디지털

비나이 트리베디 지음 | 김고명 옮

IT 좀 아는 사람

비전공자도 IT 전문가처럼

닐 메타, 아디티야 아가쉐, 파스 ㄷ
김고명 옮김

코딩 좀 아는 사람

디지털 언어를 환대하는

제러미 키신 지음 | 오현석 옮김

'부'를

밥 프록터 부

밥 프록터 48

밥 프록터 지음 | 이

밥 프록터 부터

부를 끌어당기

밥 프록터 지음 | 이

부자의 언어

아버지가 아들
인생 수업

존 소포릭 지음 | 이ㅎ

초가치

세계적 금융 리

마크 카니 지음 | 이

부의 빅 히스토

2000년 세계 경

마크 코야마, 재러드

스큐어모프의 가치

이러한 스큐어모피즘 디자인은 흉측하고[86] 조잡하고[87] 키치kitsch하다[88]는 평가를 받기도 한다. 현대인들의 눈에는 그렇게 보일 수 있다! 그러나 스큐어모피즘 디자인은 일찍이 기술 분야에서 가치 있는 목적을 수행했다. 디지털 도구가 친숙해 보이도록 만듦으로써 디자이너는 사용자가 이전의 정신모델을 버리지 않고도 최신 컴퓨팅에 친숙해지도록 했다.[89] 계산기앱을 실제 사칙연산 계산기와 같은 버튼 배치로 만들고 캘린더 앱을 냉장고 달력과 매우 비슷한 모양과 느낌으로 만들어서 유용성을 향상시켰다.[90]

또한 스큐어모피즘은 사람들이 익숙하지 않은 디지털 UI와 상호작용하는 방법을 이해하는 데 도움을 준다. 컴퓨터에서 '삭제된 디지털 객체 섹터Deleted Digital Objects Sector'는 특히 컴퓨터를 처음 사용하는 경우 제대로이해하기 매우 어려울 수 있다. 하지만 휴지통 아이콘은 즉시 이해할 수 있는 유용한 메타포였다.

파일, 폴더, 휴지통 아이콘 사용 역시 사용자가 객체와 상호작용할 수있는 **여유**나 방법을 찾는 데 도움을 줬다. 사용자들은 폴더와 휴지통 사이에 파일을 드래그해 옮길 수 있다는 사실을 깨달았다. 실생활에서 사람들이 손으로 종이를 어떤 방식으로 옮기는지를 모방해 만들었기 때문이다. 파일을 휴지통에 끌어다 놓는 것은 실제 휴지통에 종이를 버리는 것만큼이나 익숙했다.[91]

플랫 디자인

그러나 2010년대를 전후해 스큐어모피즘은 사라지기 시작했다.[92] 애플은 2013년 출시한 iOS 7과 2014년 출시한 macOS 요세미티Yosemite에서 조잡한 가짜 소재를 단순하고 추상적인 디자인으로 바꿨다.[93,94] 동시에 애플은 그러데이션과 광택을 단순한 색상과 가벼운 명암으로 바꾼 **플랫 디자인**flat design을 추구하기 위해 화려하고 '리커블(핥고 싶은)lickable'한 UI를 버

왼쪽은 iOS 6이고 오른쪽은 iOS 7이다. 화려한 디자인에서 단순한 플랫 디자인으로의 전환은 iOS 역사에서 가장 큰 변화였을 것이다.[96]

출처: 레딧

렸다.[95] 이러한 변화는 한데 합쳐져야 할 필요가 있었다. 플랫 디자인의 세계에서는 스큐어모피즘 UI가 이상해 보일 것이고, 플랫 디자인은 복잡한 실제 대상을 모방해 만들어야 할 경우에는 제 역할을 하지 못할 것이기 때문이다.

애플만 플랫 디자인을 선택한 게 아니었다. 2014년 구글은 단순한 머티리얼 디자인을 채택해 사용했고,[97] 윈도우는 윈도우 8의 단순한 '메트로 Metro UI'를 구현해내기 위해 윈도우 7에 사용했던 유리 질감의 에어로Aero 디자인을 버렸다.[98]

이 같은 현상은 단순히 일시적으로 일어나는 유행이 아니었다. 스큐어모피즘은 그 유용성을 넘어 더 오래 지속됐다. 사람들은 컴퓨터와 휴대전화에 익숙해지면서 그동안 지나치게 의존했던 스큐어모피즘 디자인을 더 이상 필요로 하지 않을 만큼의 충분한 정신모델을 구축했다.[100] 어느 시점

CODE 4 사용자경험

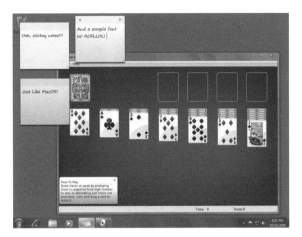

윈도우 7에 사용된 유리 질감의 에어로 디자인[99]

출처: 토스티테크

부터는 스큐어모피즘이 더 이상 도움이 되지 않았고 그저 불필요한 잡동사니 신세가 되고 만 것이다.[101] 스큐어모피즘은 사람들이 새로운 정신모델을 사용하게끔 훈련시키지만, 그 훈련이 끝나고 나면 무용지물이 될 수 있다.

스큐어모피즘 주기

새로운 기술이 등장하면 보통 이러한 스큐어모피즘 주기가 자주 반복된다. 우리는 앞서 개인용 컴퓨팅에 대한 주기를 자세히 살펴봤다. 자동차도 그와 다를 게 없다. 초기의 자동차들은 말이 끄는 마차들과 똑같이 생겼지만, 수십 년이라는 시간이 지나면서 자동차마다 고유한 디자인 감각을 자유롭게 채택해 사용하게 됐다. 물론 그럼에도 몇몇 유물은 여전히 남아 있지만 말이다.

최신 기술에서도 같은 주기가 발생한다. 스마트워치 대부분이 둥근 앞면, 숫자를 가리키는 시계 바늘, 기기를 제어할 때 사용하는 용두crown손목시계의 태엽을 감는 꼭지-옮긴이 등을 갖춤으로써 전통 손목시계를 모방하고 있

전통 손목시계와 흡사했던 초창기 스마트워치[103]

출처: 페블Pebble

다.[102] 애플워치 같은 손목시계가 이러한 디자인 장식을 모두 다 갖추고 있
는 것은 아니지만, 아이밴드iBand 등의 다른 명칭이 아닌 '워치'라고 불리는
사실 그 자체에서 스큐어모피즘이 어렴풋이 드러난다.♦

　　디자인 관점에서 엄밀히 말하면 '스큐어모피즘'과 거리가 멀 수 있지
만 암호화폐에서 또 다른 예를 찾아볼 수 있다. 암호화폐는 전통적인 주식
이나 채권과 그 성격이 꽤 다르지만, 많은 트레이딩 앱에서 주식과 마찬가
지로 암호화폐를 사고팔고 추적할 수 있다. 암호화폐 역시 같은 대시보드
에 표시되고 같은 유형의 그래프와 통계를 갖는다.[104] 이러한 접근법은 암
호화폐 이면에 숨겨진 흥미롭고 복잡한 여러 특징들(블록, 주소, 보상, 반감
기 등)을 잘 드러내 보여주는 데 한계가 있지만, 트레이더들이 새로운 금융
상품을 보다 쉽게 이해할 수 있게 해준다.

♦ 디지털이 아닌 물체와는 비교조차 하지 않으려는 에어팟 같은 제품과 한번 비교해보자.

17장

UX Principles

사용자경험
(UX)

1979년 3월 28일 펜실베이니아 중남부에 있는 한 원자로에서 방사성 연료를 냉각하는 데 사용되는 일부 양수기가 오작동했다.[1] 밸브가 개방된 상태로 고착돼 냉각수가 뿜어져나와 연료봉을 식히기에는 물이 부족했다. 발전소 직원들은 문제를 의식하지 못했다.[2] 결국 연료봉이 너무 과열돼 금속 용기를 뚫고 녹아내렸고, 방사능 가스로 가득한 연기 기둥이 인근 지역으로 퍼져나 갔다.[3] 위험한 크세논xenon과 크립톤krypton 가스를 피하기 위해 14만 명 이상이 대피해야 했다.[4]

스리마일섬Three Mile Island에서 발생한 이 노심용융 사건은 직원의 잘못이 아니었다. 원인은 제어반의 상태 표시기 때문인 것으로 밝혀졌다. 직원들은 밸브가 열리면 관련 표시기에 불이 들어오고, 잠기면 불빛이 꺼진다고 생각했다. 하지만 틀린 생각이었다. 밸브가 실제로 잠겼을 때가 아니라, 밸브 잠금 조작을 하자마자 불빛이 꺼지는 것이었다. 평상시에는 문제가 되지 않았지만 사건이 발생할 때는 달랐다. 직원은 밸브를 잠그는 조작을 했고 그 즉시 불빛은 꺼졌지만 실제로 밸브는 어딘가에 걸려 잠기지 않았다.

직원들은 노심이 녹아내린다는 사실을 알아차리기 전까지는 무언가 잘못됐다는 생각을 하지 못했다.[5] 제어반에는 연료봉이 냉각수에 제대로 잠겨 있는지 그 수위를 측정할 수 있는 계측기가 없어 별 도움이 되지 않았다![6]

다시 말해서 혼란스러운 사용자경험은 말 그대로 심각한 문제를 일으킬 수 있다. 그리고 이는 원자로에만 적용되는 것이 아니다. 형편없는 UX(사용자경험)를 가진 테크 제품들은 사용자들에게 좌절감을 주고, 나쁜 평을 받게 되고, 실패작이 될 수 있다.[7]

그렇다면 좋은 UX란 무엇일까? 도서관 전체를 다 채울 수 있을 만큼 이 주제에 관한 책이 넘쳐나지만, 네 가지 핵심 원리를 갖춘 모델로 단순화할 수 있다. 좋은 UX는 쉽게 찾을 수 있고, 피드백을 제공하고, 관용적이고, 직관적이다. 제품을 디자인할 때는 이 네 가지 원칙을 꼭 유념해야 한다.

제1원칙: 발견 가능성

잘못 디자인된 문 중 하나로, 문을 밀어야 하는지 당겨야 하는지 알 수 없다.[10]

출처: 샘 대너Sam Danner

전설적인 디자이너 돈 노먼Don Norman 은 우리 삶에서 흔히 발견하기 쉬운 형편없는 디자인에 대해 예를 들어 설명하기를 좋아했고, 그중 하나가 바로 문이었다. 특히 사무실 건물에서 흔히 볼 수 있는 금속 막대 모양의 손잡이가 달린 문의 경우, 그 문을 밀어야 할지 당겨야 할지 알 수 없는 경우가 많다.[8] 밀어야 할 것처럼 보이지만 실제로 당겨야 열리고, 반대로 당겨야 할 것처럼 보이지만 밀어야 열리는 문이 많다.[9] 일단 여러분이 문을 어깨로 힘껏 밀었다가 맥없이 문을 다시 잡아당겨본 적이 있다면 그렇게 간단한 것들을 혼란스럽게 만들어서는 안 된다는 데 동의할 것이다.

라벨이 필요할 정도로 큰 혼동을 일으키게끔 문손잡이를 디자인해서는 안 된다.[12]

출처: 닐 파스리차Neil Pasricha

노먼은 이렇게 디자인이 잘못된 문들을 **노먼의 문**Noman doors이라고 불렀다. 노먼의 문은 사용자가 실제로 해야 하는 것과 반대로 하게끔 지시하는 디자인을 말한다. 문에 '미시오'나 '당기시오'라고 붙여두는 쉬운 방법이 있기는 하지만, 노먼은 문의 기능은 분명해야 한다고 주장한다. 문에 따로 표시를 해야 한다면 그 문은 이미 실패한 것이나 마찬가지라는 이야기다.[11]

기능 파악하기

노먼의 문은 우리를 첫 번째 원칙인 **발견 가능성**discoverability으로 이끈다. 어느 한 물건을 봤을 때, 그 물건을 가지고 무엇을 할 수 있는지, 또 그것으로 어떻게 상호작용을 할 수 있을지 알 수 있어야 한다.[13] 좀 더 형식적으로 말하면 버튼, 슬라이더, 문손잡이 등 해당 물건과 상호작용하기 위해 사용하는 기타 여러 물품, 즉 특정 행동을 유도하는 어포던스affordance특정 행동을 유도한다는 의미로 행동 유도성이라고도 한다-옮긴이는 찾기 쉽고 이해하기 쉬워야 한다.[14]

노먼의 문은 발견 가능성이라는 측면에서 보면 완전한 실패작이다. 한편 컴퓨터 케이블에서는 대부분 매우 쉽게 찾을 수 있다. HDMI 케이블의 독특한 모양을 한 헤드를 보면 컴퓨터나 모니터에서 어떤 종류의 포트를 찾아야 할지 정확히 알 수 있다. 어느 쪽으로 끼워야 할지 알 수 없는 사각형 헤드를 가진 USB 케이블은 예외다. 매번 반대로 끼워야 할 것만 같은 느낌이다![15]

노먼은 또 평범한 스카치테이프 디스펜서가 기능을 쉽게 찾을 수 있는 제품 중 하나라고 말한다. 테이프를 끊어 쓸 수 있게 해주는 디스펜서의 가장 두드러진 특징은 보통 테이프 끝에 붙어 있는 날카로운 금속 날이다. 그것을 보면 어떻게 사용하면 되는지 분명히 알 수 있다. 테이프 끝을 잡아당겨 금속 날을 사용해 절단하면 된다.[16]

한편, 랩톱의 터치패드는 겉은 번드르르하지만 그 기능을 쉽게 찾기는 어렵다. 터치패드만 보고서는 손을 그 위에 올려둬야 할지, 손가락을 슬며시 움직여야 할지, 톡톡 두드려야 할지 명확하게 이해하기가 어렵다.[17] 우리는 충분히 사용하면서 대강 그 기능을 습득하지만 세 손가락 스와이프나 두 손가락 클릭과 같은 여러 복잡한 기능은 설명서를 읽지 않는 한 제대로 이해하기가 어렵다. 엄지와 세 손가락을 오므리면 맥북에 설치된 모든 앱이 표시된다는 사실을 알고 있는가?[18]

단순히 어포던스를 쉽게 찾을 수 있기만 하면 되는 게 아니다. 어포던스는 예상할 수 있는 방식으로 움직여야 한다. 즉 여러분의 정신모델과 맞아야 한다! 예를 들어 에피펜EpiPen은 흔히 심각한 알레르기 반응을 겪는 사람에게 항히스타민제를 주입하기 위해 사용된다. 안타깝게도 생명을 구

컴퓨터 독은 상당히 직관적이다. 타원형 USB-C 케이블은 타원형 구멍에 끼우고, 얇은 마이크로SD 카드는 얇은 직사각형 구멍에, 상자형 USB-A 케이블은 상자형 구멍에 끼워야 한다. 직관적이지 못한 게 있다면 USB-A를 끼우는 방향뿐이다.[19]

출처: 카롤리나 그라보프스카Karolina Grabowska

심각한 알레르기 쇼크 발생 시 에피네프린epinephrine을 주입하기 위해 사용되는 에피펜[21]

출처: 위키미디어

하는 이 주사기는 오해의 소지가 있는 '인터페이스'를 갖고 있다. 단지 '펜 pen'이라는 이름 때문에 사람들은 플라스틱 뚜껑을 열면 바늘이 숨겨져 있을 것이라고 생각한다. 그러나 사실 이 뚜껑은 안전핀이고 뚜껑을 제거하면 바늘이 **반대쪽**에서 빠져나오기 때문에 많은 사람들이 환자를 도와주려다가 자기 자신에게 주사를 잘못 놓게 되는 상황이 발생하고 만다.[20]

앞서 언급한 원칙들을 제대로 적용할 때, 어포던스를 쉽게 찾을 수 있는 방법을 비로소 이해할 수 있다. 노먼은 '밀어서 여는' 문에는 금속판을 설치하고 '당겨서 여는' 문에는 자동차에 달린 손잡이와 같은 문손잡이를 설치할 것을 제안했다. 각각의 경우 어떤 행동을 해야 하는지 바로 알 수 있을 뿐 아니라, 말 그대로 금속판이 달린 문을 잡아당기기는 불가능하기 때문에 사용자들은 그 문을 제대로 열 수밖에 없다.[22]

UI 디자인

디지털 상품을 디자인할 때도 마찬가지다. 툴킷은 바뀐다 하더라도 핵심 아이디어는 그대로 유지된다. 상품을 처음 딱 봤을 때 사용자가 무엇을 어떻게 할 수 있는지 바로 알 수 있어야 한다.

구체적으로 말해서, **CTA(행동 유도 버튼)**call-to-action는 찾기 쉬워야 하고 제대로 잘 표시돼 있어야 하며 상황에 맞게 디자인돼 있어야 한다. 회원가입 버튼은 크고 선명하며 가운데에 위치해야 하고, 파일을 삭제하는 것과 같이 '위험한' 작업을 수행하는 버튼은 빨간색이어야 하며, 비활성화 버튼

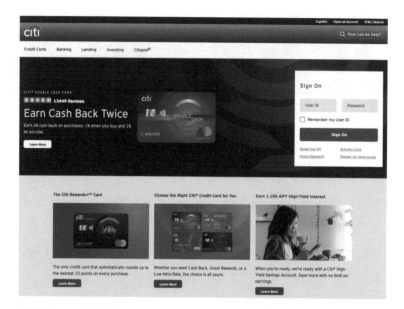

씨티은행Citibank 홈페이지는 좋지 못한 발견 가능성을 보여준다. 계좌 개설과 같이 간단한 업무를 보는 것도 쉽지 않게 되어 있다. 홈페이지 화면 모서리에 있는 언어 변경 버튼과 지점 찾기 버튼 사이에 뜬금없이 계좌 개설 버튼이 끼어 있다.[24]

출처: 씨티Citi

민트 홈페이지는 찾아보기가 쉽다. 회원가입이라는 가장 중요한 활동인 '가입' 버튼은 커다란 주황색으로 되어 있어 사용자들을 바로 안내한다.[25]

출처: 민트

CODE 4 사용자경험

은 무채색으로 표시돼야 하고, 별로 중요하지 않은 버튼은 눈에 잘 띄지 않아야 한다.[23]

이와 마찬가지로, 제품이 지닌 다양한 기능 역시 찾기 쉬워야 한다. 중요한 것들을 메뉴 깊숙이 숨겨놓지 말아야 한다. 특히 아무 관련이 없는 메뉴에 숨겨놓는 일은 피해야 한다.[26] 예를 들어 은행 웹사이트는 여러 층으로 이뤄진 메뉴 속 깊숙이 기능을 넣어두는 것으로 악명이 높다. 윈도우 8 역시 '종료' 버튼을 찾는 게 거의 불가능해서 비판을 받았다. 당시 종료 버튼을 찾으려면 설정 메뉴로 이동해야 했다.[27]

제2원칙: 피드백

노먼이 제시한 또 다른 원칙은 바로 **피드백**이다. 즉 사용자가 제품과 상호작용을 할 때 그 행동이 효과가 있는지 없는지를 말해줘야 한다. 케첩 마개를 조일 때의 저항력 증가, 스카치테이프 디스펜서의 잡아 찢는 소리, 후추 그라인더의 후추 가는 소리 모두 사용자에게 피드백을 주는 요소다.[28]

기술과 관련된 예를 들어보자. 키보드의 'F'와 'J' 키에 작은 돌기가 있다는 사실을 알고 있을 것이다. 그것은 피드백을 전달하기 위한 매우 중요한 방법이다. 키보드를 내려다보지 않아도 키보드를 치기에 적합한 자리에 손을 올려둘 수 있게 해준다.[29] 좀 더 일반적으로 말하면, 키보드에 있는 모든 키는 사용자에게 피드백을 제공하고 터치만으로 버튼을 찾고 누를 수 있게 해준다. 애플이 2016년형 맥북 터치 바Touch Bar에 디지털 버튼을 적용하면서 esc 키를 제거하자 많은 사용자들이 아우성을 친 이유가 여기에 있다.[30]

피드백이 없다면 사용자가 실제로 원했던 변화를 실현해냈는지 제대로 알 수가 없다. 만약 차를 잠궜는데 철컥 소리가 나지 않는다면 혼란스러울 수 있고 차를 잠그기 위해 차 쪽으로 다시 가야 할 수도 있다. 또한 서류를 작성해 제출하는 버튼을 눌렀는데 아무 변화가 없다면 버튼을 다시 누르고 싶을 것이다. 이런 경우는 중복 결제가 이뤄질 수도 있기 때문에 실제로 위험하다.

다감각 피드백

여러 감각이 관여하면 사물을 이해하기가 더 쉽다.[31] 만약 토스터 안에 있는 토스트에 불이 붙으면 시각, 후각(연기), 미각(연기)을 통해 알 수 있을 것이다.

테크 제품의 경우, 사용자가 보통 평평한 유리 화면을 통해 해당 제품과 상호작용을 하기 때문에 다감각을 이끌어내는 데 어려움을 겪는 경우가 많다. 버튼을 누르는 것이 보이는 것과 같은 시각적 피드백이 좋기는 하지만 그것만으로 충분하지는 않다. 모바일 운영체제에서 미세한 진동을 일으켜 촉각을 자극하고 미세한 소리를 만들어내는 **햅틱**haptic 피드백이 큰 인기를 누리는 이유가 여기에 있다.[32]

잘만 하면 감각 피드백으로 제품 UX의 단점들을 극복할 수 있다. 앞서 우리는 랩톱의 터치패드 기능을 쉽게 찾아내기 어렵다고 말했다. 다행히 좋은 터치패드 대부분은 패드가 눌리는 모습, 미세한 클릭 소리, 손가락을 통해 느껴지는 약한 저항력 등 클릭할 때 다감각 피드백을 제공한다. 애플의 인기 있는 포스 터치Force Touch 트랙패드는 클릭 강도를 두 단계로 나누면서 한 단계 더 발전했다. 패드를 살짝 누르면 미세한 진동이 느껴지고 꾹 누르면 훨씬 더 강한 진동을 느낄 수 있게 한 것이다.[33]◆ 이러한 풍부한 피드백은 터치패드가 기능을 쉽게 찾아내기 어렵다는 단점을 갖고 있음에도 불구하고 인기를 유지하는 비결 중 하나라 할 수 있다.

◆ 포스 터치 트랙패드의 더욱 멋진 점은 실제로 클릭을 하고 있는 게 아니라는 것이다. 포스 터치의 패드는 눌리지 않지만, 사용자가 패드를 눌렀다고 생각할 정도로 촉각 피드백을 완벽하게 보정했다.[34]

나쁜 피드백

피드백이 없는 물건들이 나쁜 게 사실이지만, 오해를 불러일으키거나 잘못된 피드백을 주는 것 역시 좋지 않다. 바람직하지 않은 피드백 중 한 유형은 바로 지연된 피드백이다. 파일을 열기 위해 더블클릭해도 몇 초간 아무 반응이 없으면 파일을 계속해서 클릭하기 마련이다. 그러다 보면 어느 순간 15개의 창이 한꺼번에 뜨기도 한다.[35]

문제가 되는 좀 더 애매한 피드백 패턴은 사용자가 작업을 수행했다는 피드백을 제공하지만 그 작업이 실제로 이뤄졌는지에 대한 피드백은 없는 경우다. 이러한 피드백을 '결과 피드백result feedback'이라고 한다. 이를 잘 보여주는 대표적인 예가 바로 차고 문 개폐기다. 차고를 열거나 닫기 위해 개폐기를 누르면 불빛이 깜박이기는 하지만 그 불빛은 개폐기가 작동 중이라는 사실만 알려줄 뿐이다. 차고 문이 실제로 열렸는지 닫혔는지 알려주지 않는다. 개폐 여부를 알 수 있는 유일한 방법은 문 상태를 살펴보거나 덜커덩거리는 소리를 듣고 확인하는 것이다.[36]

여러분은 차고 문 개폐기의 결과 피드백이 부족해 생기는 문제를 피할 수 있을지 모르지만, 스리마일섬 원자력 발전소의 엔지니어들은 그렇게 운이 좋지 않았다. 그들이 사용했던 제어반에는 밸브를 닫으라는 지시를 받았을 때 표시되는 불빛이 있었지만, 그 불빛은 밸브가 실제로 닫혔는지 알려주지 않았다. 그래서 밸브가 열린 채로 고착됐을 때 그 사실을 전혀 알지 못했고, 결국 처참한 노심용융이 일어나고 말았다.

마지막으로, 피드백은 제공하지만 측정하기 어렵게 만드는 것들이 있다. 액체 계량컵은 액체를 붓고 나서 컵이 눈높이에 맞아야만 측정치를 볼 수 있다는 문제를 갖고 있다. 즉 계량컵에 액체를 조금 붓고 얼마나 부었는지 허리를 숙여 확인하고 조금 더 붓기 위해 다시 허리를 펴는 등 불편한 과정을 거쳐야 한다는 뜻이다. 엄밀히 말해서 이러한 계량컵들은 피드백을 제공하지만, 그 수치를 측정하는 게 쉽지 않아서 많은 사람들이 그냥 눈대

옥소의 액체 계량컵. 비스듬한 계량 표시 덕분에 몸을 구부리지 않고도 컵에 부은 액체의 양을 정확하게 확인할 수 있다.[38]

출처: 수 라 테이블Sur la Table

중으로 그 양을 측정하려고 한다.

다행히 주방용품 브랜드 옥소 OXO는 이 같은 불편을 해결할 방법을 찾아냈다. 옥소는 눈금이 비스듬하게 표시된 계량컵을 만들어 액체를 따르면서 눈금을 확인할 수 있게 했다. 비스듬한 계량 표시 덕분에 몸을 숙이지 않고도 정확한 양의 액체를 잴 수 있다.[37]

UI 디자인

디지털 제품들의 피드백을 보면 비슷한 패턴이라는 것을 알 수 있다. 사용자는 제품 내 위치, 행동의 현황, 다음에 일어날 일, 행동의 궁극적인 결과 등을 항상 알고 있어야 한다.[39] **브레드크럼**Breadcrumb은 사용자가 제품에서 어디까지 들어와 있는지 보여주고 상위 카테고리로 바로 올라갈 수 있도록 하는 UI 요소다. 이는 사용자가 '제품 내 위치'를 파악하는 데 유용하다.[40] 작업 완료 상태를 보여주는 진행 표시줄, 오류나 완료 메시지를 보여주는 **스낵바**snackbar(**토스트**toast라고도 한다),[41] 중요한 정보를 보여주는 팝업 **모달 다이얼로그**modal dialog는 후자의 세 항목을 파악하는 데 유용하다.

다른 유용한 경험법칙은 모든 작용은 크기가 같고 방향은 반대인 반작용이 존재한다는 뉴턴의 물리법칙에서 나온 유용한 경험법칙도 있다.[43] 버튼을 클릭하면 '누른 상태'로 보이고, 체크 박스 선택 시 불빛이 들어오고, 알림이 오면 휴대전화 진동이 울리거나 푸시 알림을 보여주는 것이다. 대부분의 UI 디자인 라이브러리와 프레임워크가 이를 대신 처리해주지만, 제품을 만들 때 계속 주의 깊게 살펴봐야 한다.

이커머스 사이트는 보통 사용자가 제품의 단계나 범주를 탐색할 수 있도록 브레드크럼을 잘 활용한다.[42]

출처: 베스트 바이

구글 킵Google Keep에서 볼 수 있는 스낵바를 사용하면 사용자를 방해하지 않으면서 피드백을 제공할 수 있다. 스낵바는 성공이나 오류메시지를 보여주기에 알맞다.

제3원칙: 관용

야구에서 12:2로 지고 있다면 상대를 따라잡을 가능성이 크지 않다. 그러한 상황에서 경기를 하게 되면 사기가 떨어지고 경기를 지켜보는 것 역시 별로다.

보통 스포츠의 점수 체계는 양쪽 모두 처음부터 끝까지 점수를 얻고, 마지막에 더 많은 점수를 얻은 쪽이 승리하는 식으로 작동한다.◆ 그래서 어느 한쪽이 너무 쉽게 승리할 경우 보통 그 게임은 별로 재미가 없다.

한편 테니스는 독특한 점수 체계를 발전시켜왔다. 상대를 이길 때마다 포인트를 얻고 40-15와 같이 일정 포인트를 먼저 따면 게임에서 이길 수 있다. 일정 게임을 선취하면 세트를 가져올 수 있고, 일정 세트를 이기면 경기에서 승리한다.[44]

여기서 중요한 점은 한 게임에서 따낸 포인트는 다음 게임으로 넘어가지 않고, 한 세트에서 얻은 게임은 다음 세트로 넘어가지 않는다는 것이다. 즉 한 세트에서 7-0으로 패해도 다음 세트가 되면 다시 동등한 입장에서 실력을 겨룰 수 있다는 의미다. 한 게임에서 저지른 실수가 남은 게임에까지 영향을 미치지 않는다. 이는 선수들이 이전 게임에서 아무리 낮은 점수를 기록해도 여전히 만회할 기회가 주어진다는 것을 의미하며, 따라서 팬들 역시 흥미진진한 게임을 계속 기대할 수 있다.[45]

요점은 테니스의 점수 체계에는 관용이 존재한다는 것이다. 우리 모두가 그렇듯 누구나 실수를 할 수 있고 실수를 한다고 해도 그 실수를 만회할 기회가 있다. 비슷한 원칙이 제품에도 적용된다. 설계를 잘하면 사용자가 실수를 피하고 만회할 수 있도록 할 수 있다. 구체적으로 말하자면, 관용적인 사용자경험은 실수할 가능성을 최소화해주고, 실수로 인한 피해를 줄여

◆ 골프는 더 낮은 점수를 받아야 승리한다.

CODE 4 사용자경험

주며, 실수를 한다고 해도 쉽게 만회할 수 있게 해준다.[46] 그럼, 차례대로 하나씩 살펴보도록 하자.

실수 방지하기

관용적인 제품을 만드는 가장 좋은 방법은 우선 사용자가 실수하지 않도록 돕는 것이다.

실수하지 않도록 돕는 첫 번째 방법은 사용자가 실수로 클릭하지 않도록 '위험'하거나 되돌릴 수 없는 작업을 숨기는 것이다.* 아이폰에 기본으로 설치된 메일 앱은 수년간 '삭제' 버튼을 '답장' 버튼 바로 옆에 두는 바람에 수많은 사용자가 실수로 이메일을 삭제하는 일이 발생했다.[48] 한편 iOS용 지메일 앱은 기본적으로 '삭제' 버튼을 숨기고 그보다 위험이 덜한 '아카이브archive' 버튼으로 대신하고 있으며, 사용자가 원할 경우 아카이브 버튼 대신 삭제 버튼으로 기본설정을 바꿀 수 있다.[49]

실수 방지를 위해 버튼, 체크 박스, 기타 위젯과 같이 **클릭할 대상**이 너무 작지는 않은지도 확인해야 한다. 연구에 따르면 실수로 클릭하는 위험을 최소화하려면 클릭할 대상이 최소한 9밀리미터 이상은 돼야 한다.[50] 마찬가지로 사용자가 실수를 저지르지 않도록 '잠금장치'를 추가하는 것도 도움이 될 수 있다. '잠금해제' 장치가 추가된 휴대전화의 잠금화면 덕분에 실수로 다이얼이 눌려 전화가 저절로 걸리는 등 여러 난처한 상황을 피할 수 있게 되었다.

또 사용자가 위험한 작업을 수행하기 전에 한 번 더 생각하게 만들 수도 있다. 깃허브는 사용자가 저장소를 삭제하려고 하면, 작업을 수행하기 전에 저장소의 이름을 입력하도록 한다.[51] 이러한 독특한 UX 패턴은 사용

---

* 미국 TV 시리즈〈패밀리 가이Family Guy〉에서 침술사 링Ling 박사는 독침이 들어 있는 상자 옆에 침 상자를 보관한다.[47] 링 박사처럼 하면 안 된다!

깃허브는 저장소 삭제라는 작업 흐름에 마찰을 더해 사용자
가 부주의한 실수를 하지 않도록 했다.[52]

출처: 깃허브

자들의 주의를 끌고, 그들이 하고자 하는 작업의 위험성을 알리며, 그들이
자동조종autopilot 모드에 있을 때 실수로 되돌릴 수 없는 작업을 수행하지
않도록 한다.

마지막으로, 제품이 사용자의 실수를 유도하지 않도록 해야 한다. 사
용자를 잘못된 방향으로 이끌 수 있는 혼란스러운 언어나 전문용어는 피
해야 한다. 사용자가 작업을 수행하기 전에 그 작업이 얼마나 위험한지 정
확히 알고 있어야 한다. 깃허브는 여기에서도 좋은 예가 될 수 있다. 깃허
브는 큰 영향을 미칠 수 있는 모든 작업을 빨간색 버튼으로 표시하고 '위험
구역danger zone'이라고 명확하게 표시된 영역에 넣어둔다.

덜 위험한 실수하기

위에서 살펴본 단계를 거치면 실수를 줄일 수 있을 것이다. 하지만 또
다른 방어선이 생길 수도 있다. 즉 오류에 너무 많은 비용을 쓰고 싶지 않
을 수도 있다.

한 가지 방법은 작은 오류들을 자동으로 수정하는 것이다. 구글검색의

CODE 4 사용자경험

자동수정 기능이 아주 좋은 예라 할 수 있다. 검색어에 오타가 하나 있더라도 쓸모없는 검색 결과가 나오지는 않는다.[53] 실제로 'grllo'를 'hello'로 바꿔주는 스마트폰 자동완성 기능부터 공식에 누락된 괄호를 추가해주는 엑셀까지 모든 유형의 자동수정이 이 범주에 속한다.[54]

보통 사용자 테스트에서는 더 평범하고 작은 오류들이 드러난다. 이러한 오류들은 수정하기가 매우 쉽고, 그 오류들을 해결함으로써 사용자들에게 큰 만족감을 줄 수 있다. 예를 들어 구글플라이트Google Flights에서 항공편을 예약할 때 출발 날짜보다 이전 날짜로 도착하는 날짜를 입력하면 앱이 자동으로 두 날짜를 바꿔놓는다.[55] 여러분이 무엇을 말하려는지 아는 앱의 이러한 간단한 기능은 소비자를 만족시킬 뿐 아니라 구축하기도 쉽다.

사용자가 자동수정이 불가능한 실수를 하게 될 경우, 너무 많이 그 일이 진행되지 않도록 해야 한다. 은행 계좌 등을 신청하기 위해 긴 서류를 작성하다가 한 가지 항목을 잘못 기입했다는 사실을 알고 서류 **전체**를 다시 작성해본 적이 있을 것이다.[56] 서류가 양식에 맞게 모두 채워져 있다면 더할 나위 없이 좋겠지만, 만약 잘못 기입한 입력란만 빨간색으로 표시된다면 더 좋을 것이다.

또 사용자가 위험해지기 전에 실수를 발견하도록 도울 수도 있다. 예를 들어 안드로이드의 기본 시계 앱에는 매우 중요한 기능이 있다. 알람 설정을 하면 앞으로 얼마 후에 그 알람이 울릴지 알려주는 것이다. 만약 지금이 오전 1시이고 비행기를 타기 위해 새벽 5시에 일어나야 할 경우, 알

안드로이드 시계 앱은 알람이 얼마 후에 울릴지 알려줘 사용자가 실수를 잡아내게 도와준다.

람 설정을 제대로 하는 게 매우 중요하다. 만약 실수로 알람을 오후 5시로 설정했다면, 앱은 그 알람이 16시간 후에 울릴 것이라고 알려줄 것이다. 그러한 기능은 사용자에게 시간을 잘못 입력했다는 사실을 그 즉시 알려줄 것이고, 비행기를 놓치는 불상사를 막아줄 것이다.

가역성

제품의 UX를 관용적으로 만드는 가장 간단하고 인기 있는 방법 중 하나는 모든 작업을 위한 일종의 '작업취소undo' 버튼을 제공하는 것이다. 드롭박스에서는 실수로 실행한 파일 삭제를 취소할 수 있고,[57] 지메일에서는 때에 따라 이메일 '전송취소unsend'를 할 수 있다.[58] 이러한 기능을 통해 사용자는 신속하게 실수를 만회할 수 있다.

그런데 '작업취소' 버튼에만 국한시켜서는 안 된다. 되돌릴 수 없는 게 분명한 명령(예: 데이터베이스에서 무언가를 삭제하기 또는 송금하기)은 반대되는 명령을 갖고 있어야 한다. 따라서 '추가add' 버튼은 '삭제remove'와 쌍으로 구성돼야 하고, '확인OK' 버튼은 '취소cancel' 버튼과 쌍으로 구성돼야 한다. '설치install' 버튼은 '삭제uninstall' 버튼과 쌍으로 구성돼야 한다.[59] 이는 사용자가 빠져나갈 수 없는 상태가 되지 않도록 해주고, 사용자가 정신 모델을 단순화하도록 도와준다.

또한 사용자가 결정을 내리기 전에 자신이 내린 결정을 재고할 수 있는 중간 상태를 제공할 수도 있다. 이커머스 웹사이트의 장바구니와 운영체제의 휴지통은 모두 돈을 보내거나 파일을 영구적으로 삭제하는 등의 불가역적인 작업을 수행하기 전에 취소할 수 있게 해준다.

많은 PM들은 제품을 관용적으로 만드는 다른 방법은 생각하지 않은 채 가역성reversibility을 다룬다. 가장 좋은 사용자경험은 사용자가 애초에 실수하지 않는 것이다. 따라서 작업취소 버튼과 같은 것들은 대표적인 해결책이라기보다는 최후의 수단으로 생각하는 게 좋다.[60]

오류메시지

사용자의 의도가 아무리 좋다고 한들 오류는 발생하기 마련이다. 어쩔 수 없는 일이다. 그렇기 때문에 제대로 된 오류메시지가 중요하다. 이해하기 어려운 '오류 번호'나 '잘못된 정보' 같은 애매한 메시지를 제공하기보다는 정확히 무엇이 잘못됐고 사용자가 무엇을 어떻게 할 수 있는지 설명해야 한다. 메시지가 구어체로 돼 있고 알아듣기 쉬운 능동태를 사용하는지 확인해야 한다.[61] 보통 흔히 사용하는 오류메시지는 다음과 같다.

잘못된 비밀번호. 다시 시도하십시오.

한편 잘 만들어진 오류메시지는 다음과 같다.

입력하신 비밀번호에 생일이 포함돼 있으므로 이 비밀번호는 사용할 수 없습니다. 비밀번호에서 해당 정보를 제거하고 다시 시도하십시오.

이 오류메시지는 사용자들에게 무엇을 잘못했고 어떻게 수정할 수 있는지 알려준다. 훌륭한 오류메시지에는 사용자들이 랜덤으로 비밀번호를 만들어낼 수 있는 버튼이 포함돼 있어서 버튼 하나로 오류를 수정할 수 있게 되어 있다.

제4원칙: 직관

마지막으로, 좋은 사용자경험은 직관적이다. 즉 우리의 정신모델과 잘 맞고 그래서 예측 가능하고 배우기도 쉽다. 비직관적인 제품은 사용하기가 불편하다. 닐의 친구들이 지우개가 달린 펜을 사용하려 했을 때 얼마나 혼란스러

위했는지 기억할 것이다. 비슷하게 테크 제품을 사용하면서 다들 잠깐식은 혼란스러운 순간을 경험해봤을 것이다.

숨겨진 기능

이러한 문제가 드러날 때는 바로 중요한 어포던스가 숨겨져 있을 때다. 작은 아이스크림 통을 열고 숟가락을 찾다가 나중에야 나무나 플라스틱으로 만들어진 작은 숟가락이 아이스크림 뚜껑 안에 숨겨져 있다는 사실을 알게 된 적이 있지 않은가.[62]

인기 있는 테크 제품들도 다를 게 없다. 수년간 드롭박스의 모바일 앱은 '즐겨찾기로 표시하기Mark as favorite' 버튼을 눌러 오프라인 상태에서도 접근할 수 있게 파일을 다운로드할 수 있도록 했다. 그런데 그 둘 사이에 어떤 연관성이 있는지 알 수 없다. 즐겨찾기 파일이 왜 오프라인 상태가 돼야 하는지, 또 좋아하지 않는 파일은 왜 오프라인으로 저장할 수 없는 것인지. 사용자들은 여기저기 살펴보며 '오프라인으로 저장하기save offline' 버튼을 찾느라 혼란스러워했고, 버튼을 찾아 헤매는 동안 그 버튼이 코앞에 있는 줄도 몰랐다. 실제로 드롭박스는 그 버튼이 어떻게 작동하는지 설명하기 위해 도움말 센터에 글을 올려야 했다. 그 정도로 사람들이 혼란스러워했다.[63]

정신모델

우리는 앞에서 제품이 사람들이 갖고 있는 정신모델에 부합하는 것이 얼마나 중요한지 이야기했다. 제품이 정신모델에 부합하지 못할 경우, 그 제품은 비직관적인 것이 된다. 예를 들어 팟캐스트 플레이어를 사용하는 방법에 대한 일반 사용자의 정신모델에는 어느 에피소드든 아무 때나 들을 수 있으리라는 기대가 포함돼 있을 가능성이 있다. 하지만 인기 있는 어느 팟캐스트 앱에서는 해당 팟캐스트를 구독하지 않으면 그 팟캐스트의 에피소드를

들을 수 없다. 이러한 경우, 불편하고 혼란스러운 경험이 될 수 있다.[64]

관련된 앱들이 널리 사용하는 관례를 모두 따를 필요는 없다. 그렇게 할 경우, 여러분의 앱은 그만의 고유성을 잃게 될 것이다! 일반적인 가정 중 일부를 깨트릴 수는 있지만 사용자의 정신모델이 혼란스러워지지 않도록 명확해야 한다. 데이팅 앱인 커피-미츠-베이글Coffee Meets Bagel은 사용자에게 매일 제한된 수의 만남을 제공하고 있으며, 이는 무제한으로 만남을 제공하는 대부분의 데이팅 앱과 다른 점 중 하나다. 하지만 커피-미츠-베이글은 그에

인기 있는 어느 팟캐스트 플레이어에서는 해당 팟캐스트를 구독하지 않으면 에피소드를 들을 수 없다.[65]

출처: 캐스트박스CastBox6

대한 타당한 이유를 제시하기 때문에 사용자들을 혼란스럽게 하지 않는다. 제한된 수의 만남은 사용자가 더 신중하게 선택할 수 있게 해주고,[66] 장기적인 만남을 추구하는 앱의 브랜딩 전략과도 일맥상통한다.[67]

정신모델에 부합하지 않아서 생기는 혼란은 사용자가 제품이 어떻게 기능할지 예상한 가정이 틀렸을 때도 발생한다. 예를 들어 트위터에서 트윗과 상호작용하는 방법은 세 가지가 있다. 바로 좋아요, 댓글 달기, 리트윗하기다. 트위터 사용자 대부분은 누군가가 트윗을 하거나 댓글을 달면 그 사람을 팔로우하는 사람들이 그 트윗이나 댓글을 보게 될 것이라는 정신모델을 갖고 있다.[68]

그런데 다른 한편으로는 '좋아요'가 좀 더 사적이고 팔로워들에게 잘 알려지지 않을 것이라고 기대하는 경향이 있다. 좋아요 버튼이 리트윗 버튼과 똑같이 기능한다면 무슨 의미가 있을까?[69] 문제는 트위터가 종종 누군가가 '좋아요'를 누른 트윗을 그 사람의 팔로워들에게 보여줌으로써 '좋

아요'를 리트윗처럼 취급한다는 사실이다. 게다가 이 같은 행동에 일관성도 없다. '좋아요'를 누른 특정 트윗이 어째서 가끔 다른 누군가의 타임라인에 뜨는 것인지 명확하지 않다. 트위터의 이러한 방식으로 인해 사용자들은 큰 혼란을 느꼈다.[70] 그리고 사용자를 혼란스럽게 만드는 이 기능을 어떻게 비활성화할 수 있는지 찾으려는 글이 수없이 쏟아져나왔다.[71]

작동 방식을 설명하기 위해 도움말 센터에 글을 올릴 필요성을 느끼거나, 기능이 작동하는 방식에 대해 다른 사람들이 글을 작성해 올린다면 그 기능이 직관적이지 않으며 수정할 필요가 있다는 사실을 알려주는 좋은 신호일 수 있다. 드롭박스는 '즐겨찾기' 버튼으로 오프라인으로 파일을 저장하는 방법에 대한 글을 작성하는 대신 이 버튼을 '오프라인으로 저장하기' 버튼으로 변경했어야 했다. 결국 드롭박스는 그렇게 했다.[72]

대응

예측 가능성predictability은 직관의 중요한 한 부분이다. 즉 사용자는 상호작용의 결과를 예측할 수 있어야 한다.[73] 결과에 대한 통제와 관련해 그 대응mapping이 명확하지 않으면 사용자가 혼란에 빠지고 실수를 할 수밖에 없다.

가스레인지에서 전형적인 예를 찾아볼 수 있다. 4개 이상의 버너가 있는 가스레인지를 떠올려 보자. 버너마다 화력을 조절하기 위한 손잡이가 있다. 제대로 설계된 가스레인지는 손잡이를 버너의 배열과 비슷하게 배치할 것이다. 그렇게 하면 손잡이와 버너의 **공간적 대응**spatial mapping이 명확해진다. 좌측 상단의 손잡이가 좌측 상단의 버너를 제어하는 식이다. 반면에 디자인이 잘못된 가스레인지의 경우, 손잡이가 버너가 배치된 모습과는 달리 일렬로 배치돼 있을 수 있다. 그렇게 되면 어떤 손잡이가 어떤 버너를 제어하는지 알기 어렵다.

손잡이가 잘못 배치된 가스레인지는 그 손잡이에 라벨을 붙여 표시할

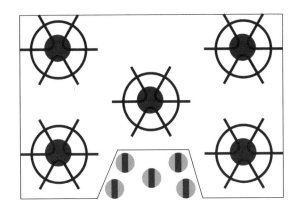

직관적인 공간적 대응을 보여주는 가스레인지 구조. 각 버너에 화력 조절 손잡이가 달려 있지 않아도 어떤 손잡이가 어떤 버너에 작동하는지 쉽게 예측이 가능하다.

수도 있지만, 앞서 말했듯이 최고의 인터페이스는 라벨을 필요로 하지 않는다. 보통 직관적인 인터페이스는 라벨이나 설명서 없이도 사용이 가능하다.

또 다른 예로 운전석 제어장치가 운전석 모양을 하고 있는 메르세데스-벤츠 자동차를 들 수 있다. 이렇게 디자인하면 각 버튼이 어떤 기능을 하는지 쉽게 파악할 수 있고 머리 받침대, 좌석 등받이, 그 외 좌석의 다른 부분들을 빠르게 조절할 수 있다.[74] 이 같은 디자인은 운전자가 좌석의 각 부분을 어떤 버튼으로 조절해야 하는지 기억해야 하는 격자형 버튼 배치보다 훨씬 직관적이다. 격자형으로 버튼을 배치할 경우, 끔찍한 라벨을 붙여야 할지도 모른다.

운전석처럼 생긴 메르세데스-벤츠의 운전석 제어 버튼. 어떤 버튼이 좌석의 어느 부분을 조절해주는지 매우 쉽게 예측할 수 있다.[75]

출처: 피키스트Pikist

소프트웨어 제품을 만들 경우에는 좋은 공간적 대응을 만드는 것이 비교적 간단하다. 거의 모든 것을 클릭할 수 있기 때문이다. 경험을 통해 알 수 있는 좋은 법칙 중 하나는 화면 어딘가가 아닌 통제하고자 하는 대상 그 자체에서 제어기능을 사용하게 하는 것이다. 예를 들어 여러분의 앱에 연락처 목록이 있다면 각 연락처를 눌러 연락처에 있는 상자를 선택하고 화면 구석에 있는 삭제 버튼을 일일이 누를 필요 없이 삭제 옵션을 불러올 수 있어야 한다.

또 다른 유형의 대응은 바로 **문화적 대응**cultural mapping이다. 즉 사용자가 속한 문화가 그들이 기대하는 대응 유형을 결정한다.[76] 영어와 힌디어처럼 왼쪽에서 오른쪽으로 문자를 적는 언어권에서는 뒤로가기 버튼이 왼쪽에 있고 앞으로가기 버튼은 오른쪽에 있을 것으로 예상한다. 그러나 아랍어와 히브리어처럼 오른쪽에서 왼쪽으로 문자를 적는 언어권에 있는 사용자들의 경우, 그와 정반대로 생각한다.[77]

대응이 인간의 문화에만 국한돼 있는 것은 아니다. 어떤 사람이 어떤 한 대상을 경험하는 데에서 형성된 더 넓은 맥락이 그 대상의 작동 방식에 대한 기대를 결정한다. 예를 들어 맥은 터치패드에서 손가락을 위로 움직이면 페이지 내용이 아래로 이동하고, 손가락을 왼쪽으로 움직이면 내용이 오른쪽으로 이동하는 이른바 '내추럴 스크롤링natural scrolling' 방식을 사용

이스라엘 신문인 하아레츠Haaretz의 히브리어 웹사이트는 왼쪽에서 오른쪽으로 문자를 적는 공간적 대응 방식을 확 뒤집어놓는다. 메뉴 버튼은 좌측 상단이 아닌 우측 상단, 추가 소식이 있는 사이드바는 오른쪽이 아닌 왼쪽, 캡션은 이미지의 오른쪽이 아닌 왼쪽에 있다.[78]

출처: 하아레츠

한다.[79] '자연스러운natural' 방식이라고 말하는 이유는 터치스크린이 있는 기기가 보통 이런 식으로 작동하기 때문이다. 한편 윈도우 PC는 일반적으로 전통적인 스크롤 방식을 사용하며 손가락을 위로 움직이면 콘텐츠 역시 위로 이동한다.[80] 따라서 맥용 앱을 만들 경우에는 사용자가 그 앱을 사용하면서 '자연스럽게' 스크롤할 것을 기대하지만, 윈도우용 앱을 만들 경우에는 사용자가 기존의 전통 스크롤 방식을 기대한다.

도전!

이제 좋은 UI를 만들려면 어떻게 해야 하는지 알게 되었을 것이다. 그러니 역사상 가장 우스꽝스러운 최악의 UI 디자인 패턴 중 일부를 재미있게 해결하며 즐기는 이 게임에 한번 도전해보자.

userinyerface.com/game.html

18장

Usability

사용성

PM들은 무엇이 훌륭한 제품을 만드는지 생각할 때 보통 강력한 기능, 영리한 그로스해킹growth hacking성장(Growth)과 해크(Hack)의 합성어-옮긴이, 보기 좋은 사용자 인터페이스를 떠올린다. 그런데 간단하지만 자주 간과하곤 하는 것 중 한 가지가 바로 간단한 사용자 친화성이다.

여러 유명 제품들은 사용의 편의성으로 엄청난 성공을 이뤘다. 1970년대에 제록스와 애플 덕에 대중화된 GUI(그래픽 사용자 인터페이스)는 혁명적이었다. 긴 명령어 목록을 외울 필요 없이 마우스로 클릭만 하면 됐다.[1] 애플 II의 GUI는 애플을 유명하게 만들었고 개인용 컴퓨터에 대해 들어본 적이 거의 없던 시기에 200만 대 이상 판매됐다.[2]

애플은 아이팟의 유명한 클릭휠click wheel로 또다시 주목을 받았고, 버튼 5개와 다이얼 하나만으로 작동이 가능한 클릭휠은 놀라울 정도로 사용하기 쉬웠다. 이전에 휴대용 전자기기를 사용해본 적이 없는 사람들도 클릭휠을 쉽게 사용했고,[4] 아이팟은 수억 개 이상이 판매됐다.[5]

그 후 구글은 웹 기반 운영체제인 크롬 OS를 출시했다. 크롬 OS는 뜻

CODE 4 사용자경험

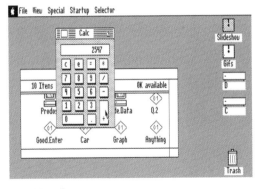

애플 II의 GUI[3]

출처: 토스티테크

밖의 제품이었다. 사용자가 백신 프로그램을 설치하거나, 드라이버와 시스템 라이브러리를 관리하거나, 운영체제 업데이트를 계속해서 확인할 필요가 없었기 때문이다.[6] 인터페이스도 간결했다. 데스크톱은 버튼 하나(브라우저 단축키)로 시작할 수 있어 운영체제가 놀라울 정도로 간단했다. 크롬 OS는 단순하게 잘 작동해 윈도우 PC만큼 뒤죽박죽되지 않았고,[7] 노인과 아이들 사이에서도 바로 인기를 끌었다.[8~10]

이와 비슷한 예가 많지만, 그 많은 예가 제시하는 맥락은 명확하다. 인간의 단점을 고려해 간편하고 사용하기 쉬운 제품을 만드는 것은 사람들이 좋아할 만한 제품을 만드는 데 있어서 매우 훌륭한 방법이다. 별로 흥미롭지는 않을 수도 있겠지만, 사용성에 집중하면 결실을 맺을 수 있다.

메모리 제한

332쪽 사진은 TV 리모컨의 주인이 노인임을 보여주는 인증샷이다. 전원, 채널, 음량 버튼과 같이 필수적인 버튼만 남겨놓고 다른 버튼은 테이프로 가렸

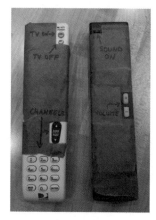

전원, 채널, 음량 버튼만을 사용할 수 있는 노인 인증 리모컨[13]

출처: 레딧! @thecre8ivewon

꼭 필요한 버튼만 남긴 매끄러운 형태의 애플TV 리모컨[15]

출처: 위키미디어

다.[11] 리모컨 기능이 줄어들기는 했지만 필요한 기능만 노출시킴으로써 사용자가 리모컨을 더 쉽고 유용하게 사용할 수 있도록 한 것이다.[12]

인간은 완벽한 지능을 갖춘 로봇 같은 존재가 아니다. 특히 너무 많은 선택과 정보에 압도당할 때 우리는 혼란을 느끼고 스트레스를 받는다. 노인 세대에 친화적인 리모컨의 등장은 이러한 문제가 얼마나 만연해 있는지 보여준다.

같은 문제가 쇼핑을 할 때도 발생한다. 한 연구에서 실험자들이 식료품점에서 진열대 2대를 설치해 한쪽 진열대에서는 2네 가지 잼을 제공하고, 다른 쪽 진열대에서는 6가지 잼을 제공했다. 많은 사람들이 가짓수가 더 많은 진열대에서 잼을 구매하리라고 예상할지 모르지만, 실제로는 그렇지 않았다. 24가지 잼이 있는 진열대를 더 많은 사람들이 찾기는 했다. 하지만 6가지 잼이 있는 진열대를 찾은 사람들이 잼을 구매할 확률이 10배나 더 높았다.[14]

이러한 문제는 **분석마비**analysis paralysis,[16] **선택의 역설**choice paradox,[17] **힉의 법칙**Hick's Law[18] 등 여러 이름으로 불리지만 그 개념은 모두 같다. 즉 더 많은 선택지가 주어질수록 선택하는 데 더 많은 시간이 걸리고 더 많은 스트레스를 받는 현상을 말한다. "간단하게 하라고, 이 바보야Keep it Simple, Stupid"라는 만고불변의 격언은 이 같은 상황에 시사하는 바가 크다.[19]

CODE 4 사용자경험

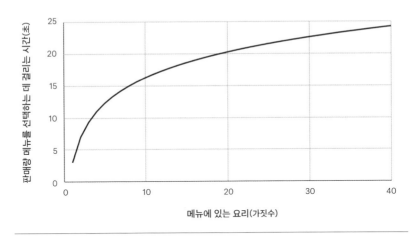

힉의 법칙(예시)

(그래프 세로축) 판매량 메뉴를 선택하는 데 걸리는 시간(초)

(그래프 가로축) 메뉴에 있는 요리(가짓수)

식당 메뉴 예시 데이터를 사용해 만든 힉의 법칙 그래프. 힉의 법칙은 사람들에게 더 많은 선택지가 주어질수록 결정을 내리는 데 더 많은 시간이 걸린다고 말한다. 식으로 표현하면 "$r = a + b \times \log_2(n)$"이며 여기에서 r은 결정을 내리는 데 걸리는 시간, n은 선택지 수, a와 b는 상수다.[20]

출처: 인터랙션 디자인Interaction Design

관련 없는 옵션 제거하기

너무 많은 정보와 선택지의 공격을 받을 때 누구나 고통을 겪을 수 있다. 훌륭한 제품은 그런 점을 고려해 설계되어야 한다. 그런 면에서 명상 앱 헤드스페이스Headspace는 매우 훌륭하다.[21] 헤드스페이스의 온보딩은 신규 사용자에게 긴 글이나 복잡한 명상을 요구하는 대신, 한 가지 질문, 즉 왜 명상을 하는가를 묻는다. 그러고는 간단한 답변 몇 가지를 보여주고 고르게 한다. 이때 오답은 없다는 점을 강조한다. 이것이 바로

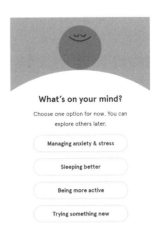

헤드스페이스의 온보딩 흐름은 오답이 없는 쉽고 간단한 질문을 던지는 것이다.

출처: 헤드스페이스

적절한 온보딩 흐름이다.

터보택스는 여러 결점을 갖고 있음에도 불구하고[22] 매우 복잡하고 혼란스러운 세금 신고 과정을 간소화하는 데 큰 역할을 하고 있다. 수백 개에 달하는 입력란을 채워야 하는 서류 대신 사용자가 각 단계마다 간단한 질문에 '예' 혹은 '아니오'로 답하기만 하면 된다. 세법tax code을 간단한 문항으로 단순화하고 사용자가 한 번에 한 가지 작업에만 집중할 수 있도록 하는 것은 세금 신고의 인지부하cognitive load를 줄일 수 있는 아주 좋은 방법이다.[23]

마법의 숫자, 7 ± 2

여기에서의 기본 주제는 인간의 뇌가 리모컨의 여러 버튼이든, 진열대의 잼이든, 세금 신고 서류의 문항이든 한꺼번에 들어오는 많은 정보를 처리할 수 있다는 것이다. 성공적인 제품이라면 사용자가 너무 많은 정보에 압도되지 않도록 정보의 흐름을 줄일 것이다.

이와 관련한 흥미롭고 특별한 사례로 **작업기억**working memory을 들 수 있다. 작업기억이란 예를 들면 누군가가 불러주는 전화번호를 기억하려고 할 때 사용하는 초단기 기억을 말한다.[24] 우리가 작업기억에 저장할 수 있는 항목은 7개 전후, 즉 7개에서 플러스마이너스 2개다(7±2). 너무 많은 정보가 주어질 경우, 어떤 정보는 기억하지 못하고 빠뜨릴 수밖에 없다. **밀러의 법칙**Miller's law[25]이라고 알려진 이 원리는 누군가가 불러주는 10자리 전화번호를 기억하는 일이 왜 그렇게 어려운지를 설명해준다.

사용자 인터페이스를 만들 때 이 법칙을 적용한다면 콘텐츠를 각각 5~9개 항목의 그룹으로 나눠야 한다.[26] 툴바의 각 섹션에는 필요한 항목 몇 개만 넣고, 슬라이드에 넣는 중요 항목은 7개로 제한하고,[27] 한 화면에 9개 이하의 제품을 선보이는 게 좋다.

복잡성 보존의 법칙

모든 제품은 **환원 불가능한 복잡성**irreducible complexity, 즉 반드시 처리해야 할 정보량이나 작업량을 어느 정도 갖고 있다.[28] 예를 들면 이메일을 보낼 때 본문, 서명, 첨부파일, 제목을 꼭 채울 필요가 없다. 그러나 아무리 기본적인 것만 남긴 이메일이라고 해도 받는 사람과 보낸 사람, 이 2개의 입력창은 꼭 있어야 한다.[29] 이 두 가지 정보가 바로 이메일 전송의 환원 불가능한 복잡성이다.

UI 디자이너인 래리 테슬러Larry Tesler는 모든 제품에는 환원 불가능한 복잡성이 있으며, 개발자나 사용자 중 한쪽은 이를 처리할 수 있어야 한다고 주장했다. 이러한 주장을 두고 **테슬러의 법칙**Tesler's law 또는 **복잡성 보존의 법칙**law of conservation of complexity이라고 한다.[30]

사용자 친화적인 제품을 만드는 개발자는 환원 불가능한 복잡성을 최대한 많이 떠맡아 해결하려 할 것이고, 그렇게 함으로써 사용자가 해야 할 일의 양을 최소화하려 할 것이다. 앞서 제시한 이메일 예시에서 이메일 앱은 보낸 사람 입력창을 자동으로 채워주므로 사용자는 받는 사람 입력창을 채우기만 하면 된다. 복잡성이 사라지는 게 아니라 소프트웨어가 특정 작업을 대신 떠맡는 것이다.[31]

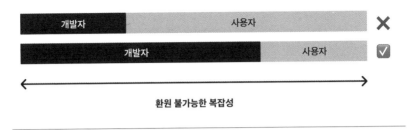

환원 불가능한 복잡성

모든 제품은 일정량의 복잡성을 갖고 있다.
잘 만들어진 제품은 그 복잡성의 부담을 사용자가 아닌 개발자가 떠맡는다.[32]
출처: 하리쉬 호세Harish Jose

다른 방식으로 생각해볼 수도 있다. 사용자 백만 명이 보낸 사람 입력 창을 채우는 것과 같이 불필요한 작업을 하는 데 1분이라는 시간을 쓴다고 상상해보자. 개발자가 그 작업을 자동화하는 데 몇 시간을 투자하면 수많은 사용자가 시간을 절약할 수 있다.[33]

개발자가 해결할 수 있는 작은 마찰 지점들은 꽤 많고, 이를 해결하면 사용자의 시간이 조금이나마 절약될 수 있다. 예를 들어 사용자가 신용카드 세부 정보를 웹사이트에 입력할 때 해당 웹사이트는 신용카드 번호, 만료일, 네트워크(비자나 마스터카드 등) 등의 정보를 요구한다. 잘 만들어진 웹사이트 대부분은 신용카드 번호를 기반으로 네트워크를 자동으로 파악하기 때문에 사용자가 직접 네트워크를 입력할 필요가 없다.[34] 개발자가 단 몇 시간만 투자하면 사용자 수백만 명이 소중한 시간을 절약할 수 있는 것이다.

얼굴인식 역시 좋은 예에 속한다. 얼굴인식 시스템은 로그인하는 사람의 신원을 확인할 수 있어야 한다. 사용자 이름과 비밀번호를 입력해 로그인하도록 하는 일이 개발자에게는 쉽지만 사용자에게는 고통스러운 일이다. 얼굴인식 시스템을 구축하는 일은 더 어려울 수 있지만, 그 시스템을 사용하는 사람들은 많은 시간을 절약할 수 있다.[35]

사용자의 부담을 줄이면 제품에 여러모로 도움이 된다. 한 이론에 따르면 사용자가 제품을 사용하는 데 쏟는 에너지양이 정해져 있기 때문에 단순 작업에 쏟는 에너지양을 줄이면 더 복잡한 작업을 하기 위한 더 많은 에너지를 확보할 수 있다.[36] 그렇게 되면 사용자는 '파워 유저power user'가 되고, 제품과 더 깊은 관계를 맺게 되며, 아마도 그 제품을 구매할 가능성이 더 높아질 것이다.

접근성

전 세계 인구 중 15%가 장애를 갖고 있는 것으로 예상된다.[37] 따라서 제품이 제 역할에 맞게 제대로 사용되려면 사용자가 직면할 수 있는 과제를 수용해야 한다.

접근하고 이용하기 쉬운 제품을 만드는 방법에 대해서는 뒷부분에서 살펴보겠지만, 우선은 제품의 사용자 친화성을 높이고자 할 때 장애에 대해 생각하는 것이 실제로 강력한 렌즈가 될 수 있다. 장애를 가진 사람들이 여러분의 앱을 사용하면서 겪는 어려움을 파악할 수 있다면 그 앱이 모두를 위한 제품으로 도약할 수 있는 기회를 찾는 데 도움이 될 것이다.

이를 보여주는 대표적인 예를 주방용품 업계에서 찾아볼 수 있다. 1990년대에 샘 파버Sam Farber라는 한 사업가가 프랑스 남부에서 아내와 휴가를 보내고 있었다. 어느 날 주방으로 간 그는 울고 있는 아내를 발견했다. 아내가 사과 타르트에 넣을 사과를 깎기 위해 금속 필러를 사용해야 하는데 관절염을 앓고 있어 제대로 사용할 수 없었기 때문이다. 파버의 아내 벳시Betsey는 점토 덩어리를 들고 관절염을 가진 사람에게 친화적인 필러 손잡이를 디자인하기 시작했다.[38]

샘 파버는 관절염을 앓고 있는 사람들에게는 좀 더 편리하게 사용할 수 있는 주방용품이 필요하다는 사실을 깨달았다. 그리고 아내 벳시의 작품을 기본으로 하여 인체공학적으로 디자인한 필러, 주걱, 거품기, 체 등으로 구성된 주방용품 라인인 옥소를 탄생시켰다.[39,40]

관절염을 앓고 있는 사람들뿐 아니라 모든 사람이 옥소의 편안한 고무 손잡이와 잡기 쉬운 디자인을 좋아하게 되었다. 현재 옥소의 주방용품은 전 세계 주방 곳곳에서 찾아볼 수 있다.[42] 이 사례는 접근성을 높이기 위해 만들어진 제품을 통해 어떻게 모든 사람이 혜택을 보고 있는지 보여준다.

기술 분야를 예로 들면, 마이크로소프트의 디자인팀은 시각장애인들

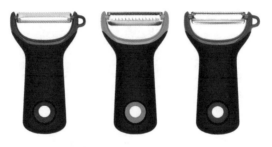

과일이나 야채 껍질을 벗길 수 있는 옥소의 인체공학적 필러[41]

출처: 더 페퍼 밀The Pepper Mill4

이 자사 제품을 좀 더 유용하게 사용할 수 있는 방법, 즉 **인클루시브 디자인** inclusive design 사회·문화적 배경이나 장애 유무와 상관없이 누구나 쉽게 사용할 수 있는 포용적인 디자인-옮긴이을 연구 중이었다. 디자인팀은 파워포인트PowerPoint 프레젠테이션의 캡션을 자동으로 생성해 스카이프Skype의 실시간 캡션으로 바꿔주는 도구를 만들어 제공했다.[43] 서로 다른 모국어를 사용하는 사람들과 화상통화를 해본 사람이라면 이러한 기능이 장애인뿐 아니라 모든 사람에게 얼마나 유용한지 알 것이다. 또한 인클루시브 디자인팀은 난독증이 있는 사람들이 글을 더 쉽게 읽을 수 있도록 텍스트 줄바꿈과 텍스트 서식 설정을 개선했고, 이는 난독증이 없는 사람들도 글을 더 빨리 읽을 수 있게 해주었다.[44]

시뮬레이션

제품의 UX를 개선하고자 할 때 특정 장애를 가진 사용자들과 함께 작업하거나 아니면 여러분이 직접 해당 장애를 시뮬레이션해 볼 수 있다. 이는 전혀 눈치채지 못할 수 있는 유용성 문제를 찾아내기 위한 것이다. 일반적인 방법 중 하나는 시각장애나 근시가 있는 사람이 제품을 어떻게 경험하는지 시뮬레이션하기 위해 제품의 UI를 인위적으로 흐릿하게 만드는 것이다. 그런 과정을 통해 행동 유도 버튼을 찾기가 어렵지는 않은지, 중요한

경계경보를 놓치기 쉽지는 않은지 등을 빠르게 확인할 수 있다.[45]

혹은 주로 사용하지 않는 쪽 손으로 사용하여 휴대전화를 써봄으로써 운동장애가 있는 사람이 앱을 어떻게 경험하는지 시뮬레이션해볼 수도 있다. 그러한 시뮬레이션을 통해 음성입력을 하고 싶은 지점이나 탭을 줄일 수 있는 지점을 빠르게 파악할 수 있을 것이다. 물론 실험하고자 하는 장애를 실제로 가지고 있는 사용자들과 함께 작업하는 것보다 더 좋은 방법은 없다.

UX 디자이너 중 일부는 심지어 술을 마시고 취한 상태에서 제품을 사용해보면서 삭제 버튼이 편집 버튼 바로 옆에 있는 경우 등 무엇이 헷갈리고 어떤 실수를 할 수 있는지 테스트하기도 한다.[46] 술에 취한 상태에서 여러분의 제품을 사용하는 사람은 그리 많지 않을 테지만♦ 서두르거나 서투른 사람들이 겪을 수 있는 문제를 발 빠르게 파악할 수 있을 것이다. 사용자 대부분은 최신 기술에 능한 여러분의 팀 멤버들과 다를 수 있다는 사실을 잊어서는 안 된다!

제약

접근성을 높이는 일을 개발 막바지에 거쳐야 하는 일련의 성가신 과정이 아니라 UX를 만들 때 좀 더 창의적인 태도로 임할 수 있게 해주는 제약으로 생각하는 게 좋다. 제약은 창의력을 이끌어낸다.[47] 이를 설명하기 위해 새로운 보드게임에 대한 아이디어를 한번 내보자. 책을 잠시 내려놓고 생각해보자.

아이디어를 내는 데 어려움을 겪을 수도 있다. 그럼 이제 한 가지 제약을 추가해보자. 예를 들어 음식을 먹어야 한다는 규칙이 있는 보드게임에 대한 아이디어를 생각해보자.[48] 어떤 아이디어가 떠오르는지 한번 살펴보자.

♦ 여러분이 데이팅 앱을 운영하고 있을 수도 있지만 말이다.

만약 우리와 비슷하다면, 음식이라는 제약이 더해졌을 때 훨씬 더 흥미로운 아이디어가 떠올랐을 것이다. 어쩌면 여러분은 다 같이 컵케이크를 먹고 컵케이크 안에 박힌 과일을 단서 삼아 암살범이 누구인지 알아내는 '하이 티 어쌔신High Tea Assassin' 같은 게임을 떠올렸을지도 모른다. 아니면 눈을 감고 산딸기와 누텔라Nutella 등을 함께 맛본 뒤 방금 뭘 먹었는지 알아맞히는 식용 픽셔너리pictionary 게임을 떠올렸을 수도 있다.[49]

이렇게 좀 더 흥미로운 아이디어를 떠올릴 수 있는 이유는 제약이 더해지면 여러분의 뇌가 무언가에 더 집중할 수 있는 상태가 되기 때문이다. 아이디어를 찾기 위해 어둠 속을 헤매는 대신 어떤 기준을 갖고 탐험을 시작할 수 있는 한 줄기 빛을 얻는 셈이 된다.

제약 조건을 찾아내기 위한 좋은 방법 중 하나가 바로 접근성에 대해 생각해보는 것이다. 앞서 예로 제시한 옥소의 파버 부부는 통증을 유발하는 금속 손잡이라는 매우 명확한 문제를 발견했고, 주방용품에서 그 문제를 개선하는 데 주력했다. 결국 한 문제를 향한 집중이 오늘날 그 유명한 옥소의 혁신을 이끄는 원동력이 됐다.

따라서 제품을 개선하기 위한 창의적인 방법을 모색할 때 접근성을 장애물이 아닌 제약의 원천으로 바라봐야 한다. 그리고 그렇게 함으로써 평범한 PM의 레이더로는 발견할 수 없는 아이디어를 생각해낼 수 있을 것이다.

화면 레이아웃

디자이너와 PM이 사용자 인터페이스를 만들 때 자주 간과하는 한 가지가 바로 사용자의 기기라는 제약이다. 포스트잇 노트나 피그마 같은 디자인 툴로 프로토타입을 만들 때 사람들이 특정 기기를 통해 여러분의 앱을 사용한다는 사실을 간과하기 쉽다. 사용자가 사용하는 기기의 물리적 특성에 따라 몇 가지 제약이 따를 수 있다는 점을 기억해야 한다.

스마트폰

예를 들어 사람들은 스마트폰을 사용할 때 엄지를 화면 위에 두는 경향이 있다. 그러므로 엄지가 자연스럽게 닿는 범위에 있는 버튼을 누르기가 더 쉽다. 버튼이 화면 끄트머리에 있으면 보기 좋을지 모르지만 사용자가 그 버튼을 누르려면 매우 불편할 것이다. 오른손에 스마트폰을 들고 엄지로 화면의 좌측 상단을 눌러보자. 신체적으로 매우 불편할 수 있다!

일반적으로 말해서, 사람들이 가장 많이 누를 만한 버튼은 사용자의 엄지 가까이에 위치한 '엄지 존'에 있어야 한다. 사람들은 한쪽 손이나 양쪽 손으로 스마트폰을 쥘 수 있기 때문에 가장 중요한 버튼은 화면 중앙 하단에 배치해야 한다. 화면 중앙 하단은 어떤 방식으로 잡고 있든 '엄지 존'

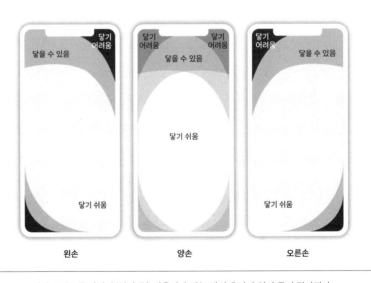

일반 스마트폰 화면의 '엄지 존'. 사용자가 잡는 방식에 따라 엄지 존이 달라진다.
스마트폰을 어떻게 잡고 있든 쉽게 접근할 수 있도록 버튼을 배치해야 한다.[50]
출처: 스매싱 매거진Smashing Magazine

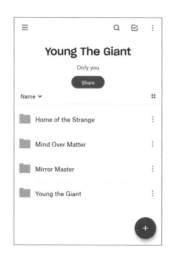

드롭박스의 안드로이드 앱은 엄지 존에 정확히 위치해 있는 플로팅 액션 버튼을 뚜렷한 특징으로 한다.

사이즈가 큰 스마트폰이나 태블릿의 엄지 존은 그보다 작은 기기의 엄지 존과 다른 모습을 보인다.
사용자의 손이 일부 화면에 쉽게 닿지 못한다.[54]

출처: 프랙티컬 이커머스Practical Ecommerce

이 교차하는 구역이기 때문이다.[51]

구글의 머티리얼 UI는 사실 이러한 방식으로 중요한 버튼을 배치한다. 머티리얼 UI에서 가장 중요한 버튼은 화면 하단에 떠 있다. 가장자리 쪽으로 치우쳐 있기는 하지만 엄지 존 안에 위치해 있다. 구글 앱과 안드로이드 운영체제 전반에서 이러한 **플로팅 액션 버튼**floating action button을 자주 볼 수 있을 것이다.[52]

버튼을 넣기에 최적인 영역의 정확한 크기와 모양은 해당 기기의 **폼 팩터**form factor하드웨어의 크기, 구성, 물리적 배열-옮긴이에 따라 다르다. 기기 전체가 손 안에 다 들어오지 않을 정도로 큰 스마트폰의 엄지 존은 (어떤 느낌인지 알 수 없다면 한 손으로 휴대전화를 잡고 시험해보기 바란다) 엄지가 제자리에 고정되기 때문에 그 영역이 더 작고 선형적일 수 있다.[53] 보통 사용자가 두 손으로 잡고 사용하는 태블릿의 엄지 존은 하단 양쪽 모서리에 있는 2개의 분리된 영역처럼 보일 수 있다. 버튼을 배치하기에 가장 좋은 영역을 찾으려면 해당 기기의 폼 팩터를 바탕으로 테스트해봐야 한다.

랩톱

마우스나 키보드로 UI와 상호작용하는 사용자들은 터치 기능을 사용하는 사용자들이 경험하는 것과는 다른 제약들을 경험하게 될 것이다. 어쨌든 마우스는 손가락과 매우 다르다.

마우스나 키보드로 UI와 상호작용하는 사용자를 생각할 때 유념하면 좋을 규칙이 바로 **피츠의 법칙**Fitts's law이다. 피츠의 법칙에 따르면 누군가가 마우스를 버튼으로 옮기는 데 걸리는 시간은 버튼의 크기와 마우스를 움직여야 하는 거리에 따라 결정된다. 버튼이 작고 멀리 떨어져 있을수록 그 버튼에 도달하는 데 많은 시간이 걸린다. 이는 비슷한 버튼들을 하나의 그룹으로 묶어 버튼을 충분히 크게 만들어야 한다는 직관적인 조언을 뒷받침해준다.[55]

또 피츠의 법칙은 드롭다운drop-down 메뉴와 우클릭right-click 메뉴가 왜 그렇게 유용한지도 설명해준다. 그 이유는 바로 사용자가 마우스를 멀리 움직이지 않고도 다양한 작업을 수행할 수 있기 때문이다.[56]

피츠의 법칙에서 한 가지 좀 애매한 통찰은, 모서리가 매우 효과적이라는 것이다. 컴퓨터 화면에서는 커서가 화면 가장자리를 벗어날 수 없기 때문에 실제로 화면 가장자리에 있는 버튼을 찾기가 꽤 쉽다. 즉 목표 지점을 벗어나 더 많이 이동할까 봐 걱정하지 않아도 된다. 오히려 화면 모서리에 있는 버튼을 누르는 게 훨씬 더 쉽다. 눈을 감고 마우스를 가능한 한 좌측 상단으로 움직이면 결국 그 화면의 좌측 상단 모서리에 도달할 게 뻔하지 않은가. 이는 모서리에 있는 버튼의 실질적인 크기가 무한하다는 것을 의미하므로 피츠의 법칙에 따라 이야기하자면 그 버튼을 찾고 클릭하는 건 매우 쉽다.[57]

운영체제가 화면 모서리에 중요한 버튼들을 배치하는 이유가 여기에 있다. 윈도우 10은 시작메뉴를 좌측 하단 모서리에 배치하고,[59] 맥은 애플 메뉴를 좌측 상단 모서리에, 알림 센터 버튼은 우측 상단에 배치한다.[60]

사용자가 텍스트를 읽을 때는 완전히 다른 패턴이 나타난다는 사실에도 주목해야 한다. 많은 연구에서 웹사이트 방문자의 히트맵heatmap다양한 데이터값을 색상으로 표현해 열 분포 형태로 보여주는 방법–옮긴이을 만들었고 몇 가지 독특한 패턴을 발견했다. 가장 일반적인 패턴은 **F-패턴**F-pattern이다. 이는 사용자가 좌측 상단 모서리에서 시작해 텍스트를 몇 줄 읽은 다음 아래로 내려가면서 페이지 왼쪽만 바라보는 것을 뜻한다. 또 다른 패턴은 **Z-패턴**Z-pattern으로, 사용자가 눈을 왼쪽에서 오른쪽으로 움직이며 한 줄씩 아래로 내려가며 텍스트를 훑어보는 것이다. 이는 밀도가 너무 높지 않은 웹사이트에 나타난다.[61]

어떤 사용자들은 제목만 읽고 다른 모든 텍스트는 건너뛰는 **레이어-케이크**layer-cake 패턴을 따르기도 한다. 또 어떤 사용자들은 전화번호나 링크

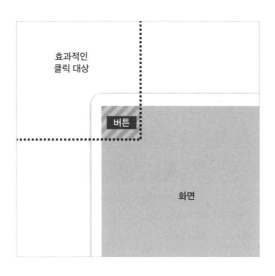

화면 모서리에 버튼을 배치하면 사실상 무한 클릭 대상이 된다.
피츠의 법칙에 따르면 이는 버튼을 매우 쉽게 클릭할 수 있게 해준다.[58]

출처: 위키미디어

맥의 애플 버튼은 화면 좌측 상단 모서리 바로 옆에 있다. 그러나 버튼의 왼쪽에 있는 모서리를 클릭해도 버튼이 작동한다. 이러한 미묘한 뒤틀림이 버튼을 매우 쉽게 누를 수 있게 해준다. 정확히 조준할 필요 없이 화면 좌측 상단 모서리에 마우스를 갖다 대기만 하면 되기 때문이다.

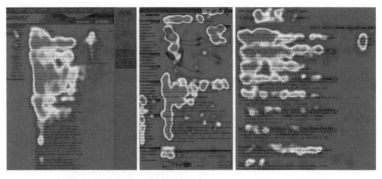

이러한 시선 추적eye-tracking 히트맵은 사용자의 눈이 다양한 웹페이지에서 어떻게 움직이는지 보여준다. 사진은 F-패턴에 가까운 모습을 드러내고 있다.[62]

출처: 닐슨 노먼 그룹Norman Nielsen Group

와 같은 특정 항목을 찾는 동안 페이지 여기저기를 옮겨 다니면서 얼룩 패턴을 만들어내기도 한다.[63] 따라서 대중매체, 신문 등 읽을거리가 많은 제품에 적합한 UI 레이아웃은 비교적 행동 지향적인 앱에 적합한 레이아웃과 다를 수 있다.

보너스 동영상

앞서 우리는 화면 레이아웃을 최적화할 수 있는 방법을 살펴봤다. 그럼 이제 차세대 제품, 즉 화면이 없는 제품에 대해 이야기해보자! 이 보너스 동영상를 통해 음성입력이 어떻게 해서 사용성의 차세대 인터페이스 기술이 되는지 알아보자. 또한 차세대 주요 운영체제를 제어하기 위한 전쟁이 어떻게 전개되고 있는지 함께 살펴보자.

productalliance.com/videos/voice

19장

Customer vs Business

고객 vs 사업

어째서 우유는 항상 슈퍼마켓 안쪽에 있는지 생각해본 적이 있는가? 다 이유가 있다. 슈퍼마켓은 일부러 우유와 같은 필수 품목을 매장 안쪽에 둬서 고객들이 매장 전체를 돌아다닐 수밖에 없게 한다. 고객들은 우유를 가지러 가는 동안 특가 제품이나 충동구매와 같은 유혹에 시달리게 된다.[1] 또 슈퍼마켓은 마진이 높은 정크푸드를 사람들의 눈높이에 맞춰 진열해 둠으로써 구매하도록 유도한다.[2] 슈퍼마켓 계산대에 왜 그렇게 많은 사탕이 진열돼 있는지도 같은 논리로 설명할 수 있다.[3]

슈퍼마켓은 보통 사용자 목표(매장을 빠르게 통과하고 정크푸드 피하기)와 사업 목표(고객이 가능한 한 많은 제품을 구매하도록 만들기) 사이에 갈등이 존재한다는 사실을 매우 잘 알고 있으며 사업 목표를 충족시키기 위해 매장을 설계한다.

테크 제품들 역시 이 점을 잘 알고 있다. 대중교통이 끊겨 대안이 없는 상황에서 우버가 바에서 밤을 샌 고객에게 2배 높은 요금을 부과하는 데 분노를 느끼지 않을 사람이 누가 있겠는가? 혹은 리프트를 예약했는데, 운

**Talla is already on the way.
Cancel this ride?**

You may be charged a fee

📞 Call driver

✏ Edit pickup spot

✕ Cancel ride

리프트는 차량을 호출하고 난 뒤에 취소할 경우 고객에게 취소수수료를 부과한다. 예약을 취소할지 묻는 앱의 안내 문구도 고객으로 하여금 약간의 책임을 느끼게 한다.

전기사가 5분 동안 제자리를 맴도는 것을 확인하고 예약을 취소했다가 취소수수료를 물 수밖에 없는 상황이 된다면?[4] 슈퍼마켓들과 마찬가지로 이러한 승차 공유서비스 기업들은 양질의 고객경험을 제공하는 것보다 돈 버는 것을 우선시한다.

하지만 꼭 그럴 필요는 없다. 사용자경험을 대놓고 뒷전으로 미루게 되면 만족하지 못하는 고객이 늘어날 게 분명하다. 고객들은 형편없는 사용자경험에 결국 질리고 말 것이다. 양질의 사용자경험은 사업 목표와 사용자 목표를 조정해주어 사업과 사용자라는 두 마리 토끼를 모두 잡을 수 있게 해주고, 이는 성공적인 제품과 사업의 토대가 된다.

부정직한 패턴

사업 목표와 사용자 목표를 성공적으로 조율해낸 기업들을 살펴보기 전에 **안티패턴**anti-pattern실제로 자주 사용되는 패턴이지만 부정적이거나 비효율적인 패턴-옮긴이 몇 가지를 먼저 살펴보도록 하자. 안티패턴이란 기업이 사용자경험은 뒷전으로 미뤄두고 자사의 사업 목표를 발전시켜나가기 위해 사용하는 비열한 속임수를 말한다. 이러한 패턴을 보통 **어두운 패턴**dark pattern이라고 부르며,[5] 우리는 이를 **부정직한 패턴**dishonest pattern이라 부르곤 한다.◆

물론 기업이 돈을 버는 것에는 아무런 문제가 없다. 이윤창출은 기업의 의무나 다름없다! 문제는 기업이 돈을 벌기 위해 사용자를 대놓고 적대시할 때 발생한다. 앞서 슈퍼마켓과 승차 공유서비스 기업에서 나타나는 부정직한 패턴의 사례들을 살펴보기도 했지만, 이런 패턴은 생각보다 훨씬 더 널리 퍼져 있다. 테크 산업 전반에서 찾아볼 수 있는 부정직한 패턴의 몇 가지 예를 더 살펴보도록 하자.

로치모텔

부정직한 패턴으로 가장 유명한 유형은 아마도 재미있는 이름을 가진 **로치모텔**roach motel일 것이다. 가입하기는 쉬우나 해지하기는 매우 어려운 서비스를 일컫는다.[6] 이 이름은 "바퀴벌레가 한번 들어가면 나오지 못한다!"라는 광고 문구로 유명한 바퀴벌레 덫 '로치모텔'에서 따왔다.[7]

신용카드를 사용한다면 이 로치모텔이라는 패턴을 경험해봤을 것이다. 신용카드를 신청할 때는 간단하고 빠르게 온라인으로 할 수 있지만, 카드를 해지하려면 여러 절차를 거쳐야 한다. 우선 상담원에게 전화를 걸어야 하고, 연결되기를 기다리며 대기하는 동안 귀에 거슬리는 음악을 견디고 잔소리를 들어야 하며, 해지를 만류하기 위해 더 나은 혜택을 제시하는 '리텐션 오퍼retention offer'에 대한 설명을 감내해야 한다.[8] 한 헬스클럽의 경우, 회원 본인이 양식을 인쇄해 작성한 다음 그것을 일반우편으로 보내야만 회원가입을 해지할 수 있다.[9]

많은 온라인서비스 역시 사용자가 계정을 삭제하기 어렵게 만들어놨다. 아마존 계정도 삭제하기가 매우 어렵다. 보통 '내 계정' 메뉴에서 삭제 버튼을 찾을 수 있으리라고 기대하지만 버튼이 없다. 대신에 화면 하단에 작게 표시돼 있는 '도움말' 버튼을 찾아 '도움이 필요한가요?'를 클릭하고 아마존에 문의하기 위한 버튼을 누른 뒤 계정 삭제 버튼이 나올 때까지 메

◆ '어두운 것 = 나쁜 것'이라는 생각에서 컬러리즘colorism의 색채가 풍긴다.

뉴를 파헤쳐야 한다.[10] 다행히 아마존 프라임을 해지하는 것은 좀 더 쉽다.

숨겨진 수수료

숨겨진 수수료는 교묘한 방식으로 곳곳에 널리 퍼져 있다. 티켓 판매 회사인 티켓마스터Ticketmaster는 숨겨진 수수료로 티켓 가격을 부풀리는 것으로 악명이 높다. 티켓마스터가 수수료로 티켓 가격을 30%까지 부풀릴 수 있다고 추정되기도 한다. 소비자가 직접 확인을 하러 가야만 그 사실을 분명히 알 수 있다.[11] 100달러라고 광고한 티켓을 구매하려면 실제로 130달러를 지불해야 하는데, 이는 티켓 구매에 정신이 집중돼 있어야만 알 수 있는 사실이다. 더 불쾌한 것은 이러한 수수료 중 일부는 '편의성', '시설', '처리', '배송' 수수료와 같은 모호한 수수료의 탈을 쓴 명백한 현금 약탈 행위라 할 수 있다.[12]

티켓마스터를 비난하기는 쉽다. 그런데 다른 많은 제품들도 숨겨진 수수료를 부과한다. 에어비앤비나 Vrbo와 같은 숙박 공유서비스의 수수료는 보통 숙박 요금의 25%[13]에서 50%[14] 사이다. 1박에 275달러인 숙박 시설에서 하룻밤을 묵을 경우 수수료 289달러가 부과돼 실제 숙박 요금이 564달러로 부풀어오르는 어처구니없는 예도 있었다.[15]

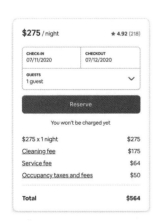

에어비앤비에서 한 숙소를 275달러에 소개했지만 실제 요금은 564달러였다. 이러한 예는 숨겨진 수수료를 아주 노골적으로 보여준다.[16]

출처: 레딧 @MissChang

또 어떤 제품들은 확인 가능한 사용자 혜택도 없이 몰래 수수료를 부과한다. 예를 들어 2014년 우버는 '신원확인', '운전자 안전교육', '보험금' 등의 명목으로 '안전운행 수수료Safe Rides Fee' 1달러를 부과했다. 그러나 조사 결과 우버가 1달러 수수료를 통해 벌어들인 돈이 안전운행을 위해 사용되기

는커녕 우버의 마진만 높여준 것으로 밝혀졌다.[17]

미끼상술

재미있는 서브레딧subreddit[19]과 트위터 계정[20]에서 읽을 수 있는 부정직한 패턴의 예는 차고 넘치지만 미끼상술bait-and-switch이라는 한 가지 예만 더 살펴보도록 하자.[21] 한 가지 약속을 내세워 끌어들인 후 다른 제품을 구매하도록 유도하는 것을 말한다.

미끼상술을 가장 잘 보여주는 예는 터보택스나 H&R 블록H&R Block 같은 세금 신고 제품을 비판한 코미디언 하산 미나즈Hasan Minhaj 덕분에 알려졌다. 이 회사들은 사용자들에게 100% 무료 세금 신고를 약속하고는 신고 절차 중 절반 정도를 완성하면 페이월paywal유료 가입에 한해 콘텐츠나 기능을 이용할 수 있도록 액세스를 제한하는 방법–옮긴이로 사용자들을 공략해 제품을 업그레이드하지 않으면 작업을 계속할 수 없도록 했다.[22]

악명이 높은 또 다른 예는 사용자들이 윈도우 7에서 윈도우 10으로 업

터보택스의 무료 에디션은 앱에 어느 정도 익숙해졌다 싶으면 페이월로 사용자를 공략하곤 한다.[18]

출처: 레딧 @CurtainClothes

그레이드하기를 간절히 원했던 마이크로소프트에서 찾을 수 있다. 윈도우 7 사용자 화면에 사용자의 기기가 윈도우 10으로 업그레이드될 것이라고 안내하는 팝업이 떴다. 그런데 팝업의 'X' 버튼을 누르자 사람들이 생각한 것처럼 업그레이드가 취소되는 것이 아니라 오히려 해당 기기가 업그레이드됐다![23] 윈도우는 기존의 UX 패턴에 역행하고 사용자 동의 없이 컴퓨터를 업그레이드했다는 날선 비판을 받았다.[24]

많은 소규모 제품들이 이러한 전략을 훨씬 뻔뻔하고 반복적으로 사용한다. 영어 문법 검사기 그래머리Grammarly는 무료 사용자들이 업로드한 샘플에서 문법 오류와 표절을 '찾아내는' 것으로 악명이 높으며, 사용자들이 그러한 문제를 찾고 수정하기 위해 유료 버전으로 업그레이드하게끔 유도하고 있다. 그런데 업그레이드를 하고 나면 이상하게도 그러한 문제가 더 이상 발견되지 않는다.[26]

가장 추잡스러운 예로는 무료 이미지 사이트인 포토버킷Photobucket

마이크로소프트가 윈도우 7 사용자를 혼란스럽게 하고 기만한 팝업. 사용자가 윈도우 10으로 업그레이드하도록 만들기 위한 팝업이었다.[25]

출처: 다크 패턴즈Dark Patterns

CODE 4 사용자경험

을 들 수 있다. 한때 포토버킷은 무료 버전 사용자들에게 자사 사이트가 NSFW 직장에서 보기에 적절하지 않다는 뜻을 지닌 'Not safe for work'의 줄임말로 19금 이미지 등 자극적이고 부적절한 콘텐츠를 의미한다–옮긴이 사진을 갖고 있으며, 유료 버전에 등록해야만 그 사진들을 다운받을 수 있다는 것을 암시하는 이메일을 보냈다.[27] 말할 필요도 없이 포토버킷은 아마 그러한 사진들을 갖고 있지 않았을 것이다.

윈윈 경험

부정직한 패턴에 대한 이 모든 아이디어들은 사업 목표와 사용자 목표 사이의 긴장이 제로섬이라는 잘못된 가정, 즉 사업이 득을 볼 수 있는 유일한 방법은 사용자가 손해를 보는 것이라는 잘못된 가정에 기초한다. 하지만 탁월한 PM들은 그렇지 않다는 사실을 잘 알고 있다.◆ 우선 사용자들을 화나게 해서는 장기적으로 성과를 거두지 못한다. 그리고 더 중요한 것은 사용자와 사업 목표 모두를 만족시키는 사용자경험을 충분히 만들 수 있다는 사실이다.

이케아, 영웅의 여정

기업과 사용자를 모두 만족시키는 사용자경험의 예로 이케아를 들 수 있다. 가구 쇼핑을 즐거운 가족 나들이로 생각하는 사람은 거의 없을 테지만, 이케아 고객이라면 생각이 다를 것이다.

보통 대형 가구점의 경우, 매장을 돌아다닌다고 해도 앞으로 나아가는 기분이 들지 않는다. 여기저기에 침구류, 책상, 의자 등이 널려 있어서 계속 터벅터벅 걸어 다녀도 매장을 거의 다 돌아봤다는 느낌이 들지 않는다.

◆ 결국 부정직한 패턴은 PM이 이에 대한 중요한 경험을 쌓지 못했다는 것을 의미한다.

혼란스러운 미로가 아닌 선형적인 '어드벤처'라는 것을 보여주는 이케아 매장의 지도[32]

출처: 샤우츠 오브 더 어비스Shouts from the Abyss

1분 1초가 다 똑같은 느낌이 든다. 한편 이케아 매장은 쇼핑이라는 경험 그 자체를 **영웅의 여정**이라는 모험으로 만들기 위해 설계됐다.[28]✦

여러분은 알아차리지 못했을 수도 있지만, 이케아 매장은 결코 미로가 아니다. 복도가 구불구불하기는 하지만 그 안에서의 경험은 매우 선형적 이다.✦✦ 고객이 경험할 모험의 첫 단계는 바로 거실, 식당, 침실, 주방을 거 닐며 가구를 찾는 것이다. 잠시 휴식을 취하며 식당에서 시나몬 롤을 먹은

✦ 단일 신화monomyth라고도 알려진 영웅의 여정은 해리 포터, 스타워즈, 성서, 라마야나Ramayana 등 다양한 이야기에서 흔히 볼 수 있는 기승전결을 가리킨다.[29,30] 영웅 이야기의 주인공은 부름 을 받아 거대한 악과 싸우기 위해 고향을 떠났다가 동료들을 위한 선물을 갖고 귀환한다.[31]

✦✦ 그래서 이케아는 미로maze라기보다는 미궁labyrinth이다. 미로가 갈림길과 막다른 길이 있 는 퍼즐이라면 미궁은 하나의 구불구불한 길이다. 미궁은 도전이라기보다 서사시적인 여정을 거쳐나가는 경험과 관련이 있다. 한 가지 덧붙이자면, 이러한 서사시적인 여정은 교회에서 미 궁을 자주 볼 수 있는 이유이기도 하다.[33]

CODE 4 사용자경험

뒤, 마켓플레이스Marketplace에 들어가 주방용품, 러그, 벽장식과 같은 제품을 고른다.[34]

그리고 나서 서사시적인 여정의 마지막 단계에서는 모험의 성과를 가지러 위풍당당한 창고로 들어간다. 거기에는 미니어처 연필로 메모지에 열심히 적어둔 제품들이 거대한 상자에 담겨 여러분을 기다리고 있다. 한 고객이 가족과 함께 이케아 창고에 들어갔을 때의 경험을 어떻게 이야기했는지 한번 들어보자.[35]

> "상자 더미는 삼나무 숲의 나뭇잎처럼 하늘 높이 닿아 있어요. 삼나무, 소나무, 밤나무, 고리버들 냄새가 감각을 가득 채워주고 하루의 스트레스를 날려줘요. 아이들은 알록달록한 방에서 해방돼 짝짓기 의식을 치르는 앵무새처럼 여기저기서 행복하게 꽥꽥거리죠."

소매점 디자인에 대해 말하려는 게 아니다. 요는 이케아 디자인이 수익성에 기여할 뿐 아니라 매우 재미있다는 사실을 보여주는 데 있다. 이케아는 모험, 아이들을 위한 놀이방,[36] 달콤한 간식거리◆, 신나는 할인 행사로 가득한 즐거운 가족 나들이를 선사한다. 당일치기 여행까지는 아니더라도 덜 따분한 쇼핑이 될 수 있다.

이케아는 고객들이 가구를 골라 계산대로 끌고 가서 직접 조립하도록 하고 있으며, 이는 비용을 낮추는 데도 도움이 된다.[37] 매장의 선형성은 매장 내 필요한 직원 수를 줄여줘 비용을 더 절감할 수 있다.[38] 또 선형성은 고객들이 진열된 모든 제품을 살펴보도록 해 부가적으로 판매를 촉진하는 데에도 도움이 된다. 매장 곳곳에 퍼져 있는 시나몬 롤과 미트볼 냄새 역시 이케아가 식품 판매로 수익을 올리는 데 도움을 준다.[39] 이 모든 게 맞물려

◆ 다음에 이케아에 가거든 다임Daim 초콜릿을 꼭 구입해보길 권한다.

과거에는 잘 알려져 있지 않았던 스웨덴 기업이 전 세계 약 36개국에 진출해 매장을 운영하고 있다.[40]

간단히 말해서 이케아는 수익과 사용자경험이 서로 상충할 필요가 없다는 사실을 우리에게 보여준다. 실제로 그 두 요소는 서로를 더 강화하여 최상의 결과를 낼 수 있게 한다.

글로시에

큰 인기를 얻고 있는 D2C(소비자 직접 판매)direct-to-consumer 뷰티 기업인 글로시에Glossier의 경우, 사용자경험과 관련해 칭찬할 점이 많다.[41]

우선 무엇보다 제품의 물리적인 면이 매우 만족스럽다. 스킨케어, 메이크업, 향수 제품을 포함한 다양한 글로시에 제품은 모두 흰색과 빨간색 지퍼가 달린 상징적인 핑크 버블 랩 파우치pink bubble wrap pouch에 담겨 제공된다.[43] 글로시에의 파우치는 많은 고객들이 화장품 가방, 클러치,[44] 여권 가방, 심지어 필통으로 용도를 바꿔 유용하게 사용할 정도로 사랑받고 있

글로시에의 아이콘인 핑크 버블 랩 파우치. 글로시에의 모든 제품은 패키지로 제공된다.[42]

출처: 캐탈릭스타Catalyxta

CODE 4 사용자경험

다.[45]◆ 이렇게 상징적인 파우치는 고객충성도를 높이고,[47] 자사 제품 가격을 더 높게 책정할 수 있게 하여 수익을 올리는 데에도 도움이 된다.

또 한 제품이 다양한 피부 톤에서 어떻게 표현되는지 사용자들이 직접 확인해 볼 수 있는 앱도 있다. 메이크업 제품이 자기 피부 톤에서 어떻게 표현되는지 알기 어렵다는 매우 큰 문제가 이 앱을 통해 해결되었고, 저마다 피부 톤이 다른 사용자들은 자신이 존중받는다는 기분을 느낄 수 있었다.[49] 다른 일반 뷰티 업체들에 소외감을 느껴온 고객들을 포용하는 것은 해당 고객들뿐 아니라 글로시에의 사업에도 도움이 될 수 있다.

사업 목표와 사용자의 요구를 매우 적절하게 조율하는 글로시에의 창의적인 방법은 SNS 전략에서 나온다. 글로시에는 고객들이 글로시에 제품으로 직접 메이크업한 모습을 찍은 사진에 "#YesGlossier"라는 해시태그를

글로시에는 고객들이 글로시에 제품으로 메이크업을 하고 사진을 찍은 다음 "#YesGlossier"라는 해시태그를 달아 SNS에 게시하여 '마이크로 인플루언서micro-influencer'가 되도록 장려하고 있다.[48]

출처: 인스타그램

◆ 글로시에 웹사이트에서 파우치를 직접 구입할 수도 있다![46]

Cloud Paint

seamless cheek color• 0.33 fl oz / 10 ml • Read 2767 reviews

`Top Rated`

Gel-cream blush you can't mess up.

What it is: A seamless, buildable gel-cream blush that's fun and easy to wear

WHY IT'S SPECIAL:

• Lightweight, pillowy formula that instantly blends into a natural, flushed-from-within glow

• If you can fingerpaint, you can Cloud Paint—simply dab it onto cheeks wherever you like, and tap into skin

Read More

GOOD TO KNOW:

Easy   Enhancing   Buildable

Cruelty free

Dermatologist tested, formulated without fragrance

6 shades available

Mekdes wears Cloud Paint in Storm.

글로시에는 고객이 보내온 사진들을 제품 페이지에 사용한다. 사진 속 여성이 블러시 튜브 제품을 보여주고 있다.[52]

출처: 글로시에

달아 인스타그램에 게시할 것을 장려하고 있다. 또한 선별한 고객 사진을 자사 사이트를 통해 보여준다.[50] 실제로 글로시에는 전문 모델 사진 대신 고객들의 사진을 제품 페이지에 사용하기도 한다![51]

이 같은 방법은 글로시에와 고객 모두에게 좋다. 유명해지기를 바라는 인플루언서들은 인터넷을 통해 자기 자신을 알릴 수 있고, 글로시에는 입소문 마케팅을 무료로 활용하면서 자사 제품을 사용한 고객들의 아름다운 사진도 무료로 얻을 수 있다.[53]

글로시에는 사용자 목표와 사업 목표를 동시에 달성하는 것이 가능할 뿐만 아니라 장려된다는 사실을 보여준다. 여러분의 의지만 있다면 '정직한 패턴'은 충분히 가능하다.

계산대 없는 마트가 뜻하는 것

식료품점에 가는 일이 늘 즐거운 것만은 아니다. 계산대에서 줄을 서서 기다리는 일은 시간 낭비처럼 느껴지고, 셀프 계산대에서는 기계의 성가신 요구를 따르며 무료로 자기 에너지를 써야 한다. 봉투 안에 알 수 없는 물건이 감지됐다며 안내원이 올 때까지 기다리라는 로봇의 경고음도 신경에 거슬린다.[1]

그래서 계산원이 없는 아마존의 고Go 무인 매장은 2016년 시애틀에 처음 등장하자마자 큰 인기를 얻었다.[2] 아마존 고 매장들은 셀프 계산 과정을 더 친밀하게 만들거나 계산원이 있는 계산대의 줄을 짧게 만들려는 노력을 하지 않았다. 그 대신 제품을 구매하고 결제하는 '인터페이스'를 아예 없애 버렸다. 아마존은 카메라를 사용해 매장 전체에서 고객의 움직임을 추적하고, 고객이 쇼핑한 물건들을 들고 문을 통과하면 자동으로 쇼핑 금액을 계산해 아마존 계정에 그 금액을 청구한다.[3]

시애틀에 있는 아마존 고 매장 내부[4]

출처: 위키미디어

계산원도 없고 기다리는 줄도 없고 기다림도 없는 무인 매장은 매우 편리했고 엄청난 인기를 누렸다. 2020년 아마존은 미국 전역에 24개가 넘는 아마존 고 매장을 열어 확장 운영하게 되었다.[5]

전통적인 식료품점의 짜증나는 계산대 인터페이스가 혼란을 주는 노면의 문과 같다면 아마존 고 매장은 자동 슬라이딩 도어와 같다. 즉 인터페이스가 완전히 사라진 것이다. 인터페이스가 없으면 마찰, 접근성 문제, 정신적 오버헤드overhead가 발생할 일도 없다. 물건을 고르고 지갑을 꺼내지 않고 매장을 나올 수 있다는 것을 처음 알고 받았던 충격에서 벗어나면,[6] 매장을 처음 방문한 사람도 이용하는 데 아무 문제가 없을 정도로 이해하기 쉬운 곳이 된다. 간단히 말해서, 최상의 인터페이스는 바로 인터페이스가 아예 존재하지 않는 경우인 때가 많다.[7]

물론 인터페이스를 없애는 게 늘 가능한 일은 아니다. CT 촬영기 없이 CT 검사를 수행할 수는 없다. 또 사람들은 레코드플레이어나 값비싼 손목시계 같은 화려한 인터페이스를 즐겨 사용하기도 한다. 그러나 대부분의 사람들은 인터페이스 때문에 어떤 제품을 사용하는 게 아니다. 계산하는 과정이 즐겁다는 이유로 상점에 가는 사람은 아무도 없다. 비디오 검색 화면을 보기 위해 넷플릭스를 보는 사람도 없다. 인터페이스를 없앨 수 있는 경우, 보통은 인터페이스를 없애는 게 좋다. 아마존 고만 봐도 알 수 있다.

이러한 겸손은 PM들에게 매우 중요하다. 사람들은 여러분의 제품에서 확실한 효용, 경험, 즐거움을 얻으려고 할 것이다. 한발 물러서서 사람들이 원하는 것을 주면 줄수록 그들은 더 행복해질 것이다.

CODE

5

데이터과학

Data Science

데이터! 데이터! 데이터!
진흙 없이 벽돌을 만들 순 없다.

Data! Data! Data!
I cannot make bricks without clay.

『셜록 홈즈Sherlock Holmes』 중에서

데이터는 논쟁을 이긴다

2000년 1월 13일, 빌 게이츠는 마이크로소프트 CEO 자리에서 사임하면서 그의 오랜 동료 스티브 발머Steve Ballmer에게 고삐를 넘겨주었다.[1] 타고난 사업가였던 발머는 스탠포드 MBA를 중퇴한 뒤[2] 마이크로소프트 영업팀의 임원으로 합류했다.[3] 그는 마이크로소프트의 매출 및 수익 증대를 목표로 삼았다.[4]

발머는 조종석에서 재임했던 14년 동안 윈도우와 오피스 뒤에서 자원을 퍼 올리고 이 제품들이 시장에서 유례없는 우위를 확보하도록 노력하며 마이크로소프트의 캐시카우에서 수익을 짜냈다.[5] 리눅스Linux 같은 경쟁사의 운영체제와 구글독스 같은 오피스 제품군을 막아냈고,[6] 윈도우를 소니의 플레이스테이션 비디오게임 제품군으로부터 보호하기 위해 89억 달러 가치의 엑스박스 사업부를 설립했다.[7] 또한 스카이프를 85억 달러에 인수하며 오피스의 영향력을 강화했다.[8] 심지어 기업을 대상으로 하는 200억 달러 가치의 신규 비즈니스를 시작하며 셰어포인트SharePoint, 익스체인지Exchange, 다이내믹스 CRMDynamics CRM 같은 업무용 도구를 탄생시켰다.[9]

발머는 수익을 향상하는 작업에 착수해 성과를 냈다. 마이크로소프트의 연간 매출은 2000년 230억 달러에서 발머가 CEO로 일한 마지막 해인 2013년에 780억 달러로 3배나 늘었다. 그리고 2013년까지 회사의 연간 수익은 거의 3배가 됐다.[10] 이 데이터를 기준으로 보면 발머는 비범한 CEO였다.

실리콘밸리나 레드몬드Redmond주요 테크 기업들이 자리 잡으면서 제2의 실리콘밸리로 불리는 지역-옮긴이에는 "데이터는 논쟁을 이긴다"는 말이 있다.[11] 데이터는 팀과 회사의 성공을 측정하는 방법으로, 전략을 결정하는 데 핵심적인 역할을 하며 제품에 대한 결정을 내릴 때 영향을 미친다. 발머는 재무적 수치에 열중했고, 2000년대 마이크로소프트가 보여준 수많은 활동은 발머의 노력에서 비롯된 직접적인 결과였다.

데이터를 측정하는 방법을 아는 것이 중요하다. 또한 중요한 숫자를 어떻게 움직일지를 아는 것 역시 중요하다. 5부에서는 이와 같은 내용을 다룰 예정이다. 하지만 이보다 더 중요한 것은 애초에 중요하게 여겨야 할 데이터가 무엇인지 결정하는 법을 아는 것이다. 이는 PM의 가장 중요한 역할 중 하나로, 여기에서 가장 우선적으로 다룰 주제이기도 하다.

또 데이터 선택이 중요한 이유에 대해서도 이야기할 것이다. 발머의 경우, 조금 다른 관점에서 데이터를 살펴보면 그가 그렇게까지 훌륭한 인물은 아니었던 이유를 알 수 있다.

20장

데이터 분포

PM으로서 핵심 역할 중 하나는 사용자 데이터, 판매 데이터, 로그 데이터, 경제 데이터 등의 데이터를 관찰하는 것이다. 데이터는 형태와 패턴을 형성하는 경향이 있으며, 통찰을 얻으려면 데이터를 읽을 줄 알아야 한다. 데이터가 갖출 수 있는 형태를 먼저 살펴보자.

정규분포

데이터가 갖출 수 있는 가장 유명한 '형태'는 종형곡선bell curve 또는 **가우스분포**Gaussian distribution라고도 불리는, **정규분포**normal distribution일 것이다.[1] 정규분포는 하나의 평균값에 모여 있고 그 평균값에서 양방향으로 멀어질수록 하락하는 데이터의 확산을 나타낸다. 현실 세계에서 정규적으로 분포한 값의 예로는 사람들의 신장,[2] 혈압,[3] 시험 성적, 물건의 가격[4] 등이 있다.

기술 분야에서 이커머스 제품이나 에어비앤비 숙소 등의 평점은 정규

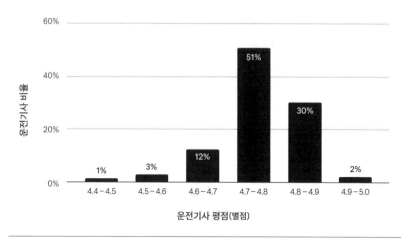

우버 운전기사 평점의 분포

우버 운전기사 평점의 분포(별점 1~5점)[6]
출처: 비즈니스 인사이더

분포의 형태를 띠는 경우가 많다. 현실 세계의 한 가지 좋은 예로 2015년 유출된 우버 운전기사 평점을 살펴보자.[5]

언뜻 봤을 때 왼쪽(별점 4.6점 이하)보다 오른쪽(별점 4.8~4.9점) 그래프가 조금 더 높고 종형, 즉 정규분포의 형태를 띤다. 오른편이 더 높은 이유는 우버에서 별점이 4.6점 이하인 운전기사의 계정을 정지시켰기 때문이다.[7]

분포에 대한 설명

그리스문자 µ(뮤)로 표시되는 평균값, 그리고 그리스문자 σ(시그마)로 표시되는 **표준편차(StDev)**라는 두 변수, 즉 두 **파라미터**parameter를 활용해서 정규분포의 형태를 설명할 수 있다. 표준편차는 분포가 얼마나 넓게 퍼져 있는지를 측정한다. 표준편차가 클수록 그래프는 평균값을 중심으로 더 높이 솟아오르고, 그래프의 꼬리 부분은 얇아진다.

이 분포는 N(µ,σ)으로 간단하게 표기할 수 있다.[8] 위의 우버 평점 그

CODE 5 데이터과학

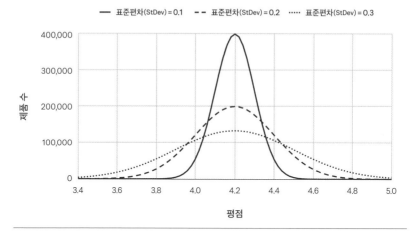

이커머스 플랫폼에서 제품 평점의 정규분포

— 표준편차(StDev) = 0.1   - - 표준편차(StDev) = 0.2   ····· 표준편차(StDev) = 0.3

세 정규분포 각각의 평균값(μ)은 같지만, 표준편차(σ)는 다르다.

래프를 살펴보면 평균 별점이 4.7~4.8점 사이인 것처럼 보인다. 평균이 4.75점이라고 하면 μ = 4.75다.

　표준편차는 그래프에서 읽어내기가 조금 더 어렵다. 이때는 약 68%의 데이터값이 1 표준편차 이내에 존재하고, 95%가 2 표준편차 이내에, 99.7%가 3 표준편차 이내에 존재한다는 경험법칙을 사용할 수 있다.[9] 이 법칙은 편의상 **68-95-99.7 규칙**이라고 부른다.

　우버 그래프를 보면 93%(12%+51%+30%)의 운전기사가 4.6~4.9점 사이의 평점을 받았다. 이 수치는 대략 95%이므로 평균값에서 2 표준편차 아래는 4.6, 2 표준편차 위는 4.9라고 말할 수 있다. 범위의 양 끝이 평균값에서 0.15점씩 떨어져 있으므로 '2σ = 0.15', 즉 'σ = 0.075'라는 뜻이다. 따라서 여러분이 우버의 PM이라면, 임원 또는 데이터 과학자에게 운전기사의 분포를 간결하게 설명할 수 있다. 즉, 대략 N(4.75, 0.15)이라고 말하면 된다.

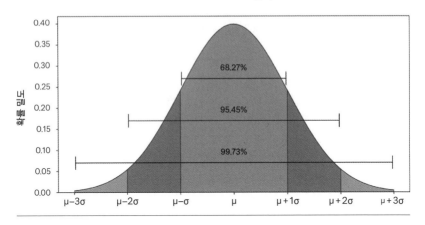

68-95-99.7 규칙

정규분포의 약 68%가 평균값에서 1 표준편차 이내에 존재한다. 수학적으로는 μ-σ에서 μ+σ라고
표현할 수 있다. 95%가 2 표준편차 이내에, 99.7%가 3 표준편차 이내에 존재한다.[10]

출처: 마이클 가라르니크Michael Galarnyk

비대칭분포

모든 분포가 정규분포의 형태를 띠는 것은 아니다. 심지어 정규분포에 근접
조차 못하는 경우도 있다. 수많은 분포가 한쪽만 두껍거나 한쪽으로 치우친
다. 사용량 데이터 또는 고객 지출 같은 재무 데이터에서 이런 경우를 자주
보게 될 것이다. 369쪽의 미국 가계소득 분포를 예로 들어 살펴보자.[11]

그래프가 오른쪽으로 늘려놓은 정규분포처럼 생겼다. 잘 알겠지만, 소
득이 낮은 쪽에 사람들이 훨씬 많이 모여 있고 소득이 높은 쪽을 향해 긴
꼬리가 생성된다. 이 그래프에 연 소득이 20만 달러를 넘는 사람들은 포함
되지 않았는데, 포함할 경우 꼬리는 한없이 길어질 수 있다.

이처럼 분포가 비대칭일 경우, 평균이 늘 가장 유용한 지표가 되는 것
은 아니다. 평균값은 모든 사람의 소득을 합산한 값이므로 이상치outlier에
매우 민감하다. 이상치로 빌 게이츠, 제프 베이조스Jeff Bezos 등의 이름을 댈

CODE 5 데이터과학

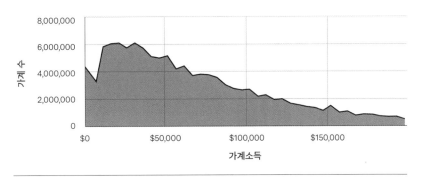

미국 가계소득 분포(2017년)

미국의 가계소득 분포는 오른쪽 꼬리가 길게 늘어진 형태를 띤다. 꼬리가 아주 길게 늘어져 있다. 사실상 연 소득이 몇십억 달러인 사람들까지 포함하면 그래프가 1000배는 더 넓어질 것이다.[12]

출처: 미국 통계국US Census Bureau

수 있을 것이다. 이런 분포에서는 **중앙값**이 더 유용한데, 중앙값은 '중산층' 미국인이 어디쯤 있는지 보여주며 이상치에 의해 극단적으로 치우치지 않기 때문이다.[13] 만약 제프 베이조스가 연간 몇십억 달러의 부가 수입을 벌어들인다면 평균값은 부풀어 오르겠지만, 중앙값은 그대로 유지될 것이므로 중앙값이 일반적인 미국인의 재정 상태를 더 잘 대표한다.

이 경우처럼 오른쪽 꼬리가 길 때 평균값은 중앙값보다 더 높은 수치로 끌려올라가는 경향이 있다. 왼쪽 꼬리가 길 때는 반대다. 이 사례에서 미국 가계소득의 중앙값은 6만 1423달러지만,[14] 가계소득의 평균값은 8만 7643달러다.[15] 참고로 베이조스가 10억 달러의 부가 수입을 얻는다면 모든 미국인 수입의 평균값은 8달러 증가하고, 중앙값은 그대로 유지될 것이다.

사례연구: 소셜미디어

오른쪽 꼬리가 긴 분포로 유명한 또 하나의 사례는 소셜미디어 사용자가 보유한 팔로워 수의 분포다. 대부분 사람은 수십 또는 수백 명의 팔로워를 보유하고 있지만, 일부 슈퍼 인플루언서에게는 수백만 명의 팔로워가 있다.

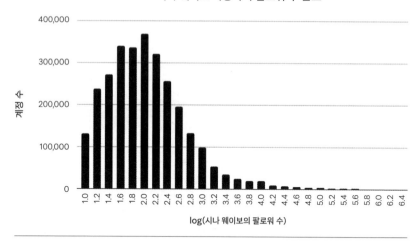

시나 웨이보 사용자의 팔로워 수 분포

세로축: 계정 수

가로축: log(시나 웨이보의 팔로워 수)

시나 웨이보Sina Weibo 사용자의 팔로워 수 분포. 시나 웨이보는 중국판 트위터라 보면 된다. 그래프는 뚜렷하게 오른쪽 꼬리가 긴 형태를 띠고 있다. X축이 로그logarithmic 단위를 사용하고 있다는 점에 유의하자.[16]

출처: 젠쿤 조우Zhenkun Zhou

오른쪽 꼬리가 긴 분포(**왼쪽으로 치우친 분포**)는 대상이 돈이든 소셜미디어 팔로워든 희소한 자원의 거대한 양을 소수가 장악하는 상황에서 흔히 나타난다. 낮은 쪽 끝에 있는 사람들에게 분포는 꽤 정규적인 형태를 띠지만, 높은 쪽 끝에 있는 사람들(오른쪽 꼬리)이 점수 차이를 더 벌릴 수 있다.[17]

작가 나심 니콜라스 탈레브Nassim Nicholas Taleb는 이 상황을 **극단의 왕국** extremistan이라고 부른다.[18] 극단의 왕국이란 인간 세계의 수많은 제도가 비선형적인 혜택을 제공하기 때문에 작은 강점을 지닌 이들이 두드러진 성공을 거둘 수 있는 세상을 뜻한다. 특별히 운이 좋거나 재능이 뛰어난 기술자가 그의 동료들보다 50% 더 큰 성과를 거둘 수도 있고, 특별히 운이 좋거나 재능이 뛰어난 영화 제작자가 히트작으로 영화계 평균보다 20배 더 큰 수익을 낼 수도 있다.◆

CODE 5 데이터과학

멱함수 분포

앞서 살펴본 분포는 비대칭이긴 하지만 종형곡선 형태와 꽤 닮아 있다. 하지만 PM으로 일한다면, 지나치게 치우친 탓에 종형곡선과 전혀 달라 보이는 분포를 더 자주 접하게 될 것이다. 이런 분포는 숫자 0 바로 근처에서 최고점을 찍으며, 오른쪽으로 매우 긴 꼬리 모양을 띤다.

멱함수 분포power-law distributions는 무언가의 순위를 정할 때 매우 흔하게 나타난다. 최상위에서 낮은 순위로 내려갈 때 급격한 하락이 나타난다. 예를 들면 웹사이트의 월간 방문자 수 순위가 그렇다. 구글, 위키피디아, 트위터, 페이스북 같은 웹사이트는 수억 회 조회되지만, 몇몇 최상위권 사이트를 넘어서면 가파른 감소세가 나타난다.

이렇듯 무언가의 순위를 정할 때는 왼쪽으로 치우친 분포도 흔히 나타

미국 최상위 웹사이트의 트래픽 분포

가장 많이 방문한 웹사이트의 방문자 분포는 멱승법을 따른다.[20]
출처: 에이치랩스Ahrefs

◆ 극단의 왕국은 PM과 사업가 세계에서도 적용된다. 많은 사람들이 적당히 성공한 제품을 만드는 동안 차세대 유니콘을 만드는 소수의 사람도 있을 것이다. 우리는 여러분이 후자가 될 수 있도록 돕고 싶다!

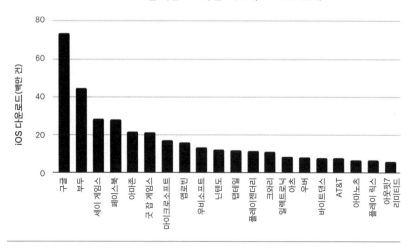

iOS 앱 다운로드의 분포(미국, 2019년 3분기)

가장 많이 다운로드된 iOS 앱 게시자의 순위는 멱함수 분포를 띤다.[21]

출처: 센서타워SensorTower

난다. 1순위 그래프가 당연히 2순위보다 더 높겠지만, 보통 감소세가 꽤 가파르다. 미국 최상위 웹사이트 100개의 그래프를 생각해보자.[19]

iOS나 안드로이드에서 미국 최상위 게시자의 앱 다운로드 분포를 떠올려보자. 가장 성공한 게시자가 다른 게시자보다 몇 배는 더 큰 성공을 거두었을 것이므로 급격한 감소세를 보이는 긴 꼬리 형태를 띤다. 다만 이 경우에 꼬리는 최상위 웹사이트의 사례보다 두껍다.

수학적 기반

수학적으로 접근해보면, 이렇게 오른쪽 꼬리가 긴 분포는 기초가 되는 수식이 $y=ax^{-b}$ 와 같기 때문에 **멱함수 분포**라고 불리곤 한다. 입력 변수 x를 '거듭제곱'시켰다는 점에 주목하자.[22] 웹사이트 방문자 수의 분포는 멱함수 곡선에 꽤 근접할 수 있다.♦

좋은 PM은 수많은 분포가 왼쪽으로 치우쳐 있다는 사실을 안다. 반면

CODE 5 데이터과학

미국 최상위 웹사이트의 트래픽 분포

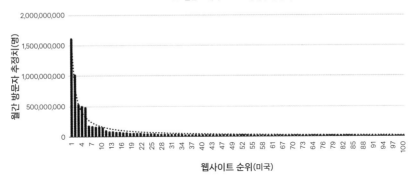

미국 최상위 웹사이트 방문자의 분포. 멱함수 곡선과 잘 들어맞는다.[23]

출처: 에이치랩스Ahrefs

훌륭한 PM은 멱함수 분포를 알아보는 법과 올바른 용어에 대한 지식을 갖추어 데이터과학자들로부터 존중을 받을 수 있다.

고래

어떤 분포가 멱승법을 따른다는 사실을 확인하고 나서 활용할 수 있는 분석 도구에는 여러 가지가 있다. 가장 유명한 도구는 멱함수 분포의 일반적인 형태를 설명하는 **80/20 규칙** 또는 **파레토 법칙**Pareto principle이다.[24] 이 규칙은 약 80%의 행동이 20%의 행위자에게서 나온다고 주장한다. 분포의 최상위 20%가 결과물의 약 80%에 기여함을 뜻한다. 버그bug컴퓨터 프로그램상의 결함으로 일어나는 오류-옮긴이의 20%가 고장의 80%를 일으키고(마이크로소프트가 발견한 것으로 유명하다), 구매자의 20%가 매출의 80%를 창출하고, 기능의 20%가 걸려오는 영업 지원 전화의 원인 중 80%를 차지하

◆ 이 경우는 대략 $y=1,600,000,000x^{-1}$이다.

는 등의 사례가 있다.[25] 몇몇 분포는 비대칭 정도가 더 심하거나 약하다. 예를 들어 미국 가계의 최상위 10%가 주식의 85%를 소유하고 있다.[26] 하지만 80/20 규칙은 그럴듯한 평균치다.

우리가 앞서 살펴본 최상위 웹사이트 사례에서는 최상위 웹사이트 100개 중 20개가 전체 트래픽의 72.5%를 차지한다. 구매자의 월간 지출 분포는 사용자의 20%가 매출의 79.7%를 창출한다.

매출과 관련된 사안은 수많은 제품의 비즈니스 모델에서 핵심적인 역할을 담당하므로 특히 중요하다. 예를 들어 부분 유료화free-to-play 게임 개발자들은 그들이 **고래**라고 부르는, 일부 고수익성 고객에게 매우 집중한다.[27] 한 게임 스튜디오는 게임에 1000달러 혹은 그 이상을 지출하는 2%의 사용자가 모바일게임에서 발생하는 매출의 40%를, 100달러 넘게 지출하는 사람이 매출의 90%를 창출했다는 사실을 밝혀냈다. 심지어 어떤 고래 사용자는 6700달러를 지출하기도 했다![28] 이러한 스튜디오의 전략은 대규모의 무료 사용자로 인해 발생하는 비용을 사실상 대신 지불해주는 고래를 발견하고 기르는 데 중점을 두고 작동한다.

'고래'라는 용어는 비디오게임 산업 외에는 잘 사용되지 않지만, 80/20 규칙은 다양한 산업에 등장한다. 소셜미디어 및 기타 UGC 제품에서는 **90-9-1 규칙**이라고 불리는 유사한 경험법칙을 찾아볼 수 있다. 사용자 90%는 포스팅을 거의 올리지 않는 '눈팅족lurkers'이고, 9%는 포스팅에 댓글을 달고 포스팅을 공유하지만 스스로 포스팅을 많이 생성하지 않는 '기여자'이며, 1%는 콘텐츠를 적극적으로 생산하는 '크리에이터'다.[29]

트위터, 페이스북, 옐프, 로튼 토마토Rotten Tomatoes 등의 웹사이트에 이 규칙이 적용된다. 트위터의 경우, 최상위 사용자의 15%가 트윗의 85%를 게시했다는 사실을 밝힌 연구 결과도 있다.[30] 이는 고전적인 80/20 규칙과 90-9-1 규칙 사이의 그 어딘가에 놓여 있다고 볼 수 있다.

80/20 규칙은 PM 업무에도 적용될 수 있다. 한 사람이 만들어낸 결과

의 80%가 그 사람이 한 일의 20%에서 나온다는 공통적인 경험법칙이 있다. 따라서 그 20%에 에너지를 집중시키고 적은 수확을 내는 다른 활동은 없애야 한다.[31] 예를 들어 여러분의 팀은 최상위 20%의 버그를 해결하는 작업을 통해 80%의 효과를 낼 수 있다. 즉 팀이 투자한 시간 대비 높은 ROI(투자수익률)return on investment를 얻을 수 있다.

면접자를 위한 꿀팁!

회사가 고객으로부터 다양한 금액의 수입을 얻을 때마다 (수익화 방식이 인앱 구매이건 광고이건 상관없이) 회사의 수익 대부분을 공급하는 주체가 고래일 것이므로 더 많은 고래를 끌어들일 방법에 대해 고민해야 한다. 회사 면접에서 고래를 언급한다면, 좋은 인상을 줄 것이다.

예를 들어 기업에 직원당 비용을 청구하는 슬랙은 포춘 500대 기업으로부터 많은 수입을 얻을 것이고, 인스타그램은 매일 앱에서 많은 시간을 보내는 사람들로부터 높은 광고 매출을 얻을 것이다. 단, 넷플릭스를 비롯한 구독서비스처럼 사용자들이 모두 똑같은 금액을 지불하고 있다면 고래의 개념은 의미가 없다는 점에 유의하자.

실험

실험은 PM의 도구상자 안에 있는 주요 도구 중 하나다. 실험은 제품 변경이 목표에 가까이 다가서는 데 도움을 주는지 확인해볼 수 있는 가장 간편하고 빠른 방법이다. 실험 코드를 직접 개발하지는 않더라도, PM이라면 실험 설계와 데이터 검토를 마친 뒤 다음 업무를 파악하는 일을 수행하게 될 것이다.

A/B 테스트

가장 일반적인 유형의 실험은 **A/B 테스트**이다. A/B 테스트를 통해 제품의 두 **변수**(A와 B)가 관심을 두고 있는 지표에 어떤 성과로 나타나는지 비교해볼 수 있다. 무작위로 하나의 사용자 그룹을 A로, 다른 그룹을 B로 설정하고 지표가 어떻게 나타나는지 지켜본다. 이론적으로 A와 B를 구분하는 유일한 요소가 사용한 제품의 버전뿐인 경우, A와 B 사이에 나타난 지표 변화는 제품 때문이라고 볼 수 있다. **다변량 시험**[1]◆이라고 불리는 유사한 기술을 활용하여

두 가지 이상의 버전을 비교해볼 수 있기는 하지만, 여기에서는 더 간단한 A/B 테스트를 집중적으로 알아보도록 하자.

A/B 테스트는 저비용으로 잠재적 기능 및 제품 출시가 목표를 달성하는 데 도움을 줄 것인지 확인하고,[2] 형편없는 잠재적 아이디어를 세상에 내놓기 전에 걸러내고,[3] 시제품에 대한 아이디어가 시도해볼 가치가 있는지 테스트할 수 있는 방법이다. A/B 테스트가 모든 PM의 무기고에 들어 있는 무기 중에서 가장 중요한 무기인 이유이다.

A/B 테스트의 대표적인 사례로 '버튼의 폰트, 색상, 크기, 그 외 기타

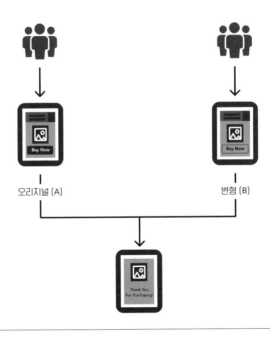

A/B 테스트는 사용자 그룹 하나에 기능의 첫 번째 형태를,
그리고 또 다른 그룹에 변형된 두 번째 형태를 보여준다.[4]
출처: 옵티마이즈리Optimizely

◆ 멀티 암드 밴딧multi-armed bandit 실험이라는 화려한 이름을 붙이기도 한다.

기능을 바꾸는 것이 버튼 클릭 횟수를 증가시킬까?' 같은 질문을 해결하기 위해 웹사이트의 버튼을 조금씩 수정하는 것을 들 수 있다.[5]

A/B 테스트는 이 외에도 매우 다양한 곳에 사용된다. 스포티파이는 신규고객 인터페이스 기능을 A/B 테스트로 실험하고,[6] 에어비앤비는 숙소 예약 과정에 적용한 변경 사항을 실험하며,[7] 우버는 새로 디자인한 버전의 앱을 실험한다.[8] 가장 유명한 A/B 테스트 사례는 구글이 광고 링크에 적용해본 것이다. 구글은 실험을 통해 서로 다른 40가지의 파란색 음영 중[9] 가장 효과적이었던 색상이 광고 매출을 2억 달러나 증가시켰다는 사실을 발견했다.[10]

A/B 테스트가 얼마나 많이 사용되는지는 이루 다 말하기 어려울 정도다. 2009년 구글에서 진행한 1만 2000번의 A/B 테스트 중 10%만이 뚜렷한 개선점으로 이어졌지만, 그러한 작은 승리들은 누적된다.[11] 우리는 인기 앱을 켤 때마다 테스트에 참여하고 있다는 사실을 인지하지 못한 채 하나 또는 그 이상의 A/B 테스트에 참여하게 될 가능성이 매우 크다.

유의성 검정

사례를 통해 A/B 테스트를 이해해보자. 여러분이 페이스북 직원이고, 사용자들이 페이스북 사이트에서 머무르는 시간을 증가시키려는 목적으로 설계된 기능을 출시하고 싶어 한다고 가정해보자. 이럴 땐 제품의 두 가지 버전으로 A/B 테스트를 진행할 수 있다. A는 기능이 포함되지 않은 **통제** 버전, B는 기능이 포함된 **실험** 버전이다. 실험 대상이 너무 많지는 않아야 하므로 통제 버전은 150명에게, 실험 버전은 50명에게만 제공한다. 그런 다음 그래프에 해당 데이터를 표시한다.

위 결과는 정규분포를 따르는 듯하다. 여기에서 중요한 사실은 실험

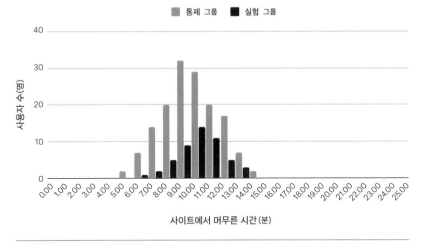

A/B 테스트 결과

통제 그룹 ▨ 실험 그룹 ■

사이트에서 머무른 시간 (분)

사용자 수 (명)

A/B 테스트를 통해 신규 기능이 페이스북 사용자들로 하여금 사이트에서 머무른 시간을
증가시켰는지 확인할 수 있는 결과의 예시다.

그룹의 사용자들이 사이트에서 조금 더 오래 머무른 것으로 보인다는 것이
다! 이제 계산해보자. TOS(사이트에서 머무른 시간)Time on Site[12]의 평균값이
통제 그룹은 10분이고 실험 그룹은 10.5분이다.♦ 효과가 있었다! 여러분은
이제 이 반가운 소식을 들려주러 상사에게 달려가면 된다.

그런데 잠깐! 멈춰보시라. 아직 확신하기에는 이르다. 전체 사용자 기
반의 작은 **표본**만을 테스트 대상으로 삼아 실험을 진행했으므로 여러분이
발견한 차이가 진짜인지 확신할 수 없지 않은가. 어쩌면 기능은 아무런 영
향을 주지 않았고, 그저 우연히 그 사이트에 더 오래 머문 사용자를 표본으
로 선택한 것인지도 모를 일이다.[14]

♦ 실제 페이스북 사이트에 머문 시간은 하루 60분에 가깝다는 것을 밝혀둔다.[13]

신뢰구간

A/B 테스트 결과가 믿을 만한 것인지 확실하게 하기 위해서는 **통계적 유의성 검정**을 해야 한다. 통계적 유의성 검정의 기본은 기각하려는 **귀무가설**을 세우는 것이다.[15] 귀무가설은 가장 비관적인 관점이다. 위 경우 귀무가설은 새로운 기능이 아무것도 변화시키지 않았고 나온 결과는 그저 무의미한 정보였다고 할 수 있다.

귀무가설을 기각할 수 있을지 알아내기 위해서는 테스트 표본에 나타난 패턴이 전체 인구에 적용되는지 확인해봐야 한다. 200명을 대상으로 테스트했을 때 ToS가 0.5분 증가했다. 그렇다면 전체 사용자 기반에 이 기능을 공개하면 어떤 일이 벌어질까?

전체 인구에 미칠 영향을 추산하기 위해서 **CI(신뢰구간)**confidence interval를 구할 수 있다. 신뢰구간은 실제 수치가 포함될 가능성이 큰 범위를 제시한다.[16]

실험을 양궁에 빗대어 생각해보자. 과녁의 중심을 향해 화살을 겨냥하지만 실제로 화살을 쏠 때(다시 말해 기능이 전체 인구에 공개될 때) 화살이 다른 곳에 떨어질 가능성이 있다는 사실을 알고 있다. 신뢰구간은 화살이 어느 링을 맞출 가능성이 큰지 말해준다.

신뢰구간은 우리가 얼마나 조심하고 싶어 하는지 나타내는 특정한 **신뢰수준**confidence level을 가지고 구한다. 과녁을 예시로 들면, 가장 안쪽의 5개 링 중 어딘가를 맞출 확률이 90%라고 말하거나 가장 안쪽의 8개 링 중 어딘가를 맞출 확률이 99%라고 말할 수 있다. 우리에게 필요한 신뢰수준이 높을수록 신뢰구간은 더 넓어져야 한다. 신중한 통계학자와 PM은

중심에서 바깥쪽으로 링이 퍼져나가는 과녁[17]

출처: 니드픽스NeedPix

CODE 5 데이터과학

99%를 사용할지도 모르지만, 실질적으로 가장 자주 사용되는 신뢰수준은 95%다.[18]

신뢰구간을 구하기 위해서는 **스튜던트의 두 꼬리 T-검정**Student's two tailed t-test이라는 도구를 사용한다.♦ 이것을 직접 계산할 일은 절대 없을 것이다. 많은 기업에서 제공하는 통계 소프트웨어는 물론, 단순한 엑셀 프로그램만으로도 그 값을 계산할 수 있다.[19] 스튜던트의 두 꼬리 T-검정이 평균차에 대한 신뢰구간을 제시해준다는 것 정도만 알면 된다.

페이스북 사례에서 평균차에 대한 95% 신뢰구간은 −0.080분에서 1.065분이다. 줄여서 (−0.080, 1.065)라고 쓴다. 이는 이 기능을 전 세계에 출시하면 95%의 확률로 ToS가 −0.080분에서 1.065분 사이 구간으로 바뀔 것이라는 뜻이다. 참고로 99% 신뢰구간은 더 넓은 (−0.261, 1.246)일 것이다. 하지만 일단 지금은 95% 구간에 집중하자.

95% 신뢰구간에 양수와 음수가 모두 포함된다는 점에 주목하라. 이는 모든 페이스북 사용자에게 기능을 공개하게 되면 ToS에 사실상 불리하게 작용할 가능성이 상당히 크다는 뜻이다! 실제 평균차가 0 이하일 정확한 확률은 **p-값**이라고도 부른다.[20] 우리 실험에서 p-값은 0.092, 즉 9.2%였다. 따라서 우리가 고안한 기능은 9.2%의 확률로 사이트에 머문 시간에 불리하게 작용할 수 있다!

신뢰구간이 0을 포함할 때 우리는 귀무가설을 기각하는 데 실패한다.♦♦ 우리는 출시하는 모든 것이 95%의 확률로 지표를 개선하길 바라는데, 이를 가능하게 해줄 유일한 방법은 전체 95% 신뢰구간이 0을 초과하는 것이

♦ 신축적인 척도로 측정될 수 있는, 사이트에서 머문 시간 같은 연속형 변수continuous variable를 측정할 때만 적용된다. 버튼 클릭 여부처럼 값이 고정된 이산형 변수discrete variable의 경우 피어슨의 카이제곱 검정Pearson's chi-squared test을 사용할 것이다. 어떤 방법을 활용하더라도 신뢰구간을 얻을 수 있다.

♦♦ 여러분은 귀무가설을 기각하는 데 실패할 수 있을 뿐, 절대 수용할 수 없다.

다. 따라서 우리가 진행한 A/B 테스트는 페이스북 전체에 이 기능을 출시하겠다는 주장을 정당화하기에 충분하지 못하다.

가령 신뢰구간이 (0.1, 0.9)였다면 이 기능이 95%의 확률로 모든 페이스북 사용자의 ToS를 증가시킬 것이라고 말할 수 있다. 간단히 말하면, 전체 구간이 0을 초과했을 경우 결과는 통계적으로 유의미하고 출시가 가능할 것이다. 이 경우에 p-값은 0.05 미만이다. 이는 통계적 유의성을 나타내는 또 하나의 방법으로, 해당 기능의 출시를 정당화했을 것이다.

반대로 신뢰구간이 (-0.6, -0.2)처럼 모두 0 미만이었다면 기능이 모든 페이스북 사용자의 ToS 감소로 이어지는 게 확실하므로 아마도 그 기능의 출시를 취소했을 것이다.

신뢰구간에 0이 포함됐다고 해서 기능의 출시가 영원히 불가능하다는 의미는 아니라는 것을 기억해야 한다. 평균값이 0을 초과할 경우 전체 구간이 0보다 커지도록 신뢰구간을 축소해볼 수 있다. 신뢰구간을 축소하는 가장 좋은 방법은 더 큰 실험을 해보는 것이다.[21] 페이스북에서 근무하는 사람이 실제로 위와 같은 결과를 얻었다면 그다음으로 200명이 아니라 1000명의 사용자에게 테스트를 해볼 수 있을 것이다.♦

표본추출

A/B 테스트의 결과를 해석하는 방법에 대해 살펴봤으니, 이제 어떤 사람들을 A와 B 그룹에 넣을지 결정하는 방법을 알아보자.

좋은 결과를 얻기 위해서는 실험 그룹 대상자가 충분한 게 좋다. 우리

♦ 이런 이유로 정치 여론조사는 최대한 큰 n, 즉 조사 대상자의 수를 확보하려고 한다. 이는 신뢰구간과 비슷한 개념인, 오차범위를 최소화하기 때문이다.[22]

가 앞서 언급했듯이 표본 그룹이 커질수록 신뢰구간이 좁아져 통계적으로 유의미한 결과치를 얻기 쉽다.[23] 일반적으로 표본의 크기를 4배로 늘리면 신뢰구간의 너비가 반으로 줄어든다. $1/\sqrt{n}$의 관계다.[24]

한편 지표에 미치는 효과가 확인되지 않은 기능을 넓은 범위의 사용자를 대상으로 실험하는 것은 위험하다. 일부 사용자가 자신이 사용할 수 없는 기능을 다른 친구들이 사용하고 있는 상황을 보면서 혼란스러워하거나 화를 낼 수도 있다. 일반 사용자는 A/B 테스트가 무엇인지 전혀 알지 못하고 모든 사람이 똑같은 제품을 사용하고 있을 거라고 생각한다는 사실을 기억하자.

빅테크 기업들은 이렇게 대립하는 욕구의 균형을 맞춰줄 경험법칙을 찾아냈다. 구글이 고안해낸 경험법칙인 **1% 실험**에 따르면[25] 사용자 기반의 1%에 실험적 기능을 적용하고 나머지 99%는 통제 그룹에 들어간다. 사용자 기반이 충분할 경우, 사용자 1%만으로도 확실한 결과를 얻어낼 수 있을 것이다. 이를테면 수백 명이 사용하는 스타트업 제품 등 훨씬 작은 제품을 담당하고 있다면 통계적으로 유의미한 결과를 얻기 위해 더 큰 비율의 사용자에게 변경 사항을 적용해야 할 것이다.

단계별 시행

A/B 테스트는 PM이 일반적으로 활용하는 도구이다. 그래서 많은 기업의 정규 제품 개발 프로세스에 포함돼 있다. 예를 들어 구글과 메타 같은 기업이 개발한 기능 대부분은 개발이 완료된 뒤 1%의 사용자 기반에 자동으로 배치된다. PM은 며칠간 데이터를 수집한 다음, 지표에 일어난 변화가 괜찮은지 확실하게 하기 위해 A/B 테스트 결과를 검토한다. 그러고 나서 해당 기능은 더 넓은 범위의 사용자에게 공개된다.

기능이 사용자의 1%에서 100%로 바로 확대되는 경우는 드물고, 보통은 여러 중간 단계를 거친다. 매 단계에서 해당 기능의 공개 범위는 점점 더 확장되고, PM은 지표에 미치는 영향에 대한 데이터를 점점 더 많이 얻게 된다. 따라서 매 단계는 실험 그룹이 계속해서 점점 더 커지는 A/B 테스트라고 볼 수 있다.

1% 실험이 끝난 직후 해당 기능을 회사 외부에 있는 베타테스터beta tester제품을 판매하기에 앞서 제품의 결함 여부를 검사하는 사람-옮긴이에게 보내는 경우도 있다. 예를 들어 윈도우의 새로운 기능은 일반 윈도우 사용자에게 적용되기 전에 윈도우 인사이더 프리뷰Windows Insider Preview 고객에게 먼저 제공된다.[26]

그런 다음 해당 기능은 일반 대중에게 서서히 확산된다. 처음에는 5%, 그다음에는 10%, 그리고 20%로 점점 더 늘어난다. 마침내 출시 준비가 완료된 단계까지 도달하겠지만, 이 단계에서조차 100%의 고객에게 적용되지는 않는다. 빅테크 기업에서 제품의 기능은 일반적으로 사용자의 95% 또는 99%에게만 공개되고, 나머지는 기능을 제공하지 않는 **홀드백**holdback 그룹으로 남겨둔다.[27,28]

홀드백 그룹은 제품 기능 출시가 지표에 제대로 영향을 미치는지 확인할 마지막 기회다. 일단 100%에 도달하면 통제 그룹은 더 이상 존재하지 않고, 이에 따라 A/B 테스트를 할 능력도 상실하기 때문이다. 해당 기능에 대한 확신이 있을 때에만 사용자 100%에 기능을 제공해야 한다. 사실 일부 기능의 적용률은 100%에 절대 도달하지 못하고 95% 또는 99%로 고정될 수밖에 없다. 이렇게 하면 영구적으로 A/B 테스트를 진행할 수 있는 환경이 조성되기 때문이다.

중견기업은 이 모든 단계를 자동화하는 업무 시스템을 갖추고 있지만, 상대적으로 규모가 작은 기업들은 그렇지 않을 수 있다. 그 지점이 바로 여러분이 PM으로서 역할을 해야 하는 부분이다.

CODE 5 데이터과학

뉴질랜드 전략

임의로 선택한 사용자의 부분집합에 기능을 제공하는 표본추출 전략은 꽤 간단하다. 실험 그룹과 통제 그룹이 매우 유사하므로 이 전략은 상당히 잘 작동할 것이다. 두 그룹 사이의 주된 차이점은 기능이 실험 그룹에는 제공되고 통제 그룹에는 제공되지 않는다는 것뿐이다.

이 전략은 '지금 구매하기' 버튼과 새로 디자인한 사용자 인터페이스 등 개인 사용자에게만 영향을 주는 기능에 사용하기에는 괜찮다. 하지만 사용자들이 서로 교류하는 기능의 경우, 임의 표본추출 전략은 적합하지 않다.[29] 사용자끼리 서로 송금할 수 있는 기능을 출시한다고 하자. 이런 기능은 사용자가 친구들과 사용할 수 있을 때에만 유용하다. 1% 실험을 한다면 기능을 사용할 수 있는 사용자들은 그 기능을 함께 사용할 친구를 찾기가 매우 힘들 것이다. 트위터는 그룹 쪽지 기능을 출시했을 당시 100번째 사용자들마다 기능을 제공해줄 수 없었다. 기능을 사용할 수 있는 사용자가 친구 대부분에게 쪽지를 보낼 수 없으므로 그 기능은 쓸모가 없었을 것이다.[30]

소셜네트워크에는 사용자가 홀로 사용할 수 있는 기능이 별로 없기 때문에 이러한 문제는 소셜네트워크 제품에서 흔히 발생한다. 소셜네트워크에서 제공하는 기능 대부분은 당연히 '소셜social'사교적인 친목 도모의 목적이 있다는 뜻이다-옮긴이하다. 이 문제를 해결하기 위해 페이스북은 신규 기능을 A/B 테스트할 때 뉴질랜드처럼 작고 분리된 국가의 국민 모두에게 기능을 제공하는 **뉴질랜드 전략**을 고안했다.[31] 뉴질랜드인이 주로 뉴질랜드인 친구와 대화를 한다고 가정한다면 그들의 지인 모두가 그 기능을 가지고 있을 것이기 때문에 모든 뉴질랜드인은 기능을 효과적으로 테스트해볼 수 있을 것이다. 그리고 1% 실험과 유사하게 전 세계 인구 중 일부만이 그 기능을 사용하게 될 것이다. 그런데 왜 뉴질랜드일까? 뉴질랜드는 미국과 비슷한 문화를 가진 서양 국가이므로 해당 기능이 미국에서 미칠 효과에 대한 꽤 근접한 수치를 내놓을 것으로 기대한 것이다.

예를 들어 2017년 메타의 페이스북은 디스커버 피플Discover People이라는 기능을 다른 국가에 공개하기에 앞서 뉴질랜드에서 먼저 선보였다. 이 기능은 사용자들이 같은 회사에 근무하는 사람이나 같은 이벤트에 참석했던 사람 등 자기와 공통점을 가진 사람들을 쉽게 찾을 수 있게 해주었다.[32] 이 기능은 모든 관련인이 접근할 수 있을 때만 실제로 효과를 발휘한다. 디스커버 피플 기능에 대한 접근권이 없는데 이 기능을 통해 다른 사람으로부터 친구 추가 요청을 받으면 이상할 것이기 때문이다. 따라서 이 기능과 뉴질랜드 전략은 완벽하게 맞아떨어졌다.

흥미롭게도 메타 외의 수많은 기업이 뉴질랜드 테스트의 위력을 알아봤다. 마이크로소프트는 웹사이트 창작 도구인 스웨이Sway를 뉴질랜드에서 최초로 출시했고, 도미노피자는 드론 기반 피자 배달을 이 섬나라에서 테스트했다. 또한 뉴질랜드는 포켓몬 고Pokémon GO를 가장 먼저 받은 나라 중 하나였다.[33]

면접자를 위한 꿀팁!

대기업 면접을 본다면 뉴질랜드 전략은 A/B 테스트를 이야기할 때 언급하기 좋은 주제다. 예를 들면 미국 시장에 진입하기 전에 점점 더 큰 영어권 국가로 천천히 범위를 확장하는 방법을 활용할 수 있다. 미국 시장(인구 3억 3000만 명)에 진입하기에 앞서 뉴질랜드(500만 명)부터 시작해서 아일랜드(500만 명), 호주(2500만 명), 캐나다(4000만 명), 영국 (6500만 명)으로 범위를 넓힐 수 있다.[34]

더 일반화해보면, 주로 서로 대화하는 작은 커뮤니티 구성원들을 대상으로 소셜기능의 A/B 테스트를 해볼 수 있다. 예를 들어 소셜네트워크는

'○○한 10대를 위한 ○○한 밈' 같은 밈 그룹의 구성원만을 대상으로 설문 조사 기능을 적용해볼 수 있을 것이다.[35]

비무작위성의 위험

뉴질랜드 전략의 함정은 무작위성non-randomness의 가정을 깨뜨려야 하기 때문에 실험 그룹이 통제 그룹과 완전히 같을 것이라고 확신할 수 없다는 것이다. 예를 들어 뉴질랜드인들이 특별히 해박한 기술적 지식을 가지고 있다면 기능을 일반 인구와 다른 방식으로 사용할지도 모른다. 이럴 때 실험 그룹이 일반 인구를 **대표**한다는 사실을 증명할 수 있어야 한다.

또한, 기능이 서로 다른 문화권의 사용자들에게 다른 반향을 일으킬 수 있다는 점을 기억하길 바란다. 대표적인 예는 색상이다. 서양에서 빨간색은 위험과 연관돼 있지만, 남아시아 및 동아시아에서는 행운과 영성 spirituality을 뜻한다. 서양에서 흰색은 순수함과 평화를 연상시키지만, 중국에서는 죽음과 애도를 뜻한다. 만약 버튼의 색상을 바꾼다면 서로 다른 국가의 사용자들이 다른 반응을 보일 수 있으므로 한 국가에서의 테스트만으로는 불충분한 경우가 많다.[36] 참고로 파란색은 모든 곳에서 대체로 긍정적인 이미지를 지니고 있기 때문에 '가장 안전한 색'으로 인식된다.[37] 수많은 테크 제품이 사용자 인터페이스와 로고에 파란색을 사용하는 주요 이유이기도 하다.[38]

함정

A/B 테스트는 강력한 도구지만 주의 사항과 함정도 많이 내포하고 있다. 절대 A/B 테스트를 맹목적으로 진행하고 테스트에서 나타난 결과를 그대로 실천에 옮기면 안 된다.

지표가 곧 법은 아니다

지표가 곧 법이 아닌 가장 주된 이유는, 지표가 언제나 완성된 이야기를 들려주지 않기 때문이다. 이와 관련된 대표적인 사례는 구글에서 광고 링크에 최적화된 음영을 찾기 위해 진행한 40가지 음영의 파란색 실험이다.[39] 이 실험은 구글의 디자이너들을 분노하게 했다. 디자이너들은 이 실험이 구글에서 A/B 테스트를 무턱대고 따르며 일관된 디자인 언어가 없는 프랑켄슈타인 괴물 같은 제품을 만드는 또 하나의 사례라고 생각했다.[40]

다시 말해 좋은 디자인 제품은 일관된 사용자 인터페이스, 색채 조합, 작동 방식을 가지고 있어야 한다. 그런데 사용자 인터페이스의 모든 부분을 극소 단위로 최적화하기 위해 A/B 테스트를 무더기로 진행하면 일관되지 못한 디자인을 가진 뒤죽박죽 스타일의 제품이 탄생한다. A/B 테스트는 객관적이라는 장점이 있지만 디자인처럼 주관적인 요소를 설명하지 못한다.

A/B 테스트를 맹목적으로 따른다면 최소한 여러분의 디자이너들을 화나게 할 것이고 최악의 경우 형편없는 제품이 탄생할 것이다. 기분이 상한 전임 구글 디자이너는 이 상황에 대한 불만을 다음과 같이 토로했다.[41]

> "회사가 개발자로 가득하면 문제를 해결하려고 할 때 공학 기술에 의지한다. 매 결정을 간단한 논리로 축소한다. 모든 주관적 요소를 배제하고 데이터만 바라본다. 입맛에 맞는 데이터가 나왔다면? 출시한다. 데이터에서 부정적인 효과가 나타났다면? 처음부터 다시 시작한다. 그 데이터는 궁극적으로 결정을 내릴 때마다 지나치게 의존하는 요소가 돼 회사를 무력하게 만들고 회사가 도전적인 디자인 결정을 하지 못하게 한다."

더 나아가 지표를 단기적으로 개선하는 것은 장기적으로 비즈니스에 실질적인 도움이 되지 않을 수 있다. 예를 들어 빙Bing이 진행한 실험이 사

　　　　　　　　　　　CODE 5 데이터과학

용자당 검색어를 10% 증가시키고 사용자당 매출을 30% 증가시킨 적이 있었다. 확실히 성공한 것처럼 보였다.

하지만 자세히 관찰해보니 실험이 검색 결과를 망쳐놓는 버그를 포함하고 있었다. 이 버그는 사용자들이 질문에 대한 답을 얻기 위해 검색을 더 많이 하고, 검색 결과를 더 많이 클릭하도록 강제해서 검색 및 광고 클릭 횟수를 증가시켰던 것이었다. 하지만 이것은 사용자들을 답답하게 만들고 빙을 완전히 외면하게 한 것으로 보인다.[42] 검색 결과를 악화시키는 것은 일시적으로 지표 수치를 증가시켰지만, 장기적으로 해가 됐을 것이다.

이것은 다음과 같은 두 가지 의미를 지닌다. PM은 최적화할 더 나은 지표, 예를 들면 사용자가 빙을 재방문한 횟수 등 잠재적인 불만 요소를 잡아냈을 데이터[43]를 선택해야 했고, 애초에 지표에 너무 과도하게 의지하지 말아야 했다.

동의 여부 확인 기능

자주 볼 수 있는 실수는 동의 여부 확인 기능을 두고 A/B 테스트를 실행하는 PM들이다.[44] 위험 회피적인 성향의 임원이 PM에게 A/B 테스트를 하기 전에 논란의 여지가 있거나 모험적인 기능에 대한 사용자 동의 여부를 확인하라고 제안하기도 한다. 그런 모험적인 기능을 필요로 하지 않는 일반 사용자들에게 기능을 제공하는 위험을 감수하고 싶지 않기 때문이다. 실제로 우리가 겪었던 일이다!

2015년에 트위터는 야심 차게 새로 디자인한 2.0 버전을 선보였다.[45] 트위터의 PM들은 새로운 디자인의 초기 버전을 제공할 때 동의 여부를 확인하여 이전 디자인을 선호하는 사람들에게는 새 디자인을 강제로 사용하게 하지 않겠다고 결정했다. 그런 다음 트위터의 PM들은 새로운 디자인을 사용하겠다고 동의한 사용자 대비 옛날 디자인을 유지한 사용자들의 지표를 비교하는 A/B 테스트를 진행하기로 했다.[46]

여기에서 문제는 통제 그룹과 실험 그룹이 매우 달랐다는 것이었다. 새로운 디자인을 시도해보고자 했던 사람들은 다른 사용자보다 더 열렬한 트위터의 팬이었을 것이므로 A/B 테스트 결과는 신뢰할 수 없었다. 새로 디자인된 앱을 사용하는 사람들이 더 많은 트윗을 올린다는 결과가 나타났다 치자. 이 경우, 새로운 디자인이 더 많은 트윗을 하는 데 도움을 줬기 때문일까? 아니면 새로운 디자인을 사용하는 사람들이 애초에 트윗을 더 많이 하는 사람이었기 때문일까? 이를 구분할 방법이 없었다.

우리가 생각하기에 모험적인 기능을 A/B 테스트하는 가장 좋은 방법은, 베타테스터 중에서 임의로 선택된 부분집합에 기능을 제공하는 것이다. 모험적인 기능을 시도하는 것이 불편하지 않은 사용자들은 제품의 베타 버전 사용에 참여한다는 의사를 표현했으므로 모험적인 기능을 사용하겠다고 '동의'한 것이다. 그리고 베타테스터는 일반 사람들과 꽤 다르다. 하지만 무작위로 선택해서 기능을 제공한 베타테스터들은 기능을 제공하지 않은 베타테스터들과 두드러진 차이가 나지 않을 것이다. 이 전략은 위험을 최소화하면서 효과적인 A/B 테스트를 가능하게 해준다. 물론 이때 충분히 큰 표본 크기를 확보할 수 있을 만큼 베타테스터가 충분한지, 베타테스터 그룹이 더 넓은 범위의 인구를 대표하는지 확인해야 한다.

큰 주목 이론

A/B 테스트로 새로운 기능을 슬그머니 출시하는 방법을 선택하고 싶지 않은 경우도 있을 수 있다. 가끔은 큰 주목을 받는 편이 더 효과적이다.[47]

예를 들어 주요 테크 기업들은 구글의 I/O[48], 마이크로소프트의 이그나이트Ignite[49] 및 인스파이어Inspire,[50] 메타의 F8[51] 같은 컨퍼런스에서 신규 제품을 발표하는 것을 좋아한다. 이렇게 큰 주목을 받는 것은 언론으로부터 호평을 받고, 사용자들을 흥분시키고, 회사가 커다란 시도들을 하고 있다는 사실을 투자자들에게 보여줄 좋은 방법이다.

단점은 역시 한번 선언을 하고 나면 제품 출시를 취소할 수 없다는 것이다. 제품을 출시한 이후에 실적이 잘 나오지 않더라도 쉽게 제품을 취소할 수 없을 것이다. 이 경우에도 처음에는 소수의 사용자에게만 제품을 출시하고, 미세 조정을 하기 위해 A/B 테스트를 진행하고, 그러고 나서야 더 넓은 세상에 공개하는 방법을 선택할 수 있다. 페이스북 데이팅Facebook Dating이 정확히 이 방법을 사용했다. 메타는 2018년 F8 컨퍼런스에서 제품을 발표했고[52] 더 넓은 세상에 출시하기에 앞서 2019년에 20개국을 대상으로 제품을 공개했다.[53,54]

이렇듯 큰 기능 컨퍼런스에서 발표하고 A/B 테스트를 하면서 천천히 제품을 출시할 수 있다. 하지만 이미 기능을 출시하겠다고 선언했기 때문에 지표가 안 좋게 나온다고 해서 출시를 취소할 수는 없다. 그래도 A/B 테스트는 제품을 모두에게 제공하기 전에 제품의 특정 파라미터를 수정할 수 있게 해준다.

또 하드웨어는 A/B 테스트를 진행할 수 없다는 사실에 주의해야 한다. 하드웨어는 수정하기가 훨씬 어렵고 그때그때 상황을 봐가면서 수정하기는 더욱 어렵기 때문이다. 하드웨어 제품들은 **도그푸딩**dogfooding이라고 불리는 내부 테스트 또는 하드웨어의 시제품에 훨씬 많이 의존한다.[55] 하드웨어 제품의 경우 이것이 A/B 테스트와 가장 근접한 방법이다.

체리피킹

체리피킹cherry-picking은 전 세계에서 찾아볼 수 있는 비과학적인 전술이다. 체리피킹이란 어떤 관점을 뒷받침하지 않는 수없이 많은 데이터를 훑어보다가 우연히 주장을 뒷받침해주는 조각 몇 개를 골라내서 전체 데이터가 유리하게 적용되는 것처럼 보이게 하는 전술이다.[56]

이 현상은 테크 기업에서도 나타난다. 트위터의 A/B 테스트는 지표 수백 가지를 보고하고, '성공적이지 못한' A/B 테스트일지라도 지표 중 일부에 통계적으로 유의미해 보이는 변경 사항을 무작위로 적용되게 할 것이다.[57] 다른 경우였다면 효과가 없었을 A/B 테스트가 가령 아르헨티나 아이폰 사용자들의 리트윗을 통계적으로 유의미하게 증가시킬 수도 있다. 다른 국가에서는 그렇지 않을 수 있다. 이런 결과를 두고 실험이 성공했다는 증거라고 주장하는 것은 비과학적이다. 그리고 미숙련된 PM이라는 증거일 것이다. 아르헨티나의 아이폰 사용자들이 다른 사람들과 다르게 행동할 것이라는 타당한 이유가 없다.

사실 이런 기이한 '결과'는 언제나 발생할 수 있다. PM들은 일반적으로 A/B 테스트에서 95% 신뢰구간을 사용한다. 신뢰구간이 0을 포함하지 않는다면, 다시 말해 통계적으로 유의미하다면 실제 값이 0 이하일 확률이 5% 미만이라고 생각한다는 뜻이다.◆ 즉 여러분이 테스트를 충분히 많이 하면 그중 최소한 하나에서는 통계적으로 유의미한 결과가 실수로 나타날 확률이 높아진다.[58]

스포츠에도 동일한 논리가 적용된다. 만약 농구 게임을 하는 동안 던진 공의 5%만 골대에 들어간다면 그렇게 훌륭한 선수가 아니다. 하지만 이렇게 실력이 나쁜 사람이라도 공을 아주 많이 던진다면 공이 최소한 한 번은 골대에 들어갈 것이다. 수학적으로 계산해보면 슛을 20번 날리면 평균적으로 공이 한 번은 골대에 들어간다.

웹툰 〈xkcd〉는 20가지 다른 색상의 젤리빈을 가지고 젤리빈이 여드름을 유발하는지 실험한 과학자들을 빗대어 이런 현상을 풍자했다. 실제로는 연관성이 없지만, 과학자들은 5% 오차범위가 괜찮다고 생각해 한 종류의 젤리빈은 여드름과 허상의 연관성을 나타낼 것이라고 예측했다. 과학자

◆ 우리가 이번 장에서 제시한 대로 두 꼬리 T-검정을 하고 전부 양수인 신뢰구간을 얻는다면 실질적으로 확률은 2.5%보다 적다. 이는 신뢰구간 바깥 '영역'의 5%가 두 쪽으로 갈라지기 때문이다. 하나는 (0을 포함한) 아래쪽 경계 하단에 있고, 나머지 하나는 (더 높은) 위쪽 경계 상단에 있다.

CODE 5 데이터과학

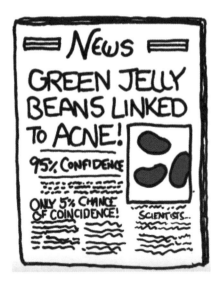

웹툰 〈xkcd〉가 제작한 풍자만화의 일부. 과학자들이
발견한 이상치를 체리피킹한 언론을 조롱하고 있다.[60]

출처: xkcd

들은 (나머지 19가지 맛은 전혀 관련이 없으나) 초록색 젤리빈이 여드름과 관
련이 있다는 사실을 밝혀냈고, 영리하지 못한 한 신문에서는 이 결과를 바
탕으로 초록색 젤리빈이 여드름을 유발한다는 자극적인 헤드라인을 썼다.
실제로 누구라도 많은 색을 테스트했다면 이와 같은 허상의 결과를 밝혀낼
수 있었을 텐데 말이다.[59]

    A/B 테스트가 '통계적으로 유의미한' 어떤 허상의 지표 변화로 이어
지는 경우가 있을 수 있기 때문에 실험을 끝낸 뒤에는 모든 지표를 살펴보
고 우연히 좋아 보이는 (혹은 나빠 보이는) 것들을 체리피킹하지 말아야 한
다. 하킹(HARKing)Hypothesizing After the Results are Known이라고 알려진 이 전술
은 과학적인 부정행위로 분류한다.[61] PM들은 실험을 진행하기 전에 트위
터 사례가 시사한 대로 행동하고 어떤 지표를 고려할 것인지 결정해야 한
다. 그리고 실험이 끝났을 때 비로소 그 지표들을 관찰해야 한다.[62]

닐은 구글검색을 담당했을 당시 이 문제와 맞닥뜨렸다. 스마트폰 픽셀의 홈화면에 구글두들Google Doodle 애니메이션을 추가하는 기능을 작업할 때였다.[63] 사용자들이 이 기능을 좋아할 거라는 확신이 있었다. 문제는 다른 팀 사람들이 홈화면에 춤추는 만화를 추가했을 때 이 변경 사항이 안드로이드 또는 검색 지표에 악영향을 미칠 것을 우려한다는 것이었다.

그래서 닐은 1% 실험을 진행했고 가장 연관성 있는 지표가 크게 영향을 받지 않는다는 사실을 밝혀냈다. 이는 그의 팀에게 좋은 소식이었다. 하지만 임원이 참석한 검토 회의에서 누군가가 수십 개 지표 중 하나가 크게 하락했다는 사실을 발견했고(전체 신뢰구간이 0 미만이었다), 닐의 기능에 대한 반대 근거로 활용했다.

닐은 이와 관련된 지표가 음수가 아니라는 것을 보여줬고, 5% 오차범위는 통계학자들도 괜찮다고 생각하는 범위이므로 실제로 아무 일이 벌어지지 않는 상황에서 수십 개 지표 중 하나가 무작위로 음수가 되는 것은 일어날 수 있는 일이라고 말했다. 비판을 제기하던 사람들은 이 설명에 수긍했고 이 기능을 사용자의 95%에 출시하는 데 동의했다.

픽셀의 홈화면 검색창에 구글두들을 추가한 모습[64]

출처: XDA 디벨로퍼스XDA Developers

그리고 팀은 이후 더 넓은 범위에 적용된 실험 결과를 받았을 때 기존에 문제가 됐던 지표가 크게 바뀌지 않았다는 사실을 찾아냈다. 이것은 1% 실험 중에 나타났던 지표의 하락세가 그저 착각이었다는 닐의 주장을 뒷받침했다.

가상 인터뷰

데이터를 분석할 때 조심해야 할 온갖 종류의 통계적 함정이 있다. 마이크로소프트 PM과 진행한 이 가상 인터뷰 영상을 확인해보길 바란다. 이 영상 속 PM은 워싱턴주의 평균적인 우버 운전기사 평점이 리프트의 평균 평점보다 높고 오리건주에서도 마찬가지였지만, 두 지역의 데이터를 합쳤을 때 리프트의 평균 평점이 더 높아지는 통계적 역설을 차근차근 설명해준다. 이것을 **심슨의 역설**Simpson's Paradox이라고 부른다.

productalliance.com/videos/explainer

반대 지표

실험이 성공적이었을 경우, 증가하리라 기대하는 지표, 즉 성공 지표를 확인하는 것만으로는 부족하다. 성공 지표에 도움이 되었을 때 손해를 볼 수 있는 지표인, 이른바 **반대 지표**countermetrics도 살펴봐야 한다.[65]

예를 들어 넷플릭스에서 사용자에게 전송되는 영상의 품질을 개선하는 실험(가령 모두에게 4K 영화를 제공하는 등)을 하면 사용자 만족도는 증가할 것이다. 하지만 동시에 넷플릭스의 서버 및 대역폭 비용도 증가할 수 있다. 마찬가지로 웹사이트 랜딩 페이지에 가볍게 방문하는 사용자들을 많이 데려오면 신규고객 수가 늘겠지만, 동시에 그 제품을 떠나는 비율, 즉 **이탈률**churn rate도 증가시킬 것이다.[66]

반대 지표는 한쪽이 없다면 불완전한 한 쌍의 지표라고 볼 수도 있다. 예를 들어 CAC(고객획득비용)와 LTV(고객생애가치)는 반대 지표다. 고객획득 전략이 괜찮은지 판단할 때 두 지표를 모두 알아야 하기 때문이다. CAC가 LTV보다 현저히 낮아야 성공한다는 사실을 기억하자. 둘 중 하나를 아는 것만으로는 전체 그림을 볼 수 없다. CAC가 증가하더라도 LTV가 함께 증가한다면 별일이 아니지만, LTV가 개선될 여지가 없는데 CAC가 증가한다면 문제가 있다.[67]

반대 지표는 **자기잠식**cannibalization과도 밀접하다.[68] 자기잠식은 제품 하나가 다른 제품의 시장점유율을 먹어치울 때 일어난다. 제품 하나를 단독으로 보면 좋은 결과가 도래한 것 같지만, 회사 전체에는 더 나아진 것이 없다. 회사에서 월간 11달러를 청구하는 구독서비스를 제공하고 있었는데, 새로운 월 9달러짜리 학생용 서비스를 테스트한다고 해보자. 이때의 성공 지표는 학생용 서비스의 이용자 수일 테지만, 반대 지표는 기존 서비스의 사용량일 것이다. 만약 수백만 명의 사람들이 11달러 서비스를 취소하고 9달러 서비스로 갈아탔다면, 성공 지표는 좋은 결과를 내겠지만 반대 지표는 실제로 회사에 전혀 도움이 되지 않았다는 사실을 확인하는 데 도움을 줄 것이다.

신규효과와 학습효과

마지막으로, A/B 테스트에서 처음 확인한 효과가 지속되지 않을 수도 있다. 신규효과novelty effect와 학습효과learning effect 때문에 초기 지표는 장기 수치보다 각각 높거나 낮을 수 있다.[69]

신규효과는 기능에 변화를 주었을 때 사용자들의 관심을 끌어서 일시적으로 클릭 수나 사용량을 증가시킬 가능성이 생기는 현상을 설명한다. 이 변화는 시간이 지나면서 사라진다. 마이크로소프트 핫메일을 예로 들어보자. MSN.com 홈페이지에 있는 링크는 보통 핫메일을 같은 탭에서 연다.

마이크로소프트는 같은 탭이 아닌 새로운 탭에서 핫메일을 여는 동작을 두고 A/B 테스트를 실시했다. 마이크로소프트는 핫메일 링크를 열어보는 사람들의 숫자가 크게 뛰어오르는 현상을 목격했지만, 이것은 사용자경험이 개선되었기 때문이 아니었다. 그보다 사용자들은 링크의 새로운 작동 방식을 놀라워했고 무슨 일이 벌어지고 있는 것인지 확인하려고 링크를 더 많이 클릭했다. 궁극적으로 효과는 소멸됐다.[70]

마이크로소프트가 테스트를 진행하고 며칠 뒤 바로 승리를 선언했다면 사용자 행태에 지속적인 영향을 미치지 못하는 변화가 적용됐을지도 모른다. 노력이 헛수고로 끝나지 않기 위해 마이크로소프트가 기다리는 것이 중요했다.

PM들은 사용자 인터페이스의 작은 변화로 인해 지표가 크게 뛰어오르는 A/B 테스트를 살펴볼 때 비판적인 시선을 가져야 한다. 구글이 광고

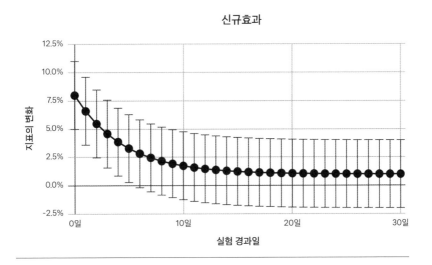

시간이 지남에 따라 신규효과가 나타난 실험의 결과(예시).
오차 선이 지표 값의 불확실성을 나타내고 있다. 오차 선이 0을 지나는 것은 지표의 변화가 유의미하지 않다는 뜻이다. 이런 경우 실험이 시작된 시점에는 변화가 유의미해 보이지만 신규효과가 사라지면 약 일주일 만에 유의성이 없어진다는 것을 알 수 있다.

링크의 색상을 변경함으로써 수백만 달러를 얻을 수 있었던 것은 사용자들이 실제로 그 색상을 선호했기 때문이었을까? 아니면 색상이 달라진 것을 보고 놀란 사용자들이 링크를 일시적으로 더 많이 클릭하긴 했지만, 몇 주 안에 다시 원래 습관으로 돌아갈 현상이었을까?[71]◆

한편 **학습효과**로 인해 초기 지표가 장기 수치보다 낮을 수도 있다. 사용자들은 A/B 테스트 초반에 실험 버전을 어떻게 사용해야 할지 모를 수 있다. 하지만 시간이 지날수록 학습한다. 다시 말해 어떤 지표는 시작할 당시에는 좋지 않더라도 실험이 진행될수록 개선되기도 한다. 이런 현상은 사용자 인터페이스를 새로 디자인했을 때 자주 일어난다. 초기 지표는 사용

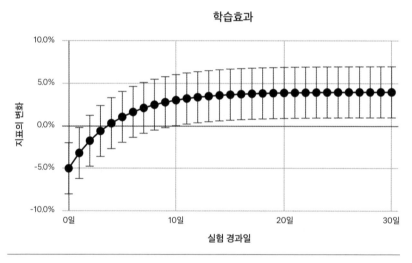

A/B 테스트(예시)의 데이터에서 실제로 학습효과가 나타난 모습.
데이터는 초기 지표에 부정적인 효과를 미쳤지만, 장기적으로는 긍정적인 효과가 있었음을 알 수 있다.

◆ 여기에는 메타 전략이 있다. 작은 사용자 인터페이스 수정이 신규효과로 인해 지표를 일시적으로 증가시킨다면, 계속 작은 변경을 번갈아가며 적용해서 지표를 지속적으로 증가시키는 방법은 어떨까? 사용자들이 계속되는 변경에 지쳐서 그렇게 큰 효과를 발휘하지 못할 수도 있겠지만, 생각해볼 만한 흥미로운 전략이다.

CODE 5 데이터과학

자들이 원하는 행동을 어떻게 해야 하는지 잘 몰라서 타격을 입을 수 있지만, 사용자들이 사용 방법을 학습함에 따라 다시 오를 것이다.[72]

두 효과 모두 실험을 하고 며칠 만에 바로 승리(또는 패배)를 선언하지 말라는 교훈을 준다. 신규효과 또는 학습효과가 적용될 가능성을 생각한다면 인내심을 갖고 지표의 장기적인 값을 확인하도록 하자.

면접자를 위한 꿀팁!

많은 초보 PM들이 면접에서 A/B 테스트를 일주일 정도 진행해서 빠르게 결과를 내겠다고 말할 것이다. 하지만 앞서 살펴봤듯이 보통 일주일 정도는 지표의 변화가 지속가능한 것인지, 아니면 그저 신규효과 또는 학습효과로 인해 나타난 것인지 판단하기에 충분하지 않다. 따라서 A/B 테스트를 더 오랫동안, 3~4주 정도는 진행하는 것이 좋다.

엿보기

전통적인 과학 연구에서는 실험이 끝났을 때만 데이터를 살펴본다. 하지만 프로덕트 매니지먼트의 세계에서는 보통 실시간으로 운영되는 제품을 다루기 때문에 A/B 테스트가 시작됐을 때부터 실시간 데이터를 조회할 수 있다. 신뢰구간과 p-값이 유의미한 결과로 나오길 간절히 바라며 A/B 테스트의 통계를 계속 지켜보는 행위에는 중독성이 있게 마련이다.

하지만 이런 식으로 **엿보기**를 하면 잘못된 판단을 할 수 있다.[73] 실시간으로 테스트를 하기 때문에 신뢰구간과 p-값은 계속 왔다 갔다 할 것이고, 신뢰구간의 하단이 0에 근접하자마자 실험을 중단하고 싶은 유혹이 강하게 들 것이다.[75] 통계적으로 유의미한 범위로 판단하는 시점인, p-값이 0.05 아래로 내려갈 때도 마찬가지다.[74]

앞서 살펴본 것처럼 신규효과 및 학습효과로 인해 초반 며칠 동안 지표가 인위적으로 크게 출렁거리는 현상을 목격하게 될지도 모른다. 하지만

에어비앤비 A/B 테스트의 시간에 따른 지표 변화

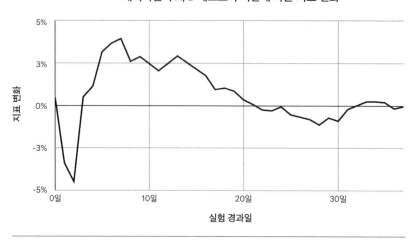

에어비앤비 A/B 테스트의 시간에 따른 p-값 변화

— p-값   — — p=0.05 유의선

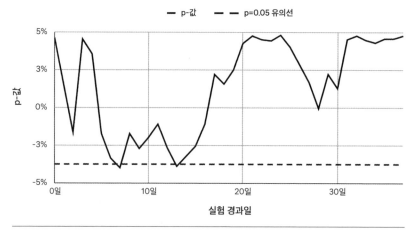

에어비앤비에서 A/B 테스트를 진행하는 동안 지표 변화와 관련된 p-값이 출렁이는 모습. 실험 초반에는 효과가 유의미해 보였지만 금세 유의성이 없어진 것에 주목해야 한다. 신규효과의 특징이다.[77]

출처: 에어비앤비

지표는 최종값에 정착하기 전까지 우연히 일시적으로 유의미한 영역을 드나들 수 있다.

유의미해 보이는 결과를 얻자마자 실험을 중단하고 싶은 충동이 일 수 있지만, 이는 이성적으로 생각하면 정직하지 못하다. 긍정적인 트렌드가 없을지도 모르는 곳에서 긍정적인 트렌드를 찾으려고 노력하는 것이기 때문에 데이터를 체리피킹하는 것과 다를 바 없다. 더욱이 기능을 출시하고 나서 기능이 장기적인 혜택을 제공하지 못한다는 사실을 나중에 알게 된다면 기능의 출시를 권했던 여러분은 바보 같아 보일 것이다.

여러분이 할 수 있는 최선은 아예 엿보기를 하지 않는 것이다.[76] 실험을 시작하기 전에 실험을 마치는 특정 날짜를 설정하거나 특정 표본 크기가 도달됐을 때 실험을 끝내겠다고 계획해야 한다. 이 조건이 달성됐을 때에만 데이터를 살펴본다면 분명히 엿보기라는 실수를 하지 않을 수 있을 것이다.

지표

지표는 PM의 생명선이다. 제품이 잘되고 있는지 확인할 방법이자 다음으로 무엇을 할지 결정할 때 사용할 수 있는 중요한 도구이고, 당연히 승진을 결정할 때도 아주 큰 비중을 차지한다.

지표를 좋아한다고 말하기는 쉽지만, 지금 상황에 적합한 도구로 사용할 지표가 정확히 무엇인지 알기는 어렵다. 그래프가 '우상향'하길 바라기는 쉽지만,[1] 지표를 적절하게 활용하는 것에는 조금 더 미묘한 차이가 있고 눈에 보이는 것보다 훨씬 큰 힘이 잠재돼 있다.

스타트업을 위한 해적 지표

지표에 대해 가장 먼저 생각할 점은 지표의 유형이다. 가장 유명한 지표의 유형화 방식은 데이브 맥클루어Dave McClure의 **해적을 위한 스타트업 지표**다. 화려한 이름을 가진 이 프레임워크는 지표를 5가지 주요 유형으로 분류한다.

각 유형은 고객생애주기의 각 단계와 대응된다.[2]

1. **획득**Acquisition: 사람들이 제품에 대해 알아가고 홈페이지 또는 **랜딩 페이지**를 방문한다.[3]
2. **활성**Activation: 사람들에게 제품에 가입하도록 해 사용자가 되도록 한다.[4]
3. **유지**Retention: 사용자가 계속 돌아오게 만든다.[5] **참여**의 개념과 매우 밀접하다.
4. **추천**Referral: 사용자가 친구들을 유인해 가입하게 한다.[6] 즉, 입소문을 타도록 한다.[7]
5. **매출**Revenue: 사용자를 통해 돈을 번다. **수익화**monetization라고도 한다.[8]

앞글자를 따면 바로 AARRR이다. 해적 스타일 농담해적이 자주 내는

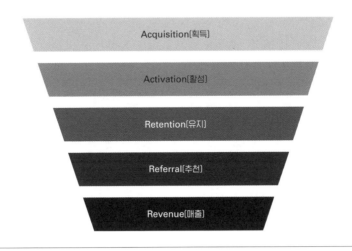

AARRR 지표를 퍼널로 표현한 것이다. 사용자들은 위에서 아래로 이동한다.
각 단계에서 일부 사용자가 퍼널 밖으로 '새어' 나온다.[9]
출처: 세일즈메이트SalesMate

AARRR(아르르) 소리에서 따왔다–옮긴이을 알아들었는가?◆

여러분이 신경 쓰는 지표는 보통 이 5가지 유형 중 하나로 분류될 것이다. 이 유형이 무엇인지 아는 것만으로는 부족하다. PM으로서의 역할은 그 유형에 어떤 지표를 사용할지 알아내는 것이다. 몇 가지 사례를 살펴보자.

> **면접자를 위한 꿀팁!**
>
> 기능을 측정할 지표를 선택하라는 질문을 받으면 많은 PM 면접자들이 '유지', '획득', '참여' 등 하나의 단어만 말하곤 한다. 하지만 이것만으로는 구체성이 부족하다. 면접관들은 여러분이 구체적인 수학 공식을 제시하길 바랄 것이다. 예를 들어 여러분이 참여를 측정하겠다고 말했다면, 분자와 분모를 모두 제시해야 한다.
>
> 이번 장에서 이 수학 공식에 대해 찬찬히 생각할 수 있도록 도와줄 테니, 면접에서 꼭 사용하기를 바란다!

획득 지표

획득이란 사람들의 관심을 끌어모으는 것을 뜻한다. 대부분의 획득 지표는 얼마나 많은 관심을 이끌어내고 있는지 추적해줄 뿐이다. 회사 블로그[10] 또는 랜딩 페이지[11]가 몇 번 조회됐는지, 가장 중요한 검색 키워드가 구글에서 몇 번째 순위인지를 알려준다. 이를 **SEO(검색엔진 최적화)**Search Engine Optimization라고 한다.[12] 소식지에 있는 링크를 몇 퍼센트의 사람들이 클릭했는지 알려주는 것은 **CTR(클릭률)**Click-Through Rate이라고 한다.[13] 이러한 지표들은 꽤 간단하므로 완벽한 획득 지표를 선택하는 데 너무 많은 시간을 들여 고민하지 않아도 될 것이다.

◆ '매출' 유형은 종종 '수익화'라고 불리기도 한다. 따라서 이 프레임워크를 AARRM 또는 추천 referral을 뜻하는 R 하나를 빼고 AARM이라고 부르기도 한다. 하지만 해적 스타일의 이름이 더 입에 잘 붙긴 한다.

보다 심화된 형태의 지표로 획득 지표를 들 수 있다. 이는 **ROI(투자수익률)**Return on Investment를 살펴보는 것이다. 웹사이트 클릭 1회당 마케팅 비용을 얼마나 많이 지출하고 있는가? 또는 구글, 페이스북, 기타 플랫폼에 광고비를 얼마나 많이 지출하고 있는가?[14]

활성 지표

활성 지표 역시 꽤 간단하다. 여기서 중요한 것은 **전환율**Conversions, 즉 사용자로 전환되는 비율이다.[15] 웹사이트로 획득해온 잠재고객들을 계정을 가진 사용자로 전환하는 것이다.

여기에서 가장 명확한 지표는 가입자 수다. 즉 얼마나 많은 사람이, 또는 웹사이트를 방문한 사람 중 몇 퍼센트가 회원가입 양식을 채우고 그들의 이메일 주소를 입력했을까?

하지만 모든 신규고객이 똑같이 만들어지지는 않는다. 계정 프로필을 채워넣고 제품을 일부 사용해보기 시작한 사용자들이 팬이 되어 궁극적으로 돈을 지불할 확률이 더 높아진 것이다. 따라서 **온보딩 절차**onboarding process를 마친 사용자 비율이 또 하나의 지표가 될 수 있을 것이다.[16,17] 예를 들어 트위터는 트위터 홈페이지를 방문하고 회원가입을 한 사람들의 비율을 측정할 수 있지만, 신규 가입자 중 프로필 사진을 추가하고 처음 팔로우할 사람들을 고른 사람의 비율도 측정할 수 있다.

획득과 활성의 경계를 정확히 구분하기는 어렵다. 노션Notion 같은 제품 또는 넷플릭스 같은 구독서비스 등 **SaaS(서비스형 소프트웨어)**에서 무료 체험으로 가입시키는 것이 활성 단계에 포함된다고 생각한다. 한편, 무료 체험에 가입하도록 만드는 것도 실제 제품이라고 할 수 있는 유료 버전에 사람들의 관심을 끌어오는 과정이므로 획득 단계에 포함된다고 말하는 사람도 있다.[18] 어느 쪽을 택하든 상관없고 일관성을 유지하기만 하면 된다.

유지 지표

참여 지표라고도 알려진 **유지 지표**는 가장 잘 알려져 있고 가장 뜨겁게 논의되는 지표다. 사용자가 제품을 계속 사용하도록 만드는 것은 계속해서 신규고객을 끌어오는 것보다 훨씬 더 비용이 저렴하다. 미국 소기업 매출의 약 65%가 재방문 고객 대상인 점을 고려하면[19] 사용자들을 **활성화**한 다음 그들이 계속 머무르게 하는 것은 매우 중요하다.

유지 지표의 첫 번째 유형은 활성 사용자를 측정하는 방식이다. 이 유형에는 잘 알려진 지표인 **MAU(월간 활성 사용자)**와 **DAU(일간 활성 사용자)**◆가 포함되는데, 이 지표들은 지난 달 또는 하루 동안 해당 제품을 한 번이라도 사용한 사용자를 측정한다.[20]◆◆

특히 MAU는 가장 일반적인 유지 지표로, 아마 제품의 성공을 측정하는 데 사용되는 모든 지표 중에서 가장 일반적인 지표일 것이다. 구글이 십억 이상의 MAU를 달성한 자사 제품 6가지를 얼마나 자랑스러워하고,[21] 메타가 십억 단위의 활성 사용자를 보유한 자사 소셜 제품을 얼마나 떠들썩하게 치켜세우는지를 한번 생각해보자.[22]

MAU와 DAU가 단기간 사용자 기반을 측정하는 반면, 지표의 두 번째 유형은 얼마나 오랫동안 사용자들을 잘 붙들고 있는지를 측정한다. 여기에서 고려해볼 두 가지의 연관 지표는 **유지율**과 **이탈률**이다. 유지율은 일정 시간이 지나고 난 이후 일정한 시점까지 여전히 사용자로 남은 사용자의 비율을 측정한다. 이탈률은 반대로 제품 사용을 중단한 사용자의 비율을 측정한다. 즉 100%에서 유지율을 뺀 값이다.[23]

유지율과 이탈률은 다양한 시점에 적용할 수 있다. 유지율은 1일, 7일,

◆ 실리콘밸리에서는 이 지표들을 일반적으로 카우cow와 운을 맞춰 발음한다.MAU는 '마우', DAU는 '다우'로 발음한다─옮긴이

◆◆ 주간 활성 사용자를 뜻하는 WAUWeekly Active Users도 있지만, 현업에서는 잘 사용하지 않는다.

30일, 1년 단위로 측정할 수 있다. 특히 유지율은 **D1, D7, D30 유지**라는 지표 삼총사를 활용하여 보고되는 경우가 많은데, 각각의 지표는 가입 후 1일, 7일, 30일 이후에도 여전히 활성화되어 있는 사용자의 비율이다.[24] 사용자가 가입한 날을 D0라고 하면 D0 유지는 정의상 100%라고 생각하는 경우가 대부분이다. 아직 제품 사용을 중단할 시간이 없었기 때문이다.[25] 하지만 일부 PM들은 첫 24시간 동안 2번 로그인한 사용자의 비율을 측정하기 위해 D0 유지를 사용한다.[26]

일반적으로 이탈은 **코호트**cohort라고 불리는 사용자 집단을 선택하여 측정된다. 주어진 시기에 모두 활성화돼 있는 사용자 집단을 선택하고 그 후 며칠 또는 몇 달 동안 그들의 활동을 추적한다.[27] 만약 코호트에 있었던 사람 중 8%가 한 달 안에 제품 사용을 중단한다면 최근 30일간 이탈률은 8%다.

이탈률과 유지율은 종종 **사용자 유지 곡선**으로 표현한다. 이 곡선은 코

사용자 유지 곡선

── 월간 이탈이 10%일 경우   ── ── 월간 이탈이 5%일 경우

이탈은 중요하다. 이 경우에 이탈률을 5% 감소시키면 1년 후에 코호트에 속한
사용자 중에서 유지하는 사용자 수는 거의 2배가 된다!

호트의 사용자 중 주어진 날이나 달에도 여전히 활성화돼 있는 사용자 수를 추적한다.[28]

면접자를 위한 꿀팁!

평균 이탈률은 산업에 따라 다르다. 서비스형 SaaS(소프트웨어) 기업의 평균 이탈률은 연간 5%지만, 소비재 기업의 경우 연간 10%만큼이나 높을 수 있다.[29]

'평균'이 반드시 '좋다'는 뜻이 아니라는 사실에 유의하자. 사업가 데이비드 스콕David Skok은 건강한 서비스형 소프트웨어 기업이라면 이탈률을 2% 아래로 유지해야 한다고 주장한다.[30]

유지율, 이탈률, DAU와 MAU는 연결되어 있다는 점도 유의해야 한다. MAU에 해당하는 모든 사람은 그다음 달에 유지되거나 이탈될 것이다. 1월에 1000 MAU를 보유하고 있었는데 2월에 200명이 사용을 중단했다면 D30 유지율은 80%이고 D30 이탈률은 20%다.

유지 지표의 마지막 유형은 활성 사용자가 얼마나 열성적인지를 측정한다. 어쨌든 모든 활성 사용자는 동등하게 창조되지 않았고, 제품을 한 달에 20번 사용하는 사람은 한 번만 사용하는 사람보다 가치가 높을 것이다. 방문 시간,[31] 한 달에 n번 이상 방문하는 사용자의 비율[32] 등 열성의 정도를 측정하는 데 사용할 수 있는 지표는 아주 많다.

하지만 우리가 가장 좋아하는 열성지표는 DAU 대 MAU의 비율(DAU/MAU)인 **고착도**다. 고착도는 월간 활성 사용자가 제품을 사용하는 평균 일수를 측정한다.[33] 만약 DAU/MAU=20%라면 이것은 평균 월간 활성 사용자가 제품을 한 달에 6일 방문한다는 뜻이다. 극단적인 경우를 생각해보면 도움이 된다. 만약 DAU=MAU라면 앱을 사용하는 모두가 앱을 매일 사용하는 것이고, DAU=MAU/30이라면 앱 사용자 모두가 한 달에

CODE 5 데이터과학

한 번만 앱을 방문한다는 뜻이다. 고착도가 높을수록 그 제품은 더 '중독성' 있고 더 '참여도가 높은' 제품이 될 것이다.

기대되는 고착도 비율은 제품의 종류마다 다르다.[34] 소셜미디어와 메시지 앱은 사용자들이 매일 로그인할 것이라고 기대할 수 있지만, 민트 같은 금융 도구는 누군가가 일주일에 한 번 정도 로그인하기만 해도 만족할 것이다. 에어비앤비는 한 달에 한 번 방문하는 사람이 있다는 사실에 전율할지도 모른다.

> **면접자를 위한 꿀팁!**
>
> 산업에 따라 고착도는 다르게 나타나지만, 대략적인 경험법칙을 만들 수 있다. 보통 고착도는 10%가 평균, 20%가 잘하는 것, 25%가 훌륭한 것이라고 평가된다.

추천 지표

추천 지표는 자주 간과하는 유형이다. 해적 프레임워크의 일부 버전에서는 추천 지표를 완전히 배제하기도 하지만,[35] 우리는 나머지 다른 유형들만큼 중요하다고 생각한다. WOM(입소문)word-of-mouth 마케팅은 사용자들을 제품으로 끌어오는 가장 좋은 방법이다. 사람들은 무작위 인터넷 광고 또는 블로그 포스팅보다 자기 친구와 가족을 훨씬 더 신뢰하기 때문이다.[36] 만약 사람들이 제품을 친구들에게 추천하도록 만들 수 있다면 신규고객을 무료로 공급받는 것이다.

추천에는 주요 항목이 두 가지 있다. 우선 사용자들이 제품을 좋아하게끔 만드는 것, 다음으로 그들이 친구들을 초대하게끔 만드는 것이다.

가장 전형적인 표준 지표는 **NPS(순추천고객지수)**Net Promoter Score다. NPS를 측정하기 위해서는 사용자 모두에게나 무작위로 선정된 최소한의 표본에게 "지인에게 이 제품을 추천할 가능성을 0~10점으로 표현하면 몇 점입

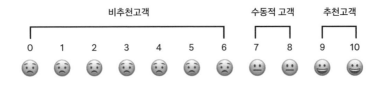

NPS는 사용자들이 0~10점의 척도에서 제품을 얼마나 좋아하는지 보여준다.[37]
출처: 겟더매틱GetThematic

니까?" 하고 간단한 질문을 던진다. [38]

0~6점을 주면 제품을 적극적으로 비판할 **비추천고객**이라고 부른다. 7~8점을 주는 사람들은 제품에 만족하지만 별로 말을 하지 않을 **수동적 고객**이다. 9~10점을 주는 사람들은 친구들에게 여러분의 제품을 적극적으로 추천할 **추천고객**이라고 부른다.[39]

NPS를 계산하는 방법은 간단하다. 추천고객의 비율에서 비추천고객의 비율을 빼면 된다.[40] 점수가 100이라면 모든 사용자가 여러분의 제품을 매우 좋아한다는 뜻이고, -100은 모두가 싫어한다는 뜻이다.♦ 여러분이 이 극단적인 숫자에 있지 않길 바란다! 여러분의 NPS는 중간 어딘가에 있을 가능성이 크다. 만약 사용자의 60%가 추천고객, 20%가 수동적 고객이고, 20%가 비추천고객이라면 여러분의 NPS는 40일 것이다.

'좋은' NPS는 어떤 것일까? 물론 경쟁자나 산업 및 국가에서 산출한 평균과 비교해봐야겠지만,[41] 일반적으로 음수인 NPS는 나쁨, 0~30은 평균, 30~50은 좋음, 50~70은 훌륭함, 70 이상은 세계 최고라고 본다.[42]

테크 기업들의 NPS는 일반적으로 60 이상으로[43] 높은 경우가 많으므로 기대치가 매우 높다. 물론 테크 업계의 특정 분야는 이보다 낮은 NPS를 갖고 있다. 파일 공유서비스의 NPS는 상당히 평범하다. 드롭박스의 NPS

♦ NPS는 보통 %를 빼고 표기한다.

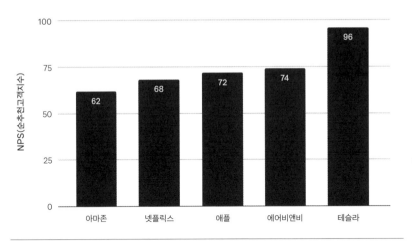

주요 테크 기업들의 NPS

주요 테크 기업들의 NPS(순추천고객지수)[45,46]

출처: 리텐틀리Retently

는 8, 마이크로소프트 윈드라이브는 -10, 최고 순위에 올라 있는 구글드라이브도 35를 겨우 달성한다.[44]

물론 NPS를 올리고 추천고객 수를 늘리고 싶을 것이다. 추천고객은 친구에게 제품을 추천하고 바이럴 성장 루프를 만든 다음 계속해서 더 많은 고객을 여러분의 제품으로 끌어올 것이기 때문이다. 하지만 비추천고객에게도 귀를 기울이고 그들의 불만을 해결할 방법에 대해 고민해야 한다. 1명의 열정적인 추천에 다른 친구의 혹평만큼 찬물을 끼얹는 것이 없기 때문이다.[47]

사용자들에게 호감을 얻었다면 다음 단계는 그들이 친구들을 초대하게끔 만드는 것이다. 이 지표는 더 간단하다. 친구를 추천한 사용자 수, 전송된 초대 수, 수락된 초대의 비율 등이 포함된다.[48]

여기에서 더 발전한 심화 지표는 K라고도 알려진 **바이럴 계수**viral coefficient로, 평균 사용자가 생성해내는 신규고객 수를 측정한다.[49] 바이럴 계수는 발송된 초대 횟수의 평균에 초대 수락 비율을 곱한 값이다.[50] 이 값이 커질수록 그 제품은 더 '바이럴'하게 성장할 것이다.[51] 참고로 이 값은 코로나19 팬데믹 중에 사용된 불운한 지표인 R0와 매우 유사하다. R0는 감염자 1명이 감염시킬 수 있는 다른 사람의 숫자를 측정한 것이다.[52] 이것을 알면 더 이상 '바이럴 성장'에 대해 열렬히 말하고 싶지 않아질 수도 있다.

불운한 이름을 가진 또 다른 바이럴 지표는 **VCT(바이럴 주기 시간)**viral cycle time이다. VCT는 신규고객이 얼마나 빨리 친구들을 초대하는지 측정한다.[53] 월요일에 제품에 가입하고 친구를 추천했는데 친구가 금요일에 가입한다면 VCT는 4일이다. K와 VCT가 커질수록 제품이 바이럴해진다. 그러면 여러분이 그토록 바라왔던 **하키스틱 성장**을 경험하는 날이 더 빨리 도래할 것이다.[54]

서로 다른 제품의 VCT는 꽤 큰 차이가 날 수 있다. 밈의 VCT는 매우 짧다. 몇 초 만에 스크린 샷을 찍어서 친구들에게 전달할 수 있기 때문이다. 한편, 세금 신고 소프트웨어 같은 서비스는 VCT가 매우 길 것이다. 올

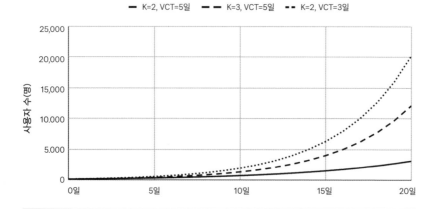

바이럴 제품 성장

K(바이럴 계수)와 VCT(바이럴 주기 시간)가 제품의 성장에 어떤 영향을 미치는지 보여주는 모델이다.

CODE 5 데이터과학

해 터보택스를 받아서 사용해보고 이 서비스가 매우 마음에 들었다고 해도 다음 납세일 직전이 되어서야 친구들에게 서비스를 추천하게 될 것이기 때문이다. 시간이 거의 1년이나 걸리는 셈이다!

VCT를 줄일 수 없다고 말하려는 것은 아니다. 리트윗 버튼이 없다면 트위터의 VCT는 10초 정도 걸릴 수도 있다. 트윗의 텍스트를 복사하고, 트윗 작성란에 붙여넣고, 원본 트윗의 저자를 언급하고 나서 전송 버튼을 눌러야 하기 때문이다. 하지만 리트윗 버튼이 있으면 팔로워에게 트윗을 배포하는 것은 단 1~2초밖에 걸리지 않는다.

매출 지표

순익에 가장 큰 영향을 주는 지표는 매출이다. 비즈니스 모델에 따라 적합한 매출 지표가 다르다. 예를 들어 광고를 판매한다면 광고를 클릭하는 사용자의 비율과 광고당 평균 수익을 생각해볼 수 있다. 보통 광고 **임프레션**impression, 또는 조회 1000번당 수익으로 측정되며 **CPM(밀리당 과금)**cost-per-mille으로 알려져 있다.[55] 이커머스 업계에서는 **AOV(평균 주문 가치)**average order value[56] 또는 **장바구니 사이즈**cart size[57]라고 알려진 구매당 평균 가격을 고려할 것이다. 반면 휴대전화를 판매한다면 **ASP(평균 판매 가격)**average sale price[58]에 주의를 기울일 수 있다.[59]

여러분이 벌어들이고 있는 미가공된 액수 외에 여러분에게 필요한 돈의 액수에 대해 생각해보는 것도 도움이 된다. 모든 사용자가 여러분에게 몇 달러씩 지출하고 있다면 정말 좋을 것이다. 하지만 더 좋은 것은 사용자들을 데려오는 데 지출한 광고와 서버 비용보다 사용자가 벌어다주는 돈이 더 많은 것이다. 따라서 매출만이 아니라 **수익**을 가져다주는 사용자의 비율도 측정해보는 것이 좋다.[60]

전부 종합해보자

5가지 해적 지표 유형에 대해 여러분의 제품(또는 취업 준비생이라면 특정 기업의 제품)을 측정할 지표를 생각하는 연습을 해보는 게 좋다. 디지털 핀보드 기업 핀터레스트의 예시를 통해 차근차근 살펴보자.

핀터레스트는 아마 다른 SNS에 게시된 포스팅 또는 광고에서 사용자를 획득할 것이므로, 획득 지표는 페이스북에서 비롯된 사이트 방문 수(페이스북이 사용자들을 추천해주는 것이기 때문에 **추천 트래픽**referral traffic이라고도 한다.[61])와 광고당 평균 비용(CPM을 생각하면 된다)을 포함할 수 있다.

활성 지표의 경우, 신규 계정을 등록하는 방문자의 비율을 확인해준다. 하지만 신규고객을 끌어들일 가장 강력한 '퍼널'이 무엇인지 확인하기 위해서는 이리저리 쪼개어 분석해보는 것도 유용하다. 인플루언서의 프로필 페이지[62] 및 포스팅 페이지[63]와 홈페이지를 통한 회원가입 비율을 비교해보면 도움이 될 것이다. 더 나아가 레시피, 패션, 인테리어 등 다양한 종류의 포스팅 페이지를 통해 가입하는 비율을 비교해볼 수도 있다.

이제 유지 지표의 상당히 표준적인 세트, 즉 MAU, DAU, 이탈, D1/D7/D30 유지, 고착도를 살펴볼 것이다. 소셜네트워크는 화려하지만 모호한 용어인 '참여'에 대해 이야기하기를 좋아한다. 참여를 측정하고 싶다면 주간 사용자당 평균 신규 포스팅 수, 일간 웹사이트를 사용한 평균 시간 등의 평균 사용량을 볼 수 있다.

추천의 경우, 당연히 전송된 평균 초대 수를 살펴보게 될 것이다. 하지만 링크를 공유하는 것만큼 간단한 일도 추천의 한 형태이므로 친구가 보낸 링크를 클릭해서 핀터레스트를 처음 방문한 사람의 수를 살펴볼 수 있다. 또는 다양한 종류의 사용자를 대상으로 한 NPS를 확인해볼 수도 있다. 여행보다 요리에 열정적인 사람들이 핀터레스트에 더 만족하는가? 핀터레스트에 대한 입소문을 내줄 가능성이 가장 큰 사람은 누구인가?

그리고 매출의 경우 우리는 광고 CPM, 광고 **CTR(클릭률)** 등 광고 기반

기업의 표준 전략서를 따를 것이다.

선행 지표

가장 강력한 지표 활용법은 쉽게 관찰되는 몇 가지 지표를 측정하기 어렵지만 매우 가치 있는 결과물과 연관 짓는 것이다. 가장 어려우면서도 가장 중요한 것은 신규고객을 활성 사용자, 즉 수익성 있는 사용자로 바꿀 확률을 높이는 요소다. 미래의 활성 사용자들이 하게 될 행동과 이탈한 사용자들이 하지 않을 행동을 알아낼 수 있다면 신규고객들로 하여금 그 행동을 하도록 유도해서 활성 및 유지, 궁극적으로 매출까지 개선할 수 있다.[64]

실질적인 예시를 살펴보자. 슬랙은 메시지를 최소 2000번 이상 보낸 사람들이 슬랙에서 활성 사용자로 머무르고 유료 제품으로 업그레이드할 확률이 높다는 사실을 발견했다.[65] 슬랙에서 그 그룹이 전송한 메시지 수와 평균 업그레이드율 및 유지율을 비교하고, 이 비율이 2000번이라는 메시지 수 근처에서 가파르게 뛴 것을 토대로 이런 예측이 나왔을 것이다. 어쩌면 곡선은 2000에서 가장 가파르게 기울어져서 S자 비슷한 모양을 그렸을 것이다.

이러한 그룹의 전송 메시지 수를 **선행 지표**leading indicator라고 한다.[66] 선행 지표란 특정 중요 지점을 넘었을 때 어떤 높은 가치를 지닌 결과가 나타날 가능성이 커지는 지표로, 간단하고 쉽게 측정할 수 있다.

성장 PM들은 선행 지표를 즐겨 찾는다. 선행 지표는 만족스럽게 "아하!"하고 말할 수 있는 순간을 제공하고 하나의 견고한 목표를 달성하기 위해 회사 전체를 결집하는 데 도움을 주기 때문이다.[67] PM들에게 "업그레이드할 팀을 더 많이 데려와"라고 하는 말은 실제로 실행하기가 매우 어렵고 그 목표를 달성하는 방법도 정확히 알 수가 없다. 하지만 "메시지를

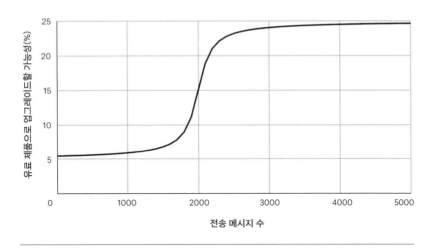

슬랙: 가상의 업그레이드 곡선

유료 제품으로 업그레이드할 가능성(%)

전송 메시지 수

슬랙에서 수집했을 법한 가상의 데이터를 포함한 그래프.
고객들이 메시지를 2000번 보내고 나면 업그레이드할 가능성이 크게 높아진다는 사실을 보여준다.

2000번 보내게 만들기 위해 할 수 있는 모든 것을 해"라는 말은 PM들을 훨씬 더 효과적으로 결집할 수 있는 구호다. 아마 여러분은 지금 당장 이 목표를 달성할 수십 가지 방법을 생각해낼 수 있을 것이다.

수많은 유명 그로스 PM들은 회사에 도움이 될 선행 지표를 찾아냈다. 페이스북의 전임 그로스 리더였던 차마스 팔리하피티야Chamath Palihapitiya 는 회원가입 후 10일 안에 7명의 친구를 추가한 사용자들이 활성 사용자가 될 가능성이 크다는 사실을 발견했다.[68] 트위터의 PM 조시 엘먼Josh Elman 은 제품을 가볍게 사용했던 사용자가 계정 30개를 팔로우하고 그중 10개가 맞팔로우를 하면 활성 사용자가 된다는 사실을 발견했다.[69] 드롭박스의 PM은 폴더를 생성하고 드롭박스에 파일을 업로드하는 사용자는 활성 사용자가 될 가능성이 크다는 사실을 밝혀냈다. 전 징가Zynga PM은 이틀 연속으로 게임을 한 사용자는 유료 사용자가 될 가능성이 크다는 사실을 알

CODE 5 데이터과학

아냈다.[70]

일반적으로 선행 지표에 대한 통찰은 신규고객을 활성 사용자로 전환할 방법을 다루기 때문에, 신규고객의 **온보딩** 경험을 설계하는 데 특히 더 강력한 힘을 발휘한다. 이 사실로 미루어봤을 때 2010년대 중반에 트위터가 온보딩 과정에 팔로우할 추천 계정의 긴 목록을 포함하도록 개조했던 것은 우연이 아닐 것이다.[71]

담당한 제품의 선행 지표는 어떻게 찾을 수 있을까? 특정한 성공 기준과 연관된 지표를 찾아야 한다. 일반적으로 이 성공 기준은 사용자의 활성화 또는 수익화를 의미한다. 가령 X를 하는 사람이 유료 고객이 되고 X를 하지 않는 사람이 유료 고객이 되지 않는다는 사실을 발견한다면, X는 좋은 선행 지표가 될 수 있다.

사용자 인터뷰 또는 신규고객의 행동을 기록한 로그를 살펴보는 것도 좋은 시작점이 될 수 있지만, 눈앞에 드러난 패턴을 비판적인 시선으로 바라봐야 한다는 사실을 잊지 말아야 한다. 화요일에 회원가입을 하는 사용자들이 유료 고객이 될 확률이 높다면 거기엔 좋은 이유가 있을 수도 있지만 단순한 잡음일 뿐일 수도 있다.

허영 지표와 실제 지표

제품과 관련해 파헤쳐볼 수 있는 숫자는 많지만, 모든 숫자가 전부 좋은 것은 아니다. 언제나 '우상향'하는 예쁜 그래프를 그릴 수 있게 해주는 숫자를 찾을 수 있겠지만, 이 숫자들이 수익성과 전혀 연관이 없을 수도 있다. 그리고 이 숫자를 좋은 소식이라고 발표함으로써 더 깊은 문제들을 덮어버리게 될지도 모른다.[72]

예를 들어 시간이 지날수록 회원가입 수가 누적된 스타트업이 있다고

회원가입한 총 누적 사용자 수 변화

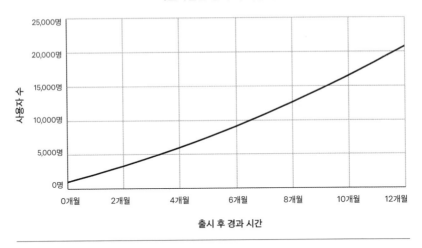

시간이 지나면서 꾸준히 증가하고 있는 총 사용자 수를 보여주는 스타트업의 데이터(예시)

시간에 따른 회원가입, MAU, 이탈한 사용자 수 변화

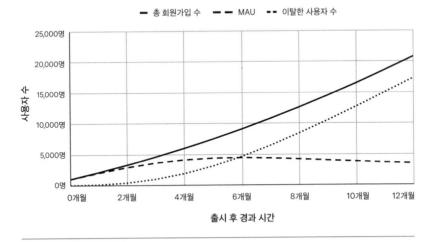

스타트업의 데이터를 자세히 살펴보면 대부분 사용자가 이탈하고 있다는 사실을 알 수 있다.
실제로는 시간이 지날수록 활성 사용자를 잃어버리고 있다.

CODE 5 데이터과학

가정해보자. 이 스타트업은 1년 후에 총 2만 개의 계정을 보유하게 됐다. 곡선은 확실히 우상향했다. 사실상 살짝 위쪽으로 구부러져 있었다!

하지만 누적 계정 수는 언제나 우상향하며, 더 나아가서 여러분이 얻고 있는 (궁극적인 지표인) 수익과 실질적인 관련이 없다. 오직 **활성 사용자**들만이 여러분에게 돈을 가져다줄 것이다.

기존에 그렸던 장밋빛 그림이 우리를 잘못된 방향으로 이끌었던 것은 아닐까? 어쩌면 우리는 신규고객을 계속 추가하면서 대부분 사용자가 몇 달 내에 이탈했거나 앱 사용을 중단했다는 사실을 발견했을지도 모른다. 사실 MAU를 서서히 잃어버리고 있었던 것이고, 이는 분명히 스타트업의 미래에 대한 좋지 않은 징조였을 것이다!

따라서 보기에는 좋지만 여러분이 **실제로** 얼마나 잘하고 있는지와 별로 상관이 없는 지표에는 관심을 갖지 말아야 한다. 대부분의 '총' 숫자들, 즉 총 회원가입 수, 웹페이지 방문자 수, 앱스토어에서의 다운로드 수 등은 이러한 허영 지표 유형으로 분류된다. 이러한 지표들은 제품이 지금 당장 얼마나 잘 작동하고 있는지가 아니라 오로지 과거에 얼마나 잘 작동했는지를 말해주기 때문이다.

사례연구: 엑스박스의 MAU

뜻밖의 재미있는 사실은 처음에는 유용했던 지표가 시간이 지나면서 허영 지표가 되기도 한다는 것이다. 전통적으로 비디오게임 산업에서의 성공은 시간에 따른 게임 콘솔의 판매 대수로 측정됐다.[73] 더 많이 판매될수록 더 좋은 콘솔이라는 뜻이었다. 총 매출은 당연히 허영 지표지만, 분기별 판매처럼 시간을 기반으로 한 지표들은 꽤 쓸모가 있었다.

이러한 판매 지표는 콘솔 기업들이 하드웨어를 판매하는 것으로만 돈을 벌 때는 쓸 만한 지표였다. 판매 지표는 수년간 엑스박스에 가장 중요한 지표였다. 하지만 2016년 엑스박스는 판매 숫자를 발표하거나 측정하기를 중단했다. 대신 게이머들이 친구들과 채팅을 하고, 업적을 게시하고, 실시간 방송을 할 수 있게 해주는 엑스박스 라이브Xbox Live 서비스의 월간 활성 사용자 수에 집중하겠다고 발표했다.[74,75] 결정적으로 엑스박스 라이브는 온라인 멀티플레이어 게임과 주기적인 무료 게임을 가능하게 해주는 유료 골드 멤버십도 도입했다.[76]

왜 이렇게 바꾼 걸까? 엑스박스는 콘솔 판매가 매출의 일부에만 영향을 준다는 사실을 깨달았을 것이다. 특히 특정 콘솔이 출시된 지 수년이 지났다면 더 그랬을 것이다. 엑스박스의 수입 대부분은 더 많은 게임을 구매하고 라이브 골드Live Gold로 업그레이드할 가능성이 큰 엑스박스 라이브의 활성 사용자들에게서 나왔다. 이들은 게임을 더 많이 구매하고 라이브 골드로 업그레이드하는 방식을 통해 콘솔 자체보다 마이크로소프트에 더 큰 수입을 가져다줄 것이었다. 게다가 엑스박스를 구매하고도 구석에서 먼지만 쌓이게 놔두는 사람은 매일 엑스박스에서 게임을 하는 사람보다 마이크로소프트에 훨씬 가치가 없을 것이므로 MAU에 집중하는 것은 총 매출에 집중하는 것보다 앞서나간 선택이었다.[77]

회색 영역

허영 지표를 비난하기는 쉽다. 하지만 지표를 선택할 때 자주 발생하는 실수 중에서는 알아차리기 어려운 실수도 있다.

알아차리기 어려운 실수의 한 가지 사례는 좋아 보이지만 다양한 비즈니스 모델을 가진 기업에만 유용한 지표를 찾는 것이다. 예를 들어 MAU는 소셜네트워크와 SaaS 기업에는 훌륭한 지표지만 양방향 마켓플레이스 기업에는 그렇게 유용하지 않을 것이다. 에어비앤비 PM이 MAU를 20% 증가시켰다고 자랑하는 것은 허영 지표다. 그들에게는 매출과 더 관련이 있고, 따라서 더 유용한 지표인 매일 밤 예약이 증가했는지 여부를 물어봐야 할 것이다.

CODE 5 데이터과학

팀 전체가 결집할 하나의 '북극성' 지표가 있는 것도 좋지만 이 지표를 너무 과하게 강조하지는 말아야 한다. 그렇게 함으로써 다른 중요한 지표를 무시하게 될 수 있기 때문이다. MAU는 가지고 있으면 좋은 북극성 지표다. 그렇지만 사용자들이 일주일에 한 번이 아니라 한 달에 한 번밖에 방문하지 않기 시작했다면(다시 말해 여러분의 고착도가 감소했다면) 곤경에 빠진 것인데, 이때의 MAU 수치는 이 상황을 전혀 잡아내지 못할 것이다. 전체 그림을 보기 위해서는 여러 지표를 추적해야 한다.

23장

Metric Models

지표 모델

어떤 지표 세트가 여러분의 제품 또는 비즈니스에 적합할까? 이 질문에 대한 답은 여러분의 비즈니스 모델에 달려 있다! 오늘날의 소프트웨어 기업들은 일반적으로 구독서비스형 소프트웨어, 프리미엄기본 기능은 무료로 제공되지만 추가 기능은 유료인 서비스-옮긴이 앱, 광고가 있는 UGC, 양방향 마켓플레이스, 이커머스라는 5가지 분류 중 하나에 해당하는데 각각 자신만의 비즈니스 모델과 적합한 지표 세트를 갖고 있다.[1,2] ◆

PM들이 신경 써야 할, 밀접하게 관련된 지표 세트로는 매출 지표와 사용자 지표가 있다. 여기에서는 각 비즈니스 모델의 매출을 결정하는 지표를 차례대로 살펴볼 예정이다. 각 비즈니스 모델을 공통으로 아우르는 목표는 비사용자를 유료 사용자로 바꾸는 것이다. 따라서 우리는 사용자가 처음부터 끝까지 어떻게 이동할 수 있는지, 그리고 이 '퍼널'에서 얼마나

◆ 여기에서는 도서 『린 분석Lean Analytics』과 블로그 〈스트래티처리Stratechery〉가 도입한 비즈니스 모델 유형화 프레임워크를 사용한다.

잘하고 있는지 평가해줄 지표에 관해서도 이야기할 예정이다.

서비스형 소프트웨어

요즘에는 거의 모든 비즈니스용 소프트웨어(기업용 소프트웨어 또는 B2B 소프트웨어)를 구독 모델로 판매한다.[3] 기업에서 소프트웨어가 담긴 CD 제품을 구매하던 시절은 끝났다. 그 대신 기업들은 클라우드 기반 소프트웨어에 접근하기 위해 월간 또는 연간 비용을 지불한다.[4]

이런 SaaS(서비스형 소프트웨어) 모델에는 몇 가지 장점이 있다. SaaS 모델은 기업들이 지속적인 업데이트를 받고 안정적인 지출(예산을 망가뜨릴 만큼 거액이 투입되는 몇 번의 지출이 아니라 오랜 기간에 걸쳐 반복적으로 발생하는 지출)을 할 수 있게 도와준다. 또한 소프트웨어 제작자들에게는 주요 신규 버전을 출시했을 때 '만찬'을 즐기고 나머지 시기에는 '기근'을 견디는 것이 아니라 지속적인 수입을 얻을 수 있도록 도와준다.

여러분이 생각할 수 있는 거의 모든 기업용 소프트웨어(트렐로, 아사나, 깃허브, 젠데스크Zendesk, 슬랙 등)는 이 비즈니스 모델을 따른다. 그렇기 때문에 이 소프트웨어들의 매출과 사용자 지표는 놀라울 정도로 유사하다.

퍼널

SaaS 비즈니스의 매출 지표와 사용자 지표는 매우 밀접하게 연결돼 있다. 보유 중인 유료 사용자의 숫자가 여러분이 벌어들이는 돈의 액수와 매우 밀접한 연관성을 지니고 있기 때문이다. 사용자 지표부터 살펴보자. 여러분은 사용자를 수익성이 높은 사용자(비사용자에서 무료 사용자, 그다음에는 유료 사용자)가 되는 길로 안내하고 싶을 것이다. 이 길, 또는 이 퍼널의 매 단계 사이의 감소율을 측정해보면 좋을 것이다.

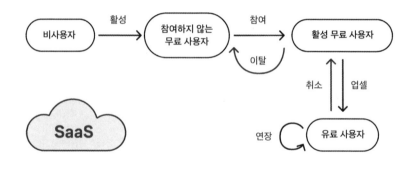

SaaS 제품 사용자가 통과하는 단계

주요 지표

여기에서 가장 중요한 지표는 사용자와 매출을 연결하는, 무료 사용자에서 유료 사용자로 업그레이드하는 사용자의 비율이다. 이 지표는 여러분이 얼마나 많은 유료 사용자를 보유하고 있는지 측정한다. 요금 구조는 **ARPPU(유료 사용자당 평균 수익)**average revenue per paying user를 포함하는데 이 유료 사용자 수가 매출을 결정한다.

이번 주제를 다루는 동안 계속 보게 될 한 가지 공식은 월간 활성 사용자MAU 공식이다. 이번 달 MAU는 지난달 총 MAU에 신규고객을 더하고 (여기에 바이럴 성장 공식이 들어간다) 사용을 중단한, 즉 이탈한 사용자를 뺀 값이다.

프리미엄 앱

프리미엄 앱을 포함한 나머지 네 가지 비즈니스 모델은 소비자 대상 소프트웨어, 즉 일반인을 대상으로 하는 제품이다. 이 유형은 무료로 사용할 수 있지만 **인앱 구매** 또는 구독(앞서 말했던 SaaS 비즈니스와 유사하지만, 소비자를 대상으로 한다)의 형태로 유료 업그레이드를 제공하는 모든 제품을 포함한다.

　대부분의 모바일게임과 몇몇 앱들은 인앱 구매 기능을 제공한다.[5] 캔디 크러쉬Candy Crush는 게임에서 패배했을 때 현금으로 추가 목숨을 구매할 수 있게 해주고,[6] 포트나이트Fortnite는 현금으로 구매 가능한 V-벅스로 아이템을 구매할 수 있게 해주며,[7] 닌텐도의 파이어 엠블렘 히어로즈Fire Emblem Heroes 같은 가챠 게임gacha game[8]◆은 가상 상품이 무작위로 들어 있는 랜덤박스를 구매할 수 있게 해준다.[9] 인앱 구매 모델은 게임이 아닌 서비스에서는 조금 더 드물게 발견되긴 하지만, 틴더 같은 데이팅 앱의 경우 스와이프, 부스트, 슈퍼 라이크 등을 추가로 구매해서 매치 기회를 높일 수 있게 한다.[10]

　한편 스포티파이 프리미엄,[11] 넷플릭스,[12] 드롭박스 플러스,[13] 명상 앱인 캄Calm[14] 등의 다양한 소비자 앱은 구독 모델을 제공한다.《뉴욕 타임스》[15], 《디 애틀랜틱》[16] 등 유료 사이트를 운영하는 미디어 출판물 역시 이 유형으로 분류된다. 이런 앱 대부분이 동영상, 음악, 뉴스 같은 엔터테인먼트 콘텐츠를 제공하는 와중에 온전히 소프트웨어적인 기능만을 제공하는 도구들은 얼굴도 못 내민다는 점에 주목해야 한다. 실리콘밸리 근처에서 떠도는 소문에 의하면 사람들이 콘텐츠에는 돈을 지불할 용의가 있지만, 소프트웨어에는 돈을 지불할 용의가 없다고 한다.

주요 지표

　넷플릭스 같은 구독 기반 프리미엄 제품의 매출 및 사용자 지표는 SaaS 제품의 지표와 꽤 유사하다. 다시 말해, 스포티파이 프리미엄과 슬랙 유료 서비스의 지표는 놀라울 정도로 비슷하다.

◆ 이 용어는 자동판매기에서 파는 캡슐 장난감을 지칭하는 일본어 가챠폰에서 유래됐다. 자동판매기에 돈을 넣고 무작위로 장난감을 뽑을 수 있는 디지털 랜덤박스의 구식 버전이다. (우리는 도쿄에 있을 때 가챠 장난감에 돈을 많이 썼다. 확실히 중독성이 있다!)

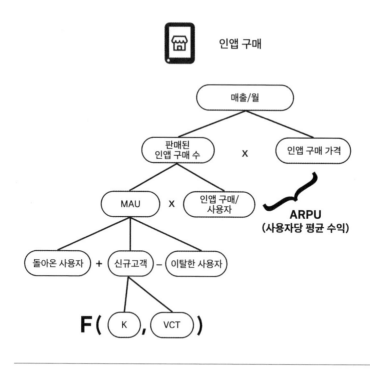

인앱 구매를 통해 수익을 창출하는 제품의 최우선 지표(매출)를
다양한 하위 지표가 어떻게 구성하는지 보여주는 트리

인앱 구매 지표는 조금 다르다. 표면적인 핵심 지표는 구독자 수라기
보다 판매된 인앱 구매 수다. 마치 뷔페에서는 서빙된 고객의 숫자를 신경
쓰는 한편, 일반 레스토랑에서는 서빙된 접시의 숫자를 신경 쓰는 것과 같
은 방식이다.

구독서비스의 모든 사용자는 동등한 지위이지만(영화를 1편 보건 100편
보건 넷플릭스에 동일한 요금을 지불한다), 인앱 구매 방식으로 작동하는 제품
들은 상황이 다르다. 열성적인 사용자들은 덜 열성적인 사용자보다 더 많
은 돈을 지불하는데 그 액수의 차이가 큰 경우가 많다. 이들이 바로 우리가
이 책의 초반에 논의했던 '고래'다.

CODE 5 데이터과학

따라서 인앱 구매로 작동하는 제품들은 미가공된 사용자 수보다 제품이 낚아올린 고래의 숫자를 더 중요시한다. 아마 무료 사용자 수를 50% 증가시키는 것보다 고래의 수를 25% 증가시키는 것이 더 인상적일 것이다. 무료 사용자를 더 많이 끌어오는 것은 앱의 인기를 높이는 데 도움을 주어서 더 많은 사용자를 끌어들이겠지만, 궁극적으로는 고래가 가장 중요하다.

특히 게임 개발자들에게는 고착도(DAU/MAU)가 매우 중요하다. 고래는 구하기 힘들고 언제나 다른 최신 인기 게임으로 유인될 위험에 노출돼 있기 때문이다. 그리고 ARPU(사용자당 평균 수익)average revenue per user는 항상 중요하지만, ARPPU(유료 사용자당 평균 수익)average revenue per paying user는 고래를 얼마나 잘 수익화하는지 측정하기 때문에 게임 서비스에 특히 더 중요한 지표다.[17] 예를 들어 최고의 인기를 누리는 모바일게임(84번째 백분위수)의 ARPPU는 인기가 최하 수준인 게임(16번째 백분위수)이 창출한 ARPPU의 7배였다.[18]

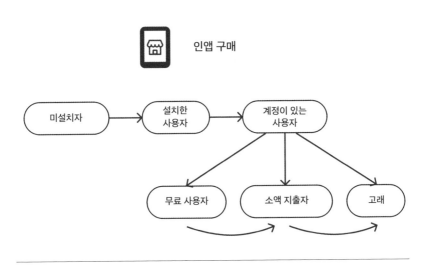

인앱 구매 기능이 있는 앱의 사용자들은 위 단계를 거친다. 긍정적으로 말하자면, 여러분은 사용자들을 '고래'로 바꿀 수 있을 것이다.

광고가 있는 UGC(사용자 생성 콘텐츠)

이번 유형의 이름은 길고 복잡하지만, 핵심은 꽤 간단하다. **UGC 제품**은 포스팅을 만드는 사용자를 중심으로 한다.[20] 모든 소셜네트워크, 옐프 같은 후기 사이트, 트위터 또는 미디엄Medium 같은 마이크로블로깅microblogging짧은 메시지나 영상을 인터넷에 올리는 활동-옮긴이 사이트, 유튜브와 플리커 같은 영상 및 사진 업로드 사이트 등을 포함한다. 전 세계 넷플릭스와 달리 사용자들은 친구 또는 디지털 커뮤니티와 교류하는 데 돈을 지불할 의향이 없으므로 수익화를 할 유일한 방법은 포스팅 사이에 광고를 노출하는 것이다.

이 같은 제품의 목표는 간단하다. 사람들이 사이트에서 오래 머무르도록 하고 사람들에게 광고를 자주 보여줘서 이익을 얻는 것이다. 하지만 지표의 '트리'는 꽤 복잡해 PM들이 잡아당길 수 있는 레버를 여러 개 제공한다. 예를 들어 페이스북[21]과 유튜브[22]가 각각 동영상 시작 전과 중간에 재생하는 프리롤pre-roll 광고와 미드롤mid-roll 광고를 도입한 것처럼 포스팅당 조회하게 되는 광고 수를 증가시킬 수 있다. 아니면 포스팅당 광고가 더 많이 노출되게 할 수도 있다. 예를 들어 포스팅 10개당 광고를 노출하기보다 9개당 노출하는 등의 방법이 있다. 물론 이렇게 하면 사용자경험의 질을 떨어뜨릴 수 있다.

UGC(사용자 생성 콘텐츠)

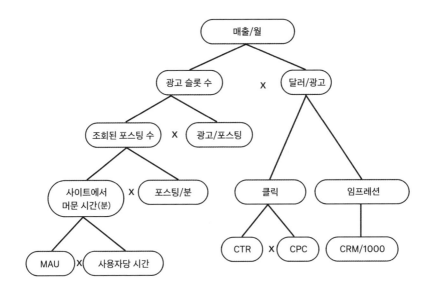

UGC 제품의 지표 트리. 궁극적으로 매출에는 광고가 가장 중요하다.

ToS(사이트에 머문 시간)

이런 플랫폼의 가장 중요한 부차 지표는 사이트에 머문 시간이다. 더 많은 시간은 곧 더 많은 광고를 뜻하고, 이는 더 많은 수익을 의미하기 때문이다. **ToS(사이트에 머문 시간)**Time on Site는 매우 중요하기 때문에 유튜브[23]와 페이스북[24] 같은 수많은 UGC 기업의 경우 ToS를 매출 수치와 함께 제시한다. ToS와 매출이 매우 밀접하게 연관돼 있기 때문에 두 숫자를 함께 언급하는 것이다.

플랫폼마다 사이트에 머문 평균 시간은 다르지만, 큰 성공을 거둔 플랫폼들은 사용자가 하루에 1시간가량 앱을 사용하도록 할 수 있다. 인기

소셜미디어 앱과 관련된 연구 결과에서 나온 숫자를 확인해보자.[25]

플랫폼	사이트에 머문 평균 시간
페이스북	58분
스냅챗	50분
인스타그램	53분
유튜브	40분
왓츠앱	28분
핀터레스트	14분
트위터	1분
링크드인	1분

트위터와 링크드인이 보여주는 1분이라는 사용량은 사람들이 꼭 해당 앱을 하루 중 1분만 사용한다는 뜻이 아니다. 사람들은 이 앱들을 더 오래 사용하지만 사용 빈도가 낮을 가능성이 더 크다. 예를 들어 링크드인을 한 달에 두 번 15분 동안 사용한 사람의 하루 평균 사용 시간을 계산해보면 1분이 나온다.

ToS를 극대화하기 위해서는 일반적인 바이럴 방식으로 더 많은 사용자를 데려오거나 현재 사용자들을 플랫폼에서 더 오래 머물게 할 수 있다.

플랫폼에 사람들을 더 오랜 시간 동안 머무르게 할 가장 명확한 방법은 단순하게는 더 많은 콘텐츠를 추가하는 것이다. 포스팅이 많을수록 사용자들은 그 포스팅을 '소비하면서' 더 오래 머무를 것이다. 바로 이것이 UGC 기업에서 일하는 프로덕트 팀들이 새로운 포스팅 **형식**을 개발하는 데 시간을 많이 투자하는 이유다.

예를 들어 2016년에 페이스북은 새로운 종류의 포스팅인 '추천 요청

Ask for Recommendations'으로 최고의 치과의사, 베이비시터, 네일샵 등 지역 서비스를 친구들에게 물어볼 수 있게 했다.[26] 스토리 기능은 스냅챗이 만들어낸 이래로 인터넷에서 인기 있는 형식이 됐다. 스토리는 만들기가 매우 쉽기 때문에 '완전한' 포스팅을 만들 에너지나 시간이 없는 사람이 사용하기에 아주 좋다. 2019년 유튜브[27]와 2020년 링크드인[28]이 그랬듯 스토리 기능 출시는 UGC 기업이 아직 건드려지지 않은 창의성의 보고에 접근해서 신규 콘텐츠를 많이 생성할 수 있게 해준다. 물론 콘텐츠의 증가는 ToS의 증가를 뜻한다.

가상 인터뷰

광고 기반 소비자 제품의 기능은 ToS(사이트에 머문 시간)를 증가시킬 방법을 찾아야 한다. ToS의 증가는 매출 증가로 이어지기 때문이다. 해당 기능이 ToS에 미치는 영향을 직접 측정하기는 어려우므로 PM들은 ToS와 연관되는 다른 사용량 지표, 즉 대리 지표proxy metrics를 찾아야 한다. 전에 우리가 페이스북 PM과 진행했던 이 가상 인터뷰를 확인해보기 바란다. 페이스북 데이팅의 ToS와 연관된 대리 지표를 어떻게 정의하는지 살펴볼 수 있을 것이다.

productalliance.com/videos/metrics

현존하는 콘텐츠 카탈로그의 고착도를 높이는 방법으로도 사람들로 하여금 플랫폼에 더 오래 머무르게 할 수 있다. 이를 목표로 했던 PM들은 (자주 비판받기는 하지만) 자동재생 비디오와 무한 스크롤이라는 기법을 고안해냈다.[29]

사용자 지표

앞서 설명했듯이 사용자 지표의 경우 MAU가 중요한 표준이지만 UGC 사이트는 90-9-1 규칙을 따르는 경향이 있다. 사용자의 90%는 포스팅을 전혀 올리지 않는 눈팅족이고, 9%는 가끔 포스팅을 올리는 기여자고, 1%는 대부분의 포스팅을 만드는 크리에이터다.[30] 훌륭한 UGC PM은 제품의 눈팅족-기여자-크리에이터가 어떻게 나뉘는지 알고 사람들이 그 유형 사이를 이동하는 것이 어떻게 가능한지 측정할 지표를 찾아낼 수 있다.

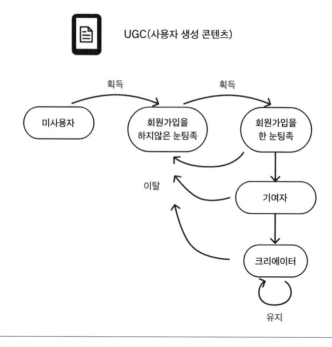

UGC 제품의 사용자는 위 단계 사이를 이동한다. 우리 목표는 모든 사용자를 크리에이터로 만드는 것이다.

양방향 마켓플레이스

이 유형은 '구매자'와 '판매자'를 매치시키고 거래할 때마다 수수료를 가져가는 제품에 해당한다. 성공적인 양방향 마켓플레이스에는 우버, 리프트, 에어비앤비, 도어대시, 엣시, 이베이를 포함하여 수백 가지의 우버 포 X 스타트업이 있다.[31] 아마존은 부분적으로 양방향인 시장이다. 아마존이 직접 제품을 팔기도 하지만, 제3자인 소기업으로 하여금 아마존 플랫폼에서 제품을 판매할 수 있게 허용해주기 때문이다.[32]

양방향 마켓플레이스 기업의 매출 전략은 상대적으로 간단하다. 거래

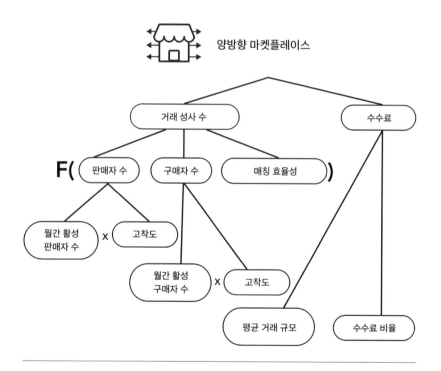

양방향 마켓플레이스 제품의 지표 트리.
거래 성사 수는 플랫폼에 있는 구매자와 판매자 수, 매칭 효율성으로 구성된 함수 F다.

가 일어날 수 있도록 구매자와 판매자를 매치시키고 매 거래에서 수수료를 가져가는 것이다. 구매자와 판매자를 더 많이 데려올수록 그들을 더 효율적으로 매치시킬 수 있고, 그에 따라 더 큰 돈을 벌 것이다.

매칭 효율성을 개선하는 방법은 명확하다. 구매를 원하는 사람들이 판매를 원하는 사람들과 언제나 매칭될 수 있게 해야 한다. 이베이는 검색 알고리즘을 개선하고, 우버는 운전기사가 탑승자를 기다리는 시간을 절약해주는 방향으로 운전기사-탑승자 매칭 알고리즘을 변경함으로써 이 목적에 다가설 수 있다.

공급과 수요

양방향 마켓플레이스의 가장 어려운 부분은 악명 높은 **"닭이 먼저냐 달걀이 먼저냐"의 문제**로 고통받는다는 것이다. 양방향 마켓플레이스 제품은 충분히 많은 판매자가 가입할 때까지 구매자에게 쓸모가 없고, 충분히 많은 구매자가 가입할 때까지 판매자에게 쓸모가 없기 때문이다. 리프트 앱을 설치한 사용자가 아무도 없는 동네에서는 리프트 운전기사가 되려는 사람이 없을 것이고, 운전기사가 없는 동네에서는 리프트 앱을 여는 사람이 없을 것이다.[33] 다시 말해 공급이 없으면 수요가 없고 수요가 없으면 공급이 없다.

닭이 먼저냐 달걀이 먼저냐의 문제를 해결할 방법은 구매자 또는 판매자를 인위적으로 만들어서 상대편이 참가하게 만드는 것이다. 우버는 시애틀 시장에 진출할 때 직접 자동차를 구매하고 운전기사를 고용해서 탑승자들을 태우는 일을 시켜 시급을 지급하며 판매자(공급)를 만들었다. 탑승자의 수가 엄청나게 많아지고 나서야 운전기사에게 수수료로 임금을 지급했다. 한편 아마존은 책 판매를 시작하면서 수많은 고객을 모집했고(수요) 이는 다른 제품의 판매자들을 아마존 플랫폼으로 이동하게 했다.[34]

가장 먼저 공급에 집중해야 할지[35] 또는 수요에 집중해야 할지[36]에 대

CODE 5 데이터과학

해 전문가들의 주장은 엇갈리지만 과거를 돌이켜보면 공급에 먼저 집중하는 것이 최선의 움직임이다. 공급을 만들면 수요가 자동으로 발생하기 때문이다. 소비자 사이의 입소문 마케팅은 매우 강력한 효과를 발휘한다. 공급자들을 시장에 참가하라고 설득하는 것이 더 어려운 과제다. 공급자들은 일반적으로 입소문을 통해 다른 공급자들(그들의 경쟁자!)을 초대하지 않기 때문이다. 바꿔 말하면 수요는 긍정적인 피드백 루프를 통해 유기적으로 성장하지만, 공급자들에게는 대부분 그런 루프가 존재하지 않는다. 따라서 먼저 공급을 손수 만드는 편이 더 좋은 효과를 낼 것이다.[37]

한 애널리스트가 인기 많은 양방향 마켓플레이스 17곳을 관찰하며 이 이론을 실험했다. 예상한 대로 이런 스타트업 중 14곳은 공급에 먼저 집중했으나 나머지 셋은 수요에 먼저 집중했다! 전체 목록을 확인해보자.[38]

공급 먼저 구축	수요 먼저 구축
에어비앤비	로버
엔젤리스트	태스크래빗
브리더	질로우
캐비어	
도어대시	
엣시	
이벤트브라이트	
그럽허브	
인스타카트	
리프트	
오픈테이블	
페이트리온	
썸택	
우버	

균형 잡힌 성장

어떻게 시작하든 판매자와 구매자의 성장에 균형을 맞춰야 한다. 구매자를 더 많이 추가하면 거래가 더 많이 일어나겠지만, 거래 수는 일정 수준까지만 증가할 것이다. 판매자가 판매할 상품이 바닥나면 이 세상의 모든 구매자가 다 모여도 어쩔 수 없는 일이다. 더 많은 판매자를 추가하는 것도 마찬가지다.

에어비앤비의 사례를 살펴보자. 예약 가능한 호스트가 더 많다면 게스트는 예약을 더 많이 하겠지만 한 달에 5일 밤 이상을 예약하지는 않을 것이다. (게스트도 언젠가는 집에 가야 할 테니까!) 따라서 게스트 1명당 호스트를 더 많이 추가하는 것은 예약일 수에 대한 수확 체감의 법칙을 따를 것이다.◆

이제 에어비앤비에 게스트는 많지만 호스트는 별로 없는 경우를 상

에어비앤비 호스트 추가 시 게스트 예약 체감 효과

에어비앤비 호스트를 추가하는 것은 사용자들에게 더 많은 선택지를 주므로 매년 그들이 예약하는 일수를 증가시키겠지만, 여기에는 상한선이 있다. 예시 데이터를 보면 예약 가능한 호스트 수가 아무리 많아져도 평균적인 사용자는 매년 5일 밤 이상을 예약하지 않는다는 사실을 알 수 있다.

CODE 5 데이터과학

상해보자. 플랫폼을 사용하는 게스트와 호스트의 숫자를 기반으로 그래프에 예약일 수를 표시해뒀다.[39] 게스트를 더 많이 추가하는 것은 그다지 큰 도움이 되지 않을 것이다. 에어비앤비에 호스트가 20명 있는 상황에서 게스트를 20명에서 40명으로 2배 늘리는 것으로는 예약일 수를 39일에서 44일로 늘리는 데 그쳤을 것이다. 그렇다면 게스트를 추가하기 위해 설계된 마케팅 캠페인이나 기능에 대한 투자는 낭비인 셈이다. PM은 호스트를 더 많이 데려오는 데 비용을 쓰는 편이 나을 것이다. 게스트와 호스트가

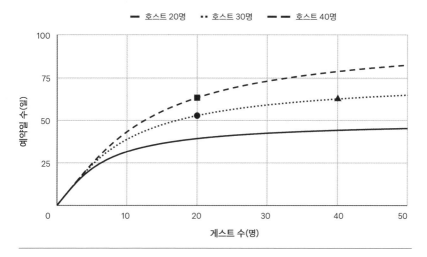

게스트가 지나치게 많다고 가정했을 때 에어비앤비 예약

게스트가 많고 호스트가 별로 없는 상황에서 에어비앤비 예약일 수가 얼마나 증가할지 보여주는 모델.
게스트를 추가하면(원에서 삼각형으로 이동) 예약이 많이 증가하지 않겠지만,
호스트를 추가하면(원에서 사각형으로 이동) 수확은 훨씬 좋아진다.
이미 지나치게 많이 갖고 있는 자원은 더 추가하지 말자는 교훈을 얻을 수 있다.

◆ 게스트당 예약일 수의 공식은 $N(x) = -5e^{-0.5x} + 5$이고, 여기에서 x는 게스트당 호스트의 비율이다.(h명의 호스트와 g명의 게스트가 있다면, $x = h/g$)

◆◆ 총 예약일 수의 공식은 $B(g, h) = N(h/g) \times g$이고, 여기에서 g는 게스트, h는 호스트, 그리고 N은 우리가 앞서 제시했던 게스트당 호스트의 함수다.

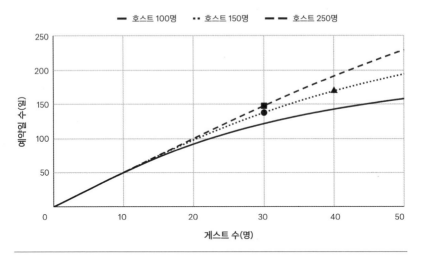

호스트가 지나치게 많다고 가정했을 때 에어비앤비 예약

— 호스트 100명 ·· 호스트 150명 − − 호스트 250명

호스트가 많고 게스트가 별로 없는 상황에서 에어비앤비 예약일 수가 얼마나 증가할지 보여주는 모델.
호스트를 추가하면(원에서 사각형으로 이동) 예약이 많이 증가하지 않겠지만,
게스트를 추가하면(원에서 삼각형으로 이동) 훨씬 큰 영향력을 미친다.

20명씩 있는 상황에서 호스트를 10명만 더 추가하면 예약일 수를 39일에
서 53일로 늘릴 수 있을 것이다.

한편 에어비앤비가 지나치게 많은 호스트를 보유했다면 호스트를 더
추가하는 것은 도움이 되지 않는다. 위의 그래프를 보면 게스트 30명과 호
스트 150명이 있는 상황에서 에어비앤비의 예약일 수는 138일이 될 것이
다. 이 상태에서 호스트를 100명 추가하면 예약일 수가 10일밖에 증가하지
않겠지만, 게스트를 10명만 추가해도 예약일 수는 31일 증가할 것이다.

위 이야기를 통해 얻을 수 있는 교훈은 '1순위 지표, 즉 **북극성 지표**에
집중하라'다. 일반적으로 양방향 시장의 경우 이 지표는 성사된 거래 수를
의미한다. 구매자 수나 판매자 수 같은 부차 지표를 늘리면 좋겠지만, 이것
이 언제나 1순위 지표를 개선해주지는 않을 수도 있다. 훌륭한 양방향 마

켓플레이스 PM은 구매자와 판매자 사이의 균형과 함께 거래 수를 늘리기 위해 움직일 최고의 지표를 알고 있을 것이다.

이커머스

이커머스ecommerce는 '물리적 세계'와 밀접한 연관이 있다는 특성 때문에 우리가 논의했던 나머지 네 가지 비즈니스 모델과 조금 다르다. 이커머스의 세계에서는 디지털 데이터 조각이 아니라 물리적인 상품을 움직여야 한다. 전형적인 상점의 디지털 버전일 뿐이다. 사람들은 웹사이트에서 제품을 구매하고, 여러분은 그들에게 제품을 배송한다.

이 모델의 대표적인 테크 기업은 아마존이지만 언제나 사랑받는 **생산자 직송 비즈니스**dropshipping business(생산자가 구매자에게 물건을 직접 배송한다)[40]와 캐스퍼Casper, 와비 파커Warby Parker, 글로시에, 달러 쉐이브 클럽 Dollar Shave Club[41] 같은 **D2C(소비자 직접 판매) 기업**도 이 모델로 분류된다. D2C 기업은 사실상 테크 기업은 아니지만,[42] 테크 기업처럼 PM을 고용하므로[43] 함께 살펴보고자 한다.

앞에서도 언급했듯이 이커머스 비즈니스의 핵심 매출 모델은 장바구니 사이즈 또는 AOV(평균 주문 가치)다.[44] 사용자 수를 늘리는 것도 좋지만 장바구니 사이즈가 수익성에 더 직접적인 영향을 준다. 이커머스 비즈니스는 보통 사용자를 획득하고, 제품을 배송하고, 상점을 운영하는 데 필요한 고정비용을 상쇄시킬 더 큰 장바구니 사이즈를 필요로 한다.[45]

또 하나의 중요한 지표는 무언가를 구매하는 방문자 비율을 측정하는 **전환율**이다. 이 지표는 사이트에 일부 구매자가 나머지 사람들보다 훨씬 돈을 많이 지불한다는 사실을 고려하지 않고 방문자들을 '구매자'와 '비구매자'로만 분류하기 때문에 지나치게 단순화된 지표이기도 하다. 그래도 상

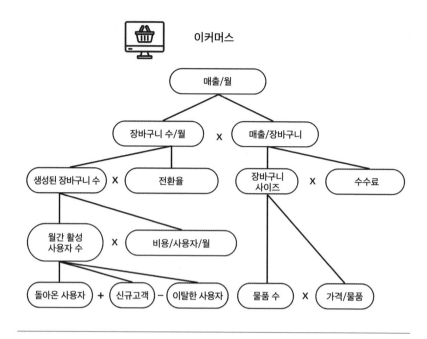

이커머스

매출/월

장바구니 수/월 X 매출/장바구니

생성된 장바구니 수 X 전환율 장바구니 사이즈 X 수수료

월간 활성 사용자 수 X 비용/사용자/월

돌아온 사용자 + 신규고객 − 이탈한 사용자 물품 수 X 가격/물품

이커머스 제품의 지표 트리. 궁극적으로 매출에는 판매된 장바구니 수와 장바구니당 매출이 가장 중요하다.

당히 자주 사용되는 이커머스 지표이므로 추적하면 도움이 될 것이다. 한 추정치에 따르면 평균 이커머스 전환율은 2%와 3% 사이를 오간다.[46]

이커머스 PM들이 신경 써야 할 세 번째 지표는 장바구니 전환율, 더 구체적으로 말하면 전환율의 반대인 **포기율**abandonment rate이다. 이커머스 웹사이트에 있는 장바구니 중 60% 이상이 버려진다는 연구 결과도 있다. 쇼핑하는 사용자들이 장바구니를 채우기만 하고 결제하지 않은 것이다.[47] 사용자들이 장바구니에 넣고 한동안 잊어버렸던 제품을 구매하도록 유도할 수만 있다면 테이블에 남겨졌을 큰돈을 쓸어 담을 수도 있을 것이다.

사용자 지표

사용자 지표의 측면에서 이커머스 기업들은 사용자들이 서비스를 계

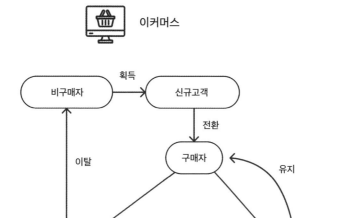

이커머스

비구매자 —획득→ 신규고객

신규고객 —전환→ 구매자

이탈

구매자

유지

더 이상
이용하지 않음

충성고객

이커머스 사용자가 거치는 단계. 여기에서 AARRR 지표의 중요성에 주목해야 한다.

속 즐기고 이용할 수 있게 하려고 노력하는 다른 소프트웨어 기업보다 어떻게 하면 더 많이 사용자들을 구매로 이끌 수 있을지, 또는 사용자들을 **전환**할지를 집중적으로 고민한다. 페이스북을 매일 방문하는 사람은 분명히 페이스북에 큰 가치를 매기겠지만, 아무것도 구매하지 않으면서 아마존을 매일 방문하는 사람은 아마존에 아무런 경제적 가치도 매기지 않을 것이다. 따라서 이커머스 기업들은 방문-조회-클릭-구매의 '퍼널'에 사용자들을 밀어 넣는 일에 매우 집중한다.[48]

A에서 A, R, R, R로 이동하는 과정이 지닌 중요성 때문에 이커머스 웹사이트에서 AARRR 지표가 가장 강력한 힘을 발휘한다는 사실은 주목할 만한 가치가 있다. 이커머스 PM들은 AARRR 프레임워크를 자유롭게 사용해야 한다.

충성도

뜻밖의 재미있는 점은 소프트웨어를 담당한 PM 대부분은 모든 사용자를 '충성' 유형에 넣기 위해 노력하지만, 이커머스 PM의 경우 일회성 구매자와 충성고객 중 누구에게 더 집중할지 결정해야 한다는 것이다.

결혼식 물품을 판매하는 사이트 등 수많은 이커머스 사이트의 주요 구매자는 일회성 구매자일 것이다. 그래도 괜찮다! 경험상 작년에 구매한 고객 중에서 올해 재구매한 고객의 비율, 즉 **연간 재구매 비율**을 확인해보고 에너지를 어떻게 활용할지 생각해보면 된다. 연간 재구매 비율이 40%보다 적다면 충성고객를 얻을 가능성이 크지 않으므로 신규고객를 데려오는 데 집중해야 할 것이다. 반면 연간 재구매 비율이 70%를 넘는다면 구매자 충성도에 집중해야 할 것이다.[49]

24장

Storytelling with Data

데이터 스토리텔링

데이터는 설득력 있는 이야기를 하고, 사람들의 마음을 얻고, 사람들이 행동하도록 결집하는 데 중요한 역할을 한다. "데이터는 논쟁을 이긴다"는 실리콘밸리에서 자주 쓰는 말이다.[1]

미가공 데이터가 스토리텔링의 전부는 아니다. 책상 위에 스프레드시트를 툭 올려놓거나 숫자를 제시하는 방법으로 임원, 사용자, 잠재 투자자들을 설득할 수 없다. 그래프와 차트를 잔뜩 만드는 것은 도움이 되지만 데이터가 스스로를 대변하지는 않는다.

2016년 컨퍼런스에서 데이터분석 스타트업이 나눠준 티셔츠[2]

출처: 인터라나Interana

주장에 대한 근거로 데이터를 사용할 수 있지만 먼저 설득력 있는 이야기와 비전을 갖추고 있어야 한다. PM들이 자기 주장에 대한 근거로 활용할 데이터를 모으는 가장 좋은 방법에 대해 우리가 배운 가치 있는 교훈 몇 가지를 알려주고자 한다.

사람들의 창의적인 면을 끌어들여라

이 책의 저자인 우리 셋이 마이크로소프트에서 일할 당시 우리는 기업 리더들이 '사내 스타트업 인큐베이터'를 설립하도록 설득하고 싶었다. 이는 마이크로소프트 직원들이 재직 상태를 유지한 채 몇 달간 일상 업무에서 벗어나 스타트업 업무를 하며 마이크로소프트로부터 자금을 지원받는 것이다.[3] 우리 주장의 핵심은 마이크로소프트가 소중한 직원들을 잃어버리고 있고 수많은 잠재 매출과 혁신을 놓치고 있는데, 우리가 제안한 내용을 통해 이 출혈을 멈출 수 있다는 것이었다.

이 주장을 뒷받침해줄 데이터가 필요했다. 우리는 질로우Zillow,[4] 글래스도어Glassdoor,[5] 게임 기업 밸브Valve(《스팀Steam》 제작사),[6] 자동차 데이터 기업 인릭스Inrix[7] 등 다양한 인기 기업들의 설립자들이 마이크로소프트 출신이었다는 사실을 발견했다.♦ 당시 그들을 합산한 가치는 약 120억 달러였다.

우리는 손해 본 120억 달러의 자산을 강조하는 방법을 고려하기도 했지만, 그 대신 마이크로소프트가 놓친 기업들을 강조하기로 했다. 왜 그랬을까? 달러 수치를 강조하면 사람들이 '스프레드시트 모드'로 들어갈 것이고 재무에 대한 생각에 사로잡히게 될 것 같았다. 다음과 같이 우리의 주장을 반박할 방법을 찾을 게 뻔했다.

"마이크로소프트의 가치는 수천억 달러야. 그런데 고작 120억 달러를 누가 신경 쓰겠어? 우리는 오피스로 그만큼의 액수를 쉽게 벌어들일 수 있어. 그런 기업들이 마이크로소프트 내부에 있었다면 훨씬 가치가 떨어졌을 거야."

♦ 익스피디아는 가장 유명한 마이크로소프트 출신 기업이지만, 1990년대에 마이크로소프트로부터 능동적으로 분사했다. 우리는 회사를 설립하기 직전에 마이크로소프트를 떠난 사람들이 세운 기업에 집중했다.

우리는 마이크로소프트가 놓친 기업들을 강조함으로써 사람들로 하여금 가능했을지도 모르는 것들에 대해 곰곰이 생각하도록 만들었다.

"우리 엑스박스 부서에서 〈스팀〉을 소유하고 있었다면 정말 멋지지 않았을까요? 우리가 글래스도어를 링크드인과 연결했다면 얼마나 더 좋았을지 상상해보세요."

이런 식으로 말이다. 우리는 숫자를 중점으로 작동하는 우리 뇌의 지루한 면 대신 창의적이고 상상력이 풍부한 면을 끌어들이고자 했다.

우리의 주장을 보완하기 위해 우리는 FOMO 좋은 기회를 놓칠까 봐 걱정하는 마음을 뜻하는 Fear of Missing Out의 줄임말-옮긴이의 힘을 빌리기로 했다. 우리는 경쟁사들이 수년간 이 특전을 제공해왔다고 주장했다.

"구글의 애어리어 120Area 120은 직장을 포기하지 않고 꿈을 좇고 싶어 하는 재능 있는 기술 전문가들을 위한 엄청난 특전이었습니다.[8] 얼마나 많은 인재들이 그런 소중한 특전이 없다는 이유로 마이크로소프트의 제안을 거절했는지 생각해봅시다!"

이때도 숫자는 우리의 주장을 약화하기만 했을 것이다. 회사가 훌륭한 잠재적 기회를 놓쳤고 완전히 불리한 위치에 서게 됐다고 보이게 만든 다음 사람들의 상상력이 제멋대로 날뛰게 하는 편이 더 효율적이었다.

우리는 숫자는 많지 않고 감정이 듬뿍 담긴 주장을 회사 리더들에게 제시했고 이 방법은 효과를 발휘했다. 마이크로소프트는 우리가 서술한 것과 비슷한 부업의 성격을 띤 프로그램을 시행했다.

이 이야기에서 얻을 수 있는 교훈은 데이터는 어떤 감정적인 영향력도 미치지 못하므로 여러분의 주장을 전달하기 위해 데이터에만 의존해서는 안 된다는 것이다. 사례, 이야기, 사람들의 창의적인 면을 끌어들이는 '만약 ~하다면' 시나리오를 중심으로 주장을 펴고, 데이터는 여러분의 주장을 뒷받침하는 데에만 사용해야 한다. 데이터만으로는 사람들을 설득하기에 부족하다.

사람들에게 어떤 생각을 해야 할지 말해주어라

여러분이 리프트에서 일하고 있고 여러분의 기발한 신제품 아이디어를 리더들에게 설득하려고 한다고 가정해보자. 리프트와 우버의 주가 데이터를 모아서 한 장의 슬라이드에 붙여보자.

이 그래프 자체가 많은 이야기를 들려주지는 않는다. 그래프는 우버와 리프트의 주가가 선택된 기간에 비슷하게 움직였다는 사실을 말해주지만, 여러분의 주장에 대해서는 전혀 설명해주지 못한다. 임원이 이 그래프를 보면 그래프의 선에 시선을 고정하고 여러분의 주장을 이해하지 못할 것이다. 하지만 두 기업이 기록한 눈부실 정도로 안정적인 주가의 흐름은 주장을 뒷받침하는 데 사용될 수 있다.

여러분은 완전히 똑같은 그래프에 제목만 '리프트는 우버와의 경쟁에

시간에 따른 우버와 리프트의 주가 변화를 직관적으로 보여주는 그래프

출처: 구글 파이낸스Google Finance

CODE 5 데이터과학

리프트는 우버와의 경쟁에서 패배했다

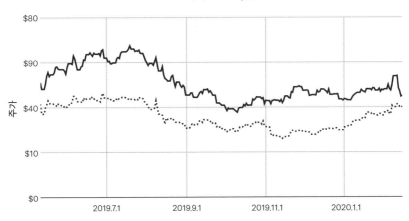

리프트는 재정적으로 더 탄탄한 지원을 받은 경쟁자와 발맞춰 움직였다

우버와 리프트의 주가를 보여주는 똑같은 그래프도 제목에 따라 매우 다른 의미를 지닐 수 있다.

출처: 구글 파이낸스

서 압도하지 못했다'로 바꿔 리프트의 주가가 제때 우버의 주가와 격차를 벌리지 못했다는 점을 강조할 수 있다.

갑자기 그래프가 리프트의 잘못된 사업적 관행을 입증하는 흔적으로 읽힌다. 그리고 임원들이 '이 PM 말이 맞아. 우리는 왜 더 도전적인 시도를 해보지 않았을까?'라고 생각하게 만든다. 그래프 제목에 사람들이 생각할 내용을 담는 것만으로도 자칫 모호해 보일 수 있는 데이터를 더 설득력 있는 데이터로 만들 수 있다.

이 전술은 매우 효과적이다. 똑같은 데이터를 가지고도 전혀 다른 이야기를 전달하는 게 가능하다. 예를 들어 여러분이 리프트의 임원들을 더 신중하게 생각하도록 만들고 싶다고 치자. 그러면 똑같은 그래프에 제목을 바꿔 달면 된다. '리프트는 재정적으로 더 탄탄한 지원을 받은 경쟁자와 발맞춰 움직였다'라고 제목을 붙여보는 것이다.

이제 안정적인 주가는 리프트에 긍정적인 것처럼 보이고, 그래프의 의미는 다시 한번 바뀐다. 그래프가 탄탄해 보인다. 이것을 본 임원들은 스스로 만족해하며 어떤 추가적인 위험도 감수하지 않고 지금까지 해온 그대로 계속해나가야 한다고 생각할 수 있다.

설령 분명한 내용을 보여주는 듯한 데이터 세트라 하더라도 반드시 제목으로 핵심 주장을 설명하도록 해야 한다. 여러분은 그래프와 그래프의 기반이 되는 데이터를 보는 데 훨씬 더 많은 시간을 쏟았으므로 모든 뉘앙스를 이해할 수 있을 것이다. 하지만 그래프를 처음 보는 사람은 그 그래프가 나타내는 의미가 무엇인지 정확히 파악하지 못할 수 있으므로 여러분이 그들을 안내해야 한다. 그리고 그렇게 함으로써 여러분이 원하는 방향으로 청중을 이끌어갈 수 있다.

오해의 소지가 있는 척도는 피하라

가장 자주 사용되는 꺼림칙한 데이터 시각화 전술은 바로 여러분의 제품이나 결과물을 실제보다 더 좋아 보이도록 만들기 위해 척도를 왜곡하는 것이다. 경쟁사 브라우저보다 자사의 엣지 브라우저가 얼마나 잘 작동하는지 보여주기 위해 설계된 아래의 악명 높은 마이크로소프트 광고를 한번 살펴보자.

엣지는 크롬과 파이어폭스에 대해 각각 5%와 9% 우위에 있지만, 아래 광고를 보면 마치 엣지가 나머지 브라우저를 크게 앞지르는 것처럼 보인다. 이는 광고가 '속도계'를 2만 5000에서 시작하고 3만 1000에서 끝내기 때문이다.♦ 그래프에 적힌 숫자를 정확하게 표현했다면, 특히 일부 오차 범위가 있었다는 점을 고려해 그래프를 그렸다면 세 가지 브라우저가 거의 비슷하다는 사실이 드러났을 것이다.

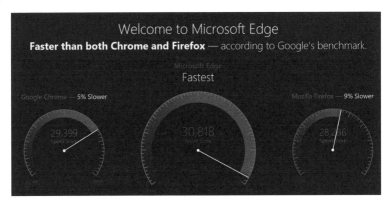

마이크로소프트에서 엣지가 다른 웹브라우저보다 훨씬 뛰어나다는 사실을 보여주기 위해 만든 그래픽. 오해의 소지가 있다.[9]

출처: 레딧 @Mr.Banewolf

♦ 마치 모든 SAT 점수가 200점에서 800점 사이인 것처럼 2만 5000점에서 3만 1000점 사이의 점수만 가능한 테스트였다면 이 시각화 자료는 아무런 문제가 없었을 것이다. (다만 이런 경우에는 비율의 차이를 부여하기가 더 어려울 것이다.)

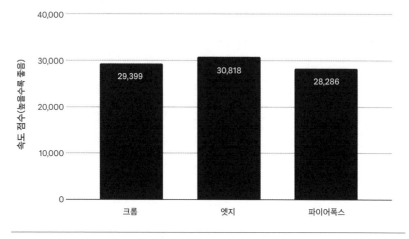

브라우저 속도 점수

정상적인 그래프로 보면 엣지가 경쟁사보다 그다지 크게 뛰어나지 않다는 사실을 알 수 있다.[10]
출처: 레딧 @Mr.Banewolf

오해의 소지가 있는 척도를 사용해 그래프를 얼핏 본 사람들을 속일 수는 있겠지만, 충분한 시간을 두고 그래프를 살펴본 사람들은 그 속임수를 알아챌 것이다. 게다가 이러한 전술은 제품에 대한 이미지를 오히려 나쁘게 만들 수도 있다.

이야기를 통제하라

2009년, 버라이즌은 자사의 3G 커버리지가 숙적인 AT&T의 3G 커버리지보다 얼마나 뛰어난지 자랑하는 지도를 유포했다. 버라이즌은 전체 미대륙을 영광스러운 루비 빛의 붉은 바다로 물들인 반면[11] AT&T는 해안가와 대도시 근처 영역을 고르지 못하게 확보하고 있었다. 버라이즌은 AT&T보다 정확하게 5배 넓은 영역의 커버리지를 확보했다고 주장했고 이는 상당한 자랑거

CODE 5 데이터과학

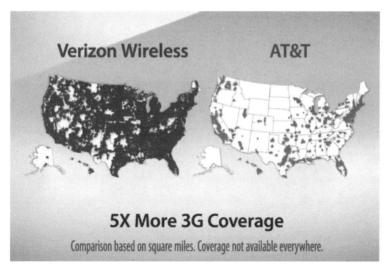

버라이즌의 3G 네트워크가 경쟁사인 AT&T보다 얼마나 더 많은 땅을 확보하고 있는지 보여주기 위해 만든 광고[12]

출처: 패스트 컴퍼니Fast Company

리였다.

AT&T는 버라이즌의 자랑이 무의미하다며 반격을 가했다. 버라이즌이 중부 와이오밍 지역의 땅을 더 많이 확보하고 있다는 건 사실이었지만, 거기에 누가 살고 있단 말인가? 소들에게는 3G 커버리지가 필요하지 않다. AT&T는 그들의 네트워크가 미국 땅의 5분의 1정도를 커버하지만, 중요한 건 미국인의 97%에 보급된다는 사실이라고 주장했다.[13] 심지어 오해의 소지가 있는 그래프를 만들었다며 버라이즌에 소송을 제기했다.[14]

이 이야기는 완전히 똑같은 데이터가 어떻게 매우 다른 방식으로 해석되어 상반되는 이야기를 서술할 수 있는지 보여준다. 버라이즌은 그들에게 유리한 방식으로 요령껏 데이터를 해석했지만 AT&T는 스스로를 매우 논리적인 회사로, 그리고 버라이즌을 추잡한 회사로 보이게 만드는 또 다른 해석을 찾아냈다.

여러분의 경쟁사들은 종종 여러분의 이미지를 부정적으로 만들려는 목적으로 데이터를 사용할 것이다. 이때 여러분은 더 유리한 해석을 내놓는 방법을 통해 통제권을 되찾아야 할 것이다.

데이터만큼 보이지 않는 것도 중요하다

스티브 발머의 이야기로 돌아가서 전체 내용을 다시 정리해보자. 매출과 수익성 지표 면에서 그는 매우 훌륭했다. 하지만 매출과 수익성은 가장 중요한 지표가 아니다.

CEO의 성공을 알리는 주요 신호 중 하나인 주가만 봐도 알 수 있다.[1] 마이크로소프트는 지구상에서 가장 가치 있는 주식 공개 기업으로 2000년대를 시작했지만 발머의 재임 기간 내내 주가는 부진했다. 발머가 CEO의 자리를 떠날 때쯤 마이크로소프트 주가는 그가 부임했을 당시 주가보다 낮았고, 애플의 주가는 마이크로소프트의 주가를 크게 뛰어넘었다.[2]

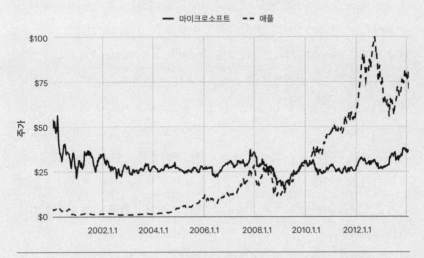

스티브 발머의 재임기 중 마이크로소프트 주가

—— 마이크로소프트   - - 애플

마이크로소프트의 주가는 스티브 발머가 CEO로 재임했던 기간에 부진한 모습을 보였다.
출처: 구글 파이낸스

발머는 단기 매출과 수익을 높이기 위해 가차 없는 최적화 과정을 밟으면서 장기적으로는 회사에 큰 피해를 줬다. 돈을 벌기 위한 근시안적인 노력은 임원들에게 윈도우라는 캐시카우를 위협하는 모든 아이디어를 억누르게 만들었다. 이는 거대한 관료주의가 자리하게 만들었고, 마이크로소프트가 회사를 장기적으로 건강하게 유지하기 위해 투자했어야 했던 수많은 아이디어를 묵살시켰다.[3] 마이크로소프트는 스마트폰, 태블릿, 뮤직플레이어, 전자책 시장에 올라탈 기회를 놓쳤다. 마이크로소프트 내부 팀들이 이런 제품의 시제품을 갖고 있었지만, 이러한 제품들은 윈도우를 지탱해주지 않는다는 이유로 충돌하는 와중에 사려져버렸다.[4,5]

또한 발머는 파괴적인 문화가 뿌리를 내리게 내버려두었다. 이것이 단기 매출 숫자에 영향을 주지는 않았지만, 한때 '지구에서 가장 앞서가는 기업'이었던 회사를 텅 빈 껍데기로 만들었다. 가장 악명 높은 사례는 직원들을 '곡선' 위에 올려놓고 평가하는 마이크로소프트의 관행인 '스택 랭킹stack ranking'이었다. 매년 정해진 비율의 직원들만 긍정적인 평가를 받고 최하점을 받은 고정된 비율의 직원들은 해고당했다. 이것은 끔찍한 유인으로 이어졌다. 사람들은 동료의 아이디어를 고의로 훼방 놓으려고 애쓰면서 종형곡선의 더 높은 곳으로 올라가려 했고, 개발자들은 훌륭한 제품을 개발하기보다 정치 싸움을 하는 데 더 많은 시간을 소비했으며, 좋은 직원들은 상사가 정치적 이득을 위해 그들을 배신하면서 나쁜 고과를 받았고, 팀들은 고과를 유지하기 위해 다른 팀과 협업하기를 꺼렸다.[6]

발머는 지표를 최대치로 끌어올렸지만 리더로서 해야 할 다른 것들은 모두 놓쳤다. 임기가 끝날 무렵 발머는 세계 최악의 CEO 중 하나로 꼽혔다.[7]

CODE 5 데이터과학

발머의 후임이었던 사티아 나델라Satya Nadella가 CEO의 자리를 넘겨받았을 때 최우선 과제는 기업 문화를 재정비하는 것이었다. 나델라는 윈도우 중심으로 돌아가는 모델에서 벗어나 전사적 차원의 협력을 다시금 장려했다.[8] 스택 랭킹을 없앴고 직원들이 늘 일을 완벽하게 완수하려고 노력하기보다는 실수를 통해 배울 수 있다고 생각해 '성장하는 사고방식'이라는 아이디어를 도입했다.[9] 마이크로소프트는 더 이상 라이벌을 무너뜨리려 하지 않고 라이벌과 함께 일하는 회사가 됐다.[10] 회사의 강령마저 PC 시장을 점령하는 것에서 "지구상의 모든 사람과 조직에 더 많은 성과를 이룰 능력을 부여하는 것"으로 바뀌었다.[11] 그중 어느 것도 즉각적으로 순익을 높여주지는 않았지만, 마이크로소프트가 부활하는 데 원동력이 됐다. 또 개선된 문화는 마이크로소프트가 가장 일하기 좋은 기업 리스트의 자리를 되찾는 데 도움을 줬다.[12] 윈도우에 대한 단기적인 강박 없이 궁극적으로 수십억 달러의 비즈니스로 성장한 애저를 통해 클라우드 컴퓨팅 분야를 개척할 수 있었다.[13] 2018년 나델라는 미국 최고의 대기업 CEO의 자리에 올랐다.[14]

나델라가 마이크로소프트의 매출을 높이기 위해 많은 일을 한 것은 아니다. 나델라가 CEO의 자리에 있었던 첫 몇 년간 마이크로소프트의 매출은 연간 약 10% 성장했고 이는 발머의 임기 이후 사실상 크게 변한 것이 없다고 할 수 있는 수치였다.[15] 하지만 거의 모든 사람이 나델라가 더 유능한 CEO라는 말에 동의할 것이다.

우리가 양적 지표의 중요성에 대해 긴 이야기를 하기는 했지만 눈가리개를 쓰듯 나머지 요소를 모두 무시할 수는 없다. 질적인 측면 역시 중요하며, 장기적인 관점에서 보면 특히 더 중요하다. 나델라의 이야기가 보여주듯 리더에게는

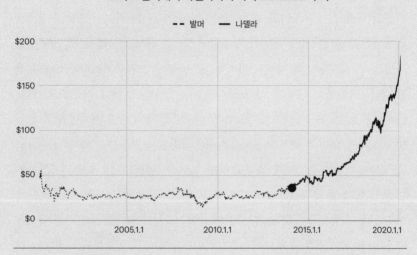

스티브 발머에서 나델라까지 마이크로소프트 주가

-- 발머 — 나델라

사티아 나델라가 CEO의 자리를 맡자마자 마이크로소프트의 주가가 급등하기 시작했다.

출처: 구글 파이낸스

유형의 요소를 극대화하는 것만큼 무형의 요소를 이해하는 것도 중요하다. 나델라는 마이크로소프트의 주가 역시 발머보다 잘 부양했다. 나델라가 CEO 로 있었던 첫 6년 동안 주가는 거의 5배가 됐고, S&P 지수를 쉽게 앞지르면서 애플까지 제쳤다.[16] 결국 질적 지표에 집중하면 장기적으로 양적 지표에 도움 이 된다!

CODE 5 데이터과학

법률과
정책

Law & Policy

도덕성이 결여된 법은 부질없다.

Laws without morals are in vain.

펜실베이니아 대학의 교훈

법은 성장의 골칫거리일까?

우버는 설립 초기에 많은 책임을 모면했다. 2010년 사업을 처음 시작했던 샌프란시스코의 교통 행정 기관에서 정지 명령을 받았지만, 계속 운전기사들을 도로에 내보냈다.[1] 우버는 '그레이볼링greyballing'이라는 유명한 전략을 사용했다. 이는 규제기관의 우버 앱에 가짜 차량을 띄워서 실제로 탑승하지 못하게 하는 식으로 함정수사를 훼방 놓는 프로그램이다.[2] 심지어 하청업자를 고용해서 리프트를 불렀다가 취소하는 방식으로 리프트 운전기사를 방해했다.[3] 이 하청업자들은 리프트에 탑승해서 우버로 갈아타라고 운전기사를 설득하기도 했다.[4]

2017년부터는 우버의 운이 고갈되기 시작했다. 그해 우버는 운전기사들이 합리적으로 벌 수 있는 수입을 속였다는 혐의로 2000만 달러의 벌금을 물어야 했다.[5] 같은 해에 사내 기밀을 빼돌렸다며 구글의 자율주행차 사업부인 웨이모Waymo에 소송을 당했고,[6] 그다음 해에 합의금으로 웨이모에 2억 4500만 달러를 지불했다.[7] 위 스캔들을 비롯한 여러 요인으로 인해 우버를 창립한 트래비스 칼라닉Travis Kalanick은 연말에 CEO 직에서 사임했다.[8]

이 사례를 통해 법을 위반하고 오래도록 처벌을 피하기는 어려우며 결국 잡힐 수밖에 없다는 교훈을 얻을 수 있다. 우리는 동료 PM들이 법무팀을 제품의 고속 성장을 가로막는 골칫거리로 여기는 모습을 자주 목격해왔다. 하지만 그렇게 생각하는 것은 어리석은 짓이다. 법을 알고 준수하는 방법을 알아두면 회사가 비싼 벌금을 피하는 데 도움을 줄 것이다. 어쩌면 여러분의 비즈니스에 확실한 강점으로 작용할 수도 있다.

25장

Antitrust

반독점

우리는 리프트가 지닌 최고의 장점이 우버를 견제하는 역할이라고 생각한다. 리프트가 없다면 새벽 3시에 집까지 태워줄 차가 필요할 때 우버가 요구하는 금액을 다 지불할 수밖에 없을 것이다.

경쟁자가 둘밖에 없는 시장이 이상적이지는 않지만, 소비자로서는 회사가 하나 있는 시장보다 훨씬 낫다. 독점기업은 경쟁자들을 제거함으로써 가격을 올리고, 혁신을 멈추고, 소비자를 자기 마음대로 휘두를 수 있다.[1]

테크 산업 초창기에 테크 기업들은 용감하게 월마트나 CNN같이 영향력 있는 기업을 방해하며 야심차게 성장하는 신생기업으로 비쳤다. 하지만 산업이 점차 성장함에 따라 빅테크 기업들은 막강해졌고[2] 경쟁업체 인수와 시장 통합에 앞장섰다.[3]

미국 정부는 독점을 막기 위해 **반독점법**을 시행했다. 가장 유명한 반독점법은 1890년 미국에서 시행된 셔먼 반독점법Sherman Antitrust Act이다.[4] 셔먼법이라고도 불리는 이 법은 불공정한 경쟁을 제한하는 행위를 불법화한다. 존 D. 록펠러John D. Rockefeller가 미국 석유 산업을 장악하고[5] 앤드루 카

네기Andrew Carnegie가 미국 철강 산업 대부분을 소유하는 것을 막는 데 도움을 주었다.[6]

셔먼법 같은 반독점법은 도입된 지 100년이 넘었으나 여전히 효력이 있다. 최근에는 엘리자베스 워런 상원의원Senator Elizabeth Warren[7]을 비롯한 정치인들이 메타, 구글, 아마존 같은 빅테크 기업의 분할을 요구했다. 예상대로 이는 실리콘밸리를 두려움에 떨게 했다.[8]

'이 회사는 덩치가 크니까 쪼개버리자' 같은 단순한 일이 아니다. 이는 아무 생각 없이 뉴스를 찾아보는 많은 PM이 내리는 잘못된 추론이다. 실제로 무슨 일이 벌어지고 있는지 제대로 이해하기 위해 독점과 반독점을 더 자세히 살펴보도록 하자.

아마존, 그리고 변화하는 '독점'의 정의

독점이란 무엇일까? 미국의 독점 규제를 담당하는 미국 연방거래위원회Federal Trade Commission, 즉 FTC는 수년간 이 질문에 대한 의견을 개진했다. FTC는 일부 기업의 경우 다른 기업보다 실력이 좋기 때문에 독점적 지위에 오르게 된다고 보았다. 여기서 실력이란, 더 좋은 제품, 더 좋은 전략, 더 강력한 브랜드 등을 가지고 있다는 것이다. 이런 경우는 FTC에서 문제 삼지 않는다.

FTC는 **반경쟁적 행위**를 일삼는 기업을 공격한다. 이런 기업들은 자신의 시장지배력을 악용해 불공정하게 시장점유율을 높이거나 경쟁자들을 전멸시켜서 기울어진 경기장을 만든다.[9] 사법부는 특정 산업에서 시장점유율이 50%가 넘으면 독점기업일 가능성이 있으므로 면밀한 조사가 필요하고, 시장점유율이 50%에 못 미치면 독점기업이 아니라는 기준을 세웠다.[10]

하지만 냉철한 비즈니스 전략과 전면적인 반경쟁적 행위는 구분이 어렵다. 따라서 입법자들은 회사의 독점 여부를 판단할 때 대상 기업이 어느 쪽으로 분류되는지 알아내기 위해 테스트를 해본다.

유럽연합European Union은 기업이 반경쟁적인 전술을 사용하고 있는지 확인하기 위해 **대상 기업만큼 효율적인 경쟁자**as efficient competito 즉 **AEC 테스트**를 활용한다. AEC 테스트를 진행하는 방식은 간단하다. 대상 기업만큼 유능하거나 대상 기업만큼 효율적인 경쟁자와 겨뤄볼 기회가 있는가? 만약 답이 '아니오'라면 경기장은 평평하지 않고, 소비자들에게 도움을 줄 수 있는 경쟁과 혁신은 억눌린 것이다.[11] AEC 테스트는 앞서 언급했던 FTC의 정의와 같은 선상에 놓여 있다. 경쟁자보다 실력이 좋아서 힘을 얻는 것은 괜찮지만, 실력이 평범한 회사가 자신이 가진 힘을 악용하여 경쟁할 만큼 충분한 실력을 갖춘 회사들을 가로막는 것은 괜찮지 않다.[12]

FTC는 이론적인 기준을 갖추고 있었지만 실제로 기업이 반경쟁적 행위를 하는지 판단할 때는 조금 다른 테스트를 활용했다. 1970년대 이후로 미국은 소비자 대상 가격을 낮게 유지하기만 하면 합격점을 주는 **소비자 후생 기준**consumer welfare standard을 적용했다.[13] 이 기준은 저가를 유지하되 혁신을 멈춘 기업들이 감시망을 피할 수 있도록 해줬기 때문에 독점과 관련된 문제의 큰 부분을 놓치고 말았다.

아마존 사례

유럽연합의 혁신 중심 테스트와 미국의 가격 중심 테스트가 같은 결과를 내놓는 경우도 많다. 항공사 같은 전통적인 기업이 합병하면 혁신에 악영향을 미치고 가격도 올라가기 때문에 양국 모두 반경쟁적 행위라고 결론지을 것이다. 하지만 테크 업계에서는 반경쟁적 행위가 얼마나 많이 일어나는지와 상관없이 제품의 가격이 저가, 혹은 심지어 무료로 유지된다. 따라서 테크 기업들은 유럽연합의 강력한 탄압을 받으면서도 미국의 반독점 규제기관으로부터 합격점을 받을 때가 많다.

아마존은 이런 차이를 보여주는 악명 높은 사례다. 연간 매출이

2500억 달러가 넘는 아마존은[14] 경쟁하는 이커머스 웹사이트를 밀어내는 공격적인 관행으로 악평이 나 있다. 2009년 아마존은 다이퍼스닷컴Diapers. com이라는 웹사이트를 열고 기저귀를 판매하던 전도유망한 이커머스 스타트업 퀏시Quidsi에 접근하여 회사를 인수하겠다고 제안했다.[15] 퀏시가 제안을 거절하자 제프 베이조스는 아마존에서 판매하는 유아용품을 30%씩 할인하며 시장 초토화 작전을 시작했고,[16] 퀏시보다 저렴한 가격으로 제품을 공급해 다이퍼스닷컴에서 손해를 보고 물건을 판매하도록 만들었다. 퀏시는 매달 3000만 달러의 손실을 겪으며 고객 대부분을 잃었고, 거의 무너져 내리기 직전까지 갔다. 그러자 아마존이 퀏시의 텅 빈 껍데기를 저렴한 가격에 매수했다.[17]

이는 아마존이 통상적으로 활용하는 전략이었다. 아마존은 AWS(아마존 웹서비스)를 통해 거대한 수익을 창출한다. 2017년에는 아마존의 전체 수익이 AWS에서 나왔다.[18] 그래서 이커머스 부문에서 엄청난 가격 할인을 감수할 수 있었다. 제품을 저가로 판매하며 경쟁자들을 몰아내는 전략을 사용한 것이다.[19]

이 방식은 가격을 낮게 유지하기 때문에 아마존이 미국의 '소비자 후생' 제도 아래에서 당연하게 자유이용권을 누릴 수 있음을 뜻했다. 소비자는 아마존으로부터 말도 안 되는 가격으로 물건을 구매하고 있다는 사실을 안다. 아마존은 미국에서 가장 사랑받는 브랜드 5위의 자리를 연속으로 차지했다.[20]

하지만 퀏시 사례에서 보듯이 아마존은 이커머스 부문에서 유럽연합의 AEC 테스트를 통과하지 못한다. 위대한 월마트마저 아마존 연간 성장률의 절반 수준을 간신히 달성하며 아마존과 어깨를 나란히 하는 데 실패했다.[21] 아마존 프라임은 브랜드 충성도를 강화하는 강력한 엔진으로 이커머스 부문의 경쟁자들이 아마존에서 쇼핑하는 고객들의 눈길을 돌리기 힘들게 만든다.[22]

아마존은 순자산으로 배송업계 경쟁자들을 가뿐히 뛰어넘을 수 있었다. 월마트와 타깃이 따라잡기 전에 이틀 내 도착을 보장하는 배송을 시작했고,[23] 이제는 하루 배송 시대를 열고 있다.[24] 2019년 월마트는 아마존을 따라잡기 위해 미친 듯이 질주하면서 이커머스 플랫폼에서 손해를 본 액수가 10억 달러를 넘을 것으로 추산했다.[25] 세계 최대의 고용주[26]마저 따라잡기 힘겨워한다면 정말 심각한 상황이다. 이보다 작은 규모의 이커머스 기업들이 아마존을 따라잡기란 거의 불가능에 가깝다는 것을 짐작할 수 있다. 따라서 아마존의 우위는 혁신과 스타트업 창업을 제한한다.

저가정책 외에 아마존이 반독점 규제를 피하는 데 사용하는 또 다른 속임수는 시장을 정의하는 방식이다. 2020년 아마존은 미국 이커머스 시장의 절반 이상을 통제한다.[27] 앞서 사법부에서 독점기업이라고 의심하기 시작하는 기준점이 50%였다. 그러나 아마존의 시장을 소매시장이라는 더 넓은 범위로 재정의하면 아마존은 2020년 기준, 시장의 10%만을 점유한 셈이다.[28]

아마존은 스스로를 소매시장에서 경쟁하는 잡다한 기업이 아니라 다른 소규모 비즈니스를 가능하게 하는 **조력자**로 재정의하는 전술을 즐겨 사용한다. 아마존은 반독점이라는 의견에 대해 아마존의 웹사이트와 물류서비스를 활용해 제품을 유통하고 판매하며 아마존의 플랫폼에서 운영되는 소규모 비즈니스 수천 개를 가리킨다.[29] 그러니까 아마존은 자신의 큰 덩치에 기대어 서서 "덩치 큰 우리가 소매시장을 집어삼키고 있을지 모르지만, 수많은 소규모 비즈니스의 생존에 우리 플랫폼이 필요하다"라고 주장하는 것이다.

아마존의 입장이 모순되게 들리는 것은 실제로 모순이기 때문이다. 아마존은 심층 수사를 피해야 할 때는 소규모 비즈니스인 척하지만, 영향력의 보존을 정당화해야 할 때는 없으면 안 될 대규모 인프라로 보이고 싶어 한다. 이상한 입장이긴 하지만 효과적이긴 하다.

마이크로소프트의 브라우저 전쟁

오늘날 마이크로소프트는 온화한 거인의 이미지이고, 빌 게이츠는 세계에서 가장 유명한 자선가로 꼽힌다. 하지만 항상 그래왔던 것은 아니다. 과거에 마이크로소프트가 반독점법에 저촉될 뻔했던 유명한 두 가지 사건이 있다.

첫 번째 사건은 1990년대의 브라우저 전쟁이다. 마이크로소프트는 1980년대에 반독점법이 주요 라이벌이었던 IBM을 약화시키자 개인용 컴퓨터 영역에 남아 있는 경쟁자들과 전쟁을 벌였다. 1995년 빌 게이츠는 인터넷을 '해일'이라고 표현하며 인터넷이 미래라고 강조했다.[30]

넷스케이프 내비게이터

당시 인터넷 공간에서 마이크로소프트 윈도우의 주요 경쟁자는 넷스케이프 내비게이터Netscape Navigator◆라는 인기 웹브라우저를 운영했던 넷스케이프였다. 빌 게이츠는 인터넷 익스플로러를 윈도우와 번들로 묶어서 무료로 제공하고 주요 기업들이 넷스케이프로 갈아타지 않고 인터넷 익스플로러를 계속 이용하도록 압력을 가하면서 내비게이터를 '질식'시키려고 했다.[32] 마이크로소프트는 브라우저 시장을 독점하면 웹을 통제할 수 있고 궁극적으로 개인용 컴퓨터의 미래를 장악할 수 있다고 판단했다.[33]

마이크로소프트의 전략은 통했다. 내비게이터의 시장점유율은 1996년 80%를 웃돌던 수준에서 1998년 48%, 2001년 단 6%로 폭락했다.[34] 넷스케이프가 이 시기에 입은 막대한 재정적 손실은 1998년 400명에 달하는 직원의 정리해고로 이어졌다.[35] 회사는 장기침체에 빠진 뒤 2002년 AOL에 인수됐으며[36] 2003년 해체됐다.[37] 2004년에 마이크로소프트의 인터넷 익스플로러는 브라우저 시장의 94% 이상을 점유하며 업계의 새로운

◆ 넷스케이프 내비게이터를 줄여서 넷스케이프라고 부르기도 한다.

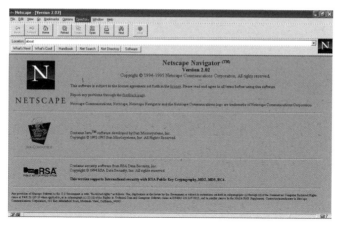

1995년의 넷스케이프 내비게이터 브라우저[31]

출처: 위키미디어

선두주자로 부상했다.[38] 그런데 2004년에 인터넷 익스플로러를 무너뜨리기 시작한 브라우저가 무엇인지 아는가? 바로 모질라 파이어폭스, 그러니까 넷스케이프 내비게이터의 원본 소스 코드에서 생성된 오픈 소스 웹브라우저다. 참 아이러니 하지 않은가![39]

수용, 확장, 전멸

이보다 더 유명한 마이크로소프트의 반경쟁적 전술은 '수용, 확장, 전멸'이라고 불린다. 이 전략의 핵심은 나머지 시장 구성원이 특정 기술 표준에 동의하면 마이크로소프트가 이 표준을 **수용**하고, 호환되지 않는 기능을 추가하여 **확장**하고, 종국에는 경쟁자들을 **전멸**시키는 것이다.[40]

이 용어는 1990년대에 마이크로소프트 내부에서 넷스케이프를 끌어내리려는 전술로 창안됐다. 웹페이지는 언제나 HTML이라는 프로그래밍 언어로 개발됐다. HTML은 오픈 표준open standard으로 누구나 HTML을 해석하는 데 필요한 올바른 방법을 조회하고 웹페이지를 그릴 수 있다.[41] 덕분에 새로운 웹브라우저가 시장에 쉽게 진입할 수 있었다. 누구나 표준을 읽고 **렌더링**rendering 화면에 텍스트와 이미지를 표시하는 것-옮긴이 **엔진**을 생성하여 웹페이지의 HTML을 해석할 수 있다. 하지만 마이크로소프트의 계획은 외부인이 적용할 수 없는 전용 HTML 확장 규약을 만들어서 인터넷 익스플로러의 이점을 봉인하는 것이었다.[42]

실행 과정은 다음과 같았다. 인터넷 익스플로러는 넷스케이프나 기타 브라우저와 마찬가지로 HTML과 호환이 됐으므로 다른 브라우저가 렌더링할 수 있는 웹페이지라면 인터넷 익스플로러도 불러올 수 있었다(수용). 그러나 1996년에 마이크로소프트는 액티브 X를 선보였다.[43] 액티브 X는 웹페이지에 인터넷 익스플로러에서만 실행되는 특수 코드를 삽입할 권한을 허용해주는 전용 기술이었다(확장).[44] 이것은 오로지 인터넷 익스플로러만이 웹상의 모든 사이트를 렌더링할 수 있고, 넷스케이프는 그럴 수 없음을 뜻했다. 이로 인해 넷스케이프의 열혈 사용자마저 인터넷 익스플로러를 백업으로 설치해야 했고, 시간이 지날수록 두 브라우저 사이를 오가는 것에 지친 사람들은 인터넷 익스플로러에 정착했다(전멸).[45] 브라우저는 더 이상 진입하기 쉬운 시장이 아니라 이미 진입한 브라우저마저 살아남기 힘든 시장이 됐다.

마이크로소프트는 2001년까지 인터넷 익스플로러의 혁신에 힘을 쏟았지만, '수용, 확장, 전멸'을 비롯한 마이크로소프트의 다양한 전략이 경쟁자들을 몰아내자 혁신하려는 시도를 멈췄다. 2001년에 출시된 인터넷 익스플로러 6이 앞서 언급했던 시장점유율을 달성했고, 마이크로소프트는 그 후 10년 동안 브라우저에 중대한 변화를 주지 않았다.[46,47] 이 시기에 인터넷 익스플로러는 웹사이트를 제대로 렌더링하지 못하는 결함투성이이자 웹 개발자들의 인생을 고달프게 만드는 골칫덩어리가 됐다.[48] 바로 이것이 독점이 불러일으키는 위험이다.

VIP석을 꿰찬 마이크로소프트

마이크로소프트가 '수용, 확장, 전멸' 전략을 사용한 영역은 웹만이 아니었다. 1998년 빌 게이츠는 마이크로소프트 오피스가 타사의 업무용 제품군에서 원활히 렌더링되는 것은 '우리 플랫폼의 자살 행위'나 마찬가지이므로 그런 일이 없게 하라고 요구했다.[49] 경쟁사의 업무용 제품군 대부분은 누구나 적용할 수 있는 공개된 문서 형식이나 최소한 다른 편집도구와 호환이 가능한 형식을 사용했다. 마이크로소프트 워드의 최대 라이벌인 워드퍼펙트WordPerfect는 '.wpd'로 문서를 저장했는데, 이 형식은 워드에서 쉽게 열린다.[50]

이처럼 워드는 그 시대의 표준형식을 수용했다. 하지만 마이크로소프트 워드는 자사의 '.doc' 형식으로 문서를 저장하면서 기존의 오픈 형식을 호환이 불가한 방식으로 확장했다. 이것은 경쟁자들을 전멸시키는 효과를 냈다. 워드에서 워드퍼펙트나 다른 경쟁자들의 제품으로 전환하는 데는 너무 큰 비용이 들었으므로 워드가 **실질적인 표준**이 됐다.[51] 마이크로소프트의 지배력은 1994년 빌 게이츠가 마이크로소프트 오피스를 지원하려는 목적으로 윈도우의 주요 API, 즉 운영체제와의 상호작용을 가능하게 해주는 프로그래밍 도구상자를 공유하지 않음으로써 워드퍼펙트를 불구로 만든 덕에 더 공고해졌다.[52]

소송에 휘말리다

마이크로소프트는 앞서 살펴본 전략들로 인해 1995년 워드퍼펙트가 제기한 소송을 비롯하여 다양한 반독점 관련 소송에 휘말렸다.[53] 가장 중대한 소송은 1998년에 시작해서 2001년에 마무리된 미국과 마이크로소프트 간의 반독점 소송이었다.[54] 20명의 주 검찰총장이 제기한 유사한 소송은 미국이 마이크로소프트를 법정에 세우는 원동력이 됐다.[55] 소송의 목표는 마이크로소프트를 분할해서[56] 지나친 인기를 끌고 있는 윈도우 부문이 인터넷 익스플로러와 오피스를 불공정하게 지원하지 못하게 하는 것이었다.

2000년에 마이크로소프트는 반경쟁적 행위에 대한 유죄 판결을 선고받았다. 연방법원 판사는 마이크로소프트가 "경쟁하는 운명의 저울 위에 무거운 엄지손가락을 올려놨다"며 다음과 같은 날카로운 평결을 내렸다.[57]

> "마이크로소프트는 자력으로 성장하도록 내버려뒀다면 인텔과 호환되는 PC 운영체제 시장에 경쟁을 도입할 수 있게 했을지도 모를 기업가적 노력을 의도적으로 공격했다."

마이크로소프트는 간신히 분할을 피했지만 빌 게이츠는 사임에 대한 압박을 받았고 결국 마이크로소프트 CEO의 자리에서 물러났다.[58] 그가 마이크로소프트를 이끌었던 시대와 함께 마이크로소프트가 공격적이고 반경쟁적인 전략을 펼쳤던 시대도 막을 내렸다.[59]

이 사례는 개인용 컴퓨터 시장에서 마이크로소프트의 지배력을 약화시켜서 마이크로소프트가 개인용과 업무용 제품군 분야를 장악했던 방식을 웹에서도 되풀이하지 못하도록 방지하는 역할을 했다. 이는 결과적으로 2000년대 초반에 유망 인터넷 스타트업인 구글과 메타의 부상에 도움이 됐다.[60] 마이크로소프트의 경쟁 방식은 과거보다 훨씬 덜 잔혹해졌고, 이제 드롭박스와 세일즈포스Salesforce, 아마존 등의 라이벌과 파트너십을 맺는다.[61]

더 나아가 이후에는 마이크로소프트가 오픈 표준형식의 반대자가 아니라 지지자가 됐다. 인터넷 익스플로러의 뒤를 이은 마이크로소프트의 새로운 브라우저 엣지Edge는 호환되지 않는 확장자 없이 HTML을 수용한다.[62] 2007년 이후로 오피스는 '.docx'와 '.pptx', '.xlsx'와 같이 다른 편집도구와 확실히 호환될 수 있도록 설계된 오픈소스 파일형식을 사용한다.[63]

이 일련의 사건으로부터 주목해야 할 것은 수많은 마이크로소프트의 결정이 개별적으로 따져보면 완벽히 변호할 수 있었다는 점이다. 업무용 제품군에는 전용 파일형식을 만들 권리가 있다. 특수 기술을 웹브라우저에 도입하는 것도 괜찮다. 여러분의 제품 두 가지가 함께 동작했을 때 더 잘 작동하는 방식으로 시너지를 일으키는 것은 신중하게 진행된다면 일반적으로 괜찮다. 하지만 다년에 걸친 마이크로소프트의 종합적인 행위는 명확한 그림을 그리고 있었다. 마이크로소프트는 자신의 권력을 악용하여 자사 제품, 그중에서도 특히 윈도우를 불공정하게 유리한 위치에 올려놨다. 다시 말해 전략 하나가 경기장에 급격한 변화를 일으키지는 않았지만 여러 전략이 합쳐졌을 때 경쟁자를 불리한 위치로 몰아넣었다. PM은 제품에 대한 자신의 개별적인 결정이 반경쟁적 행위라는 더 큰 그림에 어떤 역할을 하는지 생각해봐야 한다.

BrowserChoice.EU

1998년의 반독점 소송은 마이크로소프트의 역사에서 가장 중요한 사건이었다. 그로부터 10년 뒤 이번에는 유럽연합에서 반독점 전문 법조인들과 두 번째 소규모 접전을 벌였다.

2009년 유럽연합은 인터넷 익스플로러가 여전히 윈도우와 번들로 묶여서 판매되고 기본설정 브라우저로 강력하게 권장된다는 사실을 바탕으로 사용자에게 브라우저에 대한 선택권이 평등하게 제공되지 않고 있다고 비판했다. 유럽연합은 이런 행위가 브라우저 생태계를 억압하기 때문에 소비자의 선택권을 축소한다고 본 것이다.[64] 앞서 유럽연합이 혁신에 대한 위협을 미국보다 더 심각하게 받아들인다고 했던 것을 상기해보면, 이런 반경쟁적인 전술을 집행한 마이크로소프트에 유럽연합이 소송을 제기한 것은 놀랍지 않다.[65]

마이크로소프트와 유럽연합은 합의점을 찾았다. 마이크로소프트는 윈도우와 인터넷 익스플로러를 계속 번들로 묶어 판매할 수 있으나, 윈도우가 처음 실행됐을 때 유럽 사용자에게 여러 브라우저에 대한 선택지를 제공하기로 했다.[66] 이 사이트는 "BrowserChoice.EU"라고 불렸다.[67] 파이어폭스, 구글 크롬, 오페라Opera, 애플의 사파리(당시에는 사파리의 윈도우 버전도 제공됐다)와 같이 잘 알려진 브라우저뿐 아니라,[68] 록멜트Rockmelt, 플록Flock, K-멜레온K-Meleon, SR웨어 아이언SRWare Iron 등 덜 알려진 브라우저도 포함됐다.[69]

　　마이크로소프트는 2014년까지 이 웹사이트를 유지하겠다고 동의했다.[71] 하지만 이게 다가 아니었다. 2013년 윈도우 7이 업데이트되면서 브라우저 선택 페이지가 노출되지 않았는데 이는 앞선 합의를 위반한 것이었다.[72] 유럽연합은 이 사실을 발견하고 마이크로소프트에 7억 3000만 달러의 벌금을 부과했다.[73]

2010년의 BrowserChoice.EU[70]

출처: 피에트로 자나리니Pietro Zanarini

PM들이 이 이야기로부터 교훈을 얻길 바란다. 법무팀의 말을 들어라! 여러분이 구식이라고 생각하며 제거한 화면 하나, 제품에 대한 작은 결정이 회사에 막대한 비용을 초래할 수 있다.

마이크로소프트를 따라하는 구글

오늘날의 구글이 1990년대의 마이크로소프트와 비슷하다는 말에는 일리가 있다. 구글 크롬은 이제 세계에서 가장 인기 있는 웹브라우저이고,[74] 구글은 브라우저, 전화, 이메일, 클라우드, 문서, 지도 등 소비자 기술시장을 수십 년 전의 마이크로소프트와 거의 같은 방식으로 장악하고 있다. 그러므로 구글에 마이크로소프트와 동일한 반독점 소송이 들이닥친 것은 놀랍지 않은 일이다.

끼워팔기

가장 명확한 사례는 2016년에 유럽연합이 구글에 경쟁사 제품은 배제하고 구글 제품을 홍보하는 데 안드로이드를 불공정하게 사용했다며 벌금을 부과했던 사건이다.[75] 당시 안드로이드는 유럽 스마트폰 시장의 75%를 지배하고 있었다. 법원은 구글이 구글지도와 크롬을 안드로이드 기반 스마트폰에 선탑재하는 방법으로 경쟁 서비스가 기반을 다지는 것을 어렵게 만들었다고 판단했다.[76]

이 사건은 유럽연합이 미국보다 혁신 보호에 더 앞장서고 있다는 사실을 다시 한번 증명한다. 유럽연합의 반독점 규제 국장은 다음과 같이 밝혔다.

"구글은 자신의 지배적 우위를 악용했고 (…) 그들의 행위는 더 넓은 모바일 공간에서의 혁신을 제한함으로써 소비자에게 해를 가했다."[77]

2018년에 유럽연합은 반독점법을 위반했다며 구글에 50억 달러의 과징금을 부과하면서 위 주장을 약간 수정했다. 유럽연합의 행정기구인 유럽 집행 위원회European Commissions는 스마트폰 제조사에서 안드로이드 앱 설치 및 탐색에 최적화된 공간인 플레이스토어를 탑재하고자 할 때 검색 앱, 크롬 같은 구글 앱을 강제로 설치하게 만드는 조건을 걸어 구글이 안드로이드의 시장 우위를 악용했다고 말했다. 이 소송의 쟁점에는 스마트폰 제조사가 안드로이드의 비공식 버전, 또는 **변종**fork 버전을 사용한 경우 구글에서 플레이스토어를 차단했다는 사실도 포함된다.[78]

다시 말해 구글은 자사의 막강한 플랫폼을 활용하는 마이크로소프트의 전략을 따랐고, 안드로이드를 마이크로소프트 윈도우처럼 내세워 나머지 제품에 부당한 이익을 제공했다. 법률가들은 이렇게 소비자가 원하는 제품을 구매하려고 할 때 원하지 않는 제품을 강매하게 하는 행위를 **불법 끼워팔기**라고 부른다. 이런 방식을 쓰지 않아 상황이 달랐다면 인기가 없었을 제품에 부당한 이익을 제공하는 것이다.[79] 대표적인 예로, 만약 어떤 소설가가 형편없는 책 5권과 좋은 책 1권을 집필했는데, 출판사가 좋은 책 1권을 단독으로 판매하지 않고 6권 전체를 패키지로 구매하게 하라고 서점에 강제한다고 치자. 이는 부당한 일이다.

여론의 열기를 감지한 구글은 접근법을 재빨리 바꿨다. 2018년 구글은 유럽의 스마트폰 제조업체들과의 특허사용 계약을 두고, 구글이 아닌 업체의 브라우저와 검색 앱도 탑재할 수 있도록 변경했다.[80] 그리고 2019년 안드로이드는 유럽에서 안드로이드를 사용하는 소비자가 처음 스마트폰을 실행했을 때 브라우저 및 검색엔진을 선택할 수 있도록 구성한 페이지를 노출하기 시작했다.[81] 이것은 제2의 BrowserChoice.EU이었다.

제품 번들링과 불법 끼워팔기는 한 끗 차이라는 사실을 명심하자. 여러 제품이 서로를 지원하도록 활용하는 전략은 영리한 비즈니스 행위지만, 불법 끼워팔기는 법적 조치가 취해질 수 있는 영역이다. PM들은 이 주제에 대해 올바른 행동 방침을 조언해줄 수 있는 사내 법무팀과 지속적인 소통을 해야 한다.

이 웹사이트는 크롬에서만 작동합니다

구글이 마이크로소프트와 동일한 '수용, 확장, 전멸' 정책을 실행했던 것은 아니다. 하지만 비록 규모는 조금 작았을지라도 2010년대에 웹 부문에서 비슷한 결과가 나타났다. 크롬이 독보적으로 세계 최고의 인기 브라우저의 자리에 올라서자 웹 개발자들에게도 기본이 됐다. 웹 개발자들은 웹사이트를 크롬에서만 작동하도록 만들었다. 크롬만을 대상으로 테스트를 진행하며 사용자들이 크롬만 사용할 것이라고 기대했다. 예를 들어 2017년 에어비앤비와 그루폰Groupon 고객지원 담당자들은 자사 사이트가 크롬에서만 작동하도록 설계됐다고 명시하며 사용자에게 문제가 발생하면 크롬에서 시도해보라고 조언했다.[82]

구글은 표준 HTML 기능과 HTML5 웹 기술 묶음에서의 최신 기능을 보장하는 등[83] 오픈 웹 표준을 감탄스러울 정도로 잘 수용했고 마이크로소프트처럼 확장하지도 않았다. 하지만 여러 인기 사이트가 크롬에서만 호환됐기 때문에 웹 생태계는 일상에서 크롬을 사용하지 않는 사람도 크롬을 백업으로 설치하는 방향으로 진화했다. 여기서 더 나아가 구글은 구글어스Google Earth 같은 자사 앱[84]과 구글드라이브의 오프라인 저장[85] 등의 주요 기능을 크롬에서만 작동하도록 만들면서 이런 경향성을 강화했다. 이는 다른 웹브라우저를 채택할 의욕을 감퇴시키는 효과가 있다.

마이크로소프트의 '수용, 확장, 전멸' 정책처럼 구글의 전략은 경쟁사의 브라우저가 기반을 다지기 어렵게 만들었다. 경쟁사의 브라우저들은 크롬의 뼈대를 베끼고 그저 새로운 벽지 한 겹(그리고 몇 가지 특수 기능)을 덧붙이는 식으로 적용했다. 마이크로소프트의 새로운 웹브라우저 엣지의 2020년 에디션이 이 방식을 적용했다.[86] 브라우저 업계의 신흥 주자인 브레이브Brave[87]와 비발디Vivaldi[88]도 마찬가지였다. 신규 브라우저들은 이 방식을 단기적인 해결책으로 사용할 수 있겠지만 크롬이 브라우저의 핵심 기능 세트에 대한 최종 결정권을 갖고 있으므로 여전히 크롬의 손바닥 안에 있다. 일반적으로 공공 생태계를 사유화하려는 기업의 노력은 반경쟁적 행위로 평가된다는 측면에서 봤을 때 구글과 마이크로소프트는 같은 선상에 놓여 있다.

메타의 소셜미디어 독점

2019년 마크 저커버그는 의회에서 증언할 당시 메타(페이스북)와 경쟁하는 상대의 이름을 대라는 요청을 받았다. 그는 질문에 답하지 못했다.[89]

구글과 마이크로소프트의 경우와 마찬가지로 정치인과 테크 애널리스트는 입을 모아 독점할 잠재성이 있는 기업으로 메타를 꼽았다. 2020년에 메타의 반경쟁적 행위를 지적하는 열기가 최고점에 달했을 때,[91] 메타는 최상위 소셜미디어 4개 중 3개(왓츠앱, 메신저, 페이스북)를 소유하고 있었다. 나머지 하나는 유튜브였지만, 유튜브 역시 스타트업이라고 할 수 없다.[92]

순위 목록 아래로 내려가면 메타에 도전장을 내밀 수 있는 앱이 몇 개 있었는데, 대부분 중국 앱이었다. 위챗이 다섯 번째, 틱톡이 일곱 번째, 인스턴트 메신저 서비스인 QQ[93]가 여덟 번째다. 그렇다면 여섯 번째 앱은 무엇이었을까? 바로 메타의 인스타그램이다.[94]

시장 지배적 우위는 매출에도 영향을 미쳤다. 메타의 공동창립자 크리스 휴즈Chris Hughes는 2019년에 메타가 전 세계 소셜미디어 매출의 80% 이상을 통제하고 있다고 추산했다.[95] 이는 시장점유율이 50%를 초과하는 회

CODE 6 법률과 정책

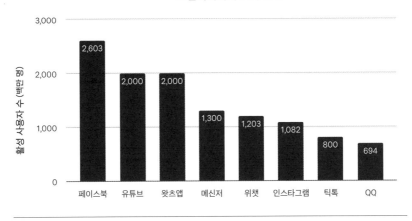

소셜미디어의 인기 순위

활성 사용자 수 (백만 명)

페이스북	2,603
유튜브	2,000
왓츠앱	2,000
메신저	1,300
위챗	1,203
인스타그램	1,082
틱톡	800
QQ	694

주요 소셜미디어의 사용자 수. 메타는 전체 8개 중 4개를 장악하고 있다.[90]
출처: 스태티스타Statista

사는 독점일 가능성이 있다는 연방법원의 기준을 거뜬히 충족한다.

물론 메타보다 저렴한 가격으로 유사한 광고 슬롯을 제공할 수 있는 주요 경쟁자가 없으므로 메타가 마음대로 광고비를 책정하는 등 독점기업의 면모를 역력히 보이긴 했다. 전해진 바에 따르면 페이스북은 광고비를 올리기 위해 가용한 광고 슬롯 개수를 인위적으로 제어했다. 2017년 페이스북에서 노출한 총 광고는 전년 대비 15% 증가했지만 광고비는 29% 치솟았다.[96] OPEC(석유수출국기구)에서 석유 가격을 통제하는 방식과 별 차이가 없다.

광고 부문에서 구글이 메타의 숙적이 아니었던가? 두 회사 모두 디지털 광고를 판매하지만 조금 다른 시장에 서비스를 제공한다. 구글은 주로 시청자의 즉각적인 구매를 유도하는 목적의 **직접반응 광고**를 서비스하는 반면, 메타는 사용자가 궁극적으로 더 많은 제품을 구매하도록 사용자에게 긍정적인 브랜드 이미지를 쌓는 목적의 **브랜드 광고**를 오래전부터 전문적으로 다뤄왔다.[97,98] "지금 당장 도리토스를 온라인으로 구매하세요"와 "다음번에

장을 보러 마트에 갔을 때 도리토스를 집으세요" 정도의 차이라고 생각하면 된다. 구글과 메타는 서비스 제공 대상이 많이 중복되지만, 핵심 목표가 서로 다르므로 엄밀히 따지면 이 둘을 접전을 벌이는 경쟁자라고 할 수 없다.

인수하거나 모방하거나

메타가 자사의 핵심 앱에서 비롯된 **네트워크 효과**를 통해 막강해진 것은 맞지만, 메타의 부상에 큰 역할을 한 또 하나의 요인은 경쟁사를 인수하거나 모방하는 전략이다. 메타를 처음으로 위협한 소셜미디어는 2011년 경기장에 불쑥 들이닥친 인스타그램이었다.[99] 사진과 모바일을 중심으로 운영되는 이 네트워크는 텍스트와 데스크톱 중심의 페이스북보다 스마트폰 시대에 더 적합했다. 메타는 2012년에 인스타그램을 인수했다.[100]

페이스북 메신저의 최대 라이벌이었던 메신저 앱은 왓츠앱으로, 2014년에 5억 명에 달하는 사용자를 끌어모았고[101] 페이스북이 장악하지 못한 지역(특히 인도와 라틴아메리카,[102] 아프리카[103])에서 강세를 보였다. 예상했겠지만 메타는 2014년에 왓츠앱을 인수했다.[104]

다음으로 페이스북을 위협한 소셜미디어는 스냅챗으로, 2016년에 빠르게 성장하여 1억 명의 사용자 기반을 보유했다.[105] 스냅챗은 페이스북에 지친 사람들을 위한 앱이었고, 즉흥적이고 우스꽝스러운 커뮤니케이션과 사라지는 '스토리' 기능으로 두각을 나타냈다. 하지만 바로 그해에 메타가 스냅챗의 상징적인 기능인 스토리를 모방해서 인스타그램에 추가하자 스냅챗의 성장은 토막 났다.[106] 2017년에 스토리 기능은 메타의 핵심 앱[107]과 왓츠앱[108]에 들어갔다. 이 행위는 메타가 앞서 다른 기업들을 인수했을 때 나타나지 않았던 다른 방식의 비판을 불러일으켰다. 테크 업계의 사람들은 메타가 소규모 경쟁자의 혁신에 무임승차하면서 승리를 거두고 있다고 주장했다.[109]

자, 기능 모방은 완전히 합법적인 행위이고 시장의 선두주자보다 후

발주자가 종종 더 좋은 성과를 거둔다. 구글은 최초의 주요 검색엔진이 아니었고 알타비스타AltaVista와 야후Yahoo가 먼저였다.[110] 페이스북은 최초의 주요 소셜미디어가 아니었다. 첫 번째는 마이스페이스였다.[111] 심지어 에어비앤비도 최초의 숙박 공유 플랫폼이 아니었다. 에어비앤비가 탄생하기 10년 전인 1995년에 VRBO가 출시됐다.[112]

의욕 상실 효과

하지만 앞선 사례와 마찬가지로 큰 그림을 봐야 한다. 다른 경우였다면 해가 되지 않았을 행위가 한꺼번에 모이면 반경쟁적인 구도를 띨 수 있다. 그리고 당시에는 반경쟁적이지 않아 보였던 행위가 나중에 그렇게 보이게 될 수도 있다는 것을 명심하자.

크리스 휴즈는 FTC에서 메타의 인스타그램 인수를 절대 허용해서는 안 됐다. 이는 FTC의 역대 최악의 실수라고 불린다.[113] 미국의 엘리자베스 워런 상원의원은 메타가 인스타그램과 왓츠앱을 인수한 것을 두고 당시 사람들이 충분히 심각하게 생각하지 못했던 합병이었다며, 따라서 이를 번복해야 한다는 주장으로 세간의 이목을 집중시켰다.[114]

메타의 행태로 인해 이제 서양의 테크 생태계는 소셜네트워크 스타트업을 예전만큼 따뜻하게 반겨주는 분위기가 아니다. 미국 소셜네트워크 스타트업의 유일한 선택지는 메타에게 모방당해 결국 패배하거나 인수되는 것뿐인 것 같다. 물론 틱톡이라는 성장 머신이 있긴 하지만,[115] 이 앱은 메타가 없는 유일한 국가인 중국에서 탄생했다.[116]

데이터 이동성

마크 저커버그가 **데이터 이동성**을 위한 규칙을 만들어야 한다고 의회에 적극적으로 건의한 것은 칭찬받을 만하다. 데이터 이동성이란 포스팅과 친구 리스트, 기타 데이터를 소셜미디어 간 자동으로 이동시킬 수 있게 해주는 기능을 뜻한다.[117] 데이터 이동성의 부재가 소셜미디어 사이 전환을 어렵게 만드는 이유이므로 매우 감탄할 만한 일이다. 소셜네트워크를 유용하게 만드는 첫 번째 요인이 계정에 있는 친구의 숫자이므로 완전히 새로 시작하기는 번거롭다.

다시 말해 **네트워크 효과**(플랫폼에 더 많은 사람이 참여할수록 플랫폼이 기하급수적으로 더 유용해질 때)와 **사용자 투자**(플랫폼에 사용자들이 이미 많은 시간과 에너지를 소모했을 때)는 현상을 유지하는 강력한 방식이다. 이 방식은 대개 사용자경험을 개선하고 사용자들이 사용할 수 있는 더 많은 도구를 제공하므로 이것 자체가 나쁘지는 않지만 새로운 경쟁자의 시장 진입을 어렵게 만든다. 게다가 현존하는 기업들이 너무 강력해지면 새로운 진입자가 자리를 잡는 것은 거의 불가능에 가까워진다.

데이터 이동성 원칙은 신규 소셜미디어가 기존 기업의 강력한 네트워크 효과를 가져올 수 있도록 하기 때문에 새로운 기업의 시장 진입을 쉽게 만들어 혁신을 증가시킬 것이다. 다시 말해 데이터 이동성은 테크 업계의 독점 문제에 대항할 무기가 될 수 있다.

테크 업계에는 이미 전도유망한 조짐이 있었다. 2019년 애플, 구글, 마이크로소프트, 트위터, 메타와 기타 빅테크 기업들이 협력한 데이터 이동 프로젝트Data Transfer Project에서 페이스북 사진을 구글포토 앱으로 내보낼 수 있게 하는 도구를 선보였다.[118] 이런 원칙은 사진 플랫폼에 새로 진입하는 업체들이 새로운 기능과 비즈니스 모델을 쉽게 실험해볼 수 있게 만들 것이다.

빅테크는 어떻게 책임을 면했나

최근 몇십 년간 미국 반독점 집행기관의 힘은 의심할 여지없이 약해졌다. 1970년부터 1999년 사이에 미국은 매년 15건의 반독점 사건을 다뤘다.

2000년부터 2014년 사이에 이 숫자는 연간 단 3건으로 떨어졌다.[119] 합병을 지켜보는 FTC의 감시가 현저히 느슨해졌다. 소수의 거물급 기업에 이미 통제당하고 있었던 항공 및 통신 업계는 2010년대부터 2020년까지 FTC가 아메리칸 항공과 US 항공의 합병(이로 인해 당시 세계 최대 항공사가 탄생했다[120]), 스프린트Sprint와 T-모바일T-Mobile의 합병(미국의 주요 통신사 숫자를 3개로 줄였다) 등을 승인하면서 통합의 규모가 더 커졌다.[121]◆

느슨하게 조사받는 방법

항공사와 통신사는 합병 승인 과정에서 테크 기업보다 더 정밀한 조사를 받았다. 왜 그랬을까? 한 가지 이유는 우리가 앞서 언급했듯이 미국이 혁신보다 가격에 더 집중하기 때문이다. 항공사 숫자의 감소가 평균 티켓 가격의 상승으로 이어질 것이 분명했던 반면, 대부분의 테크 제품은 저렴하거나 심지어 처음부터 무료인 경우도 있으니◆◆ 그러한 우려가 제기되지 않았다.

우리는 FTC가 접전을 벌이는 대기업 간 합병에 집중하는 것이 더 큰 원인이라고 생각한다.[122] FTC는 T-모바일과 스프린트 같은 주요 라이벌들의 합병에는 큰 관심을 쏟지만, 인접 분야에서 합병을 하거나 새내기를 인수하는 회사는 정밀하게 조사하지 않는다.

빅테크 기업들은 이 마지막 두 가지 전략을 즐겨 사용한다. 구글이 빙Bing 같은 또 다른 검색엔진이 아닌 유튜브를 인수한 것을 생각해보자. 마이크로소프트는 세일즈포스 같은 또 다른 클라우드 기업 대신 링크드인을 인수했다. 아마존은 이베이 같은 회사 대신 트위치Twitch를 인수했다. 그리

◆ 소비자를 위한 합병 조건으로서 스프린트는 제4의 새로운 통신사가 탄생할 수 있도록 자사의 통신 사업 일부를 다시 네트워크Dish Network에 매각하는 것에 동의했다. 하지만 새로운 사업자가 있다고 해서 그것이 성공할 만큼 충분히 클 것이라는 뜻은 아니다.

◆◆ 물론 여러분은 '무료' 앱에 개인정보라는 '비용'을 지불하고 있다고 주장할 수 있다.

고 빅테크는 아무도 관심을 가지지 않는 소기업을 인수하는 전략도 좋아한다. 인스타그램은 메타가 인수하기 전까지 규제기관의 감시망에 잡히지 않았고, 대부분 사람은 아직까지도 아마존이 다이퍼스닷컴을 인수한 사건을 모른다.

골대 옮기기

자주 사용되는 또 하나의 영리한 전략은 단순히 시장을 재정의해서 회사가 그 시장을 독점할 수준에 근접조차 하지 못하게 만드는 것이다.[123] 실제로 테크 기업이 이 전략을 사용하고 있는지는 알 수 없지만, 이론적으로 어떻게 가능한지는 확인해볼 수 있다.

구글을 살펴보자. 구글이 스스로를 검색엔진 기업이라고 부른다면 시장의 90% 이상을 점유하며 독점이 됐을 것이다.[128] 이 수치는 독점의 영역에서 심각할 정도로 깊이 들어간 것이다.

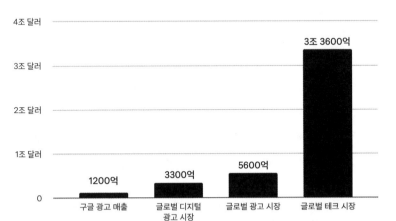

다양한 글로벌 시장의 규모와 비교해본 2019년 구글의 매출[124~127]
출처: 포브스, 이마케터eMarketer, 스태티스타

하지만 만약 구글이 스스로를 디지털 광고 기업이라고 부른다면 시장의 36%만을 점유한 것이 된다. 구글의 2019년 광고 매출은 대략 3300억 달러 규모의 디지털 광고 시장[130] 중 약 1200억 달러를 차지했다.[129] 36%는 상대적으로 적은 수치지만 여전히 구글이 독점적 위치를 점하고 있다는 사실을 암시한다.

구글은 한 걸음 더 나아가 스스로를 ('디지털'이라는 단어를 뺀) 광고 기업이라 칭할 수 있다. 그러면 구글은 5600억 달러 규모의 글로벌 광고 시장 중에서 단 21%만 소유하게 된다.[131] 하지만 만약 구글이 감시망을 정말 확실하게 피하고 싶다면 스스로를 소비자 테크 기업이라고 부르면 된다. 이렇게 되면 구글의 총 매출 1700억 달러는[132] 글로벌 테크 시장의 3조 3600억 달러 중 단 5%만 차지하게 될 것이다.[133]

요컨대, 더 작아 보일수록 규제기관의 관심을 덜 받는다. 따라서 테크 업계의 거인들이 정밀 조사를 피하려는 시도의 일환으로 스스로를 정기적으로 재정의하는 것은 새삼스러운 일이 아니다.

지식재산
(IP)

대부분 기업의 가장 가치 있는 자산은 창고, 장비, 기계, 트럭 및 기타 물리적인 물품이다. 하지만 테크 기업 대부분은 그렇지 않다. 테크 기업들은 여느물리적인 물건보다 **지식재산**Intellectual Property 즉, IP를 더 중요하게 생각한다. 따라서 테크 기업에서 일하는 모든 사람, 특히 PM들은 지식재산 관련 법을알아야 한다.

IP의 종류

대부분의 국가들이 네 가지의 IP를 인정한다. 예술 및 기술 창작품의 원본을보호하는 저작권copyright, 브랜드가 사용하는 특정 명칭, 로고, 색상 및 기타심벌을 보호하는 트레이드마크trademark, 발명품에 대한 권리를 보호하는 특허, 기업의 전매권을 보호하는 기업 비밀trade secret이다.[1] PM과 가장 관련 있는 것은 저작권과 특허지만 네 가지 모두 살펴보자.

저작권과 트레이드마크

저작권과 트레이드마크의 차이점을 먼저 살펴보자. 저작권은 소프트웨어, 책, 블로그 포스팅, 음악 같은 창작물을 보호한다. 새로운 것을 창작할 때마다 자동으로 저작권이 부여되어 아이디어를 빼앗거나 자기 것이라고 주장하는 사람들에게 반박할 수 있게 해준다.[2] 누구나 창작물에 ⓒ 표시를 붙일 수 있지만 미국의 경우 법원에서 저작권을 확실히 주장하려면 정부에 저작권을 등록해야 한다.[3]

저작권은 제품에 적용되지만 트레이드마크와 그 친척뻘인 서비스마크service mark는 브랜드에 적용된다. 브랜드를 대표하는 특정 단어, 로고, 색상, 소리 및 기타 심벌을 지속적으로 사용한다면, 대중은 그것을 브랜드와 연관 짓게 된다. 그러면 해당 심벌을 트레이드마크라고 주장할 수 있다. 이런 트레이드마크는 사용과 동시에 자동으로 부여되긴 하지만, 미국 특허상표청US Patent and Trade Office 즉 USPTO[4]에 트레이드마크를 등록하면 TM 마크를 ⓡ◆로 업그레이드할 수 있다.[5]

예를 들어 아이폰의 기본 바탕화면과 이모티콘 모음은 애플의 창작품이므로 저작권이 있다.[6] 애플의 로고와 '맥'이나 '아이팟' 같은 브랜드명, 슬로건은 트레이드마크가 된다.[7] 만약 휴대전화 제조사가 애플의 이모티콘을 허가 없이 자신의 휴대전화에서 사용하려 한다면 애플의 저작권을 침해하는 것이다. 만약 비디오게임 기업이 자신의 게임기를 '아이게임iGame'이라고 부르려고 한다면 애플의 트레이드마크를 침해한 것이다.

특허와 기업 비밀

특허와 기업 비밀의 차이는 더 흥미롭다. 이 둘 사이에는 분명한 트레이드오프tradeoff무언가를 얻기 위해 반드시 희생해야 하는 것이 있는 관계-옮긴이가 있

◆ 이 마크의 'R'은 '등록된 저작권registered copyright'을 뜻한다.

기 때문이다. 회사가 무언가를 발명하고 그 발명품의 세부 사항을 발표해서 특허를 받으면 정해진 몇 년간 해당 발명품에 대한 독점 권한을 보유하거나[8] 다른 회사에 특허 사용을 허가해주면서 그 발명품이 사용될 때마다 특허수수료를 받을 수 있다.[9] 그 발명품을 비밀로 두고 정부에 등록하지 않은 채 기밀 유출에 대한 제한된 보호를 받는 편을 선택할 수도 있다.[10]

특허를 받는 대신 기업 비밀로 유지했을 때의 이점은 누구도 그 비밀을 분석하여 모방할 수 없게 만든다는 것과 특허의 일시적인 독점이 끝난 이후에 아무나 무료로 사용하게 되는 더 심각한 상황을 막을 수 있다는 것이다.[11] 기업 비밀의 유명한 사례는 KFC에서 후라이드 치킨 메뉴의 튀김옷을 만들 때 사용되는 '11개의 허브와 양념' 레시피다.[12] 궁금하다면 소문으로 돌고 있는 아래 레시피를 참고하라.[13] ◆

번호	재료	용량
1	소금	1/3큰술
2	타임	1/2큰술
3	오레가노	1/3큰술
4	후추	1큰술
5	셀러리 소금	1큰술
6	말린 겨자	1큰술
7	백후추 ◆◆	3큰술
8	마늘 소금	2큰술
9	파프리카	4큰술
10	다진 생강	1큰술
11	바질	1/2큰술

이 비밀 레시피는 KFC의 루이빌Louisville 본사에 있는 금고에 보관돼 소수의 신임받는 임원만 접근할 수 있는 것으로 알려졌다. 만약 KFC가 레

시피 특허를 받았다면 다른 레스토랑에서 레시피를 사용할 때마다 특허 수수료를 청구할 수 있겠지만, 모든 사람이 재료를 조회할 수 있게 되면서 레시피를 분석해 모방하거나 수정할 수 있게 될 것이다. 게다가 특허의 독점 기한이 만료되면 모두가 레시피를 무료로 사용할 수 있게 된다.[14] 이는 KFC의 사업에 치명타를 입힐 것이다. 하지만 레시피를 기업 비밀로 유지하면 내부자가 유출하지 않는 이상 비법은 영원히 비밀로 남을 것이다.

테크 업계에도 구글의 검색 알고리즘[15]과 자율주행 자동차의 청사진 및 노선 알고리즘,[16] 페이스북의 뉴스 피드 알고리즘[17] 등 기업 비밀이 꽤 있다. 이 목록의 주인공이 알고리즘이라는 사실에 주목하자. 알고리즘은 테크 업계의 KFC 양념 레시피와 코카콜라 비밀 제조법이나 마찬가지다.[18] 기본적으로 무대 뒤에서만 사용되고 비밀로 유지됨으로써 소유자에게 '경제적 이점'을 부여해주는 모든 것이 기업 비밀로 분류돼야 한다.[19]

하지만 테크 기업들은 특허 출원을 좋아한다. IBM은 특허를 많이 출원하기로 유명하다. 회사 앞으로 14만 개 이상의 특허를 보유하고 있으며, 2020년 기준 27년 연속으로 여느 미국 기업보다 많은 특허를 출원했다.[20] 구글, 인텔, 삼성, 애플 역시 상위권에 있다.[21] 테크 기업들은 최대한 많은 특허를 신청하도록 장려하며 일부 기업에서는 특허를 낼 때마다 직원에게 현금이나 포상을 제공한다. 마이크로소프트는 특허출원에 성공한 직원에게 '특허 상자 Patent Cube'를 수여하는 것으로도 유명하다.[22]

특허 출원에 성공한 마이크로소프트 직원에게 수여하는 특허 상자 [23]

출처: 로이 패트릭 탠Roy Patrick Tan

◆ KFC의 창립자 커널 샌더스Colonel Sanders의 조카가 이 레시피를 유출했지만, KFC는 가짜 레시피라고 주장한다.

◆◆ KFC의 창립자 커널 샌더스는 이것이 '비밀 재료'라고 말했다.

비교

네 가지 IP 사이에 겹치는 부분도 많지만 차이를 명확히 해야 한다. 아래 표를 통해 네 가지를 쉽게 비교 및 대조할 수 있다.

IP 종류	적용 대상	유효기간	취득 방법
저작권	창작품[24]	70년 이상[25] ◆	자동 취득[26]
트레이드마크	브랜드[27]	무기한[28]	미국 특허상표청에 신청[29] ◆◆
특허	발명품	20년 미만[30] ◆◆◆	미국 특허상표청에 신청[31]
기업 비밀	정보	무기한[32]	자동 취득

국외에서의 효력

국가별로 지식재산법에 다르게 접근하며 한 국가에서 보호를 받는다고 해서 반드시 다른 국가에서도 보호받는 것은 아니다. 저작권과 트레이드마크는 그것들을 인정해주는 국가에서는 자동으로 적용되지만, 그 외 국가에서는 특허를 재출원해야 할 수도 있다.

다행히 여러 국가에서 특허를 한꺼번에 신청할 수 있게 해주고 국외에서 공식적으로 특허를 출원하기 전에 일시적인 보호를 제공해주는 국제 합의가 있다.[33] 이 중에서 가장 잘 알려진 것은 특허 협력 조약Patent Cooperation Treaty, 즉 PCT이다. 신청서를 한 번 제출하면 150개국이 넘는 국가에 특허를 신청할 수 있다.[34]

◆ 엄밀히 따지면 창작자가 사망하고 70년 후까지다.

◆◆ ⓡ 마크를 등록했을 경우에 한한다. TM 마크는 자동으로 부여된다.

◆◆◆ 최초 특허출원일로부터 20년이다.

특허

앞서 언급했듯이 특허는 테크 기업이 보유한 도구상자에서 중요한 비중을 차지한다. 따라서 언제 특허를 출원하고 어떻게 다른 기업들에 특허권을 행사할지 아는 것은 PM이 갖춰야 할 핵심 능력이다.

공격과 방어

테크 기업들은 특허와 관련해 **공격적 특허**와 **방어적 특허**라는 두 가지 전략을 가지고 있다.

공격적 특허는 우리가 일반적으로 생각하는 방식의 특허다. 여러분의 공간에 경쟁자들이 진입하지 못하도록, 또는 최소한 그들이 진입하려고 시도했을 때 수익을 창출하지 못하도록 발명품에 대한 특허를 신청하는 것이다.[35] 이 전략은 꽤 많은 수익을 낼 수 있다.

전체적인 비즈니스 모델이 특허를 기반으로 작동하는 테크 기업도 있다. 퀄컴은 스마트폰과 관련된 특허(대부분 4G 같은 무선연결 기술과 관련된 것)를 수천 건 신청했다.[36] 모든 스마트폰의 생산에 퀄컴의 무선연결 기술 특허가 사용되기 때문에 실제로 스마트폰이 하나 판매될 때마다 퀄컴은 특허수수료를 받는다.[37] 특허수수료는 퀄컴이 벌어들이는 연간 수익 중 75% 이상을 차지한다![38]

공격적 특허는 최초로 특허를 낸 유용한 기능을 경쟁자들이 사용하지 못하게 막는 데에도 사용할 수 있다. 가장 유명한 사례로는 애플이 '밀어서 잠금해제slide to unlock'라고 뜨는 로그인 화면, 연락처와 주소를 링크로 바꾸는 기능의 특허를 낸 것이 있다.[39] 이 두 가지는 스마트폰과 사실상 여느 컴퓨팅 기기에서 당연하다고 여겨지는 기능이다. 애플이 최초로 고안해낸 기능인지는 확실치 않지만 특허를 가장 먼저 낸 것은 맞다. 이로 인해 안드로이드폰은 이 기능들을 사용할 수 없게 됐다. 이 기능을 사용하려고 한 삼성은 1억 2000만 달러를 배상해야 했다.[40] 안드로이드폰이 언제나 '화면을 움직여서 잠금해제Swipe to Unlock'◆와 같이 다른 잠금해제 방식을 사용해야만 하는 이유다. 안드로이드폰에서는 왼쪽에서 오른쪽으로 화면을 미는 방식 대신 화면 위에서 아무 방향으로 손가락을 끌면 잠금이 해제된다.[41]

한편, 방어적 특허의 경우 특허 취득 자체의 목적이 있다기보다 나중에 다른 사람이 발명품의 특허를 내지 못하도록 막는 것을 목표로 한다.[42] 특허는 발명품이 완전히 새로운 것이라는 사실을 증명해야 하므로 '선행 작품'의 존재가 하나라도 있다면 특허를 신청할 수 없다.[43] 따라서 경쟁자의 특허출원을 막기 위해서는 발명품에 대한 특허를 신청하는 방법밖에 없다. 신청서를 제대로 쓰지 않아도 괜찮다. 나중에 다른 사람이 발명품에 대한 특허를 받지 못하도록 그 아이디어가 이미 존재했다는 사실을 보여주기만 하면 된다.[44]

다시 말해 승인 기준을 충족할 수준의 특허 신청서를 작성하는 것보다 선행 작품으로 작용할 기본적인 신청서를 쓰는 편이 훨씬 쉽기 때문에 공격적 특허보다 방어적 특허를 더 쉽게 받을 수 있다. 방어적 특허는 발명품이 실제로 특허를 받을 만큼 중대하지 않거나 부수적인 제품일 경우에도 유용하다.[46] 최소한 가치 있는 무언가(경쟁자 가로막기)를 얻을 수 있기 때문이다.

대부분 빅테크 기업에는 특허 신청을 전문으로 담당하는 변호사들이 있다. 시니어 PM들이 자신의 이름이 걸린 특허를 수십 개 가지고 있는 것은 드문 일이 아니다. 우리 경험상 테크 기업들이 공격적 특허를 더 선호하긴 하지만(테크 기업의 법무팀에는 특허 신청 승인을 끊임없이 받아올 수 있을 만큼의 충분한 인력이 있다), 방어적 특허는 뒷주머니에 꽂아두기 좋은 전술이다.

◆ 이런 화면이 자주 사용되었던 시절이 그립다. '얼굴인식으로 잠금해제'라는 문구는 책 제목으로도 별로다. 참고로 이 책의 저자들이 앞서 출간한 『IT 좀 아는 사람』의 원서 제목이 "Swipe to Unlock"이다─옮긴이

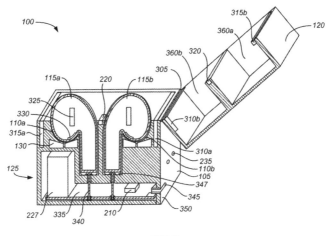

FIG. 3

애플 에어팟의 특허 신청서에 삽입된 그래픽. 공식 명칭은 '이어폰과 케이스의 무선 페어링'이다.[45]

출처: 구글 특허Google Patents

특허괴물

특허를 주제로 이야기할 때 특허괴물을 빼놓을 수 없다. 특허괴물이란 스스로 가치 있는 일을 전혀 하지 않으면서 이미 존재하는 것, 하지만 아무도 특허 낼 생각을 하지 못한 것의 특허를 출원해 수익을 내고 특허 대상을 사용하는 모두에게 소송을 제기하는 기업을 일컫는다. 이런 기업들은 보통 공격적이며 그들이 소송을 제기한 상대편 기업들(작은 기업이 대부분이다)에 겁을 주어 합의를 끌어낼 수 있다. 특허괴물들은 자신이 법원에서 패소할 가능성도 있지만 법정 공방을 준비하는 비용만으로도 과도한 부담을 느낄 작은 회사들이 결국 합의하게 된다는 사실을 잘 알고 있다.[47]

미국에서 특허괴물은 심각한 문제다. 한 연구는 1991년에서 2011년 사이에 특허괴물들이 미국 기업으로부터 총 5000억 달러를 강탈했다고 추산했고,[48] 스타트업은 소송에 대한 지속적인 두려움 때문에 의욕을 잃고 몸을 사리게 됐다.[49]

특허괴물은 모든 사업에 침투할 수 있지만, 특히 테크 산업에 더 해롭다. 의약 같은 산업의 경우 정확한 화학식으로 표기되지만 소프트웨어 특허는 모호하게 서술되기 때문이다. 테크 특허는 너무 모호하기 때문에 거의 모든 제품에 적용될 수 있다. 2012년에 애플은 페이스타임이 VPN(가상사설망)Virtual Private Network과 도메인 이름과 관련된 어떤 난해하고 불분명한 특허를 침해했다는 이유로 특허괴물에 3억 6800만 달러를 지불해야 했다.[50] 당연히 페이스타임은 두 가지 기술 모두 사용하고 있지 않지만 승자는 특허괴물이었다!

특허괴물은 대부분 너무 당연해서 특허를 받을 수 없는 것까지 특허를 받아서 순진한 기업에 폭넓게 소송을 건다.[53] 2011년 로드시스Lodsys라는 특허괴물이 인앱 구매에 대한 특허를 받아서 애플과 구글에 수백만 달러를 뜯어내려는 목적으로 활용했다.[54] 수사의문문에 대한 특허를 받는 게 이상한 것처럼 인앱 구매는 너무 당연한 기능이어서 특허를 받을 수 없어야 한다.

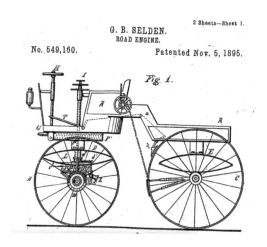

최초의 특허괴물은 조지 셀든George Selden이다. 그는 1846년에 태어났으며 자동차를 만든 적이 없지만 모호한 단어로 자동차 기술특허를 신청해서 자동차를 실제로 생산하는 기업으로부터 특허수수료를 받았다.[51] 위 그림은 그의 악명 높은 '도로 엔진' 특허다.[52]

출처: 구글 특허

이후 미국에서 특허괴물을 제지하려는 노력의 조짐이 나타났고 어느 정도 성공을 거뒀다. 2017년 이전에는 특허괴물이 연방 지역 법원 아무 곳에나 가서 특허소송 재판을 받을 수 있었다. 대부분은 텍사스 북부[55] 및 동부[56] 법원을 비롯하여 특허괴물들에게 극히 우호적이었던 법원에서 재판이 진행됐다. 하지만 2017년에 대법원이 원고(특허괴물)가 선택한 구역이 아닌 피고의 거주지에서 특허소송 재판이 열려야 한다고 판시하면서 특허괴물들이 즐겨 찾는 지역에서 싸움을 벌이기가 어려워졌다.[57]

더 인상적이었던 대법원의 판결은 2014년에 **앨리스 사**Alice Corp와 **CLS 국제 은행**CLS Bank International 간 분쟁[58]에서 특허 대상이 되는 소프트웨어 특허의 범위를 엄격히 제한했던 판결이었다. 앨리스 사에 대한 법원의 판결을 요약해보면 금융거래의 위험을 줄이기 위해 은행을 활용하는 등 컴퓨터에서 처리하는 기본적인 기능을 더 이상 특허로 출원할 수 없다는 것이다.[59] 디지털로 처리하게 된 이런 당연한 기능을 특허로 내려는 시도가 특허괴물의 비즈니스에서 큰 비중을 차지했기 때문에 이 판결은 특허괴물이 생존하기 힘든 환경을 조성했다.[60] 2016년 후속 판결은 소프트웨어 특허가 컴퓨터의 작동 방식을 실질적으로 개선해야만 한다는 **기술적 효과 원칙**을 명시했다. 이 원칙에 따르면 특허괴물의 아이디어 대부분을 비롯한 사소한 변경은 특허를 받을 수 없다.[61]

미국 법원의 판결 덕분에 특허괴물이 제기하는 위험이 상당히 줄긴 했지만, PM들은 여전히 특허괴물을 주시해야 하며 자신의 아이디어를 보호하기 위해 특허를 공격적으로 출원해야 한다. 가끔은 어떤 회사가 가진 특허를 손에 넣으려는 목적만으로도 회사 전체를 인수할 가치가 있는 경우도 있다. 예를 들어 모토로라 모빌리티Motorola Mobility가 보유한 1만 7000개의 특허는 2011년 고전하는 이 휴대전화 제조업체에 구글이 125억 달러를 지불할 1만 7000가지 이유를 부여했다.[62]

링크세

유럽연합은 신문사, 영화 제작사, 스포츠 리그 같은 저작권자에게 우호적인 것으로 유명하므로 저작권 콘텐츠를 링크하거나 노출하는 테크 기업에 비우호적일 수밖에 없다. 이에 대한 좋은 예로, **링크세**link tax는 2019년 발효된 유럽연합 저작권 지침의 제15조(초기에는 제11조로 알려졌다)에 규정돼 있다.[63]

제15조의 요지는 구글(이 법의 주요 목표 대상) 같은 뉴스 통합 제공 서비스가 웹사이트의 링크나 본문 요약을 제공해 해당 웹사이트의 저작권을 침해할 수 있다는 것이다.[64]

결과적으로 링크세는 뉴스 통합 제공 서비스와 검색엔진이 콘텐츠를 링크하기에 앞서 미디어 기업들로부터 라이선스를 구매하도록 강제한다.[66] 구글은 그렇게 하면 검색 결과 페이지에 미디어 웹페이지에 대한 어떤 문맥도 제공할 수 없게 되므로 유럽에서 노출되는 검색 결과의 유용성을 떨

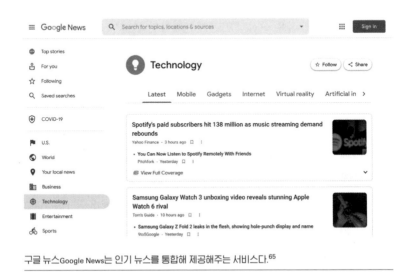

구글 뉴스Google News는 인기 뉴스를 통합해 제공해주는 서비스다.[65]

출처: 구글

어뜨리고 구글 뉴스 같은 뉴스 서비스의 운영을 불가능하게 만들 것이라고 주장했다.[67]

이 법의 진짜 문제는 모호성이다. 법은 플랫폼이 "개별 단어와 함께 단순한 하이퍼링크"를 제공하면 비용을 지불하지 않아도 된다고 규정했다.[68] 하지만 도대체 단어 몇 개를 '개별 단어'로 간주할 것인가? 영상이나 기사 제목만 게시하는 것은 과한가? 예를 들어 본문을 10개 단어로 요약하는 게 과한가? 도대체 '단순한' 하이퍼링크는 무엇을 뜻하는가?

법은 "개인 사용자가 정당한 사적 및 비상업적 용도로 언론 출판물을 사용할 경우"를 예외로 설정했는데, 이는 아마도 소셜미디어에 포스팅을 올리는 사람들은 링크세를 내지 않아도 된다는 뜻으로 추정된다. 그건 좋지만, 여전히 모호하다.

트위터를 예로 들어보자. 만약 맥도날드가 링크를 트윗하면 비용을 지불해야 할까? 트위터는 소셜미디어지만, 맥도날드는 '비상업적'이지 않다. 응용 사례를 한 가지 더 살펴보자. 이따금 협찬받은 포스팅을 올리는 인스타그램 인플루언서는 '개인 사용자'이지만, 그 포스팅의 용도가 '사적 및 비상업적'이라고 할 수 있을까?[69]

궁극적으로 링크세가 어떤 영향을 미치게 될지, 그리고 애초에 어떻게 작동하는 건지도 불분명하다. 법이 명백하게 목표 대상으로 삼은 구글 역시 법이 무슨 의미인지 확실히 알 수 없었다.[70]

링크세가 제대로 작동한다는 근거도 전혀 없었다. 2014년 스페인에서 비슷한 법이 제정되어 구글 뉴스를 강제로 폐지하고 미디어 웹사이트 링크를 구글에서 아예 제공하지 못하게 하려고 할 때도 스페인의 미디어 그룹은 이 법을 썩 반기지 않았다. 이것은 링크세가 미디어 웹사이트에서 발생하는 트래픽을 급감하게 만들어서 조회 및 노출 횟수를 떨어뜨리게 된다는 뜻이었다. 다시 말해 이 법은 보호해야 할 대상인 미디어 기업에 해가 되고 있었다. 더 나아가 이 법은 미디어 기업의 의사와 상관없이 구글에 링크세를 청구했기 때문에 미디어 기업이 구글에 무상으로 링크에 대한 권한을 주고 싶어도 예외 적용을 요청할 수 없었다.[71]

독일에서도 유사한 법이 시행됐지만 결과는 비슷했다. 발행사를 보호하려고 설계된 링크세는 트래픽을 고갈시킬 뿐이었다.[72]

여기에서 주목할 점은 유럽연합 같은 곳에서 의도는 좋지만 제대로 이해하기 모호한 지식재산법을 통과시키고 의도치 않은 결과에 대한 설명을 제공하지 않았다는 것이다. 따라서 유럽연합에서 새로운 법이 나온다는 소식을 들으면 법안의 목차만 살펴보지 말고 세부 내용을 더 자세히 읽어서 어떤 이차적인 영향이 있을지 확인해야 한다. 이렇게 하면 여러분과 여러분의 팀은 경쟁자들이 무슨 일이 벌어지는지 알아채기 전에 새로운 환경에 적응할 수 있을 것이다.

플랫폼의 법적 책임

사람들이 유튜브, 레딧, 트위터 같은 플랫폼에 올리는 콘텐츠에 대한 책임은 누구에게 있을까? 이것은 테크 정책의 핵심 질문 중 하나로, 법적 책임에 대한 근본적인 질문으로 이어진다. 플랫폼은 사람들의 행동과 포스팅에 대한 법적 책임을 져야 할까? 아니면 그저 중립적인 중재자일 뿐인 걸까?

신문사에서 발행하는 정보에 대한 법적 책임은 신문사에 물을 수 있겠지만, 우편을 통해 발송되는 내용이 거짓을 담고 있다거나 저작권을 침해한다고 해서 법적 책임을 우체국에 물을 수는 없을 것이다. 테크 플랫폼은 둘 중 어떤 모델에 해당할까?

DMCA와 면책조항

이 논쟁에서 가장 먼저 살펴볼 중요한 사례는 저작권법이다. 지식재산법은 통상적으로 특허를 가진 기업 또는 영화 스튜디오 등의 '권리자'가 있고, 의

심쩍은 기업 등 '권리 침해자'가 있다고 가정한다. 하지만 인터넷에는 앞서 언급한 유튜브, 레딧, 트위터 같은 테크 플랫폼이라는 서드파티가 있다. 플랫폼은 지식재산권을 침해하는 콘텐츠를 호스팅한 것에 대한 법적 책임을 져야 할까?

1998년에 통과된 디지털 밀레니엄 저작권법Digital Millennium Copyright Act 즉, DMCA는 이 질문에 답했다.[1] DMCA는 OSP(온라인서비스 제공자) Online Service Providers[2]라고 부르는 테크 플랫폼이 저작권자가 요청한 경우에만 저작권 침해 콘텐츠를 삭제해야 한다는 타협점을 제시한다.[3] 특별히 정해진 기한은 없지만, OSP는 통보를 받자마자 자료를 삭제하기 위해 '신속하게 행동'해야 한다.[4]

세부적으로 살펴보면 이것은 유튜브 같은 웹사이트가 저작권을 침해하는 비디오(예를 들어 누군가가 저작권이 있는 영화의 불법복제판을 게시한 것)를 호스팅한 것만으로 소송당할 수 없다는 뜻이다. DMCA는 웹 플랫폼을 법적 소송으로부터 보호하며 면책조항을 제공한다.[5] 그러나 영화 스튜디오 같은 저작권자의 요청이 있다면 웹 플랫폼은 저작권 콘텐츠를 삭제해야 한다.[6] 저작권자는 플랫폼의 법무팀에 '콘텐츠 삭제 요청서'를 제출해야 하는데, 가장 일반적으로 표적이 되는 콘텐츠는 허가 없이 재사용된 노래와 이미지, 불법복제 소프트웨어, 불법복제 영화다.[7]

웹이 DMCA를 좋아하는 이유

인터넷 기업들은 DMCA[8]를 좋아한다. DMCA는 플랫폼에 올라오는 저작권 콘텐츠에 대한 적극적인 감시를 종용하지 않고 사람들이 마음대로 콘텐츠를 올릴 수 있게 해주면서 저작권자가 불평할 때만 콘텐츠를 내리도록 하기 때문이다. 반면, 반대편에 서 있는 영화 스튜디오 같은 저작권자들은 DMCA가 불법복제 콘텐츠를 하나하나 찾아내어 소송을 제기해야 하는 부담을 자신들에게 지우기 때문에 DMCA를 싫어하는 경향이 있다.[9,10]

웹 생태계의 건강을 유지하는 데 DMCA가 얼마나 중요한 역할을 하는지는 아무리 강조해도 지나치지 않다. DMCA가 없다면 미국의 일반적인 '간접 저작권 책임' 규정이 테크 플랫폼에 적용돼서 웹사이트에 업로드된 모든 저작권 콘텐츠에 대해 소송을 당할 수 있다.

이렇게 되면 UGC(사용자 생성 콘텐츠)에 의존하는 테크 기업에게는 두 가지 나쁜 선택지밖에 없을 것이다. 첫 번째 선택지는 사람들이 올리는 모든 콘텐츠를 치밀하게 필터링하는 것이다. 매우 큰 비용이 들어가고 드라콘식draconian지나치게 가혹한 법이나 조치. 거의 모든 범죄를 사형으로 처벌하겠다고 기록했던 아테네의 입법가 드라코(Draco)에서 유래했다-옮긴이 자기검열로 이어질 것이다.[11] 두 번째 선택지는 콘텐츠를 필터링하지 않는 대신 매일같이 법정 공방에 휘말리는 것이다.[12] DMCA가 없으면 UGC에 의존하는 스타트업들은 시작조차 하기 힘들 것이다.

구글, 메타, 트위터 같은 기업을 대표하는 국제기구인 인터넷협회Internet Association가 DMCA를 인터넷 플랫폼의 부상에 '매우 중요하고 대체할 수 없는' 법이라고 부르는 데는 다 이유가 있다.[13]

SOPA와 PIPA

DMCA를 가장 크게 위협한 것은 2011년 의회에서 발의된 한 쌍의 법안인 하원의 SOPA(온라인 불법복제 방지법)Stop Online Piracy Act와 상원의 PIPA(지식재산 보호법)PROTECT IP Act였다.[14,15]

SOPA와 PIPA가 명시한 목표는 악명 높은 더 파이러트 베이The Pirate Bay처럼 불법 디지털 자료를 밀거래하는 외국 사이트를 쓰러뜨리는 것이었다.[16] DMCA는 미국에서 운영되는 기업에만 적용되므로 이런 외국 범죄자들을 막지 못했다.[17]

소프트웨어, 책, 영화, 게임의 불법복제물을 밀거래하는 악명 높은 불법복제 웹사이트 더 파이러트 베이[18]

출처: 더 파이러트 베이

SOPA와 PIPA의 목표에는 잘못된 점이 없었다. 문제는 법안이 그 목표를 달성하기 위해 시도한 방식이었다.

DNS 차단

법의 초안은 불법복제 사이트로 의심되는 사이트에 대한 접근을 차단하기 위해 컴캐스트Comcast나 콕스Cox 같은 ISP(인터넷 서비스 제공업체)에 DNS 시스템을 변경하라고 요구했을 것이다. **DNS(도메일명 서비스)**Domain Name Services란 웹사이트 주소(예: www.apple.com)를 일련의 숫자로 이루어진 **IP♦ 주소**(예: 17.172.224.47)로 변환하는 주소록 같은 것이다.[19]

DNS 차단 시스템의 첫 번째 문제는 효과가 없다는 것이었다. 웹사이트 이름을 입력하는 것만으로는 웹사이트를 불러올 수 없었지만, IP 주소를 입력하면 여전히 웹사이트에 접속할 수 있었다. 마치 책등에 적혀 있는

♦ 여기에서 IP는 지식재산Intellectual Property이 아닌 인터넷 프로토콜Internet Protocol의 약자다.

책 제목을 검게 지우고 도서관에 책을 비치해두는 것과 마찬가지다.[20] 불법복제를 하려는 이들은 이 장애물을 쉽게 피해갈 수 있었다.

더 큰 문제는 이 시스템이 악용하기에 딱 좋았다는 것이다. '자경단 조항vigilante provision'이라는 별명[21]이 붙은 이 조항은 ISP가 마음껏 원하는 웹사이트의 DNS를 근본적으로 차단할 수 있게 했다. 즉, ISP가 자신의 정치적 관점에 동의하지 않는 웹사이트 또는 경쟁사의 ISP를 차단할 수 있다는 뜻이었다.[22]

후속 법안에서 DNS 차단 조항은 삭제됐지만,[23] 인터넷의 창시자 중 하나인 빈트 서프Vint Cerf는 대안으로 마련한 차단 메커니즘도 여전히 사이버 보안에 취약하다고 말했다.[24]

추가 비판

링크세를 떠올리게 하는 또 하나의 문제는 법안이 목표 대상을 너무 두루뭉술하게 설정했다는 것이다. 정확히 어떤 사이트를 불법복제 웹사이트로 간주할 것인가? 더 파이러트 베이는 당연히 불법복제 웹사이트에 해당한다. 그렇다면 사용자가 올린 파일을 호스팅하는 드롭박스, 구글드라이브, 사운드클라우드, 깃허브 같은 사이트는 어떨까? SOPA와 PIPA는 이들이 불법복제 사이트로 분류될 수 있으며 사이트에 불법복제물이 올라오면 사이트를 금지할 것이라고 규정했다.[25] 이 웹사이트 중 몇 개는 **외국**의 불법복제를 막겠다는 목적으로 탄생한 법안 때문에 금지당한 **미국** 기업이라는 사실을 기억하자.

하버드 법학대학의 교수인 로렌스 트라이브Lawrence Tribe는 추가적인 비판을 제기했다. SOPA와 PIPA 때문에 정부가 불법복제물이 1건밖에 없는 UGC 사이트도 금지할 권한을 갖게 된다는 것이었다. 예를 들어 트위터는 불법복제 콘텐츠를 언급한 트윗 하나를 호스팅했다는 이유로 공격당할 수 있었다.[26]

SOPA와 PIPA가 가진 최악의 문제점은 우회 금지 조항anti-circumvention provision이었다. 이 조항은 금지된 불법복제 웹사이트를 우회할 방법을 사용자에게 가르쳐주는 행위를 불법으로 만들었다.[27] 예를 들어 더 파이러트 베이의 수많은 대안 도메인명이나, SOPA와 PIPA에 의한 금지 조치를 우회할 수 있게 해줄 브라우저 확장 프로그램 링크가 게시된 모든 사이트는 소송을 당할 수 있는 셈이었다.[28] DMCA 같은 '면책' 조항이 없었으므로 인터넷 플랫폼들은 주도적으로 웹사이트에 '우회' 관련 자료가 단 한 건도 올라오지 않도록 검사해야 했다. 이는 플랫폼에 심각한 부담을 주었을 것이다.[29] 인터넷 연결을 안전한 채널을 통해 터널링tunneling서로 다른 통신망 사이에서 데이터를 전송하는 기술—옮긴이을 하여 프라이버시와 보안성을 증진하는 방법인 VPN 같은 도구마저도 우회 경로가 될 수 있다는 이유로 금지됐을 것이다.[30]

에필로그

요컨대, SOPA와 PIPA는 인터넷 플랫폼에 대한 소송(또는 금지)을 너무 쉽게 만들어서 플랫폼들이 혹시 모를 일에 대비하여 공격적인 검열을 하게 하여 인터넷상 표현의 자유를 방해했을 것이다. DMCA의 약화는 테크 산업을 파괴했을 것이다.[31] 할리우드가 SOPA와 PIPA를 그토록 강력하게 지지했던 이유가 바로 여기 있다![32]

광범위한 반발로 인해 의회에서 법안을 철회하기로 했고, 테크 기업들은 완전한 승리를 거뒀다.[33] 워싱턴에서는 테크 산업이 영화 산업보다 더 큰 영향력을 지니고 있고,[34] 미국 여론은 테크 기업의 편에 서는 경우가 더 많다는 증거다.

DMCA가 유효하고 SOPA와 PIPA가 폐지되었다는 사실은 테크 업계의 PM들에게 좋은 소식이다. 그러나 이런 법안들과 관련된 줄다리기가 지속적으로 벌어지며 어느 날 여러분의 플랫폼에 어떤 법적 책임을 지울지 알 수 없으므로 콘텐츠 관리를 진지하게 고민해야 한다는 교훈을 얻을 수 있다. 특히 미디어 업계에서 일하는 PM에게 중요한 이야기다. 영화, 음악, TV 플랫폼 분야에서 일하는 친구들은 할리우드와 빅테크 사이에 여전히 남아 있는 악감정이 협업 과정을 정말 힘들게 만든다고 말한다!

유럽연합의 제17조

미국은 최근 몇십 년간 플랫폼의 법적책임에 대해 테크 업계에 매우 우호적이었던 반면, 여러분도 예상했겠지만 유럽연합은 덜 우호적이었다. 2019년에 통과된 유럽연합 저작권 지침◆ 제17조(이전 명칭은 초안 제13조였다)[35,36]는 DMCA의 유럽 버전이지만, DMCA만큼 테크 기업을 관대하게 보호하지 않는다.

제17조는 DMCA처럼 저작권이 있는 온라인 자료의 양을 축소하겠다는 목표를 가지고 있지만, DMCA와 달리 다소 더 엄격하며, 고전적인 유럽연합 스타일에 따라 모호한 기준을 테크 플랫폼에 적용한다.

일반 감시 의무

제17조는 콘텐츠 공유서비스(유튜브나 트위터처럼 UGC를 호스팅하는 플랫폼)가 사이트에 포스팅된 저작권 콘텐츠에 대한 법적책임을 져야 한다고 말한다. 소송을 피하려면 다음을 증명할 수 있어야 한다.[37]

1. 플랫폼에서 호스팅할 때는 저작권이 있는 자료의 라이선스를 취득하기 위해 '최선의 노력'을 다한다.

◆ 링크세(제11조, 제15조)를 포함했던 법안이다.

2. 저작권 콘텐츠를 노출하지 않기 위해 '최선의 노력'을 다한다.

3. 저작권자가 삭제 요청을 하면 저작권 콘텐츠를 신속히 삭제한다.

4. 사용자가 앞서 삭제된 콘텐츠를 다시 업로드하지 못하도록 '최선의 노력'을 다한다.

DMCA와 마찬가지로 제17조는 '일반 감시 의무'를 기업에 강제하지 않는다고 주장한다. 즉 테크 플랫폼은 **능동적**으로 플랫폼을 정찰해야 하는 것이 아니라 통보를 받았을 때 **수동적**으로 콘텐츠를 삭제하면 된다.[38]

하지만 비평가들은 플랫폼이 증명해야 하는 두 번째 조건, 애초에 저작권 콘텐츠를 노출하지 않기 위해 '최선의 노력'을 다해야 한다는 부분을 지적한다. 모호한 요구 사항이지만 테크 기업이 자신의 플랫폼을 능동적으로 정찰해야 한다고 암시한다. 비평가들은 테크 기업이 모호한 단어로 구성된 법안의 잘못된 편에 서지 않기 위해 '어쩔 수 없이' 주도적으로 콘텐츠를 삭제하기 시작할 것이라고 지적한다.[39] 이와 같은 이유로 제17조는 최악의 경우에 기업에서 업로드된 모든 콘텐츠를 주도적으로 필터링하도록 강제할 수 있으므로 '업로드 필터'[40]라고 불린다.[41]

그러므로 법안은 위키피디아같이 '비상업적'인 플랫폼을 예외로 두고 스타트업◆에 더 관대한 규제를 적용하겠다고 명시한다.[42] 하지만 비평가들은 법안이 여전히 스타트업에 어떤 형태로든 적용되며, 스타트업에는 그들의 플랫폼에 저작권이 있는 자료가 포스팅되지 못하도록 자동화된 콘텐츠 스캐닝 도구를 구축할 자금이나 자원이 분명히 부족할 것이라고 지적했다.[43] 오차범위가 0이라는 사실을 기억하자. 동영상 사이트는 단 1건의 저작권 침해 동영상으로도 소송당할 수 있으므로, 기업들은 아무것도 놓치지

◆ 유럽의회European Parliament는 스타트업을 모호하게 정의했다. 정확한 매출 또는 사용자 숫자의 기준은 아마 그들의 재량에 달려 있을 것이다.

않는 시스템을 구축하기 위해 거액을 투자해야 한다. 이런 이유로 위키피디아의 창립자인 지미 웨일즈는 제17조가 이미 웹을 장악하고 있는 '거인 기업들'을 더 견고하게 만들 것이라고 경고했다.[44]

밈 금지

2019년에 밈(영화의 한 장면에 웃긴 텍스트를 붙인 밈도 포함된다)이 저작권이 있는 자료를 기반으로 만들어졌다는 이유로 제17조가 레딧 같은 웹사이트에서 밈을 금지할 것이라는 소문이 돌기 시작했다.[45]

다행히 제17조는 밈을 분명한 예외로 규정했고 이러한 우려가 현실이 되지는 않았다. 제17조는 인터넷 플랫폼들이 '인용, 비판, 후기'는 물론, 저작권이 있는 작품의 캐리커처, 패러디, 패스티시pastiche 풍자나 희극적인 요소가

making memes
with copyrighted
images

drawing memes
so the EU lets you
post them

제17조로 밈을 금지하려는 유럽연합의 조치를 조롱하는 밈.[46] 저작권이 있는 이미지로 밈을 만들지 말고, 유럽연합의 허가를 받을 수 있게 밈을 그리자고 말한다.

배제되고 존경을 표기하기 위해 기존 작품을 모방하는 기법—옮긴이를 자유롭게 호스팅할 수 있다고 밝혔다.[47] 밈은 후자의 카테고리에 속하므로 보호받는다.

제17조의 예외 조항에는 **정당한 사용 원칙**이라는 이름이 붙었다.[48] 정당한 사용 원칙은 영화를 패러디하거나, 책에 대한 후기를 남기기 위해 책의 구절을 인용하거나, 기사를 요약하거나 인용하는 등 대중에 교육적인 정보를 제공하려는 목적으로 저작권이 있는 자료를 재사용하는 것을 허용한다.[49]

제17조가 정당한 사용을 예외로 설정함에 따라 밈도 예외 적용을 받았고 레딧은 밈을 삭제하지 않아도 됐다. 그러나 비평가들은 기업들이 혹시 모를 일에 대비하여 지나치게 경계하는 바람에 밈처럼 정당하게 사용된 콘텐츠까지 차단할 것을 우려했다. 그리고 여전히 우려하고 있다.[50]

유럽연합에 대한 더 넓은 견해

링크세와 마찬가지로 제17조는 좋은 의도로 만들어졌다. 저작권법을 옹호하는 것은 좋다. 하지만 유럽연합은 이번에도 링크세와 마찬가지로 그들이 시행한 법이 일으킬 파급효과에 대해서는 생각하지 않았다. 그리고 이것은 전 세계의 빅테크 기업에 중대한 해를 가했다.[51]

더 넓게 보면 이것은 브뤼셀에서 테크 기업이 가진 영향력이 워싱턴에서보다 약하다는 사실을 보여준다.[52] 유럽의 테크 법이 미국의 테크 법과 엇나가고 있고 이런 경향이 더 가속하고 있으므로 전 세계를 대상으로 하는 제품의 PM들은 언제나 유럽의 규제를 어떻게 처리할지에 대한 별도의 계획을 세우고 있어야 한다.

제품을 유럽에서 운영할 것인지 깊이 고민해야 한다. 추가 사용자 기반이 잠재적인 법적 위험과 감시 의무를 감내할 만큼 가치가 있는가? 만약 유럽에서 제품을 계속 운영하겠다고 결정한다면 유럽 법을 준수하는 데 필요한 해결책을 찾기 위해 유럽의 동료들과 긴밀하게 협업해야 할 것이다.

통신품위법 230조

앞서 우리는 저작권이 있는 콘텐츠가 호스팅된 플랫폼이 소송을 당하지 않도록 DMCA가 어떻게 플랫폼을 보호하는지 살펴봤다. DMCA의 '면책' 조항은 플랫폼이 사이트에 있는 콘텐츠를 능동적으로 감시하지 않아도 된다는 것을 의미한다. 그런데 폭력적인 협박이나 가짜 뉴스, 아동 포르노 등 다른 '유해' 콘텐츠는 어떻게 해야 할까? 플랫폼은 이런 콘텐츠에 대한 법적책임을 져야 할까?

1996년에 미국에서 통과된 통신품위법Communication Decency Act은 이 질문에 답했다.[53] 법안의 핵심을 서술한 공식적인 표현이 속 시원할 정도로 명쾌하므로 법안의 발췌문을 살펴보자.[54]

> 양방향 컴퓨터 서비스의 사용자 또는 제공자는 다른 정보 콘텐츠 제공자가 공급한 정보의 발행자나 화자로 취급돼서는 안 된다.(…)
>
> 양방향 컴퓨터 서비스의 사용자 또는 제공자는 (…) 해당 자료가 합법적인 보호의 대상인지와 상관없이 사용자 또는 제공자가 음란하거나, 선정적이거나, 음탕하거나, 추잡하거나, 과도하게 폭력적이거나, 공격적이거나 또는 어떤 방식으로든 불쾌하다고 간주한 자료에 대한 접근성 또는 가용성을 제한하기 위해 선의를 품고 자발적으로 취한 행동 (…) 에 대한 법적책임을 져서는 안 된다.

한마디로 '양방향 컴퓨터 서비스'◆라고 불렸던 인터넷 플랫폼은 유해 콘텐츠를 제거하려는 '선의'의 노력을 한 이상 그들이 호스팅하는 콘텐츠와 관련된 소송을 당할 수 없다. 구체적으로 말하면 플랫폼들은 누군가에게 감정적 또는 신체적 해를 가하는[55] 불법행위, 프라이버시, 태만, 명예훼

◆ 인터넷 기업을 멋스럽게 설명한 90년대식 표현이 마음에 든다.

손 소송으로부터 책임을 면제받는다.[56] 통신품위법은 형사(여전히 플랫폼에 법적 책임을 지울 수 있다) 및 지식재산권 관련 소송을 규정하지 않았는데, 후자의 경우 DMCA에서 다뤄진다.

이는 인터넷 기업에 엄청난 수준의 보호막을 제공해주며 레딧, 트위터, 링크드인 등 우리가 이름을 댈 수 있는 모든 UGC 웹사이트가 존재할 수 있는 주된 이유다.[57] 이런 이유로 통신품위법은 '인터넷의 가장 중요한 법'이라고 불려왔다.[58]

법적 책임의 역사

통신품위법 230조가 통과되기 전에 인터넷 플랫폼에 주어진 인센티브는 조금 이상했다. 콘텐츠를 관리하려고 노력하지 않으면 정보가 통과하는 중립적인 전달자인 '플랫폼'으로 비쳤다. 페덱스나 ISP를 떠올려보자. 이들은 검열 없이 거의 모든 것을 통과시킨다. 플랫폼으로 분류되면 호스팅한 콘텐츠로 소송을 당할 일은 없었다.[59]

반면 콘텐츠를 관리하려고 시도하는 순간 신문 같은 '발행자'로 분류됐고 사이트에 호스팅되는 모든 것에 대한 법적 책임을 물어야 했다.[60]

통신품위법이 발효되기 전에는 '플랫폼' 또는 '발행자' 둘 중 하나였다. 즉 '도서관' 또는 '신문'이었다.[61] 이것은 웹사이트들이 일부 최악의 콘텐츠를 제거하려는 선의의 노력조차 줄소송에 노출되게 만들었으므로 자신의 플랫폼을 전혀 감시하지 않도록 장려하며 웹에 유해 콘텐츠들이 급증하게 내버려뒀다.[62]

230조는 기업의 법적 책임을 중간 수준으로 정의하고 최악의 포스팅을 제거하려는 합리적인 노력을 기울인 기업에 보호막을 제공했다. 이는 인센티브를 올바르게 재정립하여 테크 기업이 웹사이트를 감시하는 역할을 제대로 수행한 것에 대해 사회와 테크 기업 모두 보상받을 수 있게 만든 것이다. 이러한 중립적인 분류는 '배급자'라고 불려왔다. 배급자는 '플랫폼'

같은 바보 파이프가 아니었지만, 어떤 콘텐츠를 노출할지 결정하면서도 '발행자'처럼 편집 결정을 내리지 않아도 됐다.[63]

물론 모두가 230조에 동의했다는 말을 하려는 것은 아니다. 비평가들은 이 조항이 웹사이트에 호스팅하는 모든 것의 법적 소송에 대항할 '무적의 방패'를 쥐여주기 때문에 너무 강력하다고 지적한다.[64] 조지타운 법대의 법학자 레베카 투쉬넷Rebecca Tushnet의 표현을 빌리자면, 인터넷 기업들은 "책임 없는 권력"을 손에 넣었다.[65]

230조는 분명한 장점이 있지만, 우리가 앞서 논의했던 모든 법과 마찬가지로 테크 기업들이 할 수 있고 할 수 없는 일의 범위를 결정짓는 데 어마어마한 역할을 한다. PM이라면 이런 법에 관심을 가져야 하며, 특히 UGC를 수용하는 플랫폼에서 일하는 PM에게는 더욱 중요하다. 좋은 PM은 법무팀의 말을 듣고 그들이 요구하는 변경 사항을 적용하지만, 훌륭한 PM은 미국 의회 그리고 세계에서 벌어지는 최신 정보에 귀를 기울이며 소식을 전달받을 때까지 기다리지 않고 잠재적인 법률 제정이 일으킬 영향에 대비한다.

28장

Privacy

프라이버시

스마트폰이 우리의 대화를 듣고 있을까? 많은 사람이 그렇다고 생각한다. 여러분의 친구 또는 가족 구성원 중에서 누군가와 거실에 놓을 러그에 관해 이야기를 나누었는데 어느덧 자신의 소셜미디어 피드에 러그가 노출되는 경험을 해봤을지도 모른다.[1]

진실이 무엇이건 간에 이런 종류의 소문은 전 세계에서 들린다. 이는 사람들이 그들의 기기와 기기에 탑재된 앱을 생산하는 빅테크 기업들을 얼마나 불신하고 있는지 보여준다. 앞의 질문이 암시하듯이 이런 불신 대부분은 테크 기업들의 의심쩍은 프라이버시 악용 사례에서 유래한다. 테크 기업들은 늘 사람들이 내는 소리를 듣고 있고, 그들의 데이터를 퍼 담으며, 그 데이터를 어두컴컴한 뒷방에서 돈을 뜯어내는 데 활용하고 있는 것 같다.[2]

만약 사람들이 여러분을 신뢰하지 않으면 여러분이 만든 제품을 사용하게 만들기가 힘들 것이다.[3] 따라서 PM들이 프라이버시 지형을 이해하고 사용자 프라이버시를 최대한 보호할 방법을 익히는 것은 매우 중요하다. 가장 중요한 프라이버시 법과 규제부터 살펴보자.

GDPR과 친구들

유럽연합의 GDPR 즉, 개인정보 보호 규정General Data Protection Regulation,은 세계에서 가장 유명한 테크 프라이버시 법, 어쩌면 테크 업계에서 가장 유명한 법일지도 모른다. 유럽연합은 2018년에 통과된 이 법이 '세계에서 가장 엄격한 프라이버시 및 보안법'이라고 자부한다.[4]

유럽연합이 이 법을 만든 이유는 2010년대 중후반에 구글과 메타 같은 주요 테크 기업들이 자기네 웹사이트를 활발하게 방문하지 않고 있는 사람까지 포함한 인터넷 사용자로부터 쓸데없이 거대한 양의 정보를 수집해서 수익을 두둑이 챙기고 있다는 우려가 번지고 있기 때문이었다.[5]

GDPR의 요지는 테크 기업이 사용자로부터 데이터를 수집하기 전에 동의를 구하게 하고, 수집한 데이터에 대한 통제권을 사용자에게 제공하고, 수집하는 데이터의 양을 처음부터 제한하는 것이다.[6] 하지만 대부분 법과 마찬가지로 여기에는 수많은 이해관계가 얽혀 있다.

권한과 책임

GDPR은 유럽에 본사를 두고 있거나 유럽 사용자에게 서비스를 제공하는 모든 테크 기업에 적용된다.[7] 기업에 대한 요구 사항과 사용자를 위한 권한을 한 묶음씩 펼쳐놓는다. 요구 사항은 다음과 같다.[8]

- 데이터 최소화: 기업들은 그들이 일할 때 필요한 만큼의 데이터만 수집해야 한다. 기본적인 예시로 온라인 소매업자가 정치 성향에 대한 데이터를 수집할 이유가 전혀 없으므로 정치적 데이터를 수집할 수 없어야 한다.
- 보안: 기업들은 사용자 데이터가 도난당하지 않도록 적절한 조치를 취해야 한다.
- 책임: 기업들은 사용자 데이터가 어떻게 처리되는지에 대해 설명할 의무가 있으며, 승인된 사람들만 데이터를 조회할 수 있게 하고 데이터가 유출됐을 때 정부

에 보고해야 한다.

데이터 최소화 조항은 GDPR의 실질적인 심장부다. 구체적으로 명시하지는 않지만 구글과 메타 같이 타깃광고targeted ad 생성에 사용할 수 있는 개인정보를 수집하면서 사용자를 추적하는 기업들을 확실한 목표 대상으로 삼고 있다.[9] 타깃광고 기업들의 비즈니스 모델 전체가 여러분에 대해 최대한 많이 아는 것을 기반으로 하기에 이 조항은 이런 타깃광고 기업들을 위협한다. 소셜네트워크가 여러분이 가장 좋아하는 과자 브랜드를 알 필요는 없지만, 광고 판매에는 그 정보가 확실히 도움이 된다!

기업에 대한 요구 사항과 함께 소비자의 권한도 다음과 같이 규정한다.[10]

- 데이터에 접근할 권한. 우리는 테크 기업들이 보유한 우리 데이터를 조회하고 사본을 내려받을 수 있다. 구글 계정 정보를 모두 내려받을 수 있게 해주는 구글테이크아웃Google Takeout 같은 도구가 바로 이런 용도로 사용된다.[11]
- 불법으로 처리됐거나, 기업에서 데이터를 보유할 정당한 필요성을 갖추지 못했거나, 데이터 수집 '동의를 철회'하고자 하는 등의 몇 가지 상황에서 우리는 우리의 개인정보를 삭제할 권한이 있다. GDPR은 소비자가 언제나 동의를 철회할 수 있다고 명시하므로 마지막 부분은 실질적으로 데이터를 언제든 삭제할 수 있어야 한다는 뜻이다.
- 데이터 이동성에 대한 권한이다. 물론 이것은 불균일하게 집행돼왔다. 예를 들어 구글, 메타, 트위터, 마이크로소프트 및 기타 기업은 팀을 구성해 페이스북 사진을 구글포토로 보낼 수 있게 해주는 도구를 만들었다.[12]

예전보다 더 넓은 범위

여기에서 '사용자 데이터'가 의미하는 바를 아는 게 중요하다. 프라이버시 법은 전통적으로 **개인식별정보**Personally Identifiable Information 즉, **PII**의 좁은 범위만을 다뤘다. 이 범위에는 이름, 주소, 전화번호, 지리적 위치, 어떤 한 사람을 고유하게 특정할 수 있어서 비밀로 유지되어야 하는 기타 정보가 포함됐다.[13]

하지만 GDPR은 개인식별정보의 정의를 넓게 확장해 개인적인 세부사항뿐 아니라 지문 같은 생체인식 데이터와 인종, 성적 취향, 정치적 견해 같은 민감한 정보까지 어느 한 사람에 대한 거의 모든 데이터를 포괄한다.[14] 핵심은 어떤 사람의 이름을 몰라도 그 사람에 대한 무작위 데이터를 충분히 가지고 있다면 어떤 무리로부터 그 사람을 고유하게 특정할 수 있는지에 대한 여부다. 그리고 성적 취향 같은 특정 데이터는 공개하기에 너무 위험하므로 어떤 경우에도 비공개로 유지돼야 한다.[15]

따라서 GDPR은 예전보다 '사용자 데이터'를 더 넓은 범위로 정의한다. '사용자'에 대한 정의도 더 넓다. GDPR은 모든 '데이터 대상', 즉 어떤 사람이 여러분의 제품을 실제로 사용하는가와 상관없이 수집하는 모든 사람의 데이터에 적용된다.[16] 테크 기업에서 비사용자들의 데이터를 수집한 이력이 있다. 2018년 메타가 페이스북을 사용하지 않는 사람들의 '그림자 프로필'을 생성하여 비난받았던 사건이 있다.[17] 광고 기업들은 모든 방문자의 브라우저에 추적 쿠키cookie웹사이트 방문 시 발생한 사용자의 정보를 기록한 파일-옮긴이를 심어서 웹을 돌아다니는 방문자(회사 웹사이트에 단 한 번도 로그인하지 않은 방문자인 경우에도 마찬가지다)의 활동을 추적할 수 있다.[18]

GDPR이 포괄하는 범위는 정말 넓다. 테크 기업이 거의 모든 사람에게서 수집하는 거의 모든 데이터를 포함한다.

과징금

유럽연합은 법을 위반하는 테크 기업에 과징금을 자유롭게 부과한다. GDPR을 위반하는 기업은 전 세계 매출의 4%까지 과징금을 물 수 있다.[19] 유럽 매출이 아니라 전 세계 매출이다!

테크 기업들은 예전에도 GDPR로 인해 궁지에 몰렸던 적이 있다. 잘 알려진 한 사례는 서비스 조건에서 비롯됐다. 테크 기업이 데이터를 수집하려면 동의를 받아야 하므로 온갖 종류의 데이터 수집에 대한 재량권을 제공하는 장문의 서비스 조건을 작성했다. 유럽인들은 테크 제품의 서비스 조건이 개인정보를 모두 넘기지 않으면 앱을 사용할 수 없게 하는 '싫으면 쓰지 마' 식의 강압적인 방식이 되었다며 항의했다.

GDPR은 기업들이 데이터 수집에 동의하지 않은 사람들을 불리하게 만드는 행위를 금지했고, 프라이버시 옹호자들은 기업들이 정확히 불법 행위를 하고 있다고 주장했다. GDPR이 발효되고 바로 몇 시간 뒤에 프라이버시 옹호자들은 구글과 메타에 총 93억 달러에 달하는 소송을 제기했다.[20]

과징금이 부과될 수 있는 또 다른 영역은 동의다. GDPR로 인해 테크 기업은 데이터를 수집하기 전에 반드시 자발적인 동의를 받아야 한다. 기업에는 데이터 활용처에 관해서도 설명할 의무가 있다.

그러나 2019년 프랑스의 한 규제기관은 구글이 사용자 데이터를 어떻게 활용하는지 제대로 설명하지 않았고 구글 계정에 신규가입을 할 때 사용자 데이터 수집을 허용하는 체크박스(일반적으로 '개인 맞춤형 광고'로 표기된다)의 기본값을 동의로 체크한 것을 들며 올바른 방식으로 동의를 받지 않았다고 판단했다. 데이터 수집 허용 여부의 기본값을 동의로 설정하는 것은 강압적이며 사람들이 자유롭게 동의하게 두지 않은 걸로 보았다. 결국 규제기관은 구글에 5000만 유로의 과징금을 부과했다.[21]

'개인 맞춤형 광고' 이야기의 구성[22]은 다음과 같이 설계된다. 테크 기업은 사용자가 개인정보를 넘겨주도록 설득해야 하므로, 정보를 넘기는 편이 사용자에게 도움이 된다는 것을 보여준다. 하지만 기업들은 사용자가 이 항목에 동의하지 않는다고 해서 관련 없는 특정 기능을 사용자로부터 배제해서는 안 된다. 기능을 배제하는 행위에는 강제성이 있기 때문이다.

따라서 기업들은 데이터를 그들에게 제공하는 것이 왜 사용자에게 직접적으로 이로운지 설명해야 한다. 이때 기업의 논지는 사용자 데이터를 회사에 제공하면 사용자에게 더 흥미롭고 사용자와 더 관련된 광고를 보여줄 수 있다는 것이다. 즉, '광고는 어차피 보게 될 텐데 더 마음에 들 만한 제품의 광고를 보는 건 어때?'라는 사고를 기반으로 한다. 만약 여러분이 유럽연합에서 사용될 제품을 만들고 있다면 제품의 사용자들에게 이와 같은 내용을 어떻게 전달할지 생각해야 할 것이다. 그리고 물론 법의 올바른 편에 남고 과징금을 피할 방법을 마련해야 할 것이다.

캘리포니아 소비자 프라이버시 법

다른 국가와 지역도 프라이버시 법의 선구자였던 GDPR의 뒤를 따르기 시작했다. 2018년에 영국은 GDPR과 매우 유사한 데이터 보호법Data Protection Act ♦을 통과시켰다.[23]

이 글을 쓰는 시점에 미국에서 통과된 법 중에는 비슷한 법이 없다. 유럽연합은 정말 테크 업계 규제의 선구자다. 다만 2018년에 캘리포니아 소비자 프라이버시 법California Consumer Privacy Act[24] 즉, CCPA 또는 AB375라고 부르는 GDPR과 매우 유사한 법이 캘리포니아에서 통과됐다. CCPA는 미국에서 가장 엄격한 데이터 프라이버시 법이 됐다.[25]

GDPR처럼 CCPA는 소비자를 위한 개인정보 권리와 개인식별정보의 정의를 확장한다. 그리고 GDPR과 마찬가지로 기업에서 개인정보를 수집해서 판매하는 이유를 설명하고 데이터를 보호하도록 의무화할 뿐 아니라, 사용자가 기업에서 보유한 사용자 데이터를 전부 조회할 수 있게 한다.[26]

CCPA는 아이들의 데이터에 대한 권한도 명확히 규정한다. 13세 이하 아이들의 개인정보는 판매하거나 기타 영리 용도로 활용하기 전에 부모의 허가를 받도록 한다.[27] (구글, 메타 등은 사용자 데이터를 실제로 판매한다기보

♦ 영국은 브렉시트가 공식적으로 일어나기 전에 이 법을 통과시켰다.

다 타깃광고의 형태로 데이터에 대한 접근권을 판매한다.) 또한 CCPA는 13세에서 16세 사이 아이들의 경우, 기업이 데이터를 판매하거나 타깃광고에 활용하기 전에 아이들에게 직접적인 동의를 받아야 한다고 명시한다.[28]

CCPA와 GDPR의 가장 큰 차이점은 다음과 같다. GDPR과 달리 CCPA는 기업에 처음부터 수집하는 데이터의 양을 최소화하라고 강제하지 않는다.[29] 그렇지만 우리 생각에 캘리포니아(어쩌면 미국 전체)에서 이 조항을 추가하는 것은 시간문제이므로, PM들이 자신의 제품에서 수집하는 데이터를 최소화하는 작업을 주도적으로 시작하길 바란다.

유의할 점이 하나 있다. 점점 더 많은 정치 조직에서 각자만의 법안을 제정하면서 다국적 테크 기업들이 모든 법을 준수하기가 점점 더 어려워질 것이다. 다행스럽게도 GDPR, CCPA, 영국의 데이터 보호법에 공통점이 있기는 하지만 완전히 똑같지 않고 미국이나 기타 국가들이 상당히 다른 법을 시행할 가능성도 있다. 이로 인해 테크 기업의 법무팀들이 범국가적인 성격의 통합된 데이터 법을 요구할지도 모른다.

면접자를 위한 꿀팁!

일부 흥미로운 제품 아이디어에는 빅데이터big data 또는 머신러닝machine learning이 활용된다. 이런 아이디어를 주제로 발표할 때는 막대한 사용자 데이터를 사용하는 데서 발생하는 프라이버시 문제에 대한 논의를 빠트리지 말아야 한다. GDPR과 CCPA 같은 법을 준수하기 위해 투입되는 비용은 말할 것도 없고, 가끔은 사용자 신뢰와 안전에 대한 리스크가 제품이 제공하는 기능의 장점을 능가하기도 한다.

생체인식 데이터

DNA 프로필, 얼굴과 지문 스캔 등의 **생체인식 데이터**는 비밀번호나 이름과 달리 우리로부터 떼어내거나 바꿀 수 없으므로 가장 민감한 데이터에 속한다. 누군가가 우리의 생체인식 데이터를 가지고 있다면 언제든 그 정보를 활용하여 우리를 고유하게 특정할 수 있다.

얼굴인식

얼굴인식은 아마 생체인식 프라이버시 논쟁에서 가장 뜨거운 주제일 것이다. 공공장소의 영상 자료를 기반으로 반대 세력을 확인하고 처벌하는 독재 정권이 있다는 괴담도 있을 정도다.[30] 영원히 익명화될 수 없다는 생각은 사람들을 항상 쫓기는 듯한 느낌에 시달리게 하고 두렵게 하거나 안절부절못하게 만들 수 있다.[31] 점점 더 많은 테크 스타트업에서 로그인 절차에 얼굴인식을 도입하면서 사람들은 악용 가능성에 대해 걱정하고 있다.

얼굴인식은 경찰이 반대 세력을 감시하고, 운전면허증을 여러 장 소지하는 등의 신분 위조범을 잡아내고, 형사 사건의 용의자들을 식별할 때 가장 즐겨 쓰는 도구로 떠올랐기 때문에 지금까지 얼굴인식을 향한 불안 대부분은 정부가 관할하는 영역에서 발생했다.[32] 악용의 잠재성을 알아차린 샌프란시스코와 오클랜드, 시애틀, 매사추세츠주 서머빌에서는 2019년 얼굴인식이 금지됐고, 비슷한 시기에 캘리포니아와 뉴햄프셔 등의 주에서는 경찰의 얼굴인식 사용이 제한됐다.[33]

정부에서 사용하는 얼굴인식은 아이폰 같은 소비자 테크 제품에서 사용되는 얼굴인식과 미묘한 차이가 있다. 정부는 알려진 얼굴의 데이터베이스에 특정 얼굴을 대조하여 매치시키는 얼굴 **식별**을 사용하는 반면, 소비자 대상의 테크 제품은 보통 주어진 얼굴이 알려진 얼굴 한 가지와 일치하는지 살펴보는 얼굴 **확인**을 한다.[34]

얼굴 식별은 경찰과 억압적인 정권에 의한 감시와 차별을 가능케 하므로 얼굴 확인보다 문제가 훨씬 더 많다. 얼굴 확인은 찾고 있는 대상이 무엇인지 알고 있을 때만 작동하므로 군중 속에서 반대 세력을 식별하는 데 활용하기 어렵다. 따라서 얼굴 확인만 거의 단독으로 사용하는 테크 제품은[35] 합법이다.

법은 소비자 대상의 테크 제품을 통과시켜줬지만, 사용자들은 여전히 테크 기업에 얼굴 스캔을 제공하는 것을 경계한다.[36] 사용자들이 경계심을 품는 이유 중에는 프라이버시에 대한 우려 때문도 있다. 또 다른 이유는 얼굴 데이터가 적대적인 경찰을 비롯한 누군가에게 도난당하거나 유출될 것에 대한 두려움 때문이다.[37] 생체인식 데이터 인증을 담당하는 PM들은 이런 우려에 유의해야 하며 애플처럼 얼굴 인증 데이터가 어떻게 비공개로 안전하게 저장되는지 설명해야 한다.[38]

기술적으로 합법이지만 윤리적 문제가 있는 얼굴인식 활용 기업의 사례로 비밀스러운 스타트업인 클리어뷰.AI Clearview.AI를 들 수 있다. 클리어뷰는 유튜브와 인스타그램 같은 공공 웹사이트에서 이미지를 긁어모아[39] 얼굴 30억 개의 거대한 데이터베이스를 구축해서 전 세계 정부 기관에 판매한다고 주장한다.[40] 클리어뷰의 소프트웨어는 법률 집행기관이 데이터베이스에 있는 누군가를 식별하고 그 사람에 대한 공개된 정보를 10초 안에 모두 불러올 수 있게 한다.[41] 클리어뷰가 있는 세상에서 익명성이라는 것은 더 이상 존재하지 않고, 당연히 반대 세력을 색출하거나 추적할 수 있다.

미국에 이런 방식의 개인정보 사용을 금지하는 국내법이 없으므로 클리어뷰는 처벌 없이 사진을 긁어모으고 사우디아라비아와 아랍에미리트 연합국 정부를 포함한[43] 누구에게나 데이터베이스를 판매할 수 있다.[42] 클리어뷰는 GDPR과 CCPA 같은 법의 중요성을 보여주는 사례다.

CODE 6 법률과 정책

DNA

최근 들어 홈 DNA 테스트기로 자신의 혈통[44]과 잠재돼 있을지 모르는 희귀질환[45]에 대해 알아보는 제품이 인기를 끌고 있다. 앤세스트리닷컴Ancestry.com과 23앤미23andMe는 그중에서 가장 인기 있는 서비스를 운영한다.

예상했을지 모르겠지만, 홈 DNA 테스트에는 프라이버시에 대한 우려가 무성하다. DNA 테스트를 의사에게 의뢰하면 HIPAAHealth Insurance Portability and Accountability Act미국 건강 보험 양도 및 책임에 관한 법—옮긴이[46] 같은 의료 프라이버시 법이 데이터가 공유되는 방식을 제한한다. 반면 홈 DNA 테스트기를 공급하는 기업에는 제한이 없기 때문에 이들은 자유자재로 우리의 데이터를 판매할 수 있다. 이런 기업 대부분은 실제로 데이터를 서드파티에 판매한다. 일부는 경찰에 제공한다. 데이터를 보험회사에 판매하는 경우도 많은데, 보험회사는 이 의료 데이터를 활용하여 보험 프리미엄을 변경하거나 보험 가입을 아예 거부할 수 있다.[47]

예를 들어 패밀리트리Family Tree DNA 테스트기는 사용자의 동의를 받지 않고 FBI에 범죄 수사에 사용할 수 있는 100만 명 이상의 DNA 프로필 데이터베이스에 대한 접근권을 줬다. 이후에 패밀리트리는 사용자들이 동의를 철회할 수 있다고 했고, 앤세스트리와 23앤미 같은 경쟁사는 경찰에서 수색영장이나 소환장을 가지고 오는 경우에만 데이터를 넘겨주겠다고 했다.[49]

그러는 동안 앤세스트리는 여러분의 DNA 샘플을 파일에 저장해놓고 '연구소 파트너'(모호한 단어라는 생각이 들지 않는

23앤미의 DNA 테스트기[48]

출처: 마이크 모차르트Mike Mozart

가?)와 공유한다. 앤세스트리에서 사용자가 DNA 샘플의 파기를 요청할 수 있게 해뒀다는 점은 칭찬할 만하다.[50] 23앤미는 테스트를 한 이후에 DNA 샘플을 파기한다고 말하지만, 모회사가 소유한 다른 기업에 데이터를 준다.[51] 여기에서 공통점은 기업들이 우리 데이터가 어디로 가는지 확실히 명시하지 않는다는 점, 그리고 데이터가 데이터 시장에 한 번 나온 이상 인터넷에 있는 모든 사람이 DNA 데이터의 사본을 가지게 될 때까지 **데이터 브로커**라고 불리는 기업들에 의해 끊임없이 판매되고 재판매될 수 있다는 점이다.[52]

이 사례에서 PM이 얻을 수 있는 교훈은 데이터 보관 및 공유 정책에 소비자들이 겉으로는 아무리 무관심해 보인다고 해도 실제로는 관심이 있다는 것이다. 앞서 언급했듯이 데이터 공유는 파국으로 치닫는 지름길일 수 있다. 데이터를 서드파티에 판매하기 시작하는 순간 그 데이터는 인터넷 사방에 퍼질 것이다. 사용자 데이터를 보호하는 유일한 방법은 절대로 누구에게도 데이터를 넘겨주지 않는 것이다. 따라서 민감한 사용자 데이터를 다루는 제품의 PM들은 단 1건일지라도 데이터 공유 합의를 진행하기 전에 매우 조심해야 한다.

금융 데이터

사람들이 돈을 어디에 어떻게 사용하는지에 대한 정보를 담은 금융 데이터는 무언가를 판매하려는 기업에 당연히 매력적이다. 이는 2019년에 핀테크 산업이 250억 달러 이상의 벤처 캐피털 자금을 끌어모을 수 있었던 가장 큰 이유다.[53]

예상했겠지만 금융 데이터의 수집 및 판매와 관련된 프라이버시 문제가 있다. 그중 가장 큰 문제는 사람들의 금융 데이터를 판매하고 재판매하는 기업이 난무하고 우리의 데이터가 웹 전체에 빠르게 퍼져나간다는 것이다.《워싱턴 포스트》의 한 기자는 몇 시간 동안 샅샅이 조사해본 결과, 그가 29센트짜리 바나나를 신용카드로 결제한 거래 데이터가 은행, 신용카드 네트워크(비자 또는 마스터카드), 상점, 포스시스템POS system, 구글페이 Google Pay 같은 모바일 지갑과 민트Mint 같은 금융 앱에 들어갔다는 사실을 알게 됐다.[54] 그리고 만약 이 기업 중 하나가 데이터를 서드파티에 판매하고자 한다면 데이터는 인터넷 전체에 금세 퍼질 것이었다. 그는 기업들의 프라이버시 규정을 더 자세하게 살펴봤고 규정이 얼마나 모호한지 찾아냈다. 아마존, 비자, 체이스Chase 같은 기업들은 데이터를 '제휴업체' 또는 '공동 브랜드 파트너'와 공유한다고 말하는데, 과연 이들의 실체는 무엇일까?[55]

신용카드

사람들의 금융 데이터를 수익화에 활용하는 기업들의 생태계 전체는 충격적일 정도로 거대하지만 그 내부를 살짝 들여다볼 순 있다. 신용카드 네트워크를 생각해보자. 2013년에 마스터카드가 맥스포인트Maxpoint와 협업한다는 사실이 폭로됐다. 맥스포인트는 공공 데이터와 마스터카드 데이터를 결합하여 타깃광고용 시청자 프로필을 만드는 디지털 광고 기업이다. 맥스포인트는 각 우편번호에 대한 프로필을 구축할 수 있는데, 이는 해당 우편번호의 구역에 거주하는 사람들이 다양한 제품 카테고리에 얼마를 소비하는지 보여준다. 예를 들어 어떤 베트남 식당에서 우편번호 02138에 거주하는 사람들이 이웃인 우편번호 02139의 사람들보다 아시아 음식을 20% 더 많이 소비한다는 사실을 알아내면 그 식당은 페이스북과 인스타그램 광고에서 어떤 종류의 사용자들을 타깃으로 삼아야 하는지 더 잘 알게될 것이다.[56]

신용카드 기업들은 수익성이 좋은 컨설팅 비즈니스도 부업으로 하고 있다. 2009년에 아메리칸 엑스프레스는 고객의 구매 데이터에 대한 접근권을 마케터와 광고주에게 판매하는 컨설팅 사업부를 개설했다.[57] 알고 있겠지만 마케터들은 부유한 소비자들의 구매습관 정보를 얻기 위해 엄청난 돈을 지불할 용의가 있다.

마지막으로, 신용카드 기업들은 온갖 종류의 금융 정보를 통합하여 디지털 광고주들에게 판매하는 플랫폼인 '데이터 매니지먼트 플랫폼Data Management Platform'에 소비자 데이터를 제공한다.[58] 기업들이 소비자 데이터를 이런 플랫폼에 넘겨주면 소비자들은 데이터의 행방을 통제할 능력을 전부 상실한다. 앞서 말했듯이 데이터는 한 번 밖으로 나가면 모든 곳으로 퍼져나가고 다시 주워 담기가 불가능하므로 사용자 데이터를 관리하는 기업들은 설령 파트너가 단 한 곳이더라도 데이터를 판매하기 전에 매우 신중해야 한다.

홈 어시스턴트

프라이버시 논쟁의 또 다른 영역이자, 빅테크 업계에서 일하는 PM들과 특히 관련 있는 분야는 스마트 스피커와 알렉사Alexa 같은 디지털 홈 어시스턴트Home Assistant다. 사람들은 온종일 인식 기능을 켜놓은 채 집에서 오가는 대화를 추적하는 기기를 꺼린다. 테크 분야의 한 작가는 다음과 같이 통렬하게 비평했다.

> "에코Echo를 구매하지 말아야 한다. 가족에게 사주면 안 된다. 친구에게도 절대 사주면 안 된다. 지금껏 우리가 스마트 스피커와 음성 제어 어시스턴트에 대해 떠벌렸던 그 어떤 찬사도 믿지 말아야 한다. 그들은 해롭다!"[59]

만약 여러분 회사가 스마트홈 하드웨어를 판매하거나 디지털 어시스턴트를 핵심 비즈니스 전략으로 채택할 예정이라면(아마존,[60] 구글,[61] 애플[62]

등이 여기 해당한다) 사람들이 어시스턴트를 신뢰하지 않는 원인을 이해하고 그 원인을 해결할 방법을 알아야 한다.

아마존 에코Amazon Echo의 모습[63]

출처: 플리커 @Shinji

불신의 원인

스마트폰 앱, 에코 또는 구글홈Google Home 같은 전용 하드웨어를 포함한 디지털 어시스턴트는 언제나 "알렉사Alexa!" 같은 **명령어**를 수동적으로 듣고 있다. 어시스턴트가 명령어를 들으면 명령어 전후에 녹음된 음성이 회사 서버에 전송돼 처리된다.[64] 일반적으로 서버는 화자를 특정하고, 우리가 낸 소리를 단어로 바꾸고, 단어를 행동으로 바꾼다. 이는 기업들이 여러분의 목소리를 녹음한 파일 조각을 그들의 서버에 저장한다는 뜻이기도 하다.[65]

사람들은 자신의 목소리가 녹음된 파일이 테크 기업에 제공되는 것을 걱정한다. 알렉사의 음성 녹음 파일이 플로리다의 가정집에서 살인사건이 벌어진 이후의 상황을 파악하는 데 사용된 것은 유명한 일화다.[66] 몇몇 법률 소송은 어시스턴트들이 사용자 동의 없이도 지문처럼 고유하게 특정하는 목소리 프로필인 '성문voiceprint'을 생성할 수 있고, 이를 통해 우리 삶에 대한 '넓은 범위의 세부 사항'을 구성할 수 있게 한다는 문제를 지적했다.[67] 다시 말해 목소리에 대한 세부 사항은 개인식별정보지만, 어떠한 법적 보호도 받지 못하고 있다.

하지만 이 중에서 가장 큰 분노를 일으켰던 사건은 빅테크 기업이 직원과 하청업자에게 사람들의 목소리를 녹음한 음성 파일을 들려주고 있다는 사실이 밝혀진 것이었다. 2019년에 마이크로소프트 직원들이 엑스박스 사용자의 코타나Cortana 녹음 파일을 듣고,[68] 구글 직원들이 구글홈의 녹음 파일을 듣고,[69] 아마존 직원들이 알렉사의 녹음 파일을 듣고,[70] 애플 직원들이 시리Siri의 녹음 파일을 듣고,[71] 메타 직원들이 메신저 채팅 내용을 듣는다는 뉴스가 나왔다.[72] 애플에 관한 소식은 시리가 듣고 있는 넓은 범위의 민감한 주제를 폭로했기 때문에 특히 더 문제가 됐다. 애플 직원들은 시리 사용자의 마약 거래, 의료적 세부 사항, 비즈니스 거래뿐 아니라 성행위와 관련된 음성을 들었다.[73]

하청업자들은 품질 제어 목적으로 음성 녹음을 듣고[74] 보통은 녹음 파일이 확실히 익명으로 처리되도록 한다. 게다가 녹음 파일은 대개 기기가 올바르게 응답하지 못한 질문으로 구성돼 있다. 이 데이터는 제품 팀이 미래에 기기를 개선할 방법을 알아내는 데 도움을 준다.[75] 따라서 이런 녹음 파일은 실제로 정당한 목적을 수행한다.

하지만 테크 기업들이 고유한 '성문'을 생성할 수 있으므로 진정한 익명성을 확보하기란 불가능하다. 따라서 이런 뉴스들이 빅테크를 향한 엄청난 반발로 이어진 것은 놀라운 일이 아니다.[76]

잠재적인 수정 방안

이런 프라이버시 우려를 줄이기 위해 즉시 적용할 수 있는 제품 수정 방안이 몇 가지 있지만, 너무 미미하거나 때늦은 변경이 될지도 모른다. 당연한 수정 방안 중 하나는 스피커들이 기기 자체에서 목소리를 처리하고 회사 서버로는 최종적으로 익명화된 질문만을 전송하는 것이다. 예를 들어, 알렉사가 실제 목소리 파일 대신 '양말 구매'라는 단어만을 아마존에 보낸다고 생각하면 된다. 문제는 이렇게 하려면 스마트 스피커에 더 강력한 하드웨어를 탑재하기 위해 비용 인상을 감당해야 한다는 것이다.[77] 기기 내부에서 데이터를 처리하게 되면 품질 보증 팀에서 잘못 처리된 질문을 확인할 수 없게 되기도 한다.

이렇게 이점과 문제점이 공존한다는 전제 아래, 기기 내부에서 얼마나 많은 데이터를 처리해야 하는지에 대한 답은 쉽지 않다. 몇몇 테크 기업들은 프라이버시 측면의 이점을 문제점과 맞바꿀 가치가 있다고 생각하며 기기 내부 처리 모델에 가까이 다가섰다. 예를 들어 2017년에 애플은 시리가 "시리야Hey Siri"라고 불릴 때까지 애플 서버에 어떤 정보도 전송하지 않을 거라고 발표했다.[78] 그 당시 알렉사는 "알렉사"라고 불리지 않았을 때도 아마존 서버에 일부 데이터를 보냈지만, 이후 아마존도 애플의 방식을 따랐다.[79]

또 하나의 수정 방안은 단순히 카메라와 마이크를 끄는 물리적 버튼을 추가해서 사람들이 기기를 사용하지 않을 때 기기가 꺼져 있음을 알 수 있게 하는 것이다. 메타의 영상통화 스마트 제품군인 포탈Portal은 2018년에 출시됐을 때 프라이버시 우려를 줄이기 위해 이 방안을 선택했다.[80] 플라스틱 스위치 추가에 따르는 약간의 비용 추가를 제외하면 물리적인 버튼 추가했을 때의 단점이 별로 많지 않았으므로 버튼을 추가할 정당성을 상당히 쉽게 찾을 수 있다고 생각한다.

아무리 수정을 많이 해도 브랜드에 대한 부정적인 인식으로부터 여러분을 보호할 방법은 없다는 사실을 기억하자. 사람들이 어떤 회사가 그들을 염탐한다거나 의심스러운 용도로 활용하기 위해 데이터를 집어삼키고 있다는 생각을 떠올리게 되면 프라이버시 위험이 있다고 인식되는 제품을 구매하지 않을 것이다. 따라서 기기에 '꺼짐' 스위치를 하나 붙여놓고 이제 끝났다고 생각하지 말고, 회사 전체가 프라이버시와 관련된 질문에 대처하는 방식에 대해 진중하게 고민해야 한다.

암호화된 뒷문

법률 집행기관과 정부는 범죄자를 추적하려는 용도, 그리고 가끔은 시민들을 감시하려는 용도로 사람들의 사적인 대화에 접근하고 싶어 한다. 매일 다른 누군가가 자신의 대화를 도청하는 것을 원하는 사람은 없을 것이다. 테크 업계는 양쪽의 입장 사이에 끼어 있고, 이 줄다리기는 몇십 년 동안 계속돼 왔다.

종단간 암호화

암호화 메시지 서비스는 사용자 대화를 **암호화**해서 비공개로 유지한 다. 콘텐츠는 뒤죽박죽 섞이고 발신자와 수신자만이 대화를 해독할 키를 가지고 있다.[81] 이런 메시지 서비스의 공식 명칭은 **종단간 암호화**end-to-end encryption로, 발신자와 수신자를 제외하면 아무도 메시지를 읽을 수 없음을 뜻한다. 만약 누군가가 암호화된 콘텐츠를 받으면 외계어처럼 보일 것이 다.[82]

2015년에 시그널Signal이라는 앱은 암호화된 통화 및 문자 서비스를 개 시하며 암호화 메시지 세계의 문을 열었다.[83] 통상적인 문자메시지 전송 서 비스와 전화 통화는 암호화되지 않았기 때문에 경찰이 도청할 수 있지만 이 앱은 달랐다.[84] 여러 인기 메시지 앱이 뒤를 따랐다. 2016년에 왓츠앱은 모든 대화의 암호화를 기본값으로 설정했고,[85] 같은 해 페이스북 메신저는 선택적 암호화 기능인 '비밀 대화'를 제공했다.[86]✦ 비록 암호화 기능이 비 활성화된 상태를 기본값으로 설정하긴 했지만,[89] 2017년에 텔레그램도 암 호화 서비스를 제공하기 시작했다.[88]

애플의 경우는 복잡하다. 애플은 아이메시지iMessage에 종단간 암호화 가 적용됐다고 하지만, 아이메시지는 아이클라우드에 저장되기 때문에 애 플에서 아이클라우드 데이터를 해독할 수 있다. 즉, 아이메시지는 발신자 와 수신자, 그리고 애플이 읽을 수 있으므로 애플의 말이 실질적으로 사실

✦ 2019년 마크 저커버그는 페이스북의 모든 메시지 서비스에 종단간 암호화가 적용될 것이라 고 말했는데, 언제라고는 말하지 않았다.[87]

이 아니라는 뜻이다.[90] 한 보안 전문가에 의하면 아이메시지를 암호화하는 애플 알고리즘은 이미 뚫렸기 때문에 해커들이 아이메시지를 쉽게 해독할 수 있다고 한다.[91]

암호화가 메시지에만 적용되진 않는다. 아이폰은 스마트폰에 있는 모든 콘텐츠를 암호화되게 해주고 사용자가 비밀번호를 입력했을 때만 암호를 해독해준다. 이는 사용자가 로그인을 하지 않는 이상 어떤 해커도 스마트폰에 있는 내용을 읽을 수 없다는 뜻이다. 책의 뒷부분에서 이 기능이 왜 논쟁의 대상이 됐는지 살펴볼 예정이다.[92]

뒷문의 역사

법률 집행기관은 사람들이 암호화 기능을 사용하는 건 괜찮지만 메시지 서비스들은 뒷문을 설치해야 한다고 고집한다. 여기에서 '뒷문'이란 법률 집행기관에서 암호를 해독하고 사람들의 메시지를 읽을 수 있도록 허용해주는 '버그'를 뜻한다.[93] 따라서 뒷문이 있는 메시지 서비스들은 실질적으로 종단간 암호화가 됐다고 볼 수 없다.

법률 집행기관의 주장에 대한 근거는 범죄자들이 암호화된 메시지 서비스에서 온갖 종류의 범죄를 계획하는데 뒷문이 없다면 경찰이 잠재적 범죄자를 식별하거나 용의자에 대한 증거로 활용할 메시지를 확보할 수 없다는 것이다. 예를 들어 미국의 백인 우월주의자들은 법률 집행기관이 그들의 대화 내용을 알아낼 수 없다는 바로 그 특징 때문에 텔레그램을 애용한다.[94]

미국 정부는 1990년대에 전화와 컴퓨터에 '클리퍼 칩clipper chip'을 설치하려고 했을 때부터 뒷문 설치를 밀어붙였다. 이 칩은 칩이 이식된 기기로 발송된 모든 메시지를 암호화해서 저장하며, NSA(미국 국가 안전 보장국)National Security Agency는 칩에 저장된 정보를 읽을 수 있는 특수 키를 보유한다. 엄청난 반발이 일어난 이후에 클리퍼 칩은 조용히 사라졌다.[95]

더 유명한 사례는 2015년 FBI가 아이폰에 뒷문을 설치하라고 압박하며 애플을 상대로 소송을 제기한 것이다. FBI는 샌버너디노San Bernadino 총격 사건의 두 용의자가 소지한 아이폰의 보안을 뚫으려고 했지만, 두 기기는 암호화되어 있었다. 그러자 FBI는 로그인 화면을 건너뛰고 해독된 데이터에 접근할 수 있게 해주는 마스터 키master key를 FBI에서 만들 수 있게 협조하라고 애플에 명령했다.[96] 애플의 CEO 팀 쿡은 애플이 FBI를 위해 만드는 도구는 용의자의 스마트폰뿐 아니라 모든 아이폰을 해제할 수 있게 하는 것이라며 FBI의 요청을 거절했다.[97]

법정 공방은 무섭게 진행됐다. FBI는 법률 집행기관이 소비자 데이터를 경찰에 제공하기 위해 휴대전화 회사에 "기술적 지원을 제공"하도록 강제할 수 있다는 법을 적용했다. 애플은 소프트웨어 개발을 강요하는 행위는 수정 헌법 제1항언론의 자유를 보호받을 권리를 명시했다-옮긴이에 대한 애플의 권리를 침해한다며 항소했다.[98] 하지만 FBI가 찾아낸 타 업체가 아이폰의 암호화 기능을 우회할 보안 구멍을 개발하여 스마트폰의 보안을 뚫자 FBI는 소송을 취하했고 공방은 끝내 매듭지어지지 않았다.[99]

그 이후로 법률 집행기관은 테크 기업들에 뒷문을 설치하라고 계속 강요했고 테크 기업들은 계속 거부해왔다. 2019년 메타는 왓츠앱에 뒷문을 설치하라는 미국, 영국, 호주 법무부 장관들의 요청을 거절했다. 메타는 그런 뒷문이 "범죄자와 해커, 압제 정권을 위한 선물"이 되어 사용자를 "실생활 속 위험"에 노출시킬 것이라고 말했다.[100]

이 사안에 대해 대중 역시 법률 집행기관에 등을 돌렸다. 2013년 NSA 전직 요원 에드워드 스노든Edward Snowden이 NSA에서 미국 시민들을 얼마나 많이 감시하는지 고발했던 사건 이후로[101] 대중은 정부에 뒷문을 제공하는 아이디어를 소리 높여 거부했다.[102]

PM의 관점

암호화는 인기가 매우 높아져서 오늘날에는 메시지 앱에 사실상 필수로 탑재해야 하는 기능이 됐다. 종단간 암호화를 적용하면 테러리스트의 삶을 훨씬 편리하게 만들어주는 등[103] 당연히 위험이 따른다. 하지만 대중은 이런 위험을 감수하고라도 모두를 위한 더 강력한 수준의 프라이버시를 원하는 것 같다.[104] 모든 것을 종합해봤을 때 암호화는 사회에 도움이 된다.

따라서 PM들은 가능하다면 제품에 종단간 암호화를 당연히 추가해야 한다. 다만 현존하는 대형 서비스를 종단간 암호화 서비스로 바꾸는 것은 어려울 수 있다. 페이스북 메신저는 수년간 이 기능을 적용하기 위해 고군분투했다.[105]

논쟁의 여지가 더 큰 질문은 뒷문의 필요성이다. 뒷문 설치 후 당연히 뒤따를 사용자의 반발을 제외하고도 소프트웨어 안에 영구적인 보안 구멍이 뚫린다는 문제가 있다. 보안 전문가들은 정부가 사용할 수 있는 보안 구멍이 있다면 해커들이 그 구멍을 사용할 방법을 찾는 것은 시간문제일 뿐이라고 말했다.[106] 다시 말해, 걷잡을 수 없이 파국으로 치닫는 상황을 초래할 수 있다. 하나의 보안 구멍을 만들면 그 제품은 암호화가 적용되지 않은 것이나 마찬가지다. 따라서 문제는 '뒷문을 둘 것이냐, 두지 않을 것이냐'가 아니라 '암호화를 할 것이냐, 하지 않을 것이냐'다. 우리는 암호화를 하고 뒷문을 두지 않는 편이 훨씬 낫다고 생각한다.

긱 이코노미의 고용

우버, 도어대시, 태스크래빗TaskRabbit 같은 앱을 통해 수입을 얻는 비전통적 구직 방식인 긱 이코노미gig economy는 '일의 미래'라고 불려왔고,[1] 현재도 상당히 큰 비중을 차지하고 있다.

    일반 월급을 받는 정규직보다 긱 노동자를 고용하는 편이 훨씬 간편하고 저렴하다고 느끼는 회사에 긱 이코노미는 아주 매력적이다.[2] 우버 운전기사 같은 긱 노동자들은 '독립 계약자'로 분류되기 때문에 기업은 이들에게 최저임금을 보장하거나 초과근무 수당을 주거나, 산재 보상금을 제공하거나, 의료보험 같은 혜택을 주지 않아도 된다. 따라서 이런 근무 형태를 채택했을 때의 비용은 풀타임 직원을 고용했을 때보다 약 30% 정도 저렴해진다.[3]

    한편, 이는 긱 이코노미에서 일하는 노동자에게 썩 좋은 조건이 아니다. 2018년 추정치에 의하면 우버와 리프트 운전기사들은 시간당 약 9달러 또는 10달러의 수입을 올린다고 한다. 이는 평균적인 민간 기업에서 일하는 직원에게 지급되는 임금의 3분의 1보다 적은 수치다.[4] 그리고 우리가 앞서 언급한 혜택 말고도 긱 이코노미의 노동자들은 공정 노동 기준법Fair Labor Standards Act은 물론, 미국 장애인법Americans with Disabilities Act 즉, ADA로부터 받을 수 있는 장애에 대한 편의 등 다양한 법의 보호를 받지 못한다.[5] 긱 업무가 정규직 업무보다 더 유연한 것은 맞지만, 혜택은 아주 미미할 뿐이다.

캘리포니아의 AB5

2019년에 캘리포니아주는 이 불운한 현상에 변화를 일으키고자 긱 노동자에게 정직원 수준의 보호를 보장해주는 AB5라는 법안을 통과시켰다.[6] 법에 따르면 캘리포니아주 노동자들은 고용주가 "업무 방식을 통제"한다거나 노동자의 작업물이 "회사 정규 비즈니스의 일부"일 경우 계약자가 아니라 직원으로 간주된다. 다시 말해 어떤 사람이 풀타임 직원처럼 일한다면 그들은 풀타임 직원처럼 임금을 받아야 한다. 여기에서 직원으로 분류되는 사람들은 실업보험, 최저임금, 초과수당 등 우리가 위에서 언급했던 기타 혜택을 받는다.[7]

법의 문구는 긱 노동자에게 맞춰 작성됐다. 우버를 예로 들자. 우버 앱이 운전기사가 어디로 가고 누구를 픽업해야 할지 지시하므로 우버는 운전기사의 "업무 방식을 통제"한다. 한편 누구라도 우버 같은 앱을 꽤 쉽게 재구축할 수 있지만, 우버의 주요 강점인 운전기사 네트워크는 재생성하기가 쉽지 않으므로 이 운전기사들의 작업물은 "회사(우버) 정규 비즈니스의 일부"에도 해당한다.

결과적으로 이 법안은 캘리포니아주에서 일하는 우버와 리프트의 운전기사, 도어대시와 그럽허브GrubHub의 배달기사, 기타 긱 노동자를 포함한 100만 명의 노동자에게 영향을 주었다.[8]

비판

예상했겠지만 이 신규 법안은 긱 이코노미 기업들의 반발을 불러일으켰다. 우버, 리프트, 도어대시는 자신들을 법에서 예외로 인정해줄 주민 발의 투표에 9000만 달러를 지원하겠다고 선언했다.[9] 이 기업들의 통상적인 주장은 긱 노동자를 직원으로 분류하면 긱 노동자가 즐기고 있는 유연성이 '파괴'되고[10] 심지어 긱 이코노미 기업 전체가 파괴된다는 것이다.[11] 자주 인용되는 사례는 다음과 같다. 은퇴했거나 부분적으로 은퇴한 사람들이 계약직으로 일하기는 쉽지만 풀타임 자리를 잡기는 어려우므로 AB5는 은퇴했거나 부분적으로 은퇴한 사람들이 긱 업무를 하는 것을 힘들게 만들 수 있다는 것이다.[12]

또 다른 비판은 법이 긱 이코노미뿐 아니라 더 넓은 범위의 산업에 타격을 주었다는 것이었다. 알고 보니 공장 현장 인부, 네일샵 인력, 패스트푸드 점원 등 수많은 계약직이 사실상 "회사 핵심 비즈니스의 일부"였다.[13] 이에 따라 테크 업계 바깥에 있는 산업이 막대한 피해를 입는 의도치 않은 결과가 나타날 가능성이 있다. 이번 장에서 살펴봤듯이 테크 법은 누구에게 적용될지 정확히 목표를 잡기가 어려우므로 의도치 않은 결과를 초래하는 경우가 많다. 훌륭한 PM이라면 법이 그들의 비즈니스에 어떤 의도치 않은 영향을 미칠지 알고 대비해야 한다.

일의 미래가 마주할 미래

2020년에 AB5는 결국 캘리포니아의 주민 발의 투표 22호로 폐지됐지만,[14] 법안의 바탕이 됐던 아이디어는 여전히 인기를 끌고 있고 전 세계에 AB5와 비슷한 법안이 계속 퍼져나갈 것이다. 사실 AB5가 이런 종류의 법안 중 최초의 사례인 것도 아니었다. 유럽연합에서 유사한 긱 노동자 보호 법안이 더

이른 시점인 2019년에 통과됐고,[15] 영국에서도 비슷한 법안이 2018년에 통과됐다.[16]

여기에서 또 다른 트렌드가 눈에 보이는가? 테크 법의 혁신은 유럽에서 시작된 뒤 캘리포니아주에서 기반을 다지고 나서 일부의 경우 범국가적인 수준으로 미국에 퍼진다. 미국 기업에서 일하는 PM들은 유럽의 테크 법을 유심히 살펴봐야 한다. 유럽에서 뜨거운 관심을 모은 법적 주제들이 결국에는 미국에서 뜨거워질 것이기 때문이다.

접근성

자주 간과되지만 테크 법에서 여전히 중요한 비중을 차지하는 분야는 접근성이다. 접근성이란 능력 수준과 상관없이 모두가 제품을 잘 사용할 수 있도록 설계하는 것이다.

접근성이 중요한 이유

1990년에 ADA(미국 장애인법)가 통과된 후 물리적 공간은 장애가 있는 사람들에게 편의를 제공하도록 설계돼야 했다. 그 이후로 건축 법규가 정비됐다. 휠체어용 경사로는 신축 건물의 도드라진 특징 중 하나가 됐다.[1]

기술 전문가 대부분은 ADA에 대해 알지만, 테크 제품에도 ADA가 적용된다는 사실을 아는 사람은 별로 없다! 2019년에 발생한 '로블레스Roblesf vs 도미노 피자Domino's Pizza'라는 대법원 판례가 이에 대한 전례를 세웠다. 시각장애인 기예르모 로블레스Guillermo Robles는 도미노 피자의 웹사이트에 접근성이 없다며 도미노 피자에 소송을 제기했다. 로블레스는 화면에 노출된 그래픽과 동일한 내용의 텍스트가 제공되지 않아서 주문하고 있는 내용을 볼 수 없었다.[2] 대법원은 물리적 공간과 마찬가지로 웹사이트도 장애인들에게 편의를 제공해야 한다는 뜻으로 ADA가 해석돼야 한다며 로블레스의 손을 들어줬다.[3]

ADA 위반에 대한 과징금은 꽤 무거울 수 있다. 타깃은 자사의 이커머스 사이트에 접근성이 없다는 이유로 600만 달러의 과징금을 물어야 했던 적도 있다.[4]

법적 책임 외에도 접근성을 고려한 설계는 노련한 비즈니스 전략이기도 하다. 6000만 명의 미국인에게는 어떤 형태로든 장애가 있는데,[5] 이들의 재량 소득discretionary income 가처분소득에서 기본 생활비를 뺀 잔액-옮긴이을 합치면 210억 달러가 된다.[6] 전 세계로 시야를 넓히면 인구 15%가 어떤 형태든 장애가 있다고 추정된다.[7] 도미노 피자가 그랬던 것처럼 접근성 지원이 필요한 고객을 대상으로 하는 서비스를 설계하지 않는다면 가능한 매출의 15~20%를 테이블 위에 내버려두는 것이다. PM들이 수익성을 1%라도 짜내려고 필사적으로 싸우는 판국에 접근성이 지원되는 설계가 잠금해제시키는 거대한 시장을 무시하는 것은 바보 같은 짓이다.

접근성이 있는 제품을 만드는 것은 차별화된 기능도 될 수 있다. 85%의 웹사이트에 접근성이 없다는 추정치도 있다.[8] 신체적, 정신적, 시각적 또는 기타 장애가 있는 사람들을 위해 설계된 커다란 '게임패드'의 일종인 엑스박스의 어댑티브 컨트롤러Adaptive Controller를 살펴보자. 2018년 마이크로소프트가 제품을 발표한 뒤[9] 얼마 지나지 않아 이 컨트롤러는 '게임 체인저'[10]로 칭송받았다. 엑스박스의 숙적인 소니의 플레이스테이션 시리즈, 닌텐도, PC게임 등에는 이 시장을 대상으로 제작된 제품이 전혀 없었으므로 엑스박스는 단번에 장애가 있는 사람이 선택하는 게임 플랫폼이 됐다.

마지막으로, 접근성이 있는 제품을 만들면 모두에게, 심지어 장애가 없는 사람에게도 더 좋은 제품이 된다. TV 자막을 생각해보자. 이 기능은 청각장애가 있는 사람들에게 유용하지만 일반인들이 TV 소리가 들리지 않는 시끄러운 술집이나 공항에서 TV 내용을 이해하고자 할 때도 유용하다. 자동문 열림 버튼은 휠체어를 타고 있을 때도 유용하지만, 무거운 장바구니를 들고 있을 때도 유용하다. 문자 음성 변환 기능은 행동장애가 있는 사람에게 유용하지만, 손가락으로 자판을 누르는 속도보다 약 3배는 빠르므로 급할 때는 일반인에게도 유용하다.[12]

더 나아가 수많은, 어쩌면 대부분의 사람이 인생의 어떤 순간에 일시적인 장애를 겪곤 한다. 이 책의 저자 중 하나인 닐은 언젠가 손목을 삐었을 때 정상적인 기능을 하는 손 하나만으로 신발 끈 묶기부터 랩톱 타이핑까지 일과를 해내는 것이 얼마나 어려운 일인지 깨달았다. 당시 그의 스마트폰과 랩톱이 지원했던 음성 문자 변환 기능은 절대적으로 필요했다.

제품을 설계할 때는 여러분 또는 여러분의 친구가 일시적 또는 영구적으로 무능력해진 모든 순간을 떠올려보면 도움이 된다. 그런 순간에 어떤 기능들이 여러분에게 큰 영향을 줬는가?

멀리 떨어져서 보면 접근성은 PM과 개발자의 머릿속에 마지막 순위로 떠오르는 요소인 경우가 많다. 종종 우선순위가 밀리고, 그저 있으면 좋은 기능으로 취급된다. 하지만 스스로를 위해서 필수 요소로 취급해야만 한다.

접근성이 있는 제품 만들기

그래서 접근성이 있는 제품은 도대체 어떻게 만드는 걸까? 웹 앱의 경우에는 웹 콘텐츠 접근성 가이드라인Web Content Accessibility Guidelines 즉, WCAG[13]를 따르라는 명확한 답이 있다. WCAG란 행동, 시각, 인지 장애를 비롯한 다양한 범위의 장애가 있는 사람들이 웹사이트에 접근할 수 있도록 웹사이트를 구성하는 데 필요한 가이드라인이다.[14,15] 이 가이드라인은 ADA가 요구하는 것보다 더 포괄적이므로 여러분이 이것을 따른다면 ADA의 올바른 편에 확실히 서게 될 것이다.[16]

안드로이드[17]나 iOS[18] 같은 플랫폼에는 자신만의 접근성 가이드라인이 있지만 기본적인 원칙은 WCAG와 동일하므로 WCAG에서 제안하는 내용을 더 자세히 살펴보자.

POUR

WCAG는 네 가지의 일반적인 주제를 기반으로 설계됐으며, 이를 POUR라는 별칭으로 부른다.[19]

P는 **인지 가능성**Perceivable이다. 사용자가 앱을 사용할 때는 시각뿐 아니라 여러 감각으로 해석할 수 있어야 한다. 여기에는 이미지에 대한 설명, 배경과 글자색의 대비, 적절한 최소 문자 크기, 앱이 모든 크기의 화면에서 잘 보이도록 반응하는 디자인, 색상에만 의존하지 않는 데이터 시각화를 포함한다. 이게 없으면 색맹인 사용자는 앱이 무엇을 표현하고 있는지 이해하기 힘들 것이다.[20]

O는 **제어 가능성**Operable이다. 사용자는 마우스, 키보드, 손가락, 목소리 등 가지고 있는 도구로 사용자 인터페이스를 제어할 수 있어야 한다. 다시 말해 앱은 사용자에게 문제를 일으킬 어떤 방식으로도 작동하지 말아야 한다. 이는 웹사이트가 키보드 하나만으로도 전체를 제어할 수 있어야 하고, 키보드의 탭tab 키를 눌러서 여러 요소 사이를 이동할 수 있어야 하고, 큰 클릭 아이콘을 갖춰야 하고, 발작을 일으킬 정도로 깜박거리는 이미지를 사용하면 안 된다는 뜻이다.

U는 **이해 가능성**Understandable이다. 웹사이트는 이해하기 쉬워야 한다. 사이트에 있는 텍스트는 특수 용어 없이 쉽게 이해할 수 있는 수준이어야

한다. 앱은 예측할 수 있고 일관되게 작동해야 한다. 사용자의 삶을 더 편리하게 만들기 위해 에러를 찾아내야 한다. 그리고 문서를 삭제하거나 돈을 송금하는 등의 중요한 동작을 번복할 수 있게 만들어야 한다.

R은 **내구성**Robust이다. 사이트는 현재와 미래의 다양한 브라우저에서 작동할 일반적인 웹 표준에 따라 개발돼야 한다. 그러니까 웹사이트의 코드를 개발할 때 최신 규격인 HTML5를 따라야 한다는 말이다.

기업은 법을 아는 제품을 산다

2016년에 팀 채팅앱인 슬랙이 들불처럼 번져나갔다. 3년 전 앱이 출시된 이후로 슬랙의 일간 활성 사용자는 기하급수적으로 증가해왔고 이제 400만 명을 넘어서고 있다.[1]

마이크로소프트는 그해 11월에 도전장을 내밀며 채팅앱 팀즈를 발표하고 오피스 365를 구독하는 모든 사업체에 팀즈를 무료로 제공했다.[3] 팀즈는 슬랙을 어떻게 따라잡을 수 있었을까?

팀즈에는 많은 사용자에 무료로 제공되는 등 내재된 장점이 많은데, 자주 간과되는 장점 하나는 준법 감시 부문에서 나타나는 장점이다. 다국적 기업에 적용

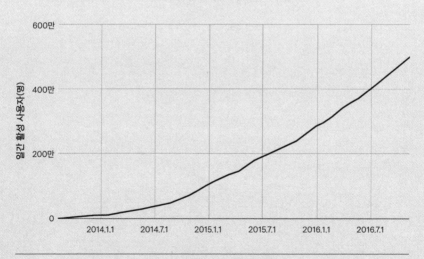

슬랙의 폭발적인 초기 성장

2013년 출시 이후 2016년까지 슬랙의 기하급수적인 사용자 증가세[2]
출처: 더 버지The Verge

되는 데이터 보호 규제들은 난해한 단어들로 구성돼 있으나, 마이크로소프트
는 지난 수십 년간 기업용 제품을 이런 규제에 맞춰 만들었던 경험 덕분에 팀
즈를 규제의 프레임워크에 따라 개발할 수 있었다. 마이크로소프트에 의하면
이 목록에는 ISO 27001, ISO 27018, SSAE16 SOC 1과 SOC 2, HIPAA, 유럽연
합 모델 조항이 포함됐다.[4] 슬랙도 종국에 GDPR을 준수하게 됐지만, 팀즈는
GDPR뿐 아니라 새로 등장한 더 많은 법을 따랐다.[5]

기업용 제품군에서 준법 감시 부문은 매우 중요했기 때문에 팀즈는 순식간에
대규모 예산과 거대한 인력을 가지고 있는 대기업들이 가장 즐겨 찾는 제품이

슬랙의 폭발적인 초기 성장 vs 마이크로소프트 팀즈

출시된 지 몇 년 지나지 않아 마이크로소프트 팀즈가 슬랙의 사용량을 뛰어넘었다.[8]

출처: 더 버지The Verge

CODE 6 법률과 정책

되면서 슬랙을 스타트업 및 소규모 비즈니스 시장으로 밀어냈다.[6] 팀즈는 준법 감시 부문의 우위에 다른 장점들이 더해져 슬랙보다 덩치가 커졌고 2019년에 슬랙의 사용량을 뛰어넘었다.[7]

초경쟁적인 시장에서 법을 알고 법을 준수하는 방법을 알면 제품에 필요한 우위를 확보할 수 있다. PM이 법을 알았을 때 이득을 얻게 되는 또 하나의 이유다.

마케팅과
성장

Marketing & Growth

시장 성장만으로는 부족하다.
스스로 훈풍을 일으켜야 한다.
그러기 위해서는 소비자가
감동할 만한 제품을 설계해야 한다.

Market growth alone doesn't give you enough tail-wind.
You have to create your own.
The way to do that is by designing products for
consumers that wow them.

인드라 누이Indra Nooyi
| 전 펩시코PepsiCo CEO

제품은 진공 속에 존재하지 않는다

아마존이 인수한 신발 소매업체 자포스는 온라인에서 최고의 인기를 누리는 이커머스 기업 중 하나지만, 겉보기에는 그저 하나의 이커머스 사이트에 불과하다. 자포스가 판매하는 신발은 훌륭하지만, 환상적이라고 할 정도는 아니기 때문이다.

자포스를 특별하게 만드는 요소는 최고의 고객서비스다. 자포스는 다른 소매업체와 달리 고객서비스 담당 직원에게 준비된 멘트를 교육시키거나 응대 시 시간 제한을 하지 않는다. 대신 직원들이 고객의 모든 요청 사항을 처리하고 친절하게 응대할 수 있도록 훈련한다. 시간이 오래 걸리거나 심지어 신발과 관련된 요청이 아니더라도 상관없다.[1] 관리자는 절대로 직원에게 전화를 빨리 끊으라거나 제품을 업셀upsell더 비싸거나 고급인 제품을 구매하도록 고객을 설득하는 영업 행위-옮긴이하라고 지시하지 않는다.[2] 중요한 건 판매 실적이 아니라 고객과의 관계이기 때문이다.

자포스의 고객서비스는 정말 마법 같은 일을 해냈다. 어떤 직원은 고객과 10시간 43분 동안 통화하기도 했다.[3] 또 다른 사례에서는 한 여성 고객이 신발 환불을 문의하려고 자포스에 전화를 걸었다. 대화를 나누는 도중에 여성은 손에 신경학적 문제가 있어서 컴퓨터를 사용해서 온라인으로 환불을 할 수 없다고 설명했다. 여성의 전화를 받고 있던 자포스 직원은 자신의 아버지가 비슷한 질환을 앓고 있다며 여성을 위해 기도하겠다고 약속했다. 이틀 뒤 장미 꽃다발이 여성의 집 문 앞에 도착했다. 자포스 직원이 보낸 꽃다발이었다. 여성의 가족은 너무나 감동한 나머지 앞으로 모든 신발을 자포스에서 구매하겠다고 맹세했다.[4]

자포스에서는 이렇게 고객을 '감동'시키는 경우가 다반사다. 고객의 특별한 이벤트 일정에 맞춰 신발이 배송되도록 무료로 특급 배송을 해주거나, 결혼식에 가장 잘 어울릴 신발을 추천해주거나, 고객이 반납을 신경 쓰지 않도록 잘못 배송된 신발을 무상으로 주는 경우도 드물지 않게 일어난다.[5] 자포스는 새로 입사한 직원이 '고객 감동'에 완전히 충실하기 위해 이런 마법 같은 경험을 선사하는 데 전념할 수 없다는 생각이 들면 당장 그 자리에서 2000달러를 받고 퇴사하겠냐고 제안하는 것으로 유명하다.[6]

이에 대한 보답으로 고객들은 자포스에 대한 극찬을 계속 퍼뜨린다. 사실상 자포스의 고객서비스는 자포스가 가진 가장 강력한 마케팅 도구가 됐다.[7] 온라인 신발 판매점이 들끓는 세상에서 자포스는 사람들에게 자포스 사이트를 선택할 매우 강력한 이유를 부여했다. 그리고 그 이유는 신발자체와는 별로 상관이 없다.

결과적으로 이와 같은 고객충성도는 자포스의 엄청난 성장에 연료를 공급했다. 자포스는 높은 고객 유지율과 고객들이 퍼뜨려준 입소문 덕분에 광고비를 거의 지출하지 않을 수 있었다. 자포스는 벌어들인 돈을 광고비에 지출하는 대신 운영 역량을 성장시키고 고객서비스를 더 환상적으로 만드는 데 사용했고 수익도 두둑이 챙길 수 있었다. 이는 자포스가 매출을 2000년 160만 달러에서 2007년 8억 달러로 성장시키고[8] 2009년 아마존에 12억 달러를 받고 인수되기까지 추진력을 제공해준 엔진이었다.[9]

여러분이 PM으로서 신발을 판매할 확률은 적겠지만, 사람들에게 여러분이 만든 제품을 구매하거나 사용하게 만들려고 노력한다는 점은 같을 것이다. 평균적인 PM은 훌륭한 제품(최고의 신발 한 켤레)만 있으면 된다고 생각할지도 모른다.

하지만 자포스의 이야기가 보여주듯 제품은 진공 속에 존재하는 것이 아니다. 제품 판매는 제품이 전부가 아니다. 뛰어난 PM이라면 자포스의 사례 같은 마케팅 전략과 강력한 브랜드, 고객경험이 그저 그런 판매 실적과 초대박을 가르는 차이라는 사실을 알 것이다.

31장

Branding

브랜딩

자포스 이야기를 통해 브랜드가 얼마나 중요한지 살펴보았다. 우리는 직감적으로 강력한 브랜드가 자포스, 코카콜라, 디즈니, 나이키, 인텔 같은 회사의 거대한 자산이라는 사실을 안다.[1]

그러나 브랜드가 정확히 무엇으로 구성돼 있는지 콕 집어내기는 어려울 수 있다. 브랜드의 구성 요소를 이해하기 위한 시작 단계로, 사람들이 어떤 회사를 생각했을 때 드는 느낌이 브랜드라고 생각하면 될 것 같다.[2] 애플은 고급스러운 느낌을 주고, 코카콜라는 기쁨과 상쾌함을 상기시키고,[3] 볼보는 안전성을 연상시키고,[4] 자포스는 신발을 떠올리기 한참 전에 고객서비스부터 생각하게 만든다.

브랜드의 개념은 더 과학적으로 분해할 수 있다. 여러 이론을 통해 찬찬히 살펴보자.

브랜드의 기원

브랜드를 마케팅팀에서 만들어낸 시시한 유행어라고 생각하기 쉽지만, 사실 브랜드는 경제시장에서 핵심적인 역할을 한다. 브랜드가 없다면 시장은 붕괴할 것이다.

'브랜딩'의 개념은 수천 년 전에 시작됐다. 기원전 2000년쯤 되는 이른 시기에 농부들은 소의 소유자를 알리려는 용도로 뜨거운 금속이나 나무 '파이어브랜드firebrand'를 사용해 가축에 표식을 남겼다.[6] 이런 브랜드들은 구매자가 가축의 품질을 확인하는 방법이기도 했다. 이전에 구매했던 소 중에서 농부 에스겔Ezekiel의 마크가 찍힌 모든 소의 품질이 좋았다면 안목이 있는 구매자는 시장에서 에스겔 브랜드의 소를 찾아다녔을 것이다.

브랜드는 책임의 한 형태이기도 하다. 농부 제데다이아Jedediah는 그의 브랜드가 찍힌 소의 품질이 나쁘면 자기 사업에 영원히 해가 될 것을 알기 때문에 가능한 최고 품질의 소를 기를 것이다. 브랜드가 없었다면 농부 제데다이아는 품질을 별로 신경 쓰지 않았을 것이다. 품질이 나쁜 소*를 기른 농부가 누구인지 구분할 수 없으므로 결과에 책임을 지지 않아도 되기 때문이다.

소에 소유자의 신원을 나타내는 낙인이 찍혀 있는 모습[5]

출처: 템플 데일리 텔레그램Temple Daily Telegram

그 이후로 브랜드는 시장경제의 핵심부를 차지했고 브랜드를 없애면 엄청난 문제가 일어났다. 예를 들어 공산주의 러시아 리더들은 브랜드를 더러운 자본주의의 창조물이라며 불법으로 간주했다. 그러면서 선박 및 중장비 제조용 금속 대

◆ 우리는 이 소를 '빛 좋은 소고기'빛 좋은 개살구에서 차용-옮긴이라고 부르고 싶다.

CODE 7 마케팅과 성장

갈못을 생산하는 강철 공장에서 브랜드를 없애버렸고, 곧장 문제가 발생하기 시작했다. 공장들은 무리한 생산량을 할당받았고 그 기준을 충족시켜야 했다.[7]

문제는 브랜드 없이 모든 공장에서 생산한 대갈못이 한곳에 모이면서 발생했다. 대갈못에 결함이 있어도 어떤 공장에서 누가 만든 것인지 알아낼 방도가 없었다. 따라서 공장은 생산한 대갈못에 대한 책임을 질 일이 없게 됐고, 막대한 양의 대갈못을 생산해야 했기 때문에 품질보다 생산량을 우선시하게 됐다. 공산주의 러시아는 대갈못의 생산량을 대폭 증가시킬 수 있었지만, 동시에 선박들이 부서지기 시작했다. 러시아가 제조사에 브랜드를 다시 강제하기 시작하고 나서야 품질이 개선됐다.[8]

호버보드

최근의 사례로는 호버보드hoverboard 사건을 들 수 있다. 바퀴 달린 미니 스쿠터인 호버보드는 2010년도 중반에 인기를 끌었지만, 폭발하며 불타버리는 불운한 사고를 겪었다.[9]

호버보드의 품질이 떨어졌던 주요 원인은 호버보드를 판매하는 주요 브랜드가 없었기 때문이다. 삼성이나 소니에서 만든 호버보드는 없었다. 대신 이름 없는 무수한 중국 제조업자들이 호버보드를 판매했다.[11] 가장 인기가 많았던 호버보드마저 SISIGAD, 하이퍼고고Hyper GoGo, 에픽고Epikgo, 스웩트론Swagtron 등 들어본 적 없는 기업들이 생산했다.[12]

호버보드의 생산업체들은 익명성이 강했기에 폭발하지 않는 호버보드를 만들 까닭이 없었다. 그들의 브랜드는 가치가 거의 없었으므로 잃을 것이 전혀 없었다.[13]

호버보드에 발을 올려놓은 모습[10]

수십억 달러 가치의 브랜드를 가진 삼성은 자사에서 생산한 호버보드에서 결함이 발견되었다면 결함을 고치려고 최선을 다했을 것이다.[14] 삼성 갤럭시 노트 7이 폭발했던 사건을 기억하는가? 삼성에서 시중에 풀린 수백만 대의 기기[15]를 재빨리 리콜했던 이유는 브랜드가 훼손될 위험에 노출됐기 때문이다.

다시 말해 삼성처럼 강력한 브랜드를 가진 회사들은 고품질의 제품을 생산할 강력한 동력이 있지만, 호버보드 제조업체처럼 브랜드가 아예 존재하지 않거나 약한 회사들은 그렇지 않다. 이것은 브랜드가 책임을 부여하는 또 다른 방법이자 수많은 사람이 유명 브랜드의 제품을 선호하는 이유다.

브랜드 생성

이렇듯 브랜드가 매우 중요하기 때문에 브랜드가 표시되지 않은 제품에서 뚜렷한 특징을 찾으려고 엄청난 노력을 들이는 사람들도 있다. 예를 들면 게임 콘솔의 충전 및 TV 연결에 사용되는 닌텐도 스위치 도크의 모조품을 판매하는 회사가 있다. 이런 가짜 도크는 위조된 닌텐도 로고까지 진짜 도크와 거의 비슷해 보이지만, 그 제품은 300달러짜리 콘솔을 불태워버릴 수도 있다. 소비자들은 필사적으로 진품과 가품의 차이점을 찾기 위해 내장된 실리콘 보드를 확인하려고 도크를 뜯어서 열었다.[16]

그럴 만한 가치가 있는 일이었는지는 잘 모르겠지만, 좋은 소식은 소비자들이 가짜 도크에서 아주 작은 허점을 발견했다는 것이다. 가짜 도크는 소비자 안전마크까지 전부 모방했지만 화살표의 작은 줄무늬를 누락시켰다.[17] 이는 가짜 도크를 구분하는 주요 방법이 되었다. 이 사례에서 드러난 소비자들의 꼼꼼함은 사람들이 브랜드마크가 없을 때 구분할 방법을 찾으려고 얼마나 깊이까지 파고드는지 보여준다. 다시 말해 브랜드는 저절로 생성되기도 한다.

브랜드가 없다면 품질에 문제가 생기므로 브랜드는 시장경제의 자연

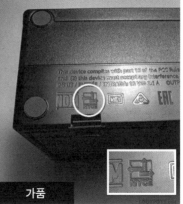

진품 | 가품

가짜 닌텐도 스위치 도크(오른쪽)는 화살표의 줄무늬를 제외하면 진품(왼쪽)과 똑같아 보인다. 이 허점은 가짜 도크의 '브랜드마크'가 되었다.[18]

출처: 룻팟츠LootPots

적인 창작품이다. 제품에 브랜드를 입히는 것은 마케팅의 역할만큼 일관된 품질에 대한 신호를 주는 것이기도 하다.

우버와 나쁜 브랜드의 위험

브랜드는 신뢰와 비슷하다. 쌓는 데는 오랜 시간이 소모되지만 눈 깜박할 사이에 파괴될 수 있기 때문이다. 만약 어떤 회사가 브랜드를 훼손한다면 그 피해는 원 상태로 복구하기까지 오랜 기간 동안 회사 수익에 고스란히 반영될 것이다.[19]

초창기에 세계에서 가장 매력적인 스타트업 중 하나로 꼽혔던 우버의 사례를 살펴보자. 버튼 하나를 눌러서 검정색 차량을 호출할 수 있는 기능에는 거부할 수 없는 매력이 있었다. 강력한 힘을 얻은 듯한 황홀한 감정에 빠지고, 더 나아가 볼러baller유명 농구 선수 또는 아주 성공한 사람을 일컫는 신조어-옮

긴이가 된 느낌도 받았다.[20]

하지만 2010년대 중반, 우버의 불미스러운 관행이 세상에 공개됐다. 우버는 운전기사를 나쁘게 대우했고,[21] 규제를 피하려는 목적으로 수사관의 앱 사용을 차단했다.[22] 끔찍한 성차별적 사내 문화도 폭로됐다.[23] 우버의 평판은 '멋진'에서 '수상쩍은'으로 대체됐다.

결정타는 2017년 1월 뉴욕 JFK 공항 근처의 택시 노동자들이 1시간 동안 승객 거부 시위를 벌였을 때 일어났다. 우버는 시위를 존중하고 택시 운전기사들을 지지하는 대신 공항 인근 지역의 운임을 낮춰 우버 운전기사들이 끼어드는 것을 허용함으로서 시위를 이어나가지 못하게 만들었다. 대중은 우버가 수익을 내기 위해 시위를 부당하게 이용하는 것에 분노했다.[24]

사람들이 이 사건에 대한 반발로 우버 사용을 거부하면서 #우버삭제하기DeleteUber 캠페인에 불이 붙었다.[25] 시위가 일어난 지 하루 뒤, 처음으로 리프트 앱 설치 수가 우버를 앞질렀다.[26] 다음 해에는 우버가 미국의 승

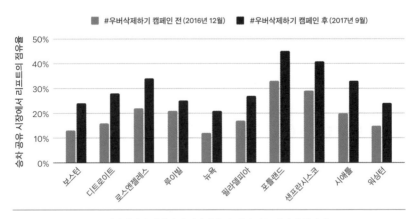

#우버삭제하기 캠페인으로 인한 리프트 시장점유율의 엄청난 증가

#우버삭제하기 캠페인이 시작된 후 우버가 치른 대가에 힘입어
미국 전역에서 리프트의 시장점유율이 증가했다.[28]

출처: 복스Vox

차 공유 시장에서 거의 10% 포인트를 잃어버리면서 리프트의 시장점유율은 샌프란시스코 29%에서 41%로, 필라델피아 17%에서 27%로, 로스엔젤레스 22%에서 34%로 증가하며 모든 도시에서 비슷한 수준으로 상승했다.[27]

우버의 행동은 엄청난 자살골이었다. 우버는 자신의 브랜드를 깎아내리면서 최대 라이벌에 무상으로 50% 성장할 기회를 제공했고 사용자들과의 관계에 영구적인 손상을 입었다. 브랜드가 이렇게 중요하다.

고객을 이해하라

론 존슨Ron Johnson은 브랜드 구축의 첫 단계, 그리고 마케팅의 첫 단계가 고객에 대한 이해라는 사실을 알아야 했다. 존슨은 소매업계의 챔피언이었다. 그는 앞서 타깃 판매팀의 임원,[29] 애플 소매팀의 시니어 임원[30]으로 근무한 경력이 있었다. 애플 스토어를 상징하는 지니어스바Genius Bar애플 제품을 수리해주는 시스템 및 공간-옮긴이, 공개 시연, 애플 제품 사용법을 가르쳐주는 무료 워크숍을 도입하기도 했다.[31] 따라서 존슨이 2011년에 JC페니JCPenney 백화점의 CEO로 부임한다는 소식은 큰 기대를 모았다.[32]

존슨의 최우선 과제는 JC페니를 고급 소매업자로 재인식시키는 것이었다. 존슨은 JC페니의 잦은 할인, 쿠폰, 창고 정리를 못마땅해하며 없애버렸다.[33] 대신 하이엔드 시장의 입맛에 맞추기 위해 일관되게 낮은 가격에 대한 새로운 전략을 고안하고[34] 부티크[35] 및 디자이너 의류[36]를 추가했다. 결과는 처참했다. 존슨은 17개월 만에 물러났고, 당시 JC페니의 주가는 57% 폭락했다.[37]

왜 그랬을까? 존슨이 저지른 잘못 중에는 JC페니에서 쇼핑하는 사람들을 이해하는 데 실패한 것도 포함된다. JC페니의 고객들은 애플의 고급 매장에 오는 고객과 달랐다. JC페니에서 쇼핑하는 사람들은 저렴한 옷을 원했고, 가성비 좋은 옷을 발견하는 설렘을 즐기는 데 더 큰 의미를 두었다. 이렇게 할인 제품을 사냥하는 고객들은 아마 존슨이 이끄는 JC페니가 "쿠폰도 없고, 미끼상품도 없습니다"라고 떠벌리기 시작했을 때 몹시 실망했을 것이다.[38] 존슨은 고급 제품 판매를 좋아했기 때문에, 사람들이 쿠폰을 오리고 할인 매장을 찾아다니는 걸 좋아할 거라고는 상상조차 할 수 없었다.[39] 하지만 고객들은 쿠폰과 할인을 좋아했고, 존슨은 그들을 떠나게 했다.

PM이라면 고객들이 자신과 다를 때 눈치챌 수 있어야 한다. 여러분이 끌어들이려는 고객 대부분은 전형적인 PM(최고의 혜택을 제공하는 신용카드 찾기를 즐기고 전 세계를 누비는 부유한 2030 세대)과는 완전히 다르다. 훌륭한 PM은 조사를 하고 고객의 입장이 돼서 생각하려고 노력한다. 존슨이 전략을 과감히 변경하기 전에 몇 시간 동안 쇼핑객 차림으로 JC페니를 돌아다녀봤다면 좋은 성과를 거뒀을 것이다.

개들은 개 사료가 어떻게 생겼는지 신경을 쓰지 않지만, 개 주인은 다르다. 개 사료를 구매하는 사람은 주인이므로 이런 광고들은 개 주인의 욕구와 취향을 대놓고 유혹한다.[40]

출처: 인스타그램 @NomNom

사용자와 고객이 다를 때

테크 업계에 종사하는 사람들은 사용자와 고객을 동일시하는 습관이 있지만, 이 둘이 항상 같지는 않다. 개 사료는 개가 먹지만(사용자는 개), 개 사료를 구매하는 대상은 인간이다(고객은 인간). 어버이날 선물은 부모가 아니라 자녀들이 구매한다는 것도 하나의 예시다.

따라서 사용자가 아니라 **고객**을 대상으로 제품을 마케팅해야 한다. 개가 주인에게 사료가 얼마나 맛있었는지 말해줄 수 없으

CODE 7 마케팅과 성장

므로 맛 좋은 사료를 만드는 것은 매출에 큰 도움이 되지 않을 것이다. 대신 사료가 어떻게 개의 수명을 연장하고 어떤 유기농 재료로 만들었는지에 집중해야 할 것이다.

화장품 브랜드인 올드스파이스 Old Spice는 이 개념을 잘 응용한 사례다. 올드스파이스의 마케터들은 남성용 화장품의 70%를 여성이 구매하지

올드스파이스의 바디워시 광고. 남성을 위한 제품이지만, 광고의 타깃은 여성이다.[42]

출처: 유튜브

만, 액스Axe 같은 남성용 바디워시, 샴푸, 체취 제거제의 광고 대부분이 남성을 겨냥하고 있으며 제품을 사용했을 때 남성들이 얼마나 더 '남성적'으로 느낄지를 강조한다는 사실을 발견했다. 그래서 올드스파이스는 여성을 겨냥한 광고 캠페인을 출시했다. 이 광고에서는 수건을 두른 잘생긴 배우가 "안녕하세요, 숙녀 여러분!"이라고 말하며 올드스파이스가 어떻게 여성 주변에 있는 남성들에게 더 매력적인 외모와 향기를 선사할 수 있는지 설명했다. 이 광고는 올드스파이스의 매출을 급격하게 증가시켰다.[41]

보너스 동영상

올드스파이스 바디워시 광고를 통해 남성 제품을 구매하려는 여성에게 광고하는 방법을 엿볼 수 있다.

youtube.com/watch?v=owGykVbfgUE

사례연구: 기업용 소프트웨어

테크 업계에서 고객이 사용자가 아닌 대표적인 사례는 급여관리 소프트웨어 워크데이Workday 또는 SAP의 지출보고 소프트웨어 컨커Concur 같은 기업용 혹은 B2B 소프트웨어다. 이때 사용자는 일반 부서에서 일하는 직원이지만 구매 결정을 하는 고객은 재무 또는 IT 부서에 있다. 이 고객들은 멋들어진 사용자 인터페이스나 빠른 로딩 시간에 별로 관심이 없다. 그들은 달러 당 지원되는 기능을 최대로 늘려서 소프트웨어 관리를 IT 부서에서 편하게 할 수 있길 바란다.

이에 따라 기업용 소프트웨어를 만드는 PM은 B2C(기업 대 소비자) 소프트웨어를 만드는 PM보다 사용자경험을 덜 중요시할 수밖에 없다. 이런 이유로 기업용 소프트웨어는 잘 사용하지도 않는데다 투박한 구식 기능이 잔뜩 들어 있다는 억울한 누명을 쓰게 된다.[43] 그 소프트웨어를 만든 PM들은 더 나은 사용자 인터페이스를 추가하고 싶었겠지만, 사용자 인터페이스는 매출에 별 도움이 되지 않는다는 이유로 우선순위가 낮아지는 경우가 대부분이다.

사용자 친화적인 인터페이스를 가진 슬랙은 예외다. 슬랙은 최종 사용

Battery life

Up to 12 hours of battery

Chrome OS optimizes your battery performance, so you can watch, play, create and do more with every charge.

*Battery life may vary based on device, usage and other conditions.

최대 12시간 지속되는 배터리 수명을 강조하는 크롬 OS의 소비자용 광고[47]

출처: 구글

자의 관심을 끌면 직원들이 그 소프트웨어를 강력히 요구함으로써 제품 판매에 도움이 될 수 있다는 사실을 보여주었다.[44] 하지만 결국 결정권은 재무팀에 있으므로 훌륭한 사용자 인터페이스만으로는 한계가 있다.

물론 소비자 대상 채널과 기업 대상 채널에서 제품의 마케팅 전략은 완전히 다를 수 있다. 예를 들어 구글의 크롬북은 일반 소비자와 대기업 모두에게 판매된다. 운영 시스템은 동일하지만(많은 경우 동일한 하드웨어를 양쪽 **채널**에 판매한다), 구글은 각 채널에 아주 다른 방식으로 광고를 한다. 기업용 마케팅 메시지는 기기가 얼마나 안전하고 관리가 편리한지를 강조하는 반면[45] 소비자용 메시지는 배터리 수명과 속도, 다른 기기와의 동기화 기능을 부각한다.[46]

포지셔닝

사용자와 그들의 니즈를 파악하고 브랜딩 전략을 만드는 첫 단계는 **포지셔닝**, 즉 사용자의 머릿속에서 제품이 확보할 위치를 결정하는 것이다.[48]

포지셔닝을 간단하게 설명하자면, 사용자가 여러분의 제품을 생각했을 때 머릿속에 떠오르는 단어들이 무엇일지 생각하는 것이다. 애플의 경우에는 '고급스러움'과 '배타성' 등의 단어일 것이다. 구글의 경우 '유용함'과 '모든 곳에 존재함'일지도 모른다. 이 단어들이 나타내는 것은 제품의 속성이 아니라 '감정'과 '개성'이라는 점에 주목하자. 이렇게 개성과 관련된 단어를 끌어내고자 할 때 사용할 수 있는 좋은 질문은 다음과 같다.

"칵테일 파티에서 우리 제품을 만난 사람이 있다면, 그 사람은 우리 제품을 어떻게 표현할까?"[49]

다음 두 줄의 **포지셔닝 문구**를 사용하여 제품을 요약할 수 있다.[50]

[제품]은 [목표시장]이 [혜택]을 하는 데 도움을 주는 [표현]이다.
사람들은 이 제품을 [개성]이라고 표현할 것이다.

예를 들어 구글이 인수한 인기 지도 앱 웨이즈Waze의 포지셔닝 문구는
다음과 같이 쓸 수 있다.

웨이즈는 출퇴근자가 도로 위 위험 요소와 정체를 피하는 데 도움을 주는 내비게이
션 앱이다. 사람들은 이 제품을 재미있고, 영리하고, 커뮤니티 중심이고, 친절하다
고 표현할 것이다.

여러분은 이런 과정을 즐길 수 있을 것이다. 아마 분명히 즐기게 될 것
이다. 여러분의 제품이 파티에서 어떻게 보일지 생각해보라.

하우스파티Houseparty는 사람들이 친구와 어울리고, 게임하고, 친구의 친구를 만
날 수 있게 해주는 영상 기반 파티 앱이다. 사람들은 이 제품을 왁자지껄하고, 즉흥
적이고, 수다스럽다고 표현할 것이다.

가치제안
위 공식에 다중 유형의 사용자를 위한 **가치제안**을 추가할 수 있다.[51]

유튜브는 온라인 영상 커뮤니티다. 시청자가 재미와 영감을 주는 영상을 찾고, 창
작자가 팬을 찾고 팬과 관계를 맺으며, 광고주가 세계에서 가장 넓은 범위의 관중
에게 메시지를 전달하는 데 도움을 준다. 사람들은 이 제품을 모든 주제에 대한
잡다한 지식을 영리하게 표현하는, 재치가 가득한 파티의 활력소라고 표현할 것
이다.

포지셔닝 문구에 가치제안이 포함되면 사실상 여러분의 **엘리베이터 피치**elevator pitch엘리베이터를 타는 짧은 시간 동안 상대방에게 아이디어를 효과적으로 전달하는 것-옮긴이가 되기 때문에 특히 더 유용한 도구가 된다. 팀원들이 포지셔닝 문구에 동의하면 웹사이트의 홈페이지, 링크드인 설명, 언론 자료 등을 업데이트할 수 있다. 엘리베이터 피치는 사람들에게 제품 또는 회사를 소개하려고 할 때 언제나 재활용할 수 있는 발표문이 된다.[52]

브랜드 피라미드

포지셔닝은 제품이 지닌 브랜딩 이야기의 일부분일 뿐이다. 브랜딩에는 두 가지가 더 있다. 제품이 불러일으키는 감정적 혜택, 제품이 수행할 보다 광범위한 사회적 임무다.

제품은 사용자에게 어떤 감정을 느끼게 하는가? 제품은 세상에 어떤 종류의 변화를 일으키고자 하는가?[53] 사회적 임무는 주로 회사의 비전이나 강령에서 나온다.[54] 예를 들어 마이크로소프트의 임무는 "지구상의 모든 사람과 조직에 더 많은 성과를 이룰 능력을 부여하는 것"이다.[55] 오피스부터 애저까지 마이크로소프트의 제품 대부분은 브랜드의 일원으로서 이 임무를 계승한다.

그리고 나면 여러분은 5단계 **브랜딩 피라미드**를 구성할 수 있다. 최하단은 제품의 가장 기본적인 부분이고, 단계가 높아질수록 더 추상적이고 관념적인 개념이 적용된다. 피라미드는 다음 순서로 구성된다.[56]

1. **기능과 속성:** 제품이 하는 일
2. **기능적 혜택:** 사용자의 문제를 해결하는 제품의 기능
3. **감정적 혜택:** 제품이 사람들에게 선사하는 느낌

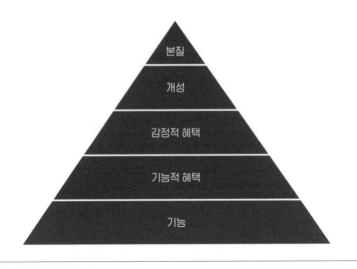

브랜드 피라미드. 각 단계는 바로 아래 단계를 기반으로 한다.

4. 브랜드 개성: 사용자와 감정적 유대감을 쌓기 위해 사용되는 제품의 인간적인 특징

5. 브랜드 본질: 제품이나 회사가 수행할 보다 광범위한 임무

브랜드 피라미드는 모든 마케팅 업무의 기초가 된다. 모든 광고, 성장 전략, 영업 전략 등이 이 피라미드를 기반으로 하므로 충분한 시간을 투자해서 피라미드를 구성해야 한다.

사례연구: 테슬라

테슬라는 명목상으로 연비가 나쁜 자동차를 전기차로 대체해서 환경을 보호하려는 목표를 가진 자동차 회사지만, 자세히 들여다보면 환경을 지키는 자동차 제조업 브랜드라고 하기가 조금 어렵다.

자세히 살펴보면 테슬라는 그저 또 하나의 전기차 회사가 아니다. 테슬라는 고급 자동차만큼 비싼 가격에 판매된다.[57] 모델 S의 가격은 7만 달

테슬라의 웹사이트는 포드보다 애플의 웹사이트와 더 비슷하다.[64]

출처: 테슬라

러가 넘고,[58] 일론 머스크는 "1%"를 겨냥한다고 밝혔다.[59] 머스크는 자동차 영업소에서 흔히 볼 수 있는 광경인 줄줄이 늘어선 자동차 행렬[61]과 할인 및 흥정[60]을 금지한다. 테슬라는 토요타 프리우스Toyota Prius가 단 한 번도 해내지 못한 방식으로 부유한 연안 지역 거주자의 지위를 상징하는 자동차가 됐다.[62] 게다가 전기차는 차의 동력원인 전기만큼만 깨끗하다고 할 수 있는데 세계의 많은 지역에서 전기는 석탄과 석유와 동급이다.[63]

만약 테슬라가 정말 친환경 혁명을 일으키려고 했다면 토요타 프리우스나 쉐비 볼트Chevy Volt[65]같이 초효율적인 자동차를 대량 생산했을 테고, 머스크는 자신이 지닌 공학 기술 분야의 특출난 역량을 깨끗한 수소연료로 달리는 자동차를 생산하는 등 다른 방향으로 사용했을 것이다.[66] 하지만 테슬라는 자동차 영업소에 저가 자동차를 판매하는 것을 거부했고,[67] 머스크는 수소연료 전지를 "정신이 멍해질 정도로 멍청한" 기술이라고 표현했다.[68]

따라서 우리는 직감적으로 테슬라가 친환경 브랜드라기보다는 "바퀴 달린 애플"[69] 즉 고급 브랜드 쪽에 가깝다고 짐작한다. 하지만 테슬라는 이

것보다 조금 더 복잡하다. 테슬라의 브랜드를 엄격한 잣대로 분석하기 위해 브랜드 피라미드를 그려보자.

가장 하단에는 기능이 있다. 테슬라의 자동차들은 당연히 모두 전기차지만, 자동차 한 대에 온갖 첨단기술과 스포츠카 기능을 담고 있다. 테슬라는 하이엔드급 모델 S가 2.3초만에 속도를 시속 0에서 약 96킬로미터까지 올릴 수 있다고 자랑한다.[70] 페라리, 부가티, 포르쉐, 맥라렌을 뛰어넘는 성능이다.[71] 테슬라의 일부 모델에는 화려한 팔콘윙falcon wing매의 날개처럼 열고 닫히는 형태-옮긴이 문까지 달려 있다.[72] 기술적인 면에서 보면 테슬라 자동차는 고속도로에서 오토파일럿Autopilot 기능으로 자율주행을 할 수 있고,[73] 주차장에서 스마트 서먼Smart Summon 기능으로 오너의 위치를 혼자 찾을 수 있으며,[74] 소프트웨어를 OTAover-the-air무선으로 소프트웨어를 업데이트하는 기술-옮긴이 방식으로 자동 업데이트한다.[75] 요컨대 이 기계들은 애플이 BMW를 만난 것 같은 최첨단 스포츠카다.

자동차의 기능은 피라미드의 두 번째 층인 기능적 혜택에 직접 반영된다. 기능적 혜택이란 사용자의 문제를 해결해주는 제품의 기능이다. 전설적인 하버드 경영대학원의 클레이튼 크리스텐슨Clayton Christensen 교수는 이 두 번째 단계를 "해야 할 일jobs-to-be-done"이라고 불렀다.[76]

독일의 라이벌 자동차 브랜드인 BMW와 메르세데스Mercedes를 비교해보자. BMW의 인체공학적으로 디자인된 인테리어와 조명, 민첩한 엔진[77]은 "최고의 드라이빙 머신"이라는 기능적 혜택에 반영된다.[78] 성능이 우수한 자동차를 원하는 사람은 BMW를 구매한다. 한편, 메르세데스는 BMW보다 무겁고 연비가 나쁜 엔진을 장착했지만, 더 맵시 있는 외형과 나무와 크롬chrome은백색 광택이 나는 금속-옮긴이, 가죽을 많이 사용하여 고급스러운 인테리어라는 기능적 혜택에 반영된다.[79] 보기 좋고 고급스러운 느낌을 주는 자동차를 원하는 사람은 메르세데스를 선택하는 것이다.

BMW에 더 가까운 테슬라의 기능적 혜택은 기능 세트에서 바로 드러

'팔콘윙 문'을 열어둔 테슬라 모델 X [83]

출처: 위키미디어

난다. 테슬라의 강력한 전기모터는 훌륭한 가속 및 핸들링 기능과 함께 빠르고 조용한 동시에 부드러운 승차감을 선사한다.[80] 테슬라의 전기 충전소인 수퍼차저Supercharger 네트워크는 테슬라 자동차에 든든한 주행거리를 제공한다.[81] 최첨단 기술이 적용된 테슬라의 인테리어는 세련되고 깔끔하며 메르세데스보다는 BMW에 더 가까운 느낌을 준다.[82]

게다가 BMW와 달리 테슬라의 소프트웨어는 정기적으로 업데이트되어 시간이 지날수록 테슬라 자동차를 더 개선되게 해준다. 다시 말해 장거리 주행을 즐기기에 좋고, 성능이 우수하고, 혁신적인 차량(기능적 혜택)을 원하는 사람은 테슬라를 선택한다. 출퇴근에 최적화된 효율적이고 단순한 프리우스와 비교해보자.[84] 테슬라가 실제로 고급 브랜드를 추구하는 건 아니라는 점도 매우 중요하다. 테슬라 인테리어의 간소하고 위로 열리는 '팔콘윙 문' 같이 특이한 기능들은 고급스럽다기보다 '멋지다'.[85]

하단의 두 단계는 브랜드 피라미드가 더 추상화되는 단계인 감정적 혜택에 반영된다. 이때 테슬라 자동차의 환경친화적인 특성은 테슬라가 지닌 전체 매력의 아주 작은 일부일 뿐임이 확실해진다. 여러분이 테슬라 자동

전기차를 충전할 수 있는 테슬라 수퍼차저. 전 세계 고속도로에 설치돼 있다.[86]

출처: 픽사베이 @Blomst

차를 구매하면, 여러분은 (고루한 휘발유, 지저분한 자동차 영업소, 투박한 디지털 인터페이스가 없는) 자동차의 미래를 먼저 경험해보는 계몽 단체, 미래적인 사고를 하는 배타적 집단인 테크노파일technophile첨단기술을 즐기며 좋아하는 사람-옮긴이에 입단하는 것이다.

테슬라의 배타성은 전기 충전소 수퍼차저 네트워크에서 시작된다.[87] 수퍼차저는 테슬라 소유주만 사용할 수 있다.[88] 휘발유 자동차를 사용하는 사람들은 악취 나는 휘발유 펌프의 매끈해진 최신 버전을 부러움의 눈길로 바라볼 수밖에 없을 것이라는 생각에서 착안했다. 테슬라 소유주만 참석할 수 있는 특별 포럼도 있으며, 미래적인 사고를 하는 테슬라 소유자와 옛날 기술에 갇혀 있는 대중을 대비시키는 '우리 vs 그들' 식의 사고방식도 탄생했다.[89] 이런 것들은 테슬라 고객들 사이에서 막강한 브랜드 충성도가 자라나게 한다.[90]

다시 말해 테슬라를 소유하면 스스로 혁신적이고, 지적이고, 당당한 사람이자 유대가 긴밀한 단체의 일원이라는 느낌을 받을 수 있다. 이것은 테슬라 자동차의 근본이 되는 통찰로 이어진다. 테슬라 자동차는 환경친화적 목적 때문에 전기로 달리는 것이 아니라(물론 이 목적도 도움이 되기는 한다) 전기가 자동차의 미래이고 테슬라 운전자들이 미래에 살고 싶어 하므로 전기차가 된 것이다.

테슬라가 바라는 감정적 혜택은 테슬라의 사업 전략 일부를 설명한다. 테슬라는 데뷔작 테슬라 로드스터Tesla Roadster의 2008년 출시 당시 판매가 11만 달러를 찍으며 의도적으로 하이엔드 시장에서 시작했다. 로드스터가 브래드 피트, 제니퍼 가너를 비롯한 할리우드 연예인들에게 인기를 끌었던 이유 중 하나는 높은 가격이었다. 머스크는 시간이 지나고 나서야 저렴한 자동차를 만들기 시작했다.[91] 이 전략의 목표는 테슬라에 혁신과 배타성이라는 브랜드를 성공적으로 입히는 것이었다. 저가 시장에서 시작했다면 머스크의 의도와 달리 사람들은 테슬라 브랜드의 첫인상을 평범하다고 느꼈을 것이다.

네 번째 단계인 브랜드 개성은 테슬라의 경우 사실상 일론 머스크를 뜻한다. 이 괴짜 억만장자는 테슬라의 얼굴이고 두뇌이며 영혼이다. 언론에서 그는 혁신가, 카리스마 있는 천재의 이미지로 그려지며[92] 스티브 잡스, 알버트 아인슈타인과 나란히 언급됐다.[93] 미국의 가장 흥미로운 자동차 제조업체를 설립했을 뿐 아니라 인간을 화성에 데려가겠다는 목표를 달성하기 위해 일하고,[94] 전기 제트기를 분석하고,[95] 하이퍼루프Hyperloop라고 불리는 초현대적인 초고속 지하철도를 설계한 남자가 바로 일론 머스크다.[96]

머스크의 팬들은 그를 현실 세계의 아이언 맨Iron Man이라고 부른다. '마블Marvel' 영화에서 아이언 맨의 역할을 맡았던 로버트 다우니 주니어는 아이언 맨이라는 부업을 하는 선구적인 거물 토니 스타크의 캐릭터를 이해하기 위해 머스크를 만나기도 했다.[97] 이론은 이렇다. 여러분이 테슬라를 구매하면 머스크와 조금 더 비슷해질 수 있고, 그의 흥미로운 자질을 더 많이 본받을 수 있다. ◆

브랜드 피라미드의 다섯 번째 단계는 브랜드 본질, 바로 세상을 바꾸겠다는 테슬라의 비전이다. 이 단계는 꽤 명확하다. 테슬라가 명시한 임무는 "지속 가능한 에너지로의 세상적 전환을 가속화하는 것"이다.[98]

이 임무는 환경친화적인 느낌과 혁신적 분위기라는 두 부분으로 나뉜다. 사람들은 테슬라 자동차를 구매하면서 그들이 화석연료로 돈을 버는 부유하고 막강한 기득권 세력과 당당히 맞서 싸운다고 느낀다. 따라서 테슬라를 구매하는 것은 더 나은 세상을 만들기 위해 혁신을 사용하는 반항적인 행위가 된다. 이는 사람들이 테슬라에 매력을 느끼는 수많은 이유 중 하나다.

이 모든 내용을 종합해 피라미드에 넣으면 테슬라의 브랜드는 명확해진다. 각 단계는 바로 위 단계를 반영한다. 맨 꼭대기에는 브랜드 본질, 즉

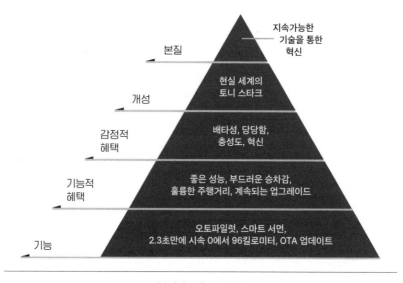

테슬라의 브랜드 피라미드

◆ 브랜드 개성으로 사람을 사용했을 때의 위험은 (머스크가 아들의 이름을 'X Æ A-12'라고 지은 것처럼) 그 사람의 별난 점이 브랜드에 물든다는 것이다.

지속 가능한 기술을 통한 혁신이 있다.

　브랜드를 생성하고 난 다음에 할 일은 브랜드를 전달하는 것이다. 따라서 기능 로드맵을 만들 때 브랜드에 대한 이해는 필수다. 예를 들어 자율주행 기능은 처음부터 전기차와 관련짓기 힘들다. 물론 자율주행이 편리한 기능인 건 맞지만, 전기모터 및 환경적인 동기와 대체로 독립적이라고 느껴진다. 하지만 테슬라의 브랜드가 환경친화적인 것뿐 아니라 혁신적이기도 하다는 사실을 알면 모두 이해되기 시작한다. 전기모터는 혁신적이고, 자율주행차도 혁신적이다. 따라서 테슬라 같은 브랜드는 두 가지를 모두 갖춰야 한다.

32장

What Are You Hunting?

무엇을 사냥하고 있는가?

야후의 PM이었던 리테시 랄Ritesh Lal의 말에 따르면 전성기의 야후에는 주식부터 뉴스와 검색 서비스까지 야후의 다양한 사업에 적용되는 **아홉 자리 규칙**이 있었다고 한다. 이 규칙은 각 사업 부문이 야후의 지원을 받으려면 최소 1억 명의 월간 활성 사용자를 보유하고 있거나 최소 1억 달러의 연간 매출을 달성해야 한다는 것이었다. 회사는 이보다 적은 실적을 내는 사업은 거대한 회사의 시간을 투자할 가치가 없다고 판단했다. 이 아홉 자리 규칙은 실리콘밸리의 통상적인 기준으로 자리 잡았다. 많은 벤처 투자가들이 이 규칙으로 스타트업을 평가한다.[1]

여러분이라면 어떻게 연간 1억 달러를 벌겠는가? 창업할 수 있는 테크 사업의 종류는 무수히 많지만, 우리가 **사냥 모델**hunting model이라고 부르는 모델에 의하면 일반적으로 5가지 카테고리로 분류될 수 있다. 영업 담당자 사이에서 인기를 끌고 있는 이 모델은[2] 연간 고객 1명당 벌어들이고자 하는 매출의 평균, 그러니까 ARPA(계정당 연간 매출)annual revenue per account◆를 기준으로 회사를 분류한다.[3]

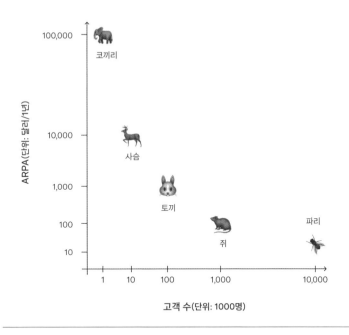

5가지 방식으로 연간 매출 1억 달러를 벌 수 있다.
각 방식은 '사냥'할 수 있는 각기 다른 '동물'로 대표된다.
극히 적은 소수의 사용자로부터 거액을 벌어들일 수 있고(코끼리),
반대로 다수의 사용자로부터 소액을 벌어들일 수도 있다(파리).[4]

출처: 비주얼 캐피탈리스트Visual Capitalist

이 모델은 다양한 종류의 고객을 우리가 사냥할 수 있는 각기 다른 '동물'로 표현한다. 어떤 동물을 사냥하는가에 따라 마케팅, 영업, 광고 및 성장 전략, 즉 제품을 수익화하는 모든 방법이 달라질 것이다.

이 모델에는 연간 매출 1억 달러를 벌기 위한 5가지 선택지가 있다. 1000만 명의 고객(파리)으로부터 10달러씩 받을 수 있고, 100만 명의 고객(쥐)으로부터 100달러씩 받을 수 있고, 10만 명의 고객(토끼)으로부터

◆ ARPA(계정당 연간 매출)는 ARPU(사용자당 연간 매출)annual revenue per user보다 조금 더 보편적으로 사용되는 용어다. ARPA는 소비자용과 기업용 제품에 모두 사용되지만, ARPU는 대체로 소비자용 제품에만 적용된다.

1000달러씩 받을 수 있고, 1만 명의 고객(사슴)으로부터 1만 달러씩 받을 수 있고, 1000명의 고객(코끼리)으로부터 10만 달러씩 받을 수 있다.[5] 이 모델에는 가끔 (100명의 고객으로부터 100만 달러씩 받는) '고래'라는 여섯 번째 카테고리가 추가되기도 하지만, 마케팅과 영업 전략이 코끼리 사냥을 할 때와 거의 같기 때문에[6] 고래와 코끼리는 보통 동일 카테고리로 묶인다.

지금부터 동물의 종류별로 이상적인 마케팅, 영업, 광고 및 성장 전략을 살펴보자.

파리: 10달러씩

1억 달러 가치의 테크 사업을 구축하는 첫 번째 방법은 1000만 명의 사용자로부터 연간 10달러씩 버는 것이다. 사냥 모델의 핵심 규칙에 따르면 사용자 1명을 더 획득하기 위해 사용하는 CAC(고객획득비용)가 사용자가 소비할 금액 LTV(고객생애가치)를 초과하면 안 된다. 사실 여러분의 CAC는 LTV의 3분의 1보다 적어야 이상적이다.[7]

파리의 낮은 LTV(고객으로 머무는 기간 중 연간 10달러)는 여러분이 파리를 대상으로 하는 마케팅이나 광고에 큰 비용을 쓰지 말아야 함을 뜻한다.[8] 그러니까 광고 슬롯의 가격이 30초당 500만 달러를 초과하는 슈퍼볼 Super Bowl 광고는 아마 고려할 대상이 아닐 것이다.[9]

파리의 LTV는 너무 낮아서 수익을 내며 파리를 사냥할 유일한 방법은 전통적인 방식의 광고를 전혀 하지 않는 것뿐이다. 대신 비용을 들이지 않고 고객을 데려와야 하는데, 그 방법으로는 주로 **바이럴 성장 마케팅** 또는 막대한 양의 UGC라는 두 가지 방식이 활용된다.[10]

바이럴 마케팅이라고도 불리는 바이럴 성장 마케팅은 비용 지출 없이 사용자가 또 다른 사용자를 플랫폼에 데리고 오는 것으로, 사용자가 친구나 가족을 초대하는 인스타그램, 왓츠앱, 스냅챗 등 소셜 제품의 형태를 띨 수 있다. 더 추상적인 표현으로는 타인이 가입하면 사용자들이 자발적으로 참여하는 플랫폼처럼 강력한 **네트워크 효과**를 가진 소셜 제품을 의미할 수도 있다. 일례로 대학 캠퍼스의 매력적인 학생들이 틴더나 범블 같은 데이팅 앱에 충분히 많이 가입하면 캠퍼스에 있는 다른 학생들도 분명히 모여들 것이므로 광고할 필요가 없다.[11]

수많은 사용자를 무료로 모집하는 또 다른 방법은 구글을 통해 사용자들이 웹사이트로 이동하도록 만드는 것이다. 이 방법을 활용하려면 다양한 검색어가 사이트로 연결되도록 페이지를 많이 생성해야 한다. 결국 사용자들이 페이지를 만들고 있을 때만 가능하므로, 이런 제품들은 **사용자 제작 콘텐츠**, 즉 **UGC**에 의해 생사가 결정된다. 콘텐츠를 만든 이후에 이런 사이트들은 **SEO(검색엔진 최적화)**라는 기술을 활용해 구글에서 높은 순위권을 차지해야 한다. 쿼라, 레딧, 옐프, 스택오버플로우, 핀터레스트, 미디움Medium 등 수십 군데의 인기 스타트업이 UGC와 SEO의 조합을 활용하여 수많은 파리를 사냥한다.

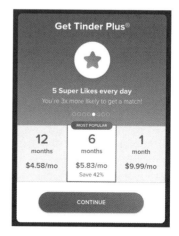

파리를 찾는 방식이 소셜 바이럴 마케팅이든 UGC든 상관없이 일반 사람은 레딧이나 인스타그램 같은 서비스를 사용하는 데 돈을 내고 싶지 않을 것이므로 주요 수익화 방식은 광고다. 몇 가지 예외가 있기는 하다. 데이팅 앱은 사용자가 매치 확률을 높여주는 인앱 구매와 유료 구독을 통해 열성 사용자로부터 소액의 수익을 낸다.[12]

틴더는 무제한 스와이프swipe틴더 앱 화면을 밀어서 상대방에 대한 호감도를 표현하는 것-옮긴이, 슈퍼 라이크Super Like, 광고 숨기기와 같은 혜택을 제공해주는 골드Gold 및 플러스Plus 구독 상품 판매를 통해 수익을 낸다.

출처: 틴더

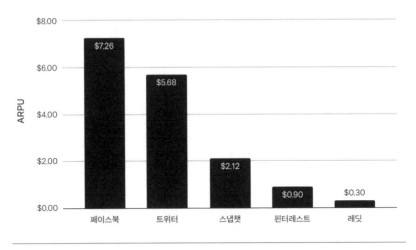

파리를 사냥하는 기업들의 ARPU

인기 있는 파리 사냥 기업들의 ARPU(사용자당 연간 매출)[16,17]
출처: CNBC

이때 사용자 1명에게 받는 실제 금액 ARPU는 언제나 연간 10달러, 심지어는 10달러 근처에도 못 미칠 수 있다는 점에 주목하자. 페이스북의 ARPU는 미국과 캐나다에서 사용자당 40달러를 넘지만 아시아에서는 4달러밖에 되지 않는다.[13] 파리를 사냥하는 대부분 기업의 ARPU는 실제로 10달러 기준에 미치지 못하지만,[14,15] 10달러는 사냥 모델에 필요한 대략적인 액수라고 하기에 적합하다.

쥐: 100달러씩

다음으로 살펴볼 카테고리는 일반적으로 제품에 연간 약 100달러를 소비하는 매우 작은 규모의 기업이나 소비자인 쥐다. 유한책임회사LLC 또는 3인 컨설팅 기업을 생각하면 된다.[18] 여기에는 메일침프MailChimp 같은 소규모 비즈니스용 도구, 윅스Wix와 스퀘어스페이스Squarespace를 비롯한 웹사이트 구축 도구, 스포티파이, 넷플릭스, 훌루 같은 엔터테인먼트 서비스, 아마존 프라임 같은 다양한 소비자 서비스, 명상 앱 캄과 드롭박스 플러스Dropbox Plus가 포함된다.

이런 서비스 대부분은 월간 또는 연간 구독서비스로 수익을 낸다. 정확히 연간 100달러를 청구하는 서비스도 있지만, 대부분 서비스의 ARPPU(유료 사용자당 연간 수익)는 대략 비슷한 범위에 들어간다.

ARPU와 ARPPU 사이에는 미세한 차이가 있다. ARPU는 **모든 사용자**의 평균 매출이지만, ARPPU는 **유료 사용자**만 고려한다. 우리가 파리 사냥꾼들을 분석할 때는 사용자들이 서비스를 '유료'로 사용하지 않으므로 ARPU를 활용한다. 파리 사냥꾼의 수입은 인앱 구매를 제외하면 광고에서 대부분 나온다. ARPPU는 사용자들이 제품을 유료로 사용할 때 더 정확하

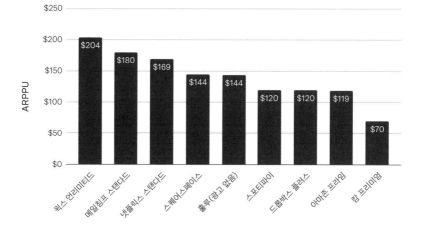

쥐를 사냥하는 기업들의 ARPPU

쥐 사냥 제품의 ARPPU(유료 사용자당 연간 수익)[19~27]
출처: 윅스, 메일침프, 넷플릭스, 스퀘어스페이스, 훌루, 스포티파이, 드롭박스, 아마존, 캄

며 쥐를 사냥하는 제품이 여기에 속한다.

LTV(고객생애가치)가 100달러 단위이므로 TV 및 페이스북 광고, 소셜 미디어 도배하기, 소식지, 인플루언서 포스팅 등 전통적인 광고와 마케팅 기술에 꽤 큰 비용을 지출할 여유가 생긴다.

하지만 많은 돈을 마케팅과 광고에 소비할 수 있다고 해서 반드시 그래야 하는 건 아니다. 100만 명의 유료 고객을 얻으려면 1000만에서 2000만 명의 사람들이 제품을 사용해봐야 한다고 추산된다. 이렇게 많은 사용자를 모집하기 위해 광고를 하려면 큰 비용이 들 것이다. 따라서 저렴하게 신규고객을 데려올 제한된 바이럴 루프를 만들어볼 만하다.[28] 사용자들은 파리 사냥 제품의 경우처럼 유료 구독서비스에 거저 가입해주지 않을 것이다. 이때 추천인 보너스 같은 전술을 사용하는 것이 좋다. 친구를 초대하면 500메가바이트의 저장 공간을 무료로 제공해주는 드롭박스,[29] 초대한 친구가 첫 여행을 마치고 나면 사용자에게 20달러를 주는 에어비앤비[30] 등의 사례가 있다.

토끼: 1000달러씩

쥐 다음 단계부터 제품 판매 대상은 일반 고객이 아니다. 평균적인 사람은 테크 제품에 매년 1000달러씩(토끼 그룹의 기준 금액) 소비하지 않을 것이다. 토끼 사냥에 발을 들이기 시작한 이상 비즈니스의 세계, 또는 B2B 제품의 세계에 진입한 것이다.

이 시점부터 ARPU나 ARPPU는 더 이상 중요하지 않게 된다. 개별 최종 사용자가 얼마나 많은지를 걱정하지는 않는다. 대신 하나의 고객 계정이 지불하는 총금액, 즉 **ARPA(계정당 평균 매출)**average revenue per account◆에 관심을 갖게 된다. 예를 들어 어떤 피자 가게가 매년 1000달러씩 지불하기만

하면 그 가게에서 일하는 직원이 5명인지 50명인지 신경 쓰지 않는다.

　트렐로, 슬랙, 아사나, 깃허브, 구글 워크스페이스Google Workspace 등 잘 알려진 소규모 전용 생산성 도구는 토끼 사냥꾼으로 분류할 수 있다. 슬랙에서 제공하는 소기업 대상 패키지(프로 요금제)의 사용료는 사용자당 월별 6.67달러로 책정돼 있으므로 12명 규모의 사업체는 슬랙에 연간 1000달러 정도를 지불할 것이다. 하지만 이런 도구들은 직원당 가격으로 비용을 청구하는 경우가 많으므로, 타깃 고객의 규모에 따라 쥐, 사슴, 심지어는 코끼리 사냥꾼이 될 수 있다. 슬랙의 12.50달러짜리 비즈니스 플러스 패키지를 사용하는 70명 규모의 회사는 연간 1만 달러 정도를 지불할 것이다.

　제품이 다양한 종류의 동물을 동시에 사냥하더라도 각 동물에 서로 다른 마케팅, 광고, 영업 전략을 사용해야 한다는 것을 기억하자.

슬랙은 기업에 매달 직원당 요금을 부과하여 쥐, 토끼, 사슴, 심지어 코끼리에게도 서비스를 제공할 수 있다.[32]

출처: 슬랙

◆ ARPA는 사실상 ARPPU와 동일한 의미를 지녔지만, 기업 대상 영업에서는 ARPA가 더 적합한 용어다.

바이럴
마케팅　　　마케팅　　　　　　　　　　　　　　　영업　　복합 영업

유통 부진

파리　　　　쥐　　　　　　토끼　　　　　　사슴　　　코끼리
10달러　　　100달러　　　1000달러　　　1만 달러　　10만 달러

토끼를 사냥할 때는 전통적인 마케팅과 영업이 특별히 효과적이지 않은 영역에 떨어지게 된다.
이 영역을 유통 부진이라고 부른다.[33]
출처: 「제로 투 원」

특히 토끼들은 타깃으로 삼기 까다로운 고객이다. 토끼들은 전통적인 광고와 마케팅이 효과를 발휘하기에 너무 크다. 소기업은 창립자가 인스타그램에서 본 어떤 광고 때문에 쇼피파이Shopify에 1000달러를 내지 않을 것이다.[34] 또한 고전적인 영업팀을 보내기에는 너무 작다. 연간 1000달러밖에 지불하지 않는 고객들은 영업 담당자 1명에게 줄 월급만큼의 가치가 없다. 게다가 10만 명의 고객을 담당할 만큼 영업 인력이 충분하지 않을 것이다. 유명한 사업가 피터 틸Peter Thiel은 이 구간을 유통 부진Distribution Doldrums이라고 부른다.[35]

우리가 지금까지 논의한 광고, 인플루언서 포스팅, 심지어 콜드 이메일cold email미지의 잠재고객에게 이메일을 통해 연락하는 것-옮긴이 등 전통적인 전술은 **아웃바운드 마케팅**outbound marketing이라고 부른다. 아웃바운드 마케팅이란, 잠재적인 구매자들에게 제품을 들고 가서 관심이 있냐고 물어보는 것이다. 옛날의 방문판매 방식과 무역 컨퍼런스는 아웃바운드 마케팅의 고전적인 사례다.[36] 앞서 말했듯이 이런 전략은 토끼와 대형 동물에게는 그다지 유용하지 않다.

대신 잠재고객들이 웹사이트를 자발적으로 방문하게 하는 **인바운드 마케팅**inbound marketing이 가장 효과적이다. 인바운드 마케팅은 홈 경기장에 사람들을 데리고 오면 구매로 유도하기 즉, **전환하기**가 훨씬 더 쉽다는 이론을 기초로 한다.[37] 사이트를 방문시키기 위해 블로그 포스팅, 바이럴 영상, 무료 강좌와 전자책 등을 제작한다. 사람들이 이 콘텐츠를 얻으려고 웹사이트를 방문했다가 회사에 호감을 느끼게 되면, 구매할 확률이 높아질 것이다.[38]

디지털 마케팅 기업 허브스팟HubSpot은 인바운드 마케팅의 창시자로 알려져 있다. 그 위상에 걸맞게 허브스팟은 인바운드 마케팅을 노련하게 사용한다. 허브스팟의 웹사이트는 수백 가지의 유용한 전자책, 블로그 포스팅, 무료 강좌뿐 아니라 인바운드 마케터를 위한 무료 웹사이트 도구를 제공한다.[39] 허브스팟은 마케터들이 인바운드 마케팅의 기술을 배우려고 허브스팟에 온다는 사실을 알고 있다. 이에 따라 마케터들이 소속된 기업은 마케팅 소프트웨어를 구매하려고 할 때 자연스럽게 허브스팟의 문을 두드리게 된다.

인바운드 마케팅은 영업 담당자를 고용하지 않고도 정확하게 여러분이 원하는 잠재고객의 마음을 얻고 제품을 판매하는 데 필요한 신뢰를 쌓

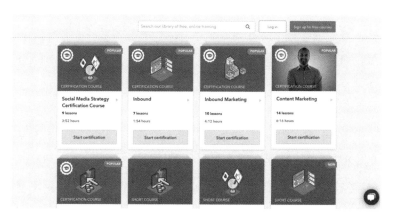

허브스팟은 마케터들과 호의적인 관계를 구축하기 위해 수십 개의 무료 마케팅 강좌를 제공한다. 이를 통해 마케터들과 사업적 신뢰 관계를 형성할 수 있다.[40]

출처: 허브스팟

아주기 때문에 토끼 사냥에 효과적이다.

사슴: 1만 달러씩

이 단계부터는 중기업(200명 규모의 스타트업) 또는 대기업에 속한 소규모의 팀(포춘 500대 기업의 부서 한 곳)에 제품 판매를 시작한다. 특히 허브스팟, 아틀라시안Atlassian, 아사나 같은 기업이 이런 고객을 대상으로 제품을 판매한다.[41]

고객들은 인적 교류를 원할 만큼 규모가 충분히 커졌고, 이는 토끼를 대상으로 하는 인바운드 마케팅 전략으로는 충분치 않다는 뜻이다.[42] 따라서 마케팅에서 영업으로 전환해야 할 것이다. 하지만 아직 고객의 규모가 본사에 거대한 영업팀을 보낼 만큼 커진 상태는 아니다.[43]

이때에는 **내부 영업**inside sales 또는 **원거리 영업**remote sales이라는 중간 전술을 택하는 것이 좋다. 이 전술에서는 고객에게 영업 담당자가 배정되지만 고객과 영업 담당자의 교류는 전화 또는 인터넷상에서만 이뤄진다.[44] 이러면 각 고객을 지원하기 위해 지출되는 비용을 저렴하게 유지할 수 있다. 또한 연간 1만 달러를 소비하는 고객은 풀타임 담당자 1명을 배치할 정도로 규모가 크지 않기 때문에 이 경우 각 영업 담당자가 보통 한 곳 이상의 고객을 관리한다.[45]

기업용 제품을 토끼, 사슴, 코끼리에게 판매할 수는 있지만, 일부 벤처 투자자들은 소기업 또는 새로운 팀에게 사슴에 집중하라고 조언한다. 코끼리들은 대규모의 지원 인력, 항시 대기 중인 업무 지원 센터, 교육 세션 및 소규모의 팀이 처리하기 힘든 기타 서비스를 약속해줘야 하기에 손이 많이 간다. 한편, 회사의 '배를 채워줄' 충분한 양의 토끼를 사냥하는 것도 힘든 일이다. 이 고객들은 실제 토끼처럼 잡아서 가둬놓기가 힘들기 때문이다.

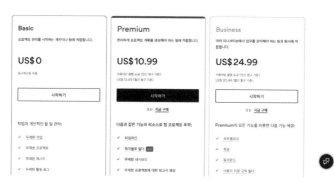

아사나는 직원당 월간 25달러의 표준요금 시스템을 제공한다. 이 요금은 주로 사슴을 겨냥한 것이다. 코끼리는 이런 '셀프서비스' 방식을 선택할 수 없고, 영업팀에 문의해야 한다. 사슴과 코끼리 모두를 대상으로 판매하는 대부분의 기업용 소프트웨어의 일반적인 요금 체계다.[46]

출처: 아사나

따라서 거대한 토끼 무리의 뒤를 쫓으면 지치기만 하고 적은 양의 '고기'밖에 수확하지 못할 것이다. 하지만 사슴은 가운데의 스위트스폿을 차지하고 있다. 사슴의 덩치는 여러 마리를 잡을 필요가 없을 만큼 적당히 크고, 1마리를 잡기가 부담스럽지 않을 만큼 적당히 작다.[47]

코끼리: 10만 달러씩

코끼리(그리고 더 큰 덩치의 100만 달러짜리 고래)는 우리가 사냥할 수 있는 가장 큰 고객이다. 이들은 대개 포춘 500대 기업 또는 국가 기관이다. 마이크로소프트 오피스, 아마존 웹서비스, CRM(고객 관계 관리)customer relationship management 서비스인 세일즈포스, 인사관리 및 급여 지급용 서비스 워크데이

32장 무엇을 사냥하고 있는가?

581

등 통상적인 포춘 500대 기업이 사용할 만한 소프트웨어를 떠올려보자. 이런 제품들이 코끼리를 사냥하고 있다.[48]

코끼리는 크기가 워낙 커서 100마리만 잡으면 1억 달러의 목표를 달성할 수 있다. 하지만 1마리를 잡는 데 엄청난 노력이 투입된다. 코끼리 사냥은 스테이크를 써는 저녁 식사, 와인잔을 부딪히며 식사하는 CEO들, 양복을 차려입고 본사를 방문하는 출장, 라스베이거스에서 개최되는 거창한 소비자 컨퍼런스의 영역이다. 고객을 획득하기 위해 막대한 비용을 지출할 수 있는데, 연간 10만 달러를 지불하는 고객은 그만큼 기대치가 높을 것이기 때문에 큰 비용 지출이 필수인 경우도 많다.[49]

앞서 이야기했듯이 코끼리 사냥에는 마음을 굳게 먹고 뛰어들어야 한다. 이런 고객이 필요로 하는 (그리고 기대하는) 지원의 규모는 핵심제품 개발팀으로부터 시간, 에너지, 자원을 앗아갈 것이다. 이는 생각했던 것보다 고객지원 업무를 훨씬 많이 하고 제품 개발 업무를 훨씬 조금 하게 된다는 뜻이다.[50] 여기에서 더 나아가 코끼리 사냥에 효과적인 제품과 팀은 토끼나 사슴 사냥에 적합하지 않기 때문에 시작부터 코끼리를 사냥하려는 시도는 우리를 궁지로 몰아넣을 수 있다. 다시 말해 코끼리 사냥 시장에는 조심해서 뛰어들어야 한다.[51]

광고

광고는 대부분의 경우 마케팅 전략의 핵심이다. 테크 산업에 종사하다 보면 협상 테이블의 양쪽 편에 다 앉아볼 기회가 있을 것이다. 제품을 성장시키기 위해 광고를 활용해야 할 것이고, 구글검색, 쿼라, 링크드인을 비롯하여 개발하는 제품의 수익화 전략으로 종종 광고를 채택하게 될 것이다. 따라서 이 부문에 대한 지식은 테크 업계의 어느 영역에 몸담고 있느냐와 상관없이 중요하다.

브랜드와 직접반응

광고에 대해 첫 번째로 알아야 할 것은 매우 다른 두 종류가 있다는 것이다.[1] 광고가 시청자에게 즉각적인 행동(제품 구매 등)을 취하게 만드는 **직접반응 광고**direct response advertising와 특정 제품 또는 기업에 대해 더 긍정적으로 생각하게 만드는 **브랜드 광고**brand advertising다.

이 구분은 '실제' 세상에서 쉽게 관찰할 수 있다. 옥외광고판은 브랜드 광고의 가장 고전적인 사례다. BMW가 광고판을 세운 것은 광고를 본 사람이 그날 당장 대리점에 가서 자동차를 사길 바라서가 아니다. 그저 사람들이 BMW 자동차를 조금 더 많이 생각하게 해서 차를 바꿔야 할 때가 됐을 때 BMW를 선택할 확률을 높이고 싶을 뿐이다. 한편 건물 게시판에서 자주 볼 수 있는, 종이 하단을 뜯기 쉽게 잘라놓은 육아 도우미, 과외 교사, 정원 관리사 모집 등의 광고는 직접반응 광고의 훌륭한 사례. 이런 광고는 브랜드 인지도를 높이려는 목적이 아니라 필요한 사람이 전화번호가 적힌 종잇조각을 떼어가서 바로 연락하게 하는 데 목적이 있다.

일상에서 눈에 띄는 광고들을 살펴보고 그 광고가 브랜드 광고인지 직접반응 광고인지 분류해보는 연습을 하면 도움이 될 것이다. 전화번호, 웹사이트, '지금 구매하기' 또는 '설치하기' 등 **행동 유도** 버튼이 있는 광고는 직접반응 광고라고 보면 된다.

이 외 광고는 브랜드 광고다. TV 광고를 생각해보자. 대부분 TV 광고는 소비자의 행동을 유도하는 요소를 포함하기보다 자동차나 치약 같은 제품에 대한 호감도를 높이려고 하므로 브랜드 광고다. 슈퍼볼 광고는 거의 전부 브랜드 광고다. 한편 "화면에 보이는 전화번호로 지금 전화해서 이 특별한 감자 껍질 깎기를 단돈 19.95달러에 구매하세요."라고 외치는 광고는 흔치 않은 직접반응 TV 광고다.

보험회사 스테이트 팜State Farm은 위의 브랜드 광고를 스냅챗에 게시했다. 지금 당장 보험에 가입시키려는 것이 아니다. 그저 회사에 대해 더 긍정적으로 생각하기를 바랄 뿐이다.

출처: 스냅챗

CODE 7 마케팅과 성장

이 구분은 디지털 세상에도 적용된다. 제품의 디지털 광고를 만드는 마케터들은 브랜드 광고와 직접반응 광고를 혼합하여 사용하는 경우가 많고, 각각의 광고에 다른 플랫폼을 사용할 것이다. 치토스Cheetos를 생산하는 회사 프리토 레이Frito-Lay는 '파티 스낵'이라는 단어를 아마존에 검색했을 때 치토스가 노출되는 직접반응 광고를 할지도 모른다. 이 광고의 목표는 '장바구니에 담기'를 클릭하게 만드는 것이다.

프리토 레이는 잘생긴 사람들이 파티에서 치토스를 먹는 모습을 보여주는 등의 방식으로 인스타그램에 브랜드 광고를 할 수도 있다. 이 광고의 목적은 당장 바깥으로 나가서 치토스를 구매하게 만드는 것이 아니라, 파티와 치토스를 연관 짓게 해서 다음에 파티용 스낵을 사러 마트에 갔을 때 치토스를 향해 손을 뻗게 하는 것이다.

일반적으로 브랜드 광고는 사람들이 흥밋거리를 찾고 있거나 둘러보고 있을 때 가장 큰 효과가 있다. 이는 무언가 행동하려고 나서지 않는, **목적의식이 약한**low-intent 활동이다. 사람들은 뒤로 기대어 앉아 즐길 콘텐츠를 보려고 유튜브에 접속한다. 이런 특성으로 인해 유튜브는 직접반응을 유도하기에는 적절한 플랫폼이 아니지만, 사람들의 호감을 산다는 목적에는 매우 적합하다. 트위터 역시 브랜드 광고 플랫폼의 대표적인 사례다.[2] 기업들은 직접적인 영업 매출 증가를 위해서가 아니라 브랜드의 개성을 알리고 매력을 보여주려고 트위터에 간다.[3]

반면 직접반응 광고는 사람들이 구체적인 무언가를 찾고 있을 때, 즉 **목적의식이 강한**high-intent 활동에 가장 적합하다.[4] 이때 사람들은 생각 없이 화면을 움직이는 것이 아니라 무언가를 찾고 있다. 이런 경우는 구글[5]과 아마존에 해당한다. 어떤 사람이 무선 이어폰을 검색한다고 하자. 그는 이어폰을 구매할 예정이므로 구매 페이지로 바로 연결해줄 수 있는 광고를 원할 것이다. 이런 사람들에게 브랜드 광고만 보여주는 것은 낭비일 것이다. 게다가 브랜드 광고가 이들의 목표를 달성하는 데 방해가 될 수도 있으므

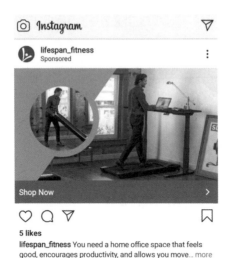

인스타그램에 게시한 직접반응 광고. 걸으면서 일을 할 수 있는 책상 광고다. 이 회사는 시청자들이 '지금 구매하기Shop Now'를 바란다.

출처: 인스타그램

로 브랜드 광고를 싫어할 가능성도 있다.

　이 외의 제품들은 하이브리드다. 페이스북과 인스타그램은 브랜드 광고로 시작했지만,[6] 이제 직접반응 광고도 꽤 많이 제공한다. 만약 인스타그램을 보고 있을 때, 앱을 설치하라거나 립글로스를 구매하라는 광고가 노출됐다면 이는 직접반응 광고다.[7]

　브랜드 광고와 직접반응 광고를 비교해볼 수 있는 또 다른 방법은 고객 결정 퍼널[9], 또는 고객 구매 퍼널[10]로도 알려진 5단계 **구매 퍼널**purchase funnel깔때기 모양으로 단계별 마케팅 전략을 표현한 모델─옮긴이이다. 퍼널의 핵심은 사람들이 '잠재고객'으로부터 '충성고객'이 되기까지 단계별로 움직인다는 것이다. 매 단계에서 떠나는 사람도 있지만 남아 있는 고객들의 가치는 점점 더 높아진다. 5단계는 **인지**Awareness, **익숙**Familiarity, **고려**Consideration, **전환**Conversion, **충성**Loyalty이다.[11]

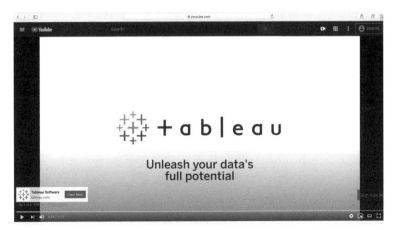

일부 광고는 브랜드 광고와 직접반응 광고의 하이브리드 형태다. 이 유튜브 광고의 주된 목적은 태블로Tableau 브랜드의 인지도 상승이지만, 좌측 하단 모서리에 있는 작은 링크Learn More를 통해 태블로의 웹사이트를 방문할 수 있게 함으로써 직접반응 광고의 요소를 혼합했다.

출처: 유튜브

제품 구매를 향한 첫 번째 단계는 제품의 존재에 대해 알게 되는 것이다(인지). 그런 다음 제품에 대한 의견을 형성해야 한다(익숙). 그러고 나서 제품을 구매할지 생각해야 한다(고려). 다음으로 실제로 구매를 해야 한다(전환). 그다음에 제품을 재구매하고 친구들에게 제품에 관해 이야기하는 충성고객이 된다(충성).[12]

이와 매우 비슷한 **AIDA 퍼널**을 접하게 될 수도 있다. 이 퍼널에서는 '충성' 단계를 빼내고 앞의 네 가지 단계를 **인지**awareness, **흥미**interest, **욕망**desire, **행동**action이라고 부른다.[13] AIDA 퍼널은 5단계 구매 퍼널보다 더 일반적인 목적으로 활용할 수 있는 도구이므로 기억해두는 것이 좋다.

브랜드 광고는 대개 사람들에게 제품을 알리고 좋아하게 만드는 단계인 퍼널 위쪽을 겨냥한다(인지와 익숙). 직접반응 광고는 보통 제품에 대해 이미 알고 있는 사람들을 원하는 방향으로 행동하게 만드는 단계인 퍼널 아래쪽을 표적으로 삼는다(고려).[14] 이렇게 보면 브랜드 광고와 직접반응

구매 퍼널

인지

익숙

고려

전환

충성

5단계 구매 퍼널[8]

출처: 맥킨지McKinsey

광고는 완전히 상반되는 두 종류가 아니라, 스펙트럼 하나의 양 끝이다.

    제품 광고를 하려고 할 때 퍼널의 어떤 단계를 개선하고자 하는지 알고 있으면 도움이 된다. 더 많은 사람에게 제품의 존재를 알리고 싶은가(퍼널의 꼭대기)? 만약 그렇다면 브랜드 광고를 해야 한다. 반면 제품이 속한 카테고리의 물건을 구매하려는 사람들을 끌어와야 한다면 직접반응 광고를 해야 한다.

    광고로 제품을 수익화할 예정이라면 사용자들이 퍼널의 어느 구간에 있는지 생각해봐야 한다. 앱스토어와 이커머스 사이트에 있는 사람들은 아마 아래쪽에 가까울 것이고, 소셜미디어나 온라인 포럼을 둘러보고 있는 사람들은 아마 위쪽에 가까울 것이다. 이는 결국 어떤 종류의 광고를 운영해야 할지 판단할 때 도움을 줄 것이다.

          CODE 7 마케팅과 성장

CPM, CPC, CTR

제품을 광고하든 광고 슬롯을 판매하든 상관없이 **CPM(밀리당 과금)**cost-per-mille, **CPC(클릭당 과금)** cost-per-click, **CTR(클릭률)** click-through rate이라는 측정법 삼총사를 알아두면 좋다. 이들은 광고 플랫폼의 가격과 효율성을 측정하므로 비교할 때 사용할 수 있는 주요 도구다.[15]

CPM과 CPC는 대표적인 광고 과금 모델을 지칭한다. CPM 체계에서는 누군가가 광고를 한 번 조회했을 때(**임프레션**impression이라고 부른다) 소액을 지불한다. 1회 조회당 가격이 매우 낮은 탓에 광고 플랫폼은 대개 가격을 1000회 조회 기준으로 책정하며 이를 **밀리**Millie라틴어 Mille는 1000을 뜻한다–옮긴이당 과금이라고 부른다. CPC 체계에서는 누군가가 광고를 한 번 클릭할 때마다 비용을 지불한다.[16]

예상했을지 모르겠지만, CPC/CPM의 구분은 직접반응/브랜드 광고의 구분과 매우 밀접한 연관성이 있다. 직접반응 광고를 하는 광고주들은 얼마나 많은 사람이 광고를 조회하는지가 아니라 얼마나 많은 사람이 광고를 클릭해서 다음 페이지(예를 들어, 구매 페이지)로 넘어가는지를 중요하게 생각한다. 따라서 직접반응 광고들은 대개 CPC 체계를 따른다. 반면 브랜드 광고를 집행하는 광고주들은 광고를 보는 눈의 개수를 최대로 늘리고 싶어 할 뿐이므로 클릭을 그렇게 중요시하지 않는다. 따라서 브랜드 광고는 대개 CPM 체계를 따른다.[17]

플랫폼이 선호하는 모델들

대부분 플랫폼은 직접반응 또는 브랜드 광고를 선호하기 때문에 CPC 또는 CPM을 선호한다. 예를 들어 구글검색은 직접반응 광고가 전부이므로 대부분 광고가 CPC로 판매된다.[18] 구글 플레이 같은 앱스토어의 모든 광고는 사용자에게 앱을 설치하라고 요청하는데, 이는 직접반응 광고의 형

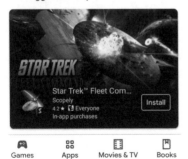

Ads · Suggested for you

Star Trek™ Fleet Com...
Scopely
4.2 ★ · ☑ Everyone
In-app purchases

Install

Games · Apps · Movies & TV · Books

구글 플레이스토어에 게시된 직접반응 광고

태다. 따라서 이런 광고들은 CPI(설치당 과금)cost-per-install라고 불리는 CPC의 파생 모델로 수익을 낸다.

한편 브랜드 광고가 전부인 유튜브 광고들은 CPM, 더 정확히 말하자면 CPV(조회당 과금)cost-per-view으로 판매된다.[19]

광고 플랫폼에서 한 가지 유형의 광고만 허용되는 것은 아니다. 뒤에서 자세히 살펴보겠지만, 상대적으로 보기 드문 형태의 과금 모델과 마찬가지로 대부분의 플랫폼은 광고주에게 CPM과 CPC 중에서 선택할 수 있게 해준다. CPM과 CPC를 나란히 집행하는 광고 플랫폼도 많다.[20]

비교

다양한 플랫폼의 CPM과 CPC를 비교해보면 이 둘의 구분이 더 재미있어진다. 오른쪽 그래프를 보자. 구글의 우뚝 솟은 CPM이 시선을 가장 먼저 사로잡았을 것이다. 어떻게 된 일일까? 구글은 CPC를 선호하지 않았던가?

이런 현상은 광고를 보는 사람들이 언제나 광고를 클릭할 수 있기에 직접반응 광고주들이 클릭에 대한 비용을 직접 지불하지 않고도 CPM 체계를 선택할 수 있다는 사실에서 비롯된다. 핵심 요소는 CTR이다. 이 숫자로 CPM을 CPC로 '전환'할 수 있다. 만약 광고 조회 1000회당 5달러를 지불했는데 그중 10회가 클릭으로 이어진다면 사실상 10번의 광고 클릭에 대해 5달러를 지불한 것이다. 즉, CPC는 0.5달러다.

구글검색 사용자들은 강한 목적성을 가지고 있다. 이들은 구글에 구매하거나 찾고 싶은 것이 무엇인지 명시적으로 알려주므로 구글에 게시되는

광고 플랫폼의 CPM과 CPC

최상위 광고 플랫폼의 CPM과 CPC[21~29]

출처: 팔콘Falcon, 라이트닝 AILightening AI, 래더.ioLadder.io,
애드스테이지AdStage, 워드스트림WordStream, 배너스낵BannerSnack

평균 광고 CTR

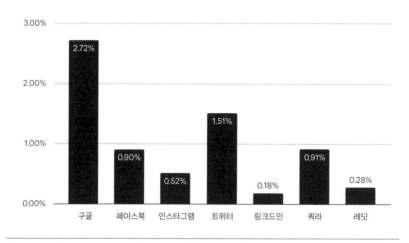

최상위 광고 플랫폼의 평균 CTR[31~39]

출처: 팔콘, 라이트닝 AI, 래더.io, 애드스테이지, 워드스트림, 배너스낵

광고는 **CTR**이 높다.[30] 따라서 광고주들은 구글 광고에 높은 CPM을 지불해도 괜찮다고 생각한다. 높은 CTR은 합리적인 수준의 '전환된' CPC를 기대할 수 있다는 뜻이기 때문이다.

더 나아가 구글검색 사용자들은 '근처에 있는 변호사' 또는 '자동차 보험'처럼 고부가가치 제품을 검색하는 경우가 많으므로 대체로 큰 가치를 지니고 있다. 이와 같은 제품의 판매자들은 변호사 또는 보험을 검색하는 사람이 구매자로 전환되어 많은 돈을 지출할 확률이 높다는 사실을 알기 때문에 구글 광고에 상당히 큰 액수의 돈을 지불할 것이다.

면접자를 위한 꿀팁!

면접 시 추정치를 제시하거나, 광고 캠페인을 평가하거나, 재무제표를 살펴볼 때 대략적인 CTR 수치를 알면 도움이 된다. 경험에 비추어봤을 때 모든 플랫폼의 평균적인 광고 CTR은 대략 1%다.
더 세부적으로 나눠보면 구글검색처럼 검색 결과 페이지에 노출되는 검색 광고[40]는 2~4% 범위를 드나들고,[41] 신문사 웹사이트 등에서 보이는 배너광고인 디스플레이 광고의 CTR은 약 0.4%다.[42] 한편 이메일 마케팅의 경우 수신자의 약 20%가 이메일을 개봉하고 수신자의 약 2.5%가 이메일 링크를 클릭할 것이라고 기대할 수 있다.[43]

CPM과 CPC 그래프를 다시 살펴보자. 구글 외에 페이스북과 인스타그램의 CPM도 꽤 높다. 이는 페이스북과 인스타그램이 막대한 양의 개인정보를 갖고 있기 때문이다. 사람들은 페이스북에 '좋아요'를 눌러서 그들이 좋아하는 가수, 간식, 자동차 등을 알려준다. 이 정보는 광고에 적합한 타깃 사용자를 매우 편리하게 골라낼 수 있게 해준다. 구글에도 이런 종류의 개인정보는 없다. 메타는 페이스북과 인스타그램 양쪽에 동일한 광고를 노출할 수 있게 해주기 때문에 메타를 통해 광고를 하면 일석이조의 효과를 누릴 수 있다.[44] 물론 편리한 만큼 가격도 높다.

링크드인의 CPC도 상당히 높다. 링크드인이 CPC를 높일 수 있었던 이유 중 하나는 다른 플랫폼보다 전반적으로 더 부유하고 높은 학력을 지닌 전문직 사용자를 기반으로 하며 이 사용자들이 더 많은 돈을 지불할 의향을 가지고 있기 때문이다. 하지만 우리는 무엇보다 중요한 이유가 링크드인이 B2B(기업 대 기업) 제품을 광고하기에 최적의 공간이기 때문이라고 생각한다. 페이스북 또는 인스타그램 피드를 둘러보는 사람들은 생산성 또는 인사관리 소프트웨어 광고를 보고 싶어 하지 않겠지만 링크드인 사용자들은 그런 종류의 광고에 꽤 수용적이다. 링크드인은 광고주들에게 특정 기업, 산업 또는 직급의 사람들을 대상으로 하는 타깃광고도 제공한다. 다른 곳에서는 이렇게 세부적으로 타깃을 나누는 것이 불가능하다.[45]

끝으로, 관심 기반 소셜네트워크 레딧과 질의응답 사이트 쿼라의 CPM은 몹시 저렴하다. 우리는 이런 플랫폼들이 저평가됐다고 생각한다. 광고를 집행할 적절한 서브레딧을 찾고, 쿼라에 홍보용 '답변'을 생성하는 것[46]은 일거리가 되겠지만 예산이 빠듯한 상황이라면 들인 돈 대비 큰 효과를 얻을 수 있다.[47]

기억하자. 광고를 집행할 때는 사용자의 화면에 아무 이미지나 무작위로 띄우는 것이 아니라 여러분이 만든 게시물을 홍보하는 것이다. 따라서 광고는 효과적인 게시물을 제작하는 방법을 알아야만 효과가 있으며, 특화됐거나 틈새시장에 있는 플랫폼에서는 효과적인 게시물을 제작하기가 더 어렵다.

리타게팅과 리마케팅

구매 퍼널로 돌아가보자. 광고는 대부분 퍼널 안에 있는 시청자들을 더 아래쪽으로 밀어 넣고 싶어 한다. 브랜드 광고는 소비자에게 제품을 인지하게 하려는 목적으로 집행되고, 직접반응 광고는 제품을 고려하게 하고 궁극적으로 구매(또는 또 다른 가치 있는 행위) 하도록 유도한다. 그런데 이 외에 또 다른 광고 방식이 있다. 퍼널에서 새어나간 사람들을 다시 데려오는 것이다. 이것이 한 쌍으로 묶이는 전략인 **리타게팅**retargeting과 **리마케팅**remarketing의 핵심이다.[48]◆

리타게팅의 목적은 사이트를 조회했지만 전환되지 못한 사람들을 다시 데려오는 것이다. 웹사이트에 **픽셀**pixel이라는 작은 코드 조각을 넣어서 리타게팅을 할 수 있다. 픽셀은 사이트에 방문한 사람의 브라우저에 **쿠키 정보**를 심는다.[49] 방문자가 다른 웹사이트로 이동하면 (구글 광고[50] 또는 페이스북[51] 같은) 리타게팅 서비스는 방문자가 사용자의 쿠키를 가지고 있다는 것을 인식하고 사용자의 사이트에 대한 광고를 노출한다.[52] 이런 방식으로 방

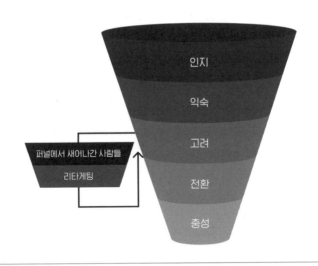

일부 사용자들은 퍼널에서 새어나갈 수밖에 없다.
리타게팅과 리마케팅은 그들을 되찾아오는 데 도움을 준다.

◆ 리타게팅과 리마케팅은 사람들의 즉각적인 행동을 유도하므로 직접반응 광고의 특수한 사례라고 할 수 있다.

문을 했지만 전환되지 않은 사람들에게 제품을 지속적으로 상기시킨다. 랜딩 페이지에 도달했지만 전환되지 않은 사람들은 이미 제품에 익숙하므로 퍼널의 꽤 아래쪽에 있는 상태다. 따라서 그들을 전환시키기는 그렇게 어렵지 않다.[53]

리마케팅은 리타게팅과 매우 비슷하지만 픽셀이나 쿠키를 사용하지 않는다. 대신 메일 리스트에 등록됐지만 전환되지 않은 사람들에게 이메일을 보낸다.[54] 예를 들어 어떤 인테리어 디자인 기업이 메일 리스트에 등록한 사람에게 무료 전자책을 제공한다면 리스트에 등록된 사람들 모두에게 정기적으로 리마케팅 이메일을 보내서 기업의 서비스를 상기시킬 수 있다.

리타게팅과 리마케팅은 과소평가된 전략이다. 구매 퍼널에서는 그 어떤 도표가 표현한 것보다 훨씬 더 많은 사람이 새어나가기 때문이다. 일반 이커머스 사이트를 방문하는 사람의 95% 이상이 아무것도 구매하지 않은 채 사이트를 떠날 것이다. 다시 말해 퍼널의 고려 단계에서 95%가 새어나간다.[55] 이 95%에는 잠재고객이 많은데, 이들은 리타게팅이나 리마케팅을 사용하지 않고서는 붙잡기가 어렵다.

그뿐 아니라, 고객획득을 위해 지출하는 92달러 중에 고객전환에 사용되는 비용은 1달러밖에 되지 않는 것으로 추산된다.[56] 다시 말해 대부분 회사가 사람들이 떠나지 못하게 막을 방법을 고려하지 않고 퍼널 꼭대기에 사람들을 밀어 넣는 데만 막대한 돈을 퍼붓는다는 말이다. 퍼널 꼭대기로 들어오는 사람들은 이미 충분한 경우가 많으므로 사람들을 곁에 잡아두는 리타게팅 및 리마케팅 같은 기술을 사용하는 데 시간을 투자하는 것이 더 낫다. 비유적으로 말하자면, 바닥에 커다란 구멍이 뚫린 양동이에 더 많은 물을 붓는 것은 정답이 아니다. 구멍을 메꾸는 것이 정답이다.

그렇다고 이런 전략을 과하게 사용해서는 것은 안 된다. 대부분 사람에게 리마케팅은 익숙하겠지만, 리타게팅은 여전히 꺼림칙하게 느껴진다. 기업이 브라우저에 추적기를 심어서 여기저기 따라다니고 혼자 내버려두지 않는다는 개념을 프라이버시 침해라고 생각하는 사람이 많다. 따라서 여러 인기 브라우저는 확장 프로그램을 통해 리타게팅에 사용되는 추적용 쿠키를 삭제해주고,[57] 모질라 파이어폭스 같은 브라우저에서는 이런 '서드 파티' 쿠키를 기본적으로 차단해준다.[58] 성공적으로 사용할 수 있다면 리타게팅은 강력한 도구지만, 점점 더 사용하기가 어려워지고 있다.[59]

이에 대한 부작용으로 광고주들이 웹에서 더 이상 광고를 하지 않고 페이스북이나 트위터 같이 사용자들이 광고와 추적을 차단하기가 훨씬 힘든 '담장에 둘러싸인 정원walled garden' 네트워크 기반 콘텐츠와 서비스에 대한 사용자의 접근을 통제하는 환경-옮긴이 스타일 앱으로 이동할지도 모른다.

사례연구: 타깃의 페이스북 광고

통상적인 리타게팅은 어느 정도 무력화됐지만, 리타게팅의 개념에는 여전히 가치가 있다. 과거 페이스북을 통해 광고를 시청했지만 아직 구매로 전환되지 않은 사람들에게 광고를 '리타게팅'할 수 있다. 이런 사람들을 **따뜻한 리드**warm lead라고 부른다. 제품에 대한 관심이 뭉근하게 오른 이들에게 광고 몇 개를 더 보여주면서 제품을 구매하도록 천천히 유도하면 된다.[60]

2015년에 리타게팅 기반의 페이스북 광고 캠페인을 집행했던 타깃의 예를 들어보자. 우선 타깃은 부모에게 동네에서 가장 좋은 트릭 오어 트릿trick-or-treat 핼러윈에 유령 분장을 하고 돌아다니며 사탕을 주지 않으면 장난을 치겠다고 하는 놀이 문화-옮긴이 장소를 찾아주는 자사 무료 앱 트릿스터Treatster의 영상 광고를 게시했다.[61] 타깃은 이 광고를 본 사람에게 핼러윈에 관심이 있는 아이가 있을 확률이 높다는 사실을 알아냈다. 그런 다음 분장을 한 아이들이 '으스스한 사탕과 상품'을 얻을 수 있는 어린이 전용 핼러윈 이벤트인 '으스스하고 멋진 일요일Sunday Spooktacular'을 해당 사용자에게만 광고했다.[62]

타깃은 앞서 트릿스터 광고에서 모은 데이터 덕분에 으스스하고 멋진 일요일 광고를 정확한 타깃의 청중에게만 노출할 수 있었다.[64] 일반적으로

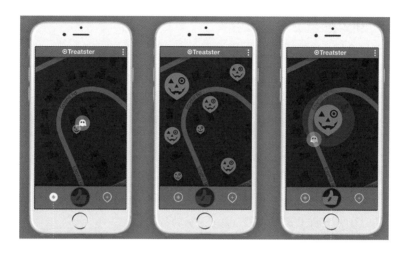

타깃의 트릿스터 앱은 사용자들이 핼러윈 기간에 이웃집을 둘러보고 투표할 수 있게 해줬다. 사용자들은 최고의 사탕을 나눠준 집을 추천했고, 추천을 많이 받을수록 집 위에 표시된 잭오랜턴jack-o'lantern호박에 얼굴 모양으로 구멍을 뚫고 촛불이나 전등을 넣은 것-옮긴이 아이콘의 크기가 커진다.[63]

출처: 메건 스켈리Megan Skelly

광고를 할 때 광고의 타깃이 더 정확해질수록 더 높은 가성비를 얻을 수 있다. 이렇게 생각해보자. 여러분의 광고는 전체 인구의 아주 좁은 범위로부터만 호감을 얻을 것이다. 따라서 그 범위 밖의 사람들에게 광고를 보여줄 때마다 돈이 낭비된다. 타깃은 으스스하고 멋진 일요일 광고를 '핼러윈을 좋아하는 어린 자녀를 둔 부모'라는 좁은 범위의 인구에만 노출했기 때문에 '낭비된' 광고 노출 횟수를 최소화해서 돈을 절약할 수 있었다.

광고를 단발적인 폭발이라기보다 여러 단계가 있는 캠페인으로 생각하는 게 좋다. 노련한 온라인 광고주들은 광고를 전략적으로 연결해서 마지막 광고가 묵직한 펀치 한 방을 날릴 수 있게 한다.[65] 타깃의 트릿스터 광고는 그 자체로는 돈 낭비였을지 모르겠지만, 으스스하고 멋진 일요일 광고가 낭비되는 광고비를 최소화하면서 소중한 유료 고객을 많이 끌어들일 수 있는 완벽한 환경을 조성했다.

재밌는 광고의 중요성

지금까지 우리는 광고비를 절약할 몇 가지 방법을 살펴봤다. CPC와 CPM이 낮은 플랫폼 선택하기, 정밀하게 사용자 타깃하기, 리타게팅하기 등이다. 마지막으로 많은 사람이 간과하지만 아주 중요한 요소가 있다. 바로 재밌는 광고 만들기다.

광고 운영은 앱과 웹사이트가 큰 위험을 감수해야 하는 사업이다. 광고는 그 자체만으로도 방해 요소가 되고, 유난히 지루하거나 짜증나는 광고를 본 사용자들은 그 앱을 떠나서 경쟁사의 앱으로 옮겨갈 확률이 높다. 따라서 페이스북 같은 광고 플랫폼은 사람들의 관심을 많이 끌지 못하는 광고를 집행하려고 할 때 더 큰 비용을 청구할 것이다.[66] 여러분의 광고를 우선하여 노출했을 때 플랫폼에서 감수해야 하는 위험에 대응할 비용을 지불해야 한다.

다시 말해 광고가 재밌고 사람들의 관심을 많이 끌수록 CPC와 CPM이 낮아질 것이고, 이에 따라 돈을 더 많이 절약할 수 있을 것이다.

사례연구: 달러 쉐이브 클럽

재밌는 광고의 좋은 사례로 남성용 미용 제품을 구독형 모델로 판매하는 스타트업인 달러 쉐이브 클럽Dollar Shave Club이 2012년에 처음 했던 광고를 꼽을 수 있다.[67] 매달 단돈 1달러에 배송비와 핸들링 비용이 추가된 금액으로 면도날을 구매할 수 있는 제품이다.[68]

"저희 면도날은 ×나 끝내줘요."라고 불리는 이 광고에는[69] 창립자인 마이크Mike가 엉망으로 장식된 창고를 으스대며 걸어 다닌다. 마이크는 테니스 라켓과 마체테machete정글에서 벌채용으로 쓰는 커다란 칼-옮긴이를 휘두르고, 진지한 표정을 지은 채 소아마비에 대한 농담을 하며, 어린이용 왜건을 타고 칙칙폭폭 소리를 낸다. 이 이상한 광고의 길이는 1분 30초가 넘지만,

달러 쉐이브 클럽 광고 영상의 끝부분에 창립자가 번쩍이는 디스코 불빛과 날아다니는 달러 지폐 사이에서 미국 국기, 코스튬을 입은 곰, 창고 노동자, 낙엽청소기와 함께 춤을 춘다.[70]

출처: 유튜브

광고를 시청하는 대부분이(이 책의 저자인 우리도 포함해서) 영상을 보는 내내 얼어붙었다. 처음 공개되었을 때부터 광고를 본 사람들의 열렬한 호응 덕분에 달러 쉐이브 클럽의 CPM과 CPC는 떨어졌다.

보너스 동영상

달러 쉐이브 클럽의 바이럴 광고를 시청해보시라.

youtube.com/watch?v=ZUG9qYTJMsI

재밌는 광고는 광고 과금 알고리즘에만 유리한 것이 아니라, 그 자체만으로도 입소문이 날 수 있다. 달러 쉐이브 클럽의 유튜브 광고는 저렴한 면도날 광고보다는 인디밴드 싱글 영상에 더 적합해 보이는 숫자인 수천만의 조회 수를 기록했다.[71] 광고가 입소문을 타면 사람들이 광고를 무료로 여기저기 공유해주기 때문에 최고의 가성비를 누릴 수 있다. 달러 쉐이브 클럽의 경우 광고가 공개된 지 48시간 만에 1만 2000명이 서비스에 가입하며 기적 같은 결과를 달성했다.[72]

그리고 마지막으로, 인간의 주의 지속 시간은 평균 단 8초 밖에 되지 않으며 그 시간이 금붕어보다 짧다는 사실을 기억하자.[73] 광고가 사람들의 관심을 즉시 끌지 못하면 직접반응 광고의 경우 구매 전환을 유도하지 못하거나, 브랜드 광고의 경우 브랜드 이미지를 강화하지 못할 것이다.

34장

Growth Hacking

그로스해킹

1996년에 무료 이메일 서비스 핫메일의 창립자들이 제품을 성장시킬 아이디어를 주고받던 도중 마케팅의 새로운 형태가 우연히 탄생했다.[1] 창립자들은 옥외광고와 라디오 광고를 제안했지만,[2] 핫메일에 투자하던 유명한 벤처 투자자 팀 드레이퍼Tim Draper[3]는 그들의 아이디어를 묵살했다. 무료 제품을 광고하려고 지출하기에는 과한 비용이 들기 때문이다.

대신 드레이퍼는 창립자들에게 핫메일 사용자가 제품을 무료로 광고하게 만드는 간단한 해크hack 기술이나 지식을 영리하게 활용하는 요령-옮긴이를 시도해보라고 조언했다. 그가 제안한 해크는 발송되는 모든 이메일 하단에 "추신: 당신을 사랑합니다. 핫메일에서 무료 이메일을 만드세요."라는 짧은 메모를 넣는 것이었다.[4]

창립자들은 회의적이었지만 한번 시도해보기로 했다. **그로스해킹**을 추가한 지 6개월 만에 핫메일 사용자 기반은 50만 명에서 100만 명으로 2배가 됐다. 1년 뒤 핫메일의 사용자층은 1200만 명으로 성장했다.[5] 지금 기준으로 보면 그렇게 많은 숫자가 아닌 것 같지만, 1998년 당시에는 인터넷 사용 인구의 6분의 1에 해당하는 수치였다.[6] 그해 핫메일은 마이크로소프트에 약 4억 달러에 인수되며 눈부신 엑시트exit인수합병 또는 기업공개 등의 방법을 통해 기업의 가치를 현금화하는 것-옮긴이에 성공했다.[7] 성공적으로 엑시트를 할 수 있었던 주된 요인은 그 짧은 메모였다.

양방향으로 움직이는 퍼널

핫메일 이야기는 실리콘밸리에서 전설처럼 전해져 내려온다. 이 이야기가 **그로스해킹**이라는 새로운 분야의 근간이 되는 통찰, 즉 사용자 퍼널이 일방통행이 아니라는 사실을 보여주기 때문이다.

예전에는 마케터들이 퍼널의 마지막 단계(충성)에 도달한 고객에게는 더 이상 해줄 일이 없고 퍼널에 밀어 넣을 새로운 사용자를 찾아 떠나야 한다고 생각했다. 반면 그로스해커들은 충성 다음 단계에 **추천**advocacy이 있고, 사용자가 추천인이 되면 여러분을 대신해 퍼널 꼭대기로 사람들을 데려온다는 사실을 깨달았다.[8]

핫메일의 천재성은 충성고객을 추천고객으로 자동 전환하는 방법을 찾아내어 추가 비용 없이 퍼널 안에 신규고객을 밀어 넣는 엔진을 구축했다는 것에 있다. 제품 안에 바이럴 기능을 탑재해서 제품의 셀프 마케팅을 가능하게 하는 것이 그로스해킹의 고전적인 정의다.[9]

바이럴 그로스 마케팅의 또 다른 유명한 사례는 페이팔에서 나타났다. 일론 머스크는 페이팔이 서비스를 개시했을 당시 계정을 개설하는 사람들에게 20달러를 준다고 설명했다. 효과적인 방법이었지만, 페이팔의 성장은 다른 사람을 페이팔에 데리고 온 사용자에게 20달러씩 주기 시작하면서부터 본격적으로 시작됐다. 이렇게 해서 페이팔은 핫메일처럼 충성고객을 강력한 추천고객으로 전환시켰고, 일간 7~10%의 성장률을 달성할 수 있었다.

여러분이 제대로 읽은 것이 맞다. **일간** 성장률이다. 페이팔이 거의 매주 사용자층을 2배로 불렸다는 뜻이다.[10] 6000만 달러 이상을 쏟아부어야 했던 프로그램으로, 저렴한 비용이 들었다고 할 수는 없지만 효과는 확실히 있었다.[11]

이 추천 프로그램의 또 다른 장점은 지속적인 테스트와 측정, 수정이 가능하다는 점이었다. 머스크와 회사는 추천 프로그램 효과에 대한 대량의 데이터를 받고 성장률이 매우 높아졌다는 사실을 깨달았고, 추천받은 사용자당 사례금을 10달러로, 그리고 궁극적으로 5달러로 줄였다.[12] 그로스해킹은 출시 이후에 과학적인 방식의 수정을 가능하게 해주는 몇 안 되는 마케팅 형태로, 이 마케팅 하위 분야가 지닌 또 다른 매력이다.

전환 해킹하기

그로스해킹의 범위는 핫메일과 페이팔 시대 이후 더 확장됐다. 이제 우리가 제시한 새로운 6단계 퍼널의 단계 간 이동을 최적화하는 방법을 통해 그로스해킹을 할 수 있다. 페이팔과 핫메일은 충성에서 추천으로 이어지는 흐름을 최적화했지만, 다른 단계 간 이동도 최적화할 수 있다. 어떻게든 퍼널에 뚫린 구멍을 메꾸는 방법은 모두 그로스해킹의 한 형태로 볼 수 있다.

그로스해킹의 응용 사례 중에서 최근에 자주 사용되는 방법은 전환 흐름 최적화하기로, 소셜미디어 포스팅 올리기부터 이커머스 사이트에서 제품 구매하기까지 제품에 대한 핵심 행동 방식을 최대한 쉽게 만드는 것이다.

사례연구: 아마존의 원클릭 구매

1999년에 아마존은 고려에서 전환으로의 이동을 최적화하는 방법인 원클릭 구매를 고안했으며, 특허도 냈다.[13]

일반적으로 아마존에서 제품을 구매하려면 '장바구니에 담기', '결제

아마존 제품 페이지

```
        ┌──────────────────────┐        ┌──────────────────────┐
        │ 🛒  장바구니에 담기    │  또는  │ ▶  지금 구매하기       │
        └──────────────────────┘        └──────────────────────┘
                  │                                  │
                  ▼                                  │
        ┌──────────────────────┐                    │
        │  결제 단계로 이동하기   │                    │
        └──────────────────────┘                    │
                  │                                  │
                  ▼                                  │
        ┌──────────────────────┐                    │
        │  배송 및 결제 방법 정하기 │                    │
        └──────────────────────┘                    │
                  │                                  │
                  ▼                                  │
        ┌──────────────────────┐                    │
        │       주문하기         │                    │
        └──────────────────────┘                    │
                  │                                  │
                  └──────────────┐     ┌─────────────┘
                                 ▼     ▼
                          ┌──────────────────┐
                          │     제품 수령      │
                          └──────────────────┘
```

아마존의 원클릭 구매 흐름은 구매 과정에서 세 단계를 건너뛸 수 있게 해준다.

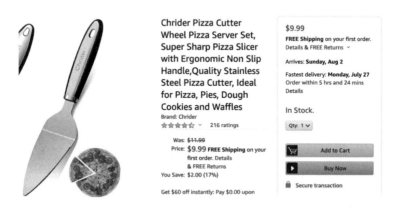

지금 구매하기Buy Now 버튼 클릭 한 번으로 장바구니 담기Add to Cart와 세부 결제 단계로 이동하기 Proceed to checkout를 전부 건너뛰고 아마존 제품을 살 수 있다.[14]

출처: 아마존

CODE 7 마케팅과 성장

단계로 이동하기', '주문하기' 버튼을 눌러야 하므로 총 3단계를 클릭해야한다. 각 단계에서 약간의 마찰이 추가되기 때문에 구매자들에게 망설이다가 구매 흐름에서 빠져나올 또 다른 위험이 생긴다. 하지만 제품을 즉시 장바구니에 추가한 뒤 미리 저장해둔 정보로 결제와 배송이 진행되는 원클릭구매는[15] 대부분의 마찰을 제거하고 제품을 구매할지 고민하는 고객들이좀 더 쉽게 결정을 내리고 구매할 수 있게 해준다.

이는 마찰을 줄이면 행동이 쉬워지고, 행동이 쉬워지면 사람들이 행동을 더 많이 한다는 단순한 통찰을 바탕으로 한다. 아마존은 이런 통찰을 높은 효율로 적용할 방식을 찾았다. 덧붙이자면, 아마존의 특허는 2017년에종료되었기 때문에 이제 다른 이커머스 웹사이트에서도 원클릭 구매 전술을 자유롭게 사용할 수 있다.[16]

사례연구: 인스타그램과 페이스북 스토리의 음악 서비스

2018년 페이스북[17]과 인스타그램[18]은 스토리 전용 음악 서비스를 도입했다. 스토리에 사진이나 영상을 올리는 과정에서 노래 클립을 선택하고삽입하게 해주는 음악 '스티커'를 적용할 수 있게 됐다.[19]

인스타그램은 스토리 게시물에 음악 '스티커'를 추가할 수 있다.

출처: 인스타그램

화면 하단에 스토리에 추가될 노래의 구절을 보여준다. 파스가 도입한 기능은 노래에서 사람들이 가장 좋아하는 구간을 자동으로 찾을 수 있게 도와주었다. 그 구간은 선 위의 점으로 표현되어 있다.

출처: 인스타그램

파스는 이 기능의 PM이었고 퍼널의 중간 단계에서 이탈이 많이 일어난다는 사실을 발견했다. 구체적으로 말하면 사람들은 노래를 검색하고, 고르고, 노래에서 스토리에 포함할 적당한 부분을 선택하는 과정을 어려워했다. 이런 마찰과 어려움은 서비스 사용 흐름의 절반쯤에서 포기하는 사람이 많다는 뜻이었다.

프로세스를 간소화하기 위해 파스의 팀은 사람들이 가장 자주 고르는 노래의 구간을 관찰하고 새로 출시된 곡에서 가장 기억에 남는 부분(대부분은 후렴구의 시작이었다)을 예측하는 머신러닝 모델을 만들었다. 음악을 골라주는 사용자 인터페이스는 추천 클립을 노출해서 사용자가 이 단계를 더 편리하게 통과할 수 있게 해주었다. 어려웠던 단계를 간소화하자 완성률은 물론 음악 기능이 활성화된 인스타그램 스토리의 공유 횟수 역시 2배로 뛰었다.

우리의 양방향 퍼널을 다시 떠올려보면 페이스북 팀은 '고려'에서 '전환' 단계로의 이동을 최적화한 것이다. 그들은 음악이 활성화된 스토리를 만들지 말지 고민하는 사람들에게 편리한 기능을 제공해서 실제로 행동하도록 만들었다. 이런 측면에서 아마존의 원클릭 구매와 매우 유사하다.

추천 해킹하기

퍼널에서 최적화할 또 다른 주요 단계는 추천에서 인지로 이어지는 흐름이다. 사용자들은 친구에게 좋아하는 제품에 대해 알려주고 싶어도 친구들에게 개별적으로 문자를 보내거나 전화를 걸어야 한다면 정보를 전하기가 어려울 것이다. 이 영역의 그로스해킹은 이와 같은 소식 전달 프로세스를 자동화하거나 다른 방식으로 간소화해서 더 많은 사용자가 퍼널 꼭대기로 흘러들어갈 수 있게 해준다.

사례연구: 유튜브의 임베딩 코드

유튜브는 추천 단계의 최적화와 관련된 훌륭한 사례를 오래전부터 제공해왔다. 유튜브 영상에는 언제나 짧고 간단한 URL이 있고 로그인 여부와 상관없이 누구나 영상을 시청할 수 있다. 친구들에게 영상 링크를 보내는 것이 매우 쉽게 되어 있어서 영상이 입소문을 타고 신규고객을 사이트로 끌어오는 데 도움을 준다.

하지만 유튜브의 진정한 천재성은 임베딩 전략에서 드러났다. 유튜브는 모든 영상에 어디에나 복사해 붙여넣기가 가능한 짤막한 임베딩 embedding 코드를 제공하여 누구나 웹사이트에 유튜브 영상을 내장할 수 있게 했다. API 키도, 로그인 절차도 필요 없다.

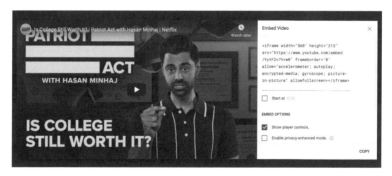

유튜브는 누구나 자신의 웹사이트에 어떤 유튜브 영상이든 내장할 수 있도록 코드의 복사 및 붙여넣기를 허용했다. 이는 다른 수백만 개의 웹사이트를 방문하는 사용자들에게 유튜브를 노출할 수 있게 해준다.[21]

출처: 유튜브

요즘은 유튜브를 모르는 사람이 거의 없지만, 초창기에는 이 임베딩 전략이 유튜브가 들불처럼 번져나가는 데 도움을 줬다. 인기 블로그 또는 웹사이트의 주인이 유튜브 영상을 내장하면 그곳을 방문한 사람 모두가 유튜브에 노출됐다. 내장된 유튜브 플레이어는 유튜브 영상 시청을 마친 사용자에게 새로운 영상을 추천해주면서 시청자들을 빠르게 유튜브의 메인 웹사이트로 끌어들였다.[20]

유튜브의 손쉬운 '연결 가능성'과 임베딩 코드는 유튜브가 매우 쉽게 입소문을 타고 공유될 수 있게 했다. 친구 한 명 한 명에게 개별적으로 문자를 보내지 않아도 되고, 단순히 링크를 포스팅하거나 소셜미디어 또는 블로그에 임베딩 코드로 영상을 게시하기만 하면 된다. 그러면 그 팔로워 모두가 영상을 보게 되는 것이다. 일반적으로 그로스해커들은 일대일one-to-one 추천보다 더 효과적인 일대다one-to-many 추천을 선호한다.

사례연구: 링크드인의 주소록 불러오기

스냅챗[22]과 하우스파티[23] 같은 앱은 스마트폰 주소록에 있는 모든 사람을 터치 한 번으로 초대할 수 있게 함으로써 추천을 쉽게 만들었다. 유튜브의 경우와 마찬가지로 사용자가 친구에게 개별적으로 문자를 보내거나 제품에 대한 개인적인 홍보문구를 생각하게 만드는 것보다 훨씬 효율적이다.

이와 유사하게 링크드인은 2000년대와 2010년대 초반에 사용자들이 링크드인에 이메일 계정을 연결하고 아직 링크드인을 사용하고 있지 않은 연락처 속 지인에게 대량으로 초대 이메일을 보낼 수 있게 했다.[24] 이 방법은 '일대다' 추천의 전형적인 형태로, 연락처 하나하나에 개별적인 이메일을 쓰지 않아도 링크드인이 알아서 업무상 연락처에 등록된 사람들을 링크드인에 초대할 수 있게 해줬다. 또한, 이 기능은 추천을 매우 쉽게 만들어주었기 때문에 링크드인이 사용자층을 광범위하게 확장하는 데에도 큰 역할을 했다.[25]

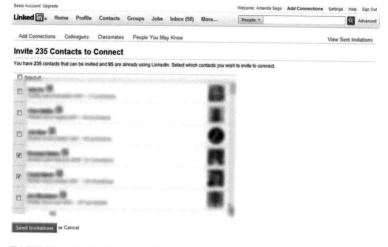

주소록에 있는 사람들을 자동으로 초대할 수 있게 해주는 링크드인의 기능. 이는 링크드인의 폭발적인 성장에 도움을 주었다.[26]

출처: 유튜브

한편 링크드인 사례는 이 전략에 너무 열광하지 말아야 한다는 교훈을 준다. 사용자들이 초대할 연락처를 선택하면 링크드인은 그 연락처에 등록된 모두에게 초대 이메일을 보냈다. 하지만 링크드인은 거기서 멈추지 않고 기존 사용자의 동의 없이 이 연락처에 두 번째, 세 번째 후속 메일을 보냈다.[27] 이런 스팸성 이메일은 2015년에 링크드인이 1300만 달러를 물어내야 했던 집단소송으로 이어졌다.[28] 하지만 결과적으로는 링크드인에 이익이었을 확률이 높다. 링크드인이 이제는 없어진 이 기능을 통해 끌어들인 수백만 명의 사용자의 가치와 비교하면 1300만 달러는 헐값이었을 것이다.

다시 말해 대규모 불러들이기 전술이 추천을 최적화하는 훌륭한 방식인 건 맞지만, 스팸의 영역으로 방향이 틀어지지 않도록 조심해야 한다.

네트워크 효과

그로스해킹에 대해 생각할 수 있는 또 다른 방식은 더 많은 사람이 사용할수록 제품, 플랫폼, 기타 시스템의 가치가 어떻게 기하급수적으로 증가하는지 설명하는 **네트워크 효과**에 관한 연구로 접근하는 것이다. 이커머스 웹사이트, 에어비앤비나 우버 같은 **양방향 시장**, 소셜네트워크, 안드로이드 같은 앱 생태계, 이메일 같은 커뮤니케이션 시스템 등 수많은 종류의 시스템이 네트워크 효과를 지니고 있다.[29] 새로운 소셜네트워크에 대해 생각해보자. 홀로 가입한 소셜네트워크는 전혀 쓸모가 없다. 소수의 사람이 가입하면 겨우 조금 더 유용해지고, 수백만 명의 사용자가 생기면 훨씬 유용해진다.

이런 긍정적인 피드백 루프는 성장하는 기업에 매우 큰 도움이 되지만, 네트워크 효과를 지닌 시스템은 **닭이 먼저냐 달걀이 먼저냐의 문제**로 골머리를 앓는다. 이커머스 플랫폼에 판매자가 없으면 구매자가 가입하지 않을 테고, 구매자가 없으면 판매자가 가입하지 않을 것이다. 운영체제에 사용자가 없으면 개발자가 그 운영체제를 기반으로 하는 앱을 개발하지 않을 것이고, 사용자들은 아직 개발된 앱이 없는 운영체제를 사용하지 않을 것이다. 다른 사람들이 없는 소셜네트워크에는 아무도 가입하지 않을 것이고, 그들은 이미 사용자가 있는 소셜네트워크에 가입할 것이다. 이런 시스템들은 시발점 없이 걸음마를 떼기 힘들 것이다.[30]

사례연구: 틴더의 대학생 모집

그로스해커들은 신규 플랫폼에서 네트워크 효과에 의한 선순환의 '시발점'이 될 영리한 방법을 찾아내는 것을 즐긴다. 네트워크 효과 해킹하기의 훌륭한 사례는 2012년 출시 이후 초기 사용자 모집에 어려움을 겪었던 틴더에서 나타났다. 매력적인 사람들은 앱에 다른 매력적인 사람들이 노출되지 않는 이상 틴더에 가입하지 않으려고 했다.

틴더는 앱에 시발점을 제공하기 위해서 대학교에 직원 1명을 파견했다. 직원은 대학교의 소로리티sorority미국 대학의 여학생 사교 클럽−옮긴이 기숙사를 방문해서 기숙사에 있는 여학생들에게 틴더를 소개하고 가입하게 했다. 그런 다음 해당 소로리티와 짝지어진 '형제' 프래터니티fraternity미국 대학의 남학생 사교 클럽−옮긴이에 가서 남학생들에게 틴더를 보여줬다. 남학생들은 그들과 짝지어진 클럽의 여학생들이 틴더에 있는 것을 보고 적극적으로 앱에 가입했다. 금세 캠퍼스 전체가 틴더에 있는 매력적인 사람들과 데이트를 하려고 앱을 설치하게 되었다. 틴더의 전략은 효과적이었다. 이 캠페인이 진행된 이후 틴더의 사용자층은 5000명에서 1만 5000명으로 늘었다.[31]

앱을 설치하라고 소수의 사람을 설득하는 것은 닭이 먼저냐 달걀이 먼저냐의 문제를 해결하는 데 분명히 도움을 주지만, 이 전략의 진정한 천재성은 더 큰 시장으로 확장하기 전에 작은 시장을 정복할 방법을 알아낸 것이다. 네트워크 효과는 네트워크에 있는 사람들이 밀접하게 연결되어 있을 때 비로소 나타난다. 50개 주에 틴더 사용자가 2명씩 있는 것이나 100개국에 10명씩 있는 것보다 캠퍼스 한 곳에 틴더 사용자 100명이 있는 편이 훨씬 더 유용하다. 따라서 네트워크 효과의 이득을 볼 수 있는 플랫폼을 출시하려고 할 때는 긴밀하게 연결된 작은 시장을 정복하고 거기에서 확장하는 방법으로 시작해야 한다.

다시 말해 슈퍼볼 광고를 집행하는 것은 틴더에 별로 큰 도움이 되지 않았을 것이다. 슈퍼볼 광고를 했다면 미국 전역의 사용자들을 겉핥기식으로 끌어들일 수 있었겠지만, 시카고에 있는 틴더 사용자는 뉴햄프셔에 틴더 사용자가 얼마나 많은지 관심이 없다. 그보다 모두가 서로 알고, 데이트하고 싶어 하는 특정 캠퍼스의 남녀 사교 클럽 시장을 정복하는 편이 훨씬 더 쉽고, 저렴하고, 효과적이다. 틴더는 대학교 캠퍼스에서 남녀 사교 클럽의 삶을 장악한 뒤 캠퍼스의 나머지 영역으로 확장했다. 틴더는 이후 근처 대학으로, 근처 주요 도시로 옮겨갔고 계속해서 범위를 확장해나갔다.

이 전략에 대해 어디선가 들어본 적이 있을지도 모르겠다. 2004년 페이스북이 출시됐을 때 사용했던 전략과 완전히 똑같기 때문이다. 마크 저커버그는 사람들이 페이스북에 지인이 있는 경우에만 페이스북을 사용할 것이라는 사실을 알았기 때문에 긴밀하게 연결된 작은 시장에서 시작했다. 따라서 그의 학부 시절 기숙사인 하버드 커클랜드 하우스Kirkland House의 학생들부터 가입시켰다.[32] 그리고 나서 페이스북은 하버드의 나머지 영역으로 확장한 다음 아이비리그로, 전국의 대학교로, 고등학교로, 전 세계의 대학교로 그리고 지구상 모든 사람으로 범위를 확장해나갔다.[33]

틴더와 마찬가지로 페이스북도 동심원 형태로 바깥을 향해 확장하며 성장했다. 페이스북은 성장할 때마다 현재의 사용자층이 더 큰 시장의 발판이 돼주고 더 큰 시장에서 네트워크 효과를 일으킨다는 사실을 알았다. 하버드대학교에 다니는 사람 대부분이 커클랜드 하우스에 소속된 누군가를 알았기 때문에 그들은 소셜네트워크의 가치를 즉시 알아볼 것이었다.

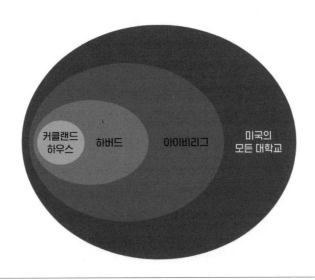

페이스북은 꾸준히 큰 시장으로 확장해나가면서 사용자 기반을 키웠다.
각 시장은 다음 시장을 점령하는 데 발판이 되어주었다.

CODE 7 마케팅과 성장

아이비리그 학교에 다니는 사람 대부분은 하버드대학교에 다니는 누군가를 알았고, 이런 식으로 계속 이어졌다.

대학교가 이런 '동심원' 형태의 시장을 형성하는 유일한 방법은 아니다. 간단한 지리를 활용할 수도 있다. 우버는 샌프란시스코에서 시작해서 시애틀, 보스턴, 워싱턴 DC 같은 미국의 해안가 도시로 성장한 다음 다른 주요 미국 도시로 넓혀가는 방식으로 계속 확장했다.[34] 우버는 매 단계에서 현재 앱이 운영되는 도시의 탑승자들이 새로운 도시도 방문한다는 사실을 알았다. 이는 사람들이 새로운 도시에서 우버를 운전할 동기를 만들어줬다.◆

여러분이 어떤 방식을 선택하든 간에 이런 '시발점'은 네트워크 효과가 필요한 제품이 걸음마를 떼는 데 핵심적인 역할을 한다. 막강한 선순환을 한번 일으키기 시작하면 (바라건대) 활기찬 성장을 볼 수 있을 것이다. 이때 그로스해커의 도구상자는 그런 선순환을 일으키는 데 도움을 줄 수 있을 것이다.

보너스 동영상

에어비앤비의 창립자들은 테크 업계의 역사에서 가장 혁신적인 그로스해커에 속한다. 이 영상을 시청하면 에어비앤비가 오늘날 수십억 달러 가치의 여행 왕국[35]이 되기까지 도움을 준 유명한 묘책 몇 가지를 배울 수 있을 것이다.

productalliance.com/videos/airbnb

◆ 우버의 최초 타깃 사용자인 기술 전문가들은 샌프란시스코, 시애틀, 뉴욕 사이를 끊임없이 오가는 고리를 끊지 못하는 모양이다.

35장

Persuasion

설득

광고를 집행할 때, 영업팀을 내보낼 때, 그로스해킹 캠페인을 시작할 때는 앱을 설치하고, 이메일 리스트에 등록하고, 플랫폼을 이용하는 등 원하는 행동을 하도록 사람들을 설득해야 한다. 운 좋게도 사람들의 마음을 얻어야 할 때 활용할 수 있는 전략서가 존재한다. 바로 로버트 치알디니Robert Cialdini의 『설득의 심리학』이다.[1]

치알디니는 **상호성, 일관성**(또는 **신념**), **사회적 증거, 권위, 호감, 희소성**이라는 6가지의 핵심 레버를 당겨서 사람들을 설득할 수 있다고 주장한다.[2] 자세히 살펴보면 온갖 종류의 테크 제품이 이 레버들을 사용한다는 사실이 눈에 보일 것이다. 여러분의 제품에도 치알디니의 이 법칙을 적용할 수 있다.

상호성

우리가 논의할 첫 번째 레버는 **상호성**이다. 우리는 이전에 도움을 줬던 사람을 위해 무언가를 해주곤 하는데, 이는 아마 우리가 인간으로서 남에게 신세 지기를 싫어하기 때문일 것이다.[3] 이는 잠재고객들에게 무언가를 요구하기 전에 그들을 위해 무언가 좋은 일을 해줘서 그들이 행동하도록 설득할 수 있다는 뜻이다. 예를 들어 코스트코는 매장에서 무료 샘플을 나눠주면 사람들이 샘플을 준 사람의 너그러움에 화답하고 싶어 해서 판매량이 600%까지 증가한다는 사실을 알아냈다.[4]

테크 제품의 경우에는 이처럼 쉽게 무료 샘플을 나눠줄 수 없지만 잠재고객에게 비용을 청구하기에 앞서 무료 체험 기간, 무료 조언, 무료 소식지를 쉽게 제공할 수 있다. 좋은 사례로 대학생에게 오피스 제품의 무료 구독권을 주는 마이크로소프트가 있다.[6] 이 방식은 회사에 대한 긍정적인 이미지를 형성해서 학생들이 일하기 시작했을 때 오피스를 구매하고 싶게 만들 뿐 아니라 학생들에게 이 제품을 사용하는 능력을 기를 기회를 제공해서 미래에 구글독스 등의 제품보다 오피스를 더 편리하게 사용할 수 있게

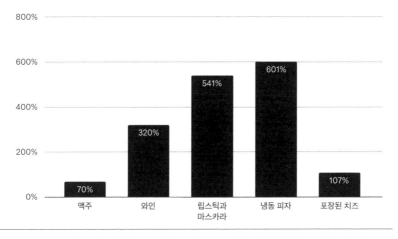

무료 샘플 도입 후 코스트코의 판매 증가량

코스트코가 무료 샘플을 제공하기 시작한 이후 일부 제품의 판매량이 엄청나게 증가했다.[5]
출처:《디 애틀랜틱》

만든다.

이 전략은 전형적인 대외 홍보 활동에도 활용된다. 2020년 우버가 코로나19 피해자들에게 무료 승차 1000만 건을 제공한 조치[7] 등 대외적 이미지를 개선하려는 목적의 활동은 잠재고객에게 브랜드에 대한 이미지를 개선해서 미래에 더 많은 제품을 구매하게 할 것이다.

일관성

두 번째 레버는 일관성이다. 사람들은 이미 내린 결정 또는 지지하겠다고 선언한 특정 주장에 대해 미래에도 일관되게 행동하는 편을 강력히 선호할 것이다.[8] 아무도 과거의 믿음과 모순되게 행동함으로써 나타나는 **인지적 충돌**을 좋아하지 않는다. 가입한 무언가에서 탈퇴하는 행위는 앞서 잘못된 판단을 했거나 실수했다고 인정하는 것과 마찬가지이기 때문이다.[9]

이는 사람들이 일단 제품에 가입하거나 어떤 방식으로든 관계를 맺고 나면 떠나기를 망설일 것이라는 뜻이다. 사람들에게 무료 체험을 신청하는 등 무언가 작은 일을 할 수 있게 만들 수 있다면, 꽤 오랫동안 그들을 붙잡아둘 수 있을 것이다. 이것이 아마존 웹서비스,[10] 넷플릭스[11] 등의 제품이 무료 체험을 제공하는 주된 이유 중 하나다.

조건 없이 제공

단순히 한두 달 소프트웨어를 무료로 사용할 수 있게 해주는 방법 말고 더 창의적인 아이디어를 낼 수도 있다. 안경 브랜드인 와비파커Warby Parker는 결제 또는 반드시 구매해야 한다는 조건 없이 5일 동안 사용해볼 수 있는 5가지 안경을 무료로 배송했다.[12] 아마 와비파커 안경을 착용해본 사람들은 구매할 이유를 생각해내려고 할 것이다. 아무것도 사지 않는 것

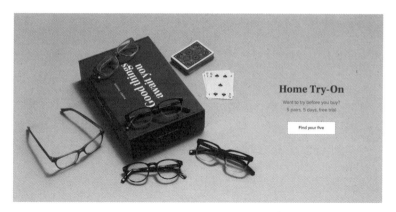

와비파커는 누구나 5가지 안경을 완전히 무료로 착용해볼 수 있게 했다.[13]

출처: 스캇 시글러Scott Sigler

은 스스로 나쁜 판매자를 골랐다고 인정하는 셈이 되는데, 자기 잘못을 인정하기 좋아하는 사람은 아무도 없다.

이것은 판매자가 잠재고객에게 점점 더 큰 요구를 수락하게 만들면서 천천히 끌어들이는 **문틈에 발 넣기** 전략과 밀접하게 연관돼 있다.[14] 사람들에게 가장 먼저 사이트에서 백서를 내려받으라고 설득할 수 있다. 그런 다음 이메일 리스트에 등록하고 무료 체험을 시작하라고 설득하는 것이다. 마지막으로 소프트웨어를 유료로 사용하라고 설득한다. 요구 사항이 점점 더 커질수록 고객 행동의 누적량이 증가하고, 매 단계에서 고객으로부터 계속 동의를 얻을 확률을 높일 수 있다.

사회적 증거

세 번째는 인간이 선천적으로 무리 동물이라는 사실에서 기인하는 사회적 증거다. 한 유명 실험에서 참가자들을 실험 진행자의 지시에 따르는 다른 사

수많은 고객이 ASANA를 활용하고 있습니다

190개국에서 백만 개 이상의 팀이 사용하고 있습니다

amazon   P&G   accenture   JAPAN AIRLINES   KOHL'S   𝗣 PayPal   xero   ⊔⊓

팀 협업 소프트웨어 스타트업인 아사나는 유명한 고객들을 강조하며 사회적 증거를 활용한 전형적인 예다.[18]

출처: 아사나

람 여러 명과 같이 한 방에 들어가게 했다. 단, 참가자들에게는 함께 방에 들어간 다른 사람들이 실험 진행자의 지시에 따른다는 사실을 알려주지 않았다. 실험 진행자는 참가자들에게 선분 하나를 보여주고 서로 다른 길이의 선분 3개 중 길이가 같은 선분을 고르라고 했다. 모두에게 답변을 적으라고 했을 때는 99%의 참가자들이 올바른 답을 적었다.

하지만 모두에게 답을 말로 대답하라고 했을 때는 실험 진행자의 지시를 받는 사람이 일부러 틀린 답을 말했다. 그러자 75%의 참가자들은 단체의 의견에 동조하려고 틀린 답을 말했다.[15] 그러니까 참가자들은 집단에 의한 사회적 압력을 받은 것이다!

이 법칙은 당연히 비즈니스에서도 효과를 발휘한다. 유명 고객의 로고, 활성 사용자 수, 사례연구, 추천서, 언론 기사, 수상 경력 및 인기를 증명해주는 기타 데이터는 망설이는 고객의 마음을 움직이는 데 큰 역할을 한다.[16] 기업을 대상으로 하는 스타트업 대부분이 웹사이트에 고객 로고를 빽빽하게 줄 세워놓는 데에는 다 이유가 있다.[17]

외부로부터 받은 찬사 외에도 사회적 증거를 얻어낼 방법이 있다. 인플루언서가 제품에 관해 이야기하면 인플루언서를 신뢰하는 사람들이 그 제품을 사용해보려고 할 것이다.[19]

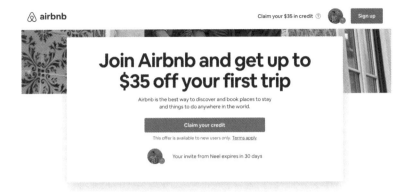

에어비앤비의 추천 페이지는 추천 메시지에 친밀한 느낌을 더하고 사회적 증거의 효과를 증폭시키기 위해 추천인의 프로필 사진을 보여준다.[20]

출처: 에어비앤비

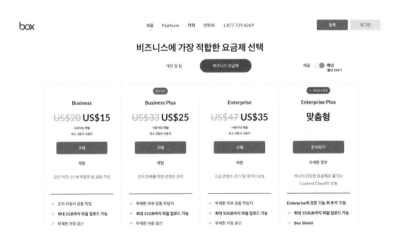

기업용 파일 저장 기업인 박스Box는 고객이 가장 수익성이 높을 것으로 추산되는 비즈니스 플러스 Business Plus 패키지를 구매하도록 유도하기 위해 사회적 증거를 사용한다.[24]

출처: 박스

하지만 가장 강력한 형태의 사회적 증거는 친구와 가족에게서 나온다. 지인이 어떤 제품을 개인적으로 추천한다면 아마 그 제품을 시도해볼 것이다. 이 때문에 소셜 공유 기능은 매우 유용하다. 사람들에게 추천인과 얼마나 가까운 관계인지 상기시키면 이 전략의 효과를 증가시킬 수 있다.

예를 들어 에어비앤비는 오래전부터 플랫폼에 친구들을 추천하는 기능을 제공해왔지만, 2014년에 이 서비스를 개편하기로 했다.[21] 개편 작업의 일부로 신규고객에게 추천인의 이름뿐 아니라 프로필 사진까지 노출하기 시작했다. 이 작은 변화는 추천의 사회적 증거 효과를 증폭시켰고 예약률을 기존 시스템이었을 때보다 300% 증가시키는 데 크게 기여했다.[22]

수익성 높은 패키지 구매 유도하기

마지막으로 사회적 증거를 사용해서 기존 사용자로부터 더 큰 수익을 낼 수 있다. 일반적으로 여러분이 제공하는 패키지 중에서 수익성이 가장 높은 요금 패키지에 '최고 인기most profitable' 또는 '추천recommended'이라는 라벨을 붙여서 고객의 구매를 유도하는 전술이 사용된다.[23]

권위

네 번째 레버는 사회적 증거의 변형된 형태다. 사람들은 의사, 변호사, 교수, 특정 분야의 유명 인사 등 권위 있는 인물을 본능적으로 신뢰한다.[25] 이 때문에 비행기를 자주 타는 사람은 항공기 조종사들이 애용하는 브릭스앤라일리Briggs and Riley 짐가방을 좋아하고[26], 많은 사람이 "치과의사 5명 중 4명이 이 껌을 추천했습니다"라는 광고에 귀를 기울인다.[27] 앨라배마주에서 한 남성이 대낮에 식품점에 들어가 맥주 상자 25개를 훔칠 수 있었던 이유이기도

하다. 이 남성은 배달 트럭 운전기사처럼 옷을 입고 맥주를 카트에 실은 채 정문으로 나갔다.[28]

테크 제품에는 권위 있는 인물의 추천이 큰 영향력을 가진다.[29] 예를 들어 스타트업은 유명 벤처 투자자의 지원을 받고 있다고 자랑하는 것만으로 충분한 자금을 유치할 수 있고, 최고의 실력을 갖춘 인재의 마음을 끌수 있다.[30] 고객이 중요하게 생각하는 권위 있는 인물은 상황에 따라 다를수 있다는 점에 유의하자. 앨 고어Al Gore미국 전 부통령이자 환경운동가-옮긴이에게 인정받는 것은 친환경 에너지 스타트업에는 큰 의미가 있지만, 금융 기술 스타트업에는 별로 중요하지 않다. 골드만삭스의 CEO 추천은 반대로 적용된다.

기관도 권위를 가질 수 있다. 회사가 하버드대학교 박사[31] 또는 전 구글 직원[32] 출신에 의해 창립됐다고 말하면 인정받을 만한 곳이라는 느낌을 즉각적으로 형성할 수 있다.

테라노스와 권위의 함정

권위를 얻는 방식의 영향력은 너무나 강력해서 제품이 작동하지 않을 때마저 회사를 지탱하기도 한다. 악명 높은 혈액검사 스타트업인 테라노스Theranos를 살펴보자. 스탠퍼드대학교 중퇴생이 창립한 이 회사[33]는 월마트[34] 및 세이프웨이Safeway[35]와 파트너십을 맺었고 이사회에 전 질병관리청장까지 있었다.[36] 테라노스의 혈액검사 기계는 완전한 실패작이었지만, 불가피하게 무너져 내리기 전 90억 달러의 기업가치를 인정받기까지 투자자를 속이는 데 성공했다.[37]

호감

다섯 번째 레버인 호감은 훨씬 더 명확하다. 우리는 좋아하는 사람의 말을 더 잘 듣는 경향이 있다. 누군가를 좋아하게 되기까지 다양한 요인이 작용하지만 일반적으로 우리는 우리와 비슷한 사람, 우리에게 칭찬을 해주는 사람, 그리고 공동의 목표를 달성하기 위해 협력하는 사람을 좋아한다.[38]

잠재고객에게 당신 편이라는 사실을 보여주는 것은 고객의 마음을 사로잡는 훌륭한 방법이다. 게이머를 위한 인기 채팅앱인 디스코드Discord를 예로 들어보자. 디스코드 웹사이트는 크리에이터들이 "열정적인 게이머로 구성된 소그룹a small group of passionate gamers"이라고 자랑스럽게 광고한다.[40] 이는 동료 게이머들이 앱에 호감을 느끼게 해서 앱 사용을 고려하게 만드는 확실한 방법이다. 소박한 '회사 소개' 페이지마저 이런 방식이라면 막강해질 수 있다.[41]

에어비앤비도 호감을 잘 얻어낸다. 에어비앤비는 예약 페이지에서 호

DISCORD의 이야기

Discord는 모두가 살면서 자신만의 공간을 찾을 수 있기를 바라는 마음에서 만들어졌습니다. 여러분이 저희를 통해 주변의 소중한 사람들과 더 쉽게 소통하게 되기를 바랍니다. 그리고 전 세계의, 그리고 바로 가까이 있는 친구들, 커뮤니티와 더욱 깊은 관계가 되기를 바랍니다. 독창, 신뢰, 명랑, 공감은 Discord의 직원과 사용자 여러분을 연결해주는 네 가지 단어입니다.

프롤로그

Discord는 단 하나의 문제를 풀고자 만들어졌습니다. 온라인으로 게임을 하면서 전 세계의 친구들과 소통하는 방법을 찾는 것이었죠. 창립자인 Jason Citron과 Stan Vishnevskiy는 둘 다 어릴 때부터 비디오 게임을 좋아했고, 게임을 하면서 맺는 관계와 우정을 중요하게 생각했습니다. 그러나 당시 이들을 위해 만들어졌던 앱들은 안정성이 낮고, 속도도 느렸으며, 사용하기에도 복잡했습니다. Jason과 Stan은 게임을 통해 친구들과 대화와 추억을 나누고, 유대감을 쌓을 수 있는 더 좋은 서비스를 만들 수 있겠다고 생각했죠.

디스코드는 크리에이터도 게이머라는 사실을 보여줌으로써 게이머들의 마음을 사로잡았다. 즉, 호감의 법칙을 활용한 것이다.[39]

출처: 디스코드

스트를 강조하며 호스트의 관심사, 가족, 인생 이야기를 들려주려고 노력한다. 이런 세부 사항은 숙소의 품질에 거의 영향을 미치지 못하지만, 잠재 게스트들이 호스트를 좋아하게 만들어서 얼굴 없는 호텔보다 에어비앤비를 예약할 확률을 높여준다.

희소성

마지막으로 사람들은 희소성에 끌린다. 우리는 무언가를 놓치기 싫어한다. FOMO는 실제로 존재한다![42] 기회의 문이 닫히고 있다고 느끼면 서둘러 결정을 내린다. 실제로 우리는 희소하다고 생각하는 것을 비이성적으로 과대평가한다. 한 유명한 사례에서 사람들은 완전히 똑같은 쿠키였음에도 가득 찬 병에 담긴 쿠키보다 거의 빈 병에 담긴 쿠키를 선호했다.[43]

시간이나 수량을 제한하는 방식을 통해 이 여섯 번째 레버를 제품에 활용할 수 있다. 아마존은 제한된 종류의 제품을 특별 할인가에 판매하는 다양한 '번개 딜 lightning deals' 또는 '골드박스goldboxes'를 매일 제공한다.[45] 희소성을 확실히 인식시키기 위해 아마존은 각 제품 아래에 실시간 카운트다운 시계까지 달아놓아 초 단위로 시간이 흘러가는 모습을 보여준다. 아마존 웹사이트에 있는 거의 유일한 애니메이션 효과지만 엄청난 효과를 발휘한다.

희소성은 분명히 언제나 존재한다.

DEAL OF THE DAY

$20.99 - $115.49

Ends in 16:56:48

Up to 60% off on 1000 Thread
Count Egyptian Cotton Sheets

★★★★☆ 8157

아마존에서 제공하는 오늘의 딜DEAL OF THE DAY. 마감 시간Ends in을 알리는 실시간 카운트다운 시계까지 완비했다.[44]

출처: 아마존

$442.80
& FREE Shipping

Arrives: **July 29 - Aug 3**

Only 12 left in stock -
order soon.

Qty: 1 ∨

🛒 Add to Cart

▶ Buy Now

🔒 Secure transaction

아마존은 재고가 얼마 남지 않은 상
황을 상기시키는 것으로 유명하다.[49]

출처: 아마존

대부분 물리적인 제품은 수량이 한정돼 있고, 모든 딜은 기한이 있다. 하지만 많은 판매자가 사람들에게 그 사실을 상기시키지 못한다. '재고가 남아 있는 동안'[46] 또는 '○분 후 할인 종료'[47] 등의 문구를 자유롭게 활용하여 희소성을 강조할 수 있다. 아마존은 사람들의 구매를 재촉하기 위해 인기 제품 페이지에 있는 '장바구니에 담기' 버튼 바로 옆에 "재고가 ○개밖에 남지 않았습니다"라는 문구를 넣는 것으로 유명하다.[48]

오직 초대를 통해서만

희소성은 판매 증진에만 도움을 주는 것이 아니다. 신규 제품을 초대 전용으로 만드는 것은 출시 시점에 입소문을 타고 사용자를 끌어오는 데 매우 유효한 방식이다. 예를 들어 무료 주식거래 앱 로빈후드Robinhood는 출시 당시 모두에게 공개되지 않았다. 대신 베타 버전을 초대를 통해서만 받을 수 있게 만들었다. 이 간단한 해크는 로빈후드에 대한 접근권을 급작스럽게 희소하게 만들었다. 이는 배타적인 클럽의 일원이 되는 것과 비슷했다. 사람들은 초대를 받거나 대기자 명단에 오르려고 몰려들었다. 이 전술은 로빈후드가 출시되기 전에 100만 명 이상의 사용자가 가입하는 데 도움을 주었다.[50]

비슷한 사례로 안드로이드 휴대전화 제조사인 원플러스OnePlus는 2014년 데뷔작인 원플러스 1OnePlus One 모델을 출시할 당시 매장에서 판매하지 않았다. 원플러스 1을 구매할 유일한 방법은 이미 프로그램에 등록된 누군가에게 초대를 받는 것이었다. 사람들은 초대를 간절히 받고 싶어 했다. 초대를 받으면 멋지고, 연결돼 있고, '정보통'이라는 사실을 세상에 알

CODE 7 마케팅과 성장

릴 수 있었기 때문이다. 초대권을 가지고 있는 사람들 역시 비슷한 수준의 간절함으로 타인을 초대하고 싶어 했는데, 누군가를 초대하면 강력한 영향력을 가진 관대한 사람처럼 보일 수 있었기 때문이다. 이 전략은 엄청난 성공을 거뒀다. 원플러스의 웹사이트는 1개월 만에 2500만이 넘는 조회 수를 기록했고 1년 만에 150만 대가 넘는 휴대전화를 판매했다.[51] 다시 말해 제품의 유통을 일부러 제한해서 사람들이 그 제품을 더 갖고 싶게 할 수 있다!

엉큼한 상상력과 배짱의 버거킹 프로모션

2018년 버거킹은 엉큼한 신규 프로모션을 선보였다. 맥도날드의 180미터 반경 내에서 버거킹 앱에 접속하면 가장 가까운 버거킹에서 1센트를 내고 와퍼 버거를 살 수 있다는 것이었다.[1] 앱은 지도 앱을 띄워 버거킹으로 안내하기까지 한다.[2]

역사에 남을 방해 공작이었지만, 맥도날드의 코밑에서 고객을 빼앗아온, 매우 효과적인 그로스해킹이기도 했다. 버거킹 브랜드가 가진 장난기 많고, 신선하고, 격식을 차리지 않는 이미지를 강화하기도 했다. 어쨌든 버거킹은 인공 방부제를 사용하지 않겠다는 신념을 보여주기 위해 곰팡이 핀 와퍼 버거를 옥외 광고에 싣고,[3] 시청자들이 구글홈 기기를 활용하도록 하기 위해 "오케이 구글, 와퍼 버거가 뭐야?"라고 말하는 광고를 했던 회사다.[4] 근처 웬디스 버거한테 졸업 파티에 같이 가자고 '데이트 신청'을 한 버거킹 매장도 있었다.[5]

이 광고에서는 형편없는 인공지능이 말하는 듯한 부자연스러운 말투가 재생됐는데, 버거킹은 이 광고를 통해 인공지능 기반 광고를 조롱했다.[6]

출처: Cfx

버거킹은 자사가 '맥도날드의 안티'라는 사실도 당당히 밝힌다. 홍보물에서 버거킹이 "전 세계에서 두 번째로 큰 패스트푸드 햄버거 체인"이라며 농담을 던진다.[7] 이 캠페인은 맥도날드와 버거킹의 경쟁 구도를 효과적으로 이용한 사례다.

버거킹의 '해킹 광고'는 인상 깊지만,[8] 이 사례를 통해 우리가 보여주고자 하는 것은 패스트푸드를 판매하는 방법이 아니다. 버거킹의 전설적인 광고는 최고의 마케팅 캠페인이 통상적인 소셜미디어 포스팅이나 옥외광고, TV 광고에 국한되지 않는다는 사실을 보여준다. 창의성과 천부적인 배짱을 타고난 사람들은 이처럼 독특하면서도 훌륭한 마케팅 전략을 상상해낼 수 있다. 이것이 바로 여러분이 PM으로서 할 수 있는 (그리고 해야만 하는) 일이다.

에필로그

.

.

.

우리가 준비한 내용은 여기까지다. 축하한다! 여러분은 성공적인 사업을 구
축하면서 훌륭한 제품을 설계하고, 제작하고, 출시하고, 판매하는 데 도움을
줄 지식을 축적했다. 이 책을 통해 배운 내용이 꿈의 직장에 입사하거나, 프
로덕트 리더로 부상하거나, 회사를 성공으로 이끌어가는 데 (아니면 이 모든
것을 이루는 데) 도움이 되길 바란다. 이제 남아 있는 일은 여러분이 배운 내
용을 실천하는 것뿐이다. 여러분이 어떤 일을 이루어낼지 정말 기대된다!

작별 인사를 하기 전에 여러분과 공유하고 싶은 무료 콘텐츠를 소개하
고 싶다.

미니 강좌 〈PM 면접 해킹하기〉 무료로 받기

책 전반에 면접자를 위한 팁을 수록해두긴 했지만, 여러분이 PM 면접
에서 고득점을 받고자 한다면 아마 더 많은 자료를 시청하고 싶을 것이다.
면접을 보러 간 기업의 시니어 PM들로부터 전략적 통찰과 가장 일반적인
종류의 PM 면접 질문을 타파할 가이드도 얻고 싶을 것이다.

좋은 소식이 있다. 우리가 여러분을 도와줄 수 있다. 우리는 프로덕트
얼라이언스와 협력해서 앞서 이야기한 모든 주제와 추가적인 내용을 담은
PM 면접용 미니 강좌를 만들었다. 전략에 대한 통찰, 프로덕트 로드맵 해
체하는 방법, 면접관에게 깊은 인상을 남기는 요령, 최고 기업의 내부 정
보, 그 이상을 얻을 수 있을 것이다. 한정된 기간에 이 미니 강좌를 이 책의

모든 독자에게 무료로 제공해 드리겠다!

아래 QR 코드를 스캔하거나 URL을 입력해서 강좌를 무료로 신청하길 바란다! (강좌 신청은 한정된 기간에만 제공될 예정이다)

productalliance.com/freecourse

『IT 좀 아는 사람』과 함께 제품 전략 배우기

이 책을 재미있게 읽었다면, 우리의 첫 책인 『IT 좀 아는 사람』도 읽어보면 좋을 것 같다. 아마존 베스트셀러 1위인 이 책에는 『7가지 코드』에서 다루지 못한 프로덕트 매니지먼트의 가장 큰 주제인 기술과 비즈니스 전략의 기초를 다뤘다.

클라우드 컴퓨팅부터 협업 필터링, 자율주행차까지 기초적인 테크 개념에 대한 지식을 강화하고 제품 전략과 산업 트렌드를 살펴보는 사례연구에 대해 자세히 살펴볼 수 있다.

> 『IT 좀 아는 사람』은 기술 산업을 이끄는 핵심 동향, 개념, 전략을 알려주는 안내서다.
>
> 모건 브라운Morgan Brown, 『진화된 마케팅 그로스 해킹』 저자

> 『IT 좀 아는 사람』은 IT 전문가가 아니라도 우리 일상을 바꾸는 기계와 코드를 이해할 수 있게 해주는 이 시대의 로제타석이다.
>
> 제러미 쉬펠링Jeremy Schifeling, 브레이크인투테크Break into Tech 창립자

저자들과 연락하기

테크 산업의 미래에 대한 예측, 테크 업계에 진입하는 팁, 커리어 관련 자료를 링크드인에 공유해두었다. 아래 연락처로 자유롭게 연락하길 바란다.

- 닐 linkedin.com/in/neel-a-mehta
- 파스 linkedin.com/in/parthdetroja
- 아디 linkedin.com/in/adityaagashe

여러분이 이 책을 읽으면서 좋았던 점을 포스팅하고 우리를 태그하면 우리 셋 모두가 여러분과 연결되어서 추천과 댓글, 공유로 조회 수와 팔로워를 늘릴 수 있도록 도와드리겠다.

마지막으로 여러분의 회사나 대학교의 강연에 우리를 초대하고 싶다면 speaking@pmsacredseven.com에 대략적인 일정과 이벤트에 대한 세부 사항을 담아 이메일을 보내주길 바란다. 우리는 전 세계 PM들과의 교류와 독자들과의 만남을 좋아하고, 여러분의 연락을 환영한다!

여러분이 우리의 책을 『IT 좀 아는 사람』 때부터 읽었든 이제 막 책을 집어 들었든 여러분이 보내준 성원에 감사드린다. 다시 한번 이 책을 읽어준 데 깊은 감사를 드린다. 그럼 다음에 만날 때까지 안녕히 계시길!

닐, 파스, 아디

감사의 말

．

．

．

우리가 즐겨 하는 말처럼 책 한 권을 쓰는 데에는 온 마을의 노력이 필요하다. 동료, 친구, 가족, 멘토들이 보내준 도움과 성원, 조언, 사랑이 없었다면 탈고 근처에도 가지 못했을 것이다.

닐이 전하는 말

내가 살면서 만난 믿기지 않을 정도로 훌륭한 멘토들에게 감사드린다. 그분들이 준 영감, 가이드, 격려는 내가 의심을 극복하고, 목적을 찾고, 지금 이 자리까지 오는 데 필요한 의지력을 끌어모을 수 있게 해주었다. 알렉스 코모로스케, 마시에즈 미칼스키, 리테시 랄, 다쳉 자오, 팀 필리, 제프 마이설, 닉 시나이에게는 어떤 감사의 말도 부족하다.

어머니, 아버지, 타라에게: 4년 동안 책 3권을 쓰려고 했던 나를 참고 견뎌준 것에 감사드린다. 보내준 사랑과 성원이 모든 변화를 일으켰다.

마이트레이에게: 당신은 나를 매일 더 나은 사람이 되게 한다. 그것은 지구상에 존재하는 그 어떤 글쓰기 조언보다 더 귀중하다.

정말 멋진 파트너가 되어준 아디와 파스에게: 앞으로 우리가 함께할 수많은 날들을 위하여!

파스가 전하는 말

언젠가 상사와의 일대일 면담에서 그가 해야 할 일 중에 내가 도와줄 만한 일이 있는지 물었을 때, 상사는 그것보다 내 개인적인 행복에 집중하고 나 자신을 더 돌보라고 말했다. 상사는 다음 책을 집필하는 등 내가 열정을 품을 수 있는 일을 하라고 했다.

처음에 나는 그의 말을 그다지 진지하게 받아들이지 않았지만, 결과적으로 내가 메타, 마이크로소프트, 아마존에서 제품 형상화를 돕는 업무를 할 때 배운 것들을 본격적으로 조사하고, 수정하고, 표현하기 시작한 시발점이 됐다.

이 프로젝트에 착수하는 데 필요했던 자극을 주고, 훌륭한 상사가 되어준 조시 트위스트에게 감사의 말을 전한다. 그리고 나의 프로덕트 여정을 지지해준 헨리 숭, 에메카 오카포, 브라이언 새플러, 댄 플레처, 프레드 베티엘, 조지 젱, 윌 크루, 볼로디미르 크레스티아니코브, 다비드 디 실로에게 특별한 감사를 전한다.

나의 노력에 지속적인 지원과 격려를 보내준 친구들과 가족에게 정말 감사하다. 이 책의 개선점에 대한 피드백과 아이디어를 제공해준 크리슈나 디트로자, 니미시 쿠마, 힐라위 벨라추, 크리스티나 지, 애덤 해리슨, 닉 파텔에게 감사드린다는 말을 전하고 싶다.

우리 책이 지금의 자리까지 올 수 있게 우리를 도와준 리 차이, 제니퍼 린, 스테파니 주, 피터 루바, 제니 리, 위니 선, 네트라 자야프라카시, 이스트반 코바치에게도 감사드린다.

그리고 마지막으로 누구나 함께하고 싶을 최고의 공동저자가 되어준 닐과 아디에게 감사 인사를 보낸다.

아디티야가 전하는 말

그동안 우리를 차분하게 도와준 모든 분께 따뜻한 감사의 마음을 전한다. 여러분의 도움이 없었다면 우리는 해내지 못했을 것이다.

가장 먼저 『IT 좀 아는 사람』과 『코인 좀 아는 사람』의 독자들에게 감사드린다. 여러분의 열정과 우리 콘텐츠에 대한 진심 어린 관심에 영감을 받았다. 여러분의 이야기를 들려줘서 감사하다. 우리가 여러분에게 조금이나마 어떤 도움이 되었는지에 대한 피드백은 내가 경험해본 가장 보람찬 일 중 하나다. 여러분이 없었다면 우리는 글을 계속 쓰지 않았을 것이다.

이 책이 지금의 자리에 설 수 있도록 도와준 친구들과 가족에게 감사를 전한다. 특히 사이 나이두, 산딥 굽타, 우나티 슈클라, 아룬 잡, 주희 리, 아디티 자인, 영 첸, 케이티 한, 보웬 장, 지미 시아, 지훈 김, 홀리 뎅, 진 리, 안드레이 사푼드직, 세르게이 바라노비치에게 감사 인사를 전하고 싶다. 친절한 이분들은 콘텐츠부터 설계, 마케팅까지 모든 과정에 귀중한 시간을 들여 뛰어난 능력과 유익한 의견, 소중한 통찰을 보여주었다.

그리고 어머니, 아버지, 아투에게는 이 여정 내내 지속적인 격려와 사랑을 보내준 것에 대해 감사드린다. 이렇게 멋진 가족과 친구들의 지지를 받을 수 있어서 정말 행복하다.

그리고 최고의 친구이자 동료가 되어준 나의 환상적인 공동저자 파스와 닐에게도 감사의 말을 전한다. 다음에 무슨 일이 일어날지 기대된다!

우리 삼총사가 전하는 말

이 책에 대한 비전을 만드는 데 도움을 준 세계 각지 출신의 프로덕트 리더 67명에게 진심으로 감사드린다. 우리 연구에 등장한 기업들은 인재 선발에서 중요하게 생각하는 요소와 관련된 엄격한 정책이 있었고, 우리는 인터뷰 대상자 모두가 자유롭게 머릿속 이야기를 꺼내놓을 수 있도록 익명성을 약속했다. 모두에게 개별적인 감사 인사를 드릴 수는 없지만 이 책이 존재할 수 있는 것은 이 훌륭한 분들이 우리에게 인터뷰 시간을 아낌없이 나눠준 덕분이다.

우리에게 전략적인 조언을 해주고, 사례연구 대상을 마련해주고, 인터뷰할 사람을 확보해주고, 디자인에 대한 피드백을 모아주고, 각 장의 편집에 도움을 준 모든 분께도 감사 인사를 드리고 싶다. 여러분과 함께 일할 수 있어서 정말 기뻤고, 여러분 덕분에 이 책이 출간될 수 있었다.

이 책을 지금의 자리에 올 수 있게 도와준 리 차이, 제니퍼 린, 우나티 슈클라, 스테파니 주, 피터 루바, 제니 리, 위니 선, 네트라 자야프라카시, 이스트반 코바치에게 감사의 마음을 전한다.

그리고 마지막으로 독자 여러분께 감사드린다! 우리가 이 책을 집필하면서 즐거웠던 만큼 여러분도 이 책을 읽으며 즐거웠기를 바란다.

참고자료

·

·

·

『7가지 코드』에 수록된 각 장의 주제로 책을 한 권씩 쓸 수도 있었을 것이다. 각 주제에는 탐구할 내용이 너무 많은데, 우리는 겉면만 조금 건드렸을 뿐이다.

그래서 우리가 이 책을 쓰는 동안 조사하면서 사용한 모든 출처의 링크를 제공하려고 한다. 이 링크를 책에 수록하려면 100페이지가 넘는 분량을 추가해야 할 것이므로 온라인에 정리해두었다. 아래 QR 코드를 스캔하거나 URL을 입력하기만 하면 된다. 어떤 사실이나 의견에 흥미가 생긴다면 출처의 내용을 읽고 자료를 더 깊이 파헤쳐보길 바란다!

willbookspub.com/data/31

옮긴이 이정미

호주 시드니대학교에서 금융과 경영정보시스템을 공부했다. 읽고 쓰기를 좋아해 늘 책을 곁에 두고 살다가 바른번역 소속 번역가로 활동하고 있다. 글 쓰는 번역가가 되는 게 꿈이며, 옮긴 책으로는 『신 대공황』, 『누구나 죽기 전에 꿈을 꾼다』, 『레고 북』, 『디자인은 어떻게 세상을 만들어가는가』, 『현금 없는 사회』 등이 있다.

최영민

성균관대학교 글로벌경제학과를 졸업하고 삼성전자에서 근무했다. 글밥아카데미 영어 출판 번역 과정을 수료하고 현재 바른번역 소속 전문 번역가로 활동 중이다. 옮긴 책으로는 『휴먼 클라우드』, 『2022 세계경제대전망』(공역), 『뉴 스타트업 마인드셋』이 있다.

7가지 코드

펴낸날 초판 1쇄 2022년 9월 15일

초판 3쇄 2024년 9월 1일

지은이 닐 메타, 아디티야 아가쉐, 파스 디트로자

옮긴이 이정미, 최영민

펴낸이 이주애, 홍영완

편집장 최혜리

편집3팀 유승재, 김하영, 이소연

편집 양혜영, 박효주, 박주희, 문주영, 홍은비, 장종철, 강민우, 김혜원, 이정미

마케팅 김미소, 정혜인, 김태윤, 김예인, 김지윤, 최혜빈

디자인 박아형, 김주연, 기조숙, 윤소정, 윤신혜

해외기획 정미현

경영지원 박소현

도움교정 서진원

펴낸곳 (주)월북 **출판등록** 제2006-000017호

주소 10881 경기도 파주시 광인사길 217

전화 031-955-3777 **팩스** 031-955-3778

홈페이지 willbookspub.com

블로그 blog.naver.com/willbooks **포스트** post.naver.com/willbooks

트위터 @onwillbooks **인스타그램** @willbooks_pub

ISBN 979-11-5581-514-4 03320